Stephan Hoffmann

Das Elend aus der Flasche

Biographischer Roman

1. Teil
Vollkommen ausgeliefert

NOTschriften - Verlag

Impressum:
5. Auflage 2007

(www.notschriften.com)
Coverfotos: Jens Kuhbandner
Druck/Bindung: PBtisk s.r.o.

ISBN 978 - 3 - 933753 - 32 - 8

Vorwort

Es gibt viele Gründe, ein Buch über sich selbst zu schreiben.
Ein schwerer Schicksalsschlag hatte mein Leben völlig aus der Bahn geworfen, und auf normalem Wege war ich kaum noch zu klaren Gedanken fähig.
Um in dieses Chaos meiner Gefühle und Gedanken wieder ein wenig Ordnung bringen zu können, schrieb ich all meine Erinnerungen der Reihe nach auf. Ich schuf mir dadurch die Möglichkeit, mein eigenes Ich aus einer ganz anderen Perspektive kennenzulernen.
Der Alkohol, als die salonfähigste Droge unserer Gesellschaft, hatte mein bisheriges Leben ganz entscheidend mitgeprägt, ob ich es wollte oder nicht. Bereits mit jungen Jahren wurde ich durch diese Droge krank, alkoholkrank, wurde ein willenloser Säufer.
Von meinen Verwandten, Freunden und Bekannten verlassen und verachtet, boxte ich mich mit Hilfe von Ärzten und Therapeuten durch und wurde endlich nach langen, schweren Kämpfen mit fürchterlichen Rückschlägen clean.
Das im Alleingang zu schaffen, war unmöglich für mich, denn ich mußte mein Leben grundlegend ändern.
Ich fand Menschen, die an das Gute in mir glaubten und mir Mut machten, diesen schweren und schmerzhaften Weg zu gehen.
Ohne ihre Hilfe wäre ich sicherlich heute eines dieser armseligen Geschöpfe, die mit der Schnapsflasche in der Hand, des Nachts unter einem Brückenpfeiler schlafen.
Irgendwann sind auch sie von ihren engsten Verwandten und Freunden aufgegeben worden, und irgendwann gaben sie sich schließlich selber auf.
Aber keiner wird als Mörder oder Dieb geboren, auch als Trinker nicht.
Wenn Menschen an den untersten Rand einer Gesellschaft geraten, noch dazu einer modernen High-Tech-Gesellschaft, stellt sich die Frage nach dem „warum?“
Für die meisten unter uns sind Trinker nur willenlose Gestalten. Daß der eine oder andere von denen aber wirklich krank ist, können sich die wenigsten vorstellen, weil sie selbst problemlos nach einem Gläschen Wein oder Bier aufhören können, weiter zu trinken. Selbstverständlich für sie, daß das jeder andere auch kann.

Vielleicht schöpft der eine oder andere Leser aus diesem Buch neuen Mut und streckt noch einmal die Hand aus zu seinem Lebenspartner, Freund oder Verwandten, den er eigentlich schon aufgegeben hatte und ermutigt ihn zu einer Therapie.
Vielleicht gibt sich der eine oder andere, der Probleme mit dem Alkohol hat, doch noch wenigstens ein einziges Mal den Ruck und nimmt die Hilfe an, die ihm andere anbieten?
Ich wünsche es allen von Herzen, denn Hoffnung stirbt zuletzt!

Als ich Ende August des Jahres 1957 das Licht der Welt erblickte, war wechselhaftes Wetter.

Eigentlich ist diese Redensart reiner Blödsinn, denn welcher Säugling kommt schon sehend auf die Welt?

„Auf die Welt kommen“ ist schon wieder Quatsch, es war nur der Kreißsaal des Radebeuler Krankenhauses und Radebeul lag zur damaligen Zeit in der DDR, also nicht die Welt, auch nicht das Tor zur Welt, sondern schlicht und einfach das Krankenhaus.

Um nun aber wieder auf das Geburtstagswetter zurückzukommen, sollte das Wechselhafte wahrscheinlich bereits ein Omen für mein späteres Leben sein.

Wer weiß das schon?

Jedenfalls wurde ich in eine Familie hineingeboren, die zahlenmäßig recht stark war.

Mein Vater, damals 49 Jahre alt, war am hiesigen Theater stellvertretender Intendant und Direktor für Ökonomie und Planung.

Mit Sicherheit hatte er dort die mit Abstand längste Berufsbezeichnung.

Meine Mutter war 15 Jahre jünger und der Kinder wegen Hausfrau.

Geschwister hatte ich, ohne daß ich etwas dafür konnte, von Anfang an drei.

Am Anfang waren sie begeistert über mein Erscheinen. Das ließ aber sehr schnell wieder nach. Spätestens als sie feststellen mußten, daß sich alles nur noch um mich drehte.

Als Hauptperson konnte ich so den Dingen recht gelassen entgegensehen, die da auf mich zukommen sollten.

Petra war damals gerade 2 Jahre alt und wohl mit am meisten erfreut über die lebendige Puppe, die ihr neues Brüderchen sein sollte.

Etwas kritischer sah das meine Schwester Birgit, die wiederum zwei Jahre älter war als Petra.

Thomas, der zum Zeitpunkt meiner Geburt 5 Jahre alt war, sah dem Treiben noch viel skeptischer zu. Ihn interessierten mehr seine Bausteine und sein Kipper.

Mit mir wußte er nichts anzufangen, zumal ich ihn beim Spielen störte, wenn ich lauthals bekanntgab, daß ich Hunger hatte oder meine Windeln voll waren.

Wir, nun auf 6 Personen angewachsen, bewohnten eine 3-Zimmer-Wohnung in der 1. Etage mit einem riesigen Balkon.

Der Vollständigkeit halber muß ich noch den Hamster und den Kanarienvogel erwähnen, die sich ebenfalls mit uns die Wohnung teilten.
In der Mansardenwohnung über uns, wohnte meine Großmutter mütterlicherseits.

Ich hoffe, es wird mir niemand verübeln, daß ich mich an meine ersten Wochen und Monate nicht mehr so richtig erinnern kann.
Erstens habe ich in dieser Zeit sowieso viel geschlafen und viel Aufregendes war auch nicht passiert.
Zweitens läßt das Gedächtnis doch mit der Zeit nach und man kann sich eben nicht mehr an alles genau erinnern.
Wäre aber etwas Weltbewegendes passiert, hätte es sich mir bestimmt eingeprägt.

Das erste Licht in die Dunkelheit meiner Gedanken brachte eine plötzliche Finsternis.
Ich war vielleicht gerade 3 Jahre alt, es war schönes Wetter und wir tummelten uns auf dem großen Balkon.
Die eine Schwester hielt mich an den Händen und die andere an den Füßen.
So schaukelten sie mich hin und her, höher und höher, bis ich der einen, die mich an den Händen hielt, zu schwer wurde und sie mich einfach losließ.
In hohem Bogen krachte ich kopfüber auf den Betonfußboden.
Es knallte laut und grelle Blitze folgten, dann war es finster und still um mich herum.
Als es wieder heller wurde und sich die singenden Engel verzogen hatten, erblickte ich ein riesiges Messer.
Es war meine Großmutter, die damit auf meiner schmerzenden Stirn herumfuhrwerkte und dabei sagte: „Butter hilft immer, Seppl!“
Ich tastete vorsichtig meinen Kopf ab und fand auf der Stirn eine Beule, die so groß war wie ein Tischtennisball.
Dank Großmutters Butter war sie in wenigen Tagen verschwunden.

Hinterm Haus hatten wir ein Stück Garten mit einer großen Wiese, Blumen, Erdbeeren und anderem Zeug, was so alles in einem richtigen Garten angebaut wird.
Eines schönen Sommermorgens, meine beiden ältesten Geschwister waren in der Schule, lag ich mit meiner 5-jährigen Schwester Petra auf der Wiese.
Petra hatte aus lauter Ärger darüber, daß sie angeblich noch zu klein für die Schule war, sich selbst das Lesen beigebracht und las mir oft, wie auch an diesem Tag, aus ihren Büchern vor.
Einer von uns beiden hatte plötzlich den Einfall, wir könnten doch mal ein paar von den dunkelroten Erdbeeren naschen gehen.
Das war uns von der Mutter strengstens untersagt worden. Wir durften uns nur unter Aufsicht unserer Eltern zwischen den Beeten aufhalten. Alleine hatten wir dort nichts zu suchen.
Da wir aber wußten, daß Mutter gerade mit Wäschewaschen beschäftigt war, machten wir uns darüber keine großen Sorgen.
Ganz tief in die Erdbeerzeilen geduckt, naschten wir um die Wette. Dabei ließen wir das Fenster, an welchem unsere Mutter auftauchen konnte nicht aus den Augen.
Hm, schmeckte das lecker!
Es wurde eine reiche Ernte und wir mußten bald aufhören, denn unser Bauch war voll. Wir schlichen uns wieder zurück und legten uns, als sei nichts gewesen, auf unsere Decke.
Kaum aber daß wir lagen, ging über uns das Fenster auf und unsere Mutter schaute heraus.
Wohlwollend betrachtete sie ihre braven Kinder.
Dann rief sie: „Hier fangt mal auf!“ und warf uns einen kleinen Beutel mit Erdbeeren zu.
Als sie wieder verschwunden war, wälzten wir uns lachend und kreischend auf der Decke hin und her und riefen immer wieder: „Iii, schon wieder Erdbeeren!“

Mein Vater, unser Alleinverdiener, hatte beruflich sehr viel um die Ohren und kam abends meist erst spät nach Hause.
Wenn er doch einmal früher kam, konnte man darauf warten, daß das Telefon klingelte und jemand aus dem Theater anrief.
Er mußte dann lang und breit irgendwelche Sachen erklären, von denen der am anderen Ende der Leitung wahrscheinlich noch nie

etwas gehört hatte, denn er mußte es andauernd wiederholen.
Oftmals schlüpfte er dann in seinen Anzug, den er gerade erst ausgezogen hatte und ging wieder ins Büro.
Leider war das zu oft der Fall.
Wir Kinder liebten ihn sehr und klebten manchmal wie die Kletten an ihm, wenn er zu Hause war.
Trotz der vielen Arbeit die er hatte, wirkte er sehr ruhig und ausgeglichen. Er wurde niemals laut und man konnte ihm Löcher in den Bauch fragen, er wußte immer eine passende Antwort.
Wir liebten auch den Zigarrenrauch so sehr, denn er signalisierte uns, daß unser Vati zu Hause ist.

Zu dieser Zeit hatte es unsere Mutter nicht gerade einfach mit uns vier Geistern.
Der gesamte Haushalt lastete allein auf ihren Schultern.
Mein Vater verdiente trotz der vielen Überstunden nur wenig Geld, so daß meine Mutter jeden Pfennig dreimal umdrehen mußte, bevor sie ihn ausgab.
Gezwungenermaßen opferte sie sehr viel Zeit zum Nähen, Stopfen und Stricken unserer Kleidung, denn neue Sachen konnten wir uns nur selten leisten.
Durch ihre Strenge zu uns, hatte sie aber alles fest im Griff.
Ich selbst vermißte allerdings nebenher etwas die Zärtlichkeiten, mit denen mein Vater nicht sparte, wenn er daheim war.
Für das spätere Leben von uns Kindern brachte die Strenge unserer Mutter aber auch viele Vorteile.
Schon frühzeitig lernten wir im Haushalt mitzuhelfen.
Ob Junge oder Mädchen spielte dabei keine Rolle, jeder lernte alles.
Natürlich nahm Mutter auf den Altersunterschied Rücksicht, aber trotzdem waren wir abwechselnd mit Saubermachen, Wäschewaschen, Abwaschen, Kochen, Backen usw. an der Reihe.

Am Sonntag war immer großer Familientag.
Vormittags hatte Mutter mit dem Sonntagsbraten zu tun und Vater werkelte im Keller herum oder er brachte den Garten in Ordnung.
Wir Kinder halfen beiden dabei, so gut es ging.
Dann wurde zusammen gegessen und es schmeckte immer, denn meine Mutter war eine ausgezeichnete Köchin.

Nach dem Sonntagsmahl kamen wir Kinder zu unserem Recht.
Es war schon ein richtiges kleines Ritual, wenn wir Vater immer solange bettelten, bis er scheinbar zähneknirschend nachgab und zum dicken Märchenbuch der Gebrüder Grimm griff.
Er setzte sich in seinen großen Sessel und wir rückten ihm die Kissen zurecht.
Dann verteilten wir uns ringsum zu seinen Füßen auf dem Fußboden und hörten andächtig zu, wenn er zu lesen begann: „Es war einmal ..."
„... und wenn sie nicht gestorben sind, dann leben sie noch heute!"
Nach dem Sonntagsmärchen hielten wir Mittagsschlaf.
Anschließend holten alle ihre besten Sachen aus dem Schrank und es ging hinaus in unsere schöne Umgebung.
Unterweg machten mir manchmal an einem Lokal halt, tranken Kaffee und hin und wieder reichte das Geld sogar noch für ein Eis.

Als ich 4 Jahre alt war, zog unsere Familie in einen anderen Stadtteil, von Radebeul-Ost nach Radebeul-West.
Meine Großmutter bezog eine Kellerwohnung in der Nähe unserer alten Wohnung. Unsere neue Wohnung war riesengroß. Sie hatte fünf Zimmer, eine Küche, ein Bad, eine Veranda, einen Balkon und einen vielleicht 10 Meter langen Korridor, auf dem man hätte Rollerfahren können.
Leider bekam ich von den vielen Zimmern keines für mich allein.
Ein Raum wurde das Wohnzimmer, das wir alle Tage benutzten.
Daneben schloß sich das große Wohnzimmer an, welches nur benutzt wurde, wenn Besuch kam. Das war eigentlich schade, denn darin stand ein bildschöner runder Kachelofen. Sein gußeisernes Unterteil war kunstvoll verziert, genauso schön, wie die Kacheln darüber. Den Abschluß oben bildete eine Kachelkrone. So einen Ofen gab es sonst bestimmt nur in einem Museum.
Ein weiteres Zimmer bewohnten meine beiden Schwestern. Mein Bruder hatte sein eigenes Zimmer.
Meine Eltern hatten von ihrem Schlafzimmer mit Kleiderschränken ein kleines Stück abgeteilt, wo mein Bett und ein kleines Regal mit meinen Spielsachen geradeso Platz hatten. Im Winter konnte ich dort nicht spielen, denn es war dann zu kalt.
Seit dem Umzug sah ich meine Großmutter nur noch selten. Manch-

mal kam sie sonntags nach dem Gottesdienst zu uns zum Mittagessen. Sie war sehr streng katholisch und hatte meine Mutter ebenso erzogen. Darum fand sie es nicht richtig, wenn wir nicht jeden Sonntag zur Kirche gingen.
Im Gegensatz dazu war mein Vater ein überzeugter Kommunist, der aber unsere christliche Erziehung tolerierte.
Die ging dann auch bei mir im gleichen Jahr so richtig los. Einmal in der Woche mußte ich zur „Frohen Herrgottstunde". Dort erzählte uns Schwester Johanna, eine Ordensschwester mit langem schwarzen Kleid und einem komischen schwarzen Kopftuch, Geschichten über Jesus Christus und seine Apostel, aber ich verstand noch nicht viel davon. Von ihr lernten wir auch die ersten Gebete gemeinsam zu sprechen.
Manchmal kam der alte Pfarrer Just bei uns vorbei. Er war sehr lustig und wir hatten viel Spaß mit ihm. Als er bald darauf gestorben war, kam ein anderer, der Herr Pfarrer Warg. Den mochten wir nicht, weil er so streng war.
Wenn wir mal kichern mußten, wenn er erzählte, blickte er uns sofort strafend an und es kam auch schon vor, daß er jemanden zur Strafe vor die Tür schickte.
Das schönste an der „Frohen Herrgottstunde" war immer der Kakao und der frische Spekulatius, den es dazu gab. Zu Hause sahen wir so etwas selten.
Leider mußte ich nun sonntags auch mit zum Gottesdienst, für mich eine nervende Sache. Man durfte die ganze Zeit über mit keinem ein Wort reden, aber Ruhe hatte man auch nicht. Ständig im Wechsel stand man auf, kniete sich hin und setzte sich wieder.
Am fürchterlichsten war es aber, wenn alle zusammen singen mußten. Ich hatte den Eindruck, daß jeder so laut und so falsch, wie nur irgend möglich sang. Ich nutzte die Zeit in der Messe dazu, um in Ruhe die Leute zu beobachten. Sie schienen alle vor etwas Angst zu haben und zogen dabei ernste und traurige Gesichter. Auch das verstand ich wiederum nicht. Ich hatte keine Angst.
Grund zum Trübsal hatte ich allerdings Sonntag für Sonntag auf's Neue. Von meiner Mutter oder Großmutter erhielt ich an diesem Tag immer ein bißchen Kleingeld. Das war kein Spielgeld, sondern richtiges Geld, wie man es im Laden brauchte, wenn man etwas kaufen wollte. Das Kleingeld mußte ich am Ende des Gottesdienstes in

eine große goldene Sparbüchse stecken, die immer schon so voll klang, als wollte sie bald platzen.
Ich selbst hatte nur eine ganz kleine Sparbüchse und in der war noch nicht viel drin. Meine Großmutter meinte, als ich sie nach dem warum fragte, daß die Kirche das Geld brauchte, damit sie immer so schön bleibe, wie sie jetzt ist.
Das war mir allerdings ein Rätsel. Die Kirche hatte doch schon alles. Sie hatte die große, prallgefüllte, goldene Sparbüchse, goldene Kelche und Kerzenleuchter.
Selbst der Pfarrer konnte nicht arm sein, denn er hatte ein kostbares, reich besticktes Gewand an, und was hatte ich? Wieso mußte ich, der nichts hatte, denen noch etwas abgeben, die viel mehr hatten als ich?

Einige Monate später ging meine Mutter gar nicht mehr mit in die Kirche. Sie erklärte, daß sie sonst nicht genug Zeit hätte zum Essen kochen. Das fand ich zwar einleuchtend, meine Großmutter aber nicht. Deshalb war sie lange Zeit beleidigt. Mir selbst war der „liebe" Gott nicht sonderlich sympathisch, denn ständig sollte man vor ihm Angst haben. Immer hieß es gleich: „Tue dies nicht!", „Tue das nicht!", „Das darfst du nicht und jenes auch nicht, denn der liebe Gott sieht alles und bestraft die armen Sünder!"
Trotzdem hab ich ihn nie gesehen.
Als ich etwa 6 Jahre alt war, hatte ich Erstkommunion.
In der Messe, die extra dazu abgehalten wurde, steckte mir der Pfarrer eine Oblate in den Mund, die nach nichts schmeckte und am Gaumen festklebte. Nach diesem Zeug standen die Leute in jeder Messe Schlange, was mir unerklärlich war.
Diese Kirchenfeier hatte aber auch einige Vorteile, denn ich stand ja im Mittelpunkt des Geschehens. Ich bekam neue Sonntagsausgehsachen und obendrein noch eine ganze Menge Geschenke.
Mein Bruder Thomas war an diesem Tag schon in einer gehobenen Kirchenposition und nannte sich Meßdiener. Er hatte die Aufgabe, dem Pfarrer während der Messe alles zu holen, was er so brauchte. Ansonsten gab es für ihn nichts weiter zu tun, als darauf zu achten, daß er sich nicht auf sein langes, weites Gewand trat, damit er nicht lang hinschlug.
Ich fand ihn ganz schön albern.

Mit der Zeit stellte ich mir immer häufiger die Frage, warum mein Vater eigentlich nie in die Kirche mitging.
Aus meiner Sicht war er damals der schlauste Mann der Welt und ausgerechnet der ging nicht in die Kirche.
Da war doch irgend etwas faul!
In der Vergangenheit hatte ich ihn so manches Mal gefragt. Er hatte auch immer eine passende Antwort parat. Da er so selten zu Hause war, mußte er am Sonntagvormittag den Garten in Ordnung bringen, ein kaputtes Bett reparieren oder ein Regal bauen.
Bisher war mir das auch einleuchtend, aber langsam merkte ich, daß da etwas nicht stimmen konnte. Zum Beispiel ging er ja zu Ostern oder Weihnachten, wenn er mehr Zeit hatte, auch nicht mit uns zur Messe.
Eines Tages sagte ich ihm das direkt auf den Kopf zu.
Eine Weile dachte er nach und sagte schließlich, daß es Menschen gäbe, die glaubten, daß es einen Gott gäbe und andere wiederum nicht. Die einen seien gute Menschen und die anderen auch. Er selber glaube nicht an Gott, aber ich müsse meinen Weg selber finden, ob mit oder ohne Gott.
Diese ehrliche Antwort meines Vaters hatte ich nicht erwartet.
Es gab demnach auch Menschen, die nicht an den Herrgott glaubten und trotzdem gut und anständig waren.
Tagelang überlegte ich hin und her, bis ich endlich fest davon überzeugt war, daß ich genauso gut wie mein Vater werden könnte, auch ohne dem „lieben Gott".
Nach und nach ließ ich die Sonntagsmessen ausfallen, bis ich gar nicht mehr ging. Meine Eltern trieben mich auch nicht dazu, sondern überließen mir die Entscheidung. Dafür hatte ich es mir einige Zeit lang mit meiner Großmutter verdorben. Irgendwie renkte sich das aber bald wieder ein und ich war wieder „ihr Seppl".
Dafür gab sie für meine Ungläubigkeit meiner Mutter die Schuld. Sie hätte mich nur richtig erziehen müssen.

Als meine Schwester Petra in die Schule kam, wurde es mir zu Hause recht langweilig.
Alle meine Geschwister gingen zur Schule, machten nach dem Unterricht Hausaufgaben und hatten jede Menge Freunde. Mit mir spielten sie kaum noch. Ich war ihnen zu dumm und zu klein.

Die Erlösung kam erst, als es bei mir endlich auch so weit war. Mein Schulanfang war für mich Knirps der absolute Höhepunkt. Die Sonne schien an diesem Tag ganz besonders schön und ich war stolz auf meine neuen Popelinehosen und die spitzen, schwarzen Halbschuhe, die ich dazu trug.
Ganz besonders stiegen mir aber mein neuer Schulranzen und die große Zuckertüte zu Kopf, so daß ich wie ein Gockel herumstolzierte.
Ich saß dann neben Annegret auf einer Bank. Sie war ganz prima und ziemlich hübsch. Leider fehlten ihr vorn sämtliche Schneidezähne, so daß sie mit geschlossenem Mund besser aussah.
Wir verstanden uns auf Anhieb.
Die anderen in der Klasse waren zum größten Teil auch nicht schlecht.
Die einzigen, die mir gleich unsympathisch erschienen, waren ein Dikker, der sich vor Fett kaum bewegen konnte und ein Mädchen, das strohdoof war und den ganzen Unterricht über in der Nase bohrte.
Unsere Klassenlehrerin, Fräulein Häußner war sehr in Ordnung und richtig nett zu uns. Ich kann mich nicht daran erinnern, daß sie jemals mit einem von uns geschimpft hat.
Leider war der Unterricht im ersten Schuljahr ziemlich langweilig, denn vieles hatte ich mir schon vorher von meinen Geschwistern abgeschaut.
Am liebsten hatte ich die Fächer Rechnen, Turnen und Singen. Mit dem Schreiben stand ich ein bißchen auf Kriegsfuß, denn ich fand es nicht besonders wichtig, daß alle Buchstaben so ordentlich gemalt werden sollten.

Meine Eltern mußten in dieser Zeit entdeckt haben, daß ich musikalisch bin. Vielleicht lag es daran, weil ich oft die Lieder aus dem „Butzemannhaus“ nachsang. Das war eine Kindersendung von „Radio DDR“.
Jedenfalls besuchten wir an einem Wochenende einen Bekannten meiner Eltern. Gleich als wir in das Wohnzimmer hereinkamen, fiel mir eine Geige auf, die an der Wand hing. Sie hatte mich so in ihren Bann gezogen, daß ich näher trat und sie mir genau betrachtete.
Herr Boden, so hieß der Mann, mußte das bemerkt haben, denn er

nahm sie plötzlich vom Haken und ließ mich an den Saiten zupfen. Das war toll!

Petra hatte vor einem Jahr ein altes schwarzes Klavier bekommen und nahm Klavierunterricht.

Ich versuchte manchmal heimlich darauf zu spielen, aber so sehr ich mir auch Mühe gab, es klang immer schauderhaft.

Nach einigen Tagen kam mein Vater mit einem schwarzen Geigenkasten von der Arbeit nach Hause. Den drückte er mir in die Hände und sagte feierlich: „Die ist ab heute deine. Wenn du fleißig übst, wirst du vielleicht irgendwann bei mir im Theater in dem großen Orchester mitspielen, und alle hören dir zu!"

Vor lauter Aufregung bekam ich rote Ohren.

Vorsichtig machte ich den Geigenkasten auf und staunte noch viel mehr. Darin lag genau die gleiche schöne Geige, wie sie bei unserem Bekannten an der Wand hing.

Mein Vater mußte lächeln. „Herr Boden war der Meinung", sagte er, „daß sie in deinen Händen besser aufgehoben wäre, als bei ihm an der Wand. Dort würde sie nur einstauben."

Ganz vorsichtig nahm ich die Geige heraus und den Bogen in die rechte Hand. Ich hielt alles genauso, wie ich es bei den Musikern im Theater gesehen hatte und strich behutsam über die Saiten.

Es klang nicht nur grausam, es klang furchtbar.

Erschrocken legte ich alles schnell wieder in den Kasten zurück.

Mein Vater lachte und meinte: „Übung macht den Meister! Das mußt du doch alles erst lernen!"

Wenige Tage später hatten mich meine Eltern in der Musikschule angemeldet.

Zweimal in der Woche nachmittags erhielt ich Geigenunterricht.

In der ersten Hälfte des Nachmittags wurden mir die Noten beigebracht. Jedenfalls versuchte man das. In der zweiten Hälfte übten wir mit den Instrumenten.

Zusammen mit einem Mädchen mußte ich mir eine Lehrerin teilen.

Mit Erstaunen stellte ich fest, daß das Mädchen bereits Geige spielen konnte, obwohl sie höchstens zwei Jahre älter war wie ich.

Unsere Lehrerin nahm uns abwechselnd an die Reihe.

Wenn das Mädchen ein Stück vorgespielt hatte, schaute es mir grinsend zu, wie ich mich abmühte, das Instrument richtig zu halten. Wenn es nicht gleich klappte, rollte sie hochmütig mit den Augen.

Dabei war es wirklich nicht einfach. Jeder Finger der linken Hand mußte auf der richtigen Saite an die richtige Stelle. Hatte ich das endlich geschafft, konnte ich mit dem Bogen über die Seiten streichen. Es quietschte und kratschte, je lockerer ich die Saiten mit der linken Hand andrückte.
Als Hausaufgaben bekam ich jeden Tag zwei Stunden üben auf.
Nach ein paar Wochen ging es ein wenig besser. Ich beherrschte schon einige einfache Lieder, wie „Kuckuck" oder „Summ, summ, summ, Bienchen summ herum".
Wenn ich der Violinlehrerin voller Stolz meine Übungsergebnisse vorspielte, schaute das hochnäsige Mädchen augenrollend zur Zimmerdecke.
So eine blöde Kuh!
Sie konnte sicherlich schon in der Wiege Geige spielen.
Allerdings bleibt es für mich bis heute ein Rätsel, wie die Nerven meiner Eltern und Geschwister meine täglichen Übungsstunden überstanden hatten, ohne an den Rand des Wahnsinns zu gelangen.
Nach zwei Jahren intensivsten Mühens, kam schließlich das Aus für mich und meine Geige. Ich war immer nervöser geworden und richtete mich sogar manchmal nachts im Schlaf auf, um träumend Geige zu spielen.
Wahrscheinlich war ich übertrieben ehrgeizig geworden, denn ich wollte der „blöden Kuh" eines Tages mal so richtig zeigen, was ich drauf hatte.
Der Arzt verbot es mir aber, und so zeigte ich es ihr eben nicht.

Mein Vorteil war aber, daß ich endlich wieder mehr Zeit hatte für meine Freundinnen und Freunde, wie zum Beispiel für Petra aus meiner Klasse. Wenn ich bei ihr war, spielten wir stundenlang mit einem riesengroßen Puppenhaus mit vielen Etagen und Zimmern. Sogar Licht konnte man in den Puppenstuben einschalten.
Annegret war bereits nach einem halben Jahr, wir hatten uns gerade so richtig angefreundet, wieder von uns gegangen. Nicht weil sie weg von uns wollte, sondern weil ihre Eltern unbedingt nach Dresden ziehen mußten.
Beim Abschied hatte sie ganz schlimm geweint, aber es war nichts mehr zu ändern.
Mit „Fischi" und „Dau" spielte ich oft im nahegelegenen Waldpark.

Es gab dort eine alte Lehmhöhle und einen kleinen See. Den nannte man „Schwarzes Teich“, was uns orthographisch gebildete Menschen völlig unverständlich erschien, aber er hieß eben so.
Im Herbst, wenn der Wein reif war, stromerten wir in den angrenzenden Weinbergen herum. Dabei kam es vor, daß wir beim Naschen von einem eifrigen Weinbergwächter erwischt wurden, der dann auf uns Knallraketen abfeuerte, die eigentlich zum Verscheuchen der Vögel gedacht waren.
Da wir aber flinke Füße hatten, konnte er uns damit nicht sonderlich beeindrucken.

Als ich in das 2. Schuljahr kam, fing meine Mutter wieder an zu arbeiten, denn das Geld reichte nicht hinten und nicht vorn. Sie hatte als ungelernte Erzieherin in unserem Schulhort eine Anstellung gefunden.
Zusätzlich mußte sie aber ein Fernstudium aufnehmen, um sich nachträglich dafür zu qualifizieren.
Für mich hatte das alles Vor- und Nachteile.
Ein Vorteil war zum Beispiel, daß ich nicht das eklige Schulessen vorgesetzt bekam, sondern das weitaus bessere im Schulhort.
Nach dem Essen konnte ich sofort wieder die Kurve kratzen, was ich auch immer schnellstens tat, denn irgend jemand wartete bestimmt schon auf mich.
Äußerst nachteilig war aber der enge Kontakt meiner Mutter zu den Lehrern.
Sie holte täglich eine Gruppe von Schülern der 1. Klasse von der Schule ab und begleitete sie in den Hort. Dabei traf sie stets mit einigen Lehrern zusammen.
Hatte ich also etwas ausgefressen, dann wußte sie das immer schon, bevor ich es ihr selbst erzählen konnte. Wenn es nicht die Lehrer waren, die ihr alles zutrugen, so fand sich garantiert irgendein Hortkind, welches mich verpetzte.

Eines Tages, am Ende des 3. Schuljahres, wurde ich unerwartet von fremden Leuten mitten aus dem Unterricht geholt.
Sie erklärten mir, sie kämen vom hiesigen Theater und suchten dringend Kinder, die musikalisch wären und die Noten kennen würden, für ihren Kinderchor. Diese Kinder sollten später in einer Oper

mitspielen und könnten dabei sogar Geld verdienen.
Das Wort Geld klimperte bei mir durch alle Gehirnwindungen und ich sagte spontan zu. Aber erst einmal mußte ich ihnen etwas vorsingen, damit sie hören konnten, ob ich mich überhaupt dafür eignete. Trotz meiner Aufregung gab ich mir die allergrößte Mühe. Es klappte auch ganz gut. Meine Notenkenntnisse setzten sie zum Glück voraus, weil ihnen jemand erzählt hatte, daß ich eine Zeit lang an der Musikschule gewesen bin.
Danach durfte ich wieder in den Unterricht.
Am Ende des Schultages wurde ich von den Theaterleuten beiseitegerufen und traf auf eine kleine Gruppe von Mädchen, die fast alle älter waren als ich.
Meine Schwester Petra und Bellinda aus meiner Klasse gehörten auch dazu.
Uns wurde mitgeteilt, daß man uns für den Kinderchor ausgewählt hatte. Die Lehrer und der Direktor hätten nichts dagegen.
Wenn unsere Eltern damit einverstanden wären, dann sollten wir in der kommenden Woche zur ersten Chorprobe in's Theater kommen.
Meine Eltern fanden das natürlich toll, und so trafen wir uns in der nächsten Woche im Probensaal des Theaters.
Wir waren eine große Schar von Kindern, etwa dreißig an der Zahl, aus fast allen Radebeuler Schulen.
Der Chordirektor der Landesbühnen Sachsen, ein kleiner dünner Mann von vielleicht 50 Jahren, stellte sich uns als Fritz Liebscher vor.
Er war uns sofort sympathisch, denn obwohl er sich Chordirektor nannte und sicherlich ein sehr wichtiger Mann am Theater, war er nett und freundlich zu uns.
Und, er ließ uns auch spüren, wie sehr er sich auf uns freute. Er erklärte uns, daß wir von den vielen Radebeuler Kindern diejenigen waren, die die besten Stimmen hatten. Man brauchte uns hier für die Märchenoper „Hänsel und Gretel". Bis es soweit war, hatten wir noch jede Menge zu lernen und zu üben.
Da Herr Liebscher so nett war und wir viel Spaß hatten, gingen die drei Stunden Probe, die wir zweimal wöchentlich hatten, schnell vorüber und erst am Ende merkten wir immer, wie anstrengend drei Stunden Singen sein können.
Leider konnte der Chordirektor überhaupt nicht singen.

Wenn er uns mit seiner krähenden Fistelstimme ein Stück vorsang, kostete es uns jede Menge Beherrschung, um nicht laut loszulachen. Manchmal klappte es aber doch nicht so mit der Beherrschung. Er selbst sah das aber nicht so verbissen und lachte einfach mit. Das fanden wir echt stark.

Um nochmals auf meine Notenkenntnisse zurückzukommen, ich habe mein ganzes Leben lang nicht eine einzige Note richtig gelernt. Wichtig war für mich immer der richtige Anfangston. Ich achtete dann nur auf dem Notenblatt darauf, ob der nachfolgende Ton höher oder tiefer war, als der vorhergehende und schätzte in etwa ab, wo ich stimmlich landen mußte. Mit einiger Routine konnte ich bald vom Blatt singen, auch ohne zu wissen, ob der Ton ein c oder ein dis war.

Gegen Ende der Probenzeit wurden wir in zwei Gruppen aufgeteilt, weil es bei jeder Oper zwei Besetzungen gab, die sich abwechselten.

Da sich bei den Aufführungen mit der Zeit auch Fehler einschleichen konnten, hatten wir trotz der abendlichen Vorstellungen, weiter einmal in der Woche nachmittags Chorprobe.

Mit diesem Opernchor hatte ich als neunjähriger Steppke das große Los gezogen.

Sicher, manchmal war ich schon traurig, daß ich nach der Schule nicht mit den anderen Jungen meiner Klasse herumtollen konnte, aber auf einer richtigen Theaterbühne zu stehen, mit dem Applaus des Publikums am Ende, war für mich in dieser Zeit das Größte, was ich mir denken konnte.

Die Landesbühnen Sachsen ist ein Reisetheater. Viele unserer Vorstellungen fanden in sogenannten Abstecherorten statt. Diese reichten von Bautzen bis Großenhain, von Pirna bis Meißen. Am schönsten aber war es auf der Felsenbühne in Rathen. Inmitten von Sandsteinfelsen gelegen, war es für uns Kinder der ideale Ort zum Herumtoben. Manchmal hatten die zahlreichen Helfer hinter den Kulissen alle Mühe, um uns einzufangen, damit wir rechtzeitig auf die Bühne kamen.

Auch die Gage, die wir für unsere Auftritte erhielten, war für kindliche Verhältnisse nicht schlecht. Schon nach kurzer Zeit hatte ich mir davon ein eigenes Rad zusammengespart. Ein blaues „Diamant“-Fahrrad, welches immerhin über 25 Jahre gehalten hat.

Zu dem Stück „Hänsel und Gretel“ kam für mich später noch die Oper „Tosca“ hinzu, bei der ich einen Kapellknaben spielte, der sich mit einem anderen auf der Bühne herumbalgen durfte.
Da mein Kampfpartner ein ziemlich dicker Junge war, viel schwerer als ich, mußte ich laut Regieanweisung immer obenauf liegen. Einer der Sänger hatte uns Kampfhähne nämlich auseinanderzubringen, in dem er mich am Kragen und am Hosenboden faßte und hochhob. Das war natürlich Pech für den Dicken. Er mußte beim Aufknallen auf die Bühnenbretter durch mich so manche Beule und so manchen blauen Fleck einstecken, denn schließlich konnte ich ja nicht so sanft mit ihm umgehen, denn es mußte ja unbedingt echt aussehen. Manchmal schrie er schon laut auf, bevor ich ihn überhaupt angefaßt hatte. In dem sonst sehr ernsten Stück, fand diese Szene bei den Zuschauern immer einen großen Anklang. Der Dicke fand das aber gar nicht komisch. Er grüßt mich bis heute nicht, wenn ich ihn sehe.
Bis zu meinem Stimmwechsel war ich einer der größten Opernfans der Stadt und ernsthaft traurig, als ich aufhören mußte.

In der 4. Klasse bekamen wir einen neuen Werklehrer, der hieß mit Spitznamen „Lawede“. Lawede sah nicht etwa lawede aus, denn er war ein Kerl wie ein Schrank und hatte Hände, wie Clo-Deckel so groß. Er hatte sich den Namen durch eine seiner Redensarten zugezogen.
Wenn wir beispielsweise ein Vogelhäuschen bauen mußten und ein Teil davon war nicht so fest geworden, wie es sein sollte, dann wackelte der Werklehrer mit seinen großen Pranken daran herum und sagte: „Das ist doch alles lawede hier!“
Schon um diesen berühmten Ausspruch zu hören, lohnte es sich, hin und wieder absichtlich etwas locker zu lassen.
Lawede war es auch, der mich bei meinem ersten Rauchversuch erwischte.
Einer aus meiner Klasse war auf die Idee gekommen, zusammengerolltes Clopapier zu rauchen und damit die Schüler unserer Parallelklasse, die gerade Werken hatten, abzulenken. Gesagt, getan! Es stank und schmeckte fürchterlich, aber lässig stolzierten wir qualmend vor den Kellerfenstern des Werkraumes auf und ab.
Im Nu waren wir die ganze Aufmerksamkeit der Schüler. Sie tu-

schelten miteinander und zeigten mit den Fingern zu uns hinaus. Im Nu stand aber auch Lawede vor uns. Mann, was waren wir erschrocken!
Er befahl uns die stinkenden Dinger auszutreten und verpaßte jedem von uns zwei Seiten Normschrift, seine Lieblingsstrafe, bis zum nächsten Werkunterricht.
In standardgemäßer Blockschrift hatten wir fortlaufend zu schreiben: „Ich darf nicht rauchen!" und sollten das auch noch von den Eltern unterschreiben lassen.
Das fehlte mir gerade noch. Meine Eltern waren zur Zeit sowieso nicht besonders gut auf mich zu sprechen, denn es gab bereits schon andere Beschwerden über mich.
Da ich aber wußte, daß Lawede selber Zigaretten rauchte, schrieb ich auf meine zwei Seiten fortlaufend: „Ich darf nicht rauchen! Die Lehrer dürfen rauchen! Das finde ich ungerecht!" Natürlich bekamen meine Eltern nichts davon zu sehen.
Als ich im nächsten Werkunterricht brav meine beiden Seiten abgegeben hatte, lief Lawedes Gesicht mit einem Mal dunkelrot an und er schrie: „Hoffmann, du schreibst bis zum nächsten Mal vier Seiten Normschrift mit eben dem Satz, den ich dir gesagt habe, verstanden?"
Ich nickte. Was solls? Der Klügere gibt nach! Ich schrieb die vier Seiten, ehe noch sechs daraus wurden. Die Unterschrift der Eltern hatte er das nächste Mal schon wieder vergessen, weil er sich so darüber freute, wie brav ich meine vier Seiten Normschrift geschrieben hatte.

Mit zehn wird man doch schon hin und wieder neugierig auf das andere Geschlecht.
Vom Beginn der Schulzeit an hatte ich zwar immer ein Mädchen, mit welchem ich befreundet war, aber über Händchenhalten hinaus passierte, glaube ich, bis dahin noch nichts.
In meine Klasse ging ein Mädchen namens Elke. Sie war recht hübsch, sah aber durch ihre kurzen Haare, eher wie ein Junge aus. Außerdem trug sie ständig Hosen und tobte nachmittags mit uns Jungen im nahegelegenen Wäldchen herum.
Eines Tages balgte ich mich mit ihr im Spaß, ein wenig abseits von den anderen, im Laub herum. Ich lag über ihr und hielt ihre Hände

fest, damit sie sich nicht mehr wehren konnte. Da fragte ich sie, ob sie schon mal geküßt hätte. Sie wurde knallrot, ich vor Schreck über mich selber aber auch.
„Nöh“, antwortete sie, „aber wir können`s ja mal ausprobieren!“
Die anderen hatten doch etwas mitbekommen, denn sie schlenderten näher und meinten: „Das wollen wir aber auch!“
Elke ließ sich nicht lange betteln und wir verabredeten uns alle gemeinsam für den kommenden Nachmittag im „Tunnel“. Das war ein alter, teilweise verschütteter, unterirdischer Gang der früheren Weinbauern aus dieser Gegend.
Am nächsten Nachmittag waren wir Jungen schon lange vor der vereinbarten Zeit da. Das Warten fiel uns schwer, waren wir doch unmittelbar vor so einem bedeutenden Ereignis unwahrscheinlich aufgeregt. Die Zeit verging, doch Elke kam nicht. „Ob sie uns vergessen hat?“ meinte einer. „Quatsch, sowas vergißt man doch nicht!“ meinte ein anderer.
Eine Minute nach der anderen verging. Keiner sagte mehr ein Wort. Dann endlich kam sie. Mit geheimnisvoller Miene setzte sie sich zu uns. Wir waren gespannt.
Endlich sagte sie: „Ich hab‘ noch mal darüber nachgedacht.“
„Sie hat es sich anders überlegt!“ dachte ich so bei mir.
„Ich bin der Meinung“, sprach Elke weiter, „daß, wenn wir so etwas machen wollen, dann müßten wir alle vorher schwören, es keinem weiterzusagen.“
Wir fanden das in Ordnung und feierlich gab einer nach dem anderen seinen Schwur ab.
Der Reihe nach küßten wir Elke auf den Mund. Als ich dran war, klopfte mir das Herz bis zum Hals. Ich machte die Augen zu, wie ich es schon im Film gesehen hatte, zielte und traf nur die Wange.
„Das zählt aber nicht!“ sagte Elke beleidigt. Die anderen stimmten ihr zu.
Ich mußte noch einmal ran. Diesmal ließ ich die Augen offen.
Hinterher fand ich, daß da gar nichts besonderes dabei war. Das meinten die anderen auch.

Im 5. Schuljahr bekamen wir einen richtigen Sportlehrer, denn in der Unterstufe hatten wir bei unserer Klassenlehrerin Turnen.
Herr Hennig, so hieß der Sportlehrer, war ein lustiger Typ und sprach

uns Jungs mit „Männer“ an. Da ich im Sport immer gut war, fragte er mich, ob ich nicht nachmittags in die Leichtathletik-Trainingsgruppe kommen wolle.
Ich wollte, aber das war gar nicht mehr so einfach für mich. Durch das Theater war schon sehr viel Freizeit bei mir ausgebucht. Irgendwie klappte es aber doch noch. In erster Linie trainierte ich Mittelstreckenlauf und wurde immer besser.
Nach einigen Wochen fragte mich Herr Hennig, ob ich vielleicht „Modernen Dreikampf“ machen wollte. Das sei sogar Spartakiadedisziplin und unsere Schule hätte niemanden dafür. Der Moderne Dreikampf beinhaltete die Disziplinen Mittelstreckenlauf, Schwimmen und Schießen mit dem Kleinkalibergewehr.
Das reizte mich schon, besonders das Schießen mit einem richtigen Gewehr war verführerisch. Es hatte eine Zieloptik und man konnte Ziele in sehr großen Entfernungen treffen. Ich lernte schnell damit umzugehen.
Am Ende der 5. Klasse wurde ich zur Kreisspartakiade geschickt und kam stolz mit einer Silbermedaille im Einzel und einer Goldmedaille in der Manschaftswertung zurück.
Während ich noch die 5. Klasse besuchte, war mein Bruder Thomas bereits in der 10. Klasse. So richtig hatten wir beide noch nie einen Draht zueinander gefunden. Sicherlich lag dies an dem großen Altersunterschied, aber Thomas ließ auch keine Gelegenheit aus, um zu beweisen, wieviel klüger und stärker er gegenüber mir, dem fünf Jahre jüngeren Bruder war.
Eines Tages, als ein Freund aus seiner Klasse bei ihm zu Besuch war, wollte er demonstrativ seine Stärke beweisen, denn er forderte mich herrisch auf, seine Schnürschuhe zuzubinden. Das fiel aber meinerseits ganz und gar aus, und ich zeigte ihm einen Vogel. Als er nach mehreren Aufforderungen endlich einsah, daß er mich nicht dazu bewegen konnte, erklärte er mir im Kommandoton, daß ich noch Kohlen aus dem Keller holen müsse.
Da er aber selbst in dieser Woche für diese Arbeit eingeteilt war, zuckte ich mich überhaupt nicht. Vor seinem Schulkamerad wurde das für ihn eine langsam peinliche Situation und so versuchte er mich mit Schubsen und Schlägen zu den Kohleneimern zu treiben. Ich nahm das Erstbeste, was ich greifen konnte zur Hand und schlug mit voller Wucht zu.

Leider hatte ich das Bügeleisen erwischt. Seitdem ging er vorsichtiger mit mir um.
Am Ende des Schuljahres hatte Thomas Sportprüfung. Das war für ihn keine einfache Sache, denn ihm fiel der Sportunterricht nicht leicht. Ihm blieb nichts anderes übrig, als vor der Prüfung Abend für Abend zusammen mit einem Klassenkamerad Langlauf zu trainieren.
Eigens dafür hatten sie sich einen Rundkurs von ca. 6 Kilometern Länge, der auch zum Teil durch den nahen Waldpark führte, herausgesucht.
Da ich selber gerne solche Strecken lief und ich zu gerne mal meine Kräfte mit ihm gemessen hätte, fragte ich meinen Bruder, ob ich nicht vielleicht einmal mitlaufen könnte.
Das sei viel zu schwer für mich, meinte er. Ich ließ aber nicht lokker und so willigte er großspurig ein. Jedenfalls durfte ich am nächsten Abend mitkommen.
Als ich mit am Treffpunkt erschien, wo der Schulfreund meines Bruders schon wartete, schüttete der sich aus vor Lachen, als er erfuhr, daß ich mitlaufen wollte.
Treu und brav trabte ich den beiden in einigem Abstand hinterher. Ich war diesen Kurs noch nicht gelaufen und wußte noch nicht, wie ich meine Kräfte einteilen mußte.
Am Ziel wußte ich, wieviele Reserven ich noch hatte.
Obwohl ich als Letzter angetrottet kam, sagte der Freund von Thomas anerkennend: „Der Kleene hat ganz schön mitgehalten!"
Das war für mich gleich die Gelegenheit zu fragen, ob ich am nächsten Abend wieder mitmachen könnte.
Sie hatten nichts dagegen.
Am nächsten Abend rannte ich den beiden Älteren von Anfang an vorneweg. Ich hörte noch hinter mir meinen Bruder keuchend sagen: „Das Tempo hält der sowieso nicht durch!"
Locker und leicht rannte ich davon. Die letzten zwei Kilometer ging es nur noch leicht bergab und ich konnte sogar noch beschleunigen.
Im Ziel angekommen schaute ich auf die Uhr und wartete. Von den beiden anderen war noch nichts zu sehen.
Endlich nach über 40 Sekunden Rückstand kamen sie durchs Ziel. Diesmal grinste ich. Und wie ich grinste!

Das Ende vom Lied war, daß ich nicht mehr mitlaufen durfte.
Die Sportprüfung jedenfalls hatten beide bestanden. Naja, gegönnt hab ich es ihnen. Schließlich haben sie auch dafür geackert.
Nach seiner Schulzeit begann Thomas eine Lehre als Schaffner bei der Deutschen Reichsbahn. Bei ihm nannte sich das aber „Zugführer“.

Am Anfang des nächsten Schuljahres war es sehr heiß. Wir hatten die großen Sommerferien beenden müssen, obwohl uns die acht Wochen wieder mal viel zu kurz erschienen waren. Jedenfalls war es zu diesem Zeitpunkt viel mehr Ferien- als Schulwetter.
Unser lieber Direktor, um seine Schüler stets besorgt, hatte wie immer bei solchen Temperaturen, ein Thermometer auf das Fensterbrett seines Büros im Erdgeschoß gelegt, damit er rechtzeitig feststellen konnte, ob er uns Braven „Hitzefrei“ geben mußte oder nicht.
An einem dieser Tage hatte ich mich bereits für vormittags mit einigen Jungs aus einer anderen Schule im Freibad verabredet. Bei dieser Hitze, so versprachen wir uns gegenseitig, wollten wir uns unbedingt treffen. Leider war es gerade an diesem Tag nicht so besonders warm. Da war guter Rat teuer. Ich mußte also der ganzen Sache ein wenig nachhelfen.
In der großen 10 Uhr-Pause durften wir auf den Schulhof. Ich teilte zwei Leute ein zum Schmierestehen und kletterte geschwind auf die Schultern eines meiner Mitschüler, schnappte mir das Thermometer vom Fensterbrett des Direktors und rubbelte es schnell auf 50 Grad Celsius. Dann rannte ich zum Direktorzimmer und klopfte an. Zum Glück wurde ich auch gleich hereingerufen.
Vom Rennen ganz rot im Gesicht und außer Atem, fing ich an zu jammern über die große Hitze, die draußen auf dem Schulhof ist.
Der Direktor sprang erschrocken auf und meinte, daß er das Thermometer ganz vergessen hatte. Ihm käme es heute auch gar nicht so warm vor. Er öffnete das Fenster und nahm es vom Fensterbrett.
„Menschenskinder“, rief er erschrocken, „34 Grad im Schatten! Das ist ja furchtbar! Macht euch schnell nach Hause, ich klingle sofort den Unterricht ab!“
In Windeseile war ich aus dem Zimmer und kurz darauf rannten alle johlend aus der Schule.
Es war alles wie am Schnürchen abgelaufen.

Als ich am nächsten Morgen zur Schule ging, hatte ich schon so ein ungutes Gefühl in der Magengegend. Dieses Zeichen sollte mich auch nicht täuschen.
Ich hatte gerade erst die Tür zur Mittelhalle der Schule aufgestoßen, da stand auch schon der Direktor mit seiner stattlichen Figur und einem grimmigen Gesicht vor mir. Ehe ich mich versah, packte er mich an meinem rechten Ohr und zog mich daran den langen, langen Gang entlang, bis in sein finsteres Direktorzimmer.
Hinter uns flog krachend die große, schwere Tür ins Schloß. Ich zuckte zusammen und schlotterte am ganzen Körper. Mein Herz war vorsichtshalber in die Hosentasche gerutscht, in meinem rechten Ohr summte es laut. Es war so heiß geworden, daß ich dachte, es würde jeden Moment Feuer fangen.
„Das ist die absolute Höhe!“ brüllte der Direktor los. „Das ist mir in den ganzen Dienstjahren noch nicht vorgekommen, so eine Frechheit!“
Ich wurde immer kleiner und versuchte so unscheinbar, wie möglich zu erscheinen. Das komische Gefühl im Magen hatte sich noch verstärkt, so daß mir speiübel war.
„Hast du dir dabei überhaupt etwas gedacht?“
Ich hatte keine passende Antwort.
„Das reicht für einen dicken Schulverweis, aber ich möchte wirklich wissen, was du dir dabei gedacht hast?“
„Na, es war doch so schönes Wetter,“ antwortete ich zögernd. „Ich fand es zu schade zum Herumsitzen in der Schule.“
Kaum ausgesprochen, hatte ich schon eine schallende Ohrfeige sitzen. Die war nicht von schlechten Eltern, denn mir summte der Kopf.
„Robert der Große“, wie wir unseren Direktor heimlich nannten, setzte sich hinter seinen Schreibtisch.
Meine rechte Wange feuerte heftig, aber das Schlimmste schien jetzt, da der Direktor außer Reichweite war, vorbei zu sein.
Schüler schlagen war eigentlich verboten, schoß es mir durch den Kopf. Verpetzen hatte aber keinen Sinn, weil er meine Mutter durch den Schulhort gut kannte und die garantiert in diesem Fall nicht zu mir hielt.
Als ich vorsichtig zum Direktor aufschaute, starrte dieser auf seine Schreibtischplatte und lächelte kopfschüttelnd vor sich hin.

So richtig konnte ich aber dem plötzlichen Frieden nicht trauen. Irgend etwas schien er auszubrüten.
Nach langem, qualvollem Schweigen teilte er mir endlich mit, daß ich Glück hätte, auch wenn ich's nicht verdient hätte.
Ein Mädchen aus dem 2. Schuljahr war so nett und hätte mich verpfiffen, erzählte er mir. Allerdings wäre es da schon zu spät gewesen, denn die meisten Schüler waren schon über alle Berge.
Er selber hätte es gar nicht gemerkt, denn er stecke zur Zeit bis zum Hals in Arbeit. Außerdem könne ich froh sein, daß er meine Mutter so gut kannte.
Darüber war ich eigentlich nicht froh, aber wenn er meinte? „Hast du heute schon mal hinten auf den Schulhof geschaut?" fragte er mich.
Ich schüttelte den Kopf.
Freudig erregt zog er mich zum Fenster. „Dort liegen 500 Zentner Kohlen, die unser armer Hausmeister nicht alleine in den Keller schaufeln kann. Ich sage ihm Bescheid, daß du ihm ab heute Nachmittag fleißig helfen möchtest. Und nun ab in den Unterricht!"
Ich flitzte los.
Was folgte, waren harte Tage, an denen ich erfuhr, wie schwer Arbeit sein kann. Bereits am ersten Nachmittag bekam ich riesengroße Blasen an den Händen.
Trotzdem hielt ich auch die nächsten beiden Tage, bis wir es endlich geschafft hatten, eisern durch.
Meinen Eltern hatte der Direktor von der ganzen Sache kein Sterbenswörtchen verraten. Das rechnete ich ihm hoch an, denn Ärger hatte ich schon genug am Hals. Meistens war es das Betragen im Unterricht, mit dem meine Lehrer und demzufolge auch meine Eltern nicht einverstanden waren. Das wirkte sich auch teilweise auf meine Zensuren in den einzelnen Fächern aus.
Das Ende vom Lied war dann immer: „Nimm dir ein Beispiel an deiner Schwester!" Dieser Satz sollte mich bis zum Ende meiner Schulzeit verfolgen. Anfangs hatte mich das auch zugegebener Maßen immer etwas gewurmt. Später stumpfte sich mein Innerstes aber immer mehr dagegen ab.
Schließlich konnte ich doch nichts dafür, daß meine zwei Jahre ältere Schwester Petra stets Zensurendurchschnitte von 1,0 bis 1,2 erzielte.

Ich für meinen Teil wollte ganz einfach kein Streber sein. Da mir das Lernen nicht schwer fiel, reichte es, wenn ich mit einem Ohr am Unterricht teilnahm. Das andere blieb für den üblichen Unfug jeder Art übrig, mit dem man die Lehrer auf die Palme bringen konnte. Auf diese Weise erreichte ich leistungsmäßig gute Mittelfeldplätze und das war für mich in Ordnung.

Mein Vater war ein leidenschaftlicher Zigarrenraucher.
Die Woche über rauchte er seine „Prima". Das waren billige Zigarillos.
An den Wochenenden wurden aber die „Guten" angezündet, die unsere liebe Verwandtschaft, die ich alle persönlich nicht kannte, aus dem „Westen" schickte.
In der Regel waren das „Schneehasen" oder „Handelsgold".
Ich mochte den Duft dieser dicken Zigarren, denn er strahlte auf mich eine gewisse Behaglichkeit aus.
Ich schlich dann immer in der Nähe meines Vaters herum und manchmal fragte ich ihn, ob ich auch mal daran ziehen darf, aber ich bekam immer nur die Antworten: „Da bist du noch viel zu klein dafür!", „Da wird dir doch bloß schlecht!" oder „Da machst du dir in die Hosen!"
Beim Herumstromern im Wald, hatten wir schon einige Rauchversuche gestartet.
Dazu nahmen wir die Zweige eines bestimmten Strauches. Wie das Gewächs genau hieß, wußte keiner von uns. Wir nannten es einfach „Affenholz".
Es war inwändig hohl und wenn man es anbrannte, glimmte es von alleine weiter. Man konnte sogar daran ziehen, wie an einer richtigen Zigarette, das war der Clou. Allerdings schmeckte es scheußlich, aber darauf kam es uns schließlich nicht an.
Als ich etwa zwölf war, nahm ich von meinem Vater eine dicke, fette „Handelsgold" mit zu meinen Freunden in den Wald. Na, das gab vielleicht ein Hallo!
Um das „in die Hose machen" sorgten wir uns nicht und verzogen uns in unsere Lehmhöhle, wo wir sie sogleich anbrannten und reihum gehen ließen.
Nach jedem Zug war ein anderer dran.
„Dau" war der erste, dem es schlecht wurde. Kreideweiß im Ge-

sicht, stieg er aus unserer Runde aus. Der nächste war Gerd. Er zeigte die gleichen Symptome und stieg ebenfalls aus.
Wir restlichen drei rauchten eisern weiter, wenn auch etwas zaghafter, aber keinem von uns wurde es schlecht. Den Hosen passierte auch nichts.
Wahrscheinlich waren wir doch nicht mehr so klein, wie behauptet wurde.
Ich würde zwar sicherlich lügen, wenn ich sagen würde, daß diese dicke Zigarre geschmeckt hätte, aber man konnte sich dadurch mit zu den Großen zählen und das war wichtiger als der Geschmack des Zigarrenqualmes.
Natürlich war es beschlossene Sache, daß das auch so bleiben sollte.
Ich hatte jede Menge Gelegenheit, an Zigaretten heranzukommen.
Das war nicht schwer, denn im Schrank meines Vaters stapelten sie sich schachtelweise, die guten Westzigaretten meiner Verwandtschaft.
Er selber rauchte nur Zigarren und meine Mutter rauchte ganz selten mal eine Zigarette mit, wenn Besuch da war.
Anfangs fiel es demnach nicht groß auf, wenn die eine oder andere Schachtel spurlos verschwand.
Eine andere Gelegenheit bot sich mir dadurch, daß ich manchmal einem älteren Mann, der im Haus schräg gegenüber von uns wohnte, etwas aus dem Lebensmittelgeschäft holen sollte. Die Verkäuferin kannte mich und wußte, daß die Zigaretten die ich mitbringen sollte, eben für diesen Mann bestimmt waren.
Aber alle Schachteln, die ich dort einkaufte, kamen nicht mehr bei dem Mann an.
Ein Teil davon war jetzt für mich bestimmt. Das Geld dazu hatte ich vom Theaterspielen.
Ich mußte zwar über meine Finanzen Buch führen, aber meine Eltern kontrollierten nur die Ausgaben, die ich aufschrieb. Ob ich wirklich das Eis gegessen hatte, das ich in das Heft geschrieben hatte, konnten sie ja nachträglich nicht mehr feststellen. Außerdem rechneten sie die Einnahmen, die ich durch die Vorstellungen hatte, nicht genau nach. So hatte ich eben statt acht Vorstellungen im Monat, nur das Geld für sieben aufgeschrieben.
So war ich von uns fünf Freunden derjenige, der immer Zigaretten hatte.

Der nächste Winter brachte einen weiteren „Fortschritt“ in dieser Angelegenheit.
Sobald ein paar Tage lang der Frost anhielt, zogen wir nachmittags mit unseren Schlittschuhen zum nahen Waldteich. Er war ziemlich flach und konnte deshalb schnell zufrieren.
Aus meiner Parallelklasse waren auch viele Mädchen und Jungen dabei.
Mit einigen der Jungen verstand ich mich ganz besonders gut. Ehrensache, daß sie ebenfalls rauchten.
Wolle, so hieß einer von ihnen, hatte einmal beobachtet, wie ich mir großspurig eine Zigarette anzündete. Lachend kam er näher und fragte mich laut, so daß es auch die Mädchen neben uns hören konnten, ob ich Angst hätte, mir in die Hosen zu machen. Ganz entgeistert fragte ich ihn: „Wie kommst'n auf die blöde Idee?“
„Na, weil du nur paffst, wie so'n Wickelkind!“ sagte er.
„Komm, ich zeig' dir mal, wie man 'n richtigen Lungenzug macht!“
Er griff sich meine Zigarette, nahm einen tiefen Zug, atmete ihn tief ein und wieder aus. Ich paßte natürlich genau auf.
Dann machte ich meinen ersten Lungenzug.
Ebenfalls zog ich ganz lange an meiner Zigarette und atmete ganz tief ein.
Erst dachte ich, mir zerreißt es den Brustkorb und ich mußte husten. Sterne kreisten vor meinen Augen. Meine Knie wurden weich, mir wurde es schwindlig und ich mußte mich auf eine Bank setzen.
Wie aus weiter Ferne drang Gelächter an mein Ohr.
Langsam erholte ich mich wieder. Beruhigend klopfte mir Wolle auf die Schulter.
„Das war doch arschklar, Hotti. Beim ersten Mal darf man doch nicht gleich so'n großen Zug machen!“
In hohem Bogen warf ich meine Zigarette weg. Für diesen Tag war mir das Rauchen vergangen.
Das Ganze ließ mir aber doch keine Ruhe. Das Gelächter der anderen blieb in meinen Ohren haften.
Sollte ich vielleicht doch noch zu klein zum Rauchen sein?
Das konnte ich mir eigentlich nicht vorstellen. Die anderen rauchten ja auch, und denen tat es nichts.
Nach dem Mittagessen im Hort am nächsten Tag, war ich allein zu Hause. Ich ging auf den Balkon und kramte mir eine Zigarette her-

vor. Hier war ich ungestört und keiner konnte mich beobachten.
Ich nahm nur einen winzigen Zug und atmete ihn ganz vorsichtig ein. Ich mußte weder husten, noch wurde es mir schwindlig. Also probierte ich den nächsten und wieder den nächsten.
Ich rauchte die Zigarette bis zum Ende. Es war ein großartiges Gefühl.
Lässig schnappte ich mir meine Schlittschuhe und ging zu den anderen am Teich. Demonstrativ zündete ich mir gleich eine Zigarette an und inhalierte den Qualm tief und geräuschvoll. Wolle nickte mir anerkennend zu.
In meiner Klasse war auch ein Mädchen mit dem außergewöhnlichen Namen Bellinda. Sie war nicht nur sehr hübsch, sie hatte auch von allen die besten Zensuren. Lange Zeit war sie mit „Fischi“, einem meiner besten Klassenkumpels befreundet. Bestimmt waren es schon acht Wochen. Insgeheim himmelte ich sie schon immer ein wenig an.
Als Bellindas Freundschaft zu Fischi in die Brüche ging, sah ich meine Chancen für gekommen.
Ich schrieb im Unterricht einen Zettel an Iris, sie war Bellindas Freundin und Banknachbarin, mit den Worten: „Hallo Iris! Frage mal bitte Bellinda, ob sie mit mir gehen will? Stephan“
Iris las den Zettel, drehte sich zu mir um und schüttelte nur mit dem Kopf.
‚Mensch, ist die doof!‘ dachte ich mir so im Stillen.
Nach ein paar Minuten sah ich aber, wie sie mit Bellinda tuschelte. Mir klopfte das Herz.
Plötzlich drehte sich Bellinda zu mir um und sah mich kurz mit ernstem Gesicht an.
Das sah nicht gut aus. Ich wurde immer unruhiger.
Endlich rief die Klingel zur Hofpause.
Die anderen sprangen auf und eilten hinaus. Ich blieb absichtlich sitzen und tat so, als ob ich noch den letzten Satz von der Tafel abschrieb. Voller Aufregung sah ich, wie Bellinda auf mich zu kam. Doch sie ging an mir vorbei, ohne mich anzusehen.
‚Das war's wieder mal!‘ dachte ich mir. Schulterzuckend ging ich hinaus auf den Schulhof.
Für den Rest des Schultages ging ich ihr vorsichtshalber aus dem Weg.

Bevor morgens die Schule anfing, trafen wir Jungs uns immer an einer Straßenecke und warteten bis alle da waren. Schon von Weitem sah ich Bellinda kommen und ich verzog mich so gut es ging inmitten unserer Meute.
Es half aber nichts, denn sie steuerte geradewegs auf mich zu, drückte mir ein kleines Briefchen in die Hand und lief weiter.
Um mich herum fingen alle an zu grölen und mein Gesicht lief dunkelrot an.
„Aha, ein Liebesbrief!", „Muß Liebe schön sein!" riefen sie durcheinander.
Schnell ließ ich das Briefchen in meiner Hosentasche verschwinden, ehe es mir einer aus der Hand reißen konnte.
Meine Gedanken überschlugen sich. Sicher stand darin, daß sie nicht mit mir gehen wollte oder vielleicht doch? Mein Gefühl sagte mir, daß es eine glatte Absage war, aber ein winziges Fünkchen Hoffnung glimmte doch noch in mir. Vielleicht doch? Schon machte ich mir Gedanken, wo ich den Brief ungestört lesen könnte.
In der Schule hatte man ja nirgends seine Ruhe. Wenn ich ihn im Unterricht las, bemerkte das vielleicht noch die Lehrerin und nahm ihn mir weg.
Es gab nur einen ungestörten Ort.
Nach den ersten zehn Unterrichtsminuten meldete ich mich.
Die Lehrerin freute sich, daß ausgerechnet ich mich als erster auf ihre Frage gemeldet hatte, denn ich war sonst eigentlich zu faul den Arm zu heben.
„Bitte Stephan!" sagte sie strahlend.
„Ich müßte dringend mal auf die Toilette", sagte ich mit verkniffenem Gesicht.
Sichtlich enttäuscht fragte sie: „Ist dir nicht gut?"
„Doch, aber ich hab's heute verschlafen und war noch nicht."
Die Klasse kicherte und ich durfte abschwirren.
Schnell lief ich durchs Schulhaus und schloß mich auf der Toilette ein.
Ich kramte das Briefchen aus der Hosentasche und las: „Lieber Stephan! Iris sagte mir heute, sie solle mich fragen, ob ich mit Dir gehen will. Ich glaube, ich will. Eigentlich wollte ich schon lange mit Dir gehen, aber ich dachte immer, ich wäre Luft für Dich. Du hast mich ja noch nie angesehen. Deshalb glaube ich auch nicht, daß Du es ehrlich meinst. Ich will es aber trotzdem mit Dir versu-

chen. Wenn Du willst, dann komme nach der Schule zu mir. Meinen Eltern sage ich, daß ich Dir Nachhilfe in Russisch gebe. Bellinda“

Ja, was sagt man denn dazu?

Ich mußte mich erst einmal auf den Brillenrand setzen. Das hatte ich nun doch nicht erwartet, obwohl ich es tief in meinem Innersten gehofft hatte.

In mir begann es zu jubeln: ‚Sie will mich! Sie will mich!‘

Langsam und mit glühendem Gesicht ging ich zum Klassenzimmer zurück.

Meine Augen strahlten, als ich die Klasse betrat. Sie suchten Bellinda und sie, sie lächelte mich an.

Der Schultag war für mich gelaufen. Meine Gedanken kreisten nur noch um sie, keine Augen und kein Ohr mehr für den Unterricht, das war Nebensache.

Nach der Schule rannte ich so schnell ich konnte zum Mittagessen in den Hort.

In Windeseile schlang ich das Essen hinunter, sagte meiner Mutter Bescheid, daß es abends vielleicht etwas später werden könnte, weil ich Bellinda Nachhilfe in Russisch geben müßte und jagte weiter nach Hause.

Ich kramte meine besten Glockenjeans und mein schönstes Hemd aus dem Schrank hervor, putzte meine Schuhe auf Hochglanz und wusch mir meine Hände und das Gesicht.

Ich überlegte kurz und griff dann zur Zahnbürste. Schaden konnte das Zähneputzen ja nicht. Wer weiß, was ich heute noch erleben sollte?

Zum Abschluß kämmte ich mir meine Haare sorgfältiger als sonst.

Je näher ich dem Haus kam, in dem Bellinda wohnte, desto lauter schlug mein Herz. Meine Schritte wurden immer langsamer. Hoffentlich war ihre Mutter nicht zu Hause. Ich wußte, sie war Lehrerin in einer anderen Schule, und ich hatte keine Ahnung, ob sie sehr streng war.

Am Haus angelangt, holte ich erst einmal tief Luft, ehe ich all meinen Mut zusammennahm und auf den Klingelknopf drückte.

Ich hatte den Knopf noch gar nicht richtig berührt, als schon die Tür aufging und Bellinda lachend vor mir stand.

„Ich hab' dich schon eine ganze Weile beobachtet und hatte schon Angst, daß du wieder umkehrst", lachte sie.
Sie nahm meine Hand und zog mich hinter sich her.
„Wir geh'n gleich in mein Zimmer nach oben", sagte sie. „Da sind wir ungestört."
Das kleine Zimmer war für meinen Besuch gut vorbereitet. Auf dem Tisch, der vor einem kleinen Sofa stand, lagen mehrere Russischbücher, Hefte und ein Wörterbuch.
Wir setzten uns nebeneinander hin und sagten erstmal nichts. Ich wußte nicht, wie ich es anfangen sollte, ihr zu erzählen, wie sehr ich in sie verknallt war.
Nach einer Weile drehte Bellinda den Kopf zu mir und sah mich lange mit traurigen Augen an.
„Weißt du", fing sie mit leiser Stimme an, „mit Fischi habe ich selbst schlußgemacht. Er war so gemein zu mir und hat es auch nicht ernst gemeint. Wenn du genauso bist, dann kannst du gleich wieder gehen!"
Wieder sah sie mich durchdringend an. Ihr Gesicht hellte sich aber plötzlich auf, als sie hinzufügte: „Ich glaube aber, daß du vielleicht doch anders bist, Stephan."
Mit heißerer Stimme antwortete ich: „Ich bin bestimmt anders als Fischi."
„Na gut", meinte sie, „dann können wir ja anfangen!"
Sie griff sich eines der Russischbücher und schlug es auf.
„Komm, ich geb' dir einen Stift!"
„Was soll ich?" Ich war geschockt. Meinte sie das ernst? Ich war doch nicht wirklich zum Lernen hergekommen.
Sie hatte mein Gesicht von der Seite her beobachtet und mußte laut lachen.
Ich fand eigentlich überhaupt nichts komisch. Im Gegenteil fühlte ich mich total veralbert.
„Ach Stephan", lachte sie abermals. „Das sieht dir wieder ähnlich. Du hast doch garantiert die Hausaufgaben für morgen noch nicht gemacht, stimmt's?"
Ich zuckte gleichgültig mit den Schultern.
„Komm, ich helfe dir dabei, dann bist du ganz schnell fertig damit und wir können dann noch etwas anderes machen!"
Damit war ich überredet. Was blieb mir auch anderes übrig?

Bellinda konnte ganz gut erklären, so daß ich sogar etwas dabei begriff, denn mit Russisch stand ich sonst eigentlich auf Kriegsfuß. Während wir über den Büchern hingen, schaute ihre Mutter in's Zimmer hinein.
Auf Zehenspitzen kam sie zu mir und flüsterte: „Ich will euch beide nicht weiter stören. Ich wollte nur mal schnell ‚Guten Tag' sagen!" Sie gab mir die Hand und war auch gleich wieder, genauso wie sie gekommen war, verschwunden. Ich fand sie ganz in Ordnung.
Nachdem wir die Hausaufgaben erledigt hatten, fragte Bellinda: „Na, war's denn so schlimm?"
Ich schüttelte den Kopf und meinte es ehrlich damit.
„Weißt du", sagte sie. „Als mich Iris gestern gefragt hatte, ob ich mit dir gehen will, war ich danach so durcheinander, daß ich in der Doppelstunde Mathe überhaupt nicht mehr aufpassen konnte. Kannst du mir das noch mal erklären?"
„Klar, versuchen kann ich's ja", antwortete ich. Mathematik war eines meiner Lieblingsfächer. „Aber so viel hab' ich auch nicht mitgeschnitten. Ich mußte doch auch die ganze Zeit an dich denken. Zusammen schaffen wir's vielleicht. Mein Riecher sagt mir sowieso, daß wir morgen eine Kurzarbeit schreiben."
Sichtlich froh darüber, daß ich nicht eingeschnappt war, weil sie noch weiter lernen wollte, sprang sie auf und holte die Mathe-Sachen.
Sie blätterte im Buch, bis sie die richtige Seite fand und rückte ganz eng an mich heran.
Viel zu eng, wie sich herausstellte, denn obwohl ich angestrengt in dem Buch las, verstand ich weder Worte noch Zahlen.
Ihre Nähe verwirrte mich so sehr, daß ich vor lauter Aufregung das Atmen vergaß. Ihr mußte es ähnlich ergangen sein, denn plötzlich rückte sie ein kleines Stück von mir ab und sagte leise, mit zitternder Stimme: „Besser ist es, du liest alleine weiter und ich schaue mir inzwischen noch mal an, was wir uns im Unterricht in's Heft geschrieben haben."
Ich nickte und atmete erleichtert tief durch.
Stück für Stück fuchsten wir uns durch den Zahlendschungel. Mittendrin, wir hatten sein Eintreten gar nicht bemerkt, schaute Bellindas Vater zu uns herein. Er war Doktor der Chemie und hatte schon viele Patente entwickelt.

Eigentlich war er kein unsympathischer Mensch, doch leider war er der Elternbeiratsvorsitzende unserer Klasse und daher über alle meine Streiche genauestens informiert.
Er setzte sich kurz zu uns und fragte: „Naaah, hier hat wohl jemand Schwierigkeiten in Mathe?"
Natürlich sah er ganz besonders mich dabei an.
„Nee, Papa!" sagte Bellinda sofort. „Stephan hilft mir heute in Mathe. Ich hab' in den letzten Mathestunden nicht alles mitbekommen."
Da war der Papa sprachlos. Ich grinste vor mich hin. Ausgerechnet der freche Hoffi gab seiner Tochter Nachhilfestunden.
Sichtlich durcheinander sagte er noch ein paar belanglose Worte, dann ließ er uns wieder allein.
Ich konnte mich nicht mehr zurückhalten und kicherte laut los. Bellinda lachte mit und gab mir einen kleinen Stups auf die Nase. Wie ganz von selbst, nahm ich ihre Hände und zog sie behutsam an mich heran.
Sie gab keinen Widerstand und unsere Augen versanken tief ineinander. Unsere Gesichter berührten sich zart. Leicht, fast nur wie ein Hauch, küßte ich ihre Lippen. Sie schien in diesem Moment genauso zu empfinden, wie ich, denn sie legte mir ihre Arme um den Hals und drückte sich ganz eng an mich.
Mir wurde es kalt und heiß. Ich konnte ihren Herzschlag spüren. Langsam und unaufhaltsam begann ich zu schweben. Wie aus der Ferne hörte ich sie leise sagen: „Ich wünsch' mir ganz fest, daß wir uns immer so gut verstehen!"
„Ja das wünsch' ich mir auch!" Zärtlich streichelte ich ihr über das Haar und fühlte mich unsagbar glücklich.

Dieser Tag hatte mich völlig aus dem Gleichgewicht gebracht. Alles war auf einmal anders und ich entwickelte mich regelrecht zum Musterschüler.
Ich ließ die anderen Jungs Jungs sein und traf mich fast jeden Nachmittag mit Bellinda, um gemeinsam mit ihr die Schulaufgaben zu erledigen und zu lernen. Es machte Spaß, denn am Ende winkte immer die Belohnung für alle Mühen.
Sie war wirklich ein sehr zärtliches Mädchen und sehr anschmiegsam.

Leider war unser Glück nicht von Dauer. Sie wollte mich zu sehr umkrempeln. Ich sollte mit rauchen aufhören, nicht mehr so vorlaut in der Schule sein, im Unterricht mehr mitarbeiten und so weiter. Meine Freunde nannten mich schon Streber und Bellindas Erziehung ging mir langsam aber sicher auf die Nerven.
Nach circa acht Wochen hatte ich die Nase gestrichen voll und machte mit ihr Schluß.
Ich sagte ihr, wie sehr sie mir mit ihren Ratschlägen und Vorschriften auf den Wecker ging.
Sie begriff das natürlich überhaupt nicht und fing entsetzlich an zu weinen.
„Ich hab's doch bloß gut gemeint mit dir!“ schluchzte sie laut.
„Ich hab' aber keine Lust, ein Musterschüler zu werden. Die anderen lachen mich ja schon aus“, entgegnete ich ihr und ließ sie einfach stehen.
Die nächsten Tage ging ich Bellinda so gut es ging aus dem Weg. Wenn ich sie sah, hatte sie verweinte Augen. Ich mußte sie sehr verletzt haben, und sie tat mir leid.
Das wollte ich nun auch wieder nicht.
Im Unterricht warf ich ihr einen Zettel zu, auf den ich geschrieben hatte, daß ich nach der Schule unbedingt mit ihr reden müßte.
Sie drehte sich um und nickte mir zu.
Nach dem Unterricht warteten wir, bis sich die anderen alle verzogen hatten und setzten uns auf eine Bank im Schulhof.
Erwartungsvoll sah sie mich mit großen Augen an, und ich entdeckte in ihrem Gesicht die Hoffnung, daß vielleicht doch noch nicht alles vorbei war.
Damit machte sie mir alles noch viel schwerer. Ich wußte, meine Worte würden sie wieder verletzen, und ich überlegte fieberhaft, wie ich es ihr sagen sollte.
Ein paar Mal atmete ich tief durch und sagte endlich: „Bellinda, bitte sei mir nicht böse, aber wir passen einfach nicht zusammen. Du bist für mich viel zu fleißig in der Schule, und ich habe einfach keine Lust, andauernd zu pauken. Die anderen Jungs lachen mich schon aus. Deswegen können wir trotzdem Freunde bleiben. Nur, zusammengehen möchte ich nicht mehr mit dir.“
Lange sah sie mich mit traurigen Augen an.
„Die anderen Jungs sind dir wichtiger als ich. Ich hab' mir das schon

gedacht, schade! Ich wollte doch nur, daß du nicht mehr so viel Ärger mit den Lehrern und deinen Eltern hast."
Wieder kullerten kleine Tränenbäche aus ihren großen traurigen Augen. Sie stand auf. „Naja, da kann man nichts machen!" sagte sie schulterzuckend.
„Nee, kann man nichts machen!" sagte ich und stand ebenfalls auf. Dann gab ich ihr hastig einen Kuß auf die Stirn und ging.
Ich hatte mich schnell abgewendet, damit sie meine Tränen nicht sah. Irgend etwas krampfte sich in mir zusammen. Sie tat mir unheimlich leid und irgendwie war es mir bewußt, ich mochte sie noch immer.
Es war ganz einfach zu blöd! Ich hatte ein Mädchen lieb und machte trotzdem mit ihr Schluß.
Am liebsten wäre ich umgekehrt und hätte sie ganz fest in meine Arme genommen. Zu tief hatte sich der Anblick ihrer großen traurigen Augen in meine Gedanken eingegraben.
Was war ich doch für ein Feigling! Da waren die Jungs, die mich verspotteten, weil ich mehr lernte als sonst. Da war ich, der Angst hatte, von den anderen nicht mehr akzeptiert zu werden. Da war sie, die mir doch nur helfen wollte, mit ihren großen traurigen Augen. Und ich Idiot war zu feige, ihr nachzugehen und zu sagen: „Komm, wir bleiben zusammen! Sollen die anderen reden was sie wollen!"
Tränen voller Wut über mich selbst liefen mir die Wangen hinunter. Ich konnte nicht über meinen Schatten springen.

Das 7. Schuljahr brachte mir einige Begebenheiten, die mein weiteres Leben stark beeinflussen sollten.
Zu den Fächern, die wir bisher hatten, kam jetzt noch eine 2. Fremdsprache hinzu.
Ich hatte Englisch gewählt, weil mir das besser gefiel als Französisch. Ein Teil meiner Klasse wurde dazu mit einem Teil der Parallelklasse zusammengelegt.
Unsere Englischlehrerin war ein recht bedauernswertes Geschöpf. Wir hatten schnell herausgefunden, daß wir bei ihr anstellen konnten, was wir wollten.
Dabei hatten wir die verrücktesten Einfälle.
Einen Riesengaudi machte es zum Beispiel, wenn wir Jungen unter

den Bänken langkrochen und den Mädchen die Schuhe raubten. Diese warfen wir dann zum Fenster hinaus auf den Schulhof. Wenn wir eine Kontrollarbeit schrieben, tauschten wir die Arbeitsblätter so lange untereinander aus, bis jeder das Gleiche auf dem Blatt stehen hatte.
Unterschiedliche Zensuren gab es dann nur, weil einer nicht richtig abschreiben konnte.
Einer der übelsten Schülerstreiche, den es überhaupt gab, ging an der Lehrerin natürlich nicht vorbei.
Ein total kaputter Stuhl wurde von uns so präpariert, daß er den Eindruck erweckte, als sei er völlig in Ordnung. Den stellten wir ihr hinter den Lehrertisch und warteten ungeduldig darauf, daß sie sich endlich setzte.
Es klappte schließlich auch. Der Stuhl brach krachend zusammen und die Englischlehrerin schrie mörderisch auf.
Wir schüttelten uns vor Lachen.
Nach einiger Zeit blieb uns aber das Lachen im Halse stecken, denn sie hörte gar nicht wieder auf mit Schreien und Stöhnen. Dann schleppte sie sich jammernd aus der Klasse. Wir saßen da wie versteinert. Keiner sagte etwas.
Kurz darauf kam unser Direktor in's Klassenzimmer gestürzt. Sein Gesicht hatte sich dunkelrot verfärbt.
„Wer war das?“ schrie er zornig.
Niemand rührte sich.
„Ich will jetzt sofort von euch wissen, wer das war oder ihr bekommt jeder einen Tadel vor der gesamten Schule. Das versprech' ich euch! Also, wer?“
Wir zogen die Köpfe ein. Keiner sagte einen Ton.
„Gut“, fuhr er fort, „dann bleibt ihr alle solange hier sitzen, bis sich diejenigen bei mir melden. Und wenn ihr bis morgen früh hier sitzen bleibt, das ist mir ganz egal!“
Ein Tadel vor der gesamten Schule zum Appell war eine der höchsten Strafen, die es gab und wurde in die Schülerakte eingetragen. Nach einer Viertelstunde wurden wir allmählich unruhig. Die normale Unterrichtszeit war schon lange überschritten und es konnte nicht mehr lange dauern, bis einer anfing zu petzen.
Das müssen auch die Gedanken von „Belli“ und zwei weiteren Jungen gewesen sein, denn sie meldeten sich zaghaft.

Ich war diesmal zufällig nicht mit dabei gewesen, denn ich war in der Pause damit beschäftigt, den Schulranzen eines Mädchens auf der Jungentoilette zu verstecken.
Der Direktor zog Belli am Arm aus der Bank und schickte ihn, zusammen mit den anderen beiden in das Direktorzimmer.
Wir restlichen „Braven“ durften nach Hause gehen.
Die drei bekamen eine gehörige Strafe aufgebrummt. Sie mußten vier lange Wochen den Küchendienst im Schulspeiseraum erledigen. Das bedeutete Aufwaschen, Abtrocknen, Tische abwischen und Kehren.
Dafür hatten wir drei Wochen lang keinen Englischunterricht, weil sich unsere Lehrerin eine starke Prellung am Steiß zugezogen hatte.
Das war aber noch lange nicht die Krönung des ganzen Unfugs gewesen. Eines Tages war plötzlich, mitten im Unterricht das Klassenbuch verschwunden und die Englischlehrerin hatte den Verdacht, daß ich es stibitzt haben könnte.
Wahrscheinlich hatte es sich schon bis zu ihr herumgesprochen, daß ich bei den meisten Streichen in der Schule mit von der Partie war.
Sie kam daher langsam zu meiner Bank geschlendert. Ich saß in der Reihe direkt am Fenster.
Sie schaute unter meine Bank, aber da war nichts.
Höflich fragte sie mich, ob sie einmal in meine Schultasche schauen dürfte.
Sie durfte, denn ich hatte das Klassenbuch nicht. Das lag schon lange wieder da, wo es hingehörte, nämlich auf dem Lehrerpult. Einer meiner Mitschüler hatte es, als sie den Rücken gedreht hatte, wieder dorthin zurück gelegt.
Sie bückte sich und kramte in meiner Tasche.
Ich weiß nicht, welcher Teufel mich in diesem Moment geritten hatte. Jedenfalls rückte ich in diesem Augenblick den offenen Fensterflügel genau über sie, so daß sie beim Aufrichten mit dem Rükken voller Wucht gegen die Fensterkante knallte.
Blitzschnell brach sie in sich zusammen und stöhnte leise.
Erschrocken, über das was passiert war, sprang ich auf und half ihr, so gut es ging, zurück zum Lehrerplatz zu kommen.
Sie bedankte sich bei mir und führte den restlichen Unterricht im

Sitzen weiter. Zum Glück hatte sie nicht bemerkt, daß jemand ihrem Mißgeschick nachgeholfen hatte.
Wieder hatten wir zwei Wochen lang keinen Englischunterricht.
In unserer Schulsportgemeinschaft wurde eine Volleyballgruppe gegründet. Ich gab die Leichtathletik auf und trat dieser Gruppe bei. Trainiert wurde in einer anderen Schule unseres Ortes, die eine neue Turnhalle mit einem großen Volleyballfeld hatte.
In dieser Trainingsgruppe traf ich unter anderem mit Schusti zusammen.
Schusti ging bereits ins 8. Schuljahr und hatte schon hin und wieder Zigaretten bei mir geschlaucht. Er schlug uns vor, daß wir doch in einer Gaststätte in der Nähe, vor dem Training ein, zwei Bierchen trinken könnten. Er würde den Kellner gut kennen und es gäbe da kein Problem wegen unseres Alters.
So kam es, daß Schusti, Ratze, Wiedel und ich regelmäßig, einmal in der Woche gemütlich beim Bier saßen, obwohl wir erst dreizehn, vierzehn Lenze auf dem Buckel hatten.
Das daran anschließende Training verlief dementsprechend lustig. Je nachdem, wieviel wir getrunken hatten.
Manchmal mußte wegen uns sogar das Training abgebrochen werden, denn wir spielten dann so „ungeschickt", daß wir mehr Luftnummern schlugen als den Ball.
Von da an war ich in meiner sonstigen Freizeit auch sehr oft mit Schusti und Wiedel zusammen.
Letzterer wohnte mit seiner Mutter und einem bedeutend jüngeren Bruder in einem Haus, in dem außerdem noch eine alte, gehbehinderte Frau ihre Wohnung hatte.
Freundlich, wie Wiedel war, holte er ihr regelmäßig die Kohlen aus dem Keller.
Die Frau hatte früher im hiesigen Weingut gearbeitet. Deshalb gab es in ihrem Keller nicht nur Kohlen, sondern es standen riesige Regale darin, vollgeladen mit einer Unmenge an Wein- und Sektflaschen. Bei dieser Menge fiel es kaum auf, wenn wir hin und wieder eine Flasche für uns abzwackten. Mit dieser machten wir uns einen schönen Nachmittag in Schustis Bude.
Er hatte bei sich im Keller das unbenutzte Waschhaus mit alten Teppichen ausgelegt.
Zur weiteren Ausstattung gehörten uralte Möbel aus Großmutters

Zeiten und lauter Trödel, wie ein altes Grammophon, Schirme, Zylinder und natürlich Bilder vom Maler Spitzweg, der uns allen gut gefiel.
Wir fanden es hier urgemütlich, denn wir konnten an diesem Ort völlig ungestört rauchen, Alkohol trinken und so richtig herumblödeln.
Manchmal kam Schustis Vater zu uns herunter, um eine mit uns zu rauchen. Er war Russischlehrer an der Erweiterten Oberschule und ein lustiger Kerl. Deshalb konnten wir ihn auch so gut leiden.

An einem Tag, gegen Ende des ersten Halbjahres der 7. Klasse, wurde ich während des Unterrichts zum Direktor gerufen.
Ich war mir keinerlei Schuld bewußt, was ich ausgefressen haben könnte. Trotzdem hatte ich gleich ein schlechtes Gewissen. Vielleicht lag mein Vergehen schon länger zurück und ich hatte es nur schon wieder vergessen.
Vorsichtshalber rechnete ich mit dem Schlimmsten.
Der Direktor saß, als ich eintrat, nicht allein in seinem Zimmer. Er saß zusammen mit meinem Sportlehrer und zwei Männern in Uniform an dem großen runden Tisch.
Ich wurde äußerst freundlich gebeten, mit am Tisch Platz zu nehmen.
Neugierig kam ich der Aufforderung nach. Ausgefressen hatte ich also nichts, sonst wären sie nicht so freundlich zu mir.
Die beiden Fremden stellte mir der Direktor als Majore vom Wehrkreiskommando vor. Einer der beiden spannte mich auch nicht lange auf die Folter. Er sagte, daß er über mich nur Gutes gehört hätte.
Das konnte meiner Meinung nach nur an einem starken Gehörfehler liegen, an was sonst?
Ich wäre, so sagte er, sehr gut im Sportunterricht und außerdem ein recht guter Schütze mit dem Kleinkalibergewehr.
Das stimmte nun wiederum ausnahmsweise.
Er stellte mir die Frage, ob mir das Ganze Spaß mache.
Komische Frage, aber ich bejahte sie trotzdem und überlegte fieberhaft, wohin er eigentlich hinauswollte.
Ob ich mir vorstellen könnte, fragte er weiter, daß ich später einen Beruf ausübe, bei dem gute Schießergebnisse und sportliche Leistungen wichtig wären?
Ich zuckte mit den Schultern.

Die Nationale Volksarmee suche noch tüchtige Offiziere, die den Soldaten ein Vorbild sein können und ich hätte dafür die besten Voraussetzungen.
Ich müßte allerdings das Abitur machen und danach drei Jahre an der Offiziershochschule studieren. Damit würden meine Hobbys zum Beruf werden.
Wieder zuckte ich nur mit den Schultern.
Doch nun redeten alle kreuz und quer auf mich ein.
Sie sprachen vom Schutz des Vaterlandes vor den Imperialisten, von meinem Vater, der sich als Genosse sicher besonders freuen würde, wenn sein Sohn die Errungenschaften des Sozialismus verteidigen wollte und, und, und.
Mir brummte der Schädel.
Sie erwarteten von mir eine Antwort. Ich hatte aber keine, denn ich war völlig durcheinander und konnte nur immerfort mit den Schultern zucken.
Irgendwie merkten sie das dann auch. Einer der Majore verschaffte sich Ruhe und meinte, daß ich mich natürlich nicht gleich entscheiden müßte, sondern die ganze Sache noch einmal überschlafen sollte. Schließlich sei es ja eine äußerst wichtige Entscheidung für mein weiteres Leben.
Nachdem ich versprochen hatte, dem Direktor am nächsten Tag meine Entscheidung mitzuteilen, konnte ich endlich gehen.
So durcheinander wie ich war, hatte ich vorerst keine Lust, in die Klasse zurückzukehren. Ich ging hinaus auf die Straße, um eine zu rauchen.
Ich muß ehrlich zugeben, daß ich mir bis dahin kaum Gedanken gemacht hatte, was ich später einmal werden wollte. Bisher erschien mir das auch nicht so wichtig, denn es war ja noch viel Zeit.
Es gab zwar immer mal einen Beruf, der mich beeindruckte, aber ein ernsthaftes Interesse steckte meist nicht dahinter, mal war es Musiker, mal LKW-Fahrer oder Schlagersänger. Es wechselte ständig. Jetzt schien es auf einmal Ernst zu werden.
Sicher, für einen Jungen wie mich, war die gesamte Armeetechnik schon eine Verlockung. Ob es die Panzer waren, die Raketen oder Maschinengewehre, ich fand es beeindruckend, wenn man damit umgehen konnte.
Das war schließlich auch der ausschlaggebende Grund, mich nach

einer langen schlaflosen Nacht, für diesen Beruf zu entscheiden.
Der Direktor klopfte mir wohlwollend auf die Schulter.
„Ich hab' das auch gar nicht anders von dir erwartet", meinte er. „Deine Eltern werden dich dabei bestimmt unterstützen. Allerdings müssen deine Leistungen viel besser werden, damit wir dich nach der 8. Klasse auf die Erweiterte Oberschule schicken können. Und, dein Betragen muß sich ebenfalls bessern!"
Ich versprach's.
Zum nächsten Schulappell mußte ich mit zwei anderen Jungs vortreten.
Der Direktor sagte den anderen versammelten Schülern, daß wir drei uns entschieden hätten, Offiziere der NVA zu werden und bereit seien, den Frieden in unserem Vaterland zu schützen, damit jeder in Ruhe Lernen und Arbeiten könne.
Man überreichte uns einen Strauß Blumen und wir durften wieder zu unseren Klassen.
Bisher war ich ein normaler Schüler, mit durchschnittlichen Leistungen und überdurchschnittlicher Beteiligung an jeder Art von Streichen, die es in und außerhalb der Schule gab.
Das wurde nun grundlegend anders. Ich war über Nacht jemand geworden, an dem sich andere ein Beispiel nehmen sollten. So schnell kann das gehen.
Ab sofort wurde bei jeder Gelegenheit meine ehrenhafte Entscheidung hervorgehoben.

In meinem bis dahin 13-jährigem Leben hatte ich schon viele Erfahrungen sammeln können. In einem Punkt waren mir aber andere Gleichaltrige einen Schritt voraus und deshalb beneidete ich sie ein wenig.
So hatten schon einige aus meiner Klasse Bekanntschaft mit dem Krankenhaus geschlossen. Meine Schwester Birgit übrigens auch. Als wir sie damals auf der Station besuchten, bekam sie von meinen Eltern Blumen, Obst und Süßigkeiten geschenkt, und alle bedauerten wir sie sehr.
Ein solches Leben wollte ich auch einmal haben.
Ich mußte mir also etwas einfallen lassen.
Eines Tages fragte ich meine Mutter, auf welcher Seite denn der Blinddarm liege. Sie zeigte mir die Stelle. Worauf ich ihr erklärte,

daß ich genau an dieser Stelle ständig Schmerzen hätte. Natürlich war sie gleich sehr besorgt und ich durfte am nächsten Tag nicht in die Schule, sondern mußte mit ihr zu unserem Hausarzt gehen.
Der drückte und knetete lange und ausgiebig auf meinem Bauch herum. Dabei mußte ich ihm sagen, an welcher Stelle es weh tat. Das war ja für mich kein Problem mehr, denn ich wußte ja von meiner Mutter, wo der Blinddarm lag.
Als der Arzt mit seiner Untersuchung fertig war, machte er ein besorgtes Gesicht und erklärte meiner Mutter, daß es alles nichts nütze, ich müsse schnellstens ins Krankenhaus.
Äußerst zufrieden mit mir wartete ich zu Hause auf den Krankenwagen. Meine Mutter hatte unterdessen ein paar Sachen für mich zusammengepackt und begleitete mich.
Im Krankenhaus mußte ich mich gleich in eines der großen weißen Betten legen.
Erneut wurde ich von einem Arzt untersucht. Er entschied, daß ich gleich noch am selben Tag operiert werden sollte.
Mutter strich mir zum Abschied übers Haar und sagte, daß ich keine Angst haben brauchte, denn von der Operation würde ich gar nichts mitbekommen, weil ich da ganz fest schlafen würde.
Ich hatte auch keine. Eher freute ich mich, daß alles so wunderbar geklappt hatte.
Außer mir lagen noch vier andere Jungen auf dem Zimmer. Jeder hatte ein anderes Leiden.
Zum Mittagessen bekam ich wegen der Operation nichts zu essen und mußte zusehen, wie es sich die anderen schmecken ließen. Darüber ärgerte ich mich, denn ich hatte auch Hunger. Mir blieb aber nicht viel Zeit zum ärgern, denn eine hübsche Krankenschwester erschien und kratzte mir mit dem Rasiermesser ein paar Schamhaare weg, was ungeheuer kitzelte. Dann wurde ich in ein Bett mit Rädern gelegt und man fuhr mich zum Operationssaal.
Ich mußte auf den Operationstisch hinüberrutschen. Riesige Scheinwerfer strahlten von der Decke auf mich herab. Jetzt wurde ich doch ein wenig aufgeregt.
Eine Frau mit einem Tuch vor dem Mund erklärte mir, sie würde mir nun eine Atemmaske auflegen und ich sollte ganz tief einatmen. Dann fing sie an, mit mir Schafe zu zählen. Das 7. Schaf war schon ziemlich weit weg, das 9. Schaf in weiter Ferne und vom 10.

Schaf hörte ich nichts mehr. Als ich wieder erwachte, brauchte ich einige Zeit, ehe ich begriff, wo ich mich befand. Die anderen im Zimmer berichteten, daß ich sehr lange geschlafen hatte.
Es war bereits am Mittag des nächsten Tages.
Wieder bekamen die anderen zu essen, aber das hob mich diesmal nicht so sehr an. Ich hatte sowieso keinen Appetit und trank nur ein paar Schlucke Tee.
Zur Besuchszeit erschienen mein Vater und meine Mutter und was brachten sie mir mit? Natürlich Blumen, Obst und Süßigkeiten.
Der nette Arzt, der mich vor der Operation untersucht hatte erschien ebenfalls und fragte mich, wie ich mich fühlte.
Mir gings bestens, nur die frische Narbe zwickte ein wenig. Das sei aber ganz normal, meinte er.
Zu meinen Eltern gewandt sagte er, daß ich Glück gehabt hätte, daß ich gleich operiert worden sei, denn mein Blindarm wäre total vereitert gewesen, und ich hätte daran sterben können.
Das war für mich völlig unerklärlich und noch heute überlege ich, wer eigentlich damals geschwindelt hat. Ich hielt aber besser meinen Mund.
Am Ende der 7. Klasse ging es um die Bewerbungen für die Erweiterte Oberschule.
In meiner Klasse stellten sieben Schüler den Antrag, aber es standen nur fünf Plätze zur Verfügung. Ich hatte vom Zensurendurchschnitt her die 6. Position.
Die endgültige Entscheidung wurde bis zu den Halbjahresnoten der 8. Klasse vertagt. Demnach hatte ich noch ein halbes Jahr Zeit, meine Leistungen zu verbessern. Das war für mich theoretisch kein Problem. Ich hätte dazu nur im Unterricht, ein kleines bißchen mehr aufpassen müssen.
Zum Beginn des 8. Schuljahres hatte ich auch alle guten Vorsätze. Daran mangelte es mir bestimmt nicht. Doch diese auch in die Tat umzusetzen, fiel mir so schwer, daß ich es bald aufgab und sie besser wieder vergaß. Schließlich gab es ja noch Dinge, die einem nicht so schwer fielen.
Ich traf mich jetzt häufig nachmittags mit Schusti, Ratze und Wiedel zum Skat.
Schusti ging inzwischen das erste Jahr auf die EOS.
Wie es sich zu einem zünftigen Skat gehörte, saßen wir dabei nie

auf dem Trockenen. Oftmals hatte Wiedel aus „seinem Weinkeller“ ein, zwei Flaschen mit dabei.
Manchmal, wenn wir genügend Geld hatten, gingen wir in eine kleine Kneipe auf den Weinbergen. Meistens waren wir die einzigen Gäste in der Gaststube. Der Wirt war bereits um die 70 Jahre alt und hatte zu uns so viel Vertrauen, daß er uns in der Schankstube alleine ließ und wir uns das Bier selber zapfen durften.
Beim Bezahlen am Schluß waren wir dann nicht mehr nüchtern genug, um die genaue Anzahl der Biere, die wir getrunken hatten, noch genau zu wissen.
Das Verzählen hielten wir aber in Grenzen, damit wir uns die Chance wiederzukommen nicht vergaben.
So nach und nach stellten sich Probleme mit meinen Eltern ein. Sie bemerkten immer häufiger, daß ich mit einer Alkoholfahne nach Hause kam und hielten mir Moralpredigten. Außerdem versuchten sie, mir den Umgang mit meinen Freunden zu verbieten. Sogar Ausgangsverbot bekam ich eine Zeit lang, woran ich mich aber kaum hielt, denn es war ja ein Leichtes für mich auszurücken, wenn beide Eltern arbeiten waren.
Es gab aber auch Ausnahmen, bei denen das Ausgangsverbot offiziell aufgehoben war. Dazu gehörten die Theatervorstellungen in den Landesbühnen Sachsen. Die meisten Schüler meiner und der Parallelklasse gehörten zum Theaterring. Wir bekamen deshalb einmal im Monat verbilligte Eintrittskarten.
Wir nutzten die Gelegenheit aus, um uns einen gemütlichen Abend zu machen.
Direkt unter dem Theater im Erdgeschoß befand sich eine Gaststätte. Entweder gingen wir gleich nach der ersten Vorstellungspause hinunter an den Biertisch oder wir nahmen gleich, ohne das Theater von Innen gesehen zu haben, dort Platz. Es kam immer darauf an, welcher Lehrer an dem Abend Aufsicht hatte, ob es einer war, der unser Fehlen weitermeldete oder nicht.
Allerdings mußten wir uns auch vorher vergewissern, welcher Kellner Schicht hatte, denn es gab auch einige, die die Ausweise verlangten und uns keinen Alkohol gaben. In der Regel klappte es aber, da wir regelmäßig aufkreuzten und keinen Ärger machten, interessierte es kaum, daß wir erst 14 Jahre alt waren, obwohl das Jugendschutzgesetz ein Alter von 16 Jahren vorschrieb.

Um noch einmal auf meine Eltern zurückzukommen. Sie gaben sich alle Mühe mit mir, im Guten oder mit ein paar Ohrfeigen, wenn ich unerlaubt erst spät abends mit einer Fahne nach Hause kam. Da bei uns nur hin und wieder ein Gläschen Wein oder Bier, manchmal auch ein Gläschen Likör getrunken wurde, wenn Besuch da war, hatten meine Eltern überhaupt kein Verständnis dafür, daß es mir Spaß machte, zusammen mit meinen Kumpels ein wenig zu trinken.
Natürlich blieb mir der Ärger auch nicht erspart, wenn meine Eltern feststellen mußten, daß der Inhalt der Schnapsflaschen im Wohnzimmerschrank rapide abgenommen hatte. Wenn ich allein in der Wohnung war, konnte ich so manches mal der Versuchung nicht widerstehen, denn Fruchtlikör trank ich besonders gerne.
Es war aber nicht nur der Geschmack, der mich so anzog, es war auch die Wirkung, die diese Art von Getränken auf mich ausübte. Die wohlige Wärme, die sich nach jedem Schluck in meinem Körper ausbreitete, fand ich ungeheuer gut. Hinzu kam ein beruhigendes Gefühl, welches alle Diskrepanzen, die ich in der Schule und zu Hause hatte, verblassen ließ, eine richtige Wohltat.
Meine Eltern schlossen daraufhin alle Schränke, die Alkohol oder Zigaretten enthielten, konsequent ab. Was aber die Wirkung weit verfehlte. Ich trainierte absofort regelrecht, diese Schränke zu knakken. Zu erst übte ich mit Dietrich, Draht, Nadeln und allen möglichen Werkzeugen, dann fertigte ich mir Nachschlüssel an.
Es gab nichts mehr, was ich nicht öffnen konnte.
Verständlich, daß meine Eltern dadurch jedes Vertrauen zu mir einbüßten. Sie versuchten immer wieder mit den Eltern meiner Kumpels zu reden und mit den Lehrern, damit sie auf mich einwirkten, mit mir selbst aber kaum noch.

Mein Bruder hatte in der Zwischenzeit seine Lehre bei der Deutschen Reichsbahn beendet und hatte sich freiwillig für zehn Jahre zur Transportpolizei gemeldet.
Er trug jetzt stolz seine Uniform und war sich dessen bewußt, daß er etwas ganz besonderes darstellte.
Eines Abends, ich spielte mit meiner Schwester Petra auf der Straße Federball, erschien Thomas im Trainingsanzug auf dem Balkon und rief uns zum Abendessen. Wie es so ist, wenn man eifrig in's

Spiel vertieft ist, hört man nicht gleich auf das erste Rufen.
Nach höchstens drei Minuten kam mein Bruder zu uns hinunter auf die Straße.
Extra für diesen Auftritt hatte er sich seine Uniformjacke über den Trainingsanzug gestreift. Mit dieser Jacke, den Trainingshosen und den Pantoffeln gab er ein solch lächerliches Bild ab, daß wir laut lachen mußten. Das brachte ihn wahrscheinlich in Rage. Er drehte mir urplötzlich meinen Arm auf den Rücken, daß ich vor Schmerz und Schrecken laut aufschrie.
Zum Glück hielt ich in der anderen Hand noch meinen Federballschläger und ich schlug kräftig zu. Er ließ los, und ich nutzte die Gelegenheit und rannte in Windeseile hinauf in die Wohnung.
„Bleib' stehn!" brüllte er hinter mir her. „Das ist Widerstand gegen die Staatsgewalt!"
Mein Vater mußte alles beobachtet haben, denn er stellte sich sofort zwischen uns Kampfhähne.
Mein Bruder tobte immer noch außer sich: „Ich zeig' den an! Das ist Widerstand und Angriff auf die Staatsgewalt!"
„Einen Vogel hast du, aber keene Staatsgewalt, du Affe!" rief ich zornig.
„Hast du das gehört?" kreischte mein Bruder und zog meinen Vater am Ärmel. „Jetzt kommt noch Beleidigung dazu. Ich zeig den an!"
Ich verzog mich und meine Eltern hatten an diesem Abend noch alle Mühe, Thomas auszureden, daß er seinen eigenen Bruder anzeigt.
Der wenige Respekt, den ich bis dahin noch vor meinem fünf Jahre älteren Bruder hatte, war seit dieser Begebenheit völlig dahin. Um des lieben Friedenswillen, ging ich ihm fortan weitestgehend aus dem Weg.

Schnell war das erste Halbjahr der 8. Klasse vergangen und die Stunde der Wahrheit, die Zeugnisausgabe war gekommen.
Ich hatte ein ungesundes Gefühl und ein schlechtes Gewissen.
Ich wußte nicht genau, wie ich in den einzelnen Fächern stand, denn ich war zu faul gewesen, mir eine eigene Zensurenliste anzulegen und jede Zensur dort einzutragen. Ins Klassenbuch durften wir nicht hineinsehen. Das lag immer unter der Kontrolle der Lehrer.
Als ich an der Reihe war, sagte die Lehrerin, es sei ein gutes Zeug-

nis, daß sie sich aber sicher sei, daß ich mich bis zum Jahresende noch in einigen Fächern verbessern würde. Sie lobte noch einmal meinen Entschluß Offizier zu werden und endete mit dem Satz: „Stephan ist hiermit auf die Erweiterte Oberschule delegiert."
Mir fiel ein Stein vom Herzen. Es war ja so, daß Schusti bereits auf die EOS ging und von Ratze und Wiedel wußte ich, daß sie ebenfalls delegiert waren. Nun konnte mit unserer Skatrunde nichts mehr schiefgehen.
Am Ende der Zeugnisausgabe wurden wie immer die Zensurendurchschnitte der einzelnen Schüler bekanntgegeben. Obwohl die Lehrerin das diesmal sehr schnell tat, bekam ich doch mit, daß ich wieder nur den 6. Platz von uns EOS-Bewerbern hatte.
Der Bewerber, der den 4. Platz hatte, wurde nicht delegiert. Er war der Sohn eines Pfarrers. Wir konnten ihn alle gut leiden, weil er überhaupt nicht so fromm tat, wie er eigentlich war. Im Gegenteil, man konnte ihn für die schönsten Streiche mit begeistern, und er hatte auch manche gute Idee, wie man der Langenweile in der Schule entgehen konnte. Geriet er dabei in die Klemme, konnten wir uns sicher sein, daß er uns nicht verpfiff. Bernhard, so hieß der Schüler, wollte später ebenso, wie sein Vater Pfarrer werden. Für das dazu notwendige Theologiestudium benötigte er deshalb das Abitur.
Zum Verhängnis wurde ihm nun, daß er kein FDJ-Mitglied war und dadurch ein Makel unserer Klasse.
Es paßte eben nicht ins Bild, wenn er zum Appell in seinem weißen Hemd, inmitten der vielen Blauhemden unserer Klasse stand.
Da war eben ein Offiziersbewerber, der nicht so sehr gute Zensuren hatte, bedeutend angesehener bei der Obrigkeit.
Am Ende des Schuljahres waren meine Leistungen verständlicher Weise nicht besser geworden. Warum auch? Die Delegierungen standen ja fest.
(Bernhard, der Pfarrerssohn, absolvierte später eine Berufsausbildung mit Abitur, studierte anschließend Theologie und ist heute trotzdem ein sehr guter Pfarrer.)

In den Sommerferien fuhr ich das letzte Mal mit ins Ferienlager des Theaters. Seit ich vier Jahre alt war, fuhr ich Jahr für Jahr im Sommer für drei Wochen an die Ostsee. Anfangs war meine Mutter noch als Gruppenhelferin mit.

Das betriebseigene Urlauberdorf befand sich direkt am Rande des urwüchsigen Darßwaldes. Umgeben von hohen Krüppelkiefern, wohnten wir in kleinen Bungalows, deren Dächer mit Schilf gedeckt waren. Jeder Bungalow war mit 10 Kindern belegt, die eine Gruppe bildeten. Für die beiden Gemeinschaftswaschräume mußten wir das Wasser von einer Handpumpe holen.
Ein großer Bungalow diente als Speise- und Aufenthaltsraum. Dieser wurde einmal in der Woche zur Disko umgewandelt, denn dann war Tanzabend.
Für diese drei Wochen bezahlten die Eltern pro Kind 50 Mark und wußten uns in guter Obhut.
Die letzten Jahre hatte ich eine ständige Ferienlagerfreundin. Sie hieß Angela und wir waren beide unzertrennlich. Heimlich trafen wir uns nachts im Wald, küßten uns und versprachen einander, daß wir für immer zusammenbleiben wollen. Nach den drei Wochen wars dann aber auch Jahr für Jahr wieder vorbei, denn wir wohnten viel zu weit von einander entfernt. Das änderte aber nichts an der Tatsache, daß wir im nächsten Sommer wieder ein Herz und eine Seele waren.
Da Angela ein Jahr älter war wie ich, fuhr sie in diesem Sommer nicht mehr mit.
Das hatte mich im Vorfeld ein bißchen traurig gestimmt, denn zum Ferienlager gehörte sie in der Vergangenheit einfach mit dazu. Dieses Mal würde sie mir sehr fehlen.
Gleich zu Beginn der Abfahrt fiel mir Sabine auf. Sie wurde wirklich von Jahr zu Jahr hübscher. Sabine hatte von Natur aus schon eine leicht gebräunte Haut, hatte lange dunkelbraune Haare und eine sehr gute Figur. Ihre ebenfalls dunkelbraunen Augen blickten immer ein wenig traurig und verträumt.
Für die kleineren Mädchen im Lager war sie immer die große Freundin, die mit ihnen spielte und die Kleinen liefen mit allem Kummer und allen Wehwehchen zuerst zu ihr.
Es kam alles wie von selbst. Mir fiel auf, daß Sabine von Anfang an meine Nähe suchte, und auch ich fühlte mich gleichsam zu ihr hingezogen.
Am Strand lag sie unweit von mir und schielte heimlich zu mir hinüber. Im Lager schaute sie zu, wenn ich Tischtennis spielte. Ging ich in meinen Bungalow, ging sie in ihren, der schräg gegenüber

lag. Kam ich wieder heraus, kam auch sie, aber keiner traute sich, den anderen anzusprechen.
Eines Abends kurz vor der Nachtruhe, als ich alleine zum Waschraum ging, stand sie plötzlich vor mir. Ich konnte ihr nicht mehr ausweichen. Sie mußte hier direkt auf mich gewartet haben. Obwohl ich durch ihr plötzliches Erscheinen erschrocken war und mir das Herz fast in die Hosentasche gerutscht war, fragte ich sie geradezu, ob wir uns nicht in der Nacht treffen könnten. Etwas anderes fiel mir vor Schreck nicht ein.
Sie mußte lächeln und meinte, daß sie mich das auch gerade hat fragen wollen. Jetzt lachten wir beide. Wenn sie lachte, war sie noch viel schöner.
Wir vereinbarten Ort und Zeit und gingen mit den braven Kindern schlafen. Ich freute mich auf die Nacht und wünschte mir ganz fest, daß sie auch wirklich kam.
Es wurde Mitternacht. Ich schlich mich zum vereinbarten Treffpunkt. Um diese Uhrzeit war es ziemlich gespenstisch im Wald. Unzählige Grillen zirpten um mich herum. Hin und wieder schwirrte eine Fledermaus an meinem Kopf vorbei. Der sanfte Wind, der durch die Bäume strich, ließ hier und da in der Dunkelheit die Äste knarren. Ein Riesenschwarm Mücken tummelte sich um mich herum. Im nahen Dorf jaulte jämmerlich ein Hund, so daß mir ein kalter Schauer über den Rücken lief.
Sabine wartete schon auf mich. Durch das spärliche Mondlicht konnte ich erkennen, daß sie fror. Sie hatte nur ihr dünnes Nachthemd an.
Ich nahm sie in meine Arme. Sie ließ es geschehen, und keiner sagte ein Wort.
Ein unbeschreiblich schönes Gefühl, ihren Körper zu spüren, der leicht zu beben schien, oder zitterte sie nur vor Kälte?
„Stephan, ich bin so froh, daß wir jetzt hier so stehen“, sprach sie leise. „Ich war die anderen Jahre immer so traurig gewesen, daß du nur Augen für Angela hattest. Nicht ein einziges Mal hast du mit mir getanzt, nicht ein einziges Mal, und jetzt halt ich dich ganz, ganz fest und laß dich nicht mehr los.“
Voller Kraft zog sie mich an sich. Ihre Worte hatten mich tief berührt. Ich strich ihr tröstend über das lange, weiche Haar.
„Dafür bist du mir dieses Mal sofort aufgefallen. Du bist immer

hübscher geworden. Ach, was sag' ich! Du bist wunderschön, Sabine!" Zärtlich küßte ich sie auf den Mund.
Noch lange blieben wir in dieser Nacht fest umarmt beieinander. Selbst die Mücken konnten uns dabei nicht stören.
Die Unmenge von Mückenstichen sahen wir erst am nächsten Tag. Bei mir war es so schlimm, daß das linke Auge fast zugeschwollen war. Ich war trotzdem glücklich.
Von dieser Nacht an, waren Sabine und ich kaum noch auseinander zu bringen.
Fast jede Nacht trafen wir uns im Wald und waren immer wieder froh, uns ungestört in den Armen halten zu können.
Froh waren sicher auch die Mücken über ihre regelmäßige Nachtmahlzeit.
Zu Beginn des Ferienlagers wurden aus der Gruppe der großen Jungs zwei Helfer gesucht, die im Morgengrauen, wenn alle anderen noch schliefen, zusammen mit dem Lagerleiter ins nahegelegene Dorf gingen. Dort mußten für das Frühstück in der Kaufhalle frische Brötchen und Milch geholt werden.
Mein langjähriger Ferienlagerkumpel „Beyer mit Ypsilon", so nannten wir ihn, und ich natürlich meldeten uns freiwillig dafür.
Da die Kaufhalle um diese Uhrzeit noch nicht offiziell geöffnet hatte, durften wir durch den Liefereingang hinein. Wir waren nicht das einzige Ferienlager, das sich hier die Frühstücksversorgung holte. Deshalb herrschte immer ein reges Treiben. Lieferanten und Abholer gaben sich dabei die Klinke in die Hand. Während der Lagerleiter mit dem Verkaufspersonal zu tun hatte, konnten Beyer und ich uns ungestört im Verkaufsraum bewegen. Keiner achtete auf uns.
Wir empfanden das als Einladung, hin und wieder eine Flasche Schnaps unter der Jacke verschwinden zu lassen und mit ins Lager zu nehmen.
Wir mußten nur aufpassen, daß der Lagerleiter die Beule in unserer Jacke nicht bemerkte.
So hatten wir abends öfters runde Füße. Wobei Beyer mit Ypsilon kaum etwas vertrug. Da war ich schon ein bißchen mehr vorbelastet.
Durch meine Beziehung zu Sabine kam es, daß ich Märchenerzähler wurde.
Ich weiß nicht, was sie den jüngeren Mädchen in ihrem Bungalow

über mich erzählte. Jedenfalls bettelten sie mich auf einmal, daß ich ihnen abends vor dem Schlafengehen ein Märchen vorlesen sollte.
Sabine hatte mit den Betreuern geredet und die Erlaubnis eingeholt, daß ich mich um diese Uhrzeit noch im Mädchenbungalow aufhalten durfte.
Abend für Abend las ich nun wie einst mein Vater: „Es war einmal ...“
Andächtige Stille herrschte dabei bis zu den Worten: „Und wenn sie nicht gestorben sind, dann leben sie noch heute.“
Eines Abends hatte ich aber vorher schon so viel von dem Schnaps getrunken, daß ich keinen Satz mehr zusammenhängend lesen konnte. Die Mädchen amüsierten sich köstlich über mich. Leider aber viel zu laut, wie sich herausstellte, denn einer unserer Gruppenleiter wurde durch den Lärm angelockt und bemerkte meinen schlechten Allgemeinzustand.
Ich erhielt zwei Tage Strandverbot und das bei herrlichstem Sonnenschein.
Das gesamte Lager fuhr den ganzen Tag Baden. Ich sollte unterdessen den Küchenfrauen helfen, denn bei Strandwetter gab es erst zum Abend eine warme Mahlzeit.
Bevor die anderen losfuhren, drang Lärm aus Sabines Bungalow zu uns herüber. Wir schickten einen Jungen zum Spionieren.
Als er zurückkam, berichtete er, daß sich Sabine weigerte mitzufahren. Ihre Betreuerin und der Lagerleiter waren damit aber nicht einverstanden.
Am Ende setzte sie sich aber doch durch.
So waren wir zwei volle Tage ganz alleine im Lager und der Strand fehlte uns überhaupt nicht.
Axel und Uwe hatten dieses Jahr ein paar Knaller mit ins Ferienlager gebracht. Sie hatten sie extra dafür von Silvester aufgespart. Zusammen mit Frank, unserem Rettungsschwimmer, berieten wir, wie wir damit die Mädchen erschrecken könnten. Frank war Beleuchter am Theater und bei uns Kindern über alle Maßen beliebt. Man konnte mit ihm jeden Unfug anstellen. Außerdem konnte er schweigen wie ein Grab. Er hat nie einen verpfiffen. Deshalb war er auch in die meisten Streiche mit eingeweiht und hatte unser grenzenloses Vertrauen.

Wir bauten also unter seiner Anleitung eine Knallerkette. Sie bestand aus kleinen Glühdrähten, die man mit der Batterie zum Glimmen bringen konnte.
Quer durch das Lager verlief ein Weg. Unbemerkt konnten wir diesen entlang die Kette auslegen und mit Sand zudecken.
Hinter einem Hügel versteckt lagen wir dann auf der Lauer, bis ein passendes Opfer auftauchte.
Als Steffi, die Betreuerin der großen Mädchen in unsere Richtung kam, nickten wir uns gegenseitig zu. Frank zündete. Nach einer kurzen Weile knallte es einige Male hintereinander und man sah Staub aufwirbeln.
Steffi schrie und hüpfte vor Angst von einem Bein auf das andere. Wir konnten uns nicht beherrschen und lachten lauthals los. Natürlich entdeckte sie uns. Vor Schreck war sie kreidebleich geworden und sprach mit uns den ganzen Tag kein Wort mehr.
Einen großen Knaller hatten wir noch übrig. Der mußte für etwas ganz besonderes herhalten.
Nach dem Beginn der Nachtruhe um 22 Uhr versammelten sich unsere Betreuer jeden Abend im großen Aufenthaltsraum zum Bierchen, Kartenspielen oder Fernsehen. Dieser Ort sollte das Ziel unseres Anschlages werden.
Ich schlich mich zusammen mit Axel bis an die Eingangstür. Wir zählten leise bis drei, dann lief alles blitzschnell ab. Ich zündete den Knaller, Axel öffnete die Tür einen Spalt und ich warf das Ding hinein. Axel knallte die Tür wieder zu, und wir rannten wie die Hasen. Beim Laufen hörten wir hinter uns einen lauten Knall, wenige Augenblicke später ein riesiges Klirren und Scheppern.
Wir sprangen in unsere Betten und stellten uns schlafend.
Wir hatten richtig gerechnet. Kaum daß wir lagen, blitzte am Fenster eine Taschenlampe auf und leuchtete der Reihe nach, jedem von uns ins Gesicht.
Das mein Herz wie wild schlug, entdeckte zum Glück keiner. Erst am nächsten Morgen erfuhren wir, was eigentlich passiert war. Frank erzählte, daß einer der Betreuer sich so erschreckt hatte, daß er aufsprang und mit dem Rücken gegen das Geschirregal stieß. Dabei waren zwei große Stapel Teller, die ziemlich weit oben standen, herausgekippt und auf dem Fußboden zerschellt. Ein anderer Betreuer sei sofort hinausgestürzt, hätte aber niemand gesehen.

Frank konnte sich natürlich gleich denken, wer es gewesen war. Er lächelte verschmitzt, als wir der Reihe nach befragt wurden.
Aber keiner wußte etwas, keiner hatte etwas gesehen. Sogar die Kleinen hielten dicht.
Das Ferienlager war zu Ende und es hieß Abschied nehmen, Abschied von Sabine.
Ich mußte noch zwei Wochen bleiben und mit meinen Eltern Urlaub machen. Sabine fuhr wieder nach Hause. Es war alles so schwer und trostlos. Wir trennten uns nicht, ohne uns ganz fest zu versprechen, auch nach den Ferien zusammenzubleiben.
Die nächsten 14 Tage fuhr ich gemeinsam mit meiner Schwester Petra und „Krümel", einer Freundin von ihr, mit dem Fahrrad durch den Darß-Wald zur schönen Steilküste zum FKK.
Meine Eltern fuhren unterdessen mit dem Bus zum Textilstrand.
Bei mir war es nicht schon immer so, daß ich zum FKK-Baden ging. Mit zwölf Jahren überredeten mich Petra und Krümel dazu, doch einfach mitzukommen. Von zu Hause aus war ich nicht unbedingt zur Freikörperkultur erzogen worden. Ich kann mich jedenfalls nicht daran erinnern, meine Mutter oder meinen Vater jemals nackt gesehen zu haben.
Die ganzen Jahre, die ich an die Ostsee fuhr, hatte ich aber beobachten können, daß der überwiegende Teil der Urlauber aus unserem Feriendorf, an den Weststrand zum FKK fuhr. Es mußte also etwas für sich haben.
Jedenfalls wollte ich kein Feigling sein und fuhr mit.
Nach und nach gewöhnte ich mich an das Nacktsein und empfand es mit der Zeit bedeutend angenehmer, als ständig mit einer nassen und unbequemen Badehose herumzulaufen.

An einem der letzten Ferientage, vor dem Beginn der 9. Klasse, fuhr ich zu Sabine.
Erst am Vortag war ich von der Ostsee zurückgekommen.
Sabine wohnte nur ein paar Straßenbahnhaltestellen von mir entfernt. Zwei Wochen hatten wir uns nicht gesehen und ich freute mich schon riesig auf sie.
Endlich an ihrem Haus angelangt, klingelte ich aufgeregt. Ihr Vater öffnete mit griesgrämigem Gesicht die Tür. Er war Musiker am Theater und noch relativ jung.

Ich sagte höflich: „Guten Tag! Ich hätte gern Sabine gesprochen."
Er schaute mich finster an und fragte: „Bist du der Hoffmann vom Ferienlager?"
Ich nickte.
„Sabine ist für dich nicht zu sprechen!" knurrte er böse und knallte mir die Tür vor der Nase zu.
Ich erstarrte vor Schreck und verstand überhaupt nichts mehr. Was war bloß los? Ich hatte dem doch nichts getan? Durfte sich Sabine nicht mit einem Jungen treffen? Aber so klein war sie doch nun wirklich nicht mehr. Immerhin war sie schon vierzehn!
Auf einmal flog die Tür wieder auf und das grimmige Gesicht fragte drohend: „Ist sonst noch was?"
„Kann, kann sie wenigstens mal kurz herauskommen?" stammelte ich eingeschüchtert.
„Nein, kann sie nicht und jetzt zieh' Leine!"
Das konnte doch einfach nicht wahr sein. Schulterzuckend drehte ich mich auf dem Absatz um und ging langsam zurück auf die Straße.
Wütend und zugleich traurig ging ich vor dem Haus auf und ab. Vielleicht zeigte sie sich wenigstens am Fenster. Wenn sie zu Hause war, mußte sie doch gehört haben, daß jemand geklingelt hatte. Warum ihr Vater aber so unfreundlich gewesen war, begriff ich trotzdem nicht.
Ich hatte vorher noch nie etwas mit ihm zu tun gehabt.
Nach ungefähr einer Stunde gab ich auf und fuhr wieder heim. Ich war bitter enttäuscht, hatte ich mir das Wiedersehen doch so schön ausgemalt.
Die ganze Nacht über grübelte ich, was da passiert sein konnte. Eigentlich konnte es nur eine Erklärung geben. Ihr Vater war dagegen, daß sie sich mit Jungen traf. So etwas sollte es ja geben. Vielleicht hatte er sie sogar in ein Zimmer eingesperrt, damit sie nicht ausriß. Ich mußte das herausbekommen, aber vor allem mußte ich sie unbedingt wiedersehen. Es war nur die Frage, wie ich das anstellen konnte.
Nach langem Grübeln hatte ich endlich die Erleuchtung.
Ihr Vater war Orchestermusiker am Theater. Wenn also dort eine musikalische Vorstellung lief, konnte er demzufolge nicht zu Hause sein.
Mein Vater hatte den Spielplan auf seinem Regal liegen. Gleich am

nächsten Morgen sah ich nach und hatte ausgesprochenes Glück. An diesem Abend wurde eine Oper gespielt.
Unendlich langsam verging die Zeit bis zum Abend. Eigentlich war schönstes Badewetter, aber ich hatte heute keine Lust, mich mit den Kumpels im Bad abzugeben. Ich blieb zu Hause, hörte Musik und dachte an Sabine.
Schon am späten Nachmittag hielt ich das lange Warten nicht mehr aus und machte mich auf den Weg.
Viel zu früh kam ich an. Ich stellte mich hinter eine Straßenecke, von welcher ich Sabines Haus gut beobachten konnte und wartete. Ich mußte lange warten, aber ich ließ das Haus keinen Augenblick aus den Augen.
Endlich sah ich, wie ihr Vater aus dem Haus kam, die Garage aufschloß und das Auto herausfuhr. Er ließ sich dabei Zeit. Ich wurde immer aufgeregter. Bevor er losfuhr bemerkte ich, daß er zum Haus gewandt, mit jemandem sprach.
Dann war er endlich verschwunden.
So schnell ich konnte, rannte ich bis zu ihrer Tür und klingelte.
Angestrengt lauschte ich, aber nichts rührte sich.
Ich klingelte erneut.
Kein Geräusch war zu vernehmen. Aber irgend jemand mußte ja zu Hause sein. Ich hatte doch genau gesehen, wie Sabines Vater mit jemandem sprach. An der Klingel konnte es auch nicht liegen, die hatte ich selbst draußen laut und deutlich gehört.
Ich versuchte es noch einmal, nichts geschah!
Ratlos ging ich wieder vor dem Haus auf und ab. Vielleicht war sie doch nicht zu Hause? Dann müßte sie aber bald kommen. Es war schon 19 Uhr. Aber mit wem hatte ihr Vater gesprochen?
Ich wartete und ging weiter vor ihrer Tür hin und her. Zwischendurch klingelte ich immer wieder. Es konnte ja auch sein, daß sie Musik hörte und vielleicht Kopfhörer aufhatte. Dann konnte sie die Klingel nur in einer Pause zwischen zwei Titeln hören.
Gegen 20 Uhr geschah das Unvorstellbare.
Ganz langsam und leise ging plötzlich die Haustür auf, und Sabine trat zögernd heraus.
Wie vom Schlag getroffen blieb ich stehen. Ich traute meinen Augen nicht, doch da kam sie wirklich auf mich zu.
Erst als sie mir direkt gegenüberstand, sah ich ihr verweintes Gesicht.

Ich hatte den Wunsch, sie zu berühren. Zaghaft versuchte ich sie an mich zu ziehen, doch sie wich mir aus. Es war, als wenn eine Mauer um sie herum wäre. So hatte ich sie nicht in Erinnerung.
Starr, als stünde ich nicht vor ihr, schaute sie auf ihre Zehenspitzen und flüsterte mit Zittern in der Stimme: „Es hat mit uns alles keinen Sinn, Stephan."
Mein Herz krampfte sich bei diesen Worten zusammen.
„Ich habe meinem Vater von uns erzählt. Er ist aber dagegen, daß wir zusammen gehen. Stephan, es tut mir unendlich leid, aber ich hab' meinen Vater gern, und wir verstehen uns immer gut. Ich kann mit ihm über alles reden, aber er möchte nicht, daß wir uns sehen."
Ich versuchte den dicken Kloß im Hals hinunterzuschlucken.
Ich räusperte mich und versuchte sie zu trösten: „Aber das ist doch nicht so schlimm, Biene. Wir können uns doch heimlich treffen. Das merkt er bestimmt nicht. Mit der Zeit denkt er vielleicht auch anders, wenn er sieht, daß wir es ernst meinen."
Sie schüttelte nur den Kopf und meinte: „Das hat alles keinen Sinn. Er würde bestimmt dahinterkommen, wenn wir uns heimlich treffen. Ich kann ihn sowieso nicht beschwindeln."
Mit ihren traurigen, dunkelbraunen Augen, die jetzt wieder voller Tränen waren, schaute sie mich an. „Sei mir nicht böse, Stephan! Geh' jetzt bitte, es hat keinen Sinn!"
Ihr Gesicht verschwamm vor meinen Augen. Ich kämpfte vergeblich gegen die Tränen an. Sie wollte mich nicht mehr.
„Mach's gut, Biene!" war das Einzige, was ich noch hervorbringen konnte.
Schnell drehte ich mich um und ging.
Ich lief und lief, ohne darauf zu achten, wohin.
„Ich glaub's einfach nicht!" fluchte ich laut vor mich hin. „So ein verfluchter Mist! Das gibt's doch nicht, sowas!"
Die Tränen liefen mir in dicken Strömen übers Gesicht. Meine Nase lief. Leute die mir entgegenkamen, blieben stehen und schauten mir kopfschüttelnd hinterher.
Mir war das völlig egal. Tiefer Schmerz, Wut und Trauer hatten mich ergriffen.
Ziellos irrte ich durch die Straßen. Irgendwann, spät in der Nacht kam ich zu Hause an. Das Schimpfen meiner Eltern nahm ich kaum wahr. So schnell ich konnte, vergrub ich mich in meinem Bett.

Es tat noch sehr lange weh, wenn ich an Sabine dachte.
Die nächsten Ereignisse sollten mir aber helfen, über diesen Schmerz hinwegzukommen.
Erst viel später erfuhr ich, was sich damals wirklich zugetragen hatte. Mein Vater hatte sich mit Sabines Vater ernsthaft auseinandersetzen müssen, weil dieser absichtlich einige Orchesterproben versäumt hatte. Der Grund dafür war, daß er in dieser Zeit Privatauftritte mit einer kleinen Musikergruppe hatte. Das war zwar gestattet, aber Vorrang hatten Vorstellungen und Orchesterproben des Theaters. In diesem Punkt war mit meinem Vater nicht zu spaßen. Mit Recht, wie ich meine.
Sabines Vater sah das aber ein bißchen anders.
Trotzdem verstand ich nicht, was die Probleme, die unsere Väter miteinander hatten, mit uns zu tun haben sollten. Vielleicht war es für Sabine aber auch nur ein Vorwand. Wer weiß?

Der erste Schultag auf der „Penne", wie die Erweiterte Oberschule genannt wurde, war gekommen.
Meine neue Klasse machte von Anfang an einen recht munteren Eindruck. Viele schienen sich schon untereinander zu kennen.
Aus meiner ehemaligen Klasse war nur „Sonni" mit dabei. Die anderen von „früher" waren in den drei Parallelklassen untergekommen.
Mit Sonni hatte ich mich immer ganz gut vertragen. Sie war eine recht lustige Mitschülerin, schwatzte viel im Unterricht und konnte über jeden Mist lachen.
Gerade das machte sie mir eigentlich so sympathisch.
Die größte Überraschung aber war für mich, daß Krümel aus dem Ferienlager mit in meiner Klasse war. Das war wirklich ein absoluter Zufall.
Ich hatte meinen Platz hinten, in der letzten Bankreihe gefunden. Mein Banknachbar hieß mit Spitznamen Berni. Auf den ersten Blick hin schien er mir nicht ganz geheuer. Er trug eine dunkle altmodische Brille und sah auch ansonsten so richtig wie ein Streber aus. Es sollte sich aber bald herausstellen, daß Berni alles andere war, als ein Streber.
Jedenfalls wurden wir sehr schnell warm miteinander.
Unsere Klassenlehrerin war ein schüchternes Persönchen. Sie unterrichtete bei uns das Fach Deutsch, also Literatur usw.

Auf den ersten Blick erkannte ich, daß sie es zumindest mit mir schwer haben würde. Sie war ganz einfach viel zu nett und zu freundlich. Wahrscheinlich hatte sie den festen Glauben, daß wir Schüler ebenfalls nur lieb und nett waren.
Jedenfalls hatte sie uns von Anfang an nicht richtig im Griff. Oft bekamen wir gerade in Literatur von ihr Hausaufgaben auf, die sie dann einsammelte und zensierte. Diese Ausarbeitungen bedeuteten für uns immer einen riesigen Zeitaufwand, denn man mußte die entsprechende Literatur gründlich studieren, um die gestellten Fragen, beantworten zu können.
Das war für Berni und mich einfach eine zu große Schinderei. Deshalb gaben wir unsere Aufgaben auch nicht ab, denn um sie abgeben zu können, hätten wir sie ja erledigen müssen und das war uns eben einfach zuviel.
Bei der Rückgabe der Hausarbeiten fragte uns die Lehrerin natürlich prompt, warum wir unsere Arbeiten nicht mit abgegeben hätten.
Mit treuherzigem Gesicht beteuerten wir aber, daß wir die Hausaufgaben mit Sicherheit abgegeben hätten, noch dazu mit als erste. Worauf sich die Lehrerin bei uns entschuldigte und versprach, bei sich zu Hause noch einmal richtig zu suchen. Wir hatten dafür Verständnis, denn Ordnung ist nicht jedermanns Sache.
Leider fand sie unsere Ausarbeitungen, trotz angestrengtem Suchens nicht.
Als Ausgleich bekamen Berni und ich für mündliche Leistungen eine „2“ eingetragen. Das ehrte uns, denn wir arbeiteten nie im Unterricht mit. Übertreiben wollten wir die ganze Sache aber nicht und so wechselten wir uns bei den nächsten Gelegenheiten ab. Einer von uns beiden mußte dann wohl oder übel, von einem Mitschüler die Aufgaben abschreiben.
Die Lehrerin, immer mehr verwirrt, fand es langsam seltsam, daß immer nur Arbeiten aus dieser Klasse verschwanden. Da hatte sie recht. Wir weihten schleunigst einige Schüler der Parallelklassen in unsere Machenschaften ein. Es klappte hervorragend, die anderen spielten eifrig mit.

In ihrer Kellerwohnung führte meine Großmutter in den letzten Jahren ein sehr zurückgezogenes Leben. Sie konnte nur noch sehr schlecht laufen. Ich besuchte sie jedoch regelmäßig, holte ihr die

Kohlen, hackte Holz und ging für sie einkaufen. Leider war ich der Einzige in unserer Familie, der sich um sie kümmerte.
Den weiten Weg bis zu unserer Wohnung schaffte sie immer seltener. Vielleicht gab sie das auch manchmal nur vor, weil sie sich mit meiner Mutter immer schlechter verstand.
Die Strecke bis in die Kirche, um zu ihrem Herrgott zu beten, ging sie aber nach wie vor regelmäßig.
Ich selbst kam ganz gut mit ihr aus, obwohl sie sehr unglücklich darüber war, daß ich nicht mehr an Gott glaubte und nicht mit ihr zur Kirche ging.
Eines Abends erhielten meine Eltern einen Anruf. Es war eine Frau aus dem Haus, in dem meine Großmutter wohnte. Meine Mutter, die den Anruf entgegengenommen hatte, sagte nur, daß sie noch einmal fort müsse, weil mit Großmutter etwas passiert sei.
Ich wollte mitfahren, aber sie ließ mich nicht mit.
Am nächsten Tag erfuhr ich, daß sie gestorben sei. Ich hatte sie erst noch vor wenigen Tagen gesehen. Nun war sie für immer eingeschlafen. Ihr Herrgott hatte sie zu sich geholt. Eigentlich hatte sie damit geschafft, was sie immer wollte.
Sie hatte ihren Frieden gefunden. Mich stimmte ihr Tod traurig, denn sicher würde sie mir fehlen.
Die Beerdigung fand ich absolut blöd.
Jeder tat so, als täte es ihm unwahrscheinlich leid, daß sie gestorben war. Ich konnte mir aber beim besten Willen nicht vorstellen, daß sie irgend jemand fehlen würde, hatte sich doch sonst auch keiner um sie gekümmert.
Sicher wird sich jetzt der eine oder andere deshalb Vorwürfe gemacht haben, ganz besonders meine Mutter, aber um etwas daran zu ändern, dafür war es nun zu spät.
Mein Bruder durfte nicht an dem Begräbnis seiner Großmutter teilnehmen. Er hatte da vollstes Verständnis. Ich begriff es eigentlich überhaupt nicht.
Der Grund war die Westverwandtschaft, die zur Beerdigung kam und da mein Bruder Unteroffizier bei der Transportpolizei war, durfte er keinen Kontakt zu ihnen haben. Er mußte sogar in der Zeit, in der der Besuch da war, in seiner Kaserne bleiben.

Über Thomas machte ich mir so meine eigenen Gedanken. Er war bereits zwanzig Jahre alt, hatte aber noch nie eine Freundin gehabt. Irgendwie begriff ich das nicht.
Letztendlich war es aber sein Problem. Wie hätte er auch ein Mädchen kennenlernen sollen?
Seit Beginn seiner Lehre bei der Deutschen Reichsbahn kam er jeden Nachmittag nach Hause und setzte sich für den Rest des Tages vor den Fernseher.
Vom DDR-Fernsehen behauptete man, daß Fernsehen bildet. Demnach war mein Bruder ein sehr gebildeter Mensch. Vielleicht hatte er schon seinen Fernseh-Doktortitel und ich wußte es nur noch nicht, weil wir kaum etwas miteinander zu tun hatten.

Ein paar Tage nach der Beerdigung meiner Großmutter wurde ihre Kellerwohnung ausgeräumt. Ich durfte dabei mit helfen, obwohl es mir nicht leicht fiel. Die Erinnerungen an sie waren noch zu gegenwärtig.
Die schönsten Möbel wollten meine Eltern nicht haben, weil sie keinen Platz dafür hatten. Die holte sich der Kohlenhändler, der uns immer belieferte.
Vom Theater war ein Bühnenarbeiter mit einem großen Handwagen gekommen. Er war neu in unserer Stadt und wollte sich sein Zimmer preisgünstig einrichten.
Da sein Wagen übermäßig voll wurde, beauftragte mich mein Vater, ihn zu begleiten und aufzupassen, daß beim Fahren nichts herunterfiel. Danach sollte ich gleich mit der Straßenbahn nach Hause fahren.
Bis zu dem Haus, in dem er sein Zimmer hatte, war es nicht weit. Den Handwagen hatten wir auch schnell abgeladen. Zum Dank für meine Hilfe, lud er mich noch zu sich auf ein Bierchen ein.
Wie es eben so beim Quatschen passierte, aus einer Flasche wurden zwei, wurden drei. Weiter zählte ich nicht mit. Die Schnäpse, die wir dazu tranken, zählte ich auch nicht mit. Das konnte ich auch nicht mehr.
Ich konnte mich hinterher nur noch daran erinnern, daß er langsam immer näher rückte und seine Hand plötzlich in meiner Hose war. Ich schob seine Hand weg und rückte ein wenig von ihm ab. Eigentlich wollte ich aufstehen, aber das gelang mir nicht mehr. Ich war schon zu betrunken.

Irgendwie mußte er es dann geschafft haben, mir die Hose herunterzuziehen. Jedenfalls sah ich, wie er seine Hose zu öffnen begann. Wahrscheinlich mußte ich genau in diesem Moment einen Lichtblick gehabt haben und ahnte, was er mit mir vorhatte. Ich erinnere mich noch, daß ich blind auf ihn einschlug, an sein blutiges Gesicht und daß ich weglief.
An mehr konnte ich mich nicht mehr erinnern, auch nicht daran, wie ich nach Hause gekommen bin.
Am nächsten Tag machten meine Eltern ein Riesenspektakel. Die Nachbarn hatten mich gefunden und abgeliefert. Ich hätte bei ihnen vor dem Haus, mitten auf der Straße gelegen und geschlafen. Sie hatten versucht, mich zu wecken, aber ich hätte nur irgend etwas gelallt und konnte keinen Schritt laufen.
Es wäre sagenhaft, daß ein 15-jähriger Bengel schon so besoffen sein kann.
Bei all dem Knatsch erzählte ich meinen Eltern nichts von dem Vorfall mit dem Bühnenarbeiter. Ich war mir auch nicht richtig sicher, ob das wirklich passiert war, denn an das meiste konnte ich mich eben nicht mehr genau erinnern und wußte nicht, ob ich das alles nur geträumt hatte.
Außerdem ging es mir sowieso hundsmiserabel und ich wollte endlich wieder meine Ruhe haben.

Obwohl wir die EOS noch nicht lange mit unserer Anwesenheit beglückten, hatten wir einen ganz guten Kontakt zu den höheren Klassen. Das hing damit zusammen, daß sich einige meiner Klasse zu den Pausen, in den inoffiziellen Raucherecken mit den anderen trafen. Darunter waren auch Berni und ich.
Bei schönem Wetter gingen wir zum Rauchen vor das Eingangstor zum Schulgelände. Dort stand ein riesiger hohler Baumstumpf, der schon bis zur Hälfte mit Kippen gefüllt war. Für die Sauberkeit war das ideal, denn keiner brauchte seine Zigarettenreste auf die Straße werfen.
War das Wetter schlecht, trafen wir uns im 2. Stock in der Herrentoilette. Jedesmal begegneten sich die selben Gesichter. Wenn ca. 15 Mann auf einer Toilette stehen und rauchen, kann sich jeder vorstellen, wie dick die Luft dann darin war. Draußen auf dem Gang konnte man es schon von weitem riechen. Die Lehrer und der Di-

rektor wußten zwar davon, konnten aber nichts dagegen unternehmen. Jedes Verbot und jede Bestrafung wäre sinnlos gewesen.
Schusti hatte sich inzwischen mit Kostas, einem Griechen aus seiner Klasse angefreundet. Ich fand ihn auch super. Er hatte eine Art an sich, die es ihm ermöglichte, daß man ihm nichts abschlagen oder übelnehmen konnte. Man gab Kostas so ziemlich das letzte, was man besaß, wenn er einen mit seinen dunklen, treuherzigen Augen ansah und nach einer Zigarette oder ein paar Mark fürs Bier bettelte. Selbstverständlich versprach er auch immer hoch und heilig, alles bei Gelegenheit wieder zurückzugeben, aber das schaffte er in der Regel nur selten. Sicher lag es aber nur an den mangelnden Gelegenheiten.
Schustis Vater unterrichtete bei uns Russisch. Er hatte dabei sehr viel Verständnis, wenn man auf seine Fragen keine Antworten wußte. Dafür dauerte es aber auch nicht lange und er hatte fast für jeden von uns einen Spitznamen gefunden. Mich betitelte er zum Beispiel mit „Stepan Stepanowitsch“, einen anderen mit „Primaschgeiger“ und den nächsten mit „Kronprinz“.
Niemand nahm ihm das übel. Im Gegenteil, denn es lockerte den Unterricht ordentlich auf. Außerdem nannten wir ihn auch nur Schusti oder Franzl, allerdings nur unter uns.
Im Beherrschen der russischen Sprache mußte er ein As sein, denn wenn es im Territorium etwas zu dolmetschen gab, wurde er gerne geholt.
Wir konnten mit ihm über alle Probleme reden, die uns bewegten. Meist ging dafür ein großer Teil der Unterrichtszeit drauf, aber er sah das nicht so verbissen.
Hatten wir mal keine Pausenzigaretten, half er uns gerne aus. Anders herum kam er auch zu uns, wenn er keine hatte.

Unsere Musiklehrerin war, obwohl nicht mehr die Jüngste, sehr dynamisch und engagiert. Sie hatte mit uns keine Probleme, denn sie konnte sich gut durchsetzen. Unter uns nannten wir sie nur bei ihrem Vornamen. Sie hieß Lore.
Sie überzeugte mich davon, im Schulchor mitzusingen und später auch im Singeklub. Dieser Singeklub bestand aus Mitgliedern der EOS und dem Druckmaschinenwerk „Planeta“. Zur Zeit hatte er Nachwuchsprobleme.

Durch den Stimmwechsel hatte ich jetzt eine helle Baritonstimme bekommen. Im Kinderchor der Landesbühnen sang ich schon lange nicht mehr mit, und ich hatte wieder Lust, in dieser Richtung etwas zu tun.
Der Singeklub war im Ort und darüber hinaus relativ bekannt, denn er trat zu vielen Anlässen auf.
Aus meiner Klasse kamen noch Renate, Sven und Klaus mit dazu und aus der Parallelklasse Bellinda.
Unser 1. Gitarrist hieß „Gempi“ und kam vom Druckmaschinenwerk. Er war ein Meister auf seinem Instrument und konnte ausgezeichnet improvisieren.
Wir waren also eine recht muntere Truppe und probten einmal in der Woche abends im Kulturhaus von Planeta.
Die Regie führte dabei unsere Musiklehrerin Lore selbst.
Vor den Proben trafen sich einige von uns, in der Gaststätte des Hauses auf ein paar Bierchen und zum Quatschen. Durch den Alkohol aufgestachelt, machten die anschließenden Proben noch mehr Spaß. Da ich auch einiges solistisch sang, war ich so ganz gut enthemmt.
Unser Repertoire reichte vom deutschen Volkslied, über englische Volksongs, bis hin zum politischen Lied.
Durch die Auftritte kamen wir auch ziemlich viel herum, so unter anderem nach Berlin, Leipzig, Halle und Görlitz.

„Schmali“, unser Sportlehrer war sogar schon einmal DDR-Meister im Orientierungslaufen.
An ihm war ein echter General verlorengegangen, denn alles mußte bei ihm auf Kommando und zack-zack gehen. Wenn es nicht so schnell klappte, wie er es sich vorgestellt hatte, dann gabs Strafrunden zu laufen. Fakt war aber eines, er konnte uns überall etwas vormachen.
Neben Läufen aller Art, mit und ohne Hindernissen und Seilspringen, war Volleyball eine seiner Lieblingsdisziplinen. Obwohl ich das schon seit der 7. Klasse regelmäßig gespielt hatte, lernte ich es erst bei Schmali richtig. Bei den Schulmeisterschaften in Volleyball belegte unsere Klasse immer Spitzenplätze.
Trotz Schmalis scharfen Drill, kam er bei uns auch nicht ganz ungeschoren davon.

Einmal waren alle Seile für das Seilspringen fest zusammengeknotet. So mußte das erst einmal ausfallen. Natürlich gabs Strafrunden. Ein anderes Mal wurde das Parkett der Turnhalle an manchen Stellen mit Schmierseife eingerieben, was zu jeder Menge Fallobst führte. Selbstverständlich gabs auch dafür Strafrunden. Da ich schon immer ein Schüler war, der sehr viel Unsinn im Sinn hatte, war ich bei all den kleinen Freuden, die einen kleinen Lichtblick in den grauen Schulalltag brachten, aktiv mit dabei.
Sicher war das einer der Gründe, warum das Verhältnis zwischen mir und Schmali ein ähnliches war, wie das zwischen Hund und Katze. Wer dabei wen spielte, sei dahingestellt. Auf jeden Fall konnte er lauter bellen wie ich.
In einer Angelegenheit machte er sich aber selbst zum Gespött der ganzen Schule.
In einer Sportstunde sollten wir am Anfang zur Erwärmung die Kletterstangen mehrmals hinauf und hinunter. Das war sehr mühselig, darum schob ich mich hin und wieder mit den Füßen von der Wand ab. Schmali sahs und tobte wie verrückt.
Nach der Erwärmung durften die anderen Volleyball spielen und was durfte ich machen? Natürlich wieder Strafrunden laufen! Obendrein verpaßte er mir noch einen Eintrag ins Klassenbuch.
In der nächsten Stunde, die wir bei unserer Klassenlehrerin hatten, hatten wir einige Stellen in einem Buch zu lesen. Sie hatte unterdessen Zeit, die Eintragungen im Klassenbuch zu kontrollieren. Plötzlich fing sie an zu lachen und schüttelte den Kopf. Als sie bemerkte, daß sie dadurch die Aufmerksamkeit der Klasse auf sich gelenkt hatte, entschuldigte sie sich, meinte aber: „Stephan, was soll denn das hier heißen?“ Und laut las sie vor: „Hoffmann läuft im Sportunterricht die Wände hinauf!“
Die Klasse schrie vor Lachen auf. Wie ein Lauffeuer verbreitete sich der Wortlaut dieses Eintrags und die gesamte Schule lachte mit.
Meine Freizeit gestaltete sich in diesem Schuljahr ähnlich wie im Jahr zuvor. Einmal in der Woche spielte ich mit Ratze, Schusti und Wiedel Skat. Manchmal waren wir bei diesen Skatabenden so betrunken, daß wir nicht mehr spielen konnten.
Die erste Zeit gingen wir noch weiter zum Volleyball, doch wir versackten vor dem Training öfters in der Kneipe und gaben es schließlich ganz auf.

Abends waren wir jetzt immer mehr in den umliegenden Diskotheken zu finden.
Dabei lernten wir eine Menge Leute kennen. Bald waren wir bei allen Stammkunden hinlänglich bekannt. In einigen Diskos gehörten wir schon fast mit zum Inventar und konnten uns dadurch das Eintrittsgeld sparen, denn die Einlaßdienste waren gute Bekannte. Zur damaligen Zeit gab es in der DDR nur eine Plattenfirma, die Popmusik herausbrachte. Darunter waren aber so gut wie keine Rockgruppen aus dem westlichen Ausland.
Durch die vielen neuen Bekanntschaften fand ich auch den Einstieg in einen illegalen Schallplattenring. Wir kauften und verkauften unter der Hand Platten von solchen Gruppen wie „Deep Purple", „The Rolling Stones", „Uriah Heep", „Jethro Tull" usw. Der Verkaufswert einer solchen Scheibe richtete sich nach der jeweiligen Gruppe, aber ganz besonders nach der Intelligenz des Käufers. Er pendelte zwischen 90 und 210 DDR-Mark. Sehr viel Gewinn machte ich durch diese Geschäfte nicht. Den machte in der Regel nur der ursprüngliche Verkäufer. Am günstigsten war es, wenn man irgendwo Westgeld tauschen konnte, um dann im Intershop eine Platte kaufen zu können. Ich besorgte sie meistens nur für jemanden, dem ich einen Gefallen tun wollte. Ansonsten war es mehr oder weniger ein Tauschgeschäft. Der Käufer nahm zu Hause die Platten auf Tonband auf und verkaufte sie an den nächsten weiter. Der ideelle Wert war aber bedeutend höher. Titel von westlichen Gruppen wurden nur selten im DDR-Rundfunk gespielt. Der Empfang von Westsendern wiederum war in unserer Gegend mehr als schlecht, selbst wenn man eine größere Antennenanlage hatte. Deshalb nannte man auch unser Gebiet das „Tal der Ahnungslosen".

Zu dieser Zeit kam ich, außer mit viel Alkohol, auch mit einer anderen Droge in Berührung. Sie hieß „Faustan" und war eine rezeptpflichtige Schmerztablette. Besorgt wurde sie von einem unserer neuen Bekannten. Er arbeitete im Arzneimittelwerk unserer Stadt und besorgte die Tabletten fast kiloweise.
Unter Umständen konnte es einem passieren, daß man eine Streichholzschachtel voller Faustan, gegen eine Flasche Bier angeboten bekam. Meist war derjenige dann schon „high" und hatte kein Geld mehr für ein Bier.

Ich selbst war von vielen gewarnt worden, dieses Zeug selber auszuprobieren. Ich war aber neugierig, wie es wirkte, und so versuchte ich es doch.
Ich hatte vorher bereits drei bis vier Flaschen Bier getrunken. Darum nahm ich vorsichtshalber „nur“ fünf Stück von den Tabletten, trank hinterher noch ein paar Colas und wartete auf die Wirkung. Es dauerte auch nicht lange, bis sie einsetzte.
Rings um mich herum begann ein Rauschen, das immer lauter wurde. Ich bekam Probleme mit den Augen. Alles, was in meiner Nähe war, rückte immer weiter von mir ab. Meine Kumpels, die mir gegenüber am Tisch saßen, sprachen jetzt aus weiter Ferne zu mir. Was sie sagten, verstand ich nicht. Das Rauschen hatte nachgelassen und war schließlich einer himmlischen Stille gewichen. Ich mußte unwillkürlich grinsen. Es war mitten in der Disko eine Ruhe wie im Grab.
Ganz dicht vor mir tauchte plötzlich Schustis Gesicht auf. Es war irgendwie ganz komisch verzerrt und ich mußte lachen. Er wollte mir irgend etwas deutlich machen, ich verstand keinen Ton, aber ich fand es lustig, wie er sich abmühte.
Ich fühlte mich federleicht und hatte Lust zu tanzen. Ich stand auf, hatte aber Probleme mit meinen Beinen. Obwohl ich mich klar und deutlich auf jeden einzelnen Schritt konzentrieren konnte, taten meine Beine aber ganz andere Dinge, so als wenn sie ferngesteuert wurden. Nur, derjenige der sie steuerte, hatte wahrscheinlich keine Ahnung davon, wohin er eigentlich wollte.
Nach einer Weile gab ich auf. Es hatte keinen Sinn, wenn zwei gegeneinander arbeiten. Da kam man keinen Schritt vorwärts.
Wie und wann ich an diesem Abend nach Hause kam, wußte ich wieder einmal nicht.
Am nächsten Tag hatte ich wahnsinnige Kopfschmerzen und Schüttelfrost plagte mich. Meine Beine waren so schwach und zitterten bei jedem Schritt, daß man denken konnte, ich hätte wochenlang flachgelegen.
Sogar am übernächsten Tag war ich immer noch nicht wieder der Alte und ich schwor mir, dieses Zeug nie wieder zu nehmen.
Das schaffte ich auch ohne Probleme. Ich tauschte die Faustan, wenn es sich anbot, gegen ein Bier ein und verkaufte sie bei günstiger Gelegenheit weiter, aber ich selbst nahm keine einzige mehr.

An dieser Stelle muß ich zum besseren Verständnis etwas einfügen. Ich war damals 15 Jahre alt, hatte ein ordentliches Elternhaus, daß sich zusammen mit meinen Lehrern redlich darum bemühte, mich auf die richtige Bahn zu bringen.
Es war ihnen nur allesamt nicht mehr möglich, auf mich einen positiven Einfluß auszuüben. Ich ließ mir von keinem mehr etwas sagen. Selbst mein Vater, den ich eigentlich besonders mochte, sprach mit mir, wie gegen eine Wand.
Zu Hause war ich nur noch zum Schlafen. Ansonsten war ich gleich nach der Schule zusammen mit meinen Kumpels, in der Kneipe oder in der Disko.
Die Wirkung des Alkohols empfand ich wie ein Phänomen. Es war eine immer wiederkehrende, phantastische Erfahrung, die ich erleben konnte. Wenn ich in mieser Stimmung war, trank ich einfach ein paar Gläser Bier und war kurz darauf wieder einer der lustigsten Menschen, die es gab. Eigentlich befand ich mich schon damals in einem Teufelskreis.
Durch den häufigen Alkoholgenuß handelte ich mir eine Unmenge an Ärger und Problemen ein. Verständlich, daß dadurch meine Laune nicht die beste war. Der Alkohol half mir aber immer darüber hinweg. Er war die beste Medizin für mich.
Von Rauschgift hatte ich in der Schule gehört, auch daß man davon süchtig wurde, aber das gab es nur in der BRD oder den USA und nicht bei uns. Sogar Drogentote gab es dort. Daß man von Alkohol süchtig werden kann, erzählte mir keiner.
Selbst wenn es einer gesagt hätte, wäre mir das wenig glaubwürdig vorgekommen, denn dann wäre der Alkohol in der DDR sicherlich verboten worden.
Langsam stellte ich fest, daß ich immer mehr vertrug. Für mich gab es dafür nur eine Erklärung, ich wurde eben erwachsener.
Die meisten Jungen im Alter von 15 Jahren haben irgendein Schönheitsideal, von dem sie träumen. Meine Traumfrau hatte zur damaligen Zeit lange blonde Haare, war von schlanker Figur, hatte ein sehr hübsches Gesicht und blaue Augen. Ich war mir vollkommen sicher, daß meine zukünftige Frau einmal so aussehen müßte.
Ein Mädchen aus meiner Klasse hatte etwas Ähnlichkeit mit diesem Ideal. Sie flirtete gern überall und mit jedem herum. Dabei schien sie noch nie über einen längeren Zeitraum einen festen Freund

gehabt zu haben. Als ich mich für sie zu interessieren begann, hatte sie auch gerade keinen. Jedenfalls versuchte ich mein Glück. Es lief auch ganz gut an, aber binnen weniger Tage mußte ich feststellen, daß sie mich nur veralberte. Ich fand das nicht sehr spaßig und mein blondes Ideal war mit einem Mal zerstört.
Nie wieder so eine blonde Hexe, schwor ich mir.

Berni trat immer mehr in meine Fußstapfen.
Wir beide konnten mühelos jede Unterrichtsstunde schmeißen. Irgendwann kamen wir dahinter, daß uns Pfefferminzlikör besonders gut schmeckte. Dieses Gesöff hatte noch dazu den Vorteil, daß der Pfefferminzgeruch, die eigentliche Alkoholfahne ein bißchen abschwächte. Hin und wieder brachten wir uns davon eine Flasche mit zum Unterricht. Entweder nahmen wir im Klassenzimmer ein paar Schluck oder wir standen mitten in der Stunde, ohne zu fragen auf und gingen in die Toilette im 2. Stock. Dort konnten wir, während wir die Flasche leerten, wenigstens rauchen. Die leeren Flaschen versenkten wir in den Spülkästen.
Von Zeit zu Zeit, wenn diese dann nicht mehr funktionierten, mußte der Hausmeister das Leergut fortschaffen. Damals gab es beim Altstoffhandel für jede Flasche 5 Pfennige. Seine Mühe war also nicht umsonst, sagten wir uns.
Hatten wir so ein gutes Pfefferminzfrühstück hinter uns, dann machte die Schule direkt Spaß. Wir spielten das Spiel: Wer gibt die blödeste Antwort? Gewertet wurde, über wen die Klasse am lautesten und am längsten lachte. Das Spiel wurde unterbrochen, wenn einer von uns beiden vom Lehrer hinausgeschmissen wurde.
Dann ging es erst in der nächsten Stunde weiter.
Früh, zu Unterrichtsbeginn waren wir meistens schlecht gelaunt und noch müde von den Strapazen des vorangegangenen Abends.
Manchmal sah ich dann Berni an und fragte ihn betont phlegmatisch: „Hast du Lust?“
„Nöh, hast du Lust?“ war prompt die Antwort.
Worauf ich dann sagte: „Nöh, geh’n wir also lieber wieder!“
„Geh’n wir wieder!“ stimmte Berni zu.
Wir packten unsere Schulsachen wieder ein und gingen. Sprachlos schauten uns die anderen hinterher.
Wir schwangen uns auf Berni’s Moped und fuhren zum Bahnhof.

Die Mitropa-Gaststätte war eines der wenigen Lokale, welches um diese Tageszeit geöffnet hatte. Dementsprechend herrschte hier immer großer Andrang. Zahlreiche finstere Gestalten lungerten an den Tischen. Einige von ihnen sahen aus, als säßen sie noch vom gestrigen Abend da oder noch länger.
Wir ließen uns davon nicht stören und machten es uns gemütlich. So klönten wir beim Biere bis die Unterrichtszeit vorüber war. Dann fuhren wir wieder heim.

Seit einigen Wochen fuhr ich nach der Schule Telegramme aus. Berni tat das schon längere Zeit. Als eine Stelle frei wurde, fragte er mich, ob ich nicht auch Lust dazu hätte. Ich war sofort begeistert, hatte ich doch noch kein eigenes Moped und konnte dadurch mehrmals in der Woche, vom frühen Nachmittag bis um 22 Uhr mit einem Postmoped durch die Gegend fahren. Außerdem wurde dieser Spaß auch noch bezahlt. Wenn man zu den Leuten nett und freundlich war, kamen zu dem eigentlichen Stundenlohn noch Trinkgelder hinzu, die sich sehen lassen konnten. Am interessantesten waren die Glückwunschtelegramme. Da konnte man sich sicher sein, daß man zu einem freudigen Anlaß erschien.
Einmal passierte es, daß mich eine Hochzeitsgesellschaft so lange bedrängte, bis ich mich mit in die feuchtfröhliche Runde setzte und regelrecht versumpfte.
In meiner Tasche hatte ich noch ca. zehn Telegramme, die auf ihre Empfänger warteten. Erst spät in der Nacht fuhr ich das Moped zurück zum Postamt. Meine Verspätung konnte dort nicht auffallen, denn wir Telegrammboten waren immer die Letzten und hatten eigene Schlüssel für das Gebäude. Die restlichen Telegramme nahm ich mit nach Hause und verteilte sie am nächsten Tag mit.
Auf die Kuverts schrieb ich: „Bitten um Entschuldigung! Verspätete Zustellung wegen Kfz-Schadens!"
Die Leute hatten ein Einsehen, es kamen keine Beschwerden.

Trotz des Nebenverdienstes war doch manchmal das Geld knapp. Zum Glück kannten Berni und ich da eine Gaststätte, die ganz nach unserem Geschmack war.
Wenn man in diesem Lokal auf die Toilette wollte, mußte man aus der Gaststube heraus und über einen Flur laufen. Der Hausflur aber

hatte einen Ausgang, der auf die Straße mündete und immer offen stand. Wirklich sehr verführerisch für uns.
Hin und wieder ließen wir die letzten Unterrichtsstunden ausfallen und gingen in dieses Lokal ordentlich Essen und Trinken.
Um die Mittagszeit war hier immer viel Betrieb.
Unsere Taschen hatten wir zuvor in einem Gebüsch versteckt. Wenn wir satt und zufrieden waren, tranken wir vom letzten Bier nur einen Schluck, ließen auf dem Tisch eine leere Zigarettenschachtel liegen und taten so, als ob wir zusammen auf die Toilette gehen wollten. Dann machten wir flinke Füße und waren verschwunden. Beim nächsten Mal mußten wir natürlich erst die Lage peilen, um nicht dem Kellner vom letzten Mal in die Hände zu laufen. Sie hatten aber einen hohen Personalbestand, der ständig die Schicht wechselte. Deshalb konnten wir unseren Streich mehrmals wiederholen, bis uns die Sache schließlich doch zu heiß wurde und wir ein anderes Lokal ausgekundschaftet hatten.

Die Silvesterfeier 1972/73 sollte etwas ganz besonderes werden.
Ratzes Eltern hatten in der Nähe eine Datsche mitten im Wald. Es war eine große Finnhütte mit mehren Räumen. Diese stellten sie uns freundlicher Weise für unsere Fete zur Verfügung.
Insgesamt waren wir 15 Jungen und Mädchen. Wir vier Skatbrüder mit eingerechnet.
Eine Unmenge an Getränken und Eßbarem wurde herangeschleppt. Jeder steuerte etwas mit dazu. Die Mädchen besorgten das Essen und die Jungen die Getränke.
Gegen 17 Uhr ging die Party los und schon sehr bald war eine Riesenstimmung. Da in der Nachbarschaft, außer Fuchs und Hase, keiner wohnte, konnten wir so laut herumtoben, wie wir wollten.
Die Auswahl an Getränken war so groß, daß wir von allem probieren mußten und alles durcheinander tranken. Wir hatten jede Menge Bier, Wein, Schnaps, Bowle und natürlich Sekt aus „Wiedel's" Weinkeller.
Die Folge davon war, daß der überwiegende Teil um Mitternacht das Feuerwerk verschlief.
Auf dem Dachboden der Hütte standen sechs Liegen und auch unten gab es genügend Platz, um sich von den Strapazen erholen zu können.

Da es uns um die vielen Getränke zu schade war, beschlossen wir, nicht eher aufzuhören, bis der letzte Tropfen alle war. Dadurch verlängerte sich unsere Fete bis zum 2. Januar gegen 14 Uhr. Wer zwischendurch müde war, legte sich einfach irgendwo aufs Ohr und schlief so lange, bis er wieder kräftig weiter feiern konnte.
Nachdem wir am Ende alles ordentlich aufgeräumt hatten, zogen wir gemeinsam lärmend durch die Stadt und begrüßten jeden Entgegenkommenden mit einem „Prosit Neujahr!"
Zu Hause fielen wir in unsere Betten, nachdem wir den besorgten Eltern erklärt hatten, warum wir erst jetzt eintrudelten.

Meine Schwester Petra hatte es auch an der EOS wieder geschafft, beste Zensuren zu erzielen. Da sie eine Begabung für Fremdsprachen hatte, wollte sie einmal Russisch-/Englischlehrerin werden. Ein bißchen war ich schon stolz auf sie, aber durch ihre guten Leistungen machte sie mir das Leben ganz schön schwer, denn auch hier konnte ich mir wieder anhören: „Nehmen Sie sich gefälligst ein Beispiel an Ihrer Schwester!" oder „Was Ihre Schwester fleißig ist, das sind Sie faul!"
Manche Lehrer verstanden eben nicht, daß auch Geschwister verschiedene Charaktere haben konnten.
Naja, des einen Freud', des anderen Leid oder was soll man sonst dazu sagen?
Jedenfalls gab ich mir gleich gar keine Mühe, an die Leistungen meiner Schwester heranzukommen, denn das hätte ich sowieso nicht geschafft.

Das 9. Schuljahr war herum. Lehrer wie Schüler atmeten sichtlich erleichtert auf. Endlich acht Wochen Ferien!
Ich verbrachte die Ferien mit allen möglichen Dingen, die ich sonst auch gerne tat, nur viel intensiver und ausgiebiger, mehr Baden, mehr Diskos, mehr Telegramme ausfahren, mehr Skatspielen usw.
Eines Nachmittags fuhr ich mit meinen Kumpels in die Kiesgrube zum Baden.
Wir lagen so auf unseren Decken und benoteten die vorbeikommenden Mädchen nach ihrem Aussehen. Es war ein Spiel, was immer großen Spaß machte.
Plötzlich tauchte sie auf.

Ich sah sie schon von weitem kommen und mir blieb die Spucke weg. Langsam kam sie dahergeschlendert und schaute sich dabei provozierend nach allen Seiten um.
Sie hatte lange dunkle Haare und ein bildhübsches Gesicht. Ihre Figur war einfach traumhaft. Unter dem engen Oberteil ihres hellblauen Bikinis hatte sie ihre üppigen Brüste nur wenig versteckt. Ich schätzte sie auf etwa zwanzig Jahre.
Sie kam ganz allein daher und schien gelangweilt.
Als sie an uns vorüberkam, warf sie uns einen feurigen Blick zu. Wiedel pfiff durch die Zähne. Ich winkte ihr zu. Sie lachte und winkte zurück. Dann ging sie weiter, drehte sich aber immer wieder suchend nach uns um.
Mir hatte es förmlich die Sprache verschlagen. Auch von hinten hatte sie eine tolle Figur.
Mich hielt es nicht mehr auf meinem Platz, ich mußte ihr nacheilen. Sie hatte wohl bemerkt, daß ich ihr nachlief, denn sie blieb stehen und wartete auf mich.
„Na hallo, ist das nicht langweilig so alleine?“ fragte ich.
„Ja“, sagte sie lächelnd, „meine Freundin wollte eigentlich schon lange dasein, aber jetzt kommt sie bestimmt nicht mehr.“
„Komm doch einfach mit zu uns!“ bot ich ihr an.
„Nee, da sind mir zu viele Jungs auf einem Fleck, aber wenn du willst, können wir beide uns dort drüben am Zaun hinlegen. Da ist hohes Gras, und wir sind ungestörter. Natürlich nur, wenn du Lust hast?“
Ihre Augen leuchteten fröhlich.
„Okay, ich hol' bloß meine Sachen!“ sagte ich zustimmend.
Als ich zu meinen Kumpels zurückkam und geschwind meine Sachen aufsammelte, schüttelten sie ungläubig ihre Köpfe.
„Hoffi, das kann doch nicht wahr sein?“
„Der hat ein Schwein!“
„Woher kennst'n die?“
„Bis jetzt weiß ich noch nicht mal, wie sie heißt“, erklärte ich eilig und war schon wieder fort.
Ich ging hinüber zum Zaun. Sie kam gerade und brachte eine große Decke mit. Diese breitete sie sorgfältig aus und gab mir mit einer einladenden Geste zu verstehen, daß ich mich neben sie legen sollte. Wir lagen dicht nebeneinander und ich wurde dadurch recht verle-

gen. Ich wußte nicht recht, was ich sagen sollte, aber sie half mir unbeschwert aus der Patsche. „Ich heiße Simone und du?“
„Eigentlich heiße ich Stephan. Die meisten sagen aber Hoffi zu mir.“
„Und in welche Schule gehst du?“ fragte sie weiter.
„Ich hab gerade das erste Jahr an der Penne hinter mir“, antwortete ich ihr.
„Na das trifft sich ja prima!“ rief sie begeistert. „Ich komme jetzt auch auf die EOS.“
Ich war ziemlich überrascht. Das würde ja bedeuten, daß sie erst fünfzehn wäre.
Das konnte ich mir, ehrlich gesagt, kaum vorstellen, denn auch aus der Nähe sah sie aus wie zwanzig.
„Heißt das, du bist erst fünfzehn?“ fragte ich sie ungläubig.
„Na klar! Das sieht man mir wohl nicht an?“ meinte sie mit verführerischem Lächeln. Dabei drehte sie sich auf die Seite und reckte mir vielsagend ihre Brüste entgegen.
Irgendwie kam ich mir veralbert vor. Ich konnte mir nur nicht vorstellen, warum sie mich so an der Nase herumführen wollte.
Ich kramte meine Zigaretten aus den Sachen und wir rauchten schweigend. Eigentlich war ich sauer, aber jetzt merkte ich, daß sie unauffällig immer näher an mich heranrückte, bis sich unsere Körper berührten.
In mir begann es überall zu kribbeln. Zaghaft legte ich meinen Arm um ihre Schultern. Als hätte sie nur darauf gewartet, daß ich den ersten Schritt wagte, drehte sie sich auf den Rücken und zog mich zu sich. Ihre Küsse waren feurig und voller Begierde. Wir holten kaum Atem. Behutsam nahm sie meine Hand und führte sie zu ihren Brüsten. Ich konnte nicht widerstehen. Mit zittrigen Händen öffnete ich ihr Bikinioberteil. Als ich ihre warmen, weichen Brüste mit den Lippen berührte, ging ein leichtes Beben durch ihren Körper und sie atmete tief. Wieder griff sie nach meiner Hand und führte sie langsam an ihrem Körper hinunter. Am Rand ihrer Bikinihose wollte ich innehalten, doch sie hob das Höschen mit der einen Hand ein wenig an und schob mit der anderen, meine Hand ganz sachte aber tief hinein und hielt sie fest. Ich war wie von Sinnen und bemerkte kaum, daß sie die Hälfte der Decke um uns gelegt hatte. Ich spürte ihre Hand in meiner Hose.
Wir liebten uns voll glühender Leidenschaft, ein Tanz wilder Ge-

fühle, ein Schrei zwischen Himmel und Erde. Es war der Wahnsinn. Ein stechender Schmerz brachte mich wieder zu Bewußtsein. Simone hatte ihre langen Fingernägel voller Lust in meinen Rükken gekrallt.
Lange noch hielten wir uns fest in den Armen. Ich war glücklich. Es war mein erstes Mal.
Zum Glück hatte ich noch eine Badehose zum Wechseln mit. Als ich mich umgezogen hatte, legte ich mich wieder zu ihr und wieder rauchten wir schweigend eine Zigarette.
Ich hatte ein schlechtes Gewissen. Wir kannten uns erst wenige Minuten und doch war es gleich mit uns geschehen. Ich glaube, ihr ging es genauso.
Angestrengt taten wir, als sei nichts gewesen und redeten über belanglose Dinge.
Sie mußte bald nach Hause und wir verabredeten uns für den nächsten Tag, gleiche Zeit, gleiche Stelle. Dann gab sie mir noch einen flüchtigen Kuß und ging mit eiligen Schritten dem Ausgang zu. Ich schaute ihr hinterher. Sie hatte wirklich eine Superfigur. Warum sie mir aber einreden wollte, sie sei erst fünfzehn, konnte ich nicht begreifen.
Am nächsten Tag wartete ich auf sie, doch sie kam nicht. Sie kam auch nicht am übernächsten Tag und nicht am überübernächsten.
Einerseits war ich dadurch ein bißchen in meiner Ehre verletzt, andererseits war ich aber fast froh darüber, denn irgendwie war sie mir nicht ganz geheuer.
Nach drei Tagen Warten war ich mir sicher, daß ich sie nicht so schnell wiedersehen würde.

Es begann die 10. Klasse und damit das Schuljahr der Prüfungen. Diese galten eigentlich als Oberschulabschluß und hatten für uns in etwa die Bedeutung von Zwischenprüfungen, die aber unbedingt bestanden werden mußten.
Unsere „ernsten“ Prüfungen kamen erst in der 12. Klasse zum Abschluß des Abiturs. Es ging also in diesem Jahr nur ums „Überleben“.
Am ersten Schultag gab es natürlich jede Menge zu erzählen. Man hatte sich ja über acht Wochen nicht mehr gesehen. Die Lehrer mußten dafür, ob sie wollten oder nicht, Verständnis zeigen, denn aus dem Unterricht wurde nicht viel.

In einer der ersten Pausen lief mir doch leibhaftig Simone über den Weg. Sie lächelte mich aber nur verlegen an und ging rasch an mir vorbei.
Wie kann ein fünfzehnjähriges Mädchen aussehen, wie eine zwanzigjährige Frau? Das war mir absolut unklar.
Im Laufe der Zeit erfuhr ich über sie, daß sie schon seit längerem einen festen Freund hatte, der aber damals gerade mit seinen Eltern im Urlaub war.
Ich war für sie also nur ein kleiner Seitensprung, aber mir tat das nicht mehr weh. Schön wars trotzdem!

Unsere gesamte Klasse hatte sich für die Tanzstunde angemeldet, die in den ersten Wochen des Schuljahres begann.
Die Tanzlehrer, das Ehepaar Graf, waren zwar schon etwas betagt, aber sie konnten gut mit uns Jugendlichen umgehen und wir hatten viel Spaß miteinander.
Nach den ersten beiden Mal, wo Männlein und Weiblein voneinander getrennt übten, ging es dann gemeinsam weiter.
Am Rande der Tanzfläche mußten der Reihe nach die Jungen und gegenüber, auf der anderen Seite die Mädchen Platz nehmen. Auf ein Kommando hin, hatte sich jeder der Jungen eine Tanzpartnerin auszusuchen. Natürlich hatte jeder seine Favoritin, bei der er zu erst sein wollte, damit sie ihm kein anderer vor der Nase wegschnappte. Deshalb gab es immer ein wildes Herumgestürze, bei dem es auch passierte, daß einer auf dem glatten Tanzparkett ausrutschte und auf dem Hosenboden, direkt zu Füßen seiner Auserkorenen zum Halten kam.
Eigentlich weiß ich bis heute nicht, wie es dazu kam. Ich glaube, es war reiner Zufall, daß ich gleich die ersten Male mit Carmen tanzte.
Carmen hatte dichte, halblange, dunkelbraune Haare. Sie war nicht zu schlank und nicht zu kräftig, mit wunderschönen Rundungen, also gerade richtig.
Der Größe nach paßte sie genau zu mir, denn sie war ungefähr einen halben Kopf kleiner wie ich. Ihr hübsches Gesicht hatte mich zwar schon immer beeindruckt, aber eigentlich konnte ich sie bis dahin nicht sonderlich leiden und wie sie mir später gestand, sie mich auch nicht.
Jedenfalls war es so, daß wir beim Tanzen wunderbar miteinander

klarkamen. Nach einer Weile hatten die anderen Jungen auch mitbekommen, daß wir am liebsten miteinander tanzten und ließen Carmen in Ruhe.
In einem anderen Anfängerzirkel, der parallel zu unserem lief, fehlten noch Männer und das Ehepaar Graf fragte einige von uns, ob wir dort aushelfen könnten, natürlich kostenlos. Da mir das Tanzen Spaß machte, meldete ich mich dafür.
So belegte ich gleich zwei Grundkurse auf einmal.
Mit Carmen verstand ich mich von Tanz zu Tanz immer besser.
Nach zwei gemeinsamen Tanzabenden fragte ich sie, ganz nach den Verhaltensregeln von Knigge, ob es ihr recht sei, wenn ich sie nach Hause begleitete.
Sie sagte zu. Unterwegs hatten wir viel zu erzählen, denn die letzen zwei Stunden lieferten genügend Gesprächsstoff. An ihrer Wohnung angelangt, gab ich ihr zum Abschied die Hand und wir versicherten uns gegenseitig, daß wir uns schon auf das nächste Mal freuten.
Ich war guter Dinge und wunderte mich, warum ich Carmen eigentlich bisher nicht leiden konnte. Ich fand, dazu gab es überhaupt keinen Grund, im Gegenteil.
Plötzlich sah ich sie mit ganz anderen Augen. Ich wartete auch nicht bis zur nächsten Tanzstunde. Bis dahin dauerte es mir zu lange. Ich lud Carmen für das kommende Wochenende in die Disko ein. Ich sah ihr an, daß sie sich über meine Einladung freute.
Wir hatten vereinbart, daß wir uns am Einlaß treffen wollten, weil ich vorher die Karten besorgen wollte. Das war samstags nicht so einfach, denn es hatte nur die Hälfte von denen, die vor der Tür warteten, im Saal Platz. Da ich aber ganz gute Beziehungen hatte und viele Leute kannte, fand sich immer ein Weg, um an die Karten heranzukommen.
Carmen sah wunderschön aus, wie sie so dastand und mich anlächelte. Der kurzärmlige, weiße Pulli paßte gut zu ihren weiten, schwarzen Schlaghosen.
Als wir den Saal betraten, war ich aufgeregt, wie ein kleines Kind zu Weihnachten vor der Bescherung.
Die Disko fing an zu spielen, und wir tanzten. Die Musik war wie für uns geschaffen. Es kamen Titel von „Slade“, „Sweet“, „C.C.R.“, „E.L.O.“, „Bee Gees“ usw. und bei einigen konnten wir eng zu-

sammen tanzen. Carmen schmiegte sich dabei ganz fest an mich und lehnte ihren Kopf an meine Schultern. Es war ein unbeschreiblich schönes Gefühl, sie so fest bei sich zu haben.
Beim Titel „Lamp and light“ von den „Bee Gees“ küßten wir uns das erste Mal ganz zaghaft. Der Glanz in ihren Augen ließ mich alles um uns herum vergessen. Ich faßte sie an den Hüften und zog sie noch fester an mich. Zärtlich legte sie mir ihre Arme um den Hals und wir küßten uns erneut. Diesmal nicht mehr zaghaft, sondern voller Leidenschaft. Unsere Körper entflohen eng umschlungen der Wirklichkeit, schwerelos im Taumel des Glücks und tiefer Hingabe.
Das Ende des Musiktitels führte uns auf den Boden des Tanzsaales zurück. Wir waren wieder erwacht aus einem wunderbaren Traum. Von dem eben Erlebten noch tief beeindruckt, gingen wir hinaus in den angrenzenden Park. Hier herrschte ehrfurchtsvolle Stille. Der Himmel war ein Meer voller Sterne. Die Wärme ihres Körpers reichte bis zu meinem Herzen.
„Ich glaub’, ich hab’ mich in dich verknallt“, sagte sie leise.
Eine heiße Woge erfaßte mich. Ich drückte sie noch fester.
„Mir geht’s genauso. Ich glaub, ich hab dich sehr lieb.“ flüsterte ich ihr ins Ohr.
Dieser Abend hatte mein ganzes Leben verändert. Noch nie fühlte ich mich so zu einem Mädchen hingezogen. Noch nie drehte sich alles in meinem Kopf nur um sie.
Fortan taten wir alles gemeinsam, was nur irgendwie möglich war. Sogar meine Skatbrüder vernachlässigte ich. Auf einem Mal waren die nicht mehr so wichtig
Sie nahmen mir das aber nicht krumm, denn sie lernten Carmen bei den nächsten Diskos näher kennen und freundeten sich schnell mit ihr an.
Ich traf mich jeden Tag mit ihr, entweder gleich nach der Schule oder nach dem Telegramme ausfahren.
Carmen war in der glücklichen Lage, ein eigenes Zimmer zu besitzen. Es war nicht groß, aber es reichte für ein Klappbett, einen Schrank, einen kleinen Tisch und zwei Sessel. Ihre Eltern kamen in der Woche erst abends nach Hause und Carmens Schwester, sie war ein Jahr jünger als wir, hatte dafür Verständnis, wenn wir ungestört sein wollten.

In den wenigen Tagen, die wir uns näher kannten, waren wir uns schon sehr vertraut geworden und es dauerte nicht lange, bis wir das erste Mal miteinander schliefen. Es kam wie von selbst. Wir wollten es beide und waren glücklich, daß es passierte. Beide hatte wir zum ersten Mal erlebt, ganz fest zusammenzugehören, nicht nur im Geist und mit unseren Herzen, sondern auch mit unseren Körpern.
Es war ein unbeschreibliches Gefühl des Glücks, ein Gefühl voller Liebe. Ja, ich liebte sie und das um so mehr, weil ich spüren konnte, wie sehr sie meine Liebe erwiderte.
Ist es überhaupt möglich, das Gefühl grenzenloser Liebe mit Worten zu beschreiben? Jeder, dem sie schon einmal begegnet ist, weiß, daß das fast unmöglich ist.
Ein Gefühl, welches sich nicht nur rational im Kopf abspielt, sondern durch sämtliche Adern in alle Winkel des Körpers getragen wird. Man spürt die Wärme des eigenen Herzens ebenso, wie die warmen Strahlen, die vom Herzen des anderen ausgehen. Man wird unruhig und kann sich schlecht auf seine Aufgaben konzentrieren, wenn der andere für längere Zeit nicht da ist. Sehnsucht macht sich breit und kann so stark werden, daß man den Schmerz tief im Inneren spüren kann.
Je näher dann der Zeitpunkt heranrückt, an dem man sich wieder in die Arme nehmen kann, desto unruhiger wird man und das Herz beginnt vor lauter Vorfreude laut zu schlagen.
Endlich dann beim Wiedersehen fällt die ganze Anspannung von einem ab, riesige Erleichterung, Freudentaumel, Wahnsinn... In der Umarmung sind die letzten qualvollen Stunden vergessen. Nur der Augenblick zählt.

Gleich zu Anfang stellte mich Carmen ihren Eltern vor.
Ihre Mutter arbeitete bei der Reichsbahnverwaltung im Büro, ihr Vater war beim Rat des Kreises als Finanzbuchhalter tätig. Sie nahmen mich beide so auf, als wenn sie schon lange darauf gewartet hätten, daß ich in ihrem Familienkreis auftauchte, und bald erschien es uns, als wenn ich schon immer dazu gehörte.
Hin und wieder spielten wir abends gemeinsam Canasta. Dazu tranken wir ein, zwei Flaschen Wermutwein und so wurde die Runde immer recht lustig.

Ein Zimmer der Wohnung und der Keller waren ständig an Touristen vermietet. Den Keller hatte Carmens Vater eigens dafür, mit viel Phantasie vorgerichtet. Sie nannten ihn spaßeshalber „das grüne Gewölbe". Das brachte ein paar Mark Nebeneinnahmen.
Als ich ungefähr acht Wochen mit Carmen zusammen war, spielten wir wieder einmal alle zusammen Karten und waren fröhlicher Dinge. Obwohl es schon spät am Abend war und wir am nächsten Tag in die Schule mußten, hatten wir noch keine Lust aufzuhören. Von Carmens Wohnung aus fuhr ich immer mit der S-Bahn und hatte dann bis nach Hause, noch ein ganzes Stück zu laufen.
An diesem Abend fanden wir das besonders blöd. Deshalb fragte Carmen ihre Eltern, ob ich nicht gleich bei ihr mit im Bett schlafen könnte. Ihre Eltern hatten in dieser guten Stimmung nichts dagegen. Es gab dabei nur ein Problem und das waren meine Eltern. Bisher war ich noch nie ganz über Nacht weggeblieben, außer zu Silvester, aber da hatte ich ihnen schon vorher gesagt, daß ich noch nicht wüßte, wann ich nach Hause komme. Ansonsten kam ich zwar oft erst im Morgengrauen heim, dafür gab es auch jedes Mal Spektakel.
Carmens Mutter bot uns deshalb an, bei meinen Eltern anzurufen, damit sie sich keine Sorgen machten. Ich fand das sinnlos, denn ich war mir sicher, daß meine Eltern es nicht erlauben würden.
Sie ließ sich aber nicht davon abbringen und rief also bei mir zu Hause an.
Wie erwartet, ließen sich meine Eltern von ihr nicht überzeugen und sie bestanden darauf, daß ich nach Hause kam.
Carmens Mutter zuckte nur lächelnd mit den Schultern und meinte, daß sie das schon noch in den Griff bekommt. Ich konnte mir zwar nicht vorstellen wie, aber wir spielten erst einmal weiter.
Nach einer Stunde griff sie wieder zum Telefon.
Sie zwinkerte uns zu, als sie meinen Eltern kurz und bündig erklärte, daß mir schlecht sei, weil ich wahrscheinlich etwas gegessen hatte, was mir nicht bekommen sei. Sie fände es deshalb besser, wenn ich hier übernachtete. In dem Zustand wolle sie mich nicht nach Hause schicken. Noch bevor meine Eltern etwas am anderen Ende entgegnen konnten, legte sie den Hörer wieder auf.
Wir mußten laut lachen. Das war aber auch ein gelungener Streich. Der hätte glatt von mir stammen können.

Carmen hatte sich bereits vor einigen Wochen die „Pille" verschreiben lassen. Ihre Eltern machten sich daher keine Sorgen, daß etwas „passieren" könnte. Über diese Dinge konnte man ganz unkompliziert mit ihnen reden. Das fand ich auch so toll an ihnen.
In der folgenden Nacht fand ich kaum Schlaf.
Wir fühlten uns, wie auf Wolken schwebend und liebten uns voller Hingabe.
Unter dem Gefühl höchsten Glücks schworen wir uns, für immer zusammen zu bleiben, egal was kommen mag.
In meinen Armen schlief Carmen ein. Sie hatte sich ganz fest an mich geschmiegt. Ihr Atem ging tief und gleichmäßig. Ich versuchte mich nicht zu bewegen, um sie nicht zu wecken. Ich spürte, sie fühlte sich bei mir geborgen. Ich wollte ihr dieses Gefühl nicht nehmen und bewachte ihren Schlaf.
Am nächsten Morgen als der Wecker klingelte, brauchte ich eine Weile um zu begreifen, wo ich mich befand. Ich mußte wohl doch noch eingeschlafen sein.
An meiner Seite regte sich etwas und ein „Guten Morgen mein Schatz!" wurde mir ins Ohr geflüstert. Carmen gab mir einen Kuß. Es war das schönste Aufwachen, das ich bisher erlebt hatte.
Gemeinsam duschten und frühstückten wir und fühlten uns dabei schon ein bißchen wie Mann und Frau. Dann begaben wir uns auf den Weg zur Schule.
Die Klassenkameraden, die wir in der Straßenbahn trafen, grinsten uns an, sagten aber keinen Ton. Sie wußten, daß ich aus der falschen Richtung kam. Auf der EOS war es nicht mehr üblich, daß man sich über die Liebschaften anderer lustig machte.
Am Abend dann, ich kam gerade wieder von Carmen, brannte bei mir zu Hause noch Licht. Das war absolut ungewöhnlich um diese Zeit, denn es war bereits 23 Uhr. Normaler Weise schliefen meine Eltern und Geschwister schon.
Natürlich waren es meine Eltern, die auf mich warteten und ich mußte gleich im Wohnzimmer Platz nehmen.
„Wo kommst du jetzt, mitten in der Nacht her?" fragte mich meine Mutter in ruhigem Ton. Das leichte Zittern in ihrer Stimme verriet mir aber, wie aufgeregt sie wirklich war.
Für mich war das eigentlich eine ganz normale Uhrzeit, denn ich kam in der letzten Zeit immer zwischen 22 und 24 Uhr nach Hause,

bis auf Ausnahmen an den Wochenenden, wo es schon mal später werden konnte.
„Ich komme von Carmen“, sagte ich ehrlichen Herzens.
„So, und morgen hast du beizeiten wieder Schule!“ sagte meine Mutter vorwurfsvoll.
„Na wie immer, 7 Uhr 15. Wir mußten noch etwas für morgen ausarbeiten“, meinte ich beschwichtigend, denn ich merkte, wie sich meine Mutter immer mehr erregte. Mein Vater schüttelte dabei nur mit dem Kopf.
Allerdings war das mit den Ausarbeitungen ein blödes Argument, denn seitdem ich Carmen kannte, wurde es gegenüber früher, doch schon manchmal erheblich später. Jetzt kam hinzu, daß ich Carmen, wenn wir in der Disko waren, erst nach Hause brachte, ehe ich selber heim fuhr. Ich würde sie nie alleine abends durch die Straßen laufen lassen. Da hielten mich auch keine Moralpredigten von meinen Eltern davon ab.
„Und wo warst du letzte Nacht?“ fragte meine Mutter, nun etwas schärfer weiter.
Ich tat verwundert. „Carmens Mutter hat doch extra bei euch angerufen und gesagt, daß es mir nicht gut ging“, erwiderte ich.
„Ja, das hat sie, aber ich hatte ihr eindeutig gesagt, daß sie dich nach Hause schicken soll. Das hat sie dir wohl nicht ausgerichtet?“ schrie sie jetzt.
„Ich, eh ...“ Sie fiel mir ins Wort.
„Was sind denn das für Leute, wo du dich nachts herumtreibst? Denen ist es wohl egal, was ihr beiden miteinander treibt?“
„Mir gings wirklich nicht gut!“ sagte ich genervt. „Ich hab’ im Wohnzimmer auf dem Sofa geschlafen. Carmens Eltern haben sich eben Sorgen um mich gemacht. Außerdem sind sie einwandfrei in Ordnung!“
Meine Mutter kam immer mehr in Fahrt. „Du hattest wohl mal wieder zu viel gesoffen, daß dir schlecht war?“ fuhr sie mich an. „Du wohnst aber immer noch bei uns. Da hast du das zu tun, was wir für richtig halten und nicht, was Carmens Eltern wollen. In Zukunft bist du jeden Abend um 21 Uhr zu Hause, ob dir das paßt oder nicht! Bis dahin hast du auch deine Schulaufgaben erledigt und die legst du mir jeden Abend vor, damit ich sehe, daß du auch noch etwas vernünftiges machst!“

Ich war vor Freude kaum zu bremsen. Mein Vater hatte noch gar nichts gesagt. Er sah mich die ganze Zeit nur an, hatte die Stirn gerunzelt und knaupelte nervös an seinen Fingernägeln.
Jetzt räusperte er sich kurz und meinte: „Deine Carmen muß ja ein tolles Mädel sein, wenn du dir wegen ihr so viel Ärger einhandelst. Es wäre vielleicht nicht schlecht, wenn du sie einmal zu uns einladen würdest, damit wir sie auch kennenlernen können."
„Sie ist auch ein tolles Mädel!" rief ich bockig und verließ das Wohnzimmer. Die Tür warf ich hinter mir zu.
In meinem Zimmer warf ich mich auf's Bett und fluchte laut vor mich hin: „Die behandeln einen, als wäre man noch ein Kindergartenkind! Da können sie lange darauf warten, daß ich meinen Schatz hierher hole! Das ist ja schlimmer als im Mittelalter!"
Am liebsten wäre ich gleich wieder zurück zu meiner Carmen gefahren. Ihre Eltern waren wenigstens nicht so altmodisch.
In den kommenden Tagen änderte sich aber überhaupt nichts. Wie immer kam ich erst spät nach Hause. Deswegen gab es nur noch Streit mit meiner Mutter. Hin und wieder rief sie bei Carmens Eltern an, aber das half auch nichts.
Carmens Vater trank gern mal einen. Wenn er von der Arbeit kam und mich sah, fragte er mich stets: „Na, willst du auch eine Flasche Bier?"
Ich wollte natürlich immer.
Außerdem hatte er ein vorzügliches Hobby. Er stellte in großen Glasballons Wein selbst her. Der schmeckte unwahrscheinlich süffig und hatte unglaublich hohe „Umdrehungen". Das machte den Wein für uns auch so unberechenbar. Seine Wirkung setzte schlagartig ein. Man konnte in Ruhe fünf, sechs Gläser davon trinken, ohne daß man etwas spürte. Nur wenige Minuten später aber war man mit einem Mal völlig betrunken. Das passierte mir nicht nur einmal.
Gegenüber von Carmens Wohnung war ein kleines Café. Mit der Zeit wurde dies zu unserem Lieblingslokal. Wir fanden es hier sehr gemütlich. Auf den Tischen standen immer frische Blumen und eine Kerze. An den Wänden brannten kleine Lämpchen und im Hintergrund spielte leise Musik. Das alles gab dem Raum eine gewisse intime Atmosphäre. Oft saßen wir bei zwei, drei Schoppen Wermutwein und plauderten.

Da wir zur Stammkundschaft gehörten, kannte uns der Besitzer recht gut. Er selbst wohnte direkt über dem Café. Es war kein Problem, auch außerhalb der Öffnungszeiten bei ihm zu klingeln und eine Flasche Wein für zu Hause zu kaufen. Er verlangte dabei nicht einmal den Gaststättenaufpreis.

Der Abschlußball des Tanzunterrichtes war gekommen.
Carmen und ich waren fürchterlich aufgeregt. Den anderen Paaren ging es zum Glück genauso, darum fielen wir nicht so auf.
Von Tanz zu Tanz löste sich aber unsere Verkrampfung und der Spaß gewann die Oberhand. Dabei wurden wir immer sicherer. Wir mußten hintereinander verschiedene Tänze absolvieren, wobei die schlechtesten Paare nach jeder Runde ausscheiden mußten.
Zum Schluß blieben nur noch acht Paare übrig, die in die Finalrunde kamen.
Jetzt ging es mit direkter Punktwertung durch eine Jury weiter. Wieder hatten wir verschiedene Tänze zu absolvieren.
Am Ende reichte es für den 2. Platz. Carmen und ich waren glücklich, und wir fielen uns unter dem Beifall des Publikums um den Hals. Wir hatten einen kostenlosen Fortgeschrittenenzirkel bei der Tanzschule Graf gewonnen. Mit überschwenglicher Freude tanzten wir unsere Ehrenrunde. Es war Wiener Walzer. Finanziell hätten wir uns einen weiteren Tanzzirkel nicht leisten können, jetzt hatten wir ihn umsonst.
Aber der Abschlußball hatte noch einen weiteren Vorteil. Meine Eltern konnten endlich Carmen und ihre Eltern kennenlernen. So wußten sie jetzt endlich, bei wem ich mich immer „herumtrieb".
Den Fortgeschrittenenzirkel hielten wir aber nicht bis zum Ende durch. Das Tanzen machte zwar nach wie vor großen Spaß, aber es fehlten eben die ganzen Klassenkumpels. So gingen wir dann doch lieber mit Schusti und den anderen zur Disko, als zur Tanzstunde oder wir hatten eben einfach nur Lust auf Zweisamkeit.

Meine Liebe zu Carmen hatte auch meinen jugendlichen Übermut neu entfacht.
Sie war ein bildhübsches Mädchen. Doch wenn sie lachte, war sie noch viel schöner anzusehen. Kein Wunder also, wenn ich mir die unmöglichsten Dinge einfallen ließ, um sie zum Lächeln zu bringen.

Einmal schlich ich mich mit drei anderen Jungs zum Parkplatz der Schule, auf welchem die Lehrer ihre Autos abstellten. Mit Ziegelsteinen bockten wir den Trabi einer Lehrerin auf, aber gerade nur so hoch, daß es aussah, als stünden die Räder noch auf dem Boden. Wir hatten uns vorher erkundigt, wie lange sie Unterricht hatte und legten uns voller Spannung auf die Lauer.
Sie kam und stieg nichtsahnend ein, startete den Motor und legte den Gang ein.
Der Trabi begann fürchterlich aufzuheulen, bewegte sich aber keinen Millimeter von der Stelle. Die Lehrerin schaltete und schaltete. Immer wieder heulte der Motor auf, doch der gute Trabi bewegte sich nicht vom Fleck.
Kopfschüttelnd stieg sie aus und lief um das Fahrzeug herum, konnte aber nichts entdecken. Sie setzte sich wieder hinter's Steuer und versuchte es erneut.
Wir schüttelten uns vor lachen. War das ein Gaudi!
Nach einer Weile stupste ich Berni an, worauf wir beide, wie zufällig auf den Trabi zuschlenderten. Als uns die Lehrerin kommen sah, rief sie: „Sagt mal ihr zwei, versteht ihr etwas von Autos?“ Hilflos wies sie auf den Trabi und sagte: „Der fährt einfach nicht los.“
Durch den Lärm und den Qualm, den der aufheulende Motor verursacht hatte, waren auch noch andere Schüler angelockt worden und bald hatte sich eine Menschentraube um das Fahrzeug gebildet.
„Mal sehn!“ meinte Berni und setzte sich mit wichtiger Mine in den Trabi. Wir hatten alle Mühe Ernst zu bleiben.
„Starte mal!“ rief ich Berni zu.
Er ließ den Motor an, legte den Gang ein und die Vorderräder begannen sich zu drehen.
Ich zeigte auf die Räder und sagte zur Lehrerin gewandt: „Schaun Sie mal! Das ist ja wirklich ungewöhnlich. Ihr Auto ist so leicht, daß die Räder nicht einmal den Boden berühren.“
Langsam dämmerte es ihr. Sie bückte sich und schaute unter das Auto.
„Also diese verfluchten Bengels!“ schimpfte sie. „Die kommen auf die blödesten Einfälle!“
Ringsherum begann alles zu grölen.
Berni grinste: „So blöd find ich die Idee gar nicht, was Hoffi? Könnte glatt von uns stammen.“

„Ach so, ihr wart das, stimmt's?“ Sie wußte nicht, sollte sie weinen oder lachen. Zu guter Letzt entschied sie sich für das Lachen.
„Nö, wir warn das bestimmt nicht“, sagte ich scheinheilig. „Bei ihnen würden wir doch so etwas nicht machen.“
Wir winkten den anderen zu und befreiten gemeinsam den Trabi von seinen Stelzen.
Sichtlich erleichtert fuhr die Lehrerin davon, nicht ohne uns noch einmal lachend mit der Faust zu drohen.
Eine ähnliche Episode, über die wiederum die ganze Schule lachte, ereignete sich nur wenige Tage später.
Herr Ruge war ein Lehrer, den keiner so richtig ausstehen konnte. Er gab sich auch noch obendrein alle Mühe, damit das auch so blieb. Ständig zog er mit grimmigem Gesicht durch das Schulhaus und hatte überall etwas zu meckern. Er besaß das einmalige Talent, auch immer etwas zu finden, über das er sich aufregen konnte.
Angeregt durch die Sache mit dem aufgebockten Trabi kam ich auf die Idee, dem alten Meckersack endlich mal so richtig eins auszuwischen.
Ruge hatte auch ein solches Gefährt. Jedoch kamen wir an sein Fahrzeug nicht so leicht heran. Er parkte seinen Trabi immer direkt vor dem Fenster seines Büros und hatte ihn von seinem Schreibtisch aus direkt im Blickfeld. In den Pausen war es also unmöglich, sich unbemerkt an ihn heranzumachen.
Der Zufall sollte uns aber bald zu Hilfe kommen.
Eine Lehrerin war plötzlich erkrankt und wir hatten eine Freistunde. Ich nutzte die Gelegenheit und weihte gemeinsam mit Berni, einige andere Jungs in meinen Plan ein.
Wir teilten uns auf und schlichen von Klassenzimmer zu Klassenzimmer, um herauszubekommen, wo Herr Ruge gerade unterrichtete.
Als wir das geklärt hatten, konnten wir sicher sein, daß er nicht in seinem Büro war und uns beobachtete.
Leise schlichen wir hinunter auf den Hof.
Ohne etwas zu sagen, zeigte ich zu erst auf den Trabi, dann auf zwei Bäume, die gleich neben dem Parkplatz standen. Wir nickten uns kurz gegenseitig zu. Alles war klar.
Jeder wußte, was zu tun war.
Auf mein Kommando hin faßten vier Mann den Trabi vorn und

zwei hinten an und hoben in hoch. Ohne größere Anstrengung trugen wir ihn zu den Bäumen hinüber. Dort stellten wir ihn so wieder ab, daß davor und dahinter noch ungefähr ein Viertelmeter Platz war bis zum Baum.
Andächtig betrachteten wir unser Werk und mußten kichern. Dann schlichen wir auf leisen Sohlen davon.
Im Anschluß an die Freistunde folgte eine lange Hofpause. Normalerweise verzogen wir uns da in die Raucherecken, diesmal aber nicht.
Im Nu hatte sich um den eingesperrten Trabi eine Menschentraube gebildet. Es war ein unwahrscheinliches Spektakel.
Durch den Lärm kamen auch einige Lehrer herbeigeeilt. Auch sie schüttelten ungläubig mit dem Kopf und mußten lachen.
Endlich kam auch Ruge höchstpersönlich aus dem Schulhaus gejagt. Wahrscheinlich hatte er gerade von seinem Zimmer aus entdeckt, daß sein Trabi verschwunden war. Jetzt blieb er unschlüssig vor den Stufen zur Eingangstür stehen und schaute zu der Stelle hinüber, an der sonst sein Auto stand.
Durch Ruges plötzliches Auftauchen war das Gejohle schlagartig verstummt. Jeder war gespannt, was nun passieren würde.
Die ungewöhnlich große Schüleransammlung hatte seine Aufmerksamkeit erregt, und er kam langsam näher. Dabei mußte ihn bereits eine Vorahnung ereilt haben, denn er zog sein absolut grimmigstes Gesicht.
Als er endlich sah, was da zwischen den Bäumen stand, schob er zwei Schüler grob zur Seite, die ihm im Wege standen und begann wutentbrannt um seinen Trabi herumzutänzeln.
Dann schrie er uns an, wir sollten endlich mit anfassen und den Wagen herüberheben. Es opferten sich ein paar Schüler. Ruge selber aber faßte nicht mit an.
Unter lautem „Hau-Ruck“ der Massen und schallendem Gelächter, wurde der Trabi neben die Bäume gestellt.
Rot vor Wut sprang der alte Meckersack in sein Wägelchen, knallte die Tür laut zu und fuhr es zähneknirschend an seinen alten Platz.
Ich bin mir sicher, es gab wohl kaum einen Schüler, der sich nicht über diesen gelungenen Streich gefreut hatte. Ja sogar die meisten Lehrer hatten ihren Spaß daran.
Das sollte aber noch gehörige Nachwehen mit sich bringen.

Ein paar Tage später wurde ich in einer Pause zu Herrn Ruge gerufen. Mir war auch sofort klar, warum. Dicker Zigarrenqualm lag in der Luft. Ich war allein mit ihm im Zimmer. Er bot mir keinen Platz an, sondern ließ mich einfach stehen. Dabei starrte er vor sich auf den Schreibtisch und brabbelte nur fortwährend: „So, so!"
Mir wurde das Herumstehen zu doof, und ich begann im Zimmer auf- und abzugehen. Schließlich war gerade Hofpause, in der man sich die Füße vertreten sollte.
Ruge hörte auch sofort mit seinem Gemurmel auf und beobachtete mich grimmig wie ein Tiger auf dem Sprung.
„Hoffmann, ich weiß, daß du das warst mit meinem Auto!" brüllte er plötzlich los. „Du brauchst also gar nicht erst so scheinheilig zu tun!"
Ich war erschrocken stehengeblieben und schaute ihn ungläubig an. Ich war mir nicht sicher, ob er nur bluffte.
Ein böses Grinsen verzerrte Ruges Gesicht, als er sagte: „Einer aus deiner Klasse hat gesungen, wie eine Lerche. Blieb ihm auch nichts anderes übrig." Er zuckte mit den Schulter und tat, als würde er den Schüler bedauern. „Hätte er nicht gesungen, dann hätte das Vögelchen Probleme mit seinen lieben Eltern bekommen. Da hätte ich denen nämlich wiedermal mitteilen müssen, wie stinkend faul das Söhnchen ist. Nun, er ist zwar wirklich stinkend faul, aber trotzdem nicht ganz blöd und darum hat er mir auch gleich bereitwillig erzählt, daß du mein Auto zwischen die Bäume gestellt hast."
Er stand auf und kam langsam auf mich zu.
Kurz vor mir blieb er stehen und fauchte: „Und jetzt Hoffmann, jetzt bist du dran!"
Obwohl mir nun klar war, daß leugnen keinen Sinn mehr hatte, sagte ich: „Wissen Sie Herr Ruge, ihren Trabi könnte ich zwar alleine fahren, aber bestimmt nicht alleine zwischen zwei Bäume stellen."
„Für wie blöd hältst du Großmaul mich eigentlich? Ich soll dir wohl gleich eine verpassen, hä? Das kannst du sofort haben!"
Unwillkürlich trat ich einen Schritt zurück und meinte frech: „Na, dann schlagen Sie doch einfach mal zu!"
Ich hätte in dieser Situation sofort zurückgeschlagen, aber Ruge tat so, als hätte er es nicht gehört. Vielmehr fuhr er fort: „Natürlich weiß ich auch, daß dir noch fünf andere Gangster geholfen haben. Mit denen rechne ich später noch ab. Aber du, du hast sie alle dazu

angestiftet und diesmal Hoffmann, diesmal bist du dran!"
Ich war sprachlos. Der Vogel mußte gewaltig gezwitschert haben.
„So und jetzt kannst du in deine Klasse gehen!"
Als ich das Zimmer verließ, sah er mir mit voller Genugtuung hinterher.
Zum nächsten Schulappell erhielt ich einen „öffentlichen Tadel vor der Schule", wegen „mehrfacher Anstiftung zu grobem Unfug" mit Eintrag in die Schülerakte.
Ehrlich gesagt, mir war der Spaß die ganze Sache Wert, denn es war ein Ereignis, über welches noch jahrelang gesprochen wurde. Vielmehr wurmte es mich, daß ich nicht herausbekam, wer mich bei Ruge verpfiffen hatte. Eigentlich kamen dafür nur zwei aus meiner Klasse in Frage, aber wer von den beiden es wirklich war, erfuhr ich nie.

In meiner Klassenstufe, es gab vier Parallelklassen, waren insgesamt acht Offiziersbewerber.
Eines Tages erhielt ich, zusammen mit einem Jungen meiner Klasse, eine Einladung zur Aufnahmeprüfung an der Offiziershochschule in Löbau.
Wir freuten uns riesig, denn wir brauchten deshalb zwei Tage nicht in die Schule gehen.
Mit Carmen hatte ich bis dahin noch nicht viel über meinen Berufswunsch gesprochen, denn das lag für uns noch in weiter Ferne. Jetzt kamen wir gezwungener Maßen auf dieses Thema zu sprechen. Wir wußten, daß es für eine Offiziersfamilie nicht einfach ist, wenn man oft lange Zeit getrennt ist oder hin und wieder den Standort wechseln mußte, weil man in ein anderes Regiment kommandiert wurde.
Carmen sah das aber nicht so problematisch und versprach, immer zu mir zu halten. Trotzdem fiel es uns beiden nicht leicht, daß wir uns jetzt zwei volle Tage nicht sehen konnten. Gegenseitig sprachen wir uns Trost zu und freuten uns auf das Wiedersehen.
In der Kaserne angelangt, trafen wir uns alle in einem großen Saal. Ich schätzte, daß wir etwa dreißig Mann waren, die aus allen Teilen der DDR angereist waren.
Zur Begrüßung sprach der Leiter der Offiziershochschule. Er war Generalmajor und redete von der wichtigsten Entscheidung, die

wir bisher in unserem Leben getroffen hatten, vom notwendigen Schutz des Sozialismus und der harten Prüfung, die jetzt vor uns lag. Ab sofort ging alles nur noch auf Kommando: Aufstehen, Hinsetzen, Laufen, Wegtreten zur Pinkelpause usw.
Wir wurden auf verschiedene Kompanien aufgeteilt, wo wir unsere Sachen in einen schmalen Schrank zu räumen hatten. Dann ging es im Gleichschritt zum Essen.
Es gab einen undefinierbaren Fraß. Er bestand aus dickem Erbsbrei, schlüpfrigem Sauerkraut und irgendwelchen Fleischfetzen. Von zu Hause war ich es zwar gewohnt, daß alles gegessen wurde, was auf den Tisch kam, aber hier gab ich doch den überwiegenden Teil den Schweinen.
Nach dem Essen nahmen wir in einem Vorlesesaal Platz und hatten eine schriftliche Prüfung abzulegen. Die Fragen, unter anderem zu den Fächern Mathe, Physik, Geschichte und Staatsbürgerkunde, waren relativ einfach. Man hätte schon ein bißchen geistig minderbemittelt sein müssen, wenn man dabei durchgefallen wäre.
Anschließend folgte die Sportprüfung. Die war schon etwas schwieriger. Zum Beispiel mußten wir Seilklettern und die Sturmbahn laufen. Das waren Disziplinen, die ich vorher noch nicht ausprobiert hatte.
Am nächsten Morgen kam zum Abschluß der Prüfung noch das Luftgewehrschießen. Ich fand das lächerlich, denn ich hatte gedacht, daß wir wenigstens mit dem Kleinkalibergewehr schießen durften.
Nach dem Schießen hatten wir zwei Stunden Freizeit und durften uns innerhalb des Kasernengeländes frei bewegen.
Mein Klassenkamerad und ich schlenderten, wie die meisten, in Richtung Fuhrpark, denn in erster Linie interessierte uns natürlich die Technik.
Plötzlich rief jemand hinter mir: „Mensch Alter, was hast'n du hier verloren?" Die Stimme kam mir doch bekannt vor. Das konnte doch nur ... Ich drehte mich um und vor mir stand mit grinsendem Gesicht Gempi aus dem Singeklub. Er war vor kurzem als Offizier auf Zeit eingezogen worden.
Freudig begrüßten wir uns.
„Nee, sag mal, was machst'n du hier? Habt ihr 'ne Besichtigung oder was?" fragte er weiter.

Ich erzählte ihm ausführlich von der „schweren“ Aufnahmeprüfung der Offiziersbewerber. „Zwei Tage Schule konnten wir dafür ausklinken“ sagte ich begeistert.
Stirnrunzelnd hörte er mir zu. Als ich geendet hatte, zeigte er mir einen Vogel.
„Hoffi, wenn du wirklich fünfundzwanzig Jahre Armee machen willst, dann kannst du nur total bekloppt sein!“
Ich hatte keine Ahnung, wie er das meinte. Wollte er mich verarschen?
Gempi zog mich zur Seite und begann leise auf mich einzureden. „Das sieht alles hier von außen ganz anders aus, aber in Wirklichkeit ist es ein absoluter Idiotenhaufen. Wenn du mal ‘ne andere Meinung hast, als diese Sackgesichter, dann hast du keine ruhige Minute mehr. Entweder du stumpfst total ab und verlernst das Denken oder du gehst nervlich kaputt. In einer Woche bekommst du hier soviel ‚Rotlicht‘ (Polituntericht), wie du in der Schule das ganze Jahr nicht hast. Deine Freundin kannst du auch abschreiben. Die macht das bestimmt nicht lange mit. Die ersten drei Jahre kommst du fast gar nicht nach Hause und wohin du danach versetzt wirst, das weiß der Fuchs!“
Irgendwie stimmte mich Gempis Geschimpfe nachdenklich. Ich kannte ihn eigentlich als immer lustigen Burschen und nicht als Miesepeter.
„Ich könnte mir in den Arsch beißen, daß ich mich für drei Jahre verpflichtet habe“, fluchte er weiter. „Jedenfalls mache ich drei Kreuze, wenn der Scheiß vorbei ist und da willst du fünfundzwanzig Jahre auf den Buckel nehmen! Du bist wirklich bekloppt!“
Mit diesen Worten ließ er mich einfach stehen, denn er mußte sich beeilen, weil seine Kompanie gerade antrat. Er winkte mir nur noch kurz von weitem zu. Ja und ich stand da wie blöd und wußte überhaupt nicht, was ich davon halten sollte.
Im Singeklub hatte ich mich immer gut mit Gempi verstanden. Auf seine Meinung konnte man Wert legen, denn er war kein Spinner und sagte, was er dachte. Jetzt schien er sich völlig verändert zu haben, denn so aufgebracht hatte ich ihn noch nie erlebt.
Wie ich so stand, muß ich ein ziemlich bedeppertes Gesicht gezogen haben, den mein Klassenkamerad kam langsam zu mir herüber und fragte, was los war.

„Ach nichts weiter, der hatte nur die Schnauze voll von dem Verein hier!“ winkte ich ab.
Die anschließende Bekanntgabe der Prüfungsergebnisse ging unbeeindruckt an mir vorüber. Selbstverständlich hatten alle bestanden. Nur zwei von uns mußten in einem Jahr einen Teil der Sportprüfung wiederholen, aber die waren dafür auch mehr breit als hoch, richtige Schwabbelbacken. Die hätten sich besser an einer Freßkunsthochschule bewerben sollen.
Auf der Heimfahrt waren alle fröhlich und ausgelassen. Mein Schulkumpel freute sich, daß nun seiner Offizierslaufbahn nichts mehr im Wege stand. Sein Onkel war auch Offizier, und er wollte ihm nacheifern.
Ich ließ ihn merken, daß ich keine Lust für eine Unterhaltung hatte und er ließ mich in Ruhe.
Mir gingen Gempis Worte nicht aus dem Kopf, und ich dachte an Carmen. Was sollte aus uns werden, wenn wir ständig von einander getrennt waren? Ich liebte meinen Schatz so sehr, daß ich mir nicht vorstellen konnte, jemals eine andere lieben zu können. In Gedanken war sie schon meine Frau.
Doch sich drei Jahre fast gar nicht sehen zu können und dann noch nicht zu wissen, in welche Prärie man geschickt wurde, welche Liebe kann das unbeschadet überstehen? Ich bekam Angst, unsere Liebe wegen eines so blöden Berufes aufs Spiel zu setzen. Das war doch die ganze Sache nicht Wert. Sollten das doch andere machen, die keine Freundin hatten. Ich mußte feststellen, daß ich mir bisher noch gar nicht richtig im klaren war, was der Offiziersberuf bedeutete und je länger ich darüber nachdachte, um so mehr Zweifel kamen mir.
Am nächsten Morgen stand meine Entscheidung fest. Die NVA würde einen Offiziersbewerber weniger haben. Carmen wollte ich auf gar keinen Fall durch diesen blöden Beruf verlieren.
Als ich in die Schule kam, wartete bereits Billi, unser Bio-Lehrer und Leiter des Offiziersbewerberkollektivs, auf uns und wollte natürlich gleich wissen, wie die Prüfungen gelaufen waren.
Mein Klassenkamerad berichtete stolz, daß die für uns keinerlei Hürden dargestellt hatten.
Ich konnte Billi gut leiden. Er war außerdem der Klassenlehrer meiner Schwester und ihre ganze Klasse schwärmte von ihm. Das

Fach Biologie war das einzige, wo ich mich immer ein wenig auf den Unterricht vorbereitete, denn Billi nahm zum Beginn einer jeden Unterrichtsstunde einen Schüler nach vorn, der Fragen zur letzten Stunde beantworten mußte. Wenn man keine Antwort wußte, verstand er es, einen so lächerlich zu machen, daß man sich selbst schwor, daß das nicht noch einmal passiert.
Außerhalb des Unterrichts war er allerdings ein absoluter Kumpel, der auch hin und wieder mit uns eine rauchte oder ein Bierchen trank.
Ich faßte mir ein Herz und sagte: „Ich hab es mir noch einmal gründlich überlegt, Billi. Ich ziehe meine Offiziersbewerbung zurück."
Er verstand nicht gleich und fragte: „Was machst Du?"
„Ich werde nicht Offizier. Ich hatte bei meiner Bewerbung nicht richtig nachgedacht und ganz andere Vorstellungen von dem Beruf gehabt", antwortete ich.
„Hm, zum Beispiel?" bohrte er nach.
„Na zum Beispiel müßte ich ja nur noch nach Befehlen tanzen und das liegt mir überhaupt nicht", sagte ich.
„Daran gewöhnst du dich!"
„Naja, aber für meine Freundin ist es der Anschiß. Wir könnten uns ja kaum noch sehen. Was soll sie mit einem Freund, der nie da ist, wenn sie ihn braucht?"
„Hm, das ist ein Argument. Das muß ich zugeben", meinte er nachdenklich.
„Ich hoffe, du hast dir die Sache gründlich überlegt! Ich muß natürlich die Schulleitung darüber informieren. Das wird sicher nicht so problemlos für dich ablaufen."
„Ist mir schon klar, aber das ist mir egal!" murmelte ich.
In der Klasse sprach sich mein Entschluß schnell herum. Der überwiegende Teil meiner Mitschüler schielte verstohlen zu mir herüber. Gerade so, als ob ich etwas Schlimmes verzapft hatte.
Bisher hatte ich noch keine Gelegenheit gehabt, mit Carmen zu sprechen. Sie drehte sich fragend zu mir um. Ich zuckte nur mit den Schultern.
In der nächsten Pause ging ich mit ihr hinaus in den Schulpark. Hier konnten wir uns erst einmal ungestört umarmen. Schließlich hatten wir uns zwei Tage nicht gesehen. Dann erzählte ich ihr von der Offiziersschule, von Gempi, den ich dort getroffen hatte und

daß ich einfach Angst um unsere Liebe hätte, wenn wir uns dann kaum noch sehen könnten.
„Hoffi, du mußt selbst wissen, was richtig ist“, meinte Carmen nachdenklich. „Mir ist es gleich, wie du dich entscheidest, denn wir gehören doch zusammen, so oder so!“
Noch am selben Tag durfte ich beim Direktor antanzen. Außer dem Direktor waren noch der Parteisekretär und die FDJ-Sekretärin der Schule, meine Klassenlehrerin und Billi versammelt.
Beim Anblick von diesem großen Aufgebot wurden mir doch meine Knie ein wenig weich.
Zum Glück durfte ich mich hinsetzen.
Der Direktor begann: „Der Leiter des Offiziersbewerberkollektivs hat mir mitgeteilt, daß Sie ihre Bewerbung für die Offiziershochschule in Löbau zurückziehen wollen, obwohl Sie gestern genau an eben dieser Schule ihre Aufnahmeprüfung bestanden haben, stimmt das?“
Ich nickte nur. Daraufhin wollte er den Grund wissen.
Ich erzählte erneut alles so, wie ich es bereits Billi erzählt hatte und fügte noch erklärend hinzu, daß ich schon lange eine feste Freundin hatte, mit welcher ich für immer zusammenbleiben möchte. Das ginge aber wahrscheinlich nicht, wenn ich sie in der Zukunft kaum sehen könnte, denn über mehrere Jahre hinweg nur ein paar Tage Urlaubsbekanntschaft, das wäre uns zu wenig.
Der Direktor zog seine Stirn in Falten, die anderen starrten betroffen vor sich hin.
Es herrschten einige Minuten bedrückende Stille.
Endlich sprach der Parteisekretär: „Stephan, die Partei, unser Jugendverband, ja die gesamte Schule, jeder war stolz auf dich, denn jeder weiß, daß mit dem Offiziersberuf viele Entbehrungen verbunden sind, die andere in ihren Berufen nicht aufbringen müssen. Es ist ein sehr ehrenhaftes Ziel, sich mit der Waffe in der Hand, für den Schutz des Sozialismus einzusetzen. Alle hatten wir in dich das Vertrauen gesetzt, daß diese Waffen bei dir in den richtigen Händen sind. Und jetzt, jetzt willst du uns alle so enttäuschen? Ich gehe davon aus, daß du dir die ganze Sache noch einmal richtig überlegst!“
„Da gibt es nicht mehr viel zu überlegen!“ gab ich trotzig zurück.
„Es ist doch ganz einfach so“, fing der Direktor wieder an, „daß

wir dir in der Vergangenheit viele Dinge nachgesehen haben. Eben gerade deshalb, weil wir wußten, welche schweren Aufgaben dir noch bevorstehen. Wenn du nicht Offizier werden willst, was willst du denn dann studieren?"

Diese Frage hatte ich mir selbst noch nicht gestellt. Doch plötzlich kam mir blitzartig ein Gedanke, der mir ganz gut gefiel und ich antwortete: „Ich möchte überhaupt nicht mehr studieren. Ich habe dieses ganze Affentheater satt. Am besten wäre es, wenn ich mit dem Abschluß der 10. Klasse von der Schule gehe und Geld verdiene."

Langsam hatte ich von dem ganzen „Blabla" die Nase voll. Doch es ging noch weiter.

Der Direktor war noch nicht am Ende: „Weißt du, daß du damit einem anderen Schüler, der gern sein Abitur gemacht hätte, den EOS-Platz weggenommen hast, wenn du bei deiner Entscheidung bleibst? Ich hoffe für dich, daß du dir alles noch einmal gründlich überlegst. Unterdessen werde ich das Wehrkreiskommando unterrichten. Für heute kannst du erstmal wieder gehen."

Erleichtert stand ich auf und ging aus dem Zimmer. Draußen vor dem Schultor warteten Carmen, Schusti und Besso auf mich.

„Na, war's schlimm?" fragte mich Carmen und nahm mich tröstend in ihre Arme.

„Es ging gerade noch so, aber ich hab' sie gleich noch mal geschockt?" sagte ich mit finsterer Miene.

„Wieso?" fragte Schusti.

„Na, ich hab' denen gleich mit gesagt, daß ich die Schnauze voll habe und nach der Zehnten von der Schule gehe."

Carmen war erschrocken.

„Bist du verrückt, Hoffi? Was redest du denn für einen Quatsch?"

„Nee, das ist eigentlich gar kein Quatsch. Ich hab' mir überlegt, daß ich besser arbeiten gehe und Geld verdiene. Dann können mich alle mal!" gab ich entschlossen zurück. „Aber reden wir über was anderes. Ich schlage vor, ich gebe einen aus, zur Feier des Tages!"

Die anderen waren damit einverstanden und wir schlenderten hinunter ins „Weiße Roß".

Am Biertisch versuchten alle drei, mir die Idee mit dem Schulabgang der 10. Klasse auszureden. Besonders Carmen war sauer. Aber mir gefiel der Gedanke immer mehr.

Es folgten Tage des Terrors. Als erstes veranstaltete meine Klassenlehrerin, im Rahmen einer außerordentlichen FDJ-Versammlung, gegen mich ein kleines Kesseltreiben. Ich mußte vor der Klasse zu meiner Entscheidung öffentlich Stellung nehmen.
Danach wurden alle aufgefordert, dazu ihre Meinung zu sagen. Die „Rosaroten" meiner Klasse fanden meine Haltung „enttäuschend" und als „nicht im Sinne einer sozialistischen Persönlichkeit".
Daß es dabei nicht um ihr, sondern um mein weiteres Leben ging, spielte für sie dabei keine Rolle.
Es gab aber auch Schüler, die den Mut hatten zu sagen, daß so eine schwere Entscheidung nur jeder für sich selbst treffen könnte.
Das fand ich nun wiederum beachtlich, denn sie ernteten damit bei den anderen keinen Beifall.

Einen Tag später mußte Carmen während des Unterrichts zum Direktor. Hinterher erzählte sie mir, daß der Parteisekretär und der Direktor von ihr verlangt hätten, daß sie mich überreden solle, meine Entscheidung zurückzunehmen.
Sie hatte ihnen aber erklärt, daß ich mir von ihr in dieser Frage nichts sagen ließe. Sie sollte es aber trotzdem versuchen.
Wiederum einen Tag später wurden meine Eltern abends zum Direktor bestellt.
Sie fragten mich zwar zuvor, ob ich wüßte, warum sie dorthin zitiert wurden, aber ich tat, als hätte ich keine Ahnung.
Noch am selben Abend führten meine Eltern mit mir eine Aussprache. Da ich das schon erwartet hatte, kam ich besonders spät nach Hause in der Hoffnung, sie schliefen schon.
Mein Vater machte einen sehr geknickten Eindruck. Ihn mußte es besonders schwer getroffen haben. War er doch ein alter Kommunist und stolz gewesen, daß sein Sohn Offizier werden wollte. Für ihn tat es mir ehrlich gesagt leid, denn ich mochte ihn besonders deshalb, weil er trotz seiner Weltanschauung kein Phrasendrescher war, sondern sich eher mit seiner Ehrlichkeit so manches Mal den Mund verbrannt hatte.
Meine Mutter hingegen war völlig aus dem Häuschen und erklärte mir, daß ich gefälligst mein Abitur zu machen hätte, denn ich bekäme von ihnen nicht die Erlaubnis, nach der 10. Klasse von der Schule zu gehen. Schließlich wäre ich noch keine 18 Jahre und hätte das

zu tun, was sie von mir verlangten. Weiter meinte sie, sie könne mir nur dazu raten, doch Offizier zu werden, denn nach so einem Rückzug hätte ich es mit Sicherheit schwer, eine ordentliche Beurteilung für die Bewerbung zu einem anderen Studium zu bekommen.
Wieder einmal bekam ich kürzere Ausgangszeiten verpaßt. Meine Mutter war der Meinung, daß mir der Umgang mit Carmen nicht bekomme und ich um 20 Uhr zu Hause zu sein hatte. Aber, was wußte sie denn schon von Carmen und meiner Liebe zu ihr?
Vom Wehrkreiskommando kam eine nichtssagende Karte mit einem Termin zur Vorsprache.
Natürlich war mir klar, um was es ging.
Ein bißchen schlechtes Gewissen hatte ich schon, denn ich konnte mir vorstellen, daß sich die Armee ein wenig verarscht vorkam. Erst bestehe ich die Aufnahmeprüfung und hinterher sage ich einfach, daß ich es doch nicht mache. Verständlich, daß die Wut auf mich hatten.
Ein Major, den ich bereits kannte, begrüßte mich zu meiner Überraschung, überaus freundlich: „Schön, daß du gekommen bist, Stephan. Es dauert auch nicht lange. Wir müssen nur kurz ein Mißverständnis klären!"
Durch seine letzten drei Worte war mir sofort klar, daß die Freundlichkeit nur gekünstelt war.
Er bot mir Platz an und kam auch gleich zum Thema: „Stephan, aus einem Schreiben des Direktors geht hervor, daß Sie ihre Offiziersbewerbung zurückgezogen hätten. Da liegt doch sicher eine Verwechslung vor oder?"
Seine Augen durchbohrten mich.
Ich zuckte mit den Schultern und sagte etwas befangen: „Nee, das ist keine Verwechslung. Ich hab es mir anders überlegt."
Der Major zog die Augenbrauen hoch und schüttelte mit dem Kopf.
„Das glaub ich Ihnen nicht."
„Das können Sie ruhig glauben!" entgegnete ich bestimmter.
„Is'n Ding!" flüsterte er und schien es immer noch nicht fassen zu können.
Doch mit einem Mal wetterte er los: „Können Sie mir vielleicht mal erklären, was das Ganze soll? Wir schicken Sie zur Aufnahmeprüfung nach Löbau, die bestehen Sie auch noch mit Auszeichnung und hinterher fällt Ihnen einfach so ein, daß Sie ja eigentlich

gar kein Offizier werden wollen, daß Ihr Berufswunsch ja nur ein Mißverständnis war. Wollen Sie uns für dumm verkaufen? Wer hat Ihnen denn auf einmal den Kopf verdreht? Das ist ja schon fast Wehrkraftzersetzung! Also, wer hat Ihnen das ausgeredet?"
Er war immer lauter geworden. Schließlich war er aufgesprungen und lief im Zimmer auf und ab.
Tausend Gedanken schossen mir durch den Kopf. Hatte etwa jemand das Gespräch zwischen Gempi und mir belauscht? Ich hatte über dieses Gespräch eigentlich nur mit Carmen geredet, aber für sie konnte ich die Hand ins Feuer legen. Darüber hatte sie mit absoluter Sicherheit mit niemandem geredet.
„Na, komm, rede endlich, ich warte!" schreckte er mich aus meinen Überlegungen auf.
„Das hat mir keiner eingeredet, sondern ich hab' mir das alles noch einmal durch den Kopf gehen lassen."
Und wie so oft in der letzten Zeit, versuchte ich zu erklären, warum der Beruf des Offiziers nichts für mich war. Nachdem ich geendet hatte, schüttelte der Major abermals mit Kopf. Plötzlich tippte er sich mit dem Zeigefinger an die Stirn und meinte: „Das sind doch alles dusselige Faseleien und blödsinniger Kinderkram! Überleg' dir doch mal lieber die Vorteile, die du hättest oder verdient man in irgend einem anderen Beruf schon so viel Geld und dazu bereits schon in der Ausbildung, hä? Oder gibt es einen anderen Beruf, in dem du so vielen diktieren kannst, was gemacht wird? Du bist ja regelrecht schwachsinnig, wenn du dir so eine Chance entgehen läßt!"
„Dann bin ich eben schwachsinnig!" gab ich trotzig zurück. Für meine Begriffe war er ein wenig zu weit gegangen.
Er hatte wahrscheinlich selber gemerkt, daß er den Bogen überspannt hatte, denn er setzte sich wieder hinter seinen Schreibtisch, holte tief Luft und fing noch einmal von vorne an, mir die ganzen Vorzüge eines Offiziers aufzuwärmen. Diesmal gab er sich große Mühe, ruhig zu bleiben und normal zu sprechen.
Als er jedoch merkte, daß seine Worte bei mir überhaupt nicht fruchteten, wurde sein Tonfall schon wieder barscher.
„Dann erwarten wir von dir, daß du dich wenigstens für drei Jahre verpflichtest und als Unteroffizier auf Zeit zur Fahne gehst! Wer weiß, vielleicht bekommst du dann Geschmack an der Sache und gehst danach noch auf die Offiziershochschule!"

Irgendwie war er mir zuwider und ging mir langsam gewaltig auf den Docht. „Ich mache gar nichts. Ich leiste meinen Grundwehrdienst und sonst nichts!" sagte ich pampig.
Der Major schnappte nach Luft und lief knallrot an. Sein Sessel krachte nach hinten, als er aufsprang. Vorsichtshalber erhob ich mich ebenfalls und ging ein paar Schritte zurück.
„Dann lassen wir dich schmoren, bis du alt und grau geworden bist. Dann erst ziehen wir dich ein. Dann kannst du auf allen Vieren neben den jüngeren herkriechen!" brüllte er mit überschnappender Stimme.
„Mach, daß du rauskommst!" schrie er noch, aber da hatte ich die Tür bereits hinter mir geschlossen.
Vor dem Eingangstor blieb ich stehen und atmete mehrmals tief durch. Dann zündete ich mir eine Karo an und schlenderte zur Bushaltestelle.
Ich fühlte mich richtig gut. Noch nie war ich mir so sicher gewesen, eine Sache absolut richtig entschieden zu haben, wie diese. Der Major hatte daran einen großen Anteil.

In den folgenden Tagen und Wochen ging es weiter mit mir bergab in der Schule. Es kam tatsächlich genau so, wie es der Direktor vorsichtig formuliert hatte.
Bisher genoß ich als Offiziersbewerber, gegenüber den anderen Schülern, doch ein wenig mehr Narrenfreiheit. Mancher Lehrer sah mir in einigen Dingen vieles nach, was sich andere nicht erlauben durften. Ein Offiziersbewerber stand halt unter Naturschutz bei ihnen.
Ein Wunder war das allerdings nicht, denn die Anzahl der Offiziersbewerber wurde im sozialistischen Wettbewerb hoch angerechnet. Insgesamt gab es für diese Berufsrichtung ein großes Manko, so daß jeder neue Bewerber zählte. Die Schulen erhielten direkt von „Oben" Auflagen aufgebrummt, bei denen sie eine bestimmte Zahl von Schülern für diesen Beruf gewinnen mußten.
Demnach war es klar, daß alle so sauer reagierten, als ich abgesprungen war. Ich hatte ihre Erfolgsquote versaut.
Währe mein Studienwunsch Biologie gewesen und ich hätte mich irgendwann lieber für Mathematik entschieden, dann hätte kein Hahn danach gekräht.
Nun wurde aus meiner Vorbildrolle ein abschreckendes Beispiel

für andere. Fast von einem Tag auf den anderen ließ man mir nichts, aber auch gar nichts mehr durchgehen. Das kleinste Vergehen von mir wurde aufgebauscht bis zum Gehtnichtmehr.
Dieses ganze Theater bestärkte mich aber erst recht, diesem ganzen Mist den Rücken zu kehren und nach der 10. Klasse irgendwo eine Hilfsarbeit anzunehmen. Eigenes Geld hieß für mich, eigenes Leben.
Ich hatte die Nase gestrichen voll, Ärger in der Schule, Ärger zu Hause. Sie konnten mich alle mal ...!

Die einzige Freude, die mir geblieben war, wie eine friedliche Insel in tosender See, das war Carmen. Bei ihr fand ich Ruhe, fand ich Trost und Verständnis. Sie war mein Halt, und durch sie fand ich die Kraft, nicht sofort alles hinzuschmeißen.
Noch nie fühlte ich mich so vollkommen zu ihr hingezogen, wie gerade in dieser Zeit. Ihre Nähe erfüllte mich mit Wärme. Wärme, die mein von eisigen Frösten umgebenes Herz so dringend brauchte, um nicht vor Kälte zu erstarren.
Irgendwann beschlossen wir, uns zu verloben. Eigentlich war das überhaupt nicht mehr modern, aber wir waren der Meinung, daß es ruhig jeder sehen konnte, wie ernst wir es mit unserer Liebe meinten. Dazu kauften wir uns ein Paar Goldmantelringe. Die waren für uns erschwinglich und kosteten das Stück zwanzig Mark.
Um dem ganzen einen kleinen feierlichen Rahmen zu geben, legten wir Weihnachten als Termin für unsere Verlobung fest.
Carmen hatte leider jedes Jahr das gleiche Pech, daß ihr Geburtstag auf den 24. Dezember fiel. Da ließ sich nichts mehr ändern. Sie war und blieb eben ein Christkind.
Ich blieb am Heiligabend zu Hause. Für meine Eltern hatte ich ein paar Kleinigkeiten gekauft.
Zum Abendbrot gab es, wie immer an diesem Tag, Kaßler mit Sauerkraut und Kartoffeln.
Anschließend zündete mein Vater die Kerzen an und vom Plattenspieler erklang leise: „Stille Nacht, heilige Nacht ...“, dann wurden die Geschenke ausgetauscht.
Ich hatte meine Eltern noch nie in so trauriger Stimmung erlebt, wie zu diesem Weihnachtsfest. Sie redeten zwar nicht darüber, aber ich bemerkte an ihren Blicken, daß ich der Grund für diese Traurigkeit war.

Abermals begann ich mir Vorwürfe zu machen. An vielen Auseinandersetzungen in den letzten Jahren hatte ich allein Schuld, und der Kontakt zu Eltern und Geschwistern war immer weniger geworden, denn von keinem fühlte ich mich noch verstanden. Weder konnte ich, noch wollte ich mit ihnen über meine Probleme reden. An diesem Abend kam ich zu der schmerzlichen Erkenntnis, daß ich mir vorkam wie ein Fremder in der eigenen Familie. Ich war ein Außenseiter.
In mitten dieser Einsamkeit wünschte ich mir, daß Carmen jetzt an meiner Seite sein könnte.

Am ersten Feiertag fuhr ich zu ihr.
Carmens Eltern hatten auch für mich ein kleines Weihnachtsgeschenk besorgt und wir feierten in gemütlicher Runde.
Am späten Nachmittag hielten Carmen und ich die Anspannung nicht mehr länger aus und holten endlich die Ringe hervor.
Mit feierlicher Stimme erklärte ich, daß wir beide beschlossen hatten, uns zu verloben und für immer zusammenzubleiben. Vor lauter Aufregung war es gar nicht so einfach, sich gegenseitig die Ringe aufzustecken. Ich nahm Carmen fest in meine Arme und gab ihr einen Kuß. Unendlich stark war meine Liebe zu ihr, und ich schwor mir in diesem Augenblick, daß nichts und niemand uns trennen sollte, egal was auch kommen mag.
Die Eltern umarmten uns und wünschten viel Glück. Ab sofort wollten sie mich „Schwiegersohn“ nennen.
Bei ihnen fühlte ich mich besser verstanden als zu Hause, denn ich konnte mit ihnen über alle möglichen Dinge reden. Für sie war ich ein gleichberechtigter Gesprächspartner.
Zur Feier des Tages tranken wir gemeinsam ein paar Gläschen Wermutwein.
Die Zeit verging wie im Fluge und es war schon reichlich spät geworden. Anläßlich unserer Verlobung wollten wir auch gemeinsam die Nacht verbringen.
Diesmal rief ich selbst zu Hause an und fragte, ob ich hier übernachten dürfte.
Meine Mutter war am Apparat, und mit klopfendem Herzen wartete ich auf die Ablehnung. Zu unserer Überraschung durfte ich aber doch. Wir konnten es kaum glauben.

Voller Vorfreude hatten wir es nun eilig, ins Bett zu kommen. Wir wünschten den Eltern eine „Gute Nacht“ und verschwanden in Carmens Zimmer.
Erst spät in der Nacht schlief sie ein. Ich konnte nicht schlafen, denn sie lag in meinen Armen und ich wollte mich nicht bewegen, um mich in eine gemütlichere Stellung zu bringen, denn dann wäre Carmen aufgewacht. Aber es war ein schönes Gefühl, so dazuliegen, über ihren Schlaf zu wachen und ihren warmen Körper an meiner Haut zu spüren. Ach, könnte es doch jede Nacht so sein!

Einige Tage später fragte mich meine Mutter, was das für ein alberner Ring an meiner Hand wäre.
„Carmen und ich, wir haben uns zu Weihnachten verlobt“, gab ich beleidigt zurück.
„Und warum erfahren wir das nicht?“ fragte sie weiter.
„Du hast es doch eben erfahren. Außerdem ist euch das doch sowieso egal“, sagte ich und ließ sie stehen.
Hinterher tat es mir leid. Warum war ich nur manchmal so gemein zu ihr?

Unsere Klasse feierte in diesem Jahr gemeinsam Silvester.
Neben Renates Haus befand sich ein verwildertes Grundstück mit einem kleinen Häuschen, welches keinem mehr zu gehören schien. Schon lange war es nicht mehr bewohnt, aber wie durch ein Wunder waren noch alle Türen und Fenster ganz geblieben. Sogar die Strom- und Wasserleitungen waren noch intakt.
Ein paar Tage vorher richteten wir die Räume etwas wohnlich her und machten gründlich sauber. Einige Wände bekamen frische Farbe und wir hängten Girlanden auf.
Die Mädchen bereiteten Salate vor. Sie waren für das leibliche Wohl zuständig. Wir Jungs hatten die Getränke zu besorgen. Dieser Aufgabe wurden wir voll und ganz gerecht, denn wir schleppten heran, was wir nur tragen konnten. Es hatte bald den Anschein, als wollten wir ganz Radebeul damit versorgen.
Wie immer zu solchen Anlässen machte Berni die Musik. Er hatte alle gängigen Titel auf Band, die auch sonst in öffentlichen Diskos gespielt wurden. Es fiel ihm also leicht, alle unsere Musikwünsche zu spielen.

Unsere Klassenlehrerin war auch gekommen. Das fanden wir natürlich Spitze. Ich hatte ihr eigentlich nicht zugetraut, daß sie zu so einer Fete erschien.
Obwohl der eine oder andere zu tief in die Flasche schaute, war die Stimmung riesig.
Carmen ging es genauso wie mir. Wir hatten beide auf dem Heimweg zu tun, daß wir durch unseren Zick-Zack-Schritt den Weg nicht dreimal laufen mußten.
Zum Glück schlief ich gleich mit bei ihr und brauchte nicht noch den weiten Weg bis zu mir nach Hause gehen.

Nach den Winterferien fuhren alle Jungs der 10. Klassen für zwei Wochen in das GST-Lager und die Mädchen hatten in dieser Zeit DRK-Ausbildung in der Schule.
Jeder Junge war Mitglied der Gesellschaft für Sport und Technik. Dieses Lager nannte man „vormilitärische Ausbildung" und mehrere Schulen des Bezirkes waren hier gleichzeitig vertreten.
In dieser Zeit hatten wir natürlich keinen Schulunterricht. Das war der einzige Vorteil, denn die ganze Ausbildung war ziemlich idiotisch.
Die Jungs aus unserer Schule bildeten einen Zug und die „Genossen Kämpfer", wie wir genannt wurden, aus meiner Klasse waren eine Gruppe. Natürlich durfte Uwe unser Gruppenführer sein. Er konnte jetzt als Offiziersbewerber beweisen, daß er ordentlich Befehle geben konnte. Bei unserem „Sauhaufen" hatte er allerdings nicht viel zu lachen und war so manches Mal vor Wut den Tränen nahe, wenn wir uns aus Jux immer wieder linksherum drehten, wenn er rechtsherum befahl.
Zum überwiegenden Teil trainierten wir in den 14 Tagen das Marschieren mit Gesang. Dazu mußten wir das Lieblingslied des Lagerkommandanten trällern: „... denn zu jeder Stunde, schützen wir die Republik, unsre Republik, denn zu jeder Stunde, schützen wir das Vaterland vor Krieg ..."
Nach drei, vier Tagen hing uns dieser Kommandeurshit gehörig zum Halse heraus, so daß wir es nach unserer Art ein bißchen auflockerten, um uns wenigstens ein klein wenig aufzuheitern. Das gelang uns schon mit ganz einfachen Mitteln, wie Jaulen, Schnarchen, Krähen usw.
Allerdings erfreute das die Herren Befehlshaber nicht so sehr und

wir bekamen des öfteren Strafexerzieren aufgebrummt, wenn die anderen Freizeit hatten.
Billy war unser Zugführer und genoß das Privileg, daß er sich jeden Abend im Lagercasino einen genehmigen konnte.
Wir durften das nicht. Wir schlugen unsere Freizeit abends mit Kartenspielen tot. Bald fanden wir aber auch Wege, wie wir an ein paar Flaschen Schnaps herankamen. So ließ das erste größere Vorkommnis auch nicht lange auf sich warten.
Bei einem Nachtalarm lagen einige „Genossen Kämpfer", darunter natürlich auch ich, bis oben hin blau und gemütlich schnarchend im Bett. Alles Rütteln unseres Gruppenführers half nichts, wir schnarchten weiter.
Am nächsten Morgen sprach man uns dafür zum Appell einen Verweis aus, der der Schule mitgeteilt werden sollte.
Als der Stumpfsinn nach den zwei Wochen endlich vorüber war, atmeten wir sichtlich auf. Das GST-Lager sollte uns einen Vorgeschmack auf die Armeezeit vermitteln. Es war ein bitterer Geschmack.
Bald war dieser ganze Mist aber schnell wieder vergessen, denn das Wiedersehen mit Carmen entschädigte mich, zumindest zum Teil, für diese öde Zeit.
Wir lagen uns in den Armen, als wollten wir uns überhaupt nicht mehr loslassen.
Wie hatte sie mir doch die ganze Zeit gefehlt!

Nach dem GST-Lager ging es langsam aber sicher mit den Prüfungen zur Mittleren Reife los.
Obwohl das gar nicht meine Art war, begann ich doch ein wenig zu lernen. Zum einen steckte mich Carmen mit ihrer Paukerei an und zum anderen ging ich ja davon aus, daß es mein Abschlußzeugnis werden sollte.
Mit den schriftlichen Prüfungen klappte es auch ohne größeren Aufwand recht gut. Anders sah es da schon bei den mündlichen Prüfungen aus.
In Biologie hätte ich wahnsinnig viel büffeln müssen. Zum Glück waren meine Mitschriften aus dem Unterricht ziemlich vollständig und ich fing an, mir von den wichtigsten Themen, über mehrere A4-Seiten Spickzettel anzufertigen. Durch ständiges Abschreiben

dieser Seiten verdichtete ich den Inhalt so weit, bis nur noch einzelne Stichpunkte zu jedem Thema übrig blieben. Letztendlich hatte alles auf einem kleinen Zettel Platz. Den nahm ich mit zur Prüfung und brauchte ihn dann doch nicht, denn was darauf stand, hatte ich im Kopf.

Von Billy erhielt ich als Thema die Photosynthese. Damit war ich gut bedient, denn er hatte im Laufe des Schuljahres immer wieder darauf hingewiesen, daß das ein Prüfungsthema ist. Für mich war's am Ende die Note Zwei und ich war damit zufrieden.

In Russisch war ich eine Niete, aber erst recht mündlich. Für mich war es der absolute Hammer, daß ich zur mündlichen Prüfung eingeteilt wurde. Ich konnte zwar halbwegs russischen Text ins Deutsche übersetzen, aber mündlich auf russische Fragen in russisch antworten, war eigentlich für mich völlig aussichtslos.

Also ging ich eines Nachmittags zu Schusti nach Hause und löcherte seinen Vater so lange, bis er mir wenigstens das Thema verriet, mit welchem ich drankommen könnte. In diesem Jahr war ein wichtiges Sportereignis und ich sollte mir alle Vokabeln anschauen, die mit Sport zu tun hatten.

Zur Prüfung erhielt ich dann wirklich dieses Thema. Leider aber trotzdem nicht das, worauf ich mich vorbereitet hatte. Ich hatte mich in der Vorbereitung hauptsächlich auf die Leichtathletik konzentriert, dabei war das große Ereignis, welches Schusti gemeint hatte, die Fußball-Weltmeisterschaften und genau davon hatte ich keine Ahnung. Im Prüfungsgespräch konnte ich kaum einen zusammenhängenden Satz sprechen. Durch einige verdeckte Zeichen gab mir Schustis Vater zu verstehen, daß die beiden anderen Lehrerkollegen, die als Prüfungsbeisitzer fungierten, keine Ahnung von Russisch hatten. Das lockerte meine Zunge enorm. Ich wußte zwar nicht, was ich erzählte, aber ich redete und redete. Schustis Vater nickte beifällig dazu.

Am Ende erhielt ich die Note Drei, für eine Prüfung, die kaum etwas mit dem Russischen zu tun hatte.

Am Ende der Prüfungszeit versuchte ich meine Eltern erneut umzustimmen, damit sie mir die Erlaubnis erteilten, jetzt die Schule zu verlassen. Ich wolle endlich selber Geld verdienen und ihnen nicht länger zur Last fallen. Ich würde mir auch gleich woanders ein Zimmer zur Untermiete suchen.

Aber alles Bitten nützte nichts, sie beharrten darauf, daß ich mein Abitur machte. Letztendlich überzeugte mich Carmen davon, doch noch weiter in die Schule zu gehen.
Sie meinte, wenn ich arbeiten ginge, könnten wir uns nur noch abends sehen. Außerdem hätte sie dann viel mehr Ferien, wie ich Urlaub hätte. Das wäre doch ganz großer Mist.
Schließlich gab ich meinen Widerstand auf, ihr zu Liebe, denn das war sie mir Wert.

In den ersten drei Wochen der großen Ferien fuhren wir ins „Lager für Arbeit und Erholung“ nach Großerkmannsdorf. Dort wurde gerade eine riesige moderne Milchviehanlage gebaut und wir sollten dabei ein wenig helfen.
Schon lange vorher hatten wir uns auf dieses Lager gefreut, denn wir waren eine dufte Truppe. Neben Carmen waren auch Schusti, Ratze, Wiedel und viele andere aus meiner Klasse mit von der Partie.
Bis zum Mittag arbeiteten wir auf der großen Baustelle und konnten Geld verdienen. Danach hatten wir Freizeit. Als Quartier dienten uns 4-Mann-Zelte, die ganz in der Nähe des „Dorfkrugs“ aufgestellt waren.
Dieser „Dorfkrug“ war ein Treffpunkt für die Jugend aus der Umgebung und wir wurden am Anfang mißtrauisch von ihnen beobachtet. Sie wußten, daß wir Städter waren und noch dazu von einer EOS kamen. Da konnten wir in ihren Augen nur ein eingebildetes Völkchen sein. Das änderte sich aber relativ schnell.
Der „Dorfkrug“ hatte einen eigenen Billardraum mit einem einzigen Spieltisch, der von der Dorfjugend dicht umlagert wurde. Schusti, Ratze und ich waren in der Vergangenheit einige Male in Radebeul in einem Billardclub gewesen, wo der Leiter des Clubs uns regelrecht trainierte. Leider wurde er bald längere Zeit krank und der Club löste sich wieder auf. Billardtische waren in der DDR noch eine große Seltenheit.
Jedenfalls drängten wir darauf, einmal im Kreise der Einheimischen zeigen zu können, was wir gelernt hatten. Nach einigen mühseligen Verhandlungen durften wir mitspielen, aber nur, weil der Verlierer eine große Runde Bier bezahlen sollte.
Da keiner von uns verlor, hatten wir uns schnell den nötigen Respekt verschafft und konnten ab sofort immer mitspielen, wenn wir

Lust hatten. Außerdem konnten wir, was das Bier und den Schnaps betraf, auch ganz gut mithalten und hatten uns schnell mit allen angefreundet. So nach und nach kamen die anderen aus unserem Lager mit dazu und wir trafen uns jetzt jeden Nachmittag im Billardraum. Meistens wurde es dadurch abends ziemlich spät, ehe wir zum Schlafen auf unseren Campingliegen kamen. Außerdem hatte ich dabei oftmals so viel getrunken, daß ich auf Arbeit bis zum Mittag zu tun hatte, um wieder halbwegs nüchtern zu sein.
Nach einigen Tagen ging es mir dann auch hundeelend, wenn sich die Nüchternheit einstellte. Ich bekam Schweißausbrüche, meine Hände zitterten und der Magen rebellierte. Ich hatte regelrechte Schwächeanfälle.
Am Nachmittag dann ekelte mich das erste Bier so sehr an, daß ich zu tun hatte, daß es nicht wieder rückwärts kam. Hatte ich das aber endlich geschafft und trank das nächste, spürte ich, wie es mir zunehmend besser ging. Bald war die Strapaze des Vormittags vergessen und ich fühlte mich wieder fit. Ein paar Biere hatten die innere Unruhe aus meinem Körper vertrieben.

Im 11. Schuljahr bekamen wir einen neuen Klassenlehrer. Er unterrichtete bei uns das Fach Mathematik. Anfangs fiel es uns gegenseitig schwer, miteinander warm zu werden. Mit der Zeit wurde das dann aber anders.
Im Grunde war er ein recht ruhiger Beamter und ich kann mich nicht entsinnen, daß er irgendwann einmal laut geworden war.
In der Vergangenheit war mir Mathe ziemlich leicht gefallen. Ab diesem Schuljahr genügte es aber nicht mehr, im Unterricht nur mit einem halben Ohr zuzuhören, denn jetzt kam die höhere Mathematik an die Reihe.
Hin und wieder saß ich nachmittags stundenlang mit Carmen über den Hausaufgaben, um wenigstens einen Minimalteil mitzubekommen. In der Schule saß ich immer noch neben Berni und wir hatten große Mühe, dem Unterrichtsgeschehen zu folgen, denn des Lehrers leise Stimme konnte uns kaum vom „Galgenraten“, „Schiffe versenken“ oder „Hosenflicken“ ablenken. Hinzu kam, daß ich jetzt schon öfters mal mit Berni, Schusti oder jemand anderem in der Pause ein Fläschchen Pfefferminzlikör knackte oder zwischendrin auf zwei, drei halbe Liter Bier in die Mitropa fuhr.

Meine Schwester Petra hatte inzwischen das Abi mit Auszeichnung geschafft und ihrem Wunsch entsprechend, ein Studium an der Pädagogischen Hochschule in Potsdam zur Russisch-/ Englischlehrerin begonnen.
Selbst nachdem sie nun nicht mehr an die gleiche Schule ging wie ich, bekam ich ihre guten Leistungen immer noch vor die Nase gehalten.
Als ob einer was für seine Geschwister kann!
Billy, unser Biolehrer und Petras ehemaliger Klassenlehrer, hatte auch weiterhin zu meinen Eltern einen guten Kontakt.
Eines Abends, es muß so gegen 23 Uhr gewesen sein, ich kam wie immer von Carmen nach Hause, verabschiedete sich Billy gerade von meinen Eltern. Er hatte eine gewaltige Schlagseite und meine Eltern baten mich, ihn nach unten zu begleiten und die Haustür aufzuschließen.
Ich ging voran die Treppe hinunter. Als ich die Tür aufgeschlossen hatte und Billy zum Abschied die Hand reichen wollte, hatte ich urplötzlich links und rechts eine Ohrfeige sitzen. Dabei schimpfte er: „Du Mistkerl hast solche guten Eltern und machst ihnen solchen Ärger!“
Im ersten Moment war ich überrascht und brauchte einige Sekunden, um mich von dem Schreck zu erholen. Dann griff ich seinen Mantelkragen und zerrte ihn bis zum Gartentor. Dort gab ich ihm noch einen Schubs, daß er bis zur Straßenmitte taumelte.
In meiner Wut schrie ich ihm hinterher: „Das hast du nicht umsonst getan! Das hat noch ein Nachspiel, sag' ich dir!“
Mein Gesicht summte von den Schlägen und ich ging kopfschüttelnd nach oben. Meine Eltern fragten, was das für ein Geschrei gewesen sei.
Ich sagte, ich hätte keine Ahnung, was sie meinten und verzog mich in mein Zimmer.
So aufgebracht hatte ich Billy noch nie erlebt. Eigentlich konnte ich ihn super leiden, denn außerhalb der Schule konnte man mit ihm Pferde stehlen. Sicher hatte er an diesem Abend zuviel getrunken. Das gab ihm aber noch lange nicht das Recht, mir einfach eine zu knallen.
Nachdem meine erste Wut verraucht war, nahm ich mir vor, die ganze Sache nicht an die große Glocke zu hängen. Wer weiß, was ihm meine

Eltern über mich erzählt hatten und was ihn so aufgeregt hatte? Trotzdem ging ich am nächsten Tag mit einem komischen Gefühl zur Schule. Ich wußte nicht so richtig, wie ich mich ihm gegenüber verhalten sollte, zumal wir in der 3. Stunde Biologie hatten.
Beim Klingeln zur ersten Unterrichtsstunde ging ich mit den anderen über den Flur zu unserem Klassenzimmer.
Plötzlich hielt mich jemand am Arm fest und zog mich zur Seite. Ich riß mich los, weil ich dachte, einer meiner Mitschüler wollte mich ärgern, doch dann bemerkte ich, daß es Billy war.
„Stephan, ich muß mich bei dir entschuldigen", sagte er mit zerknirschtem Gesicht. „Es tut mir leid. Mir ist gestern Abend die Sicherung durchgebrannt. Deine Eltern hatten mir berichtet, wieviel Sorgen sie mit dir haben. Da war ich auf einem Mal stinksauer auf dich. Vergessen wir das Ganze?"
Er hielt mir die offene Hand entgegen.
Ich zögerte nicht lange und schlug ein. Es imponierte mir, daß er sich von selbst bei mir entschuldigte.
Ein bißchen konnte ich ihn ja auch verstehen. Meine Eltern hatten es wirklich nicht einfach mit mir.
Leider trank auch Billy in den nächsten Jahren immer mehr. Dabei auch oft im Unterricht. Ein paar Jahre nachdem ich die EOS verlassen hatte, wurde er deshalb an eine Grundschule strafversetzt.

Seit einigen Monaten hatte meine Schwester Birgit einen festen Freund. Er hieß Christian und war ein lustiger Typ. Unsere ganze Familie verstand sich gut mit ihm.
Es dauerte auch nicht lange und die beiden wollten heiraten. Zur Hochzeit luden sie auch Carmen ein. Es war das erste Mal, daß sie bei uns mit an einer Familienfeier teilnehmen durfte. Das hatte ich Christian zu verdanken, denn er hatte darauf bestanden.
Die Feier fand im selben Klubhaus statt, in dem wir auch mit dem Singeklub probten.
Ich wurde von meinen Eltern vorher ermahnt, an diesem Tag nicht so viel zu trinken, damit ich nicht zur Blamage für die Verwandtschaft wurde.
Es wurde recht lustig, und wir tanzten sehr viel.
Nach langer, langer Zeit fühlte ich mich ein wenig wohler im Kreise meiner Familie. Sicher lag es mit daran, daß ich mich mit Chri-

stian so gut verstand und daß Carmen mit dabeisein durfte.
Mein Vater achtete an der großen Tafel streng darauf, daß mir der Kellner nicht zu viel und zu oft nachschenkte.
Durch die Proben in diesem Haus waren Carmen und ich schon eine Art Stammgäste geworden und das Personal kannte uns ganz gut.
Im Laufe des Abends gingen wir beide mehrmals heimlich in den übernächsten Raum, wo die Theke stand und tranken auf die Schnelle ein Bier oder ein Gläschen Schnaps.
Das Ende vom Lied war, daß ich am Ende wieder mal so betrunken war, daß mich jemand nach Hause schleppen mußte.
Auch Carmen hatte ein wenig über den Durst getrunken, aber glücklicher Weise durfte sie in dieser Nacht bei uns im Wohnzimmer schlafen.
Am darauffolgenden Sonntag schaffte ich sie nach dem Mittagessen heim.
Bis ganz nach Hause schafften wir es aber nicht. Nach dem feuchten Abend ging es mir noch nicht so besonders. Ich wollte erst noch ein wenig Medizin tanken.
Darum gingen wir erst auf zwei, drei Schoppen Wermut in unser „Mocka-Eck", ehe wir zu Carmen gingen.

Silvester 1974/75 wurde wieder bei Ratze auf der Datsche gefeiert. Genauso wie vor zwei Jahren, wurde es wieder eine Riesenfete mit allem drum und dran, nur, diesmal war Carmen mit dabei.
Es war wunderschön mit ihr. Wir tanzten sehr viel und gingen dazwischen immer wieder hinaus in der sternenklaren Nacht spazieren.
Zum Jahreswechsel um 0 Uhr wünschten wir zwei uns kein Gesundes Neues Jahr. Vielmehr versprachen wir uns gegenseitig für das ganze Leben, daß wir uns immer lieben und fest zusammenhalten werden, ganz egal, was geschieht.
Immerhin gingen wir nun schon 15 Monate miteinander und unsere Versprechen waren keine leeren Worte. Carmen hatte sich in dieser Zeit, von der Figur her zu einer ausgereiften, hübschen jungen Frau entwickelt. Für mich war sie bildschön. Geradezu das ideale Bild einer Frau. Natürlich hatte sie auch ihre Fehler und Schwächen, aber wer hat die nicht? Manchmal konnte sie ewig lange in der Badewanne liegen und träumen. Daß ich inzwischen auf sie wartete, störte sie nicht im geringsten. Mit der Zeit hatte ich mich

aber an derartige Dinge gewöhnt und sah das nicht mehr so verbissen. Wie alle anderen stritten wir uns auch manchmal, aber hinterher vertrugen wir uns auch schnell wieder. Die Versöhnung war das Schönste an einem Streit.
Ihre Nähe hatte etwas Aufregendes und Beruhigendes zugleich. Stundenlang konnten wir still neben einander liegen und Musik hören. Einfach nur da sein und den anderen spüren.

Gegen Ende der 11. Klasse bestellte unser Klassenlehrer Carmen und mich zu sich nach Hause. Wir konnten uns schon vorher denken, um was es ihm dabei ging.
Ich hatte in der Vergangenheit meine Mathehausaufgaben nur selten erledigt. Außerdem war ich nun schon wiederholt im Unterricht wegen Trunkenheit aufgefallen.
Leicht fiel uns der Weg nicht. Denn unser Klassenlehrer war wie gesagt, ein ziemlich ruhiger Geselle, der eigentlich mit jedem gut zurecht kam.
Seine Wohnung lag gleich bei Carmen um die Ecke.
Er begrüßte uns freundlich und führte uns ins Wohnzimmer. Der Tisch war bereits gedeckt und er schenkte uns Kaffee ein.
Nachdem er uns aufgefordert hatte, zuzulangen, begann er: „Ich hab' Sie beide zu mir bestellt, weil ich ganz einfach mal in Ruhe mit Ihnen reden möchte. Wir hatten kürzlich in der Schule eine Lehrerkonferenz, bei der fast alle Ihre Fachlehrer, Stephan, mit Ihrer Lerneinstellung nicht mehr einverstanden sind. Es wird von Ihnen behauptet, Sie störten den Unterricht, erledigen keine Hausaufgaben mehr und schwänzten sogar. Ich habe einmal die Anwesenheitsliste durchgesehen und mußte feststellen, daß Sie in diesem Schuljahr bisher 67 Stunden unentschuldigt gefehlt haben. Einige Lehrer haben sogar eine Strafversetzung an eine andere Schule vorgeschlagen. Dem stimme ich aber in gar keinem Fall zu. Ich weiß, daß Sie eigentlich viel mehr leisten könnten, wenn Sie wollen. Neulich war Ihre Mutter wieder in der Schule und hat mir erzählt, daß Sie vor einiger Zeit schon auf dem Postamt war, wo Sie Telegramme ausgefahren haben. Daraufhin ist Ihnen die Arbeit dort untersagt worden. An mangelnder Zeit für die Schule kann es also kaum liegen. Irgendeinen Grund muß es doch aber geben, Stephan, daß Sie sich so hängen lassen?“

Er hatte Recht. Meine Mutter hatte mir einen Strich durch meinen schönen Nebenverdienst gemacht. Sie war der irrsinnigen Meinung, daß ich, wenn ich keine Telegramme mehr ausfahren würde, mehr Zeit zum Lernen aufbringen würde. Außerdem hätte ich dann weniger Geld zum Saufen, wie sie mir sagte.
Aber Pustekuchen, jetzt gerade nicht!
Mir tat unser Klassenlehrer ein wenig leid. Ich spürte, daß er es nur gut mit mir meinte.
Obwohl ich doch ein wenig von seiner Rede beeindruckt war, zuckte ich nur mit den Schultern und antwortete: „Meistens habe ich einfach keine Lust mehr für die Schule."
„Ja, aber das muß doch einen Grund haben?" bohrte er weiter. „Ich hab' zum Beispiel gehört, daß Sie viel mit Carmen zusammen sind und abends oft in Gaststätten oder Diskotheken gehen. Deshalb habe ich Sie gleich mit eingeladen, Carmen. Eigentlich ist es mir klar, daß Sie dann keine Lust für die Hausaufgaben haben und früh nicht ausgeschlafen sind."
Er wandte sich an Carmen: „Wenn Sie schon so lange miteinander befreundet sind, dann fällt es Ihnen doch sicherlich nicht schwer, Ihren Freund davon zu überzeugen, daß er ein bißchen mehr für die Schule macht."
Carmen zuckte auch nur mit den Schultern. Dann meinte sie: „Das stimmt schon, nur ist es nicht allein Hoffi's Schuld. Ich mache meine Hausaufgaben meistens spät abends, wenn er wieder heim ist."
„Den Anschein habe ich bei Ihnen manchmal auch!"
Unser Klassenlehrer nickte bestätigend.
„Stephan, Sie wollten doch ursprünglich Offizier werden, haben dann aber Ihre Bewerbung zurückgezogen. Mal ganz unter uns gesagt, verstehe ich Ihre Entscheidung, nur habe ich den Eindruck, daß Sie immer noch nicht wissen, was Sie einmal studieren wollen?"
„Ich möchte gar nicht studieren", sagte ich in überzeugendem Ton. „Ich möchte gleich nach der Schule Geld verdienen und mir eine eigene Wohnung suchen."
Das Gespräch ging noch eine Weile hin und her. Ich versprach am Ende auch, in Zukunft mehr für die Schule zu machen, doch das tat ich mehr dem Lehrer zuliebe. Er wollte sich dafür einsetzen, daß die anderen Lehrer mit der Forderung einer Strafversetzung nicht beim Direktor durchkamen.

Auf dem Heimweg versuchte Carmen mich zu überzeugen, daß es doch für uns beide viel besser wäre, wenn ich bis zum Ende des Abiturs noch mit ihr zusammen in die Schule gehen könnte. Natürlich versprach ich ihr, mich ein bißchen mehr zu bemühen, ihr zuliebe.
Aber ein Versprechen ist die eine Sache, es auch zu halten, eine ganz andere. Jedenfalls kam ich bis zum Schuljahresende ohne größere Probleme durch.

Es folgten die Sommerferien.
Carmens Eltern wollten, daß wir alle zusammen nach Ungarn an den Plattensee fahren. Ich hätte nur die Zugfahrt bezahlen brauchen. Meine Eltern ließen mich aber nicht mit. Ich sollte in den Ferien meine Versäumnisse in der Schule nachholen, meinte meine Mutter.
So mußte Carmen alleine mit ihren Eltern und ihrer Schwester fahren. Als sie wieder zurück war, unternahmen wir viel gemeinsam. Wir fuhren oft zusammen Baden und gingen noch häufiger als sonst in die umliegenden Diskos.
Gegen Ende der Ferien hatte ich meinen Geburtstag. Ein denkwürdiges Ereignis, denn ich wurde 18 Jahre alt, also volljährig.
Ab sofort brauchte ich mir von keinem mehr Vorschriften machen zu lassen und konnte nun alles selbst bestimmen.
Das dachte ich mir jedenfalls.
Ich feierte zusammen mit Carmen und einigen Freunden in einer Disko. Eigens dafür hatte ich noch ein wenig Geld vom Telegrammeausfahren gespart und ließ mich an diesem Abend beim Ausgeben nicht lumpen.

Kurz nach Beginn des 12. Schuljahres ging mein Vater in Rente. Er war gerade 67 Jahre alt geworden und nahm das als Anlaß, endlich mit dem Arbeiten aufzuhören.
Aus diesem Grund hatte er die letzten beiden Jahre am Theater seine Nachfolgerin eingearbeitet. Doch der fiel das große Aufgabengebiet nicht leicht und so kam es, daß er selbst als Rentner noch oft ins Theater gerufen wurde, um zu helfen. Für ihn war das aber selbstverständlich, denn auch im Ruhestand fühlte er sich mit den Kollegen dort noch eng verbunden.

In den letzten Tagen des Septembers wurde Carmen immer rätselhafter. Ich hatte schon seit einiger Zeit bemerkt, daß sie in manchen Dingen abweisender geworden war. Ich machte mir langsam Gedanken darüber, was wohl die Ursache sein könnte, schob es aber letztendlich darauf, daß sie eben nur schlechte Laune hatte.
Sie wollte jetzt abends oft alleine sein und hatte meistens keine Lust mehr, mit zur Disko zu gehen.
Langsam wurde mir das alles unerklärlich. Auf das Nächstliegende kam ich selber aber nicht. Das erfuhr ich von anderen.
Carmen war in der letzten Zeit öfters ohne meine Begleitung in Diskos gesehen worden. Das konnte ich mir im ersten Moment gar nicht vorstellen, denn sie hatte ja immer keine Lust zum Tanzen gehen gehabt. Außerdem hätte sie mir das erzählt.
Ich brauchte aber nicht lange herum grübeln, denn die Sache klärte sich bald ganz von selbst. Sie war zwar nicht in meiner Begleitung zur Disko gegangen, trotzdem aber nicht allein.
Das war der Hammer und es traf mich mitten ins Herz.
Der Beschreibung nach wußte ich auch, um welchen Kerl es sich dabei handelte. Trotzdem konnte ich es einfach nicht fassen. Es war einfach nicht möglich: Meine Carmen mit einem anderen Kerl zusammen.
Ich mußte unbedingt schnellstens zu ihr und sie zur Rede stellen. Doch dann überlegte ich es mir anders.
Man konnte ja nie wissen, ob solche Gerüchte auch wirklich stimmten. Es hätte ja sein können, daß ich ihr mit meinen Verdächtigungen sehr sehr weh getan hätte, wenn sich herausstellte, daß das alles nur gehässiges Geschwätz war.
Beim nächsten Skatabend machte ich den anderen klar, daß ich unbedingt gegen 20 Uhr in der Disko sein mußte. Meine Kumpels wollten wissen, was ich denn so wichtiges vorhatte, aber ich erzählte ihnen nichts davon.
Als ich wie geplant dort ankam, war ich unwahrscheinlich aufgeregt. Mein Herz klopfte wie wild.
Ich brauchte auch nicht lange herumirren, bis ich Carmen fand. Ich blieb wie angewurzelt stehen. In mir krampfte sich alles zusammen. Die Erde unter meinen Füßen begann zu schwanken und ich wollte nur noch schreien, aber kein Ton kam über meine Lippen.
Sie tanzte gerade eng umschlungen mit Conny, einen meiner Kum-

pels. Ich kannte ihn schon lange. Wir hatten uns hier in der Disko kennengelernt.
Mit einem Male wollte ich nur noch raus, weit weg von diesem Ort. Ich rannte und rannte, wohin, das weiß ich bis heute nicht. Ich kann mich nur dunkel daran entsinnen, daß ich mit irgendwelchen, mir unbekannten Leuten an einem Kneipentisch saß und einen Schnaps nach dem anderen trank.
Jedenfalls muß ich ganz schön betrunken gewesen sein, denn als ich am nächsten Morgen, wiedermal zu spät, zur Schule ging, hatte ich immer noch Schlagseite.
Unterwegs traf ich Schusti. Er hatte es auch verschlafen. Leider konnte er mir meine Gedächtnislücke auch nicht schließen. Er hatte keine Ahnung, wo ich am Vorabend abgeblieben war.
Ich hatte nur noch, immer und immer wieder, ein einziges Bild vor Augen. Darauf waren Carmen und Conny.
Im Klassenzimmer ließ ich mich auf meinen Stuhl fallen.
Die folgende Unterrichtsstunde beobachtete ich sie. Carmen saß schräg vor mir.
Ich war mir sicher, daß sie meine Blicke spürte, aber sie drehte sich nicht ein einziges Mal nach mir um.
Meine Gedanken wechselten ständig. Halb den Tränen nahe, dachte ich mir, daß jetzt alles aus und vorbei sei. Nie wieder könnte ich sie in meine Arme nehmen, ihr weichen Lippen küssen.
Aber das konnte einfach nicht möglich sein. Sicher würde sich bald alles aufklären, als ein riesiges Mißverständnis. Die ganze schöne Zeit mit ihr, das konnte doch nicht alles sinnlos gewesen sein.
Als es zur Pause klingelte, ging ich mit klopfendem Herzen zu ihrer Bank und bat sie kurz mit nach draußen zu kommen. Sie ging auch sofort mit.
Ich spürte, daß sie irgendwie ein schlechtes Gewissen haben mußte, denn sie vermied es, mich anzusehen.
Ich fragte sie geradezu: „Carmen, ich hab' gehört, daß du mit Conny gehst? Kann das sein?"
Sie sah mich nicht an und nickte nur ganz leicht mit dem Kopf.
Meine Stimme versagte mir. Es schnürte mir die Kehle zu und ich konnte nur noch flüstern: „Und wie lange geht das schon so?"
„Noch nicht lange, erst seit den Ferien."
Sie traute sich immer noch nicht, mir in die Augen zu schauen und

fügte hinzu: „Ich weiß auch nicht, wie das passieren konnte, aber ich hab' mich in ihn verliebt. Sei mir bitte nicht böse, Hoffi!"
Ihre Worte trafen, wie spitze Pfeile und ein wahnsinniger Schmerz ergriff meinen Körper.
„Und warum hast du mir das nicht schon eher gesagt?" fragte ich mit Tränen in den Augen.
„Ich wollte's dir schon lange sagen, Hoffi, aber ich hab' mich nicht getraut. Es tut mir leid."
Sie schaute mich an. Tränen liefen ihr übers Gesicht, aber ihre Augen sagten mir, es ist vorbei.
„Mich liebst du überhaupt nicht mehr?" fragte ich mit zitternder Stimme.
Bei meinen letzten Worten schluchzte sie plötzlich laut auf und schüttelte den Kopf. Dann umarmte sie mich kurz und flüsterte mir ins Ohr: „Sei mir bitte nicht böse!" Danach drehte sie sich um und ging in die Klasse zurück.
Langsam, wie im Traum, verließ ich das Schulgebäude und ging in den Park.
Vor Schmerz liefen mir die Tränen in Strömen über das Gesicht.
„Warum?" schrie es in mir. Es kann doch nicht einfach alles vorbei sein.
Das würde bedeuten, ich könnte sie nie mehr in meinen Armen halten, nie mehr ihre Lippen küssen, nie mehr ihren Schlaf bewachen, nie mehr...
Eine ohnmächtige Leere erfaßte mich. Ich mußte mich setzen. Was hatte das Leben denn noch für einen Sinn ohne meine Carmen? Mit einem Mal war alles so sinnlos geworden, so verdammt sinnlos. Was sollte ich denn tun ohne sie?

In den nächsten Tagen ging ich nur noch hin und wieder zur Schule. Fast jeden Tag versuchte ich meine Qualen im Alkohol zu ersticken. Für einige Stunden gelang mir das auch, aber hinterher war der Schmerz um die verlorene Liebe doppelt so groß.
Mancher mag vielleicht annehmen, ich hätte sie von diesem Augenblick an eigentlich hassen müssen, doch so sehr ich es auch versuchte, ich konnte sie nicht hassen.
Ich liebte sie immer noch und deshalb tat es mir auch so weh, unsagbar weh.

Ich hatte nur eine unbeschreibliche Wut, Wut auf mich selbst. Wie konnte ich nur so unbeschreiblich dämlich sein und dieses Mädchen, diese Frau an einen anderen verlieren? Ich hätte mich selbst dafür in Stücke reißen können. Ich war mir ihrer Liebe sicher gewesen, zu sicher!

Immer mehr spülte ich meinen Gram mit Alkohol hinunter. Ich konnte sie nicht vergessen. Schon gar nicht deshalb, weil wir uns ja jeden Tag in der Schule sahen.
Es war furchtbar. Der Schmerz wollte und wollte nicht vorüber gehen. Die Schule interessierte mich überhaupt nicht mehr. Ich ging nur noch hin, um Carmen zu sehen.
Von Beginn des Schuljahres bis Ende November hatte ich bereits acht unentschuldigte Fehltage und unzählige Fehlstunden, denn oft war ich abends so betrunken, daß mich meine Mutter früh einfach nicht aus dem Bett bekam.
Schließlich wurde ich zum Direktor bestellt.
Ich hatte schon lange damit gerechnet und war darum nicht sonderlich aufgeregt. Es war mir sowieso alles scheißegal.
Selbstverständlich waren im Direktorzimmer wieder alle Größen um den großen Tisch versammelt. Neben dem Direktor saßen der Parteisekretär, die FDJ-Sekretärin, mein Klassenlehrer und ein Schülervertreter meiner Klasse.
Der Direktor forderte mich auf, Platz zu nehmen.
„Warum wir heute zusammengekommen sind, daß wissen Sie sicherlich selbst am besten“, begann er seine Ansprache. „Wir hatten schon am Ende des vergangenen Schuljahres eine Lehrerkonferenz, in der eigentlich beschlossen werden sollte, daß Sie an eine andere EOS strafversetzt werden. Ihr Klassenlehrer hatte sich damals sehr für Sie eingesetzt und konnte noch einmal das Schlimmste für Sie verhüten. In der Zwischenzeit ist es aber mit Ihnen nicht besser, sondern noch viel schlimmer geworden. Ich stelle deshalb heute, an dieses Gremium den Antrag, daß der Schüler Stephan Hoffmann mit sofortiger Wirkung an eine andere EOS, in Dresden oder Meißen strafversetzt wird. Ich bitte um die entsprechenden Stellungnahmen der einzelnen Vertreter.“
Im Gegensatz zu früheren Auseinandersetzungen berührten mich die Worte des Direktors nur wenig. Den einzigen Gedanken, den

ich jetzt hatte, war, daß ich dann Carmen nicht mehr sehen könne, wenn ich hier raus war. Das war für mich das Trübsinnigste an der ganzen Sache, aber das ließ sich sowieso nicht mehr ändern.
Der Parteisekretär mußte sich räuspern, ehe er sprach: „Ich unterrichte in der Klasse des Schülers Stephan Hoffmann das Fach Staatsbürgerkunde. Ich muß sagen, daß sich nach Stephans Entscheidung damals, die Offiziersbewerbung zurückzuziehen, sich nicht nur sein Verhalten bedeutend verschlechtert hat, sondern auch seine gesamte Einstellung zu unserem sozialistischen Arbeiter- und Bauernstaat. Der Schüler Stephan Hoffmann störte seit dieser Zeit mit provokanten Fragen und Antworten das Unterrichtsgeschehen. Die Parteileitung der Schule stimmt hiermit einer Strafversetzung des Schülers Stephan Hoffmann zu.“
Das war schlicht und einfach gelogen.
Obwohl mich die Worte des Stabülehrers schwer getroffen hatten, mußte ich ein wenig über diese hohlen Redensarten lächeln.
Bisher fand ich den Lehrer eigentlich schwer in Ordnung, denn im Unterricht legte er selbst ganz großen Wert auf freie Meinungsäußerung und nahm es niemandem übel, wenn er mal eine andere Meinung hatte, wie er selbst. Da gab es viel schlimmere Stabü-Lehrer.
Nun hatte ich eher den Eindruck, daß ihm seine eigenen Worte unangenehm waren. Gesagt hatte er sie aber trotzdem.
Dem Parteisekretär schloß sich der Rangordnung nach, die FDJ-Sekretärin an.
Sie stellte fest, daß ich für diese Schule nicht mehr tragbar sei. Sie lobte zwar meine Einsatzbereitschaft im FDJ-Singeklub, verwies aber darauf, daß sich auch der sozialistische Jugendverband von solch einer Lerneinstellung, wie ich sie an den Tag legte, voll und ganz distanziere.
Mein Klassenlehrer, als nächster Redner, empfand das Ganze als eine gewisse Tragik. Er sagte, er wisse welches Leistungspotential eigentlich in mir steckte und das es schade sei, daß ich dieses so einfach verschenkte. Er hoffte, daß ich durch die Strafversetzung endlich aufwachen würde und mich meiner Fähigkeiten besann.
Damit stimmte er, wenn auch zaghaft, zu.
Nun kam der Schülervertreter meiner Klasse an die Reihe.
Er schien sichtlich nervös zu sein und rutschte fortwährend auf sei-

nem Stuhl hin und her. Während er sprach, vermied er es, mich anzusehen. „Das Klassenkollektiv versteht Stephans Verhalten überhaupt nicht. Wir haben ihm wiederholt Hilfe angeboten, die er aber immer ausschlug. Leider ist es auch der Fall, daß er auf einige Mitschüler der Klasse einen negativen Einfluß ausübt. Wir sind der Meinung, daß die Ursache für Stephans Lerneinstellung, sein ständiges Trinken ist. Für unsere Begriffe trinkt er viel zu viel und seit es mit seiner Freundin Schluß ist, ist es noch schlimmer geworden. Unsere Klasse stimmt einer Strafversetzung zu."
‚Alter Arschkriecher!' dachte ich innerlich.
Der Direktor dankte allen für ihre Stellungnahmen und fragte mich, ob ich mich dazu äußern wolle. Ich wollte.
„Ich muß akzeptieren, was hier über mich gesagt wurde. Ich will nur noch hinzufügen, daß ich mich jetzt, so kurz vor den Prüfungen nicht mehr Strafversetzen lasse. Weder kenne ich die neuen Lehrer, noch weiß ich, auf welchen Prüfungsstoff sie in den letzten Monaten hingearbeitet haben. Deshalb werde ich die Schule ganz beenden und mir irgendwo eine Arbeit suchen. Eigentlich wollte ich das schon seit der 10. Klasse, nur durfte ich das damals ja nicht."
Der Direktor versuchte noch einmal an meine Vernunft zu appellieren. Schließlich hätte man doch mit dem Abitur in der Tasche ganz andere berufliche Chancen.
Ich antwortete ihm, daß ich darauf keinen Wert mehr legen würde.
„Gut, wie Sie wollen!" meinte er beleidigt. „Ich werde dem Kreisschulrat schriftlich mitteilen, daß Ihnen einstimmig die Strafversetzung angeboten worden ist, Sie selbst aber diese ablehnen und die Schule ganz verlassen wollen. Damit können Sie jetzt nach Hause gehen. Ich muß Sie aber dazu ermahnen, bis zur endgültigen Entscheidung durch den Kreisschulrat, weiter ordnungsgemäß den Unterricht zu besuchen."
Ich stand auf und verließ grußlos den Raum.
Ich fühlte mich ein wenig erleichtert, denn ab sofort war ich frei.

Auf direktem Wege ging ich zu meinem Kumpel Schusti. Nach bestandenem Abitur hatte er keinen Studienplatz bekommen. Seit September arbeitete er daher als Werkzeugschleifer im 2-Schicht-System in einem Betrieb, der Zubehörteile für Kraftfahrzeuge herstellte.

Ich wußte, daß er in dieser Woche Frühschicht hatte, traf ihn aber zu Hause nicht an. Das bedeutete, daß er eigentlich nur in unserer Stammkneipe, der „Lößnitzperle“ stecken konnte. Diese hatte jeden Tag geöffnet und wir nannten sie nur kurz „Perle“. Unmittelbar neben dem Lokal war noch eine winzige Imbißgaststätte, die bei uns nur „Stehpiepe“ hieß.
In letzterer traf ich Schusti auch an. Er stand mit einem seiner neuen Arbeitskollegen und zwei anderen Stammgästen an einem der Tische. Natürlich knobelten sie gerade.
Das Knobeln war ein Würfelspiel, das von uns Stammgästen ständig und mit einer Riesenausdauer gespielt wurde. Dabei war der Einsatz für jede Runde zwar nur eine Mark, aber wenn man lange genug spielte, konnte man schon einiges gewinnen oder verlieren. Meistens hatte ich aber sagenhaftes Glück bei diesem Spiel.
Ich berichtete Schusti natürlich gleich die neueste Neuigkeit.
Er gratulierte mir und meinte freudig: „Da kannst du ja gleich bei Kostas im Autoreparaturwerk anfangen. Die suchen nämlich dort noch Leute.“
„Daran hab ich auch schon gedacht, Schusti. Ich muß Kostas heute mal fragen, wo ich da hinkommen muß, in die Kaderleitung oder so“, stimmte ich ihm zu.
Kostas hatte, genauso wie Schusti, keinen Studienplatz und war in diesem Betrieb als Kfz-Hilfsschlosser untergekommen. Nebenbei machte er auf der Abendschule seinen Facharbeiter zum Kfz-Schlosser. Man nannte das Erwachsenenqualifizierung.
Nachdem ich abends noch mit Kostas geredet hatte, fuhr ich gleich am nächsten Tag in diesen Betrieb.
An der Tür des Kaderleiters klopfte ich an und trat ein.
Schusti und Kostas hatten recht. Der Kaderleiter freute sich, daß ich kam und Arbeit suchte, denn sie konnten zur Zeit jeden Mann gebrauchen.
Die knapp 400 Mitarbeiter wären immer noch zu wenig. Er erklärte mir, daß der Betrieb in zwei große Teilbereiche eingeteilt sei, in den 2-Takt-Bereich und den 4-Takt-Bereich. Diese seien dann wieder in Abteilungen, entsprechend der einzelnen PKW-Typen untergliedert.
Im 2-Takt-Bereich war außerdem noch eine spezielle Abteilung, die verschiedene Motoren, Getriebe, Achsen usw. regenerierte. Da

sollte ich anfangen. Wir vereinbarten meinen Arbeitsbeginn für den Montag der nächsten Woche.
Am Abend konnte ich Kostas freudestrahlend berichten, daß es geklappt hatte und er mich ab jetzt Kollege nennen durfte.
Bald kamen noch Schusti und „Feier-James“ dazu und wir begossen ordentlich meinen Arbeitsanfang.
„Feier-James“ fuhr zusammen mit Kostas jeden Morgen mit dem Zug um 5.15 Uhr auf Arbeit. Er war Gabelstaplerfahrer in einer großen Schrotthandlung. Außerdem war er ein typischer Alkoholiker. Wenn er keinen Stoff intus hatte, zitterte er so sehr, daß er nur mit großer Mühe und beiden Händen ein Glas Bier trinken konnte, obwohl er höchstens drei bis vier Jahre älter war als ich. Ansonsten war er ein friedlicher und gutmütiger Kumpel, der meistens lustig war und einem das Letzte gab, wenn er hatte.

Am Freitag vor meiner ersten Arbeitswoche ging ich zum letzten Mal in die Schule.
Ich hatte mich dort drei Tage überhaupt nicht blicken lassen. Zum einen wollte ich nachfragen, ob der Kreisschulrat endlich seinen Segen gegeben hatte und zum anderen, wollte ich mich von den anderen verabschieden.
Unser Klassenlehrer hatte nur darauf gewartet, daß ich noch einmal vorbeischaute, denn er wollte in meinem Beisein offiziell bekanntgeben, daß ich die Schule für immer verließ.
Trotz des immer gut funktionierenden Buschfunks, schienen es einige aus meiner Klasse noch nicht erfahren zu haben und taten erstaunt.
Erst einmal herrschte nach dieser Verkündung betretenes Schweigen. Berni konnte es aber auch dieses Mal nicht lassen und löste die Stille auf, in dem er laut aufheulte wie ein Wolf und sich dabei die Augen rieb.
Natürlich brach daraufhin ein schallendes Gelächter aus.
In der nächsten Pause verabschiedete ich mich von allen. Mit den meisten aus der Klasse hatte ich mich immer ganz gut verstanden, deshalb blieb es nicht aus, daß mir doch ein bißchen wehmütig ums Herz wurde. In reichlich drei Jahren hatte man vieles gemeinsam erlebt. Das verband einen doch irgendwie.
Carmen konnte ich beim Abschied nicht in die Augen sehen. Ich

hatte Angst, sie könnte erkennen, wie weh mir unsere Trennung tat, und wie sehr ich sie noch liebte.
Einige meiner Mitschüler würde ich weiterhin in den Diskos treffen, vielleicht auch irgendwann einmal Carmen und vielleicht war sie dann auch wieder allein, vielleicht ...?
Langsam schloß ich hinter mir die Tür des Klassenzimmers.
Ein langes Kapitel meines Lebens war abgeschlossen und ein völlig neues begann.

Am Montagmorgen stand ich 4.30 Uhr auf. Ich hatte fast die ganze Nacht nicht geschlafen, nur aus Angst, ich könnte den Wecker überhören.
Bisher war ich frühestens um 6.30 Uhr aufgestanden, wenn ich zur ersten Stunde in die Schule gegangen war. Das war schon ein gewaltiger Unterschied.
Auf dem Bahnhof wartete bereits Kostas auf mich. Kurz nach mir kam auch Feier-James angeschlappt. Er hatte entweder immer noch oder schon wieder eine Fahne.
Als ich ihn daraufhin ansprach wieherte er belustigt los und meinte, daß sein erstes Frühstück zu Hause immer eine Flasche Bier und eine Karo war. Danach müßte er immer dringend auf's Klo, dann wäscht er sich und ab geht die Post.
Im Zug fischte er sich eine zweite Flasche aus seinem Beutel und bot uns davon an.
Ich wollte erst nicht, aber Kostas meinte, ich brauche mir keinen Kopf machen, denn in meiner Brigade würden sie alle saufen.
Trotzdem wollte ich nicht gleich am ersten Tag unangenehm auffallen und nahm nur einen kleinen Schluck.
Im Werk meldete ich mich wie vereinbart gleich beim Kaderleiter. Er zeigte mir die Garderobe und wies mir einen leeren Schrank zu. Als ich mich umgezogen hatte, begleitete er mich bis in meine Abteilung und stellte mich dem Meister vor.
Der grüßte und nannte seinen Namen. Im ersten Moment dachte ich, er wollte mich veralbern, doch er fügte lächelnd hinzu: „Walter Ulbrich ohne T am Ende."
Sein Name war aber nicht das Einzige, was an ihm kurios war, denn er war höchstens 1,60 m groß, dafür aber genauso breit, wie hoch. Auf seinen Schultern trug er einen riesigen Kopf mit einer

großen, fleischigen Nase. Ich schätzte ihn auf ca. 60 Jahre.
Im Meisterbüro hatte sich gerade die gesamte Brigade zur Arbeitsschutzbelehrung versammelt. Dadurch war das gegenseitige Vorstellen schnell erledigt.
Nach der Versammlung stellte mir der Meister den Kollegen Zimmermann vor. Er war der Brigadeleiter und wurde von allen nur „Zimmi" gerufen.
Zimmi führte mich durch die Abteilung und erklärte mir die einzelnen Arbeitsplätze.
Es gab mehrere Fließbänder. An dem einen wurden Moskwitsch-Motoren zerlegt, an einem zweiten Wartburg-Getriebe. An den anderen Bändern wurden diese wieder montiert. Einzelne Arbeitsplätze dienten der Regenerierung der Einzelteile. Mir fiel dabei besonders auf, daß an vielen Arbeitsplätzen Ungarn arbeiteten.
Schließlich kamen wir zu meinem neuen Betätigungsfeld. Es war eine riesengroße Waschmaschine. Das Ungetüm war etwa 10 Meter lang, 2 Meter breit und 2 Meter hoch. Eingeteilt in drei große Kammern, wurden hier die zerlegten Teile gewaschen, gespült und getrocknet. Zum Transport diente ein Fließband, das vom Anfang bis zum Ende der Maschine lief.
Zimmi erklärte mir, wie diese Höllenmaschine funktionierte und auf was ich bei deren Betrieb, besonders zu achten hatte. Er erzählte mir auch, daß sie den Kollegen, der vor mir hier gearbeitet hatte, entlassen mußten, weil er laufend während der Arbeitszeit betrunken war.
Ich schüttelte, mein Unverständnis darüber zum Ausdruck bringend, mit dem Kopf.
Gemeinsam begannen wir zu arbeiten. Zimmi zeigte mir die nötigsten Handgriffe und ließ mich dann alleine, als er sah, daß ich alles begriffen hatte.
Auf der einen Seite der Maschine mußten die Stahlkörbe mit den zerlegten Einzelteilen und die Motorblöcke, von den Fließbändern, per Hand auf das Band der Waschmaschine gezogen werden. Auf der anderen Seite mußte man das Ganze wieder aus der Maschine herausziehen und auf verschiedene Fließbänder verteilen.
Es war eine üble Knochenarbeit, denn oft verklemmte oder verkeilte sich ein Teil in den Stäben des Waschmaschinenbandes und man mußte rohe Kräfte walten lassen, um es wieder locker zu be-

kommen. Dazu kam, daß man ständig von vorn nach hinten laufen mußte und zurück, denn eigentlich war die Maschine für zwei Arbeitskräfte bestimmt.
Verpaßte man am Ende ein Teil herauszunehmen, dann schoben es die folgenden nach und es fiel hinunter.
Da die Waschtemperatur bei etwa 80 Grad Celsius lag und die Trockentemperatur bei ca. 100 Grad, war die Hitze ringsherum fast unerträglich.
Mit der Zeit beherrschte ich dieses „Wunderwerk der Technik" und konnte es mir so einrichten, daß ich eine Stunde lang, zügig hintereinander arbeitete, wobei mir der Schweiß aus allen Poren gekrochen kam. Danach machte ich eine halbe Stunde Pause. Zur Erholung rauchte ich in Ruhe ein, zwei Zigaretten und besuchte die Kollegen an den anderen Arbeitsplätzen.
Nach einigen Anlaufschwierigkeiten konnte ich mich auch ganz gut mit den ungarischen Kollegen verständigen. Wir unterhielten uns bunt durcheinander in deutsch, ungarisch, englisch und russisch und das noch möglichst in einem Satz.
Dadurch, daß ich fortwährend den anderen auf die Finger schaute, kannte ich mich bald ganz gut an den einzelnen Arbeitsplätzen aus. Ein Kollege, „Achsen-Paule" genannt, schlug Tag für Tag mit einem Monsterhammer die Kreuzgelenkwellen aus den Bremstrommeln der Wartburg-Antriebe heraus. Die regenerierten Teile baute er gemeinsam mit dem „Lackaffen" wieder zusammen. „Lackaffe" hieß deshalb so, weil er seine Haare immer naß machte und total angeklatscht nach hinten kämmte. Das wiederholte er mehrmals in der Schicht.
Beim „Fischkopp" aus Mecklenburg lernte ich, wie man ein Getriebe wieder zusammenbaute und Lajos zeigte mir, wie man am schnellsten Motoren und Getriebe zerlegte. Bereits am ersten Tag hatte ich auch meinen Spitznamen weg, denn alle riefen mich nur noch „Waschbär".
Hin und wieder kam mich Kostas an meiner Waschmaschine besuchen. Er brachte meistens „Kette" mit, der mit ihm die Abendschule besuchte. „Kette" war ein ruhiger Kunde und wir freundeten uns auch bald an.
Auch Mischa traf ich hier wieder. Er war bei meiner Schwester Petra in die Klasse gegangen und ebenfalls hier gelandet, weil er

keine Lust hatte zum Studieren. Autos interessierten ihn eben mehr. Er war im letzten Jahr der Erwachsenenqualifizierung und hatte bald seine Facharbeiterprüfung.
Den ungarischen Kollegen in meiner Abteilung war ein Vorarbeiter zugeteilt. Rudi, so hieß er, hatte die Aufgabe darauf zu achten, daß die Pausen nicht ins Unendliche überzogen wurden und ordentliche Qualität abgeliefert wurde.
Er war etwa 55 Jahre und hatte mit den temperamentvollen jungen Ungarn kein leichtes Spiel. Wenn er einen von ihnen zur Arbeit antreiben wollte, waren seine Lieblingsworte: „S' kann ni waah sein! Aah nuh mache los hier! Axl di Bicks!" Was in hochdeutsch hieß: „Das kann nicht wahr sein. Aber nun mache los hier! Achsel die Büchse!"

Bald bekam ich mit, daß jeder irgendwo versteckt, sein Fläschchen Bier stehen hatte. Als Einstand brachte ich deshalb an einem der nächsten Tage einige Flaschen „Radeberger Exportbier" mit. Ich kam gerade dazu, als der Konsum bei uns damit beliefert wurde. Sonst war es ja kaum zu bekommen. Da ich nicht genau wußte, wieviele Personen wir an diesem Tag waren, hatte ich vorsichtshalber ein paar Flaschen mehr mitgebracht. Das war aber kein Problem für mich, denn hinter meiner Waschmaschine war so viel Platz, daß ich hätte ein ganzes Getränkelager verstecken können.
So nach und nach ergab es sich dann auch, daß ich mir ein solches anlegte.
Wenn mich Kette und Kostas besuchen kamen, konnten wir es uns jetzt hinter der Maschine gemütlich machen und gemeinsam ein Bierchen trinken, denn hier hin verirrte sich kaum jemand. Mit Feier-James hatte ich mich schnell angefreundet. Wir paßten ja auch gut zusammen. Beide waren wir keine Kostverächter und beide würfelten wir gerne.
Zum Bier tranken wir jetzt neuerdings gerne „Oberförster". Das war ein Gemisch aus einem einfachen Pfefferminzlikör und einem einfachen Korn oder Wodka. Viel konnte man davon aber nicht trinken, weil man sonst zu schnell betrunken wurde.
Eines Tages brachte Feier-James früh zum Zug eine Flasche Pfeffi mit. Die leerten wir in bester Stimmung auf der Fahrt zur Arbeit und amüsierten uns dabei über die anderen Fahrgäste, die entweder

ihren Nachtschlaf im Zug fortsetzten oder mit mürrischen Gesichtern vor sich hin starrten. Ab und zu schaute einer verstohlen zu uns herüber und konnte es gar nicht begreifen, daß wir kurz nach 5 Uhr morgens schon so lustig und guter Dinge sein konnten.
Von diesem Tag an wechselten wir uns ständig ab. Einmal brachte er eine Flasche Pfeffi mit und am nächsten Tag war ich wieder dran. Ich hatte mir im Betrieb einen Vorschuß geben lassen, so daß es mir finanziell wieder ein wenig besser ging.
Meist hatte James noch eine Flasche Bier zum Nachspülen mit.
In unserer Stammkneipe hatte ich mittlerweile ebenfalls einen Spitznamen weg.
Eines Tages ging ich direkt nach dem Friseur in die Perle. Die Friseuse hatte mir das Pony nach vorn gekämmt und direkt über den Augenbrauen gerade abgeschnitten.
Ich setzte mich an den Tisch von „Elektro-James". Als der mich ansah, mußte er sofort lachen und rief schallend: „Ha, ha, ha, du siehst ja aus wie Titius Tatius!"
Er hatte das so laut gerufen, daß es alle im Lokal hören konnten. Von Stund' an wurde ich von allen nur noch „Titius Tatius" oder kurz „Titius" gerufen, selbst von den Kellnern. Meinen richtigen Namen hatten die meisten schon bald vergessen.
Zu Hause schaute ich im Lexikon nach, aber einen Titius Tatius hatte es nie gegeben, dafür aber einen Titus Tatus. Das war mal ein römischer Feldherr gewesen.
Ein paar Tage nach meinem Rausschmiß von der Schule ging ich abends mit Schusti und einigen anderen Kumpels zur Disko in die „Völkerfreundschaft".
Dort traf ich viele Leute von der EOS und jeder wollte wissen, was ich mache und wo ich jetzt arbeitete.
Renate aus meiner ehemaligen Klasse war auch mit darunter. Eigentlich war sie schon lange mit einem Jungen aus dem Singeklub zusammen, doch diesmal war sie alleine da. Ich kann nicht behaupten, daß sie mir bisher unsympathisch war. Außerdem hatte sie so ihre Reize.
Zwar war sie kräftiger als die anderen Damen gebaut, dafür hatte sie aber eine etwas größere Oberweite und sie hatte einen richtig schönen Kußmund.
Ihr Freund hatte mir einmal erzählt, daß sie beim Sex unwahrschein-

lich temperamentvoll sein konnte. Wenn ich sie mir so ansah, konnte ich mir das auch lebhaft vorstellen.
Eines konnte ich mir aber nie richtig zusammenreimen. Sie war auf der einen Seite ständig in der FDJ-Leitung meiner Klasse, auf der anderen Seite war sie aber auch streng katholisch. Für mich waren das zwei verschiedene Welten. Das konnte verstehen wer will, ich jedenfalls nicht.
Es ergab sich, daß ich an diesem Abend sehr oft mit ihr tanzte. Dabei erzählte sie mir, sie hätte vor einiger Zeit mit ihrem Freund Schluß gemacht und fragte mich, wie mir meine Arbeit „schmekken" würde.
So plauderten wir beim Tanzen angenehm miteinander und bei den langsamen Titeln wurde es zwischen uns immer enger.
Zuerst ganz sanft und zaghaft, dann immer stärker werdend, drückte sie ihren ganzen Körper fest an mich. Ihre Nähe erregte mich sehr und ich strich ihr zärtlich über's Haar.
Als wir uns am Ende eines Musiktitels wieder voneinander lösten, sah sie mir mit verträumtem Blick tief in die Augen. Ich verspürte den dringenden Wunsch, sie zu küssen und zog sie an mich. Sie schien darauf nur gewartet zu haben, denn sie griff sich mit beiden Händen meinen Kopf und küßte mich mit einer solchen Leidenschaft, daß ich fast zu ersticken drohte.
Die anderen ringsherum wurden auf uns aufmerksam. Ich nahm deshalb ihre Hand und zog sie hinter mit her durch den Tanzsaal, hinaus in den Park.
Kaum daß wir ein wenig abseits von den anderen waren, warf sie sich mir erneut um den Hals. In der Tat war sie äußerst temperamentvoll und schnell auf 180. Sie konnte einen mit ihrer Leidenschaft so betören, daß man unweigerlich an ihr kleben blieb.
Nach diesem Abend trafen wir uns öfters. Manchmal holte sie mich sogar von der Arbeit ab.
Vielleicht wollte sie auch damit nur sicher gehen, daß ich nicht gleich wieder in der Perle versackte.
Wir blieben einige Wochen zusammen, dann stellte sich aber heraus, daß unsere Liebe doch nicht so groß war, wie es am Anfang den Anschein hatte.
Ich war in Gedanken noch viel zu sehr mit Carmen beschäftigt und Renate konnte sich im ständigen Vergleich mit ihr nicht behaupten.

Außerdem ließen wir uns von den widrigen Umständen, die um uns herum herrschten, unterkriegen.
Gemeinsam konnten wir weder zu ihr, noch zu mir gehen.
Ich bewohnte zwar noch ein kleines, unbeheiztes Zimmer bei meinen Eltern, aber meine Mutter hätte garantiert in irgendeiner Form Spektakel gemacht, wenn ich mit Renate dort aufgekreuzt wäre. Das wollte ich uns ersparen.
Bei ihr war es ähnlich, denn ihre Eltern hatten etwas dagegen, daß wir zwei miteinander befreundet waren.
Wie gesagt, wäre es die ganz große Liebe gewesen, hätten wir sicher diese Situationen gemeistert. Doch die große Liebe hatte ich gerade erst hinter mir lassen müssen und die Wunden waren noch lange nicht verheilt. Vielleicht heilten sie nie?

Seitdem ich mit arbeiten angefangen hatte und nun obendrein auch wieder Solo war, verlief mein Leben in gleichmäßigen Bahnen.
Auch mein Alkoholkonsum war gleichmäßiger geworden, gleichmäßiger über den ganzen Tag verteilt.
Es begann früh im Zug zur Arbeit und ging während der Arbeitszeit beständig weiter. Hier setzte sich bei mir mehr und mehr die Faulheit durch.
Ich wurde zu faul, ständig die schweren Bierflaschen schleppen zu müssen. Aus diesem Grund stieg ich auf Klaren und Pfefferminzlikör um. Das war viel praktischer.
Nach Feierabend ging ich entweder in die Perle, in die Stehpiepe oder später dann noch zur Disko.
Zwischendurch gab es aber auch noch Zeiten, wo ich nichts trank. Das war dann, wenn ich schlief. Deshalb trank ich vor dem Schlafen immer etwas mehr, damit es bis zum Morgen reichte.
Natürlich ließen dadurch die Probleme auf Arbeit nicht mehr lange auf sich warten.
Zum Beispiel setzte ich in meiner Trunkenheit mehrmals die gesamte Werkhalle unter Wasser. Das passierte mir, wenn ich beim Wasserauffüllen vergaß, den Hahn an der Maschine wieder zuzudrehen. Dann stieg der Wasserspiegel in der Maschine bis über die seitlichen Öffnungsklappen hinaus an und wenn diese dann dem hohen Druck nicht mehr standhielten, flogen sie begleitet von einer riesigen Flutwelle, in hohem Bogen heraus.

Die gesamte Abteilung hatte danach drei bis vier Stunden zu tun, um die Halle wenigstens halbwegs trocken zu kriegen.
So konnte es auch dem letzten Mann in der Abteilung nicht entgangen sein, wenn der Waschbär zu viel getrunken hatte.
Hin und wieder fand man mich fest schlafend hinter der Maschine. Ich schlief dann allerdings so fest, daß ich nichts davon mitbekam, daß am Ende der Maschine die Motoren und Getriebeteile auf den Boden knallten, weil ich vergessen hatte, das Fließband in der Maschine abzuschalten.
Mein „gesunder" Schlaf war wirklich das größte Problem für mich. Sorgte er doch dafür, daß ich es andauernd verschlief. Es war nicht so einfach, wenn man am Abend bis 24 Uhr durchgezecht hatte, am nächsten Morgen um 4.30 Uhr den Wecker zu hören.
Meine Eltern hatten es schon lange aufgegeben, sich um mich zu kümmern, aber ich hielt mich sowieso nur noch zum Schlafen zu Hause auf. Damit ging ich dem ständigen Streit mit meiner Mutter am besten aus dem Wege.
Ich fing an, mir einen Wecker nach dem anderen zu kaufen, in der Hoffnung endlich einmal einen zu erwischen, der es schaffte, mich aus meinem festen Schlaf zu reißen.
Auf dem Gipfel meiner Weckermacke hatte ich es auf stolze acht Stück gebracht, aber keiner brachte es fertig, mich aus meinem Nest zu bewegen. Selbst als ich die Idee hatte, sie noch obendrein alle acht in eine leere Blechwanne zu stellen, machten sie ihrem Namen keine Ehre und weckten mich eben nicht, diese dämlichen Dinger. Manchmal verschlief ich es so ausgiebig, daß es sich gar nicht mehr lohnte, zur Arbeit zu fahren.
Meine Kollegen waren deshalb stinksauer auf mich, denn es mußte sich einer von ihnen für mich an die Waschmaschine stellen.
Für meine Fehlschichten hatte ich inzwischen bereits zwei Verweise in die Kaderakte bekommen.
Mir selbst war es jedes Mal unwahrscheinlich peinlich, wenn ich nach einer solchen Bummelschicht am nächsten Tag wieder auf Arbeit erschien. Schließlich hatte ich es ja nicht mit Absicht verschlafen, sondern nur deshalb, weil ich eben keinen Wecker gehört hatte. Vor diesem unangenehmen Gang zur Arbeit, trank ich zuvor im Zug einen Schluck Pfeffi mehr, damit mich der Mut nicht verließ.

Fast täglich nahm ich mir vor, abends nicht mehr so lange im Wirtshaus zu sitzen, doch wenn ich erst einmal dort in gemütlicher Runde saß und das Bier schmeckte wieder, dann waren alle guten Vorsätze spurlos verschwunden.
Außerdem, wenn mein Verstand zu klar wurde, trieben meine Gedanken immer wieder zu Carmen. Ich grübelte dann darüber nach, was sie wohl gerade machte, ob sie sich mit ihrem neuen Freund vertrug, ob sie noch manchmal an mich dachte usw.
Ich hätte dann sowieso nicht schlafen können, also blieb ich lieber auf und saß mit den anderen in fröhlicher Runde im Wirtshaus. Warum Trübsal blasen, wenn man fröhlich sein konnte?
Im Frühjahr 1976 stellte ich im Betrieb den Antrag für die Erwachsenenqualifikation zum Kfz-Schlosser. Er wurde prompt abgelehnt.
In der Begründung dazu hieß es, daß meine Arbeitsdisziplin stark zu wünschen übrig ließe und ich mich erst einmal bewähren sollte. Ich hatte das auch gar nicht anders erwartet.
Es gab aber etwa zur gleichen Zeit, ein noch viel aufregenderes Ereignis.
Wie in den vorangegangenen Jahren, so fand auch in diesem Jahr auf dem Gelände am Fučik-Platz das Frühlingsfest statt. Das war nichts anderes, als ein großer Rummel mit Karussells, Riesenrad und Imbißbuden.
Mit Feier-James und einigen andern Kumpels fuhren wir eines Abends ebenfalls dort hin. Wir hatten vorher in der Perle bereits ordentlich „getankt" und schlenderten in der bester Stimmung über den Rummelplatz. An einer der Broilerbuden hielten wir an, weil wir Hunger hatten. Zum Essen stellten wir uns ein wenig abseits neben den Stand, damit wir den vorbeiströmenden Menschenmassen kein Hindernis waren.
Mit einem Mal entstand ein Riesentumult.
Aus den Augenwinkeln hatte ich gesehen, wie sich direkt neben uns einer nach dem Essen, seine fettigen Hände und den Mund abgewischt hatte. Allerdings nicht an einer Serviette, sondern an einer hinter ihm hängenden DDR-Fahne.
Was dann passierte, ging alles sehr schnell und ich konnte mich hinterher, auf Grund meiner Promillezahl, nicht mehr an alle Einzelheiten erinnern.

Jedenfalls wimmelte es plötzlich von Polizei. Ein Kerl in Zivil packte meinen Arm und drehte ihn mir schmerzhaft auf den Rücken. Dabei schrie er mich an: „Los, ab, vorwärts!“
Ich wußte überhaupt nicht, wie mir geschah.
In Handschellen wurde ich in ein finsteres Auto verfrachtet.

Ich befand mich in einer winzigen Zelle. Hinter mir war gerade krachend die schwere Tür ins Schloß gefallen.
Ich begriff nichts, aber auch gar nichts.
Der Raum war finster, nur an der Tür schimmerte ein winziger heller Fleck. Meine Augen brauchten eine Zeit lang, um sich an die Dunkelheit zu gewöhnen.
Dann konnte ich mich näher umschauen. Die Zelle war ca. drei Meter lang und halb so breit. Gegenüber der Tür war ein kleines Fenster mit einem Gitter davor. Auf der rechten Seite war eine schmale, eiserne Liege. Sie war hochgeklappt und an der Wand mit einem Vorhängeschloß gesichert. Dahinter stand ein Toilettenbecken. Auf der anderen Seite, gegenüber der Liege, war ein winziger Tisch mit einem kleinen Hocker.
Ich setzte mich und versuchte in Ruhe zu überlegen.
Was sollte das alles nur? Ich hatte doch nichts verbrochen?
Ich begann zu frieren. Es war sagenhaft kalt hier drin, garantiert kälter als draußen.
Ich griff in meine Hosentasche, um mir eine Zigarette zu angeln, doch sie war leer. Auch die anderen Taschen meiner Hose waren vollständig leergeräumt.
Unruhig stand ich auf und ging in der Zelle auf und ab.
Hoffentlich kam hier bald jemand und erklärte mir, was das alles soll!
Allmählich wurde ich müde. Ich setzte mich wieder hin, verschränkte meine Arme auf der Tischplatte, legte meinen Kopf darauf und versuchte zu schlafen.
Es dauerte aber nicht lange und ich stand wieder auf. Der Hocker und der Tisch waren viel zu hart zum Schlafen.
Ich setzte mich neben das Toilettenbecken auf den Fußboden und versuchte es so, aber auch das brachte mich nicht zur Ruhe. Vor Kälte begann ich am ganzen Leib zu zittern. Damit mir nicht noch kälter wurde, stand ich wieder auf und ging abermals in der Zelle

auf und ab, vier Schritte hin, vier Schritte zurück. Irgend etwas mußte doch passieren. Man konnte mich doch nicht einfach einsperren, ohne mir zu sagen, warum!

Langsam wurde ich auch immer nüchterner. Der Alkohol verließ meinen Körper und mit ihm auch seine beruhigende Wirkung. Mein Puls wurde immer schneller und kräftiger. Es war nun nicht mehr nur die Kälte, die meinen Körper erzittern ließ. Kalter Schweiß bildete sich auf meiner Stirn und meinem Magen ging es hundeelend. Ich mußte mich setzen.

Inzwischen war es 9 Uhr vorbei und ich bekam auch langsam Hunger. Ich dachte an Feier-James. War er auch mit hierher gebracht worden oder mußte er heute früh im Zug, den Pfeffi mit Kostas alleine trinken? Auf Arbeit würden sie bestimmt wieder über den Waschbär fluchen, weil sie dachten, ich mache mal wieder eine Bummelschicht.

Durch das Zellenfenster konnte man jetzt das Tageslicht erahnen. Der Raum blieb aber trotzdem finster. Hinter den Gitterstäben war zusätzlich noch ein engmaschiges Sieb angebracht. Das machte es unmöglich, dahinter etwas zu erkennen.

Plötzlich schrak ich zusammen.

Im Flur krachte eine Tür und ich hörte Schritte näher kommen. Vor meiner Tür blieben sie stehen. Mein Herz schlug bis zum Hals.

Das Schloß schepperte, die Tür flog auf und jemand rief: „Mitkommen!“

Auf dem Flur war es wesentlich wärmer, als in der Zelle.

Ich wurde über mehrere Gänge und Treppen geschubst bis in einen Raum, wo schon zwei Männer in Zivil auf mich warteten

„Setz dich!“ sagte der eine und nickte mit dem Kopf in Richtung eines Stuhls, der vor einem großen Schreibtisch stand.

„Wie ist dein Name?“ fragte er mich.

„Stephan Hoffmann“, antwortete ich und fügte schüchtern hinzu: „Aber ich möchte gern mal wissen, was das hier soll und wo ich überhaupt bin?“

„Du hast hier gar nichts zu fragen! Du bist beim Begehen einer staatsfeindlichen Handlung vom Ministerium für Staatssicherheit festgenommen worden.“

Was sollte das denn?

Mich fröstelte es. Ich dachte an den Pfefferminzlikör, den ich heute

verpaßt hatte. Der täte mir jetzt gut und wäre ein Segen in diesem Elend!
„Hoffmann heißt du also. Und wie nennen dich deine Kumpanen?"
„Meistens Hoffi."
„Und wie noch, Hoffi?"
Ich zuckte mit den Schultern.
„Komm' schon", mischte sich jetzt der zweite in das Gefrage ein, „wie ein alter Römer siehst du ja nicht gerade aus."
„Hm", ich zuckte mit den Schultern. „Naja, Sie meinen sicherlich Titius, aber so werde ich erst seit kurzem gerufen."
„Titius Tatius?" fragte wieder der andere.
Ich nickte.
Sie fragten weiter nach Geburtsdatum, Wohnanschrift, Betrieb, Eltern, Geschwister usw. Danach sollte ich ihnen den genauen Ablauf des gestrigen Abends erzählen. Am meisten interessierte sie dabei, mit wem ich auf dem Rummel war. Da ich eigentlich sicher war, daß wir nichts Verbotenes getan hatten, sagte ich ihnen die Namen, besser die Spitznamen, denn wie meine Kumpels mit richtigem Namen hießen, hatte ich keine Ahnung. Das war bisher auch nicht so wichtig für mich.
Ich fragte, ob ich etwas zu trinken bekommen könnte und eine rauchen dürfte.
Die beiden Männer hatten die ganze Zeit über eine „Club" nach der anderen gequalmt. Mir hatten sie keine angeboten und meine „Karo"-Schachtel war weg.
Es ging mir nicht gut. Meine Kehle war wie ausgetrocknet und kalter Schweiß kroch aus allen Poren. Meine Augen zuckten nervös und ich wußte, daß das erst der Anfang der Übelkeit war.
„Du kannst gerne beides bekommen, Titius", grinste der eine. „Allerdings erst dann, wenn du uns wirklich alles von gestern abend erzählt hast."
„Ich wüßte nicht, was ich noch erzählen soll? Ich hab' doch alles gesagt, was ich weiß. Mehr ist nicht passiert."
„Eben nicht!" schrie der größere von beiden und sprang auf. Mit beiden Händen auf den Schreibtisch abstützend, beugte er sich mit finsterem Gesicht weit zu mir vor.
Er brüllte förmlich: „Feier-James hat uns alles erzählt und nun rede du endlich, bevor ich ungemütlich werde!"

Der Schreck fuhr mir in alle Glieder und ich begann am ganzen Körper zu zittern. James war also auch hier, aber was sollte er sonst noch erzählt haben?
Wieder zuckte ich mit den Schultern und sagte kleinlaut: „Ich wüßte nicht, was James noch erzählt haben soll?"
„Waaas? Das weißt du nicht?" Er sprang um seinen Schreibtisch herum, baute sich direkt vor mir auf und knallte mit seinen Fäusten abwechselnd auf meine Schultern.
„Du warst der Anstifter!" polterte er dabei weiter. „Du hast die anderen dazu angestiftet, die Fahne der Deutschen Demokratischen Republik zu beschmutzen. Das ist Flaggenschändung und du bist ein mieser kleiner Staatsfeind, ein Wurm, den man zertreten müßte." Und weiter boxte er gegen meine Schultern. Meine Angst kannte keine Grenzen mehr. Mein Herz raste, als wollte es herausspringen.
„Weil sie dich von der EOS geschmissen haben, denn schon dort warst du ein asoziales Element, hast du eine Stinkwut auf unseren Staat. Deswegen hast du alle angestiftet. Es hat gar keinen Sinn, das alles abzustreiten, denn die anderen haben übereinstimmend gegen dich ausgesagt. Die sind nicht so blöde und wollen sich mit uns anlegen. Also, war es so?"
Während er die letzte Frage immer wieder wiederholte, ging er um mich herum und schubste mich jetzt ständig von hinten. Ich wischte mir mit dem Ärmel den Schweiß von der Stirn, der in meinen Augen brannte. Mein Magen war irgendwie verkrampft und schmerzte.
Trotzdem war ich mir sicher, daß er log, denn ich konnte mir nicht vorstellen, daß Feier-James irgendwelchen Müll über mich erzählen würde. Deshalb nahm ich noch einmal meinen ganzen, winzig kleinen Rest Mut zusammen als ich entgegnete: „Ich glaube nicht, daß die anderen so etwas behauptet haben, denn der andere, der sich die Hände an der Fahne abgewischt hatte, gehörte gar nicht zu uns. Ich kenne ihn überhaupt nicht."
Plötzlich bekam ich einen Hieb auf den Kopf. Ich zuckte zusammen und dachte, jetzt geht es los. Jetzt haun die dich zusammen.
Der andere kam aus seiner finsteren Ecke im Büro vor und schaltete sich wieder in das Verhör ein: „Nun, wie kommt es dann, daß eben dieser Kerl, über den du behauptest, du kennst ihn nicht, daß genau dieser Kerl deinen Namen kennt und uns gebeichtet hat, daß du ihn für zwei Bier dazu überredet hast, hä?"

Wenn das stimmte, dann wäre es allerdings merkwürdig. Mir kam er eigentlich überhaupt nicht bekannt vor. Da ich mich aber in vielen Diskos und Kneipen herumtrieb, konnte es schon sein, daß er mich von irgendwo her kannte.
„Vielleicht kennt er mich wirklich vom Sehen. Ich kenn' ihn jedenfalls nicht. Ich kann es doch auch nicht ändern, daß Sie mir nicht glauben."
Der Kerl hinter mir setzte sich wieder an seinen Schreibtisch.
„Du kannst froh sein, daß unser Luxushotel hier zur Zeit ein bißchen überbelegt ist. Sonst würden wir dich schon alleine wegen deiner frechen Lügen dabehalten", sagte er, und leiser aber mit drohender Stimme fügte er hinzu: „Titius, für heute müssen wir dich leider wieder laufen lassen, aber die Sache hat noch ein Nachspiel. Umsonst führt man uns nicht an der Nase herum. Ich denke, du wirst uns bald wieder besuchen und dann natürlich für länger. Bis dahin hast du Radebeul und Dresden nicht zu verlassen. Wir sprechen uns also noch."
Er hatte dabei auf einen Knopf gedrückt.
Zwei andere Männer kamen herein und führten mich aus dem Raum. Sie mußten mich dabei stützen, denn meine Beine wollten die ersten Meter nicht so recht gehorchen. Man gab mir meine Habseligkeiten wieder, auch meine Zigarettenschachtel.
Hinter mir schloß sich das Tor.
Eine vorbeidonnernde Straßenbahn riß mich in die Wirklichkeit zurück. Der Spuk war vorbei.
Mit zittrigen Fingern kramte ich mir eine „Karo" aus der Schachtel und brannte sie an. Nach den ersten zwei tiefen Zügen wurde es mir schwindlig und ich mußte mich an einen Gartenzaun setzen. Die vorbeifahrenden Autos waren mir egal.
Ich fühlte kaum Erleichterung, daß jetzt alles vorüber war, ich war völlig k.o.
Nach diesem Wahnsinn brauchte ich etwas zu trinken. Das hatte ich mir redlich verdient. Ich schaute mich um und erspähte nicht weit von mir einen Lebensmittelladen. Ich rappelte mich auf und holte mir eine Flasche Bier und eine Flasche Pfeffi. Vor dem Laden setzte ich mich auf den Schaufenstersims, öffnete die Bierflasche mit meinem Kamm und trank gierig die eine Hälfte mit einem Mal. War das eine Wohltat. Ich knackerte den Verschluß des Likörs auf

und machte ein paar große Züge. Ja, dieses herrliche Gefühl kannte ich, diese Wärme, die in meinem Magen Einzug hielt und von da in alle Regionen meines Körpers ein Gefühl von innerer Geborgenheit ausstrahlte.
Die Leute, die an mir vorbeiliefen, schüttelten den Kopf. Sollten die nur, die hatten ja keine Ahnung, woher ich gerade kam! Ich schaute auf meine Armbanduhr. Es war 10.30 Uhr. Die Stehpiepe hatte bereits geöffnet.
Mit der Flasche in der Hand ging ich zur Straßenbahnhaltestelle. Während der Fahrt schloß mein Körper wieder mit mir Frieden. Das Zittern verschwand und meine Lebensgeister erwachten.
Als ich die Stehpiepe betrat, schallte mir sofort ein lautes Wiehern entgegen. Es war, wie konnte es auch anders sein, Feier-James. Man sah ihm an, daß er schon einige Flaschen gefrühstückt hatte, denn er hatte seine dafür typische, knallrote Gesichtsfarbe.
„Titius, ich hatte schon gedacht, die behalten dich dort. Darauf müssen wir erst mal einen zur Brust nehmen, hahaha, hie, hie, hie! Auf den Schreck geb' ich einen aus. Abfahrt Verrückte!"
Er war völlig aus dem Häuschen, so freute er sich. Mir ging es genauso.
Gegenseitig berichteten wir uns, was wir erlebt hatten. Es war nahezu identisch, nur daß James schon 90 Minuten eher wieder draußen war als ich.
Den ganzen Tag über waren wir und unsere Verhaftung der Mittelpunkt der Gespräche. Jeder wollte alles haarklein erzählt bekommen. Jedoch am späten Abend versagten unsere schweren Zungen ihren Dienst und wir mußten die Segel streichen.
Für den nächsten Tag hatten sich James und ich eine Fehlschicht genehmigt. Schließlich mußten wir uns ja von den Strapazen erholen.

Mitte Oktober 1976 erhielt ich meinen Einberufungsbefehl. Termin war der 2. November des gleichen Jahres. Für mich kam das nun doch gänzlich unerwartet, hatte man mir doch geschworen, daß ich so spät wie möglich, also erst im Alter von 27 Jahren, gezogen werden sollte und nun das.
Trotz des Schreckens im ersten Moment, war es mir nach längerem Überlegen doch ziemlich recht. Ich war jetzt gerade 19 Jahre alt und nach den 18 Monaten hätte ich als Zwanzigjähriger die ganze

Fahne schon hinter mir. Besser konnte es eigentlich nicht laufen. Der Ort der Einberufung lag allerdings genau am anderen Ende der DDR, nämlich in Rostock. Das sollte wohl die kleine Rache des Wehrkreiskommandos sein. Ich hatte aber sowieso zur Zeit keine feste Freundin, von der ich mich hätte trennen müssen, und Kumpels würde ich dort bestimmt auch kennen lernen.
Im Betrieb nahm ich sofort meinen restlichen Jahresurlaub. Das klappte ganz problemlos. 18 Tage hatte ich insgesamt Urlaub. Das waren anteilmäßig bis einschließlich Oktober 15 Tage. 5 Tage davon hatte ich eingebüßt, um Fehlschichten zu vertuschen. Blieben also noch genau 10 Urlaubstage. Den Restlohn bekam ich auch gleich ausgezahlt. Damit konnte ich die noch verbleibenden 14 Tage mit meinen Freunden in der Kneipe Abschied feiern.

Am Einberufungstag packte ich mir für die lange Bahnfahrt von Dresden nach Rostock reichlich Flüssignahrung ein.
Im Zug traf ich auf viele Leidensgefährten. Jeder hatte etwas zu trinken dabei, aber trotz des Alkohols wollte keine rechte Stimmung aufkommen. Die Fahrt führte ins Ungewisse. Das schöne Leben war erst einmal vorbei, was uns erwartete, wußten wir nicht und 18 Monate sind schon eine lange Zeit.
Auf dem Bahnhof in Rostock angekommen, wurden wir sogleich auf einen LKW verladen und in die Kaserne gefahren. Vor einem großen Kinosaal mußten wir absitzen. Am Einlaß wurden unsere Personalien abgefragt und mit endlos langen Listen verglichen.
Im Saal wimmelte es bereits vor lauter Neuankömmlingen. Das Gepäck wurde abgestellt und wir mußten uns in einer Reihe aufstellen.
Ein Offizier schritt langsam unsere Front ab. Dabei tippte er jeden mit dem Zeigefinger an und sagte: „Friseur!“
Diejenigen, die er mit „Friseur“ bezeichnet hatte, mußten anschließend einem Unteroffizier folgen.
In einem großen Raum schafften sich ein Zivilist und zwei Uniformierte an unseren Schädeln. Das ging hintereinander weg. Mit der Maschine fuhrwerkten sie ein paar mal kreuz und quer über den Kopf und schon war's passiert.
Ich hatte ganz kurz die Gelegenheit, einen Blick in den Spiegel zu werfen, aber ich konnte mich nicht darin entdecken. Erst viel spä-

ter wurde mir klar, daß ich mich doch gesehen hatte, nur daß ich eben nicht mehr so aussah, wie in den letzten Jahren. Da hatte ich schulterlanges Haar. Jetzt sah ich mit meinem schmalen Gesicht und dem kahlen Schädel wie ein Buchenwaldkind aus.
Zum Glück hatte ich vorher genügend getrunken. Deshalb konnte ich beim Gedanken an mein Spiegelbild noch lächeln.
Nachdem alle beschnitten waren, lag ein riesiger Wollteppich auf dem Fußboden. Das langte garantiert für einige Filzstiefel.
Gemeinsam gings nun zur Kleiderkammer. Wenn man an der Reihe war, musterte einen der Unteroffizier kurz, schlenderte die Regale entlang und kam mit einem riesigen Wäschestapel zurück. Den warf er einem zu und meinte kurz: „Paßt, der Nächste!"
Bei mir mußte der nächste noch einen Moment warten, bis ich meine Sachen vom Fußboden wieder aufgelesen hatte. Durch den Alkohol hatte ich beim Fangen nicht die notwendige Reaktionsschnelligkeit an den Tag gelegt. Nun lag alles im Dreck.
Später mußten wir uns umziehen, doch leider paßte mir von den Klamotten überhaupt nichts, denn ich war sehr schlank und solche dürren Soldaten gab es in den Augen der Uniformschneider anscheinend nicht. Wenigstens hatte ich Hosenträger und ein starkes Koppel. Damit konnte ich meine Hosen vor dem andauernden Fall retten.
Irgend etwas schien schief zu laufen, denn ich hörte am Rande, wie sich zwei Offiziere leise miteinander unterhielten.
Der eine meinte, daß wir viel zu viele seien und das Wehrkreiskommando wie immer gepennt hätte. Der andere nickte nachdenklich und sagte, er könne jetzt in allen Kompanien herumklingeln und fragen, ob sie noch ein paar Neue aufnehmen könnten.
Es ging weiter, denn wer fertig war, mußte im Kinosaal Platz nehmen und warten.
Ich wartete wenigstens drei Stunden. Die ganze Zeit über kamen noch Neuankömmlinge, die erst eingekleidet werden mußten. In der Zwischenzeit schlummerte ich ein wenig. Später konnte ich dann vor Hunger nicht mehr schlafen, aber was noch schlimmer war, meine Kehle war total ausgetrocknet. Langsam stieg die Unruhe in mir auf, die ich sonst ganz einfach wieder besänftigen konnte. Doch hier gab es keinen Alkohol. Dieser Gedanke regte mich noch mehr auf.

Endlich hatte das lange Warten ein Ende. Wir wurden einzeln aufgerufen und ich mußte mich zu einer Gruppe von etwa 15 Mann hinzugesellen. Wir folgten einem Unteroffizier, der uns zu unserer Kompanie führen sollte.
Der Weg bis dahin war nicht länger als 800 Meter. Es sollte aber der bisher längste Weg meines Lebens werden. In der Zeltplane die ich mir über die Schulter geworfen hatte, war die gesamte Soldatenmontur verstaut, von der langen Unterwäsche bis zur Ausgangsuniform, vom Kochgeschirr bis hin zu Gasmaske und Schutzanzug.
Mir kam es so vor, als wäre dieser Riesensack doppelt so schwer, wie ich selbst. Unter dieser enormen Last konnte ich kaum die Beine durchdrücken. Alle 30 bis 40 Meter mußte ich den Sack absetzen, sonst wäre ich darunter zusammengebrochen. Nur mit Müh und Not bekam ich ihn dann wieder auf die Schultern. Zuletzt nur noch mit der Hilfe der anderen. In den letzten Wochen hatte ich viel zu wenig gegessen und dafür noch mehr getrunken. Das hatte meinen Körper geschwächt.
Endlich hatte ich den Eingang zu unserer Kompanie erreicht. Ich hatte mich aber zu früh gefreut, denn wir mußten bis ganz nach oben in den dritten Stock.
Auf der Treppe geriet ich derart ins Wanken, daß ich die Stufen rückwärts wieder herunter gerollt wäre, wenn nicht einer hinter mir gewesen wäre, der mich wieder nach vorn geschubst hätte.
Die letzten Stufen fast auf allen Vieren nehmend, hatte ich es endlich geschafft und ließ den Sack erschöpft fallen.
Noch völlig außer Atem bedankte ich mich bei meinem Helfer, der mich auf der Treppe vor meinem sicheren Absturz bewahrt hatte. Wir stellten uns gleich einander vor. Er hieß Ingolf und kam aus Ilmenau in Thüringen. Er war ein großer, kräftiger Kerl, dem man besser nicht frech kam.
Meine Zunge klebte am Gaumen fest.
„Durscht!“ sagte ich.
„I aah!“ nickte er bestätigend, was so viel heißen sollte, wie: „Ich auch!“
Wir stürzten den langen Flur entlang und suchten den Waschraum. Als wir ihn gefunden hatten, saugten wir uns jeder an einem der Wasserhähne fest.

Eine solche Menge Wasser hatte ich noch nie hintereinander getrunken. Ich hörte erst wieder auf zu trinken, als wirklich kein Schluck mehr runter ging.
Mit prallen Bäuchen gesellten wir uns zu den anderen, die sich inzwischen in einer Reihe entlang des Flurs aufgestellt hatten.
Der Kompaniechef kam und begrüßte uns. Dann erklärte der Hauptfeldwebel einige organisatorische Dinge. Unter anderem teilte er uns mit, daß wir unter keinen Umständen unabgekochtes Leitungswasser trinken sollten. Die Wasserqualität sei nicht in Ordnung und deswegen wären auch bereits Krankheiten aufgetreten.
Das war ja schrecklich!
Ich schielte vorsichtig zu Ingolf hinüber. Der bemerkte meinen Blick, rollte mit den Augen, hielt sich den Bauch und flüsterte leise: „Scheiße!"
Anschließend wurden wir auf die Zimmer verteilt.
Im Zimmer standen 5 Doppelstockbetten aus Stahlrohr, 10 schmale Spinde, 1 Tisch und 10 kleine Stahlhocker. Mehr hätte auch nicht Platz gehabt.
Wir hatten nun die Aufgabe, den Riesenberg Klamotten aus unserer Zeltplane in die winzigen Schränke einzuräumen.
Die Zivilsachen mußten wir komplett in Pappkartons packen und unsere Heimatanschrift darauf schreiben. Sie wurden eingesammelt und nach Hause geschickt.
Am gleichen Abend wurde mir mitgeteilt, daß ich zusammen mit einigen anderen nicht in Rostock bleiben würde, da wir hier zu viele seien. Es würden aber noch paar Tage dauern, bis man genau wüßte, wohin wir verlegt werden sollten.
Offensichtlich wollte man uns hier nicht haben. Ingolf war auch einer von denen, die zu viel waren.
Aus den paar Tagen wurden 3 Wochen. In dieser Zeit brauchten wir nicht mit der Kompanie zur Grundausbildung, sondern hatten dafür die Innenreviere, sprich Toiletten, Waschraum und Flur sauber zu halten. Das war zwar auch nicht gerade angenehm, aber immer noch besser, als mit den anderen unter der Schutzmaske über den Acker zu hoppeln.
Ich hätte das sowieso nicht lange durchgehalten, denn die ersten Tage fühlte ich mich fürchterlich schwach und elend.
Die Hände zitterten mir so sehr, daß ich kaum eine Tasse halten

konnte. Zu den Mahlzeiten brachte ich vor Übelkeit nur wenige Bissen hinunter. Schon die geringste Anstrengung verursachte bei mir Schweißausbrüche und mein Herz schlug rasend schnell. Nachts konnte ich vor innerer Unruhe kaum schlafen. Hatte mich dennoch die Müdigkeit übermannt, wachte ich schweißgebadet wieder auf. Nach 14 Tagen ging es mir zum Glück allmählich besser und ich fing an, wieder ordentlich zu essen.
Eines Morgens wurden Ingolf und ich von unserer täglichen Putzrunde abgerufen.
Wir sollten zu einem Eignungstest für Richt-/Lenkschützen. Natürlich konnten wir uns darunter nichts vorstellen.
Neben unserem Bataillonsgebäude standen zwei LKW mit großen Kofferaufbauten, zu denen eine Eisentreppe hinauf führte.
Wir mußten einzeln eintreten.
Im Inneren wurde ich von zwei Unteroffizieren begrüßt.
Ich sah mich kurz um. Die gesamte Einrichtung bestand aus elektrischen Armaturen, Geräten, Schaltern, Skalen und Kontrollampen.
Die beiden erklärten mir, daß für die neuen BMP, das seien kleine Schützenpanzer, noch Richt-/Lenkschützen gesucht wurden. Normalerweise sei das eine Unteroffiziersstellung. Da sich aber in diesem Jahr zu wenige für drei Jahre verpflichtet hätten, sollten fähige Soldaten, diese Lücke füllen und eine Spezialausbildung erhalten. Deswegen wollten sie mich heute und eventuell die nächsten Tage testen, ob ich dafür in Frage käme.
Ihre Art mit mir zu reden, fand ich ganz nett, denn es fehlte gänzlich der übliche Befehlston.
Trotzdem war ich von diesem gewaltigen Techniklabor ganz schön beeindruckt.
Als hätten sie gemerkt, was ich fühlte, meinten sie, daß wir sehr viel Zeit hätten und ich bräuchte keine Angst vor dem Gerät zu haben, denn sie würden mir alles haarklein erklären. Es ginge hier darum, mittels eines Simulators Panzer-Abwehr-Lenkraketen, auch kurz PAL genannt, auf unbewegliche und bewegliche Ziele zu schießen.
Diese Raketen hätten noch bei einer Entfernung von 3,5 Kilometer eine große Treffsicherheit. Natürlich käme das immer auf den Schützen an. Während des Fluges sei die Rakete durch einen dünnen Draht mit dem Richt-/Lenkschützen verbunden.

Ich setzte mich an das Gerät und schaute durch die Optik. Darin war ein grüner Bildschirm zu sehen. Zwischen meinen Knien befand sich ein kleines Steuerpult mit einer Feuertaste und einem winzigen Steuerknüppel. Er war höchstens 5 Zentimeter hoch und man konnte ihn nur mit den Spitzen von Daumen und Zeigefingern beider Hände ganz gefühlvoll bewegen.
Wenn auf dem Bildschirm ein Ziel auftauchte, drückte man die Feuertaste und ein kleiner greller Punkt erschien. Das Schwere war, das man bei jeder Kurskorrektur des Punktes, wieder gegensteuern mußte wie bei einem Boot. Das wurde noch komplizierter, je mehr sich das Ziel bewegte und je kleiner es war.
Den ersten Schuß setzte ich auch glatt in den Dreck, aber ich hatte zunächst 10 Schuß zur Probe bekommen. Nach jedem Start erklärten mir die Unteroffiziere in Ruhe, was ich anders machen sollte. Hin und wieder schalteten sie als zusätzliche Schwierigkeit starken Seitenwind ein. Da ließ sich das Ganze noch verrückter steuern.
Danach kamen 20 Schuß auf Wertung. Mein Gesicht glühte vor Eifer. Trotz aller Konzentration brachte ich vor lauter Aufregung nur 15 Raketen ins Ziel. Ich war ein bißchen enttäuscht.
Die beiden munterten mich aber wieder auf und sagten anerkennend, daß manche Richt-/Lenkschützen nach einem halben Jahr Ausbildung noch weniger träfen.
Der Test war für mich zu Ende und ich konnte wieder gehen. Sie meinten aber, daß wir uns bestimmt bald wiedersähen.
Draußen gesellte ich mich zu den anderen Soldaten, die vor dem Wagen standen. Ingolf war noch im anderen Fahrzeug.
„Wieviel?“ wurde ich sogleich gefragt.
„Fünfzehn!“ antwortete ich vorsichtig.
Anerkennendes Gemurmel.
Die anderen hatten nur zwischen 5 und 12 Treffer, 15 hatte keiner geschafft.
Mit knallrotem Kopf kam Ingolf heraus.
„Wieviel?“ fragte ich.
„Sechzehn und du?“
„Oh Scheiße!“ rief ich. „Ich hab’ nur fünfzehn.“
Er grinste und knallte mir anerkennend seine Pranke auf die Schulter.
„Wußte noch gar nicht, daß ihr Sachsenlümmel auch schießen könnt!“

„Na, wir können es schon mit euch Zapfenfressern aufnehmen!“ Wieder traf mich seine Pranke, diesmal im Kreuz.
Über das Raketenschießen waren wir der gleichen Meinung. Es machte ungeheuren Spaß, und wir beide würden uns anstrengen, daß wir die Ausbildung mitmachen könnten. Auf jeden Fall war es besser, als jeden Tag auf dem Acker auf und nieder zu hopsen.
Wir drückten uns gegenseitig die Daumen, damit es auch klappte. Hoffentlich blieben wir dann weiter zusammen, denn wie es schien, konnten wir ganz gut miteinander.
Am nachfolgenden Tag durften wir wieder zum Schießen. Diesmal war die wartende Gruppe vor den Fahrzeugen schon kleiner geworden.
Auch in den nächsten Tagen wurden wir immer weniger. Zuletzt blieben noch 12 Mann übrig. Ingolf und ich waren mit dabei. Unsere Serien lagen immer um die 15 Treffer. Mal war er besser, mal ich.

Ein paar Tage später wurden wir dann auch verlegt. Wir kamen an eine Unteroffiziersschule in Eggesin. Das lag auch im Norden der DDR, direkt an der polnischen Grenze.
Die Kompanie in die wir kamen, war die einzige Soldatenkompanie der Schule.
Alle Soldaten waren im ersten Diensthalbjahr. Dadurch waren wir „Spritzer“, wie man das erste Diensthalbjahr nannte, unter uns und nicht den Schikanen der anderen Diensthalbjahre ausgesetzt.
Dieses Schikanieren, besonders von den „EK‘s“ (Entlassungskandidat, letztes Diensthalbjahr), war eine alte Tradition in der Armee und offiziell verboten. Zum überwiegenden Teil wurde es aber von den Vorgesetzten schlichtweg übersehen.
Ich kam mit Ingolf auf ein Zimmer, in dem noch weitere acht Soldaten untergebracht waren. Sie kamen aus allen Teilen der Republik.
Die fünf Monate dauernde Ausbildung begann. Bald hatten wir bemerkt, daß unsere Kompanie einen Sonderstatus an dieser Schule hatte, denn gegenüber den Unteroffiziersschülern verlief unsere Ausbildung bedeutend harmloser.
Oft hatten wir schon lange Dienstschluß, wenn die Kapo-Schüler noch stundenlang Strafexerzieren oder Außenreviere reinigen mußten. Selbstverständlich schauten wir ihnen dabei gerne zu und machten unsere Witze darüber.

Unser Gefechtsfahrzeug, für welches wir ausgebildet wurden, war ein kleiner flacher Schützenpanzer, ein sehr schnelles und wendiges Gefährt, daß sich auch auf dem Wasser gut fortbewegen konnte. Im hinteren Innenraum hatten acht Motschützen, auch „Mukker“ genannt, Platz. Ganz vorne im Bug saß der Fahrer, ein Unteroffizier. Er hatte es verhältnismäßig bequem. Zu seiner Ausstattung gehörte statt einem Lenkrad ein Flugzeuglenker. Die Schaltung war vom PKW „Moskwitsch“, also leicht zu handhaben. Obwohl der Motor gedrosselt und mit Plomben versehen war, kam man im Gelände mit dieser Kiste auf immerhin 70 Stundenkilometer.
Hinterm Fahrer saß der Kommandant, ebenfalls ein Unteroffizier. Zwischen ihm und den „Muckern“ lag mein Reich, der Gefechtsturm des Richt-/Lenkschützen. Mittels Elektronik ließ sich dieser Turm leicht im Kreise drehen, wie ein Karussell. Dazu war er mit vier Raketen, einer Bordkanone mit 40 Granaten und einem schwerem Maschinengewehr ausgerüstet.
Neben dem theoretischen Unterricht bestand unsere Ausbildung hauptsächlich aus Schießtraining. Dazu kamen mehrmals am Tage die Übungen am Lenkraketen-Simulator und Nahkampfausbildung. Nach wie vor stand ich beim Lenktraining mit Ingolf im Wettbewerb. Im Laufe der Zeit hatten wir uns gewaltig verbessert, so daß 20 Treffer von 20 Schuß keine Seltenheit waren. Wir beide, der „Löffelschnitzer“ und der „Sachsenlümmel“, verstanden uns immer besser und wir wurden dadurch unzertrennlich. Das gab mir das Recht, als einziger ihm gegenüber die große Klappe haben zu dürfen. Von den anderen ließ er sich das nicht gefallen, und es gab hin und wieder mal eine auf die Lichter.
Er rief mich entweder „Hoofie“ oder aber „Sachsenlümmel“. Meistens dann, wenn ich ihn als Thüringer mit solchen Namen wie „Löffelschnitzer“, „Zapfenfresser“ oder „Schluchtenjodler“ betitelte. Wenn ich mich ihm gegenüber anständig benahm, was selten vorkam, nannte ich ihn „Unhold“, wie ihn die anderen auch nennen durften.

Unsere Ausbilder waren hauptsächlich Berufsunteroffiziere.
Nun könnte man ja annehmen, daß gerade diese vor Pflichtbewußtsein nur so strotzen müßten, aber weit gefehlt. Dieser Gedanke lag unendlich fern daneben, denn der überwiegende Teil von ihnen war

ein wandelndes „Besonderes Vorkommnis“. Beispielsweise war unter ihnen ein Feldwebel, der stets nach dem Zahltag für mehrere Tage spurlos verschwunden war und von allen Streifen gesucht werden mußte. Meistens wurde er schließlich in einem der Nachbardörfer aufgegriffen, wo er bei einer der Dorfschönsten Quartier bezogen hatte, die ihn neben ihren Liebesdiensten mit reichlich Alkohol versorgt hatte. Manchmal tauchte er auch ganz von selbst wieder auf und tat dann so, als wäre gar nichts passiert.
Die Berufsunteroffiziere wohnten fast alle in einem Wohnheim, welches sich auf dem Kasernengelände befand und wurden am Morgen vom „Unteroffizier vom Dienst“, kurz UvD, geweckt.
Unter ihnen war ein kleiner, zierlicher Feldwebel, der oftmals beim Wecken unauffindbar war, der aber zum Dienstbeginn immer pünktlich zur Stelle war. Irgendwann kam ihm jemand auf die Schliche. Um dem nach dem Wecken folgenden Frühsport zu entgehen, hatte er sich in seinem Nachtschrank versteckt.
Als wir davon erfuhren, glaubten wir diese Story allerdings nicht. Sicher war er ziemlich klein, aber nun doch nicht so winzig, daß er in ein Nachtschränkchen hinein paßte. Deshalb bedrängten wir ihn ständig damit, daß er uns das doch endlich einmal vorführen sollte. Endlich gingen wir im so auf die Nerven, daß er es einigen von uns zeigte.
Er zog dazu das Schubfach aus dem Nachtschrank, drehte es um und schob es wieder hinein. Dann öffnete er die kleine Tür des Schränkchens und zwängte sich langsam, mit dem Kopf zu erst hinein. Im Inneren rollte er sich zusammen wie eine Schlange, zog erst mit den Händen das eine Bein und dann das andere hinein. Zuletzt zog er noch die Tür zu.
Es wäre wirklich unglaublich gewesen, wenn man es nicht mit eigenen Augen gesehen hätte. Das Verrückteste daran war aber eigentlich die Tatsache, daß er diese Strapazen nur aus dem einen Grund auf sich nahm, um nicht am Morgensport teilnehmen zu müssen.

In jedem Diensthalbjahr wurde bei der Armee ein großer Härtetest durchgeführt, auch hier an der Unteroffiziersschule.
Dieser Härtetest war ein 20-Kilometer-Eilmarsch in voller Montur. Die Hälfte der Strecke mußte mit Schutzmaske gelaufen werden.

Am Ziel ging es noch gemeinsam über die Sturmbahn, wobei die Zeit des Letzten gewertet wurde. Jeder Zug der Kompanie sollte damit seinen kollektiven Zusammenhalt unter Beweis stellen.
Ich hatte mich im Laufe der letzten Wochen körperlich sehr gut erholt. Das lag sicher zu allerletzt an der „guten“ Verpflegung, als viel mehr an der Regelmäßigkeit, mit der ich meine Nahrung aufnahm.
Außerdem schreckte mich diese lange Distanz nicht sonderlich ab, denn durch meine früheren Langstreckenläufe war ich schon ein wenig vorbelastet auf diesem Gebiet. Auch hatte ich hier in der Freizeit oft gemeinsam mit Unhold die Möglichkeit genutzt, ein bißchen Sport zu treiben.
Jedenfalls ging es los.
Schon sehr bald mußte ich feststellen, daß ich meine Erfahrungen gehörig überschätzt hatte. Es war schon ein himmelweiter Unterschied, ob man leicht und locker in Sportsachen laufen konnte oder mit Felddienstuniform, Stiefel, Stahlhelm, Schutzmaske, Sturmgepäck und MPi bepackt, marschieren sollte.
Die ersten Kilometer ging alles noch ganz zügig voran, bis der Befehl „Gas!“ kam.
Nach einer Gesamtstrecke von ca. 10 Kilometern gab es die ersten Ausfälle. Einige konnten nicht mehr weiter. Die ersten Hilfemaßnahmen bestanden für diejenigen darin, daß wir ihnen ihr Marschgepäck abnahmen und untereinander aufteilten.
So kamen wir bis zum Kilometer 15. Von da an mußte ich abwechselnd mit Unhold einen anderen Kameraden mitschleppen, der gar nicht mehr alleine laufen konnte. Das ging aber nur eine Weile gut, denn ich konnte auch kaum noch. Also nahmen wir ihn, wo es der Weg zuließ, in die Mitte.
Die letzten beiden Kilometer waren die schlimmsten. Bei einigen, die wir bereits im Schlepp hatten, versagten die Beine vollends und sie mußten getragen werden.
Der Zugführer gab das Kommando zum Halt. Wir mußten den Zug umstellen. Die noch am kräftigsten waren, sollten am Schluß gehen und die anderen vor sich her treiben. Die Leute, die einen anderen tragen mußten, sollten an der Spitze laufen.
Unter ständigem Luftschnappen einigte ich mich mit Unhold auf folgendes. Wir faßten uns im Feuerwehrgriff an, hoben unseren

Halbtoten hoch und rannten mit ihm los, so schnell wir noch konnten. Als wir die anderen weit genug hinter uns gelassen hatten, warfen wir unseren Ballast einfach ab. Bis die anderen uns wieder erreichten, hatten wir Zeit, um genügend Luft zu schöpfen. Dann ging das Spiel von neuem los, rennen, Pause, rennen, Pause ...
Eigentlich war ich jetzt selber soweit, daß es nicht mehr ging. Ich lief fast nur noch wie im Traum. Manchmal kam es mir so vor, als sähe ich mich selbst von oben, aus einiger Entfernung laufen. Aber das konnte ja nicht ich sein, höchstens mein Körper. Ich selbst schaute von oben zu und feuerte mich unten an, total irre.
Endlich war das Ziel in Sicht, die letzten Meter. Ich spürte weder Atemnot, noch Schmerz. Hinter dem Zielstrich war meine Grenze überschritten. Ich hatte nur noch ein starkes Rauschen in den Ohren, alles drehte sich, in der Ferne vernahm ich noch ein lautes Keuschen. Es mußte wohl mein eigenes sein, dann war es dunkel.

„Hee, Sachsenlümmel! Hoofielein!“ war das erste, was ich wieder vernahm. Unhold klatschte mit seinen Pranken schmerzhaft in meinem Gesicht herum.
„Brav, Hoofielein! Wieder aufwachen, es geht weiter!“ grinste mich sein verschwitztes Gesicht zufrieden an.
„Schon wieder der Löffelschnitzer!“ murmelte ich mit gespielter Zerknirschtheit und zack, hatte ich den nächsten Klaps im Gesicht.
Ich richtete mich auf und brauchte noch eine Weile, um wieder klar durchzusehen.
„Haste ‘ne Karo?“ fragte ich Unhold.
„Bist du doof? Willst wohl gleich wieder umkippen? Sturmbahn ist angesagt, Sachsenlümmel!“ lachte Unhold und klopfte mir aufmunternd auf die Schultern.
Prompt kam auch der Befehl: „Alles auf!“
Unhold half mir hoch und mußte mich eine Weile festhalten, denn meine Beine knickten wieder ein.
Wie beim Marsch, galt auch bei der Sturmbahn, der Letzte hält die Stoppuhr an.
Da wir beide zu den größten gehörten, mußten wir vorn weg rennen, uns an der Eskaladierwand aufstellen und den anderen mittels Räuberleiter hinüber helfen.
Sie brauchten sich dabei nur auf unsere Hände stellen und wir war-

fen sie mit Schwung hinüber. Für die anderen war das wunderbar. Mir ging das aber so über die Kräfte, das ich zum Schluß selbst im dritten Anlauf nicht mehr an der Wand hinaufkam. Unhold bemerkte das und kam noch einmal zurückgelaufen. Er sprang von der anderen Seite hoch, streckte mir die Hand entgegen und zerrte mich hinüber.
Endlich war es geschafft.
Die meisten hatten sich solche Blasen gelaufen, daß sie vor Schmerzen kaum noch auftreten konnten und im MedPunkt vom Arzt versorgt werden mußten.
Ich hatte vorher auf den Rat der erfahrenen Unteroffiziere gehört und hatte ein Paar Socken angezogen, welche ich vorher schon mindestens 14 Tage getragen hatte. Außerdem hatte ich ständig meine Zigarettenasche in die Stiefel geschnippt.
So kam ich mit einigen kleineren Blasen davon, die nicht groß von Bedeutung waren.

In Eggesin waren außer der Unteroffiziersschule noch zwei andere Regimenter stationiert. Trotzdem war der Ort nur ein kleines Dörfchen mit höchstens 200 Einwohnern, von denen ein jeder, der im arbeitsfähigen Alter war, als Zivilbeschäftigter bei der NVA angestellt war.
Bis zu den Nachbarorten waren es jeweils vier Kilometer, aber das waren noch kleinere Nester. Die weiter entfernt gelegene Kreisstadt konnte man nur mit dem Überlandbus erreichen. Doch der fuhr nur dreimal am Tag.
Immerhin hatte Eggesin drei Kneipen, die ständig überfüllt waren, denn wo anders sollten die Soldaten im Ausgang sonst hingehen?
Ich war in der gesamten Zeit in Eggesin nur zweimal im Ausgang. Das hatte gleich mehrere Gründe.
In Ausgang ging man eigentlich, um mal etwas anderes zu sehen, als nur Uniformen. Leider gab es aber für den Ausgang keine Zivilerlaubnis, sondern Ausgangsuniformen. Demzufolge sah man im Ort auch nichts anderes, als Uniformen.
Die einzige Farbe in dieses uniformierte Kneipenbild brachten nur eine Hand voll ortsansässiger Huren. Die Damen sahen aber auch entsprechend verbraucht aus. Man war demnach besser beraten, wenn man die Finger von denen ließ. Jedenfalls konnte man sich

dadurch die Peinlichkeit einer Geschlechtskrankheit ersparen.
Außerdem, wer vorhatte, in diesen Kneipen auf die Schnelle ein paar Bierchen zu trinken, konnte das schnell wieder vergessen, denn das Bedienungspersonal, hatte kaum eine Chance, die überfüllten Tische nur halbwegs ordentlich zu bedienen. Man konnte also in diesen Lokalen regelrecht verdursten.
Oft war das auch der Anlaß zu Streitereien und Prügeleien unter den Soldaten. Deshalb patrouillierten ständig Militärstreifen durch den Ort. Man brauchte seinen Ausgangsschein gar nicht erst einstecken. Es war besser, ihn gleich in der Hand zu behalten, so häufig wurde man kontrolliert.

Einige Tage bevor unsere Ausbildung zum Richt-/Lenkschützen zu Ende ging, fragte mich mein Lenktrainer im Simulator-Fahrzeug, ein Stabsfeldwebel, mit dem wir uns einwandfrei verstanden hatten, ob ich nicht Lust hätte, selber Lenktrainer zu werden.
Ich war so überrascht, daß ich gleich erst einmal eine Rakete in den Dreck setzte.
Er schien es aber ernst zu meinen, denn er sagte, er hätte bereits mit dem Kommandeur der Schule über mich gesprochen. Ich brauchte nur noch „Ja“ sagen und mich für zehn Jahre Dienst verpflichten. Der Generalmajor würde mich sofort zum Feldwebel befördern und ich hätte damit ausgesorgt.
Das Angebot kam für mich völlig überraschend und war ziemlich verlockend.
Ich hätte einen Job, der mir ungeheuren Spaß macht und die Kohle würde ebenfalls stimmen.
Trotzdem bat ich mir Bedenkzeit für den nächsten Tag aus.
Der Haken an der Sache war, daß uns Soldaten die Armeezeit ziemlich lang vorkam. Schon der Unteroffizier auf Zeit mit seinen drei Jahren Dienstzeit tat uns unendlich leid für seine Blödheit, sich so lange dienstverpflichtet zu haben. Deshalb wurden sie von uns auch „alte Tagesäcke“ genannt.
Man rechnete die Dienstzeit allerdings nicht nach Jahren sondern nach Tagen. Für uns Soldaten waren das 547 Tage, für die 3-jährigen Unteroffiziere 1095 Tage und für die 10-jährigen Uff‘ze ein Hammer von 3650 Tagen, eine unendliche Geschichte, und ich müßte dann genau so viele Tage buckeln.

Mit Unhold brauchte ich darüber nicht lange diskutieren. Als ich ihm die Vorteile dieses Angebots schilderte, tippte er sich gleich an die Stirn und meinte: „Hast ja ‘n Vogel!“
Ich teilte dem Trainer am nächsten Tag mit, daß ich lieber bei meinen 18 Monaten bliebe. Eigentlich erwartete ich jetzt, er würde versuchen, mich doch noch überreden zu können, aber er nahm es gelassen und sagte, daß sein Angebot trotzdem bis zu meiner Entlassung stehen würde. Ich brauchte ihm nur ein Zeichen zu geben, wenn ich es mir anders überlegt hätte. Damit war es für ihn erledigt.

Am vorletzten Tag in Eggesin wurden alle Richt-/Lenkschützen bei einem Appell zum Gefreiten befördert. Normalerweise wurde ein Soldat erst nach dem 2. Diensthalbjahr befördert. Da wir aber eine Unteroffiziersstellung einnehmen sollten, waren wir ein halbes Jahr eher an der Reihe.
Das hatte ganz besonders einen finanziellen Vorteil für uns.
Ein einfacher Soldat erhielt 90,- Mark Wehrsold im Monat, ein Gefreiter schon 120,- Mark. Dazu kamen noch 30,-Mark für unsere Dienststellung, sogenanntes Besatzungsgeld. Das waren immerhin 150,-Mark im Monat.
Nach den 18 Monaten würde man dann sogar als Unteroffizier in die Reserve versetzt, ein weiterer Vorteil. Es hatte sich aber herumgesprochen, daß wir Richt-/Lenkschützen angeblich mehr zur Reserve eingezogen werden sollten, als normale Soldaten. Das hing wohl mit der Schießausbildung zusammen, die man immer wieder auffrischen müßte. Ob das Gerücht stimmte, wußten wir nicht.
Mit gemischten Gefühlen verabschiedeten wir uns am nächsten Tag von einander. In den letzten fünf Monaten hatten wir uns untereinander bestens verstanden und viel Spaß gehabt. Der Zusammenhalt war wirklich einmalig gewesen. Was jetzt auf uns wartete, wußten wir nicht. Wir wußten nur, daß wir auf die gesamten MotSchützen-Regimenter der DDR aufgeteilt wurden.

Ich kam nach Schwerin und wie konnte es auch anders sein, Unhold kam mit.
Weiß der Kuckuck, wie wir es wieder gedreht hatten. Jedenfalls schafften wir es, gemeinsam auf ein Zimmer zu kommen.
Es herrschte gerade der „luftleere Raum“ bei der Fahne. Die alten

„EK's" waren entlassen und die neu Einberufenen noch nicht da. Deshalb fand in dieser Zeit auch keine Ausbildung statt. Wir konnten uns demnach in Ruhe einrichten und uns mit den anderen der Kompanie bekannt machen.
Insgesamt wurden wir relativ freundlich empfangen und persönlich vom Kompaniechef und vom Spieß begrüßt. Dabei erläuterte uns der „KC", daß wir uns in der 5. Kompanie des MotSchützen-Regiments 27 befanden. Das Regiment sei ein Musterregiment des Chefs der Landstreitkräfte der DDR, Genossen Generaloberst Stechbart. Das hätte zur Folge, daß die Kompanie an vielen Lehrvorführungen im Gefechtsschießen teilnahm, die von Besuchern der Armeespitze beobachtet wurden.
Gegenüber dem Zimmer in der Unteroffiziersschule war unseres hier heller und freundlicher. Trotzdem war es wieder eine Unterkunft für 10 Mann.
Als wir gerade mit dem Einräumen unserer Sachen in die Spinde beschäftigt waren, kamen zwei Mann in Trainingsanzügen in unser Zimmer geschlendert. Der größere von beiden stellte sich als Unteroffizier Fehse vor. Er war der Kommandant meines Schützenpanzers und gleichzeitig der Gruppenführer meiner MotSchützen-Gruppe. Freudig setzte er hinzu, daß er das gleiche Diensthalbjahr war, wie wir.
„Nur, daß er nach unserer Entlassung noch mal 18 Monate dienen kann!" grinste der kleinere neben ihm und stellte sich als Unterfeldwebel Jäckel, unser Fahrer vor.
„Aber ihr könnt ruhig Jäcki zu mir sagen. Wir werden nämlich zusammen entlassen", sagte er und grinste Fehse an. Der zuckte nur mit den Schultern.
Jäcki reichte mir gerade bis zum Kinn und schien ein lustiger Typ zu sein.
Er erklärte, daß wir auf das „Sie" verzichten könnten, denn zwischen Fahrer, Kommandant und Richt-/Lenkschützen gäbe es kein typisches Vorgesetztenverhältnis, denn jeder müsse sich auf den anderen verlassen können.
Das sollte uns nur Recht sein.
Wie wir so beim Unterhalten waren, ging die Tür erneut auf, jemand rief. „Achtung!" und wer saß, sprang von seinem Stuhl hoch. Eine Offiziersuniform kam in's Zimmer stolziert.

Die Dienstvorschrift besagte, wenn ein Vorgesetzter die Unterkünfte betrat, daß derjenige, der ihn als erster sah, laut „Achtung!“ zu rufen hatte und alle strammstehen mußten, bis vom Vorgesetzten der Befehl kam „Rührt euch!“. Die meisten Unteroffiziere und Offiziere verzichteten aber auf dieses Affentheater.
Unser Spieß zum Beispiel kam immer regelrecht ins Zimmer gestürmt, wenn er etwas von uns wollte. Dabei winkte er gleich mit der Hand ab und murmelte locker: „Rührn!“ bevor überhaupt einer „Achtung!“ brüllen konnte.
Naja, jedenfalls war der, der in der stolzierenden Uniform steckte, mein neuer Zugführer, Unterleutnant Stutz. Er machte auf mich schon beim ersten Anblick den Eindruck, als würde er sich selbst ganz großartig gefallen.
Er war erst vor wenigen Tagen von der Offiziershochschule gekommen und war ein 3-jähriger Offizier auf Zeit.
Wie er mir später einmal in einer schwachen Stunde gestand, wollte er Veterinärmedizin studieren. Die Anzahl der Studienplätze war aber für diese Studienrichtung sehr knapp bemessen. Deshalb hatten Bewerber auf einen dieser wenigen Plätze bessere Chancen, wenn sie sich für drei Jahre Armee verpflichtet hatten.
Entsprechend ging es den meisten Offizieren auf Zeit nur darum, günstiger an einen Studienplatz heranzukommen.
Unterleutnant Stutz war mir von der ersten Minute an unsympathisch. Gleich zur Begrüßung wollte er uns zeigen, was für eine tolle Respektsperson er war. Er schickte Jäcki und Fehse aus dem Zimmer und nahm unsere Spinde unter die Lupe. Dabei hatte er pausenlos etwas zu meckern. Bei Unhold räumte er sogar ein ganzes Fach aus und warf den Inhalt auf den Fußboden.
Mit diesem Auftritt hatte sich der Unterleutnant keine Freunde gemacht, aber das hatte er sicher auch nicht beabsichtigt.
Unhold war natürlich stinksauer und schwor, als der Zugführer wieder hinaus war, unaufhörlich: „Das wirst du mir noch büßen, Stuß!“

Am Abend nahmen wir uns mehr Ruhe, um uns mit den Zimmergenossen etwas ausführlicher bekanntzumachen.
Gleich nach unserer Ankunft war mir darunter einer aufgefallen, der nicht ganz nüchtern zu sein schien. Nun erfuhren wir, daß er

eigentlich schon hätte entlassen sein müssen. Er mußte aber noch 14 Tage nachdienen, weil er zu viel im Arrest gesessen hatte. Grund dafür waren andauernde Verstöße gegen die Dienstvorschriften, besonders gegen das generelle Alkoholverbot in der Kaserne. Außerdem war er mehrfach erwischt worden, als er die Kaserne unerlaubt verlassen hatte und das manchmal gleich für mehrere Tage. Stolz erzählte er uns, daß er der „Chef-UE-Gänger" des Regiments sei. „UE" hieß so viel wie „unerlaubte Entfernung vom Objekt". Er kannte alle Schleichwege und versorgte einen großen Teil des Regiments mit Alkohol. Er hatte zuverlässige Informanten in allen Kompanien und war genauestens davon unterrichtet, wann, wer, wo Objektwache stand.
Jetzt stand er auf, rückte einen Spind von der Wand ab, hob ein Dielenbrett an und holte eine Flasche „Klaren" heraus. Die füllte er in eine leere Saftflasche um, goß einen Schluck Limonadensirup dazu und schüttelte das Ganze, so daß es wie echter Obstsaft aussah. Die leere Schnapsflasche warf er auf die Wiese unter unserem Fenster.
Ich staunte nicht schlecht. In Eggesin hatten wir keine Möglichkeit gehabt, Alkohol einzuschleusen. Dort wurden sogar die Pakete gefilzt, die man von zu Hause geschickt bekam.
Beringer, so hieß der eigentlich schon Entlassene, spendierte die Flasche zu unserer Begrüßung. Das fanden wir mehr als anständig und wir machten es uns richtig gemütlich.
Erwischt werden konnte man dabei kaum, erklärte uns Beringer. Die Offiziere waren alle, genauso wie die Berufsunteroffiziere, Außenschläfer. Das heißt, sie wohnten außerhalb der Kaserne. Die anderen Unteroffiziere verpfiffen niemanden, weil sie auch hin und wieder von Beringer Schnaps besorgt bekamen. Im Flur der Kompanie saß der UvD (Unteroffizier vom Dienst) oder sein Gehilfe. Wenn ein Kontrolloffizier erschien, dann redete dieser absichtlich mit ihm so laut, daß es jeder hören konnte. Das war die Warnung vom Flur, damit sich alle in die Betten verzogen. Oft hatten auch ordentliche Leute im Regimentsstab Dienst, die bei allen Kompanien anklingelten, wenn der OvD (Offizier vom Dienst) auf Kontrollgang unterwegs war. Aus Sicherheitsgründen mußte dieser im Stab Bescheid geben, welchen Weg er genau ging.
Die Zeit war wie im Fluge vergangen und mittlerer Weile war es

bereits 1.00 Uhr nachts geworden. Im Gegensatz zu Beringer war ich immer müder geworden. Ich war den Alkohol nicht mehr gewohnt und die paar Schluck aus der Flasche hatten mich schon ein wenig benebelt. Beringer hingegen überlegte laut, daß ja gar nichts mehr zu trinken da war und er aber alleine keine Lust hatte, neuen Stoff zu holen.
„Na, dann komme ich eben mit!“ sagte ich geistesgegenwärtig.
Der Gedanke an noch eine Flasche machte mich auf einen Schlag wieder munter.
Eine Weile starrte mich Beringer mit zusammengekniffenen Augen an. Dann stand er auf, knallte mir seine Hand auf die Schulter und meinte: „Na los, dann gehn wir!“
Ein bißchen hatte ich ja geglaubt, daß er nur Spaß gemacht hatte, denn ich konnte mir nicht recht vorstellen, wo er mitten in der Nacht Schnaps einkaufen wollte, aber er schien es doch ernst zu meinen.
Auf seine Anweisung hin räumte ich wie er selbst auch, meine beiden Sturmgepäcktaschen aus.
Unsere dunkelgrauen Trainingsanzüge und die schwarzen Turnschuhe waren die ideale Tarnbekleidung in der Finsternis.
Als erstes mußten wir unbemerkt aus dem Bataillonsgebäude gelangen. Unser UvD auf dem Flur grinste uns nur an. Er wußte, was mit uns los war.
Der UvD eine Treppe tiefer, im Erdgeschoß schlief an seinem Tisch.
„Wär auch sonst kein Problem gewesen!“ flüsterte Beringer. „Der hätte weggeschaut.“
Die Regimentsstraße vor dem Gebäude war hell erleuchtet. Hier mußte man aufpassen, daß einem nicht der OvD über den Weg lief.
Eine Weile lauschten wir angestrengt, dann sprangen wir wie die Hasen über die Straße, in das angrenzende Gebüsch.
Wieder lauschten wir, aber es war nichts zu hören.
Weiter ging es einen Trampelpfad entlang in Richtung Panzertor.
Den Wachposten sahen wir schon von Weitem stehen. Auf leisen Sohlen schlichen wir uns näher heran. Etwa 20 Meter von ihm entfernt warfen wir uns ins Gras und lauschten wieder in die Dunkelheit.
Beringer rückte ein Stück an mich heran und flüsterte mir ins Ohr: „Hier muß man unbedingt eine Weile liegenbleiben und horchen, ob sich die Wachablösung oder eine Postenkontrolle nähert. In der

Regel werden die Posten zwischen 1.00 und 3.00 Uhr nicht abgelöst, aber sicher ist sicher, denn wenn die zufällig im Anmarsch sind, dann muß der Posten dich festnehmen, ob er will oder nicht. Sonst geht er wegen schwerem Wachvergehen nach Schwedt in den Armeeknast."

Wir lauschten angestrengt weiter. Es war nichts zu hören, außer daß der Posten ein paar Schritte hin und her lief.

Beringer rief leise: „Hee, Richter!"

Der Posten blieb stehen und man konnte es fast sehen, wie er plötzlich die Ohren spitzte.

„Hee, Richter! Ich bins, Beringer!" rief er noch einmal etwas lauter.

„Mensch hast du mich vielleicht erschreckt, du Blödmann! Komm her!" antwortete leise der Posten.

Wir trotteten zu ihm hinüber.

„Mensch, du bist vielleicht 'n Affe!" fluchte Richter weiter. „Du hättest mir ruhig gestern Abend Bescheid geben können. Ich hab'n halben Herzinfarkt gekriegt, du Knaller!"

„Selber einer!" entgegnete Beringer. Dann zeigte er auf mich.

„Das hier ist übrigens Hoffi. Der ist heute aus Eggesin gekommen und ich muß ihn schnellstens einarbeiten, damit er mein Amt übernehmen kann. Schließlich wollt ihr ja weiter versorgt sein, oder?"

„Aah, das ist gut!" nickte der Posten freudig zustimmend. „Beringer du denkst eben an die armen Schweine, die noch hierbleiben müssen. Da könnt ihr mir ja zur Feier des Tages eine Flasche mehr mitbringen. Ich steh' bis 3.15 Uhr. Wenn ihr bis dahin nicht zurück seid, sage ich Hellmich Bescheid, der steht nach mir. Also macht euch auf die Socken!"

„Alles klar!" sagte Beringer.

Wir kletterten geschwind über den Maschendraht des Panzertores und rannten die wenigen Meter bis zum Wald. An einer Wegkreuzung hielten wir an.

„Von hier aus hast du zwei Möglichkeiten. Entweder du biegst nach links ab, dann kommst du direkt in Banzow 'raus. Gehst du geradeaus weiter, kommst du nach Hotusen. Von der Entfernung her ist es egal, denn es sind in beide Richtungen jeweils 4 Kilometer. Geradeaus mußt du nur ein bißchen mehr aufpassen, denn du mußt dabei über die Fernverkehrsstraße. Außerdem ist mir da schon ein paar Mal eine Streife über den Weg gelaufen, aber die hörst du schon von

Weitem kommen. Ich hab es immer so gemacht, daß ich das eine Mal nach Banzow und das nächste Mal nach Hotusen bin. Wir gehen heute nach Banzow. Auf dem Hinweg renne ich immer, um Zeit zu sparen. Denn rückzu hast du das schwere Gepäck. Da geht's nicht so schnell."

Langsam trabten wir los.

Ich wollte nun endlich wissen, wer uns zu dieser Uhrzeit eigentlich Schnaps verkaufen soll.

Beringer lachte. „In dem Nest hat eine Alte den Dorfkonsum. Die ist schon über 60 und wohnt zwei Häuser weiter. Du brauchst bei ihr nur ans Schlafzimmerfenster zu klopfen, da weiß sie Bescheid und kommt 'raus. Manchmal schickt sie auch ihre Tochter. Die müßte so um die 40 sein, aber Vorsicht, die ist scharf wie eine Rasierklinge!" erzählte er.

„Und wieviel Flaschen holst du immer so?" fragte ich weiter.

„In jedes Sturmgepäckteil passen genau 10 große Flaschen hinein. Das sind auf beiden Seiten zusammen 20 Granaten. Wenn du weniger mitnimmst, wäre es Schade um den Weg", meinte er. „Wenn sie genügend vorrätig haben, dann hole ich immer den Klaren für 11,-Mark die Flasche. Da hab ich 9,-Mark an der Flasche verdient, aber schließlich nehme ich ja dafür auch das Risiko, erwischt zu werden auf mich."

Ich hatte am Abend auf der Bude schon mitbekommen, daß jedes Rohr, so nannte man eine große Flasche Schnaps, 20,-Mark kostete. Dabei war es egal, was für eine Sorte es war.

„Aber das sind ja pro Tour 180,-Mark, die man verdient!" sagte ich begeistert.

„100 Punkte Herr X, richtig gerechnet! Und die heutige Nacht bringt sogar 360,-Mark ein. Da kannst du dir ja vorstellen, daß ich hier nicht schlecht gelebt habe, von dem vielen Bau mal abgesehen."

Ich rechnete laut weiter:

„Mal angenommen, ich gehe nur zweimal in der Woche auf Tour. Das sind 360,- Mark pro Woche. Das Ganze mal vier ergibt 1440,-Mark, plus 150,-Mark Wehrsold, macht insgesamt 1590,-Mark im Monat. Das ist ja der helle Wahnsinn. Dafür mußte ich draußen zwei lange Monate arbeiten. Ich faß es nicht!"

Beringer lachte und meinte: „Na, nun beruhige dich wieder! Wie schon gesagt, mußt du natürlich auch das Risiko sehen. Während

die anderen mit ihren feigen Ärschen im Nest liegen und schnarchen, schleppst du für sie den Fusel 'ran und riskierst dabei, daß dir irgend ein Bekloppter 'ne Kugel in den Hintern jagt. Ist alles schon dagewesen. Aber keine Angst, ich erkläre dir rückzu noch, wie man zum größten Teil ausschließen kann, daß dir was passiert."
Er lief langsamer und blieb schließlich stehen. Wir waren vielleicht eine halbe Stunde lang gelaufen.
„Wir sind gleich da. Siehst du dort vorn die Lichter?"
Als wir näher kamen konnte ich die Größe des Ortes erkennen. Immerhin brannten im Ganzen drei Straßenlampen. Die reichten auch aus, denn es waren höchstens 15 Häuser. Trotzdem hatte das Kaff einen eigenen Konsum.
Beringer öffnete behutsam ein Gartentor und wir schlichen leise um das Haus herum. Vorsichtig klopfte er an eines der Fenster.
Im Inneren des Hauses rührte sich nichts.
„Die Alte schnarcht wahrscheinlich wieder so laut, daß sie selber nichts hört", sagte er und klopfte etwas stärker gegen die Scheibe.
Jetzt hörte man, daß sich im Zimmer etwas tat. Die Gardine wurde beiseite gezogen und das Fenster öffnete sich.
In der Finsternis konnte man die alte Frau nur erahnen, aber ihr weißes Nachthemd war gut zu sehen.
Sie schaute nur kurz hinaus und sagte: „Ich komme!"
„Na also!" murmelte Beringer zufrieden.
Nach wenigen Minuten ging die Haustür auf, und sie kam mit schlürfenden Schritten heraus. Über das Nachthemd hatte sie sich nur flüchtig einen alten Bademantel geworfen und in ihrer Hand klapperte ein Schlüsselbund.
„Na, Herr Beringer, Sie haben ja heute noch jemanden zum Tragen mitgebracht!" kicherte die Alte.
„Ja, wenn ich vorstellen darf? Das ist Hoffi. Hoffi, das ist Frau Schrader. Hoffi wird in Zukunft meine Geschäfte übernehmen. Ich hatte ihnen ja schon gesagt, daß ich nun doch leider bald entlassen werde und nach Hause muß."
„Ja, ja, das ist wirklich schade Herr Beringer. Kann man nicht ändern, wenn Sie wieder nach Hause müssen. Na dann kommt!"
Sie schlürfte in ihren Hauslatschen voran.
Beim Aufschließen am Konsum fragte sie: „Wieviel wollt ihr denn da heute mitnehmen?"

„Na, wenn schon, dann gleich vierzig Flaschen“, antwortete Beringer.
„Ach Gott, vierzig, so viel? Die hab’ ich gerade noch da, dann sind sie alle. Da muß ich morgen gleich wieder neu bestellen.“
Nachdem wir eingetreten waren, schloß sie hinter uns den Laden wieder zu, machte aber kein Licht. Sie angelte sich eine Taschenlampe und führte uns in einen angrenzenden Lagerraum.
„Dann macht’s euch mal bequem! Ihr seid bestimmt durstig!“
Sie machte die Tür zum Laden zu und schaltete das Licht ein. Aus einem der vielen Kästen nahm sie zwei Flaschen Bier und reichte sie uns.
Wir öffneten, stießen an und tranken gierig ein paar Schluck.
So köstlich hatte mir das Bier schon lange nicht mehr geschmeckt Es war schon fast eine Ewigkeit her, daß ich das letzte getrunken hatte.
Die Alte griff sich unsere Taschen und fing damit an, den Klaren hineinzupacken.
„Heute müssen wir 5 Flaschen Bier mitnehmen“, sagte ihr Beringer und erklärte mir:
„Normaler Weise reichen zwei Flaschen Bier zu. Sozusagen, als Passierschein für den Posten am Panzertor. Den Richter haben wir aber heute so erschreckt, daß er sich eine 3. Flasche verdient hat. Die anderen beiden sind für uns unterwegs.“
Die Alte rechnete laut mit einem Bleistift auf einem Zettel: „Vierzig Flaschen mal 11,- Mark, das sind 440, plus die 5 Flaschen Bier, das macht zusammen 443 Mark und 90 Pfennige.“
Beringer griff in die Tasche seiner Trainingshose und holte ein dikkes Bündel Geldscheine heraus. Er zählte ihr das Geld vor: „Eins, zwei, drei, vier, vier fünfzig, stimmt so!“
„Nein, nein, das gibt’s bei mir nicht!“ wehrte die Alte ab, nahm das Geld und ging nach draußen in den Laden. Als sie zurückkam, gab sie Beringer 6 Mark wieder.
In der Zwischenzeit hatten wir unser Bier ausgetrunken. Die alte Schrader griff in den Kasten und gab uns zwei neue Flaschen. Wir brannten uns jeder eine Karo an und die Alte setzte sich uns gegenüber auf eine leere Kiste.
„Da wird die Christa aber traurig sein, wenn ich ihr erzähle, daß Sie gar nicht mehr kommen, Herr Beringer“, meinte sie kopfschüttelnd.

„Ja leider!“ brummte er und schaute zu Boden.
Ich merkte, daß ihm dieses Thema irgendwie unangenehm war und dachte mir so meinen Teil.
„Und Sie sind noch lange hier?“ fragte die Alte neugierig an mich gewandt.
„Ja, ja, noch ein ganzes Jahr“, antwortete ich.
„So, so, noch ein ganzes Jahr“, murmelte sie.
Sie fragte mich noch weiter aus, wo ich herkam, was ich gearbeitet hatte, usw.
Als wir ausgetrunken hatten, machten wir uns auf den Weg. Frau Schrader gab uns noch zwei Flaschen Bier für unterwegs mit, wieder kostenlos.
Wir bedankten uns, wünschten noch eine gute Nacht und ich versprach bald wiederzukommen.
Die 40 Flaschen ließen sich ganz schön schleppen. Auf jeden von uns kamen über 25 Kilo. Vor Anstrengung konnten wir uns kaum unterhalten.
Nach etwa zwei Kilometern legten wir eine Pause ein. Das war auch allerhöchste Zeit, denn in meinen Armen und Schultern schmerzte es unheimlich. Die letzten Meter konnte ich kaum noch mein Kreuz durchdrücken, so daß die Taschen fast am Boden schleiften.
Wir setzten uns an den Wegrand und öffneten ein Bierchen.
„Das grenzt ja wirklich an Schinderei!“ sagte ich fluchend.
„Tschja, ‘n Spaziergang ist das nicht gerade!“ antwortete Beringer.
„Na, das klang ja vorhin bald so, als hättest du was mit dieser Christa gehabt? Ist sie wenigstens hübsch?“ fragte ich ihn.
„Quatsch!“ brauste Beringer auf. „Das hätte die Alte vielleicht gerne gesehen, aber die Christa ist über 40. Die Alte spinnt doch, die will ihre Tochter nur unter die Haube bringen. In diesem Nest ist wahrscheinlich kein Mann mehr für sie aufzutreiben und heraus kommen die vielleicht einmal im Jahr. Da fahren sie zusammen in die Kreisstadt Sachen kaufen, aber sonst?“
Ich glaubte ihm kein Wort. Er konnte schlecht schwindeln. Das hörte man an dem unsicheren Ton seiner Stimme, aber ich wollte ihn nicht weiter verärgern und wechselte das Thema. „Wie funktioniert eigentlich dein Sicherheitssystem?“ fragte ich deshalb.
„Ja klar, das wollte ich dir ja noch kurz erklären“, sagte er sichtlich erleichtert.

„Eigentlich ist das gar nichts weiter. Ich habe nur in jeder Kompanie ein bis zwei gute Bekannte. Dadurch ist es einfach herauszubekommen, wer an welchem Tag Wache schieben muß. Nach der Wachvergatterung am Abend brauchst du nur noch in Erfahrung bringen, wer, wann, auf welchem Posten steht. Du wirst bald selbst merken, daß die Wachoffiziere immer die selben Leute für die einzelnen Postenbereiche einteilen. Eigentlich ist das gegen die Vorschrift, aber so brauchen sie nicht jedes mal auf's Neue, die einzelnen Postenbereiche zu erklären. Gegen die Vorschrift ist genauso, daß auch aus Bequemlichkeit alle vier Stunden Wachablösung ist. Jedenfalls bei den meisten. Ich hatte so nach und nach zu allen ständigen Panzertorposten Kontakt geknüpft. Sollte doch mal eine Veränderung eintreten, bekomme ich automatisch Bescheid. Genauso wie ich ihnen sage, wann ich auf Tour gehe."
„Und das hat immer geklappt?" fragte ich zweifelnd.
„Sagen wir mal, in der Regel hat es geklappt. Bei einer Kompanie mußt du allerdings die Finger davon lassen und das ist die Reservistenkompanie. Die haben mehr Angst als Vaterlandsliebe und knallen dich einfach ab, wenn du bei denen rein oder raus willst. Da hat es auch keinen Sinn Kontakte zu knüpfen, denn die verzinken dich sofort" erklärte Beringer weiter.
„Na die sind vielleicht bescheuert, aber die werden doch nicht so oft Wache stehen, oder?" fragte ich besorgt.
„Nee, da liegst du knapp daneben! Die stehen häufiger Wache als alle anderen, bestimmt einmal in der Woche."
„Hm, das ist ja wirklich doof und wie verkaufst du die ganzen Granaten?"
„Darum brauch' ich mich überhaupt nicht kümmern", winkte Beringer ab. „Die laufen einem förmlich hinterher. Wenn ich eine neue Ladung da habe, spricht sich das ganz schnell herum. Oftmals ist die Hälfte bereits vorneweg bei mir bestellt." Er schaute auf die Uhr und trank seinen letzten Schluck Bier aus. „Wir müssen machen, daß wir weiter kommen, sonst erwischen wir den Richter nicht mehr. Der ist mir zuverlässiger, als der Hellmich", sagte er und stand auf.
Wir setzten uns wieder in Trab.
„Mann, sind das Gewichte!" fluchte ich. „Ich glaube mein Rückrad bricht bald durch."

„Nach den ersten drei, vier Mal gibt sich das wieder", meinte Beringer. „Da hast du dich dran gewöhnt."
„Willst du eigentlich alles mit hinauf auf's Zimmer schleppen?" fragte ich.
„Du hast'se wohl nich alle? Wir nehmen höchstens drei Flaschen mit nach oben. Die anderen verstecken wir draußen, aber jetzt halte mal ein bißchen die Klappe, wir sind gleich da!" zischte er.
Wir kamen an die Wegkreuzung, an der wir auf dem Hinweg abgebogen waren und hielten noch einmal an, um Atem zu schöpfen.
Als wir uns ein wenig erholt hatten, schlichen wir vorsichtig bis zum Waldrand und legten uns auf die Lauer.
Ich schaute auf meine Uhr. Wir lagen gut in der Zeit. Es war gerade 10 Minuten vor um 3 Uhr. Zum Glück war es eine sehr klare Nacht und beim Schein des Mondes konnte man die Umgebung gut erkennen. Wir sahen, wie Richter an seinem Panzertor hin- und hertappte. Zwischendurch blieb er stehen und lauschte. Sicher wartete er schon auf uns.
Einen Moment warteten wir, bis wir ganz sicher waren, daß niemand anderes in der Nähe war, dann gingen wir langsam auf ihn zu.
Er erkannte uns sofort und brauchte nicht das übliche „Halt! Wer da!" zu rufen.
Statt dessen flüsterte er: „Mensch, das wird auch Zeit! Ich bin schon am verdursten."
Der Reihe nach reichten wir ihm die schweren Taschen über das Tor und kletterten hinterher.
Beringer gab ihm die drei Flaschen Bier.
„Ich werde heute mal nicht so sein und Hellmich eine davon abgeben", meinte Richter gönnerhaft. „Übrigens, in drei Tagen müssen wir schon wieder Wache stehen. Wenn's also bei Euch wieder so klappt? Nun macht euch aber dünn! Bis bald!"
Er stopfte sich das Bier unter die Uniformjacke und verschwand hinter einem Gebüsch.
Wir schlichen uns weiter in Richtung Kompanie.
Kurz vor unserem Bataillonsgebäude blieb Beringer an einer großen, wilden Hecke stehen, schob das Gestrüpp beiseite und kroch hinein. Ich folgte ihm.
Mit den Händen scharrte er den Waldboden weg und zum Vorschein kam eine alte, aber stabile Munitionskiste.

Vorsichtig stapelten wir die Flaschen hinein, bis auf zwei, die wir mit auf's Zimmer nehmen wollten.
Dann deckten wir die Kiste wieder schön mit dem Waldboden zu und schlichen weiter bis zur Regimentsstraße.
Gerade, als wir uns vor der Straße in Deckung gelegt hatten, ging gegenüber die Eingangstür zum Bataillonsgebäude auf und zwei Mann in Uniform traten heraus.
An ihren roten Armbinden konnten wir erkennen, daß es der Offizier vom Dienst mit seinem Gehilfen war.
Wir sahen, wie sie sich unterhaltend entfernten und in das Nachbarbataillon gingen.
„Mensch, da haben wir aber Schwein gehabt!" Beringer stieß die Luft geräuschvoll aus. „Den hätten wir doch glatt in die Arme laufen können!"
Ich war vor Schreck noch wie gelähmt.
Er gab mir einen Klaps: „Los geht's!"
Wir hüpften schnell wie die Hasen über die Straße.
Der UvD im Erdgeschoß war jetzt munter: Als er uns sah meinte er kopfschüttelnd: „Na, das war vielleicht knapp! Eben war der OvD hier."
„Mach' dir nicht in die Hosen, den hatten wir längst gesehen" antwortete Beringer.
Unser UvD im 1. Stock schüttelte ebenfalls den Kopf:
„Da habt ihr aber Schwein gehabt! Der Sackstand ist gerade wieder raus, aber die Zimmer haben sie nicht kontrolliert."
Beringer grinste: „Wir hätten sie unten auf der Straße fast über den Haufen gerannt."
Auf leisen Sohlen gingen wir in unser Zimmer. Die anderen schliefen alle fest.
Als Beringer seinen Spind vorrückte, um die Flaschen zu verstekken, wurde Unhold wach und rieb sich die Augen. Er machte einen langen Hals und entdeckte natürlich den Schnaps.
„Ich glaube, ich hab chronische Schlafstörungen", grinste er listig. „Mein Arzt würde jetzt behaupten: ‚Ihnen fehlt eigentlich nichts, außer Alkohol!'"
Beringer ließ sich gar nicht erst betteln und stimmte ihm sofort zu: „Ich kann jetzt auch noch nicht schlafen, eine spendiere ich."
Mit einem Satz war Unhold aus dem Bett. „Das laß ich mir doch nicht zweimal sagen!"

Ich half Beringer noch kurz, die andere Flasche zu verstecken. Danach setzten wir uns zu dritt an den Tisch und ließen die Flasche kreisen.
Ah, das tat gut. Es war zwar schon nach halb 4 Uhr, aber ich war trotz der Anstrengungen, die hinter uns lagen, noch munter wie ein Fisch im Wasser. Sicher lag das an der Aufregung der vergangenen Stunden.
„Auf meinen Nachfolger!“ prostete mir Beringer zu. „Laß dich nicht so oft erwischen!“
Ich mußte Unhold gleich alles haarklein berichten, auch wie wir dem OvD fast in die Arme gerannt wären.
„So einen Massel wirst du aber nicht immer haben, Sachsenlümmel“, meinte er kopfschüttelnd.
„Ach Quatsch!“ Beringer winkte ab. „Ich bin denen noch nie in die Hände gelaufen.“
„Weswegen hast’n da soviel Bau bekommen?“ fragte Unhold.
„Unterschiedlich, manchmal hat mich einer verpfiffen oder ich war zu besoffen und hab’ es nicht mehr bis zum Wecken in die Kompanie geschafft.“
Um viertel nach 4 Uhr hatten wir das Rohr leer. Nun war ich doch ganz schön erschöpft von unserem ungewöhnlichen Ausflug. Wir überlegten zwar noch, ob wir die zweite Granate auch noch knakken sollten, aber wir hauten uns dann doch lieber noch ein bißchen aufs Ohr, denn um 6 Uhr war Wecken angesagt.

Ein lauter Pfiff und danach das Kommando: „Kompanie, Nachtruhe beenden und raustreten zum Frühsport!“
So fing an jedem Morgen für uns der Tag an.
Bereits um diese Uhrzeit hatte einer der Offiziere unserer Kompanie Dienst und kontrollierte Zimmer für Zimmer.
Ob wir es wollten oder nicht, wir mußten aus den Betten springen und unsere Trainingsanzüge anziehen. Dann ging’s bei Wind und Wetter in’s Freie zum Dauerlauf. Und das auf nüchternen Magen. Daran konnte ich mich nie so recht gewöhnen.
Den Lauf leitete immer einer der Unteroffiziere. Die sahen das aber zum Glück recht locker, so daß ich mich bereits nach wenigen Tagen, zu einigen anderen hinter eine Hausecke stellte und lieber eine rauchte, ebenfalls auf nüchternen Magen.

Außerdem konnte man dort erst einmal in Ruhe pinkeln, denn dazu hatte man oben in der Kompanie vorher keine Gelegenheit. Für mich war das irgendwie geistig nicht ganz nachvollziehbar. Normal ist eigentlich, daß man nach dem Schlafen erst einmal die Toilette aufsucht. Hier war das aber absolut unmöglich, denn vom Bett aus mußte man schnurstracks zum Frühsport.
Vom Sinn des Soldatseins verstand ich eben nicht viel!
Nach dem Laufen hatten wir ein wenig Zeit für unsere Morgentoilette. Danach ging's geschlossen im Gleichschritt zum Frühstück. Obwohl es nur Malzkaffee, Brötchen, ein winziges Stück Butter, ein Stück Wurst und Marmelade gab, war es die beste Mahlzeit des Tages, denn die frischen Brötchen schmeckten wirklich gut.
Hinterher folgte das Stuben- und Revierreinigen und der Morgenappell. Dazu hatte alles geschniegelt und gebügelt anzutreten, denn jeder einzelne wurde von Kopf bis Fuß vom Spieß oder einem der Zugführer inspiziert.
Wichtig war, daß die Haare nicht zu lang waren und die Rasur in Ordnung, daß die Kragenbinde sauber war, daß alle Knöpfe an der Uniform waren und daß die Stiefel glänzten.
Diese Zeremonie dauerte immer eine Ewigkeit, denn es fanden sich stets einige unter uns, die wegtreten mußten, um ihr Zeug in Ordnung zu bringen.
Sahen endlich alle aus wie ordentliche Soldaten, begrüßte uns der Kompaniechef mit: „Guten Morgen, Genossen Soldaten, Unteroffiziere und Offiziere!"
Wir antworteten brav im Chor: „Guten Morgen, Genosse Hauptmann!"
Der Kompaniechef gab dann den Tagesablauf bekannt. Die Mot.-Schützen mußten meistens hinaus auf den Acker zu Geländespielen, Schützenmulden buddeln usw.
Wir Richt-/Lenkschützen brauchten an der allgemeinen Ausbildung des Fußvolkes auch hier in Schwerin nicht teilnehmen. Wir brachten unseren täglichen Dienst mit Lenk- oder Schießtraining herum. Für die Schießausbildung hatten wir Lehrgefechtsfahrzeuge, die auf einer großen, elektrischen Wippe standen. Damit konnten Bewegungen simuliert werden, die der Fahrt des Schützenpanzers im Gelände entsprachen.
Als Abwechslung zu diesem ständigen Training hatte ich hin und

wieder mit Jäcki, meinem Fahrer, unser Gefechtsfahrzeug auseinanderzunehmen, zu putzen, einzufetten und wieder zusammenzubauen.
Dabei konnten wir uns soviel Zeit lassen, wie wir wollten und uninteressant war die Arbeit an der Technik auch nicht.
Belastend wurde es nur, wenn uns Unterleutnant Stutz als Aufpasser zugeteilt war.
Auch hier auf dem Fuhrpark fühlte sich der „Unterlulli", wie wir ihn unter uns nannten, als führende Persönlichkeit. Ständig mußte er uns deshalb auf irgendwelchen Schmutz hinweisen, der gar nicht vorhanden war.
Mit der Zeit lernte ich von Jäcki, wie man Stutz am besten auf die Palme brachte.
Man brauchte ihn nur bei seinen blöden Äußerungen mitleidig anlächeln, so wie man einen völlig Geisteskranken bedauernd anschauen würde. Das brachte ihn in Rage. Wenn er dann anfing, vor Unsicherheit noch mehr Stuß von sich zu geben, kannte das Mitleid in unseren Gesichtern keine Grenzen, bis er voller Wut weiterging. Manchmal tat er mir deshalb wirklich ein klein wenig leid.

Das langweiligste Kapitel unserer Ausbildung war der Polit-Unterricht.
Am schlimmsten war aber obendrein, daß wir diesen Unterricht entweder einen ganzen Vormittag oder einen ganzen Nachmittag lang hatten.
Man zeigte uns dabei, wie unser Klassenfeind im Westen eigentlich wirklich aussah.
Auf den Bildern waren Soldaten mit finsteren und bösen Gesichtern zu erkennen.
Bald hatten wir gelernt, daß wir den Imperialisten, besonders denen in der BRD, als sozialistischer Arbeiter- und Bauernstaat ein großer Dorn im Auge waren.
Darum mußten wir ständig auf der Hut sein, um zu jeder Zeit, jeden Angriff von ihnen abwehren zu können.
Nach einigen Stunden hatte ich herausbekommen, auf welche Antworten es dem Politoffizier ankam und konnte so den Unterricht beruhigt für meinen Schönheitsschlaf nutzen. Wurde ich aus dem Schlaf gerissen, war spätestens meine dritte Antwort richtig.

Bevor Beringer endlich nach Hause durfte, hatte er mich noch ringsum mit allen Kontaktleuten in den einzelnen Kompanien bekannt gemacht. Der Weg war also geebnet, um seinen Posten im fließenden Übergang zu übernehmen.
Den Abend vor seiner Entlassung machten wir einen gehörigen drauf. Beringer mußte uns unbedingt noch ein Spiel beibringen, ehe er uns verließ.
Nach dem Beginn der Nachtruhe um 22 Uhr, setzten sich alle zehn Mann unseres Zimmers bei Kerzenschein um den Tisch und Beringer holte zwei Flaschen hervor.
Es war aber nicht der übliche Klare, sondern „Prima Sprit". Das war 96%iger Alkohol.
„Mit was willst'n das verdünnen?" fragte ich ihn. „Das Zeug kann man doch nicht so saufen."
„Nee, nee, verdünnt wird da nichts. Das ist ja gerade das Spiel", wehrte Beringer ab. „Ich hab das mal bei einer Übung mit den Russen gelernt. Das ist völlig einfach. Ich mach's euch gleich mal vor."
Er nahm aus einer der Flaschen einen großen Schluck und tat danach so, als sei überhaupt nichts gewesen.
Ich hatte eigentlich erwartet, daß er nach Luft schnappen würde und roch zweifelnd an der Flasche.
Es biß mir in die Nase. Es war wirklich der reinste Alkohol.
Beringer nahm mir die Flasche aus der Hand und gab sie an Wenzel weiter, der neben ihm saß und forderte ihn auf: „Na, probiers einfach mal! Ist nichts weiter dabei. Hast du ja bei mir gesehen."
Zögerlich nahm Wenzel die Flasche in die Hand und wußte nicht so recht, was er damit anstellen sollte. Erst einmal roch er vorsichtig daran, zog aber seine Nase blitzschnell wieder weg. Seine Augen waren voller Tränen.
Beringer schubste ihm den Ellenbogen in die Seite.
„Mensch, na los! Die anderen wollen auch noch!"
Wenzel faßte sich ein Herz und nahm endlich einen winzigen Schluck. Faßt im selben Augenblick gab er Geräusche von sich, als müsse er ersticken.
Er hustete, hielt sich den Hals und schnappte röchelnd nach Luft. Tränen schossen aus seinen Augen.
Im ersten Moment waren wir zu tiefst erschrocken. Nur Beringer schüttelte sich vor Lachen, in welches wir nach und nach auch mit

einstimmten, als sich Wenzel von seinem ersten Schreck wieder erholt hatte.
„Tschja, richtig Trinken will eben gelernt sein!“ sagte Beringer grinsend. „Das habt ihr doch bei mir gesehen. Auf die richtige Technik kommt es an: erst tief einatmen, Luft anhalten, trinken und durch den Mund wieder ausatmen, ganz einfach! Beim Ausatmen müßt ihr allerdings aufpassen, daß ihr nicht in die Zigarettenglut oder eine Flamme pustet. Sonst könntet ihr nämlich im Zirkus als Feuerspucker auftreten.“
Wir probierten jetzt der Reihe nach. Es war wirklich überhaupt kein Problem. Der einzige Unterschied zum Klaren war, daß es in der Speiseröhre und im Magen mehr feuerte.
Bald hatten wir die eine Flasche Sprit geleert und wollten uns über die zweite hermachen, aber Beringer wehrte ab: „Laßt die erste Granate mal noch eine Weile einwirken, sonst macht es keinen Spaß!“
„Also, ich merke überhaupt noch nichts“, sagte ich.
„Wart's nur ab! Wirst schon seh'n, was losgeht!“ entgegnete er.
Unter uns waren einige, die sowieso kaum etwas tranken. Die verkrümelten sich jetzt auch in's Bett.
Dann, so etwa gegen 23 Uhr, hatten wir die Hälfte der zweiten Flasche geleert.
„Also, ich find das putzig“, meinte ich achselzuckend. „Das Zeug hat über die doppelte Drehzahl, wie der Klare, aber man merkt überhaupt nichts!“
Kaum aber hatte ich mich beschwert, als die Wirkung einsetzte, allerdings nicht bei mir. Es war Wenzel, der sonst eigentlich auch kaum etwas trank. Ihn erwischte es als ersten.
Er wollte gerade die Flasche erneut ansetzen, da hielt er plötzlich auf halber Höhe inne, rollte mit den Augen, kippte nach hinten über und fiel von seinem Hocker.
Beringer hatte schnell reagiert und konnte ihm im letzten Moment noch die Flasche entreißen, dann knallte Wenzel auch schon auf den Fußboden. Wir starrten entsetzt zu ihm hin. Er lag völlig regungslos am Boden.
„Der erste ist hin!“ rief Beringer und lachte. Entgeistert schauten wir ihn an. „Nun glotzt mich nicht so an!“ sagte er. „Schafft ihn lieber in's Bett! Der ist sternhagelvoll.“

Ich sprang auf und beugte mich über Wenzel. Er lag da, als wäre er tot. Ich gab ihm ein paar Ohrfeigen, aber er reagierte überhaupt nicht. Mir wurde es mulmig zu mute und ich flüsterte betroffen:
„Mensch, soll'n wir nicht doch besser'n Sani rufen?"
„Quatsch, Sani! Der ist nichts weiter wie randvoll besoffen. Haut ihn auf's Bett! Morgen weiß der garantiert nichts mehr davon."
Es war gar nicht so einfach, den leblosen Körper Wenzels in's Bett zu hieven.
Von diesem Vorfall noch etwas verunsichert setzten wir uns wieder an den Tisch.
Ich selbst merkte auch jetzt keinerlei Anzeichen einer nahenden Trunkenheit. Auch die anderen schienen mir relativ nüchtern zu sein.
Der Nächste, den es erwischte, war Herzog.
Ich konnte gerade noch die Kerze auf dem Tisch wegziehen, ehe sein Kopf auf die Tischplatte krachte.
Er war jetzt im gleichen Zustand, wie Wenzel vorhin. Eben hatte er sich noch mit uns darüber unterhalten, welcher Volksstamm eigentlich besser war, die Sachsen oder die Thüringer.
Es war unglaublich. Das Zeug wirkte eine Ewigkeit überhaupt nicht, dann aber mit einem Riesenhammer.
Zu meiner inneren Beruhigung sagte ich mir, daß Wenzel und Herzog vielleicht im zivilen Leben auch nicht viel vertragen hatten. Da ich ja vor der Armee reichlich trainiert hatte, würde es bei mir schon nicht so schlimm werden.
Was danach passierte, weiß ich nur noch vom Erzählen der anderen am nächsten Tag.
Wir hatten, um uns die Zeit zu vertreiben, angefangen mit Streichhölzern zu knobeln. Da war ich an der Reihe.
Unhold hatte glücklicherweise bemerkt, wie ich meine Augen verleierte. Deshalb fing er mich, kurz bevor ich auf den Fußboden geknallt wäre, mit seinen schnellen Pranken auf.
Am Ende des Spiels waren Beringer und Unhold gemeinsam Sieger. Sie fielen beide nicht um, sondern konnten sich noch mit eigener Kraft in's Bett schleppen.
Die ersten Reaktionen, die sich wieder bei mir einstellten, waren wie ein Traum.
Jemand rüttelte mich und aus weiter Ferne rief eine Stimme:
„Hoffi, Frühsport!"

Ich öffnete die Augen und sah nur rings um mich her dicken weißen Nebel. Ich kniff sie wieder fest zu, um sie erneut zu öffnen. Mit einiger Anstrengung konnte ich im dichten Nebel das Gesicht Meyers ausmachen, aber es verschwand immer wieder. Es war nur ein Traum.
Ich spürte, wie mich jemand aus dem Bett zog.
„Mensch, los jetzt, der Kompaniechef ist heute da!"
Es war wieder Meyers Gesicht und doch kein Traum. Meine Gedanken begannen zu kreisen: „Meyer - Frühsport - Kompaniechef..."
Ich versuchte mich hoch zu rappeln, aber meine Beine waren in dem Moment nicht auf mein Riesengewicht von 70 Kilo gefaßt und knickten sofort weg.
Meyer half mir und stützte mich. Schritt für Schritt schleppte ich mich vorwärts. Oder rückwärts? Ich wußte es nicht. Die Welt um mich herum lag in dicken weißen Nebelschwaden, weit weg von der Wirklichkeit. Ich gab mir die größte Mühe, einige Anhaltspunkte aus meiner Umgebung mitzubekommen. Doch es waren nur verschwommene Bilder.
Langsam wurde mir klar, ich war über Nacht blind geworden.
Von den nächsten Minuten weiß ich kaum noch etwas.
Erst zum Morgenappell hatte ich wieder einen lichten Moment.
Ich stand mit den anderen in Reih und Glied. Links und rechts hatte mich einer untergehakt.
Wie aus der Ferne bekam ich einige Satzfetzen mit, die der Kompaniechef brüllte: „Sagenhaft...noch nie vorgekommen... halbe Kompanie früh noch total besoffen... Beringer wieder verzapft...!"
Richtig kam ich erst viel später wieder zu mir. Ich war aufgewacht, weil mir meine Knochen überall schmerzten. Das kam von der ungepolsterten Liege, auf der ich lag. Der Raum war finster und winzig klein. Langsam drangen winzige Erinnerungskrümel durch mein Gehirn.
Von Beringers „Prima Sprit" war ich also noch zum Morgenappell besoffen gewesen. Dann war mir auch klar, wo ich jetzt war. Ich war im Knast. Ich schaute auf meine Uhr. Es war schon fast 16 Uhr. So lange hatte ich geschlafen? Ungläubig schüttelte ich mit dem Kopf. Das unterließ ich aber sofort wieder, denn bei jeder Bewegung schmerzte dieser so fürchterlich, daß ich Angst hatte, er würde mir zerplatzen.

Noch schlimmer war der Durst. Ich hätte einen ganzen Wassereimer austrinken können.
Ich spürte, wie mir die Hände zitterte. Mein ganzer Körper schien in Aufregung zu sein. Das kam mir reichlich bekannt vor.
Kurz, mir ging's hundsmiserabel.
Mühsam stand ich auf und quälte mich die zwei, drei Schritte bis zur Tür. Mit der Faust klopfte ich an die dicken Holzbretter und lauschte angestrengt.
In der Ferne hörte ich ein paar Stimmen. Die konnten nur vom angrenzenden Wachrevier kommen. Da muß mich doch jemand gehört haben, dachte ich mir.
Mit voller Wucht klopfte ich noch mal an die Tür.
Jetzt hörte ich Schritte näherkommen. Die Tür wurde aufgeschlossen und im grellen Schein des Flurlichtes grinste mich das Gesicht eines Gefreiten an: „Na, Alter, wieder unter den Lebenden?"
„Habt ihr was zu trinken da? Ich hab'n mörderischen Brand."
„Klar, haben wir, aber leider nur Tee!" antwortete er noch immer lachend. „Warte, ich hol dir welchen!"
Er schloß wieder ab und kam kurz darauf mit einer großen Kanne und einem Plastebecher zurück.
Gierig trank ich hintereinander zwei volle Becher leer.
„Beringer muß ja gestern eine Wahnsinnsparty gegeben haben", sagte der Gefreite.
„Ich kann mich fast an nichts mehr erinnern. Ich weiß nur, daß wir 'Prima Sprit' gesoffen haben", antwortete ich ehrlich. „Was ist mit den anderen? Sind die auch hier gelandet?"
„Außer dir hatten sie heute früh noch vier andere Leichen abgeliefert. Beringer haben sie aber schon vor gut einer Stunde abgeholt. Der müßte jetzt in Richtung Bahnhof unterwegs sein, wenn er nicht irgendwo versackt ist. Er hat mir übrigens noch erzählt, daß du seinen Posten übernommen hast. Find ich großartig", erzählte er mir freudestrahlend.
„Hast du eine Ahnung, wie lange wir hier brummen müssen?" fragte ich ihn.
„Beringer meinte, daß ihr alle drei Tage Bau und 14 Tage Ausgangs- und Urlaubssperre bekommen habt", berichtete der Gefreite weiter. „Da seid ihr ehrlich gesagt noch ganz gut dabei weggekommen, wahrscheinlich weil Beringer alles auf sich genommen

hat. Der hatte sowieso nichts mehr zu verlieren. Normaler Weise wird man sonst dafür degradiert oder bekommt wenigstens zwei Urlaubstage gestrichen."

Und leise flüsternd fügte er hinzu: „Vielleicht kann ich dir heute Abend nach der Wachablösung was anderes zu trinken bringen. Brauchst du mir auch nicht zu bezahlen, bringst mir eben von deinem nächsten Ausflug was mit. Versprechen kann ich's aber nicht!"

„Wär' nicht schlecht, wenn's klappt! Wie heißt du eigentlich?"

„Beulig, Ralf, die meisten sagen aber nur Beule zu mir. Ich bin von der 11. Kompanie", antwortete er. „Jetzt muß ich aber wieder vor. Also vielleicht bis heute Abend!"

Beule ging und ich war mit meiner elenden Verfassung wieder alleine.

Hoffentlich klappte das heute Abend.

Eine Stunde später brachte man mir das Abendbrot in meine Zelle. Drei Scheiben Brot, drei Scheiben Wurst und ein kleines Stückchen Butter war das ganze Festmahl.

Bei dem Anblick drehte sich mir im ersten Moment der Magen um. Kalter Schweiß brach mir aus allen Poren und ich ließ mich wieder auf die harte Pritsche fallen.

So übel war mir nach einer „Ziehung" lange nicht mehr gewesen. Ich zitterte am ganzen Körper.

Als spät am Abend etwas an den Milchglasscheiben meines vergitterten Fensters kratzte, war ich so erschrocken darüber, daß mir fast das Herz stehen geblieben wäre. Gleich darauf klopfte es an das Fenster und jemand rief leise meinen Namen. Das konnte nur Beule sein. Er hatte mich also nicht vergessen.

Unten ließ sich das Fenster nicht öffnen, aber das Oberlicht war angekippt. Ich kletterte auf das Fensterbrett und rief durch den Spalt: „Ja, was ist?"

„Hee, du Penner! Ich bin's Beule!" kam es zurück. „Ich hab' dir was mitgebracht. Reich' mal deinen Arm heraus!"

Seine Stimme war ganz nahe. Wahrscheinlich stand er auf dem Fenstersims.

Ich zwängte meinen Arm durch den Fensterspalt. Sehen konnte ich dabei nichts. Ich fühlte nur, wie ich eine Flasche in die Hand bekam, die ich vorsichtig durch den schmalen Spalt und das Gitter bugsierte.

„Mehr konnte ich leider nicht auf die Schnelle auftreiben“, war von draußen zu hören. „Aber besser wie nichts! Laß dir’s trotzdem schmecken!“
„Okay, ich danke dir“, flüsterte ich hinaus. „Hast ‘n Rohr bei mir gut! Mach’s gut!“
Ich stieg vom Fensterbrett.
Beule hatte mir eine Halbliterflasche Limonade gebracht. Sie war zu und mit einer rötlichen Flüssigkeit gefüllt.
Ich schraubte sie auf und roch daran. Sofort würgte mich ein widerlicher Brechreiz. Dem Geruch nach mußte es blanker Klarer mit etwas Limonadensirup sein.
Ich wartete noch einige Zeit lang, bis mein Magen sich wieder etwas beruhigt hatte. Dann nahm ich vorsichtig einen ganz kleinen Schluck. Mich schüttelte es so sehr, daß ich aufpassen mußte, daß es mir nicht gleich wieder rückwärts kam. Es ging auch gerade noch mal gut. Ich legte eine Pause ein und wartete, bis sich die wohlige Wärme in meinem Magen ausgebreitet hatte.
Dadurch ermutigt, nahm ich den zweiten Schluck. Aber auch mit diesem hatte ich zu kämpfen. Ich mußte ihn mehrmals hinunterschlucken, bis er endlich da blieb, wo er hin sollte.
Nun wartete ich doch lieber etwas länger ab. Nach zehn Minuten fühlte ich mich bedeutend besser. Mein Magen war auch spürbar freundlicher zu mir geworden.
Ich trank den dritten Schluck. Er lief hinunter wie Öl.
Es war himmlisch. Die Wärme des Alkohol breitete sich wohltuend im ganzen Körper aus, und zunehmend wurde ich ruhiger.
Kein Zittern, kein kalter Schweiß mehr, kein rebellierender Magen und die Kopfschmerzen waren auch wie weggeblasen.
Mein Blick fiel auf den Abendbrotteller. Auf einmal spürte ich meinen Hunger und hatte auch wieder Appetit. Ich ließ es mir schmecken.
Die Welt war wieder in Ordnung. Ein paar Schlucke von dieser Medizin und mir ging es richtig gut.
Eigentlich war es hier im Bau gar nicht so schlecht.
Genüßlich trank ich in Ruhe die Flasche leer und warf sie dann durch den kleinen Spalt im Fenster hinaus ins Freie.
Dann machte ich es mir auf meiner harten Liege so richtig bequem und schlief bald darauf zufrieden mit mir und der Welt ein.

Am Morgen wurde ich von einem Unteroffizier geweckt und durfte sogleich in den Waschraum gehen.
Dort gab es ein riesiges „Hallo“ und Händeschütteln.
Unhold, Wenzel, Herzog und Möhring begrüßten mich mit Gejohle.
Unhold flüsterte mir in's Ohr: „Hoofie, du siehst so aus, als hättest du gestern schon wieder genascht!“
Ich schaute in den Spiegel. Tatsächlich hatte ich noch glänzende, blutunterlaufene Augen.
„Quatsch, du alter Löffelschnitzer!“ sagte ich betont scheinheilig. „Das ist noch von vorgestern.“
„Ja, ja, das glaubst du ja selber nicht, alter Sachsenlümmel“, antwortete Unhold grinsend.
„Naja, bei mir war letzte Nacht eine Brieftaube am Zellenfenster. Die war halt besorgt, daß ich nicht verdurste“, sagte ich leise, so daß es die anderen nicht hören konnten.
Er machte große Augen: „Hee, das gibt's doch nicht! Wieso war die nicht auch bei mir?“
„Hast vielleicht nicht so laut ‚Durst' gerufen, wie ich!“
„Fertig werden!“ rief der Kapo.
Es ging wieder auf die Zellen zurück.
Gleich darauf gab es Frühstück. Nach dem Essen wurden wir von zwei Soldaten mit Maschinenpistolen aus den Zellen geholt.
Wir bekamen Schaufel, Besen und Harken in die Hand gedrückt und mußten die Außenanlagen des Wachgebäudes in Ordnung bringen.
An der frischen Luft wurde ich allmählich wieder nüchtern.
Das blöde Gefühl, die bekannte Unruhe und Übelkeit machte sich wieder in meinem Körper breit.
Endlich durften wir mal eine Pause machen und eine rauchen. Dabei stellte ich mich mit Unhold etwas abseits von den anderen und berichtete ihm, wer mich letzte Nacht so gut versorgt hatte.
Er fand es ebenfalls Spitze von Beule und frohlockte: „Hoofie, da komm' noch herrliche Zeiten auf uns zu!“
Dann etwas nachdenklicher fragte er mich: „Hast du eigentlich mitgeschnitten, wie der Kompaniechef gestern zum Appell rumgetobt hat?“
„Nö, da fehlt mir die Hälfte vom Film“, gab ich zu.

„Na zum Glück war er hauptsächlich auf Beringer wütend, wegen Wehrkraftzersetzung und so. Ich glaub' der ist jetzt heilfroh, daß er den Beringer nach Hause schicken konnte", erzählte Unhold.
„Denk ich mir auch", meinte ich, „aber wir haben trotzdem Schwein gehabt, daß wir uns're Balken nicht losgeworden sind. Bei unserer nächsten Fete trinke ich nicht mehr so viel, wenigstens keinen Sprit", schwor ich.
„Konnt' ja auch keiner ahnen, daß das so ein Bretterknaller ist", pflichtete er mir bei.

Nach den drei Tagen „Bau" ging es mir wieder etwas besser.
Da die Nachwirkungen solcher Besäufnisse auch schon vor der Armeezeit zu einem echten Horror für mich geworden waren, beschloß ich ernsthaft, ab sofort weniger zu trinken.
In der Kompanie angelangt, empfing uns unser Hauptfeldwebel. Er hatte an diesem Abend extra auf uns gewartet, denn eigentlich hatte er schon lange Dienstschluß.
„Na ihr Saufziegen!" rief er uns gut gelaunt entgegen. „Habt ihr euch gut erholt? Ich hoffe, ihr seht wieder klare Bilder! Wir werden uns jetzt mal eure Spinde ansehen für den Fall, daß ihr da noch etwas versteckt habt, was euch die nächste Alkoholvergiftung einbringen würde."
Wir gingen auf unser Zimmer.
„Wie ihr seht, bin ich sehr um eure Gesundheit besorgt", grinste der „Hauptfeld".
„Also Gefreiter Kessel, zu erst ihren Schrank auf!"
Erwartungsvoll kramte der Spieß in Unholds Spind herum, war aber dann sichtlich enttäuscht, als er nichts fand.
Er trat zu mir. „Naah, Hoffmännchen, dann wollen wir mal bei dir nachsehen, ob da nicht doch ein kleines Osterei versteckt ist!"
Er fand aber bei mir ebenso wenig, wie bei den anderen auch.
Ärgerlich rief er: „Gefreiter Hoffmann und Kessel sofort zu mir in die BA-Kammer!" und verließ das Zimmer.
Langsam trabten wir hinterher.
Ich war mir sicher, daß wir jetzt irgendeine Strafarbeit aufgebrummt bekamen.
Der Hauptfeld hatte die Tür zu seinem Büro gleich offen gelassen. Wir gingen hinein und machten, wie es sich gehörte, vorschrifts-

mäßig „Männchen“: „Gefreiter Hoffmann und Gefreiter Kessel auf ihren Befehl zur Stelle“, meldete ich.
„Rührn!“ sagte der Hauptfeldwebel grinsend, ging um uns herum und schloß die Bürotür von innen zu.
„Guckt nicht so dämlich! Ihr helft mir jetzt, die BA-Kammer aufzuräumen! Los kommt mit!“
Die Kammer hatte eine Verbindungstür zu seinem Büro. Der Spieß ging uns voran.
Ich schaute Unhold ratlos an. Der zuckte auch nur mit den Schultern. Wir hatten keine Ahnung, was das darstellen sollte.
Als es klimperte sahen wir, daß der Spieß drei Flaschen Bier in der Hand hielt.
Er winkte uns an einen kleinen Tisch und meinte augenzwinkernd: „Eigentlich hatte ich ja gehofft, daß eure Spinde heute zur Feier des Tages einen ausgeben, aber das war wohl nichts. Da müssen wir eben an meine eisernen Reserven gehen.“
Wir waren angenehm überrascht und Unhold öffnete die Flaschen gleich mit seinem Koppelschloß.
„Auf ein gemütliches Miteinander!“ prostete uns der Spieß zu.
„Auf den Spendierer!“ sagte ich und trank die ersten Schlucke.
„Die Flaschen habe ich gestern Abend auch nur geschenkt bekommen“, winkte der Hauptfeld ab. „Die liefen mir auf der Regimentsstraße direkt in die Arme. Der Kerl trug laut scheppernd einen großen, schweren Beutel durch die Gegend. Damit ihn auch ja jeder hören konnte. Mir blieb gar nichts anderes übrig, als sie ihm für seine Blödheit wegzunehmen. Ich hätte mich ja sonst strafbar gemacht.“
Er hatte das so scheinheilig erzählt, daß wir lachen mußten.
„Mal sehen, ob wir noch etwas Leckeres da haben“, meinte der Spieß verschmitzt und stand auf. An einem der Regale schob er den Vorhang beiseite. Zum Vorschein kamen etwa 20 volle Schnapsflaschen mit den unterschiedlichsten Inhalten.
Er wies mit der Hand darauf und sagte stolz: „Das sind alles Geschenke, die mir meine lieben Soldaten durch ihre grenzenlose Dummheit bescheren. Ich kann nun mal leider nichts abschlagen.“
Er wählte eine Flasche Weinbrand aus und kam zu uns zurück an den Tisch.
Während wir den Schnaps tranken meinte er flüsternd: „Versteht

sich aber von selbst, daß das unter uns bleibt. Mit Beringer hab' ich mich immer glänzend verstanden. Ich hoffe, wir verstehen uns genauso gut, oder?"
„Klar!" wir nickten zustimmend.
„Außerdem hab ich gehört", sprach der Spieß weiter, „daß ihr beide gute Schützen seid. Da kann euch sowieso nicht viel passieren, denn vom Kompaniechef angefangen, bis hin zum Regimentskommmandeur sind sie hier alle total schießgeil."
Er nahm ein paar Schluck aus der Flasche, als sei Leitungswasser darin. Dann erzählte er weiter: „Alle Arsch lang kommt hier so ein Buntspecht vom Divisionsstab oder von der Armeeführung und will sich euer Feuerwerk ansehen. Dazu brauchen sie euch natürlich, damit sie vor den Generälen glänzen können. Braucht euch also keine Sorgen machen. Das Jahr hier übersteht ihr ganz locker. Ich hab' schon 13 Dienstjahre auf dem Buckel und fühle mich immer noch ganz wohl in diesem Laden."
Wir unterhielten uns noch bis zur Nachtruhe und hatten am Ende ganz nebenbei drei Flaschen Bier und zwei Flaschen Weinbrand getrunken.
Als er uns die Bürotür aufgeschlossen hatte, ließ er uns nicht eher hinaus, bevor wir ihm mehrmals in die Hand versprochen hatten, daß das Ganze unter uns bleibt.
Die anderen auf unserem Zimmer bemerkten natürlich, daß wir einen geladen hatten.
Wir erzählten, wir hätten beim Aufräumen eine Flasche Schnaps gefunden, die der Spieß wohl in der BA-Kammer versteckt hatte. Die hätten wir heimlich ausgetrunken, als er uns eine Weile alleine gelassen hatte.

Beim nächsten Morgenappell wurde auch prompt bekanntgegeben, daß in wenigen Tagen der Chef der Landstreitkräfte, Generaloberst Stechbart, unser Regiment besuchen würde. Unter anderem sollte ihm unsere Kompanie dabei ein Nachtschießen vorführen. Wenn man vom Esel tratscht ...
Die Tage bis zu diesem Besuch hatten wir Richt-/Lenkschützen fast rund um die Uhr nichts anderes zu tun, als Schießen, Schießen und nochmals Schießen.
Dabei wurden wir vom Kompaniechef und sogar vom Unterleutnant

Stutz regelrecht wie rohe Eier behandelt. Nicht ein lautes Wort fiel, wenn etwas nicht ganz so klappte. Offensichtlich hatten sie Angst, wir „Neue“ könnten der Aufregung nicht gewachsen sein. Obwohl das alles auf Dauer ziemlich streßig war, machte es doch Spaß. Unhold und ich, wir ließen uns von der allgemeinen Aufregung kaum anstecken und legten kontinuierlich die besten Ergebnisse vor. Da konnten selbst die „alten Hasen“ nicht mit uns mithalten. Sicher lag das auch daran, daß ich es gewohnt war, mit Unhold ständig im Wettkampf zu liegen. Hatte einer von uns beiden auch nur einen Treffer mehr, dann wurmte das schon ganz schön, denn im Lästern waren wir beide auch absolute Spitze.

Der Tag des hohen Besuchs war gekommen.

Als die Abenddämmerung anbrach, wälzte sich ein riesiger Fahrzeugkonvoi auf den Schießplatz.

Von einem Schwarm ranghöchster Offiziere umringt, stiegen gleich mehrere Buntspechte, darunter auch ein General der Sowjetarmee, aus den Wagen.

Wir waren zur Begrüßung angetreten und unser Regimentskommandeur machte Meldung. Danach schritten einige Generäle die Front ab, bevor sie mit Feldstechern bewaffnet auf den Beobachtungsturm stiegen.

Einige Zeit dauerte es noch, bis es ganz finster wurde und der Befehl zum Beginn des Schießens ertönte.

Die einzelnen Züge der Kompanie mußten der Reihe nach je zweimal schießen. Da Unhold und ich im zweiten Zug waren, hatten wir noch ein bißchen Zeit und wir brannten uns jeder eine Karo an. Ich hatte kaum einen Zug von der Zigarette gemacht, als der Spieß angerannt kam.

Völlig aufgeregt flüsterte er eindringlich: „Befehl vom Kompaniechef! Hoffmännchen, du sollst für Schreyer aus dem ersten Zug und du, Kessel, du sollst für Unger schießen. Los, kommt schnell, die müssen gleich aufsitzen!“

„Was soll denn das darstellen?“ fragte ich sichtlich verwirrt.

„Mensch, los kommt! Quatscht nicht erst lange herum, wir haben keine Zeit mehr! Nach dem Schießen meldet ihr euch am Turm aber unbedingt mit Schreyer und Unger!“

Wir jagten los.

„Macht uns keine Schande!“ rief uns der Spieß noch hinterher.
Unger und Schreyer standen schon etwas abseits der Gefechtsfahrzeuge. Kaum waren wir angekommen, da ertönte schon das Kommando: „Gefechtsbereitschaft herstellen!“
Mit zwei Sätzen war ich im Fahrzeug verschwunden und schloß die Luke über mir.
Tausendfach geübt, schaltete ich alle Geräte und Armaturen der Reihe nach an, schob eine Rakete auf die Startrampe, drückte die Knöpfe zum Laden der Kanone und des Bord-MGs, brachte alle Waffen mittels der Elektronik in Richtung Gefechtsfeld und meldete über Funk: „Adler zwo an Adler - kommen!“
„Adler an Adler zwo - kommen!“
„Adler zwo - gefechtsbereit!“ gab ich zurück.
„Adler“ war unser Kompaniechef, der mit den Generälen auf dem Beobachtungsturm saß und das Schießen von dort aus leitete. Seiner Stimme konnte ich entnehmen, wie sehr er aufgeregt war.
„Adler eins, zwo und drei - zum Sturmangriff vorwärts!“
Mein Schützenpanzer fuhr scharf an. Nur mit Mühe konnte ich meine Optik im etwaigen Zielgebiet halten. Mit Jäcki, meinem richtigen Fahrer klappte das besser. Wir waren ein eingespieltes Team. Der Fahrer hier fuhr mir zu ruckweise, aber das half nun alles nichts. Angestrengt schaute ich durch meine Infrarot-Richtoptik.
Da tauchte auch schon das erste Ziel auf. Über Bordfunk gab ich dem Fahrer das Kommando zum langsam Fahren. Es war eine fahrende Panzerattrappe in etwa 3 Kilometer Entfernung. Ich feuerte die Rakete ab.
‚Der nächste Trabbi!‘ ging es mir wie immer dabei durch den Kopf, denn eine solche Rakete kostete soviel wie ein Trabant, falls man einen fabrikneu bekam.
In ruhiger Bahn hielt ich die Rakete über dem Ziel. So konnte ich dieses während des Fluges besser erkennen. In Gedanken zählte ich automatisch die Flugsekunden mit. Kurz vor Erreichen der Panzerattrappe zog ich die Rakete herunter und schon knallte es. Getroffen!
Ziel auf Ziel folgte und auch mit der Kanone und dem MG hatte ich das Glück auf meiner Seite.
Aus den Augenwinkeln konnte ich Unholds Ziele mit beobachten. Bei ihm schien es genauso zu laufen.

„Adler eins, zwo und drei - Schießen beendet! Zurück zur Ausgangslinie!“ erscholl es sichtlich erleichtert über Kopfhörer.
Der Schützenpanzer wendete und jagte zurück.
„Absitzen!“
Schweißgebadet sprang ich aus meiner Luke.
Im Laufschritt trabten wir in Richtung Beobachtungsturm.
Unterwegs fragte Unhold: „Na Hoofie, alles i.O.?“
„Wie immer Null“, antwortete ich stolz, „und du?“
„Da fragst du noch? Alle weggeputzt!“
Vor dem Turm stellten wir uns nebeneinander auf. In der Dunkelheit konnten wir unsere Beobachter nur erahnen.
Mein rechter Nachbar meldete: „Genosse General, Gefreiter Hänsel mit zwei Fehlern Schießen beendet!“
„Danke, Genosse Gefreiter!“ kam es von oben aus der Finsternis.
„Genosse General, Gefreiter Schreyer mit Null Fehlern Schießen beendet!“ rief ich hinauf.
„Danke, Genosse Gefreiter! Ausgezeichnet!“
„Genosse General, Gefreiter Kess, ähm, hm..., Gefreiter Unger Schießen beendet. Ach ja, auch Null Fehler!“ rief Unhold und murmelte leise: „So eine Scheiße!“
„Danke, Genosse Gefreiter! Wie heißen Sie?“ fragte Generaloberst Stechbart.
„Unger, Genosse General!“
„Danke, Ausgezeichnet, Gefreiter Unger! Wegtreten!“
Wir kehrten rechts um und rannten davon.
Unhold fluchte vor sich hin: „Da wird man ja völlig meschugge im Kopf. Die Affen hätten einen mal eher was sagen können, dann hätte ich gleich die Namen der ganzen Kompanie gelernt.“
Hinter dem Beobachtungsturm wartete bereits der 3. Schütze unseres Zuges ungeduldig auf uns.
„Macht hin!“ rief er aufgeregt. „Wir sollen schon zu den Fahrzeugen.“
Wir trabten gleich weiter.
Unterwegs pirschte sich plötzlich der Spieß an mich heran.
„War prima, Hoffmännchen!“ Er klopfte mir auf die Schulter. „Du mußt dann im 3. Zug noch mal für Bartel schießen!“ rief er mir zu.
„Nee!“ rief ich keuchend. „Da krieg’ ich ‘ne Herzattacke.“
„Ach Quatsch! Der Kompaniechef bittet dich darum! Geht das klar?“
„Das ist doch der reinste Beschißverein“, fluchte ich.

Als Gefreiter Hoffmann schoß ich wieder fehlerfrei. Nur als „Gefreiter Bartel“ hatte die Konzentration bei mir erheblich nachgelassen. Ich war schweißgebadet und die Uniform klebte an mir, wie ein nasser Sack. Ich mußte ein Ziel stehen lassen. Schade!
Als wir zur Auswertung der Übung angetreten waren, lobte der Generaloberst unsere hervorragenden Leistungen.
Dann mußten fünf Mann vortreten. Es waren Unger, Schreyer, Kunat, Kessel und ich. Wir wurden mit einem Tag Sonderurlaub belobigt.
Nachdem die Obrigkeit wieder abgefahren war, winkte der Kompaniechef Unhold und mich zu sich herüber. Er hatte gerade eine Zeit lang mit dem Hauptfeldwebel debattiert. Jetzt sagte er zu uns: „Sie beide haben heute Nacht unsere Kompanieehre gerettet. Das werde ich Ihnen nicht vergessen und damit Sie auch sehen, daß ich nicht nachtragend bin, ist hiermit ihre Ausgangs- und Urlaubssperre aufgehoben.“
Der Spieß tat dabei so, als wenn er das Gespräch nicht mit verfolgt hätte, schaute aber sichtlich zufrieden in der Gegend herum.
„Wir sind schon seit einigen Jahren die beste Kompanie des Regiments im Schießen“, erzählte uns der Kompaniechef. „Mit einigen der Richt-/Lenkschützen haben wir aber zur Zeit ein paar Leistungsprobleme. Ich möchte Ihnen noch einmal dafür danken, daß Sie so kurzfristig für die anderen eingesprungen sind. Sie beide sind wirklich ganz hervorragende Schützen. Sie können wegtreten!“
Im Weggehen sagte ich zu Unhold: „Der hat sich ja fast einen abgebrochen.“
„Wenn die das immer so gemacht haben“, antwortete Unhold, „dann wundert es mich nicht, daß das immer die beste Kompanie war.“
„Haben die garantiert immer so gemacht, Unhold“, stimmte ich ihm zu. „Mir soll's aber egal sein. Zu unserem Nachteil ist das bestimmt nicht.“

Seit diesem „Beschißschießen“ war selbst der Unterleutnant Stutz etwas freundlicher zu uns. Schließlich kamen die „Retter der Kompanie“ aus seinem Zug.
Zusammen mit Unhold reichte ich ein Ausgangsgesuch ein. Noch am selben Tag bekamen wir das genehmigt.
An dieser Stelle muß ich vielleicht erklären, daß in unserem Regi-

ment ständig 80 Prozent der Mannschaften rund um die Uhr, auch sonn- und feiertags in Gefechtsbereitschaft zu sein hatten. Die restlichen 20 Prozent teilten sich dann zur Hälfte in Urlauber und Ausgänger.
Es war demnach nicht so ohne weiteres möglich, Ausgang zu bekommen.
Die Ausgangszeit war in der Woche von 17 bis 24 Uhr und natürlich durften wir kein Zivil anziehen, sondern mußten uns mit unserer Ausgangsuniform vergnügen.
Wir fuhren mit dem Überlandbus bis in die Innenstadt von Schwerin.
Dort besichtigten wir die alten Bauwerke, welche die Stadt zu bieten hatte. Ganz angetan waren wir von dem alten, riesigen Schloß, das aber in einem ziemlich baufälligen Zustand war. Dafür war aber der Schloßpark, der direkt an den See angrenzte sehr gepflegt. Direkt im Schloßpark trafen wir auf die „Wernesgrüner Bierstube". Das „Wernesgrüner" Bier war damals eine Rarität und in Flaschen sehr schwer zu bekommen, denn es wurde hauptsächlich für den Export hergestellt.
Das Lokal war recht gemütlich eingerichtet. Mobiliar und Wände waren aus hellem Holz. Über den Tischen hingen schmiedeeiserne Laternen. Das Essen war fabelhaft und natürlich war das Bier hervorragend. Es war hier also ringsherum alles vortrefflich, bis auf einen einzigen Punkt.
In der Gaststube saßen mehr Uniformierte, als Zivilisten, genauso wie in Eggesin.
Das Lokal hatten uns andere Soldaten empfohlen, die öfters im Ausgang waren, als das Beste in der ganzen Umgebung.
Wir waren zwar ein bißchen sauer wegen der drückenden Uniformplage hier, ließen uns aber dadurch trotzdem nicht den Abend verderben.
Zum Bier tranken wir ausgiebig „Rachenputzer", wie wir den Pfefferminzlikör nannten. In der Kompanie gab es den nicht. Da gab's in der Regel nur Klaren.
Um bis 24 Uhr wieder im Objekt sein zu können, mußten wir, wenn wir kein teures Taxi nehmen wollten, bereits den Bus um 22 Uhr nehmen. Der nächste in diese Richtung fuhr erst zwei Stunden später.

Für unterwegs nahmen wir noch eine Flasche „Pfeffi“ mit, denn wir hatten ja noch viel Zeit, diese zu leeren.
Als wir die Wachposten an der Kaserneneinfahrt im Seemannsschritt passierten, waren wir quietschvergnügt und überzeugt davon, einen sehr netten Abend verbracht zu haben.
Es blieb zwar nicht bei diesem einen Mal Ausgang, aber gerissen haben wir uns dann doch nicht mehr darum. Etwas trinken konnten wir, wenn auch heimlich, auch in der Kaserne und das auch ohne Uniform, sondern vielmehr im Trainingsanzug.

Einige Tage später ging ich nachts das erste Mal auf UE-Tour.
Da ich das Geld für zwanzig Flaschen Schnaps nicht hatte, mußte ich mir dieses vorher zusammenborgen.
Wie ich es von Beringer gelernt hatte, sprach ich mich im Vorfeld dazu mit den Wachposten ab.
Ich schlug die Route nach Banzow ein.
Mitten in der Nacht, allein durch einen stockfinsteren Wald zu gehen, ist schon etwas gespenstisch. Der Mond war wolkenverhangen und ich mußte mich ganz schön auf den Weg konzentrieren, um nicht ständig im Gebüsch zu landen.
Im Dorf angekommen, klopfte ich an das Schlafzimmerfenster der Alten.
Sie hatte diesmal keinen so festen Schlaf, denn nach wenigen Augenblicken erschien sie am Fenster.
„Ach, Herr Hoffmann“, krächzte sie, „ich hab’ schon jeden Tag auf Sie gewartet. Ich schicke Ihnen gleich meine Tochter. Mein Bein will seit ein paar Tagen nicht mehr so recht. Warten Sie einen Moment, sie kommt gleich heraus!“
Ich war gespannt, wie das liebe Töchterchen aussah.
Nach einer Weile kam sie aus der Tür, eine nicht gerade schlanke Frau um die vierzig, mit langen schwarzen Haaren. Sie trug ein langes Nachthemd mit einem äußerst tiefen, spitzenbesetzten Ausschnitt.
Über die Schultern hatte sie sich einen Bademantel geworfen.
Sie ging an mir vorbei und sagte lächelnd: „Komm mit!“
„Ich bin die Christa und du bist der Herr Hoffmann. Hast du auch einen Vornamen?“ fragte sie mich.
„Sicher“, antwortete ich ihr, „ich heiße Stephan.“

„Oh, Stephan ist ein schöner Name“, meinte Christa.
Im Lagerraum des Dorfkonsums schaltete sie das Licht an.
Neugierig betrachteten wir uns gegenseitig einige Sekunden. Ich schien ihr zu gefallen, denn sie lächelte mich mit funkelnden Augen an.
Ihre Augen waren es auch, die mir an ihr besonders auffielen. Sie waren sehr schön, von dunkler, fast schwarzer Farbe und trotz ihrem Lächeln, sahen sie irgendwie traurig aus.
Ihr Alter war schwer zu schätzen. Sie konnte bereits über 50 Jahre alt, aber ebenso gut erst 40 sein. Jedenfalls verrieten die Falten auf der Stirn und an ihrem Hals, daß sie nicht mehr zu den Jüngsten zählte.
Bei dem hellen Licht im Raum hätte sie auch auf ihr Nachthemd verzichten können, denn der hauchdünne Stoff verdeckte nichts von ihrem Körper. Ihr üppiger Busen hing fast bis zum Bauchnabel und nach einer schmalen Taille folgten sehr weite Hüften. Wirklich erstaunlich, was man auf dem Dorf für Nachtwäsche trug.
Sie genierte sich keinesfalls, daß ich sie von oben bis unten ansah. Im Gegenteil schien sie sich über meinen verlegenen Blick zu amüsieren.
„Möchtest du ein Bier?“ fragte sie mich und beendete damit endlich die etwas heikle Situation. Sicher hatte sie gespürt, daß ich nicht so recht wußte, wie ich mich verhalten sollte.
Erleichtert sagte ich: „Ja gerne, es können auch zwei sein.“
Sie reichte mir die Flaschen und ich setzte mich auf eine Kiste. Dann kramte sie im Regal eine Schachtel „F6“ und einen Aschenbecher hervor, griff nach einer Flasche Wodka und setzte sich ebenfalls auf eine Kiste mir ganz dicht gegenüber.
„Vorhin hab’ ich dich zwar schon geduzt, aber trotzdem müssen wir ja erstmal Brüderschaft trinken“, erklärte sie.
Sie hob die Wodkaflasche, sagte: „Prost Stephan!“ und trank einen großen Schluck.
Dann reichte sie mir die Flasche. „Prost Christa!“ erwiderte ich und nahm gleich ein paar Schluck mehr.
„Na, ich warte!“ versuchte sie mich zu bremsen. Ich sah sie verdutzt an.
„Du mußt mir jetzt doch wohl einen Kuß geben oder nicht?“ sagte sie vorwurfsvoll.

Ich wollte ihr einen flüchtigen Kuß auf die Wange geben, aber ehe ich mich versah, hielt sie meinen Kopf mit beiden Händen fest und küßte mich mit aller Macht auf den Mund.
„So macht man das!" rief sie lachend, nachdem sie mich wieder losgelassen hatte.
Völlig benommen ließ ich mich wieder auf meine Kiste fallen. Sie hatte mich ganz schön überrascht.
„Du wirst mir doch keine Angst vor Frauen haben? Ich beiße doch nicht", versuchte Christa zu sticheln.
„Nöh, eigentlich nicht. Ich war bloß erschrocken", sagte ich immer noch verwirrt.
Sie setzte sich gerade hin, drückte die Brust heraus und entgegnete: „Also ganz so schlimm sehe ich ja nun wirklich nicht aus, daß man vor mir erschrecken muß, oder? Aber mir gefallen schüchterne Jungs wie du."
Sie nahm erneut einen Schluck vom Wodka und gab mir die Flasche. „Komm trink! Das hilft bestimmt gegen Schüchternheit."
Es war wirklich so. Irgendwie kam ich mir dieser reifen Frau gegenüber ziemlich verklemmt vor. Sie wiederum schien sich vor mir überhaupt nicht zu genieren. Im Gegenteil, sie hatte beim Sitzen ihre Beine so weit gespreizt, daß ich sogar ihr Schamhaar deutlich sehen konnte. Ihre Aufdringlichkeit machte mich verlegen. In den letzten Monaten hatte ich überhaupt keine intimen Beziehungen mehr gehabt. Außerdem war Christa zwischen 20 und 30 Jahre älter als ich, was meine Schüchternheit noch bestärkte.
„Ich nehme wie immer 20 Flaschen mit", versuchte ich unsere Unterhaltung in eine andere Bahn zu bringen.
„Hast dus so eilig wieder in deine Kaserne zu kommen?"
Christa tat beleidigt. „Du wirst doch wohl noch in Ruhe ein Bierchen trinken können oder hast du wirklich Angst vor mir? Ich bin doch bestimmt nicht die erste Frau, die dir begegnet ist, oder?"
Sie stand auf und als sie mir die Flasche Bier reichte, strich sie mir flüchtig mit dem Zeigefinger über die Lippen und raunte mir ins Ohr: „Du bist vielleicht niedlich."
Ich zog meinen Kopf zur Seite. Sie wurde mir regelrecht unheimlich.
„Ich muß wieder in die Spur, damit ich noch vor der Wachablösung im Objekt bin. Sonst geht's heute schief", log ich.
„Komisch", entgegnete Christa, „dein Vorgänger hatte immer viel

mehr Zeit. Manchmal blieb er sogar die halbe Nacht. Aber ich will dir keinen Ärger machen. Sicher kannst du es einrichten, daß du ein andermal mehr Zeit hast. Natürlich nur, wenn du keine Angst vor mir hast."
Sie packte mir die Flaschen ein und ich trank unterdessen hastig mein Bier aus.
Als sie mich aus dem Laden ließ, blieb sie in der Tür stehen, so daß ich mich hätte an ihr vorbeizwängen müssen. Sie hatte das auch geplant, denn sie hielt mich fest und drückte mich eng an sich.
„Einen Kuß kannst du mir wenigstens geben zum Abschied", sagte sie forsch und küßte wie wild drauf los. Da ich in jeder Hand eine Tasche trug, hatte ich Mühe, mich von ihr loszureißen.
„Komm' bald wieder und bring' ein bißchen mehr Zeit mit!" hauchte sie mir zum Abschied zu.
Ich machte, daß ich schnell wegkam. Christa schaute mir noch lange hinterher, bis mich die Dunkelheit verschluckt hatte.
Unterwegs ging mir Beringer durch den Kopf. Hatte der also doch geschwindelt. Offensichtlich war es ihm nur peinlich gewesen zuzugeben, daß er etwas mit Christa gehabt hat. Ich ertappte mich dabei, den Gedanken gut zu finden, daß wenn ich etwas mit Christa hätte, das sicher unter uns beiden bliebe. Es würde keiner erfahren, daß ich mit einer 30 Jahre älteren Frau etwas hätte. Nur mit dem Anstecken war das so eine Sache. Um die Kaserne herum strichen ständig einige leichte Mädchen. Der Hauptfeld hatte uns vor denen gewarnt. Wer sich mit denen einließ, konnte sich sicher sein, daß er bald den Tripper hatte. Deshalb ließen wir auch die Finger von denen. Bei Christa wußte ich allerdings auch nicht, ob sie noch weitere Soldaten mit ihren Liebesdiensten versorgte. Ich beschloß, sie das nächste Mal darüber vorsichtig auszufragen.
Bei der Rückkehr in die Kaserne klappte alles wie am Schnürchen. Ich hatte mit Unhold verabredet, daß in der Nacht, in der ich in die Spur ging, nichts auf dem Zimmer getrunken wurde. So konnte man das Risiko, daß man durch irgend welchen Blödsinn auffiel, ausgrenzen.
Von den zwanzig Granaten verkaufte ich am nächsten Abend achtzehn und gab allen das geborgte Geld zurück. Eine Flasche schenkte ich Beule, der mich im Arrest so nett versorgt hatte. Er freute sich riesig darüber. Die letzte Flasche trank ich in der Nacht mit Unhold

zusammen. Wir hatten auch allen Grund zum Feiern. Zog ich alle Ausgaben ab, dann hatte ich in der Nacht zuvor rund 150,- Mark verdient. Ich beschloß, in der übernächsten Nacht wieder auf Tour zu gehen.
Diesmal nahm ich gleich drei Taschen mit. Eine davon wollte ich rückzu auf dem Rücken tragen. Das würde mir auf einen Schlag 270,- Mark Verdienst einbringen.
Diesmal setzte ich mich schon kurz nach 23 Uhr in Marsch und war noch vor Mitternacht bei Christa. Die freute sich natürlich riesig darüber, daß ich so schnell wieder bei ihr aufkreuzte.
Wie zu unserer ersten Begegnung, trug sie wieder das fast unsichtbare Nachthemd. An ihrem aufgeweckten Geplapper merkte ich, daß sic ctwas getrunken hatte.
Das fand ich bei ihr aber eher angenehm, als abstoßend. Sie hatte dadurch eine kindliche Art an sich, die mir gefiel.
„Hast du heute mehr Zeit für mich?“ fragte sie mit bettelndem Blick.
Ich nickte. Freudig erregt fragte sie mich weiter: „Da können wir vielleicht in Ruhe eine Flasche Wein zusammen trinken?“
Sie stellte sich vor mich und sah mich erwartungsvoll mit ihren großen schwarzen Augen an.
Ich nickte abermals.
Kaum hatte ich zugestimmt, da zog sie mich auch schon hinter sich her in einen Raum, der an das Lager des Konsums angrenzte. Es war eine Art Büro. Zumindest konnte man unter einem riesigen Wirrwarr an Papieren einen Schreibtisch erkennen. Auf der anderen Seite stand ein uraltes großes Sofa mit einem kleinen Tischchen davor.
„Setz dich aufs Sofa, Stephan“, sagte sie. „Ich hole nur schnell den Wein.“
An ihrer Stimme konnte ich ein wenig ihre Erregung spüren. Das machte mich noch unruhiger, als ich bereits schon war. Auf was hatte ich mich hier eingelassen, schoß es mir durch den Kopf. Die Frau könnte gut meine Mutter sein, ja könnte sie wirklich.
Christa kam zurück und stellte eine Flasche Wein, eine Flasche Pfefferminzlikör und zwei Gläser auf den Tisch. Sie brannte eine Kerze an und schaltete die Lampe aus. Dann setzte sie sich zu mir auf's Sofa und legte ihre Hände auf meine Oberschenkel. Stumm sah sie mich eine Zeit lang an. Ihre dunklen Augen leuchteten im Kerzenschein.

„Gießt du bitte mal ein, Stephan", sagte sie schließlich. „Ich hab' gerade keine Hand frei."
Ich schenkte den Wein in die Gläser ein und wir tranken.
„Stephan, du hast mir gleich gefallen, als ich dich das erste Mal gesehen habe", flüsterte sie und schaute mir dabei unentwegt in die Augen. „Du warst mit Beringer hier und ich stand hinter dem Fenster und beobachtete euch. Du bist bestimmt ein ganz lieber Kerl." Sie streichelte zärtlich über mein Gesicht. „Du wirst bestimmt nicht genauso fühlen wie ich, denn dazu bin ich viel zu alt für dich, aber vielleicht brauchst du auch ein bißchen Zärtlichkeit. Warum soll dann der Altersunterschied ein Hindernis dafür sein? Wenn ich dir wenigstens ein klein wenig sympathisch bin, dann laß es uns doch miteinander versuchen, wenigstens die Zeit über, in der du hier in Schwerin bist. Die Welt kann furchtbar grau und leer sein, wenn man nicht das winzige Stückchen Glück, das einem begegnet, ganz fest in seine Hände nimmt und so schnell nicht wieder losläßt. Was meinst Du?"
Voller Erwartung schaute sie mich an. Ich spürte förmlich, wie laut ihr Herz schlug.
Mir war es heiß geworden. Ich brauchte ein paar Minuten Zeit um kurz nachdenken zu können. Ich sprang auf. „Ich muß mal kurz raus. Ich komm gleich wieder."
Ich ging vor die Tür des Konsums. Die frische Luft tat mir gut. Irgendwie kam ich mir reichlich dämlich vor. So schlecht fand ich Christa gar nicht. Sie schien wirklich in mich verschossen zu sein, und ich fand ihren Vorschlag nicht schlecht, die Armeezeit etwas näher mit ihr zusammen zu verbringen. Was sprach eigentlich dagegen? Der Altersunterschied etwa? Den sah man hier im Finstern nicht. Also was sonst? Eigentlich nichts, überhaupt nichts!
Ich ging wieder hinein. Christa sah mich nur kurz an und senkte dann traurig ihren Blick. Sie tat mir leid. Sicher dachte sie jetzt, ich wolle von ihr nichts wissen.
Ich wußte nicht, wie ich den Faden wieder aufnehmen sollte. Die Situation war verkorkst. Mir fiel nichts besseres ein, als sie zu fragen, ob sie eigentlich in ihrem Konsum viel Umsatz mit den Armeern hatten. Im Hinterkopf hatte ich dabei den Gedanken, ob sie sich vielleicht mit anderen Kerlen genauso intensiv beschäftigte, wie sie es mit mir vorhatte.

Christa tat so, als wäre vorher nichts gewesen. „Beringer hatte so im Monat zwischen 100 und 120 Flaschen bei uns gekauft. Das war schon eine ganze Menge. Sonst kommt keiner von der Armee hierher. Höchstens tagsüber mal welche mit dem LKW, die ein paar Flaschen Bier kaufen. Früher kamen nachts noch andere, aber seit dem die Strafen bei euch noch höher geworden sind, wenn sie euch dabei erwischen, hat sich außer Beringer keiner mehr hierher verlaufen."
Beim Erzählen schien sie neuen Mut geschöpft zu haben, denn sie lehnte plötzlich ganz sacht ihren Kopf an meine Schulter und seufzte: „Ach Stephan, du kannst dir nicht vorstellen, was das hier für ein langweiliges Nest ist. Wenn meine Mutter nicht wäre, hätte ich mich schon lange aus dem Staub gemacht."
„Das kann ich mir gut vorstellen, mir ginge es genauso", sagte ich und streichelte ihr mit der Hand behutsam übers Haar.
Durch meine Geste ermutigt, glitt ihre Hand langsam unter meine Trainingsjacke, während sie weiter erzählte: „Die Handvoll Männer, die hier im Dorf wohnen, sind entweder verheiratet oder Idioten oder sie sind beides. Kannst du dir nicht vorstellen, daß man sich da nach einem so lieben Kerl wie dich sehnt?"
Wie zur Bestätigung schlang sie ihre Arme um meinen Hals und drückte sich ganz fest an mich. Dann nahm sie meinen Kopf und zog ihn an ihre Brust. Mir wurde ganz benommen und mein Herz begann laut zu klopfen.
Wieder hatte ich Hemmungen und befreite mich sanft aus ihrer Umarmung. Ich füllte die Gläser. Innerlich fluchte ich auf mich selbst. Ich glaub', so blöd hatte ich mich noch nie bei einer Frau angestellt. Lag das vielleicht doch an dem Altersunterschied.
Christa schien meine inneren Kämpfe zu spüren, denn sie legte ihren Arm um mich und meinte: „Du kannst ruhig von dem Pfeffi trinken, wenn du willst!"
Ich griff sofort nach der Flasche und nahm ein paar kräftige Züge.
Wir unterhielten uns noch eine ganze Weile und ich trank zwischendurch immer wieder vom Pfefferminzlikör. Sie wollte alles von mir wissen. Woher ich kam, was ich von Beruf sei, wieviele Freundinnen ich schon gehabt hatte usw. Während des Erzählens hatten wir es uns auf dem Sofa bequem gemacht und lagen jetzt eng nebeneinander. Je mehr ich trank und wir uns unterhielten, um so ange-

nehmer wurde mir ihre Nähe. Meine anfängliche Scheu oder meine Skrupel waren gänzlich dahin. Ich sah in Christa nicht mehr die 28 Jahre Ältere, wie ich inzwischen genau wußte, sondern einfach nur die Frau, die sich nach meiner Zärtlichkeit sehnte und mir selbst soviel davon geben wollte. So ließ ich es dann auch ohne Scheu geschehen, als sie damit begann, mich mit geübten Händen auszuziehen.

Als ich mich von Christa verabschiedete, war es bereits 4 Uhr morgens. Ich versprach ihr, bald wiederzukommen und machte mich auf den Weg. Dieser wurde allerdings unheimlich anstrengend. Mit 30 vollen Flaschen im Gepäck, durch den Alkohol und Christa geschwächt, hatte ich ganz schön zu tun, um auf den finsteren Waldwegen halbwegs zügig vorwärts zu kommen.
Endlich, auf unserem Zimmer in der Kaserne angekommen, fiel ich sofort auf mein Bett. Unhold hatte mich schon voller Ungeduld erwartet.
„Mensch, Hoofie, ich hab' kein Auge zugemacht. Ich dachte schon, die haben dich getatzt. Wo hast du dich denn 'rumgetrieben? Man macht sich ja schließlich Sorgen", sagte er aufgeregt.
„Mir ist bloß etwas dazwischengekommen. Erzähl' ich dir später", murmelte ich noch. Dann war ich eingeschlafen.

Am nächsten Abend machte ich es mir mit Unhold, bei zwei Flaschen Klaren, Brot, Speck und Zwiebeln, richtig urgemütlich.
Ich mußte aber einen sehr schlechten Tag erwischt haben, denn wie ich hinterher erfuhr, hatte mein Freund alle Mühe gehabt, mich um 2 Uhr in's Bett zu bekommen. Ich war wieder total betrunken. Wahrscheinlich fehlte mir nach der vorhergehenden, strapazenreichen Nacht einfach die Kondition.
Zum darauffolgenden Morgenappell, folgte die Strafe auf den Fuß. Ich konnte mich vor Trunkenheit kaum alleine auf den Beinen halten. In diesem Zustand mußte ich vor die Kompanie treten und der Kompaniechef befahl: „Kompanie stillgestanden! Gefreiter Hoffmann, wegen wiederholtem Verstoß gegen den Befehl 30/74 des Ministers für Nationale Verteidigung degradiere ich Sie zum Soldaten. Hauptfeldwebel tun Sie ihre Pflicht!"
Der Spieß trat zu mir, zuckte bedauernd mit den Schultern und

während er mir die Balken von den Schulterstücken abmontierte, flüsterte er mir zu: „Hoffmännchen, das tut mir ja furchtbar leid, aber ich muß dir deine Balken abmachen, ob ich will oder nicht. Aber du kriegst sie sicher bald wieder. Das nächste Lehrgefechtsschießen kommt bestimmt!“ zwinkerte er mir aufmunternd zu.
In meinem Zustand war mir das allerdings alles „Wurscht“. Ich hatte nur einen einzigen Gedanken und der hieß: ‚Hoffentlich kann ich bald weiterschlafen.‘
Das konnte ich auch, denn ich kam zur Ausnüchterung bis zum Abend in den Arrest.
Als der Alkohol in meinem Körper seine Wirkung verloren hatte, wachte ich auf und der Katzenjammer begann.
Selbstverständlich ärgerte ich mich über die Degradierung. Immerhin büßte ich dadurch monatlich 30,- Mark ein. Was aber noch viel schwerer wog, war die Tatsache, daß ein Kompanieurlaub bevorstand. Wir konnten Donnerstag nachmittags bis Sonntagabend nach Hause fahren. Das war ja eigentlich nicht schlecht. Das Dumme daran war nur, daß ich meinen Eltern geschrieben hatte, daß ich Gefreiter geworden war und nun kreuzte ich als Soldat bei ihnen auf. Die Sache war ziemlich peinlich.
Daran war nur mein dämliches Gesaufe schuld. Immer wieder hatte ich mir vorgenommen, nicht mehr so viel zu trinken und immer wieder tat ich es doch. Innerlich verfluchte ich mich. Wie konnte man auch nur ständig so willensschwach sein?
Sicher, oft fühlte ich mich nicht besonders gut, war nervös und gereizt. Da taten mir ein paar Schlucke ganz gut. Wenn ich dann nur, wenn es mir wieder besser ging, aufhören würde zu trinken, dann wäre ja alles halb so wild, aber wenn es mir wieder richtig schmeckte, sah ich keinen Grund aufzuhören. Ich müßte wirklich mal ein, zwei Wochen gar nichts trinken, damit ich wieder richtig in die Reihe kam. In Rostock und Eggesin ging es ja schließlich auch ohne Alkohol.

Seit ich bei der Fahne war, hatte sich das Verhältnis zwischen meinen Eltern und mir wieder etwas gebessert. Ich war von Eggesin aus schon einmal für zwei Tage zu Hause gewesen. Meine Eltern müssen davon ausgegangen sein, daß ich ja bei der Armee keinen

Alkohol hatte und mich demnach gebessert haben mußte. Was zum damaligen Zeitpunkt ja auch wirklich stimmte. Fortan bekam ich regelmäßig Pakete mit frisch gewaschenen Socken, Naschereien und Zigaretten geschickt.
Wie sollte ich aber jetzt meinen Eltern den Verlust meiner Balken erklären? Daß das wegen dem Saufen passiert war, konnte ich schlecht erzählen, denn dafür hatten sie bestimmt kein Verständnis. Ich hatte schon tagelang nach einer plausiblen Erklärung dafür gesucht, mir war aber bisher noch nichts passendes eingefallen. Während den 8 Stunden, die der Zug von Schwerin nach Radebeul brauchte, hatte ich genügend Zeit zum Nachdenken und fand schließlich eine passende Geschichte.

Meine Eltern merkten auch ziemlich schnell, daß mit meiner Uniform etwas nicht stimmte. Ich erklärte ihnen die ganze Sache so, als hätte ich ein Riesenpech gehabt.
Der Bataillonskommandeur hätte ohne mein Wissen unser Zimmer inspiziert. Ich hatte unterdessen mit einem Kumpel auf dem Flur herumgealbert. Dann wäre ich vor ihm ausgerissen und in unser Zimmer gerannt. Dabei hätte der Kommandeur die Tür an den Kopf gekriegt. Ein wirklich unglücklicher Umstand, den mir der Offizier allerdings übelnahm und mich am nächsten Tag dafür degradieren ließ. Meine Eltern waren darüber natürlich genauso entrüstet, wie ich.
„Wer ist denn der Vorgesetzte von deinem Bataillonskommandeur?" fragte mich mein Vater.
„Da kommt nur noch der Regimentskommandeur, warum?" fragte ich zurück.
„Dann mußt du dich eben beim Regimentskommandeur beschweren! Schließlich hast du das doch nicht mit Absicht gemacht", meinte er.
„Ich kann doch keinen Bataillonskommandeur anscheißen", entgegnete ich entrüstet. „Da kannst du dir aber sicher sein, daß ich den Rest der Armeezeit nur noch Spießruten laufe."
„Also, das kannst du auf gar keinen Fall auf dir sitzen lassen", schaltete sich meine Mutter ein. „Das wäre ja noch schöner. Wo kommen wir denn da hin, wenn jeder Offizier seine Untergebenen schikaniert, wie er will? Wir leben doch nicht mehr in der Kaiserzeit", wetterte sie.

„Naja“, lenkte ich ein, „ich werde erst noch einmal mit meinem Kompaniechef darüber sprechen. Vielleicht kann der mir raten, was man in diesem Fall macht.“
Mein Vater nickte zustimmend und damit war das Thema zum Glück erledigt.
Den Freitag und den Samstagabend verbrachte ich mit Feier-James und den anderen in der „Perle“. Es tat einem so richtig gut, mal wieder mit seinen alten Kumpels zusammenzuglucken und gemeinsam etwas zu trinken. Für zu Hause nahm ich aus der Kneipe vorsichtshalber eine große Flasche Schnaps mit, denn was man hat, das hat man. Ich brauchte mir also keine Sorgen darüber zu machen, daß meine Eltern meine zittrigen Hände bemerken könnten. Blieb nur noch meine Alkoholfahne, aber die hatten sie anscheinend nicht mitbekommen oder sie taten jedenfalls so.
Eine Woche später erhielt ich unerwartet den Befehl, daß ich mich unverzüglich beim Regimentskommandeur zu melden hatte.
Genau zu diesem Zeitpunkt war ich gerade dabei, mit Unhold und dem Spieß die BA-Kammer „aufzuräumen“.
Der Spieß war vor Schreck kreidebleich und meinte verzweifelt: „So ein blöder Mist, Hoffmännchen. Was will der denn ausgerechnet jetzt von dir?“
Er hatte auch allen Grund besorgt zu sein, denn wir hatten schon etliche Schlucke von seinen „Geschenken“ getrunken.
Mich hatte aber ebenfalls das Entsetzen gepackt und ich stammelte: „Ich, ich hab’ keine Ahnung, was das soll?“
Ich fing an zu grübeln.
„Ich wüßte auch wirklich nicht, was ich ausgefressen haben soll.“
„Wirst schon sehn, Hoofie“, meinte Unhold. Er kramte in seiner Hosentasche. „Hier, nimm wenigstens einen Pfefferminzdrops, vielleicht riechen sie deine Fahne nicht.“
„Hauptsache, du verrätst mich nicht!“ jammerte der Spieß besorgt.
„Da könnt ihr beruhigt sein, sowas gibt’s nicht bei mir“, sagte ich und machte mich auf den Weg.
Im Regimentsstab mußte ich noch einige Zeit lang warten, ehe ich zum Kommandeur vorgelassen wurde.
Das ging mir auf die Nerven und ich wurde trotz des Alkohols immer unruhiger, denn ich konnte mir noch immer nicht im Entferntesten erklären, was ich hier sollte.

Endlich kam ein Unteroffizier herein: „Der Kommandeur erwartet Sie!“
Ich klopfte laut an die Tür und trat ein.
„Genosse Oberstleutnant, Soldat Hoffmann auf ihren Befehl zur Stelle!“ meldete ich.
„Treten Sie näher, Genosse Soldat und setzen Sie sich!“ sagte der Kommandeur und zeigte auf einen Sessel vor seinem Schreibtisch.
Für seinen hohen Dienstgrad war er noch sehr jung. Er mochte etwa Mitte 30 sein und schien bereits eine glänzende Kariere hinter sich zu haben. Man munkelte, daß er bald zum Studium in die Sowjetunion gehen würde. Von dort würde er dann als Generalmajor zurückkehren.
Von seiner Statur her war er eher klein, hatte blonde Haare und kein unfreundliches Wesen.
Jetzt stand er hinter seinem Schreibtisch auf und begann nachdenklich im Zimmer auf und ab zu gehen.
„Genosse Soldat, wie mir ihr Kompaniechef berichtete, der übrigens sehr große Stücke auf Sie hält, sind Sie ein ausgezeichneter Richt-/Lenkschütze, aber davon konnte ich mich ja beim letzten Nachtschießen selbst überzeugen. Auf jeden Fall ist das ausgesprochen lobenswert.“
Während er so vor sich hin sann, ging er weiter im Zimmer auf und ab. Ich wußte nicht worauf er hinaus wollte.
Schließlich blieb er stehen und sagte mit ernstem Gesicht: „Ihr Vater hat bei mir angerufen.“
Das schlug ein wie eine Bombe. Blitzschnell war mir klargeworden, worum es ging.
Mann, war mir das peinlich!
„Ich hatte mit ihm ein langes Telefonat, denn ich finde, er ist ein sehr erfahrener und netter Mann. Auf so einen Vater können Sie stolz sein, Genosse Soldat.“
Er machte eine Pause und sah mich dabei mit durchdringendem Blick an, daß es mir schlecht wurde.
‚So ein elender Mist!‘ fluchte ich innerlich.
„Wenn ich mir ihr Gesicht so ansehe, dann ist ihnen sicherlich klar, worüber wir gesprochen haben“, fuhr der Oberstleutnant fort. „Auf jeden Fall habe ich ihrem Vater versprochen, daß ich diese Angelegenheit schnellstens klären werde. Deshalb hatte ich vorhin noch ein kurzes Gespräch mit ihrem Bataillonskommandeur. Der Major

war natürlich im ersten Moment genauso sprachlos wie ich. Übrigens, lobte er ebenfalls ihre Schießergebnisse. Umso weniger verstehen wir, daß Sie versucht haben, einen vorgesetzten Offizier und damit die ganze Armee, ins schlechte Licht zu rücken. Zum Glück nicht in der Öffentlichkeit, aber immerhin."
„Das wollte ich nicht, Genosse Oberstleutnant", stammelte ich, „mir war es nur vor meinen Eltern peinlich, daß ich meine Balken so schnell wieder losgeworden war."
„Das glaub' ich ihnen sogar, daß ihnen das peinlich war, aber deshalb schiebt man doch nicht einen anderen vors Loch. Als Soldat steht man zu dem Mist, den man verzapft hat. Das ist auch ein Teil der Soldatenehre. Wie kann man sich auch nur so maßlos betrinken und sich dann noch erwischen lassen, aber das ist ja nun eigentlich Schnee von gestern", lenkte er ein. „Ihre Balken können Sie schon bald wiederhaben. Sie brauchen sich nur an das Alkoholverbot halten und weiter so gute Schießergebnisse vorlegen, dann werden Sie ganz automatisch wieder befördert."
Der Kommandeur dachte eine Weile nach, dann sagte er: „Den eigentlichen Sachverhalt haben wir aber damit noch nicht geklärt. Sie werden ihren Eltern einen Brief schreiben. Darin werden Sie ihnen die wahren Ursachen mitteilen, die zu ihrer Degradierung geführt haben. Mit diesem Brief erscheinen Sie morgen um die gleiche Zeit wieder bei mir. Außerdem werden Sie sich persönlich bei ihrem Bataillonskommandeur entschuldigen. Haben Sie alles genau verstanden?"
„Alles verstanden, Genosse Oberstleutnant!"
„Gut, dann bis morgen. Ich wünsche ihnen eine schlaflose Nacht! Sie können wegtreten!"
Ich grüßte und trottete, wie ein begossener Pudel zurück zu meiner Kompanie.
Trotzdem, mußte ich mir eingestehen, hatte ich mit irgendeiner Bestrafung gerechnet, aber vielleicht sollte das noch folgen.
Genauso fand ich es seltsam, daß der Kommandeur meine Fahne nicht gerochen hatte, obwohl er mehrere Male direkt vor mir stand. Eigentlich war das ein Ding der Unmöglichkeit.
Ich dachte an den Brief, den ich zu schreiben hatte.
Wie bereits erwähnt, hatten meine Eltern sicher gehofft, daß ich mich bei der Armee, wo doch Alkoholverbot in der Kaserne herrsch-

te, in puncto Saufereien bessern würde und nun mußte ich ihnen einen Brief schreiben, in dem stand, daß ich auch hier mit dem Trinken auffällig geworden war. Mein Vater war sicher ganz besonders enttäuscht, wo er sich doch noch beim Regimentskommandeur extra für mich eingesetzt hatte.

Unhold war nicht auf unserer Bude. Die anderen meinten, daß er noch beim „Aufräumen“ war.
Ich ging vor zum Büro des Hauptfeldwebels und klopfte an. Vorsichtig schob der Spieß seinen Kopf durch den Türspalt, ehe er mich schnell in's Zimmer zog und wieder abschloß.
„Und? Hat er deine Fahne gerochen?“ war seine größte Sorge.
„Ich glaub' nicht“, antwortete ich und ließ mich auf einen Stuhl fallen.
„Na, nun erzähl' doch mal“, drängelte er weiter. „Was hat er denn nun von dir gewollt?“
„Ich brauch' erst mal 'n ordentlichen Schluck zur Beruhigung“, sagte ich geschafft.
Unhold reichte mir den Klaren herüber. Gierig nahm ich ein paar Schluck.
„Der Regimenter wollte bloß, daß ich einen Brief an meine Eltern schreibe“, fing ich schließlich an zu berichten.
„Was denn für einen Brief?“ fragten Unhold und der Spieß fast gleichzeitig und schauten sich gegenseitig verdutzt an.
„Ja, das ist wirklich ein übelster Mist“, fluchte ich und erzählte ihnen, was ich angestellt hatte.
„Ach du große Scheiße“, sagte der Spieß, als ich geendet hatte. „Hoffmännchen, du bist wirklich ein Idiot. Da wird der Alte ja schön getobt haben?“
„Nee, eigentlich hat er überhaupt nicht getobt. Der war eher scheißfreundlich. Im Grunde ging es ihm nur darum, daß ich bis morgen Abend den Brief schreibe und er will ihn vorher lesen, bevor ich ihn abschicke. Außerdem soll ich mich beim Bataillоner entschuldigen.“
„Na, da wer'n sich deine Eltern aber über deine Post freuen, Hoofie“, stichelte Unhold und nachdenklich fügte er hinzu: „Trotzdem erstaunlich, daß du nicht mehr abbekommen hast. Wenn da nicht noch was folgen soll?“

Am nächsten Tag ging ich zum Bataillonskommandeur und entschuldigte mich bei ihm. Er schien das ebenfalls nicht weiter tragisch zu nehmen. Bei ihm hätte ich nun gerade gedacht, daß er mich zusammengestaucht hätte, denn ich kannte ihn eigentlich nur mit ernstem Gesicht. Jetzt aber mußte er sogar lächeln, als er kopfschüttelnd meinte: „Was Blöderes konnte Ihnen wirklich nicht einfallen!"
Ich zuckte entschuldigend mit den Schultern.
„Eigentlich unverständlich", sprach der Major mit ernstem Gesicht weiter. „Sie haben sicher keine Vorstellung davon, welche Aufstiegschancen gerade ein Soldat wie Sie in unserer Armee hat. Ihnen ist doch sicher aufgefallen, wie jung unser Regimentskommandeur ist?"
Ich nickte.
„Er hat seine steile Karriere auch seinen hervorragenden Schießergebnissen zu verdanken. Dadurch ist man auf ihn aufmerksam geworden und bald wird er der jüngste General in der Armee sein. Darüber sollten Sie einmal nachdenken!"
Danach durfte ich gehen.
Auch beim Regimentskommandeur hatte ich keine Probleme.
Der Oberstleutnant überflog meinen Brief nur flüchtig und sagte: „Ist gut, ich schicke ihn morgen mit der Regimentspost ab. Ich hoffe, wir haben uns das letzte Mal wegen einer so unangenehmen Sache gesprochen. Vielmehr können wir gelegentlich auf dem Schießplatz ein wenig darüber fachsimpeln, wie man das Schießtraining interessanter machen könnte, einverstanden?"
„Jawohl, Genosse Oberstleutnant!"
„Sie können jetzt wieder in ihre Einheit zurück, aber keine Angst, ich behalte Sie im Auge", sagte er streng und wandte sich wieder seinem Papierkram zu.

Ein Tag nach dem anderen verging, doch kaum noch ein Tag, ohne Alkohol.
In der Regel ging ich zweimal in der Woche Christa besuchen und hatte dadurch den Klaren ständig griffbereit zur Hand.
Ich hatte mir ein halbes Dutzend Verstecke zugelegt, in denen ich die Flaschen gleichmäßig verteilte. Sollte doch mal etwas schiefgehen und ein Versteck auffliegen, dann büßte ich nur einen geringen Anteil meiner Vorräte ein.

Das sicherste aller Verstecke war aber ein Spind in meinem Zimmer. Dieser gehörte einem Soldaten, der für ein halbes Jahr in die Küche abkommandiert war. Dort hatte er auch ein Bett und einen Schrank, so daß er die ganze Zeit über seinen Spind nicht benutzte. Deshalb hatte er mir auch derweil seinen Schlüssel überlassen. Laut Dienstvorschrift durften die Schränke von einem Vorgesetzten nur gefilzt werden, wenn der Betreffende, dem der Schrank gehörte, auch anwesend war. So blieb der eine Spind immer unkontrolliert. Selbst auf dem Fahrzeugpark, in meinem Gefechtsfahrzeug hatte ich einige Flaschen deponiert.
Mit der Zeit ließ es sich kaum noch verheimlichen, daß ich fast ständig unter Strom war. Es war deshalb für mich von Vorteil, daß ich als Soldat ja sowieso nicht mehr degradiert werden konnte. Dafür wurde aber die neueste Form der Bestrafung bei mir regelmäßig angewandt.
Es war die Streichung von Urlaubstagen.
Ich büßte einen nach dem anderen ein. Das fand ich nun wiederum auch nicht weiter tragisch, denn mir fehlte es ja an nichts. Ausgang reichte ich erst gar nicht ein, so konnte der mir wenigstens nicht gestrichen werden, denn den nahm ich mir zweimal in der Woche selbst, also ohne Genehmigung der Obrigkeit.
Hin und wieder mußte ich für ein paar Tage in den Arrest, wenn der Alkohol mich am Morgen noch zu sehr in seiner Gewalt hatte. Von da holte man mich aber auch häufig eher heraus, nämlich, wenn ein großes Schießen bevorstand.
Beim Schießen selber brauchte ich ebenfalls das nötige Quantum an Alkohol, um mit der gewohnten Ruhe und Gelassenheit an die Sache gehen zu können.

Wie so oft, stand wiedermal ein großes Nachtgefechtsschießen bevor. Man munkelte davon, daß der Chef der Landstreitkräfte, Generaloberst Stechbart, wieder einmal anwesend sein werde. Dieses Gerücht versetzte unsere Kompanie in das reinste Irrenhaus.
Nachtgefechtsschießen bedeutete einen Riesenaufwand, denn es mußten alle ran.
Die Mot.-Schützen mußten in Schützenkette vor dem Schützenpanzer Sturmangriff laufen und mit scharfer Munition Ziele bekämpfen. Wir Richt-/Lenkschützen mußten über ihre Köpfe hin-

weg feuern, während das Fahrzeug durchs Gelände fuhr.
Für die Offiziere und Unteroffiziere war es nicht gerade einfach, einen Trupp von hundert Leuten im Finstern so zu dirigieren, daß auch wirklich alles gut klappte.
Vierzehn Tage lang wurde deshalb geprobt und geprobt, bis jeder seine Bewegungen auswendig kannte, aber die Aufregung legte sich trotzdem nicht.
Als der Tag heran war, traf den Kompaniechef noch ein Blitz aus heiterem Himmel. Es war vom Generalstab kurzfristig umdisponiert worden. Die Beobachter wollten bereits mittags eintreffen und uns Richt-/Lenkschützen bei einem gesonderten Raketenschießen zusehen.
Eigentlich wäre das ja nicht weiter schlimm gewesen, wenn es nicht am hellerlichten Tage stattfinden sollte. Alle zehn Schützenpanzer hatten unmittelbar hintereinander zu feuern, also gar keine Chance, wie sonst immer, Leute auszutauschen.
Es blieb auch keine Zeit mehr, um noch großartige Anweisungen geben zu können, denn ein Melder auf dem Motorrad kündigte bereits lauthals das Eintreffen des Generals an.
In einiger Entfernung konnte man bereits den riesigen Fahrzeugkonvoi erkennen.
Uns blieb gerade noch genug Zeit, uns ordnungsgemäß aufzustellen.
Gleich nach der Begrüßung ging es los.
Wir hatten jeder drei Raketen auf bewegliche Ziele abzufeuern.
Den meisten Richt-/Lenkschützen merkte man die Aufregung an.
Es klappte lange nicht so gut, wie bei normalen Schießübungen ohne Beobachter.
In der Mittagspause hatten Unhold und ich ein paar kräftige Schlucke „Feuerwasser" aus unseren Feldflaschen genommen. Das verfehlte seine beruhigende Wirkung bei uns nicht, denn wir waren die beiden einzigen, die drei Raketen ins Ziel brachten. Nachdem wir alle Meldung am Beobachtungsturm gemacht hatten, mußten wir die Waffen reinigen und danach konnten wir bis zum Finsterwerden herumtrödeln.
Durch das verpatzte Auftaktschießen war die Aufregung in der Kompanie insgesamt noch gestiegen.
Unhold und ich kümmerten uns nicht darum. Wir legten uns etwas

abseits von den anderen ins Gras, rauchten eine Karo nach der anderen und tranken genüßlich unsere Feldflaschen leer, die ich während des Raketenschießens in meinem Gefechtsfahrzeug nachgefüllt hatte.
Wir waren beide in bester Stimmung und dachten siegessicher an unseren nächsten Wettbewerb.
„Wer verliert, spendiert 'n Rohr!“ schlug Unhold vor.
„Einverstanden, ich gewinne sowieso“, stimmte ich, äußerst überzeugt von mir selbst, zu. „Aber was machen wir, wenn du heute zufällig mal genauso gut bist wie ich?“
„Dann spendiert jeder ein Rohr“, kam die logische Antwort.
„Auch gut“, gab ich zurück. „Nur ist es so, daß du ja doch verlierst, weil die ‚Schluchtis' gar nicht besser schießen können, als die lieben, guten Sachsen, höchstens mit Tannenzapfen.“
„Du kriegst gleich 'n paar Tannenzapfen an den Kopp, Sachsenlümmel. Aber, du kannst deine Flasche schon mal kaltstellen“, konterte Unhold wie immer.

Als die Finsternis hereinbrach, hatte das lange Warten endlich ein Ende. Wir mußten antreten und die Gefechtsbefehle wurden erteilt. Ein Angriff der „Bonner Ultras“ mußte vereitelt werden.
Dann ging es los. Der Anfang klappte ganz gut. Die Mucker warteten die ersten Schüsse der Richt-/Lenkschützen ab. Dann sprangen sie aus den Fahrzeugen und schwärmten zu einer ordentlichen Schützenkette aus. Sie schossen dabei nicht schlecht, denn die meisten Ziele kippten getroffen um.
Mein Zugführer gab mir über Funk den nächsten Feuerbefehl.
Da mein Schützenpanzer aber gerade in eine kleine Senke hineinfuhr, befand sich meine Mot.-Schützengruppe direkt im Schußfeld vor meinem Fahrzeug. Deshalb meldete ich an Unterleutnant Stutz:
„Adler sechs an Adler fünf - Feuer unmöglich - eigene Soldaten im Feuerbereich - Adler fünf selbst feuern!“
„Adler fünf an Adler sechs - Feuern Sie endlich!“ schrie Stutz aufgebracht.
Mir wurde das zu blöd und ich schrie zurück: „Feuer unmöglich - unsre Leute im Zielkreuz!“
„Das ist ein Befehl - Du sollst schießen, Hoffmann!“ Die Stimme des Unterleutnants überschlug sich.

„Du kannst mich mal!“ rief ich zurück. Im gleichen Moment tauchten die Mot.-Schützen weit unter meine Schußlinie. Jäcki, mein Fahrer hatte wie immer ausgezeichnet reagiert und mit dem Fahrzeug einen kurzen Satz aus der Senke gemacht. Gerade noch rechtzeitig, denn ich konnte meine Kanone noch abfeuern, bevor das Ziel abklappte und traf.
„Lang anhaltender Beifall für den Meisterkutscher!“ jubelte ich über Bordfunk an Jäcki gerichtet.
„Tiefe Verbeugung vor dem Meisterschützen!“ kam prompt seine Antwort.
Die weiteren Ziele waren kein Problem für mich. Stutz hatte mich nicht aus der Ruhe gebracht. Der war übrigens nicht mehr zu hören. Das Schießen war beendet und wir sammelten unsere Mucker ein und fuhren zurück zur Ausgangslinie.
Ich wollte gerade meine Turmluke öffnen, als jemand von draußen laut dagegentrommelte. Sicher war es Unhold, der es nicht abwarten konnte, mir seine Schießergebnisse mitzuteilen, dachtet ich mir. Doch da hatte ich mich total getäuscht. Als ich meine Luke entriegelt und hochgeklappt hatte, schrie Unterleutnant Stutz zu mir herunter: „Los, komm endlich raus, Hoffmann! Das war eindeutig Befehlsverweigerung. Dafür bring ich dich nach Schwedt in den Knast!“
Im ersten Moment war ich wirklich geschockt, denn das Wort „Schwedt“ hatte eine äußerst unangenehme Bedeutung.
‚Der ist ja wirklich nicht ganz dicht in der Birne’, schoß es mir durch den Kopf. ‚Na das kann ja noch heiter werden.’
Betont langsam begann ich aus meinem Turm zu steigen. Da platzte Stutz der Kragen. Er griff sich meine Uniformjacke, zerrte mich auf das Fahrzeug und wollte mich hinunter stoßen. Ich riß mich aber los, Stutz verlor selbst das Gleichgewicht und fiel vom Schützenpanzer. Ihm war aber nichts passiert, denn er sprang sofort vom Boden auf und sprang wie ein verrückter um das Fahrzeug. Sein Schreien war nur noch ein lächerliches Krächzen: „Das war ein tätlicher Angriff auf den Vorgesetzten, Angriff auf den Vorgesetzten, Angriff auf den Vorgesetzten ...!“
Ich stand immer noch oben neben meinem Turm und schaute ihm völlig entgeistert zu. Die Situation war so paradox, daß ich absolut nicht wußte, was ich davon halten sollte.

Anders war das bei Oberleutnant Naujuk vom ersten Zug. Er schien alles mit beobachtet zu haben und kam jetzt herbeigeeilt. Nach einiger Zeit gelang es ihm, Stutz zu beruhigen. Er redete auf ihn ein, daß man das erst nachher klären könnte und zog ihn mit sich fort, denn die Zugführer mußten zum Beobachtungsturm, um die Ergebnisse zu melden.
Ich sprang endlich vom Fahrzeug. Da kam auch schon Unhold zu mir herüber. Aufgeregt meinte er: „Sag mal, der Stutz hat sie wohl nicht mehr alle? Was war denn los? Ich hab' nur über Funk mitgekriegt, daß dir die Mucker egal vor der Flinte rumgerannt sind. Da brauch der doch nicht gleich durchdrehen, Hoofie!"
Ich zuckte ratlos mit den Schultern und antwortete: „Da weißt du genau so viel wie ich. Ich blicke überhaupt nicht durch, was mit dem los ist. Sollte ich vielleicht meine eigenen Leute abknallen? Das kann ja noch was werden!"
„Mach dir keinen Kopp!" versuchte er mich zu trösten. „Die haben doch auf dem Turm alles über Funk mitgehört. Die könn' dir gar nischt!"
Er klopfte mir aufmunternd auf die Schultern. Inzwischen hatte sich eine ganze Schar Soldaten und Unteroffiziere um uns versammelt. Jeder wollte genau wissen, was eigentlich passiert war. Der Hauptfeldwebel schüttelte mit dem Kopf und flüsterte: „Die denken, die sind sowieso die Größten, ein Jahr Offiziersschule und dann spielen sie den großen Maxen hier."
Die Zugführer mußten unterdessen eine Ewigkeit am Beobachtungsturm stehen bleiben.
Endlich ging unten die Tür auf und der Kompaniechef kam, zusammen mit dem Generaloberst und seinem Gefolge heraus.
Sie winkten die Zugführer zu sich heran und es begann eine heftige Debatte, bei welcher der Generaloberst ziemlich laut zu hören war. Ohne sich von der Kompanie zu verabschieden, fuhr er daraufhin wieder davon.
Wir mußten Aufstellung nehmen.
Unser Kompaniechef, man sah ihm an, wie mißgelaunt er war, übernahm das Kommando: „Gefreiter Kessel und Soldat Hoffmann vortreten!"
Mir rutschte das Herz in die Hosentasche. Mit schlotternden Knien stellte ich mich neben Unhold, vor die angetretene Kompanie.

„Kompanie stillstann!“ rief der KC. „Auf Befehl des stellvertretenden Ministers für Nationale Verteidigung und Chefs der Landstreitkräfte, Generaloberst Stechbart, befördere ich den Soldaten Hoffmann auf Grund seiner hervorragenden Schießergebnisse zum Gefreiten. Ebenfalls für hervorragende Leistungen beim heutigen Nachtgefechtsschießen belobige ich den Gefreiten Kessel mit zwei Tagen Sonderurlaub. Die beiden Genossen haben heute beispielhafte Schießergebnisse gezeigt und das Ansehen der Kompanie gestärkt, welches durch einen bedauerlichen Zwischenfall eines unserer Zugführer getrübt wurde. Ich rate allen, diesen beiden Genossen nachzueifern.“

Er trat zu uns und schüttelte uns die Hand.

Als er mir die Hand gab sagte er leise: „Wir können wohl alle froh darüber sein, daß Sie vorhin nicht die Nerven verloren haben und doch noch mit dem Feuern gewartet haben. Hoffentlich bleiben Sie jetzt Gefreiter! Ich würde mich freuen!“

„Ich diene der Deutschen Demokratischen Republik!“ antwortete ich laut Dienstvorschrift und konnte mir dabei ein Lächeln nicht verkneifen.

Wieder in der Reihe rempelte mich Unhold von der Seite an und flüsterte: „Mensch Hoofie, da müssen wir ja jetzt etliche Flaschen knacken!“

Die Kompanie mußte erneut strammstehen und Unterleutnant Stutz bekam den Befehl vorzutreten.

Der Kompaniechef sprach: „Auf Befehl des stellvertretenden Ministers für Nationale Verteidigung und Chefs der Landstreitkräfte, Generaloberst Stechbart, bestrafe ich Unterleutnant Stutz wegen unmilitärischem Verhaltens und grober Fahrlässigkeit mit 6 Wochen Kasernenarrest!“

Mit hängendem Kopf trottete Stutz zurück an seinen Platz.

Eine arge Blamage für ihn, aber es gab wohl kaum jemanden in der Kompanie, der sie ihm nicht gönnte.

Müde und erschöpft kehrten wir um 2 Uhr in der Nacht vom Schießen zurück.

Die meisten machten sich gar keine Umstände mehr und ließen sich gleich so wie sie waren in die Betten fallen.

Ich ging mit Unhold erst einmal in den Waschraum. Wir waren

guter Dinge und vor lauter Übermut spritzten wir uns gegenseitig von oben bis unten mit kaltem Wasser voll. Klar, daß wir danach wieder frisch und munter waren.
Deshalb beschlossen wir, uns noch einen zu genehmigen. Das Wekken war ausnahmsweise auf 9 Uhr verschoben worden, also war alles bestens. Grund genug hatten wir ja zum Feiern.
Natürlich machten wir uns dabei auch ausgiebig über Unterleutnant Stutz lustig.
Sein Kasernenarrest hatte allerdings für uns auch einen riesigen Nachteil. Er konnte jetzt bis spät abends mit seiner Anwesenheit glänzen und uns auf den Wecker fallen. Wir waren uns aber einig, daß das die Sache wert war und wir auch das überstehen würden.
Im Morgengrauen, um 5 Uhr in der Frühe kletterten wir dann mit der nötigen Bettschwere in die Kojen.

Das dritte und letzte Diensthalbjahr hatte begonnen. Mein Urlaubsanspruch war in der Zwischenzeit auf einen Tag zusammengeschrumpft, obwohl ich noch zusätzlich drei Tage Sonderurlaub durch das Schießen bekommen hatte. Von den 18 Tagen, die mir für die 18 Monate zustanden, hatte ich nur drei Tage bisher wirklich genommen. Insgesamt waren mir demnach 18 Tage wegen „besonderen Vorkommnissen" gestrichen worden. Mein Kompaniechef hatte immer ein Einsehen mit mir und strich mir lieber den Urlaub, als daß er mich erneut degradierte. Vielleicht hing es auch damit zusammen, daß er mit dem Spieß genauso befreundet war wie ich und sie öfters gemeinsam einen hinter die Binde kippten.
Im übrigen hatten wir vom Spieß erfahren, daß der Kompaniechef auch fast ständig unter Strom war. In seiner Kartentasche hatte er immer eine Flasche „Facusan". Das war ein Hustensaft mit Buchenteerkonzentraten, angereichert mit 16% Alkohol. Damit konnte er seine Fahne vor jedem Vorgesetzten begründen. Angeblich brauchte er das Zeug unbedingt, damit seine Stimme durch das viele Befehle-Brüllen nicht heißer wurde.
Manchmal machten wir uns deshalb den Jux und husteten in seiner Nähe, was das Zeug hielt und erbettelten uns dadurch von ihm einen Schluck von seinem Hustensaft.
Der Kompaniechef tat dann immer so, als ob er uns nur äußerst widerwillig davon abgeben würde und achtete darauf, daß wir ja

auch nur einen winzigen Schluck tranken, damit wir nicht betrunken wurden.
Jedenfalls reichte ich nun meinen letzten Urlaubstag ein, ehe dieser auch noch gestrichen wurde.
Als Entlassungskandidat oder kurz EK genannt, wie wir uns im letzten Diensthalbjahr nannten, war der Blick schon deutlich auf unsere Entlassung gerichtet und auf das, was danach kam.
Ich verspürte einfach mal wieder Lust, mich mit meinen alten Kumpels in der Stammkneipe zu treffen.
Nach mehreren Anläufen, denn mein Urlaubsantrag wurde mindestens dreimal abgelehnt, durfte ich endlich fahren.

Am Freitag in der Frühe fuhr mein Zug. Die Verbindung war miserabel und ich kam erst gegen 17 Uhr in Radebeul an. Meinen Eltern hatte ich vorsichtshalber nichts geschrieben, denn es war ja bis zu letzt nicht sicher, ob ich überhaupt fahren konnte.
Da die „Perle“ auf meinem Weg lag, wollte ich der Versuchung erst gar nicht widerstehen und ging hinein.
Als mich meine Kumpels in meiner Uniform erblickten, fingen sie laut zu johlen an.
„Hee Titius, alter Kämpfer, du bist wohl durchgebrannt?“ rief Feier-James. Er war ganz aus dem Häuschen.
„Dich treibt bestimmt der Durst nach Hause. Los, komm setz dich!“ Er rückte ein Stück, damit ich mit am Tisch Platz nehmen konnte.
„Ich feiere schon seit heute früh hier, hahaha!“ rief er mit feuerrotem Gesicht. „Ich mußte mir mal wieder eine „Effi“ (Fehlschicht) genehmigen, hihihi!“ Zur Bedienung sagte er: „Abfahrt Lilo! Ein großes Bier für Titius!“
Es war schon ein schönes Gefühl die ganzen altbekannten Gesichter wiederzusehen. Wir hatten viel zu erzählen, schließlich hatten wir uns lange nicht gesehen.
Schusti hatte im Nachbarraum gesessen. Auch dort war das Lachen und das Geschrei von Feier-James nicht zu überhören gewesen. Er brachte gleich sein Glas mit und setzte sich zu uns.
Später fragte er mich, so ganz nebenbei, ob ich nicht Lust hätte, mit ihm zusammen an der Ingenieurschule in Meißen zu studieren.
„Hm, das wäre ja ganz gut und schön“, meinte ich, „nur weißt du ja selber, daß ich weder das Abi noch einen Facharbeiter habe.“

„Ich hab' es auch erst über Umwege erfahren", erklärte mir Schusti, „daß die noch Leute für die Fachrichtung Kältetechnik suchen, damit sie die Seminargruppe voll bekommen. Jedenfalls hab' ich mich gleich beworben und bin bereits angenommen worden. Probier's doch einfach mal, vielleicht drücken sie bei dir ein Auge zu!"
Irgendwie gefiel mir die Sache und ich war gleich Feuer und Flamme. „Mensch das wär'n Ding, Schusti! Wir beide zusammen in einer Seminargruppe, das wäre der Hit!" rief ich und knallte ihm meine Hand auf die Schulter.
Sofort versprach ich, mich gleich in den nächsten Tagen zu bewerben. Sollte das klappen, dann könnte ich nächstes Jahr im September mit dem Studium anfangen.
Meißen war ja auch ideal von Radebeul aus zu erreichen. Man brauchte nur 20 Minuten mit der S-Bahn.
Wir feierten unser Wiedersehen bis zum Kneipenschluß um 24 Uhr. In der Zwischenzeit hatte ich an die 20 Gläser Bier getrunken, fühlte mich aber trotzdem noch ganz gut. Schließlich stand ich ja im ständigen Training.
Zu Hause angekommen, mußte ich meine Eltern wach klingeln, denn ich hatte keinen Haustürschlüssel mit. Meine Mutter war nicht besonders begeistert von meiner Erscheinung. Nicht weil ich unverhofft auf Urlaub kam, sondern weil ich angetrunken war.

Am Samstagmorgen frühstückte ich ziemlich spät. Mir ging es hundsmiserabel und ich war total nervös. Das wurde auch nicht besser, als mich meine Mutter fragte, warum meine Hände denn so sehr zitterten. Ich schob es auf den Streß, den ich bei der Armee in der letzten Zeit gehabt hatte. Mein Vater setzte noch eins oben drauf, als er das Gespräch auf meine Degradierung brachte. Er warf mir vor, daß er sich meinetwegen sagenhaft blamiert hätte, nur weil er mir hat helfen wollen.
Jedenfalls schienen sie wieder ein bißchen ausgesöhnt zu sein, weil ich ja doch bald wieder befördert worden war.
Mir gingen die Gespräche auf die Nerven. Ich mußte unbedingt etwas trinken, um wieder zur Ruhe zu kommen. Ich stand auf und erzählte meinen Eltern, daß ich Schusti besuchen wolle. Ich mußte meiner Mutter aber versprechen, daß ich zum Mittagessen wieder zurück sei.

Geradewegs ging ich in Richtung „Stehpiepe". Ich hatte nur noch eines im Sinn, endlich etwas trinken.
Die Kneipe war zum Samstag-Vormittag gut besucht. Ich kaufte mir eine Flasche Bier und gesellte mich mit zu Feier-James, Alex und Fauli an den Tisch. Das Bier trank ich fast in einem Zug leer. Die nächsten dann schon wieder etwas langsamer.
Um die Mittagszeit dachte ich zwar daran, daß meine Eltern auf mich mit dem Essen warteten, aber ich hatte einfach keine Lust, mich von meinen Kumpels und dem Bier zu trennen. Außerdem hatte mich der Spieltrieb wieder so gepackt, daß ich gar nicht aufhören konnte mit dem Würfeln, denn das spielten wir bei der Armee nicht.
Nachdem die „Stehpiepe" um 13 Uhr geschlossen wurde, wechselten wir nach nebenan in die „Perle".
Dort blieb ich bis zum Abend kleben.
Dann kreuzte Schusti auf. Er war bei mir zu Hause gewesen und meine Mutter hätte ganz schön gewettert, weil ich erzählt hatte, ich sei zu ihm und sie mit dem Essen auf mich gewartet hatten. Das war natürlich blöd, aber nun nicht mehr zu ändern.
Schusti fragte mich, ob ich mit in die „Schenke" zur Disko fahren würde. Ich ließ mich nicht lange betteln und fuhr mit.
Wie immer herrschte dort ein riesiges Gedränge. Der Saal war brechend voll und das Servierpersonal kam nicht weiter wie bis zur Pendeltür des Ausschankraumes. Dort wurden ihnen die Biergläser und die Weinflaschen förmlich aus der Hand gerissen. Das Idiotischste an dieser Lokalität war, daß es nur bis 21 Uhr Bier gab und danach nur noch Wein, Sekt oder Schnaps.
Ich hatte es endlich geschafft, mir eine Flasche „Eselsmilch" zu ergattern. Ein paar Anläufe später hatte Schusti auch eine Flasche Wein erwischt.
Gegen 23 Uhr mußte ich vorzeitig die Segel streichen, denn der Boden unter meinen Füßen hatte begonnen, sich stark zu bewegen. Ich hatte Mühe, mich auf den Beinen zu halten und schwankte heimwärts.

Am nächsten Morgen waren meine Eltern natürlich stinksauer auf mich. Ich hätte wenigstens anrufen können, dann hätten sie nicht so lange mit dem Essen gewartet.
Wo ich denn den ganzen Tag gewesen wäre, wollten sie wissen und

warum ich denn wieder so viel trinken mußte? Diese Fragerei war mir äußerst unangenehm, und ich machte mir Gedanken, wo ich denn jetzt etwas zu trinken her bekam. Das war mir schließlich wichtiger.
Zum Glück fiel mir auch etwas ein. Ich sagte meinen Eltern, daß ich mal kurz hinunter zu Klinners gehe und gleich Kohlen mit hoch hole.
Klinners waren ein Rentnerehepaar, das die Kellerwohnung in unserem Haus bewohnte. Meine Eltern verstanden sich immer gut mit ihnen und Klinners kannten mich ja schon als kleinen Jungen. Wenn ich sie in den letzten Jahren besuchte, gab es immer eine Flasche Bier und oft noch einen Wodka dazu.
Klinners freuten sich auch, daß ich sie endlich mal wieder besuchen kam.
Die alte Frau ging auch sofort ins Schlafzimmer und holte für mich eine Flasche Bier, dann tippelte sie geschwind in die Küche, holte die Wodkaflasche und zwei Gläser. Das zweite Glas war für ihren Mann. Sie selbst trank kaum Alkohol. Ihr Mann dafür um so lieber.
Nachdem ich das Bier und den Schnaps getrunken hatte, verabschiedete ich mich von ihnen bis zum nächsten Mal.
Ich ging den Kellergang weiter hinter, bis zu unserm Keller.
Ich hatte richtig vermutet. Während meiner langen Abwesenheit waren die Vorräte an Wein und Likör wieder angewachsen. Verschiedene dieser Sorten mußte man gleich kaufen, wenn es sie zufällig in den Geschäften gab. Deshalb war bei uns im Keller immer etwas vorrätig.
Ich wählte mir eine Flasche Kirschlikör aus und knackte den Verschluß. Ich fand dieses Zeug zwar widerlich süß, aber ich trank trotzdem mutig ein paar große Schlucke. Schließlich mußte ich irgendwie meine Nervosität wegbekommen.
Dann füllte ich die Kohleneimer und ging wieder nach oben. Den Kirsch nahm ich mit und versteckte ihn auf dem Balkon hinter der Feuerholzkiste.
Bis es Zeit zum Mittagessen war, verschwand ich noch einige Male auf dem Balkon, um angeblich eine zu rauchen. Dabei hatte ich die Flasche schnell geschafft.
Nach dem Essen mußte ich mich dann auch gleich auf die Socken machen, denn ich durfte den Zug nach Schwerin nicht verpassen,

sonst schaffte ich es nicht, bis 22 Uhr wieder in der Kaserne zu sein. Bei dieser großen Entfernung und den schlechten Zugverbindungen lohnte sich so ein Kurzurlaub kaum, denn den Freitag und den Sonntag verbrachte man im Zug. Der einzige Urlaubstag war der Samstag.
Auf dem Dresdner Hauptbahnhof mußte ich das erste Mal umsteigen. Ich kaufte mir am Kiosk ein paar Flaschen Bier, eine Flasche Pfeffi und etwas zum Lesen, damit es mir auf der Fahrt nicht so langweilig wurde.

Gleich am darauf folgenden Tag schrieb ich meine Bewerbung an die Ingenieurschule in Meißen und war von da an gespannt, was ich für eine Antwort erhielt. Der Versuch war es jedenfalls wert.
Zwei Tage später mußte unsere Kompanie wieder Wache schieben. Was unsere Wachdienste betraf, hatten wir einen ziemlich schlechten Ruf im Regiment, denn wir waren eine der Kompanien, die die meisten Wachvorkommnisse hatten. Zum Beispiel wurden von uns schon Wachsoldaten in der Kompanie vorm Fernseher erwischt, die eigentlich um diese Zeit hätten draußen, auf Posten stehen müssen. Ein anderer von uns hatte erst unlängst in der Finsternis ein ganzes Magazin seiner MPi leer geschossen, weil er glaubte, überfallen zu werden. Beim darauf hin ausgelösten Alarm fand man dann die durchlöcherten Leichen dreier Wildschweine. Außerdem wurden wir sehr häufig beim Schlafen erwischt und Beringer hatten sie sogar einmal bei einer Postenkontrolle stockbesoffen in einer Ecke liegend gefunden.
Mit der Müdigkeit hatte ich beim Wacheschieben ebenfalls Probleme. Bei den 24-Stunden-Wachdiensten ging das noch. Viel schlimmer war es, wenn wir für 48 Stunden vergattert wurden. Dann war für zwei Tage der Rhythmus immer der gleiche: 4 Stunden auf Posten stehen, 4 Stunden schlafen, 4 Stunden Bereitschaft im Wachlokal usw. Das war ziemlich zermürbend und man lernte dabei in jeder Lage zu schlafen, sogar im Stehen, angelehnt an einen Baum. Jedenfalls war nun bei dieser Wache der liebe Unterleutnant Stutz als wachhabender Offizier eingeteilt worden. Logisch war es ja, denn er hatte sowieso noch Kasernenarrest.
Seit dem Vorfall beim Gefechtsschießen war er stinksauer auf mich, was mir allerdings keine Gewissensbisse bereitete, denn ich hatte

mir nichts vorzuwerfen. An seinem Mißgeschick war er selber schuld. Als ich in der ersten Nacht auf Posten ziehen mußte, verabredete ich mich mit den Nachbarposten zum Skat. Das machten wir meistens so, denn vier Stunden allein in der Finsternis herumstehen, war uns einfach zu langweilig. Außerdem, auf was sollten wir denn aufpassen. Die, die unbedingt aus der Kaserne heraus wollten, ließen wir sowieso hinaus und wer sollte wohl freiwillig hier herein wollen? Die bösen NATO-Spione, die wir im Polituntericht kennengelernt hatten, würden es bestimmt geschickter anstellen und offiziell in Offiziersuniform, mit falschen Papieren zum Kaserneneingang hereinkommen.
Die Postenablösung war durchgeführt und einer nach dem anderen trudelte am vereinbarten Ort ein. Wir hatten jeder eine Taschenlampe dabei, die zur Wachausrüstung dazu gehörte.
Unsere MPi's störten beim Kartenspielen, darum legten wir sie neben uns ins Gras.
Zur Überraschung der anderen holte ich schnell eine Flasche Klaren aus einem vorbereiteten Versteck und wir begannen auf einem Betonsockel, einen zünftigen Skat zu dreschen. Vier Stunden hatten wir Zeit, bis die Ablösung geplant war. In der Zwischenzeit waren wir vor Überraschungen sicher, denn Postenkontrollen erfolgten um diese Uhrzeit nicht. Dazu waren die wachhabenden Offiziere viel zu faul und schliefen lieber.
Zwei Stunden mochten etwa vergangen sein. Wir hatten uns so sehr ins Spielen vertieft, daß wir die Schritte, die näher kamen, erst viel zu spät bemerkten.
Eine Taschenlampe leuchtete plötzlich in unsere Gesichter. Wir saßen wie versteinert da und konnten uns vor Schreck nicht rühren.
„Na das hab' ich mir genauso vorgestellt", war die unangenehme Stimme Unterleutnant Stutz' zu hören. „Das ist ein Volltreffer. Drei Mann den Postenbereich verlassen und dazu noch vier Mann mit Alkohol, wirklich ein Volltreffer und selbstverständlich der Hoffmann mittendrin."
Ich hatte geistesgegenwärtig versucht, die Flasche Klaren hinter dem Betonsockel verschwinden zu lassen, aber Stutz mußte das gleich bemerkt haben.
Mit voller Begeisterung in der Stimme schickte er seine Begleiter los, die Ablösung für uns zu holen.

Als diese da war, steckte uns Stutz, Kraft seines Amtes, für den Rest der Nacht in den Arrest.
Am Morgen wurden wir dem Stabschef des Regiments vorgeführt. Zwei von uns waren auf der Stelle die Gefreitenbalken los. Natürlich war ich einer der beiden. Die anderen beiden bekamen je sieben Tage Arrest aufgebrummt.
Ich hätte lieber den Arrest genommen.
Stutz hatte sich endlich an mir gerächt.
Man merkte ihm auch sofort an, daß er sich jetzt bedeutend besser fühlte. Er wirkte nicht mehr so verbissen und wurde etwas umgänglicher.

Die Weihnachtszeit rückte immer näher.
Für viele, die verheiratet waren und eigene Kinder hatten, begann eine Zeit bangen Wartens, ob ihnen der Urlaub genehmigt werden würde oder nicht.
Die Hoffnung für einen positiven Bescheid sank aber bei den meisten ins Bodenlose, als zu einem Appell der neueste Befehl des Ministers verkündet wurde. Unser Regiment hatte über die Feiertage und den Jahreswechsel hinweg in erhöhter Gefechtsbereitschaft zu sein. Eine Begründung gab es dazu nicht.
Wir alle aber wußten, was das konkret für uns bedeutete. Von unserer ca. 100 Mann starken Kompanie durften, wenn überhaupt, nur maximal acht Mann gleichzeitig in Urlaub fahren. Jeder Einzelne hatte demnach acht Prozent Gewinnchancen.
So hart das auch für manch einen gewesen sein mag, aber trotzdem entwickelte sich unter uns eine gewisse Solidarität mit denjenigen, auf die zu Hause kleine Kinder warteten. Ein ganz großer Teil zog deshalb seinen Urlaubsantrag zurück.
Trotzdem klappte es natürlich nicht bei allen jungen Vätern. Die, die nicht fahren durften waren auch dementsprechend sauer.
Zu all diesem Übel kam noch hinzu, daß wir die ganzen Tage über ausbildungsfrei hatten und von früh bis abends in unseren Quartieren herumlungern mußten.

Zwei Tage vor dem Weihnachtsabend ging ich noch einmal zu Christa zum Großeinkauf. Ich holte wieder 30 Flaschen, aber selbst mit dieser Menge konnte ich nicht alle Vorbestellungen für die Feierta-

ge decken. Christa selbst war bereits tief der allgemeinen Weihnachtsmelancholie verfallen.
Sie hatte in dieser Nacht kaum ein Einsehen, daß ich wieder zurück in die Kaserne mußte. Unaufhörlich versuchte sie meinen Willen mit Wodka und allerhand erotischen Verführungen zu untergraben.
Das wäre ihr auch fast gelungen, aber zum Glück nur fast, denn ich hatte nicht das Bedürfnis, die Feiertage über im Arrest zu verbringen. Ich mußte ihr aber versprechen, am 2. Feiertag wiederzukommen.
Am 24. Dezember war vormittags der Hauptfeldwebel da. Eigentlich hätte er frei gehabt, aber er wohnte gleich neben der Kaserne und wollte uns eben mal besuchen. Er lud Unhold und mich in die BA-Kammer ein. Auf das kleine Tischchen hatte er sogar eine Vase mit Tannenzweigen und eine Kerze gestellt. Die zündete er jetzt an und spendierte zur Feier des Tages gleich zwei Flaschen Kognak. Dieses edle Gesöff tranken wir aber nicht wie sonst aus der Flasche, sondern aus großen Wassergläsern.
Der Spieß hatte die beiden Flaschen aus einem Paket, welches ein Soldat aus unserem Nachbarzimmer, von seiner Freundin geschickt bekommen hatte. Dummerweise waren sie kein bißchen versteckt gewesen, so daß sie der Spieß vor den traurigen Blicken des Soldaten herausnehmen mußte. Er schien ihm auch wirklich ehrlich leid zu tun und schickte mich deshalb, den armen Kerl zu holen.
Weber, so hieß der Soldat, war hoch erfreut, daß er an unserer Runde teilnehmen durfte und versprach auch sofort, über alles zu schweigen wie ein Grab.
Der Hauptfeldwebel fand die Weihnachtszeit in der Kompanie genauso fürchterlich wie wir und er hatte auch dafür Verständnis, daß der größte Teil der Mannschaft an diesen Tagen die Köpfe hängen ließ.
Im Moment ging es uns Vieren allerdings recht gut. Der Spieß erzählte uns, wie einfallsreich manche waren, wenn es darum ging, in den Paketen, die an die Soldaten geschickt wurden, Schnaps zu verstecken. Er selbst war zwar dazu verpflichtet, alle Pakete zu kontrollieren, aber wenn das Versteck nicht allzu offensichtlich war, ließ er das meistens durchgehen. Viele glaubten daher, er sei einfach zu blöd, um etwas zu merken, aber das kümmerte ihn wenig. Zum Beispiel war schon mal eine Flasche in einem Rosinenstollen versteckt gewesen. Der Nachteil bei dieser Sache war allerdings,

daß man die Flasche nicht bis zum Rand gefüllt hatte und die große Luftblase dem Stollen ein blubberndes Geräusch verlieh.
Auch große Schmalzfleischbüchsen wurden als Alkoholtank umgerüstet und mitgeschickt.
Ein anderes Paket enthielt gleich fünf Flaschen grünlicher Haarwäsche. Darin war selbstverständlich Pfefferminzlikör.
Der absolute Hit sei aber eine ausgehöhlte Salami gewesen. Die wäre ihm fast nicht aufgefallen, wenn er sie nicht in die Hand genommen hätte und sie ebenfalls geblubbert hätte.
Um die Mittagszeit verabschiedete sich der Spieß von uns.
Er ging zu seiner Familie Weihnachten feiern und wir wieder zurück auf unsere Buden. Dort machten wir es uns den Umständen entsprechend gemütlich.
Fast jeder hatte von zu Hause ein Freßpaket bekommen und seitens der Armee waren jede Menge Süßigkeiten und Südfrüchte verteilt worden. Schnaps hatten wir auch genügend am Lager. So verbrachten wir die Zeit mit Essen, Trinken und Kartenspielen.

In der Nacht vom ersten zum zweiten Weihnachtsfeiertag saßen wir in gemütlicher Runde bei Kerzenschein und Wodka. Das Fenster hatten wir einen Spalt breit geöffnet, damit der dicke Qualm unserer Karo abziehen konnte.
Plötzlich peitschten mehrere Schüsse durch die Nacht. Sie stammten aus einer MPi und mußten ganz in der Nähe abgefeuert worden sein.
Erschrocken schauten wir uns an.
Unhold schaute auf seine Armbanduhr, schüttelte mit dem Kopf und sagte: „Da hat wiedermal einer Appetit auf Wildschweinbraten gehabt.“
Vorsichtshalber löschten wir die Kerzen und gingen ans Fenster.
In der Nähe unseres Bataillonsgebäudes begann ein aufgeregtes Geschrei, welches wir aber nicht genau deuten konnten. Wachsoldaten rannten durch die Gegend und kurz darauf lief auch der Offizier vom Dienst mit seiner roten Armbinde vorbei. Das einzige, was wir verstehen konnten war, daß einige unentwegt nach dem Sani riefen.
Es mußte demnach etwas Ernsteres vorgefallen sein.
Nur wenige Minuten später gab es Gefechtsalarm. Trotz des Alko-

hols fuhr uns der Schreck gewaltig in die Glieder. Bei den üblichen Alarmübungen waren wir in der Regel schon vorher informiert. Im Regimentsstab waren auch Soldaten angestellt, die uns über Buschfunk Bescheid gaben, sobald sie etwas darüber erfahren konnten. Diesmal war es anders. Irgend etwas war passiert.
Zu Späßen war keiner mehr aufgelegt. Ein beklemmendes Gefühl überkam uns, als wir unsere Montur anlegten. Begann so der Ernstfall? Sollte die erhöhte Gefechtsbereitschaft doch nicht von ungefähr gewesen sein? Fragen über Fragen.
Wie im Training 100 Mal geprobt, schnappten wir unsere Ausrüstung und rannten zum Gefechtspark. Die Schützenpanzer wurden gestartet und los ging es der Reihe nach aus dem Kasernengelände. Als wir das Panzertor passierten, wunderte ich mich noch über die große Menschenansammlung dort. Ich konnte aber in der Dunkelheit nichts Genaues erkennen.
Der Sammelraum für unser Regiment lag mitten im Wald versteckt, ca. 1,5 km von der Kaserne entfernt. Unser Fußvolk hatte sich ebenfalls beeilt und wartete bereits auf uns. Ganz schön erstaunt waren wir, daß der größte Teil der Offiziere und Berufsunteroffiziere auch schon anwesend war. Sie wohnten alle außerhalb der Kaserne und wurden im Alarmfall von Kradmeldern informiert.
Was aber wirklich passiert war, wußte noch keiner, auch der Kompaniechef nicht.
Wir mußten mindestens eine Stunde warten, bis endlich der Einsatzbefehl kam.
Dieser sagte aber auch noch nichts weiter aus, nur daß sich das Regiment in alle vier Himmelsrichtungen aufteilen sollte. Dazu war Eile angesagt, denn wir hatten in kürzester Zeit, einen Weg von 10 Kilometern zurückzulegen. Das Ganze wurde noch erschwert, weil wir alle Luken geschlossen halten sollten und unsre Fahrer sich nur durch die Winkeloptik orientieren konnten.
Es roch also wirklich alles nach Ernstfall und das zu Weihnachten!
Unterwegs unterhielt ich mich über Bordfunk mit Jäcki und Fehse darüber, aber keiner von uns fand eine andere plausible Erklärung. Für uns stand nur eines felsenfest, eine Übung war es nicht. Das wäre ein zu übler Scherz der Regimentsführung gewesen, so etwas zu den Feiertagen zu veranstalten. Das trauten wir der Obrigkeit nicht zu.

Nach 10 Kilometern mußten wir die Schützenpanzer so postieren, daß wir in einer weit auseinandergezogenen Kette in Richtung Kaserne standen.
Dann hieß es wieder warten. Worauf, wußten wir nicht.
So verging Stunde um Stunde. Der Tag war bereits angebrochen. Nervös rauchten wir eine Zigarette nach der anderen. Zwischendurch nahm ich hin und wieder einen großen Schluck vom Klaren, den ich immer an Bord hatte, sonst hätte ich die Anspannung kaum ausgehalten.
Endlich rührte sich etwas. Es knackte mehrmals kurz in den Kopfhörern, dann kam zu unserem Erstaunen der Befehl, wieder in die Kaserne einzurücken.
Wir trauten unseren Ohren kaum. Doch, bereits nach kurzer Sprachlosigkeit fluchten wir um die Wette. Demnach war das ganze Theater doch nur eine Übung gewesen. Es war kaum zu glauben, ja schier unfaßbar. In unseren Flüchen ließen wir kein gutes Haar mehr an der Armeeführung, so eine Wut hatten wir im Bauch. Auf diesen Hammer hin, mußte ich etliche Schlucke aus der Flasche nehmen, ehe sich meine Aufregung wieder etwas legte.
Auf dem Gefechtsfahrzeugpark putzten wir die Schützenpanzer an diesem Morgen mit weniger Ehrgeiz als sonst, bevor wir sie in den Hallen abstellten. Wir kamen uns auch echt verarscht vor und das Fluchen ging noch weiter, bis wir unsere Quartiere erreichten.
Bei unserer Ankunft in der Kompanie wartete aber eine Neuigkeit auf uns. Der UvD informierte uns darüber, daß das alles doch keine Übung gewesen war, sondern erschütternder Ernst. Ein Soldat sei aus der Kaserne geflohen und hätte dabei zwei Wachposten erschossen. Ursprünglich sollten wir ihn verfolgen und wieder einfangen, aber vom Divisionsstab seien im nachhinein Spezialeinheiten losgeschickt worden, die damit Erfahrung hatten. Deshalb wurden wir wieder zurückgepfiffen.
Die Nachricht war für uns alle niederschmetternd. Keiner konnte überhaupt nur ein Wort sagen. Wenn man sich vorstellte, es hätte einen ja selbst erwischen können, nicht auszudenken! Erst nach langem Schweigen, fast nach einer Ewigkeit tauchte die erste Frage auf. Wer? Wer hatte geschossen und wen hatte es erwischt? Warum hatte er geschossen?
Wer? Wen? Warum? Plötzlich fragten alle durcheinander.

Der UvD konnte zu all den Fragen noch nichts sagen. Er hatte uns schon alles mitgeteilt, was er wußte.
Auf unserem Zimmer ließen wir die Flaschen kreisen. Der Alkohol beruhigte zwar ein wenig unsere angespannten Nerven, aber Antworten auf unsere vielen Fragen konnten wir uns deshalb auch nicht geben.
Die anderen hatten ihre Hoffnungen in mich gesetzt, weil ich immer so gut Bescheid wußte, wann, wer, wo Wache stand, aber gerade für diese Nacht hatte ich mich nicht weiter interessiert, denn ich hatte ja vor, erst in der folgenden auf Tour zu gehen. Ich hatte zwar so meine Vermutungen, die ich auch äußerte, aber Genaues konnte ich natürlich auch nicht sagen.

Zwei Tage später wußten wir mehr.
In einer der Nachbarkompanien hatte ein Gefreiter, der sein letztes Diensthalbjahr absolvierte und Vater zweier Kinder war, keinen Urlaub über Weihnachten bekommen. Das Jahr zuvor konnte er die Feiertage ebenfalls schon nicht mit seiner Familie verbringen, denn auch da war sein Urlaub nicht genehmigt worden.
Obendrein war seine Kompanie noch für die Nacht, in welcher sich der Vorfall ereignet hatte, zur Wache eingeteilt.
Auf Posten alleine mit seinen trüben Gedanken, muß er völlig durchgedreht sein und faßte den Entschluß sofort nach Hause zu fahren. Anstatt aber gleich in seinem Postenbereich über den Zaun zu klettern, ging er geradewegs zum Panzertor der Kaserne.
Dem Posten, der dort stand und der ihn gut kannte, sagte er nur, daß er jetzt nach Hause fährt. Der versuchte mit gutem Zureden, den anderen davon abzubringen. Der Nachbarposten kam noch hinzu und versuchte ebenfalls auf ihn einzureden.
Dabei muß ihm die Sicherung total durchgebrannt sein und er feuerte blindlings auf die beiden das ganze Magazin seiner MPi ab.
Der eine Soldat war auf der Stelle tot, der andere verstarb kurze Zeit später im Krankenhaus.
Der Flüchtige hatte sich später in einem alten verfallenen Bauernhaus, das leer stand, versteckt. Irgendwie muß es ihm bewußt geworden sein, was er Furchtbares angerichtet hatte. Das Haus lag ungefähr vier Kilometer von der Kaserne entfernt.
Bereits acht Stunden später wurde er dort von den Spezialeinheiten

der Division aufgespürt und mit Schützenpanzern umstellt.
Seine Ausweglosigkeit trieb ihn dazu, sich scheinbar zu ergeben. Als er jedoch aus dem Haus heraustrat, feuerte er seine MPi ab, worauf die Schützenpanzer das Feuer erwiderten.
Er war auf der Stelle tot.
Für ihn war das sicherlich das Beste, denn er hätte sonst lebenslänglich in „Schwedt“ gebrummt.
Was blieb, ist der ewige Gedanke an die Sinnlosigkeit des Geschehenen, drei Tode zu Friedenszeiten, drei Tode zu Weihnachten!

Ein paar Wochen später erhielt ich einen Brief von der Ingenieurschule für Kraft- und Arbeitsmaschinenbau „Rudolph Diesel“ in Meißen.
Er faßte sich so dünn an, daß es nur eine kurze Absage sein konnte. Es war aber keine. Vielmehr stand darin, daß man mir nach genauer Prüfung meiner eingereichten Unterlagen die Studienzulassung erteilte. Ich freute mich riesig.
Im September konnte ich nun doch mit dem Studium beginnen und brauchte nach der Armee nur noch ein paar Wochen im Autoreparaturwerk den Waschbären spielen.
Um so mehr freute ich mich auf meine Entlassung.
Aber etwas anderes bereitete mir ernstlich Sorgen. Immer wieder hatte ich mir in der Vergangenheit vorgenommen, weniger zu trinken und immer wieder hatte ich mich selbst enttäuscht, war wieder schwach geworden. In vielen Dingen konnte ich einen eisernen Willen entwickeln, wie zum Beispiel beim Sport, wenn ich manchmal bis an die Grenzen meines Leistungsvermögens gegangen war. Beim Alkohol schaffte ich das nicht.
Sicher hatte ich zu jeder Zeit eine Entschuldigung für mich selbst parat. Entweder fühlte ich mich nicht besonders gut, so daß der Alkohol für mich ja eigentlich nur Medizin war oder ich hatte das Argument, daß ich ja schließlich den Schnaps heranschleppte. Warum sollten ihn dann nur die anderen trinken, wenn ich die ganze Plagerei hatte? Irgendwie mußte ich mich ja auch für die Strapazen belohnen.
Wenn meine innere Unruhe zu groß wurde, nahm ich meine ersten Schlucke von dem Feuerwasser jetzt schon am frühen Morgen, gleich nach dem Aufstehen, spätestens aber nach dem Frühstück.

Dabei hatte ich mich zum Glück so weit im Griff, daß ich immer nur so viel trank, wie ich brauchte, um wieder ruhig und normal zu werden. Dadurch fiel ich tagsüber nicht auf. Außer, mir kam jemand zu nahe und roch meine Fahne.
Abends war es dann bei mir mit der Vorsicht vorbei und eine große Flasche Klarer, manchmal auch viel mehr, wurde zur Regel bei mir. Es war ein Teufelskreis, aus dem es kein Entrinnen mehr zu geben schien. Finanziell konnte ich mir das ja auch problemlos leisten. Meine Einnahmen durch den Verkauf des Fusels waren enorm. Nebenbei hatte ich außerdem jede Menge Geld an andere verborgt, auf dessen Rückzahlung ich bei vielen schon deshalb verzichtete, um mich mit den ganzen Finanzschwierigkeiten der anderen nicht auseinander setzen zu müssen.
Inzwischen hatte ich bereits Situationen erlebt, die ich nicht mehr erleben mochte.
Durch unvorhergesehene Dinge im Dienst oder durch meine eigene mangelnde Voraussicht war es nicht nur einmal passiert, daß ich längere Zeit an keinen Tropfen Alkohol herankam. Bereits der Gedanke an diese fürchterlichen Situationen versetzte mich in Unruhe.
Wenn der Alkohol meinen Körper völlig verlassen hatte, war ich nicht mehr der Mensch, der ich sonst war. Ich verwandelte mich in ein zitterndes, ängstliches, schwitzendes und geistig verwirrtes Wesen, das keinerlei Ähnlichkeit mehr mit mir hatte. Sicher war es auch diese Angst vor meinem zweiten Ich, die mich dazu trieb, immer mehr zu trinken, denn die Erfahrung hatte mir gezeigt, je mehr ich hintereinander vom Schnaps trank, um so länger hielt die Wirkung an.
Trotzdem war ich mir sicher, daß ich es mit weniger Alkohol genauso schaffen könnte, wenn auch nicht unter diesen widrigen Umständen hier bei der NVA, dann aber auf jeden Fall draußen im zivilen Leben.
Nach der Armeezeit würde alles anders werden, schwor ich mir.

Ungefähr zehn Wochen vor der Entlassung wurden Unhold und ich von allen möglichen Seiten in die Mangel genommen. Dabei wurden uns eine Vielzahl von Möglichkeiten vorgeschlagen, bei denen wir länger in der Armee bleiben sollten.
Zum Beispiel hätten wir uns für 10 oder 25 Jahre verpflichten und

Lenktrainer werden können. Sogar die Offiziersschule wäre eine vorgeschlagene Variante gewesen. Ihre Hauptargumente waren dabei immer wieder die lukrativen Gehälter, die man dann bekommen würde und die waren wirklich unheimlich verlockend.
Ehrlich gesagt, wenn ich nicht bereits den Studienplatz für die Ingenieurschule in der Tasche gehabt hätte, wäre ich vielleicht ins Wanken geraten und hätte unterschrieben.

Nur wenige Tage vor der Entlassung wurde ich doch noch zum Gefreiten befördert. Der Anlaß dafür war der übliche, nämlich ein Nachtschießen, bei welchem ich wieder für andere Richt-/Lenkschützen aushalf.
Beim letzten UE-Gang zu Christa nahm ich einen Soldaten vom ersten Diensthalbjahr mit, der sich durch eine enorme Trinkfestigkeit dafür qualifiziert hatte. Ich hatte ihr vorher mit Absicht nichts davon erzählt, daß ich nicht alleine kam. Ich wollte damit vermeiden, daß das ganze Abschiedstrara zu groß wurde. Es reichte aber auch so noch. Mir selbst ging der Abschied ganz schön an die Nieren und Christa tat mir unheimlich leid. Ein ganzes Jahr lang hatten wir uns des nachts regelmäßig getroffen. Daß das einmal zu Ende gehen würde, hatten wir dabei bewußt verdrängt.
Jetzt, wo das Ende unwiderruflich da war, fiel mir der Abschied schwerer, als ich angenommen hatte. Ich hatte es immer nur als eine belanglose Liebelei zu einer viel älteren Frau angesehen, aber ihre heiße, hemmungslose Begierde, würde mir in Zukunft fehlen. Die Liebe aber nicht, die hatte es zwischen uns nie gegeben. Jedenfalls nicht von meiner Seite aus.
Viel zu sehr hing mein Herz noch an Carmen. Die Narben, die sie mir damals eingebrannt hatte, waren verblaßt. Allein übrig geblieben waren nur noch Gedanken an unzählige glückliche Stunden, die ich immer noch so sehr vermisse.

Der Entlassungstag war da, und 547 Tage Armee lagen hinter uns.
Schon seit Tagen hatten wir untereinander die Adressen ausgetauscht und versprochen, unbedingt uns bald zu besuchen.
Bei unserem letzten Treffen mit dem Spieß, hatte dieser uns nicht ungerührt versichert, daß er mit uns eine schöne Zeit gehabt hatte. Wir versprachen ihm, selbstverständlich mal vorbeizuschauen.

Die Lkws fuhren uns zum Bahnhof. Dort deckten wir uns am Kiosk für die lange Zugfahrt reichlich mit Bier und härteren Sachen ein. Unter unserem lauten Gejohle fuhr der Zug los in Richtung Heimat.
Endlich waren wir wieder frei!
Spät am Abend kam ich in Radebeul an.
Die „Perle“ hatte noch offen und ich setzte mich noch bis zum Ausschankschluß zu meinen Kumpels.
Viel bekam ich allerdings nicht mehr mit, denn ich war bereits von der Zugfahrt reichlich benebelt.
Wie und wann ich dann endlich zu Hause ankam, wußte ich hinterher nicht mehr. Das beste Bild schien ich nicht abgegeben zu haben, denn meine Mutter verhielt sich am nächsten Tag ziemlich wortkarg. Jedenfalls gab sie keine Jubelschreie von sich, daß ich endlich wieder daheim in ihrem Reich war.
Einige Tage später meldete ich mich im Autoreparaturwerk von der Fahne zurück und schon am darauf folgenden Tag stand ich wieder als „Waschbär“ an meiner Maschine.
Die Schufterei an diesem Hitze speiendem Ungetüm ließ mich aber relativ kalt. Wußte ich doch, daß meine Tage bis zum Studienbeginn schon gezählt waren.
Dementsprechend war auch meine ganze Arbeitswilligkeit.
Aus meinem großen Vorhaben, weniger zu trinken, war nichts geworden.
Ich trank genauso weiter, wie bei der Armee, tagsüber sogar noch viel mehr. Fehlschichten waren die übliche Folge.
Bis September schaffte ich es gerade noch so ohne Rausschmiß aus dem Betrieb.
Für meine Eltern war ich wieder gestorben. Sie hatten die Hoffnung längst aufgegeben, daß ich mich noch ändern würde.
Und wieder einmal nahm ich mir ganz fest vor: „Jetzt oder nie, ab jetzt soll alles anders werden!“
Davon war ich felsenfest überzeugt.

Die Immatrikulationsfeier an der Ingenieurschule wirkte auf mich, wie ein Sieg, den ich schwer errungen hatte.
Es war also geschafft! Trotzdem ich von der Penne gegangen worden bin, trotzdem ich keine Facharbeiterausbildung hatte und kei-

nen Funktionärsposten inne hatte, konnte ich jetzt studieren.
Nun wollte ich allen zeigen, was wirklich in mir steckte, ganz besonders denen, die mich für einen Nichtsnutz hielten.
Unsere Seminargruppe, mit der Fachrichtung Kältetechnik, setzte sich aus 21 Studenten und 2 Studentinnen zusammen.
In den ersten Wochen und Monaten hatten wir nur Grundlagenfächer, in denen Stoff behandelt wurde, den ich schon teilweise von der Abiturstufe her kannte oder der direkt darauf aufbaute. Ich hatte deshalb leistungsmäßig keine Probleme.
Viel schlimmer war, daß ich öfters morgens meinen Wecker nicht hörte und verschlief.
Ich hatte bei der Armee gelernt, in jeder Lage und bei jedem Lärm schlafen zu können.
Doch daran lag es eigentlich nicht, denn die hauptsächlichste Ursache meines Verschlafens war die hohe Alkoholkonzentration in meinem Blutkreislauf.
An anderen Hoch- und Fachschulen spielte es nicht so eine große Rolle, ob man an allen Vorlesungen teilnahm. Entscheidend waren die Leistungen, die jeder erbrachte. Doch hier in Meißen wehte diesbezüglich ein ganz scharfer Wind.
Jedes unentschuldigte Fernbleiben von einer Studienveranstaltung bedeutete einen Verstoß gegen die Studienordnung.
Die ersten Male fuhr ich wenigstens noch nach dem verspäteten Aufwachen in die Ingenieurschule. Nachdem sich das aber häufte und man mir mein ständiges Verschlafen sowieso kaum abnahm, ließ ich es bleiben und machte gleich den ganzen Tag „blau“.
Im Keller der Schule gab es eine kleine Studentenkantine, in der es auch Bier gab. Dort wurde ich sehr schnell zum Stammgast und konnte in jeder Pause meine innere Unruhe mit einem Bierchen bekämpfen. Das reichte dann gerade so bis zur nächsten Pause. Kam dann irgendetwas dazwischen, zum Beispiel wenn ich zum Seminargruppenleiter wegen meiner Fehlstunden mußte, war die folgende Stunde die reinste Qual und vor lauter Nervosität bekam ich vom Lehrstoff gar nichts mit.
Schusti hatte längst bemerkt, was mit mir los war. Er fand es Mist, daß ich abends in der Perle immer so viel trank. Er selbst war zwar auch öfters mit mir zusammen in der Kneipe, ging aber meistens eher nach Hause, nicht ohne den Versuch zu machen, mich zu über-

reden, mitzukommen. Ich hatte zu diesem Zeitpunkt aber immer noch nicht die nötige Bettschwere und keine Lust, mit nach Hause zu gehen.
Manchmal blieb er auch mit bis zum Ausschankschluß. Im Unterschied zu mir war er aber morgens pünktlich in der Schule.
Im Autoreparaturwerk hatte ich bisher zwischen 400,- und 700,- Mark im Monat verdient, je nachdem, wieviele Fehlschichten ich hatte.
Jetzt bekam ich monatlich nur 120,- Mark Stipendium. Damit mußte ich auskommen, denn Ersparnisse hatte ich keine mehr. Ein Glas Bier kostete in der Perle 56 Pfennige. Das wären im Monat 214 Gläser und pro Tag ca. 7 Gläser gewesen. Da hatte ich mir allerdings noch keine Fahrkarten für die S-Bahn geholt und nichts zu rauchen. Hin und wieder ließ es sich auch nicht vermeiden, daß ich mir ein Lehrbuch kaufen mußte, denn nicht alle Bücher gab es zum Ausleihen.
Aus der geschilderten finanziellen Notsituation heraus entwickelte ich das Würfelspiel zu einer soliden Einnahmequelle.
Je mehr ich spielte, um so klarer wurde mir, daß man zum Gewinnen nicht nur eine nötige Portion Glück benötigte, sondern auch ein bißchen Grips, um die einzelnen Würfe richtig betiteln zu können.
Es war relativ einfach gegen stark angetrunkene oder geistig weniger bemittelte Gegner zu gewinnen. Gezielt spielte ich nun mit bekannten Verlierern und mit Laufkundschaft, die sich in den Regeln nicht richtig auskannte.
Wenn wir anfingen zu spielen, ließ ich die anderen in den ersten Runden mit Absicht gewinnen. Das stärkte ihr Selbstvertrauen und sie gaben nach den folgenden Runden, in denen sie dann verloren, nicht so schnell auf, denn sie hatten es ja selbst erlebt, daß sie auch gewinnen konnten.
Von staatlicher Seite aus waren solche Spiele um Geld verboten. Der Wirt der Stehpiepe sah darüber aber gern hinweg, denn fast alle seine Stammgäste spielten gerne. Außerdem ging es immer um niedrige Beträge. Der Verlierer mußte an die Mitspieler lediglich 50 Pfennige bezahlen, manchmal auch eine Mark. Das war nicht viel, konnte sich aber auf Dauer ganz schön summieren.
Es kam zum Beispiel häufig vor, daß ich mir am Morgen, wenn das Lokal öffnete 5,- oder 10,- Mark borgte. Das reichte mir aus, um

den ganzen Tag über zu trinken und zu rauchen, das geborgte Geld zurückzugeben und noch etwas für den nächsten Tag übrig zu haben. Gewissensbisse hatte ich nie deswegen, daß ich den anderen das Geld aus der Tasche zog. Es zwang sie ja niemand dazu, mit mir zu spielen und außerdem hielt ich mich stets an die Spielregeln.
Jedenfalls konnte ich mich ganz gut damit über Wasser halten, bis ich schließlich im April 1979 von der Ingenieurschule flog. Zweifellos kam das für mich nicht unerwartet, denn ich hatte eine Unmenge an Fehlstunden. Da ein Ingenieur in unserem Staat eine Führungsrolle übernehmen mußte, hatte man Vorbild für andere zu sein und das, so mußte ich mir selber eingestehen, war ich mit meiner ewigen Verschlaferei bestimmt nicht.

Ohne meinem engstem Vertrauten, dem Alkohol, wäre mit Sicherheit vieles anders verlaufen.
Zu diesem Zeitpunkt war ich aber schon lange nicht mehr ich selbst, höchstens noch dem Äußeren nach. Dieses ließ aber auch manchmal zu wünschen übrig.
Eben erst konnte ich mir ganz fest vorgenommen haben, nichts mehr zu trinken. Doch nur wenige Augenblicke später hatte ich schon wieder das nächste Glas oder die nächste Flasche in der Hand. Es ergab keinen Sinn mehr, mir irgendetwas vorzunehmen, ich hielt mich sowieso nicht daran.
Es ging einfach überhaupt nichts mehr ohne dem Stoff.
Vor dem Nüchternwerden entwickelte sich in mir eine solche panische Angst, daß sich meine Gedanken nur noch darum drehten, wann, wo und wie ich an den nächsten Alkohol herankam. Ohne dieses Zeug war alles zu spät. Die Entzugserscheinungen wurden immer fürchterlicher. Mir zitterten nicht mehr nur die Hände, wie es früher mal der Fall war, ich zitterte jetzt am ganzen Leib.
Kalter Schweiß rann aus allen Poren. In den Ohren begann ein Rauschen. Meine Augen spielten verrückt. Alle Bilder, die ich sah, waren erst ganz nah, dann im nächsten Moment wieder weit weg, dann wieder ganz nah und so weiter. Beim leisesten Geräusch, selbst wenn neben mir ein nur Blatt vom Baum fiel, erschrak ich dermaßen, daß ich glaubte, mein Herz bliebe stehen und es ist aus mit mir. Ich brauchte dann eine ewig lange Zeit, um mich von diesem Schreck wieder zu erholen.

Jede Bewegung wurde zur Qual. Das Laufen klappte nicht mehr automatisch. Schritt für Schritt mußte ich mir genau überlegen, wohin ich meinen Fuß als nächstes setzte. Dabei spielte mein angeknackstes Sehvermögen eine entscheidende Rolle. Ich konnte die Entfernungen zwischen meinen Füßen und dem Boden, auf dem ich ging, nicht mehr richtig einschätzen. Ich stakte also eher durch die Gegend, als daß ich lief. Gerade so wie jemand, der vorsichtig durch ein unbekanntes trübes Gewässer watete. Am Schlimmsten waren Treppen, die ich hinabgehen mußte. Es kam häufig vor, daß ich durch die Sinnestäuschungen meiner Augen die Stufen verfehlte und stürzte, was mich erst recht unsicher machte.
Damit mir diese grausamen Tortouren erspart blieben, sorgte ich nach Möglichkeit dafür, daß ich ständig Alkohol zur Hand hatte, egal was es war. Hauptsache meine Nerven spielten nicht verrückt, Hauptsache ich blieb ruhig.
Im Unterbewußtsein hatte ich inzwischen längst gespürt, daß mit mir etwas nicht stimmte. Ich dachte aber nicht im Entferntesten daran, daß das etwas krankhaftes sein könnte. Vielmehr redete ich mir verstärkt ein, daß ich jeder Zeit mit dem Trinken aufhören könnte, wenn ich es wollte. Nur gab es eben dafür keinen Grund mehr, denn schließlich hatten sich ja alle gegen mich verschworen und waren sowieso der Meinung, daß ich zu nichts taugte. Warum sollte ich dann mit dem Trinken aufhören? Das ergab für mich keinen Sinn mehr. Sollten sie doch alle denken, was sie wollten!

Da das Geld knapp war, mußte ich mich schnellstens wieder um Arbeit kümmern.
Ich fand auch sofort etwas in einem Betrieb ganz in der Nähe. Von zu Hause aus hatte ich gerade mal 20 Minuten zu laufen. Es war das Kraftfahrzeugzubehörwerk, in dem Schusti bis zum Studium gearbeitet hatte.
Ich wurde dort als Werkzeugschleifer im 2-Schicht-System eingestellt. Die Arbeit an den halbautomatischen Schleifmaschinen war zwar recht monoton, aber nicht die schlechteste und wurde auch gut bezahlt.
Am wichtigsten war aber, man konnte während der Arbeitszeit problemlos Alkohol trinken, denn die meisten der Kollegen tranken hier auch ihr Bierchen. Dafür verschlief ich es wieder laufend in

der Frühschicht, weil ich den Wecker nicht hörte. Ich kaufte einen Wecker nach dem anderen, in der Hoffnung endlich einen zu erwischen, der mich im Morgengrauen wachrüttelte. Zu guter Letzt hatte ich es auf die beachtliche Zahl von 11 Stück gebracht, aber es half nichts. Ich verschlief es trotzdem.
In meiner Verzweiflung besorgte ich mir eine alte Blechwanne und stellte das komplette Weckerarsenal, welches ich mir im Laufe der Zeit zugelegt hatte, hinein, damit es noch lauter schepperte. Ich startete tagsüber einen Probelauf und fand heraus, daß es unmöglich war, bei diesem ohrenbetäubenden Lärm weiter zu schlafen. Es änderte sich jedoch nichts, überhaupt nichts. Ich schlief seelenruhig weiter. Wenn ich nachts nach 24 Uhr aus der Kneipe kam, hatte ich dementsprechend auch einen geladen, das war mir schon klar. Trotzdem verstand ich nicht, daß mich diese Krawallmaschinerie nicht aus dem Schlaf reißen konnte.
Aus dem morgendlichen „Zuspätkommen" wurden wiederum Fehlschichten. Erneut war es mir peinlich, ständig sagen zu müssen, daß ich es verschlafen hatte.

Meinen Eltern war die 5-Zimmer-Wohnung zu groß geworden. Mein Bruder hatte in der Zwischenzeit eine Krankenschwester aus Großenhain geheiratet und war mit zu ihr gezogen.
Meine Schwester Petra hatte eine Stelle als Lehrerin an der Erweiterten Oberschule in Meißen bekommen und fand dort auch gleich eine kleine Wohnung.
Schließlich hatten meine Eltern eine Familie gefunden, die mit ihnen die Wohnung tauschte. Sie hatten zwei kleine Kinder und bewohnten bisher eine 2-Raum-Wohnung. Sie vereinbarten miteinander, daß ich so lange in meinem separaten Zimmer wohnen bleiben konnte, bis ich etwas anderes gefunden hatte. Ich hatte darin einen eigenen Wasseranschluß und einen Elektrokocher. Den brauchte ich allerdings gar nicht, denn ich aß sowieso kaum noch etwas. Dafür war mir das Geld viel zu schade. Bier und Schnaps machten auch satt. Nur mein Magen war damit nicht immer einverstanden und rebellierte laufend.
Inzwischen hatte sich die Dosis erheblich erhöht, die ich benötigte, um mich nach dem Aufwachen wieder zur Ruhe zu bringen. Oft war es schon eine halbe, bis eine ganze große Flasche Schnaps, die

ich brauchte, um mein Zittern verschwinden zu lassen. Mein Magen sträubte sich mit allen Mitteln dagegen und die ersten Schlukke kamen auf dem schnellsten Weg wieder zurück. Unter qualvollen Krämpfen schaffte ich es dann, daß wenigstens das letzte Drittel des Flascheninhalts im Magen blieb.
Hatte ich es endlich geschafft, breiteten sich die warmen, friedlichen Strahlen in meinem Körper aus, dann kehrte die Ruhe und Ausgeglichenheit zu mir zurück.
Die unsagbare Angst vor dem Nüchternwerden hatte noch einen weiteren Grund bekommen, der mich schließlich an den Rand des Wahnsinns trieb.
Während des Schlafens passierte es fortlaufend, daß ich munter wurde und erst wieder einschlafen konnte, wenn ich meinen Alkoholspiegel im Körper wieder erhöht hatte. So passierte es hin und wieder, daß ich früh zum Aufstehen keinen Tropfen Stoff mehr im Hause hatte, weil ich über Nacht bereits alles ausgetrunken hatte. Dann hielt die Hölle bei mir Einzug.
Zwei Kerle begannen mich zu terrorisieren. Sie besuchten mich ausgerechnet immer dann, wenn es mir am schlechtesten ging. Bekleidet waren sie mit einem schwarzen Frack und dazu trugen sie jeder einen schwarzen Melonenhut auf dem Kopf. Sie kamen urplötzlich aus dem Nichts und standen, am ganzen Körper zitternd, mit grinsenden Gesichtern vor mir. In ihren wackligen Händen hatten sie Pistolen, die sie auf mich gerichtet hielten. Dabei sprachen sie kein Wort. Sie standen nur zitternd da, mit starren, grinsenden Blicken und schossen kleine feurige Nadeln auf mich ab.
Mit Entsetzen sah ich, wie sich auf meiner Haut schmerzende Brandblasen bildeten. Sie schossen und schossen. Mir sträubten sich die Haare. Krampfhaft versuchte ich mir einzureden, daß ich mir das alles nur einbilden würde und versuchte mich abzulenken. Ich nahm mir ein Buch zur Hand und begann darin zu lesen, aber es gelang mir nicht. Das Buch fing, von den glühenden Nadeln getroffen, Feuer und ich konnte die Flammen nur mit Mühe ausklopfen.
Ich faßte mir endlich ein Herz, nahm all meinen Mut zusammen und wollte sie aus dem Zimmer jagen. Doch noch ehe ich sie überhaupt berühren konnte, huschten sie in eine andere Zimmerecke und feuerten weiter mit ihren zittrigen Colts auf mich. Immer wieder versuchte ich sie zu kriegen, aber sie waren schneller.

Die beiden Zitterer, so nannte ich sie inzwischen, setzten ihren Terror so lange fort, bis ich mich endlich aufraffte, mich anzog und von ihnen verfolgt mein Zimmer verließ.
Unter Qualen schleppte ich mich zum Selbstbedienungsladen und kaufte mir eine Flasche Schnaps. Um mit meinen zittrigen Händen nicht aufzufallen, zählte ich das Geld vorher passend ab und brauchte es an der Kasse nur noch in die Geldschale legen. Hatte ich es mal nicht passend bei mir, gab ich der Kassiererin den Rest als Trinkgeld, egal wie groß mein Geldschein war. Hauptsache, ich mußte mir das Wechselgeld nicht in die Hand zählen lassen. Vor Aufregung hätte die mir so gezittert, daß mir mit Sicherheit sämtliches Geld heruntergefallen wäre.
Endlich, den rettenden Schnaps im Einkaufsbeutel, ging ich hinunter an die Elbe und ließ mich erschöpft ins Gras fallen.
Vormittags war ich hier unbeobachtet und konnte in aller Ruhe meine Flasche leer trinken. Danach ging es mir wieder besser. Ich konnte endlich wieder klar denken und die beiden Zitterer waren vergessen.

Mein Vater litt bereits über viele Jahre hinweg an Magengeschwüren. Bevor meine Eltern die Wohnung wechselten, mußte er plötzlich ins Krankenhaus. Man stellte bei ihm Magen und Darmgeschwüre fest und er wurde sofort operiert. Nach der Operation dauerte es eine Zeit lang, bis er sich erholt hatte und er wurde wieder aus dem Krankenhaus entlassen.
Im Sommer 1979 erhielt ich von meiner Mutter die Nachricht, daß mein Vater an Krebs erkrankt sei und nur noch wenige Tage zu leben hatte. Sie sagte es mir nicht selbst, sondern ließ es mir über Frau Klinner aus der Kellerwohnung ausrichten.
Sie sagte ihr auch, daß mich mein Vater unbedingt noch einmal sehen wollte, bevor er starb.
Trotz aller Zerwürfnisse mit meinen Eltern, mochte ich meinen Vater. Oft genug hatte es mir in der Vergangenheit, tief in meinem Innersten selbst weh getan, wenn ich ihm so viel Ärger bereitet hatte. Doch mir hatte immer der Mut gefehlt, ihn um Verzeihung zu bitten.
Die Nachricht, daß er jetzt im Sterben lag, machte mich betroffen. Mir krampfte sich das Herz zusammen, wenn ich daran dachte, daß ich in den letzten Jahren kaum noch mit ihm gesprochen hatte. Das

hatte er nicht verdient, daß ihm sein eigener Sohn aus dem Weg ging. Er hatte mich immer gerecht behandelt. Mein schlechtes Gewissen ihm gegenüber war der Grund, warum ich die Verbindung zu ihm selbst abgebrochen hatte. Ich wußte ja, wie sehr es ihn grämte, daß ich immer wieder so viel trank. Wie hätte ich ihm versprechen können, damit aufzuhören, wenn ich es mir selbst nicht versprechen konnte? So ging ich meinen Eltern lieber aus dem Weg.
Warum mein Vater mich noch einmal sehen wollte, konnte ich mir denken.
Er hatte nicht aufgehört, sich um meine Zukunft Sorgen zu machen. Deshalb hatte er vor dem Sterben sicher noch den Wunsch, daß ich ihm versprach, mich zu ändern.
Nun wußte ich nicht, was ich tun sollte.
Für alle in der Familie war ich nur der „Säufer“ oder das „Saufschwein“. Mit so einem wollte keiner mehr etwas zu tun haben.
Nüchtern, am ganzen Leibe zitternd, konnte ich mich nirgends mehr sehen lassen.
Würde ich aber vor dem Besuch am Sterbebett etwas zur Beruhigung trinken, hätte meine Mutter garantiert die Fahne gerochen und mich auf jeden Fall wieder beschimpft.
Wer weiß, vielleicht war auch zur gleichen Zeit jemand von meinen Geschwistern bei meinem Vater. Das konnte ja gut möglich sein. Man hätte mir dann erneut gezeigt, wie sehr man mich verachtete.
Diese Gedanken schossen mir immer wieder durch den Kopf, bis ich mich entschlossen hatte, nicht hinzugehen.
Aus Angst vor den Auseinandersetzungen mit meiner Familie konnte ich mich nicht überwinden, ein letztes Mal vor meinen sterbenden Vater zu treten. Ich war ganz einfach zu feige.
Diese Entscheidung, die ich damals traf, verfolgt mich bis zum heutigen Tag, weil ich sie mir selbst nach so vielen Jahren nicht verzeihen kann.

Nur wenige Tage später erreichte mich die Nachricht, daß mein Vater verstorben sei. Im gleichen Zusammenhang wurde mir aber mitgeteilt, daß meine Familie es nicht wünscht, mich bei der Beerdigung zu sehen.
An diesem Tag habe ich bitter geweint. Ich weiß nicht mehr, wor-

über ich mehr weinte, über den Tod meines Vaters oder aus Wut über mich selbst, weil ich zu feige gewesen war, in den letzten Stunden seines Lebens noch einmal vor ihn hinzutreten.
Der Schmerz um den Tod meines Vaters war riesengroß und ich schwor mir, trotz allem zur Beerdigung zu gehen. Sollten sie ruhig alle mit Fingern auf mich zeigen, fortjagen würde mich bestimmt keiner. Das würden sie sich nicht wagen.
Von einer Bekannten erfuhr ich den genauen Beerdigungstermin. Als dieser aber immer näher rückte, verließ mich schließlich doch wieder der Mut.
Ich hatte einen großen Strauß Blumen gekauft, denn für einen Kranz reichte im Moment mein Geld nicht aus. Mit diesem und einer großen Flasche Pfefferminzlikör im Beutel ging ich eine reichliche Stunde vor der Beerdigung an die Elbe, um mich zu beruhigen. Der Inhalt der Flasche reichte aber nicht aus. Wenigstens meine Hände zitterten immer noch. Trotzdem schlich ich mich von hinten an den Friedhof heran und versteckte mich, in einiger Entfernung von der großen Menschenansammlung, hinter einer Mauer.
Eine riesige Anzahl an Trauergästen war erschienen. Das Orchester der Landesbühnen Sachsen spielte traurige Musik.
Mir liefen die Tränen in Strömen.
Es waren Tränen der Verzweiflung, der Scham und der Wut, die mich überkamen. Ich wartete in meinem Versteck ab, bis die Beerdigung vorüber war.
Erst als ich mich mehrmals vergewissert hatte, daß keiner der Trauernden mehr auf dem Friedhofsgelände war, wagte ich mich hervor und schlich zum Grab meines Vaters hinüber.
Ich blieb lange bei ihm. Dabei bat ich ihn immer wieder, mir zu verzeihen. Ich war mir sicher, er könne mich hören. So lange war er ja noch nicht tot. Er konnte mir nur nicht mehr antworten.
Da lag er nun in seinem Sarg und hatte seine letzte Ruhe gefunden. Es war alles hier so friedlich, so würdevoll und still. Zum ersten Mal verspürte ich eine Sehnsucht in mir, die Sehnsucht nach dem Tod.
Als die Totengräber sich langsam näherten, kam ich wieder zu mir. Ich wußte nicht, wieviel Zeit inzwischen vergangen war. Jetzt besann ich mich darauf, daß ich ja noch ein paar Schlucke in meiner Flasche übrig gelassen hatte für alle Fälle.

Ich stand auf und verabschiedete mich von meinem Vater und versprach ihm, bald wiederzukommen.
Dann verzog ich mich in einen entlegenen Winkel des Friedhofs, wo ich ungestört meinen Kummer hinunterspülen konnte.
Keiner verstand mich mehr. Es war ein Elend auf dieser Welt.

Einige Tage später hatte ich wieder Frühschicht.
Der Sommer gab sich alle erdenkliche Mühe, denn bereits um 11 Uhr wurden knapp 30 Grad gemessen.
Ich hatte mich wieder einmal mit meinem Alkoholvorrat verplant und sehnte, immer unruhiger werdend, den Feierabend herbei. Als endlich um 14.30 Uhr die Schicht zu Ende war, konnte ich mich vor Zittern kaum noch auf den Beinen halten. Mit Müh und Not schaffte ich gerade noch die wenigen Meter bis zur Perle.
Unterwegs am Bahnhof lief mir noch Feier-James über den Weg. Er hatte das gleiche Ziel wie ich.
Das Lokal war brechend voll. Es war auch kein Wunder bei dieser Affenhitze. Alles hatte Durst und in den Getränkeläden gab es wieder einmal kein Bier zu kaufen.
An einem der Vierer-Tische am Fenster waren gerade zwei Plätze frei geworden.
Die anderen beiden am Tisch kannten wir nicht.
Es dauerte nicht lange bis Lilo, die Kellnerin herangeschlürft kam und uns ohne zu fragen, ein Halbliterglas Bier hinstellte.
Als ich es gierig mit der einen Hand fassen wollte, schüttelte es mich im selben Augenblick dermaßen durch, daß ich es stehen lassen mußte.
Feier-James hatte das beobachtet und wieherte gleich laut los. Das war regelrecht gemein von ihm, denn damit hatte er die Aufmerksamkeit der anderen auf uns gelenkt. Außerdem ging es ihm oft genug genauso wie mir in diesem Augenblick.
Einige der Gäste drehten sich nach uns um. Das brachte mich noch mehr in Aufregung. Der Schweiß perlte mir von der Stirn und ich hätte im Erdboden versinken können.
Ich versuchte, mir einzureden, daß ich mich völlig unnötig aufregte. Wenn ich mich nur richtig konzentrierte, dann würden meine Hände schon nicht zittern.
Den nächsten Versuch startete ich mit zwei Händen. Ich konnte das

Glas gerade so festhalten, aber als ich es an den Mund führen wollte, wackelten nicht nur meine Hände wie verrückt, auch mein Kopf schüttelte sich, wie unter einem Elektroschock.
Entsetzt stellte ich das volle Glas wieder ab.
„Ha, ha, ha, Titius", krähte James laut, „du hast ja wieder mal 'n Taddrich, hi, hi, hi!"
Es war unmöglich. Nichts ging mehr. Ich mußte schnell hier raus. Ich kramte in meiner Hosentasche, holte ein 2-Mark-Stück heraus und warf es auf den Tisch.
„Hier James", sagte ich resigniert, „du kannst mein Bier mittrinken. Ich hab' noch keinen Durst. Ich komm' später noch mal rein."
Ich achtete nicht auf das verblüffte Gesicht meines Kumpels. Ich stand auf und ging, immer noch durstig, hinaus auf die Straße. Schweißgebadet und mit unsicheren, wackligen Schritten tapste ich hinüber zum Selbstbedienungsladen, nahm eine große Flasche Klaren für 9,50 Mark aus dem Regal, ging zur Kasse, legte einen 10-Mark-Schein in die Geldschale, sagte zur Verkäuferin: „Stimmt so!" und war im Nu wieder draußen.
Mit der Flasche in der Hand schleppte ich mich durch die Stadt in Richtung Elbufer. Die verstohlenen Blicke, die mir die Entgegenkommenden zuwarfen, bemerkte ich nicht. Ich hatte nur eines im Sinn, endlich die Flasche zu öffnen und ungestört zu trinken.
Erschöpft ließ ich mich ins Gras fallen. Mit meinen zittrigen Fingern knackte ich den Verschluß der Flasche und trank und trank und trank.
Als ich die Flasche wieder absetzte, war sie halbleer. Ich streckte mich im Gras aus und schloß die Augen. In vollen Zügen konnte ich es jetzt genießen, wie sich mein ganzer Körper, Stück für Stück, vom Magen aus beruhigte.
Der Frieden kehrte zu mir zurück. Ich konnte wieder normal denken. Für die zweite Hälfte der Flasche ließ ich mir Zeit.
In Ruhe betrachtete ich die Natur der schönen Elblandschaft und hing meinen Gedanken nach. Sie waren jetzt nicht mehr so trübe und ich war voller Zuversicht, daß ich mich in Zukunft wieder besser in der Gewalt haben würde.
Als die Flasche leer war, schlenderte ich langsam wieder zurück in die Perle.

James saß mittlerer Weile, zusammen mit anderen Kumpels an einem der Nischentische. Ich setzte mich mit dazu.
„Na, Titius“, gackerte er, „machst du ‘n neuen Versuch? Ha, ha, ha, hi, hi, hi, laß dir doch von Lilo ‘n Strohhalm mitbringen, ha, ha, ha!“
James hatte inzwischen schon ordentlich getankt und war in bester Stimmung. Selbstverständlich hatte er den anderen bereits von meinem Mißgeschick berichtet.
Deshalb mußte einer gleich den uralten Witz auf mich ummünzen: „Sitzt Titius bitterlich weinend vor der Perlentür. Kommt der Liebe Gott vorbei und fragt ihn, was er denn hat. Da antwortete ihm Titius: ‘Da drin gibt es etwas zu trinken und ich hab aber gar keinen Durst!’“
Schallendes Gelächter.
„Haaa, haaa, haaa!“ gab ich betont unlustig zurück. „Wer sagt denn, daß ich keinen Durst habe? Lilo, zwei kleine Bier für mich!“ rief ich der Bedienung zu.
Ich brauchte nicht lange warten. Ich hielt das erste Glas mit Absicht lange und sehr ruhig in der Hand, bevor ich es in einem Zug ausleerte. Natürlich hatten mich alle genau beobachtet.
„Wo warst du denn in der Zwischenzeit gewesen?“ fragte James enttäuscht.
Ich schilderte kurz, wie ich es mir an der Elbe gemütlich gemacht hatte.
„Ojeh, Titius, uns wird wohl bald der Wahnsinn packen“, meinte James andächtig. Ich nickte zustimmend. Ich sah das genauso.

Zu unserer Truppe im Stammlokal gehörten auch drei Schwestern. Obwohl sie alle kleine Kinder hatten und keine festen Männer, saßen sie Abend für Abend mit uns zusammen beim Bier.
Nicht selten kam es vor, daß wir nach Kneipenschluß zu einer der drei, mit einigen Flaschen Wein im Gepäck, in die Wohnung zogen. In der Regel ging es immer zu Yvonne. Sie war die Älteste und Kräftigste der Schwestern, etwa 40 Jahre alt und brachte bestimmt 300 Pfund auf die Waage.
Ihre Leibesfülle störte uns aber in keiner Weise, denn Yvonne war eine absolute Stimmungskanone und wir konnten sie deshalb alle gut leiden. Die Feten in ihrer Wohnung gingen für mich immer so weit, daß ich am Ende ziemlich betrunken war und gleich bei ihr übernachtete.

Des Nachts wurde ich dann dadurch munter, weil sich eine nervöse Hand zwischen meinen Beinen zu schaffen machte. Durch meine ständigen Kneipengänge hatte ich relativ wenig sexuelle Kontakte, so daß ich Yvonne in diesen Momenten nicht widerstehen konnte, wenn sie mich auf sich zog.
Jedoch war ich davor jedes Mal so betrunken, daß ich mich nie daran erinnern konnte, wie ich eigentlich splitternackt in ihr Bett gekommen war.
Wahrscheinlich wartete sie es ab, bis ich meinen Rausch ein bißchen ausgeschlafen hatte, ehe sie mich auf die geschilderte Art zu wecken begann. Sie brachte mir dabei alle möglichen oder besser ausgedrückt, alle unmöglichen Praktiken bei, und ich war ihr gelehriger Schüler.
Am Morgen hinterher taten wir beide dann so, als sei überhaupt nichts zwischen uns gewesen.
Eigentlich sprachen wir nie, nicht einmal andeutungsweise darüber, was nachts geschah.
Allerdings ist mir eine der Episoden mit ihr recht peinlich in Erinnerung geblieben.
Es passierte an einem Morgen nach solch einer Fete. Ich hatte mich gerade von Yvonne heruntergerollt, als mein Blick zufällig zum Fenster ging. Ich erschrak gewaltig, den da grinsten mir zwei Bauarbeitergesichter entgegen.
Die Fassaden des Hauses wurden zur Zeit renoviert und ich hatte vergessen, daß es eingerüstet war.
Jedenfalls war es schrecklich. Sie mußten uns die ganze Zeit zugeschaut haben. Der eine der beiden kannte mich obendrein noch.
Ich sprang mit einem Satz aus dem Bett und eilte in eine Zimmerecke, in die sie nicht einsehen konnten.
Yvonne hatte jetzt auch gemerkt, was los war. Sie ließ sich aber vom Anblick der Bauarbeiter gar nicht stören.
Nackt, wie sie war, stand sie seelenruhig auf, reckte und streckte sich und streifte sich betont langsam ihren Schlüpfer und den riesigen BH über. Dann ging sie in die Küche und kochte Kaffee. Bis dieser fertig war, trank ich schnell eine Flasche Bier, die sie für mich immer reserviert hatte.
Nach dem Frühstück ging jeder von uns wieder seiner Wege, ohne daß wir uns für ein nächstes Mal verabredeten.

Im September 1979, ich war inzwischen 22 Jahre alt, lernte ich Tilla näher kennen. Sie war um die 40 Jahre und nicht gerade eine Schönheit. Vom Sehen her kannte ich sie schon länger, denn ich traf sie öfters in der „Perle“ oder im „Bürgergarten“. Eigentlich war sie mir vorher auch nicht unsympathisch, denn sie machte auf mich einen ruhigen und bescheidenen Eindruck.
Wir kamen uns schließlich durch einen unangenehmen Zwischenfall näher.
Eigentlich war ich ein ziemlich friedlicher Typ, der prinzipiell etwas gegen Schlägereien hatte. Hin und wieder kam es zwar vor, daß ich mich herumprügeln mußte. Das passierte aber nur, wenn mich einer angegriffen hatte. Manchmal ging ich auch dazwischen, wenn sich irgendein Muskelprotz großartig vorkam und auf einen weitaus Schwächeren einschlug. Das ging mir gewaltig gegen den Strich.
Eines Abends nun saß ich wie immer in der Perle, als ich sah, wie ein Kerl plötzlich auf Tilla einschlug. Sie saß an einem Tisch und konnte sich nicht einmal dagegen wehren. Ich zögerte nicht lange und war in kurzen Sätzen bei ihm. Darauf schien der Kerl nur gewartet zu haben, denn er ließ sofort von Tilla ab und ging auf mich los. Von der Statur her war er mir zwar überlegen, aber dafür schon ganz schön angetrunken.
Ich hatte deshalb kein großes Problem, den Kerl nach draußen vor die Kneipentür zu zerren. Außerdem hatte ich bei der Nahkampfausbildung in der Armee mit Unhold immer fleißig trainiert.
Ein Kellner und ein paar andere Gäste hielten uns davon ab, daß wir uns hier weiterprügelten. Jemand hatte die Polizei angerufen und man wartet nun auf ihr Eintreffen. Die anderen hielten den miesen Typen fest und ich ging unterdessen in die Gaststube zu Tilla zurück. Der Kerl hatte sie ganz schön arg zugerichtet. Ihre Unterlippe war aufgeplatzt und blutete stark. Sie weinte. Der Riß war so groß, daß er hätte geklammert werden müssen, doch sie wollte nicht, daß wir den Notarzt riefen.
Als die Polizei eintraf, nahmen sie den Kerl erst einmal mit in ihr Fahrzeug. Dann fragten sie Tilla, ob sie eine Anzeige machen wolle. Sie wollte. Ich redete mit den Polizisten und fragte, ob das nicht bis zum nächsten Tag Zeit hätte, denn jetzt müßte Tilla erst einmal ärztlich versorgt werden. Sie sahen das ein und meinten, daß es

genügen würde, wenn sie am Morgen aufs Revier komme.
So lädiert und weinend tat mir Tilla leid und ich sagte zu ihr: „Komm, ich bring' dich jetzt in die Poliklinik! Du mußt verarztet werden."
Sie schüttelte den Kopf und meinte: „Ich möchte jetzt nicht zum Arzt. Du kannst mich lieber nach Hause schaffen."
Ich willigte ein und sie schien sichtlich froh darüber zu sein, daß sich jemand um sie kümmern wollte.
Auf dem Heimweg berichtete sie mir dann unter Tränen, was eigentlich vorgefallen war. Sie hatte eigentlich über diesen Kerl nur irgendeine Belanglosigkeit anderen gegenüber erzählt und er hatte davon erfahren. Das war für ihn schon Grund genug, in seinem angetrunkenen Zustand auf sie einzuschlagen.
Für mich war er nicht ganz dicht.
Bei ihr zu Hause angelangt, bat sie mich noch auf ein Bier zu sich herein.
Bei dem einen Bier blieb es aber nicht. Tilla schien auch eine ganze Menge zu vertragen.
Entsprechend dem steigendem Alkoholgehalt in meinen Adern wurde sie immer hübscher.
Deshalb brauchte sie auch keine Überredungskünste, um mich dazu zu bewegen, die Nacht mit ihr gemeinsam in einem Bett zu verbringen.
Dort benahm sie sich dann ausgesprochen wild, aber ich war schon zu sehr betrunken, so daß sie mit mir nicht mehr viel anstellen konnte, bevor ich einschlief.
Am nächsten Morgen bot mir Tilla überraschend an, doch gleich mit bei ihr zu wohnen. Das kam nun etwas überraschend für mich, jedoch nach drei Flaschen Bier willigte ich schließlich ein.
Im Grunde genommen war es mir vor den anderen Kumpels peinlich, wenn sie erfuhren, daß wir zwei etwas miteinander hatten. Schließlich war sie einige Jährchen älter wie ich. Das war aber nur halb so wild, wie ich gedacht hatte, denn schon nach einigen Tagen hatte sich das allgemeine Gespött der anderen wieder gelegt.
Tilla hingegen war ringsherum glücklich darüber, daß ich in ihrer greifbaren Nähe war. Sie war vom Sex völlig besessen und hatte 24 Stunden am Tag dazu Lust. Ständig brütete sie neue Spielarten aus und überraschte mich mit den extremsten Varianten. Es schien

mir fast so, als verspürte sie den unbedingten Drang in sich, Versäumtes nachzuholen oder für ruhigere Zeiten vorbauen zu müssen. An manchen Wochenenden deckten wir uns reichlich mit Bier ein und verbrachten die ganze Zeit über zusammen im Bett.
„Sex und Saufen ist am Schönsten!" war ihr Motto.
Für mich war Tilla zwar ziemlich streßig, aber ich kann nicht behaupten, daß es keinen Spaß mit ihr machte. Im Gegenteil, sie brachte mir Dinge bei, die ich sonst vielleicht nie erfahren hätte.

Einige Wochen später hatte ich mit meinen zahlreichen Fehlschichten das Maß überlaufen lassen und mir wurde fristlos gekündigt. Tilla erzählte ich nichts davon, sondern ich sagte ihr einfach, daß ich Urlaub hätte.
Eines Abends saß ich in der Perle. Tilla war zu Hause geblieben. Ihr war es nicht gut gewesen. An meinem Tisch hatte sich wieder einmal „Pony" mit eingefunden. Eigentlich hieß sie Gisela. Ihren Spitznamen hatte sie ihrer Frisur zu verdanken, genauso wie ich. Ich wußte von ihr, daß sie vor einigen Jahren mit einem Offizier der NVA verheiratet gewesen war. Der hatte sie später mit drei Kindern am Hals sitzenlassen. Zwei von ihnen kannte ich. Ihr Sohn Andy war ein guter Kumpel von mir und hatte etwa mein Alter. Seine Schwester Iris war mir auch bekannt. Sie war ein recht ordinäres Mädel und hatte bereits einige Jahre Knast hinter sich.
Pony selbst war bereits um die 50 Jahre alt und dafür bekannt, daß sie ständig mit anderen Gästen Zoff anfing, wenn sie einen über den Durst getrunken hatte.
An diesem Abend war sie aber so betrunken, daß sie es allein nie bis nach Hause geschafft hätte. Einige der Stammgäste boten ihr an, sie zu begleiten. Sie wollten sich dafür opfern, um die Kellner und die anderen Gäste, von dieser Plage zu befreien, doch Pony ließ sich von keinem dazu bewegen, mitzugehen.
„Wenn ich mich von jemandem nach Hause schaffen lasse, dann nur von meinem Stephan, ihr Pfeifen!" grölte sie lauthals und glotzte mich mit verleierten Augen an.
Die anderen jubelten. James knallte mir seine Hand auf die Schulter und krähte: „Mensch Titius, du hast vielleicht Chancen, hahaha, hihihi!"

Da dieses ordinäre und besoffene Frauenzimmer aber wirklich eine absolute Zumutung für alle war, brauchten mich meine Kumpels und die Kellner nicht lange bitten. Ich opferte mich und versprach, gleich wieder zu kommen, wenn ich sie nach Hause geschafft hatte.
Ohne auch nur einen einzigen Ton zu murren, ging Pony bereitwillig, unter dem Beifall der anderen mit mir mit.
Von der Perle bis zu ihrer Wohnung war es ca. 1 Kilometer. Nach anfänglichen Schwierigkeiten ging das Laufen mit ihr immer besser. Die frische Luft schien ihr gut zu tun. Sie hatte sich fest bei mir eingehakt und torkelte kaum noch.
An ihrer Haustür hatte sie dann doch wieder arge Probleme. Es klappte nicht mit dem Schlüsselloch. Ich half ihr schließlich dabei und brachte sie vorsichtshalber noch die Treppen hinauf, bis zu ihrer Wohnungstür im 1. Stock. Ich schloß auf und wollte mich schnell von ihr verabschieden, doch da zog sie mich an meinem Hemd in die Wohnung hinein und schloß hinter mir die Tür.
„Stephan, du glaubst doch nicht etwa, ich laß dich jetzt so einfach wieder gehen?“ sagte sie. „Erst müssen wir noch zusammen eine Flasche Wein trinken. Das bin ich dir schon schuldig.“
„Ach Quatsch, Pony“, wehrte ich ab. „Du hast doch für heute genug getrunken.“
„Das denkst du“, entgegnete sie und faßte mich resolut an der Hand. „Komm ins Wohnzimmer!“
Sie ging voraus und zog mich hinter sich her. Sie schaltete eine kleine Stehlampe ein, deutete mit dem Kopf auf das Sofa und sagte: „Setz dich!“
Sie wartete ab, bis ich mich endlich unschlüssig gesetzt hatte und eilte aus dem Zimmer. Dann hörte ich sie in der Küche herumhantieren. Ich wußte nicht, was ich davon halten sollte und ich dachte an meine Kumpels in der Perle, die auf mich warteten. Pony schien überhaupt nicht mehr betrunken zu sein. Mir war es unerklärlich, wie man so schnell wieder nüchtern sein konnte.
Jetzt kam sie aus der Küche zurück, in der Hand eine Flasche Weißwein und zwei Gläser. Sie setzte sich zu mir aufs Sofa.
„Danke, daß du mich nach Hause gebracht hast!“ sagte sie, als sie die Gläser füllte.
„Einer mußte sich ja opfern“, antwortete ich, „und von den anderen wolltest du ja nicht begleitet werden.“

„Entschuldige bitte, daß ich mich vorhin in der Perle so aufgeführt hatte“, redete Pony weiter.
Ich winkte ab und meinte großspurig: „Schon vergessen.‘S gibt Schlimmeres!“
Ich war ihr tatsächlich nicht mehr böse und ließ mir den Wein schmecken.
Anfangs redeten wir noch über belangloses Zeug. Erst allmählich taute sie auf und erzählte mir, welches Pech sie bisher mit Männern gehabt hatte. Das wäre auch der Grund, weshalb sie so schnell keinen an sich heranließ.
Bei mir wäre das aber etwas ganz anderes. Mich fand sie einfach niedlich und ich wäre so ganz anders als die anderen Kerle, die nur auf das Eine aus wären. Ich könnte auch mal zuhören, wenn ein anderer Sorgen hätte. Das wäre ihr schon lange aufgefallen. Wenn sie überhaupt noch mal mit jemandem schlafen würde, dann nur mit mir.
Nach ihren letzten Worten schaute sie mich mit treuherzigen Augen an und mir war augenblicklich klar, da lag also der Hase im Pfeffer begraben!
Nun war ich natürlich nicht so naiv, daß mich das gänzlich überrascht hätte. Vielmehr hatte ich das schon ein bißchen geahnt, als sie mich vorhin nicht gehen lassen wollte. Jetzt verblüffte mich nur ihre Offenheit, mit der sie diesen Wunsch aussprach.
Trotzdem war ich von ihrem Verlangen nicht unangenehm berührt, obwohl der Altersunterschied 28 Jahre betrug. Sie war rein vom Aussehen her keine abstoßende Erscheinung. Im Gegenteil, für ihr Alter hatte sie noch eine ausgezeichnete Figur und ihr langes schwarzes Haar kleidete sie außerdem recht vorteilhaft. Natürlich machte sie mir der Alkohol jetzt auch noch viel schöner.
Ich machte mir also keine unnötigen Gedanken und es dauerte auch nicht lange, bis wir uns in den Armen lagen und später zusammen im Bett.
Erst als es draußen hell wurde, schliefen wir erschöpft ein.
Ich hatte vielleicht gerade eine Stunde geschlafen, da meldete sich meine innere Unruhe wieder. Zum Glück stand im Wohnzimmer noch der Rest Wein vom Vorabend. Gierig trank ich die Flasche leer. Allerdings war mir klar, daß das bißchen Alkohol nicht lange anhalten würde. Darum suchte ich vorsichtshalber in der Küche

nach etwas ähnlichem. Das Schicksal meinte es gut mit mir, denn ich fand in der Küche noch eine Flasche Weißwein. Ich machte es mir am Küchentisch bequem, rauchte eine von Ponys Zigaretten und trank den Wein dazu. Aber die milde Filterzigarette schmeckte mir nicht. Ich schlich mich ins Schlafzimmer, um meine Karo-Schachtel zu holen. Beim Hinausgehen verweilte ich einen Augenblick in der Tür. Pony lag nackt ausgestreckt auf ihrer Zudecke. Sie hatte wirklich keine schlechte Figur. Kaum zu glauben, daß sie bereits 50 war. Für meinen Geschmack hätte sie vielleicht sogar noch ein wenig kräftiger sein können. Eigentlich war es schade um diese Frau, so allein und ohne Mann. Irgendwie tat sie mir leid.
Ich schlich mich zurück in die Küche zu meiner Flasche.
Wie ich dann so saß und vor mich hin sann, überkamen mich doch ein paar Gewissensbisse.
Die Kumpels würden garantiert laufend herumsticheln, wenn sie von dieser Nacht erfuhren, genauso wie sie es bei Tilla getan hatten.
Besser ich erzählte ihnen, daß ich gleich anschließend, nachdem ich Pony abgeliefert hatte, ebenfalls nach Hause gegangen wäre. Das war bei mir nichts Ungewöhnliches, daß ich einfach so verschwand. In der Regel merkte ich es vorher, wenn ich langsam betrunken wurde. Dann strich ich für den Abend die Segel, bezahlte und ging. Die meisten waren dann überrascht, denn äußerlich war mir noch nicht viel anzumerken. Den richtigen Hammer bekam ich erst draußen an der frischen Luft und wußte oft hinterher nicht, wie ich eigentlich nach Hause gekommen war.
Wie ich so beim Grübeln war, hatte ich gar nicht bemerkt, wie Pony an die offene Küchentür getreten war.
„Mensch Stephan“, schimpfte sie los, „du hast wohl ‘ne Macke, gleich zum frühen Morgen wieder zu saufen?“
„Ich brauch das eben“, gab ich erschrocken zurück.
Sie tippte sich an die Stirn und meinte: „Du hast ja ‘n Vogel! Ich brauch jetzt was ganz anderes, mein Guter.“
Nackt wie sie war, reckte und streckte sie sich und kam mit wiegenden Hüften zu mir herüber geschlendert. Sie stellte sich vor mich hin, faßte mich bei den Schultern und ließ ihre Brüste um meine Nasenspitze kreisen. Dann nahm sie mich bei der Hand und zog mich ins Schlafzimmer, warf mich aufs Bett und stürzte sich wie wild auf mich. Es war faszinierend, mit welcher Intensität diese

Frau ihren Gefühlen freien Lauf ließ. Gegen Mittag trennten wir uns. Ich mußte dringend etwas „nachtanken“ und erzählte Pony, daß ich noch etwas wegen einer neuen Arbeitsstelle erledigen müßte. Wir vereinbarten miteinander, keinem etwas von dieser Nacht zu erzählen. Sie wußte ja auch, daß ihr Sohn Andy einer meiner Kumpels war. Es wäre mir total unangenehm gewesen, wenn er erfahren hätte, daß ich mit seiner Mutter geschlafen hatte.
Als ich mich verabschiedete, sprachen wir zwar nicht von einem neuerlichen Treff, aber ich glaube, wir hatten beide auch so nicht das Gefühl, daß es das letzte Mal gewesen war. Auf meine Bitte hin gab sie mir noch 20 Mark mit auf den Weg und ich trabte los in Richtung „Lößnitzperle“.

Seitdem waren ein paar Tage vergangen.
In dieser Zeit hatte ich mich von Tilla getrennt. Mir fehlte mit einem Mal der Reiz in unserer Beziehung. Obwohl sie sexuell gesehen bedeutend offener war, dachte ich fortwährend nur dabei an Pony. Ich konnte mir gut vorstellen, daß sie eigentlich noch viel ordinärer im Bett war, als sie mir in der ersten Nacht gezeigt hatte.
Nichts ahnend betrat ich eines Abends mein Stammlokal.
Mit einem Mal fingen ringsherum alle meine Kumpels, lautstark an zu grölen.
Ich war ziemlich überrascht, doch schon kurze Zeit später hatte ich den Grund des Jubels erfaßt.
Pony saß mitten unter ihnen und war wieder betrunken.
Klar, daß sie in ihrem Suff alles erzählt hatte. Damit hätte ich Idiot auch rechnen können. Jetzt hatte ich den Salat!
Obwohl mir alles unheimlich peinlich war, blieb mir gar nichts anderes übrig, als gute Miene zum bösen Spiel zu machen.
Jedenfalls hatte ich die Lacher auf meiner Seite.
Leider glaubte Pony, durch meine Anwesenheit bestärkt, könne sie jetzt erst recht auftrumpfen. Immer wieder krakeelte sie dazwischen: „Stephan ist der Beste, ihr Mistkerle!“ oder „Ich gehe nur noch mit meinem Stephan ins Bett, ihr Affen!“
Es war belastend.
Nach einiger Zeit war ich so genervt, daß ich Pony lautstark klarmachte, daß sie austrinken und bezahlen solle, damit ich sie endlich nach Hause bringen könne.

Das wirkte wie ein Wunder. Sie sagte keinen Ton mehr, stürzte sich in einem Zug ihr halbvolles Glas hinunter und stand sofort auf. Dann gab sie mir ihr Portemonnaie, damit ich gleich am Tresen bezahlen konnte. Ich tat das auch und kaufte gleich noch zwei Flaschen Wermutwein zum Mitnehmen auf Ponys Rechnung.
Als das erledigt war, schnappte ich sie mir und wir verließen unter dem Gelächter der anderen das Lokal.
Bei ihr zu Hause angelangt, kochte ich ihr erstmal einen starken Kaffee. Während sie den trank, machte ich mich über den Wermut her. Eigentlich war ich stinksauer, daß sie mich in so eine dämliche Situation gebracht hatte.
Nun saß sie wie ein Häufchen Elend neben mir auf dem Sofa, hielt mit beiden Händen die Kaffeetasse und starrte stumm vor sich hin. Bei diesem Anblick tat sie mir wieder leid und mein Groll war verzogen. Schließlich war ich ja auch selbst mit daran Schuld. Ich hätte damit rechnen müssen, daß sie, wenn sie zuviel getrunken hatte, sowieso alles ausplaudern würde. So gut kannte ich sie doch wenigstens.
Behutsam legte ich meinen Arm um ihre Schultern. Sie spürte, daß ich ihr nicht mehr böse war und schmiegte sich an mich.
Der Ärger war vergessen.
Sie schien auch vergessen zu haben, daß sie eben noch total betrunken gewesen war. Sie hatte mich wieder da, wo sie mich haben wollte.
Ihre glühende Leidenschaft zog mich in ihren Bann und ließ mich nicht mehr los.
Unsere Beziehung hatte etwas Außergewöhnliches an sich. Meinerseits verspürte ich keinerlei Zwang dahinter. Wir nahmen es so, wie es gerade kam und verabredeten uns nie auf ein nächstes Mal, sondern überließen das mehr dem Zufall, wenn wir dem auch manchmal ein wenig nachhalfen, weil uns gerade wieder einmal danach war. Meist trafen wir uns ein- bis zweimal in der Woche, manchmal blieb ich gleich ein paar Tage hintereinander bei ihr. Nie fragte sie mich danach, wo ich in der Zwischenzeit gewesen bin und auch niemals, wohin ich ging.
Ich war eben einfach da und nur das zählte für sie. Ich konnte eigentlich nicht von mir behaupten, daß ich sie liebte, aber ihre erotische Anziehungskraft war enorm.

Es war die Neugier auf noch völlig ungeahnte Varianten der Liebeskünste. Sie hatte ständig andere Ideen, besonders solche, die andere als abnorm bezeichnen würden. Eigentlich war es ja auch vollkommen egal, wie abartig manches dabei war. Hauptsache, beide Seiten fanden gefallen daran.
Es war nicht Liebe, was mich zu ihr trieb, sondern die Lust. Sie wußte das und das war auch gut so.

Nach einigen Monaten gingen mir die Kräfte aus und ich traf mich mit Pony seltener. Der Alkohol spielte dabei keine unwesentliche Rolle. Außer Bier, Schnaps und Wein bekam mein Magen nichts mehr zu sehen. Pony hatte schon lange mitbekommen, was mit mir los war. Sie hatte aber dafür kein Verständnis. Ganz besonders konnte ich ihr nicht erklären, warum ich bereits am Morgen etwas zu trinken brauchte. Deshalb stritten wir uns immer häufiger.
Meine finanzielle Situation hatte sich soweit verschärft, daß ich tagelang nichts mehr zu essen hatte. Das wenige Geld, welches ich mir beim Würfeln erspielte oder von anderen borgte, reichte gerade mal für ein bißchen Alkohol, um meine Nerven beruhigen zu können. Manchmal nicht einmal dafür.
Manchmal schlich ich mich vor Hunger, auf meinen vor lauter Wahnsinn und Schwäche zittrigen Beinen, des nachts zu einer entlegenen Gärtnerei, um dort aus den Foliezelten Tomaten und Gurken zu stehlen.
Zu Hause schlang ich das Gemüse voller Gier gleich kiloweise hinunter. Die Folgen davon waren jedesmal Magenkrämpfe und ein unheimlicher Durchfall.
Um wenigstens etwas rauchen zu können, sammelte ich ebenfalls nachts an den Haltestellen von Bus und Straßenbahn Zigarettenkippen, dessen Tabak ich dann in der Pfeife rauchte.
Es wurde für mich immer schwieriger, den nötigen Alkohol zu besorgen. Um so schlimmer war für mich die Tatsache, daß mein Magen bei völliger Nüchternheit immer verrückter wurde. Unter fast unerträglichen Krämpfen weigerte er sich, den Alkohol aufzunehmen. Ich brauchte jetzt Stunden dazu, um mir das nötige Quantum tröpfchenweise einflößen zu können. Danach war ich oft so weit erschöpft, daß ich wieder einschlief und beim nächsten Aufwachen das Spiel von vorne losging.

Eines Nachts konnte ich die beiden Zitterer überhaupt nicht wieder loswerden. Ich hatte vergeblich versucht, mich unter der Bettdecke oder im Kleiderschrank vor ihnen zu verstecken. Sie kamen mir überall hinterher und quälten mich mit ihren glühenden Nadeln. Mein ganzer Körper war schon völlig mit Brandblasen übersät. Ich wußte keinen Ausweg mehr. Ich hatte nur noch eine einzige Möglichkeit, um den Zitterern entfliehen zu können.
Ich griff mir zwei große leere Stoffbeutel und suchte im Schuppen nach einem kleinen Brecheisen. Voller Verzweiflung und vor Schwäche teilweise auf allen Vieren kriechend, machte ich mich auf den Weg.
Ich weiß nicht, ob mir unterwegs zur Kaufhalle jemand begegnet ist. Von mir zu Hause bis dorthin war es relativ weit. Keine Ahnung, wie ich es bis dahin geschafft hatte. Das Einzige, woran ich mich hinterher noch erinnern konnte, das waren die beiden Zitterer, die mir ständig im Nacken saßen und mich vorwärts trieben.
Direkt vor der Kaufhalle kam ich wieder zu Bewußtsein. Meine Kleidung war völlig durchgeschwitzt, obwohl die Nacht ziemlich kalt war.
Ich ging um das Gebäude herum zum Liefereingang und nahm mit zittrigen Fingern das Brecheisen aus dem Beutel.
Ich setzte an und hebelte an der Blechtür herum, aber nichts tat sich. Erschöpft und verzweifelt mußte ich mich setzen, um neue Kräfte zu sammeln. Lange konnte ich mich aber nicht ausruhen, denn die beiden Herren im Frack jagten mich sofort wieder hoch.
Ich nahm alle meine Kräfte zusammen, setzte neu an und zog mit voller Wucht am Brecheisen. Es gab einen fürchterlichen Krach und die Tür gab nach. Vor Schreck fiel mir das Eisen aus der Hand und flog scheppernd zu Boden.
Ich war wie gelähmt und dachte nur: „Das war's! Jetzt läuft jeden Augenblick die gesamte Nachbarschaft zusammen."
Mein Herz hämmerte wie wild. Reglos lauschte ich angestrengt in die Stille der Nacht.
Nichts rührte sich.
Schon waren die beiden Zitterer wieder da und trieben mich mit ihren glühenden Nadeln hinein.
Im Verkaufsraum brannte die Notbeleuchtung. Es war zwar nicht hell, aber es reichte aus, um alles gut erkennen zu können.

Mit schnellen Schritten lief ich zum Schnapsregal und griff mir die erst beste Wodkaflasche. Ich hatte Mühe, sie mit meinen fahrigen Fingern zu öffnen. Der bloße Geruch des Schnapses drehte mir den Magen um.

Verzweifelt versuchte ich mich zu konzentrieren. In Gedanken redete ich meinem Magen immer wieder gut zu.

Ganz vorsichtig trank ich ein paar wenige Tropfen und wartete die Reaktion des Rebellen ab. Trotz kräftiger Krämpfe behielt er den Alkohol bei sich. Ich traute mir den nächsten Schluck zu und gleich noch den nächsten.

Es blieb alles da, wo es hin sollte. Mein Magen hatte heute Verständnis. Ich faßte Mut und trank mit einem Zug die halbe Flasche leer.

Wärme durchdrängte meinen Körper. Allmählich beruhigten sich meine Nerven. Von den Zitterern fehlte jede Spur.

Ich saß vor dem vollen Schnapsregal und langsam kam mir zum Bewußtsein, was ich angerichtet hatte.

So tief war ich also schon gesunken.

Wer sollte denn dafür noch Verständnis aufbringen, wenn ich selbst nicht mehr begriff, was ich tat?

Nun war mir alles egal. Einbruch ist Einbruch, ob ich nun eine Flasche oder hundert klaute, spielte jetzt keine Rolle mehr. Warum sonst hatte ich zwei große Beutel mitgenommen?

Entschlossen stand ich auf, nahm die Beutel und füllte sie mit Schnapsflaschen. Dabei achtete ich darauf, daß ich auch ja die obere Preisklasse erwischte, wenn schon, denn schon. Etwa zwanzig Stück konnte ich verstauen. Dann füllte ich die Zwischenräume zwischen den einzelnen Flaschen mit Zigarettenschachteln auf.

Ich dachte auch an etwas zu Essen, denn der Hunger der letzten Tage hatte sich als grauenhaft bei mir eingeprägt. Ich packte deshalb noch zwei große Würste obenauf.

Zuletzt nahm ich noch ein paar Schluck aus der angefangenen Flasche und ließ den Rest vor dem Regal stehen.

Jetzt beeilte ich mich, daß ich wieder hinaus kam. Mir war eingefallen, daß die Milch immer sehr zeitig angeliefert wurde und es war bereits halb vier Uhr.

Es ging aber alles gut. Unterwegs begegnete mir keine Menschenseele.

Erschöpft kam ich zu Hause an. Ich ließ mich auf den Bettrand fallen und angelte mir eine der Flaschen. Es war ein sehr teurer Cognac.
Während ich Schluck für Schluck aus der Flasche nahm, grübelte ich vor mich hin.
Wie sollte das nur weitergehen mit mir? Wie tief kann ein Mensch eigentlich noch sinken?
Feier-James hatte zwar die gleichen Probleme mit dem Trinken, aber er packte es wenigstens meistens, früh auf Arbeit zu kommen.
Wenn ich von Haus aus geistig etwas minderbemittelt wäre, könnte man ja vielleicht das eine oder andere verstehen, aber so?
Ich hätte das Abi machen können. Ich hätte Kfz-Schlosser werden können. Ich hätte studieren können. Ich hätte....
Aber ich, ich war ein Trinker geworden und damit nicht genug, jetzt war ich auch noch ein Einbrecher, ein mieser Verbrecher.
Schon lange mußte ich mir insgeheim eingestehen, daß mit mir etwas nicht in Ordnung war, daß ich gar keine Chance mehr für mich sah. Mir war klar, wenn ich es selbst noch so sehr wollte, daß ich ein paar Tage überhaupt keinen Alkohol mehr trank, meine Nerven diese Strapazen nicht mehr durchstehen würden. Ich würde völlig wahnsinnig werden. Oft genug hatte ich die Anfänge dafür schon miterlebt. Wenn ich nur an die beiden Zitterer dachte, befiehl mich panische Angst.
Der Gedanke an eine Entziehungskur kam mir, den ich aber gleich wieder verwarf. Schließlich kannte ich einige, die zur Entziehung in Arnsdorf waren. Sie tranken aber alle hinterher weiter und meistens noch mehr als vorher. Das hatte also auch keinen Sinn. Ja, was hatte überhaupt noch Sinn?
Zum Glück betäubte der Schnaps allmählich diese trüben Gedanken. Ich schlief ein.
Als ich gegen Mittag wieder erwachte, fiel mein erster Blick auf das große Flaschenarsenal. Der Anblick war einerseits sehr beruhigend, denn mich hatte, wie üblich, meine innere Unruhe geweckt. Andererseits kam mir auch sofort wieder ins Bewußtsein, was ich angestellt hatte.
Es war kein böser Traum gewesen. Es war bittere Realität. Nachdem ich bereits einige Zeit als Arbeitsbummelant zählte, war ich nun obendrein noch kriminell geworden.

Für beides kam man ins Gefängnis. Bestenfalls kam man dafür mit einer Bewährungsstrafe weg.
Auf jeden Fall war es nur eine Frage der Zeit, bis ich verhaftet wurde, das stand fest. Einen Ausweg gab es nicht mehr.
In diesem Bewußtsein, daß sowieso nichts mehr zu retten war, lebte ich weiter in den Tag oder die Nacht hinein. Je nachdem, wann ich aus meinem Rausch aufwachte.
Einen Teil des teuren Schnapses verkaufte ich billig an die Kumpels. Von dem Geld konnte ich mir in der Kneipe wenigstens ein paar Biere leisten oder ich kaufte mir etwas Eßbares.
Den größten Teil der Flaschen trank ich aber selbst.
Bereits wenige Tage später waren meine Vorräte aufgebraucht.
Die Angst vor dem Nüchternwerden war wieder da.
Mit den letzten Schlucken Schnaps in der Hand saß ich eines Nachts auf meinem Bettrand und überlegte. Wie sollte es bloß weitergehen? Was sollte ich nur tun? Mir wollte und wollte nichts einfallen.
Der letzte Schluck trieb mich in den Schlaf.
Schweißgebadet und von tiefer Unruhe geplagt, wachte ich schließlich auf.
Es war 2 Uhr in der Nacht.
Bald würden die beiden Zitterer kommen und ich hatte nichts mehr da, womit ich sie hätte wieder vertreiben können.
In der Hoffnung, etwas übersehen zu haben, suchte ich die leeren Flaschen durch, aber es fand sich keine, in der noch etwas drin war.
Verzweifelt goß ich die letzten Tropfen der unzähligen leeren Flaschen zusammen, aber es reichte gerade für einen winzigen kleinen Schluck.
Das Zittern wurde immer schlimmer. Ratlos ging ich im Zimmer auf und ab. Irgend etwas mußte ich tun. Noch länger warten war unmöglich.
Ich griff nach meinen großen Stoffbeuteln und zog in der Stille der Nacht los.
Ohne nachzudenken und wie automatisch ging ich die Straßen entlang, die ich immer ging. Es war der Weg zur Stehpiepe. Ich begann zu ahnen, was ich vor hatte.
Ich schlich mich in den Hof zum Hintereingang. Die Tür hatte Glasscheiben.
Auf der anderen Seite des Hofes wohnte ein Ehepaar. Das kannte

ich von der Kneipe her. Sie waren auch Stammgäste und ich hoffte, daß sie an diesem Abend auch genügend getrunken hatten und jetzt fest schliefen.
Ich hatte bald einen größeren Stein gefunden. Ohne noch lange zu überlegen, schlug ich die Scheiben ein.
Es klirrte und schepperte ohrenbetäubend laut. Der Lärm hatte mich selber so erschrocken, daß ich mit einem Satz hinter den Mülltonnen verschwunden war, die neben dem Eingang standen.
Zitternd und mit klopfendem Herzen lauschte ich angestrengt in die Nacht hinein. Kein Geräusch war zu hören, nur in weiter Ferne bellte ein Hund.
Trotzdem wartete ich voller Angst noch wenigstens zehn Minuten ab, ehe ich mir ein Herz faßte und aus meinem Versteck hervor gekrochen kam.
Vorsichtig, Stück für Stück brach ich die restlichen Scherben aus dem Türrahmen. Ich lauschte noch einmal eine Weile angespannt, dann stieg ich hinein.
Als erstes öffnete ich mir eine Flasche Bier und trank dazu ein paar Schlucke aus einer angefangenen Flasche Weinbrand.
Dann erst schaute ich mich richtig um.
Ich hatte Pech. Jürgen, der Inhaber der Kneipe, hatte am Abend alle Geldscheine mitgenommen. Mir blieb nur eine riesige Schale voller Kleingeld. Ich suchte mir die 5-Mark-, 2-Mark- und 1-Mark-Stücken heraus. Es waren eine ganze Menge.
Danach füllte ich meine Stoffbeutel mit Schnapsflaschen und Zigarettenschachteln.
Ich ging zum Kühlschrank und holte mir eine Bockwurst heraus. Zum Essen setzte ich mich auf einen Stuhl und trank dazu noch in Ruhe eine zweite Flasche Bier.
Dabei fing ich an zu überlegen. Bestimmt würde man mir jetzt bald auf die Schliche kommen. Die Polizei würde sicher erst die Stammgäste überprüfen. Wenn sie dabei feststellen würden, daß ich schon wochenlang nicht mehr arbeiten ginge, wäre ich gleich doppelt verdächtig. Wenn ich also jetzt nach Hause gehen würde, konnte es sein, daß bereits morgen die Kripo bei mir klingelte.
Demnach konnte ich nur noch untertauchen. Bei meinen Kumpels hier in Radebeul war das allerdings unmöglich. Da würden sie mich als erstes suchen.

Ich beschloß, nach Dresden zu fahren und erst einmal in einem Hotel zu übernachten. Geld hatte ich ja jetzt.
Bisher hatte ich noch nie in einem Hotel geschlafen. Ich hatte keine Ahnung, wie die ganzen Formalitäten abliefen, wenn man ein Zimmer haben wollte.
Sicher würden sie mich fragen, warum ich übernachten will. An Hand meines Personalausweises könnten sie ja feststellen, daß ich nur wenige Kilometer entfernt wohnte.
Unterwegs in der Straßenbahn überlegte ich mir dazu eine passende Antwort. Ich würde einfach erklären, daß ich zu Hause mit meiner Freundin Streit gehabt hätte und im Hotel in Ruhe überlegen wollte, wie es mit uns weitergehen sollte. Dafür hatten sie sicher Verständnis.
In der Nähe des Neustädter Bahnhofs in Dresden fand ich ein kleines Hotel, das schon äußerlich nicht den Anschein erweckte, als gehöre es zur oberen Preisklasse. Ganz problemlos bekam ich da ein Zimmer. Der Nachtportier fragte mich nur, wie lange ich bleiben wollte.
Ich sagte ihm, daß ich noch nicht genau wüßte, ob ich nur die eine Nacht oder auch die nächste noch hierbliebe. Ich würde aber am Morgen Bescheid sagen, wenn ich länger blieb.
In meinem Zimmer ließ ich mich erschöpft aufs Bett fallen. Von den Anspannungen der letzten Stunden war ich ziemlich k.o.
Inzwischen war es bereits 4.30 Uhr geworden.
Für die nächste Zeit konnte ich mich hier erst einmal sicher fühlen.
Ich begann in meinen Beuteln zu kramen, um meine Beute in Augenschein zu nehmen. Es waren 12 Flaschen Schnaps und über 20 Schachteln Zigaretten. Damit konnte ich eine Weile auskommen.
Ich hatte alle Schnapsflaschen nebeneinander auf den Tisch gestellt.
Der Anblick war zu verlockend. Ich mußte mir gleich eine Flasche Korn öffnen.
Während ich trank, zählte ich das Geld. Es waren immerhin 300 Mark. Mit dieser Summe hätte ich mich eigentlich ziemlich lange über Wasser halten können, nur das Zimmer kostete pro Tag 70 Mark.
Ich grübelte aber nicht mehr lange herum, denn ich war inzwischen hundemüde geworden und legte mich, so wie ich war, aufs Bett und schlief ein.

Gegen 9 Uhr wurde ich munter.
Es dauerte einige Zeit, bis ich richtig begriffen hatte, wo ich mich befand. Mir war übel und ich zitterte am ganzen Körper.
Ich griff nach der Flasche Korn und nahm hastig zwei große Schluck. Schier im selben Moment hechtete ich hoch und jagte nach nebenan zur Toilette.
Gerade noch rechtzeitig, denn der Schnaps hatte nicht die nötige Schwerkraft. Er kam einfach wieder nach oben.
Ich kniete vor dem Toilettenbecken. Mein Magen wollte sich überhaupt nicht mehr beruhigen. Wieder und wieder hob es ihn unter schmerzenden Krämpfen aus, obwohl da schon lange nichts mehr war, was hätte erbrochen werden können. Kalte Schauer liefen mir über den Rücken und der Schweiß lief in Strömen über das Gesicht.
Nach einer Ewigkeit hatte sich mein Magen endlich wieder ein wenig erholt.
Mit Mühe schleppte ich mich hinüber zum Bett und ließ mich einfach fallen. Ich atmete tief durch und langsam ging es mir wieder etwas besser.
Es war zum Verzweifeln. Ich mußte dringend meine Nerven beruhigen, ehe die beiden Zitterer auftauchten. Dazu hatte ich ja auch reichlich zu trinken da, nur mein Magen spielte nicht mit. Es war verrückt.
„Ich muß vorsichtiger an die Sache herangehen, mit ganz kleinen Schlucken beginnen“, versuchte ich mich zu beruhigen.
Vorsichtig griff ich nach der Flasche. Doch, allein schon beim Gedanken daran, was meinem Magen unmittelbar bevorstand, krampfte er sich schmerzhaft zusammen.
Der Mut verließ mich gänzlich und ich wurde immer verzweifelter. Das Zittern war merklich stärker geworden und meine Augen gaben mir obendrein noch den Rest. Sie trieben ein wildes Spiel mit mir. Ganz unverhofft wechselte die Entfernung der Bilder, die ich sah. Neben meinem Bett war der Fußboden plötzlich 10 Meter tief, im nächsten Moment nur noch 50 Zentimeter. Für mich war dies das sicherste Zeichen, daß die beiden Zitterer schon im Anmarsch waren. Sie konnten nicht mehr weit weg sein.
Es war höchste Zeit. Ich mußte irgendwie meinen Magen überlisten.

Das konnte ich aber nur, wenn ich mich ganz intensiv gedanklich ablenkte. Sich in dieser Situation aber so zu konzentrieren, war höllisch schwer.
Ich versuchte es und schloß dabei die Augen. Ich dachte an Feier-James, an die anderen Kumpels und was sie jetzt wohl machen würden. Wie nebenbei griff ich zur Flasche und nahm einen ganz winzigen Schluck.
Mein Magen krampfte sich. Ich versuchte, nicht darauf zu achten. Drei-, viermal schluckte ich den selben Schluck hinunter. Dann schien sich alles etwas zu beruhigen.
Trotzdem wartete ich noch lange ab, bis ich den nächsten Schluck wagte.
Es klappte ganz gut. Mit geschlossenen Augen fühlte ich bei den folgenden Schlucken, wie sich das Brennen im Magen in wohltuende Wärme verwandelte. Eine Wärme, die meinem ganzen Körper die Ruhe und den so sehr ersehnten Frieden wiederbrachte.
Das Zittern ließ nach und völlig ohne Ekel trank ich die restliche Flasche leer.
Die Kraft kehrte in meinen Körper zurück und ich konnte wieder klar denken.
Jetzt war ich wieder ich selbst.

Ich zog mich aus und duschte ausgiebig.
Dann schlenderte ich hinunter ins Hotelrestaurant, denn das Frühstück war im Preis inbegriffen. Ich war der einzige Gast. Die anderen Hotelgäste hatten sicher schon eher gefrühstückt.
Ich hatte einen Riesenappetit und war hungrig wie ein Wolf.
Die frischen Bäckerbrötchen schmeckten vorzüglich. Eine Ewigkeit war es her, daß ich so etwas Leckeres zu essen hatte.
Genüßlich trank ich den starken Kaffee und rauchte dazu eine Zigarette.
Ich fand es sehr angenehm hier und beschloß, noch eine Nacht zu bleiben.
Tagsüber wollte ich ein bißchen durch Dresden schlendern. Das hatte ich lange nicht mehr gemacht.
Wieder auf meinem Zimmer, bereitete ich mich auf die nächsten Stunden vor. In aller Ruhe trank ich eine halbe Flasche Weinbrand. Die restliche Hälfte nahm ich mit für unterwegs und verstaute sie

in einem Stoffbeutel. Dann ging ich hinunter zur Rezeption.
Ich wollte die Rechnung gleich im voraus bezahlen, damit ich tagsüber nicht versehentlich zu viel Geld ausgab.
Der Portier war ein anderer. Ich erzählte ihm mit übertriebener Verlegenheit die gleiche Geschichte vom Streit zwischen mir und meiner Freundin. Dabei hätte ich gestern Abend in der Eile mein Sparschwein geschlachtet, um hier übernachten zu können.
Der Portier winkte aber nur ab und meinte, daß sich das schon wieder einrenken würde und tat dabei so, als würde jeden Tag jemand seine Hotelrechnung mit 1-Mark-Stücken bezahlen.
Ein wenig flau war mir dabei schon im Magen. Ich hatte keine Ahnung, wie die Polizei arbeitete. Es hätte ja sein können, daß sie überallhin durchgestellt hatten, daß verdächtige Personen, die mit viel Kleingeld bezahlten, sofort zu melden seien.
Das würde sich aber erst heute Abend herausstellen, wenn ich wieder auf mein Zimmer ging. Bis dahin war noch viel Zeit.
Den ganzen Tag über trieb ich mich in der Altstadt herum, ging in den Zwinger, schlenderte über die Brühlsche Terrasse, trank hier und da ein paar Bier und meinen Schnaps dazu.
Gegen 20 Uhr kehrte ich ins Hotel zurück und ging, nachdem ich mir den Schlüssel an der Rezeption geholt hatte, geradewegs auf mein Zimmer.
Vor Schreck blieb ich in der Tür stehen. Meine Knie wurden weich und mir fiel es wie Schuppen von den Augen. Wie blöd war ich eigentlich? Das hatte ich nicht bedacht.
Mein Bett war ordentlich gemacht. Die Batterie Schnapsflaschen und Zigarettenschachtel standen in Reih' und Glied auf dem Tisch und der Aschenbecher stand sauber daneben.
In meiner Abwesenheit hatte man mein Zimmer in Ordnung gebracht, wie sich das für ein Hotel gehörte. Ich war wirklich zu doof. Wieso hatte ich an so etwas nicht gedacht?
Jetzt brauchte ich nur noch zu warten, bis die Polizei bei mir klopfte.
Das war der Hammer!
Ich schnappte mir eine der Flaschen und ließ mich auf einen Sessel neben dem Tisch fallen. Ohne abzusetzen trank ich zügig bis zur Hälfte der Flasche. Obwohl ich den ganzen Tag über Alkohol getrunken hatte, war ich kaum angetrunken.

Trübe Gedanken jagten mir durch den Kopf.
Für die Polizei mußte es ein Leichtes sein, mich zu überführen. Sicher wußten sie bereits meinen Namen. Damals bei der Stasi hatten sie mir auch die Fingerabdrücke abgenommen. Da lag es nahe, daß sie die Kripo auch hatte.
Ich hatte weder beim Einbruch in die Kaufhalle, noch bei dem in die Stehpiepe Handschuhe getragen. Sie brauchten also nur noch vergleichen.
Wieviel Zeit hatte ich noch?
Ich machte Kassensturz. In der Stadt hatte ich nicht viel mehr als 20 Mark ausgegeben. Mir blieben also immer noch 140 Mark.
Sollte wider Erwarten die Polizei doch nicht hier aufkreuzen, könnte ich mein schönes Zimmer ja noch einen Tag länger behalten. Wo sollte ich denn sonst hin?
Ich ging noch einmal hinunter zum Portier und sagte ihm Bescheid, daß ich es mir anders überlegt hatte und noch einen Tag länger bleiben würde.
Es war kein Problem.
Wieder oben auf meinem Zimmer machte ich es mir bequem. Von unterwegs hatte ich mir zwei Flaschen Bier mitgebracht und ein paar Zeitschriften.
Ich schaltete das Radio ein, streckte mich auf dem Bett aus und las. Dazu trank ich den Apfelkorn und das Bier.

Ein brennender Schmerz ließ mich hochschrecken.
Ich mußte wohl eingeschlafen sein, meine brennende Zigarette aber nicht. Sie hatte munter weiter gebrannt und mir die Finger versengt. Jetzt hatte ich an Mittel- und Zeigefinger eine große Brandblase. Zum Glück war nicht mehr passiert.
Ich schaute auf die Uhr. Es war bereits nach Mitternacht. Die Flasche Apfelkorn war leer.
Ich erhob mich und stellte mich unter die Dusche. Das warme Wasser tat mir gut.
Nach dem Duschen fühlte ich mich wieder fit. Ich griff wieder zu den Zeitschriften und öffnete mir eine neue Flasche Schnaps.
Gegen 2 Uhr verschwammen mir die Buchstaben vor den Augen. Ich schaltete Licht und Radio aus und schlief friedlich ein.

Ein paar Stunden später wurde ich munter, weil ich auf die Toilette gehen mußte.
Ich nutzte die Gelegenheit gleich mit dafür, meinen Alkoholspiegel vorsorglich anzuheben. So konnte ich dann bis 9 Uhr durchschlafen.
Mir ging es zu diesem Zeitpunkt relativ gut und ich konnte gleich problemlos dort anknüpfen, wo ich vor dem Einschlafen aufgehört hatte.
Der Schnaps schmeckte mir heute Morgen nicht schlecht und ich war guter Dinge.
Nach dem Frühstück bezahlte ich gleich für die nächste Nacht und machte mich auf den Weg ins Zentrum der Stadt.
Das Wetter lud nicht gerade zum Spazierengehen ein und so trieb es mich von Selbstbedienungskneipe zu Selbstbedienungskneipe.
Gegen Abend kaufte ich mir wieder ein paar Flaschen Bier und etwas zu lesen.
Dann machte ich es mir bei Bier und Schnaps in meinem Hotelzimmer bequem.
Auf das Lesen konnte ich mich aber nicht so recht konzentrieren. Meine Gedanken schweiften immer wieder ab.
Was war morgen?
Das Geld war fast aufgebraucht. Von dem Rest hätte ich mich noch zwei bis drei Tage über Wasser halten können. Doch wo sollte ich denn hin?
Nach Hause konnte ich nicht. Da würden sie mich gleich abholen kommen.
Also, was dann?
Mein Blick fiel auf die Schnapsflaschen. Es war nicht zu begreifen. Es mußte doch eigentlich auch mir möglich sein, ganz normal wie andere trinken zu können. Ich mußte mir eingestehen, daß das wohl nur an meinem mangelnden Willen liegen konnte. Warum schaffte ich es denn sonst nicht, nur am Wochenende oder zu Feiern zwei, drei Flaschen Bier zu trinken und dann aufzuhören?
Doch da waren die beiden Zitterer, die mir das Leben zur Hölle machten, wenn ich nichts trank. Ich wußte, die würden mich auf gar keinen Fall in Ruhe lassen. Da konnte ich so viel Willen haben, wie ich wollte. Ich kam trotzdem nicht gegen sie an. Mit ihren glühenden Pfeilen würden sie mich immer wieder dazu zwingen, wei-

ter zu trinken. Jetzt, da ich genügend Alkohol im Blut hatte, war die Angst vor ihnen leicht zu verdrängen, denn so fühlte ich mich stark genug, um es mit ihnen aufzunehmen.
Eine Entziehungskur war Blödsinn. Das wußte ich ja bereits von anderen, aber vielleicht konnte mir ein Arzt irgend ein Mittel verschreiben, daß mir die beiden Zitterer vom Leibe hielt und durch das ich wieder ganz normal trinken konnte?
Blieb natürlich noch die Tatsache, daß ich zwei Einbrüche verübt hatte und keiner Arbeit nachging. Da konnte mir kein Arzt mehr helfen.
Man würde mich sowieso verhaften.
Nach reichlichem Überlegen kam ich zu dem Entschluß, mich selbst bei der Polizei zu stellen. Damit würde ich nur die Zeit verkürzen, bis man mich faßte. Ich wußte ja sowieso nicht, wo ich sonst hin sollte.
Da ich noch nicht vorbestraft war, rechnete ich mir aus, daß ich durch das Selbststellen sicher mildernde Umstände bekam, also eine Strafe auf Bewährung erhielt.
Nachdem ich bei der Polizei war, wollte ich dann sofort zum Arzt gehen und mir von ihm etwas zur Beruhigung verschreiben lassen. Jedenfalls stand damit für mich alles fest. Einen anderen Weg gab es nicht mehr.
Jetzt, da der morgige Tag für mich klar war, konnte ich mich wieder auf meine Zeitungen und die Getränke konzentrieren.
Bevor ich mich am nächsten Morgen auf meinen schweren Weg machte, trank ich im Hotel fast eine ganze große Flasche Schnaps leer. Danach frühstückte ich ausgiebig und nahm noch eine Flasche für unterwegs mit. Die anderen ließ ich im Zimmer stehen. Die brauchte ich ja nicht mehr.
In der S-Bahn nach Radebeul trank ich die Hälfte der Flasche. Den Rest ließ ich im Zugabteil stehen.
Es war erst 11 Uhr am Vormittag, aber die Stehpiepe war wie immer brechend voll.
Ein paar Kumpels rückten zur Seite und machten mir Platz an ihrem Tisch. Sie schienen noch nicht zu wissen, daß man mich suchte. Mit klopfendem Herzen holte ich mir bei Jürgen eine Flasche Bier. Er tat so wie immer. Kein Anzeichen davon, daß er wußte, daß ich es war, den man suchte.

Am Tisch dann wurde mir gleich die „Neuigkeit“ erzählt, daß man hier eingebrochen hätte.
Ich spielte den Erstaunten und fragte: „Was ist denn geklaut worden?“
„Außer ein paar Flaschen Schnaps und ein paar Schachteln Zigaretten fehlt überhaupt nichts“, wußte Brennoli genau zu berichten. „Selbst die Tageseinnahmen hätten noch auf dem Schrank gelegen. Die hatte Jürgen dort aus Versehen liegengelassen.“
„Die hatten vielleicht nur Durst und brauchten kein Geld“, meinte ich.
Die anderen zuckten mit den Schultern.
Nach einigen Bieren und Schnäpsen hatte ich mich seelisch auf die nächsten Schritte eingestellt.
Ich war soweit. Ich faßte mir ein Herz und erzählte den Kumpels, daß ich derjenige war, welcher ...
Erst einmal waren alle still. Dann fingen sie an zu lachen und meinten, daß ich sie ganz schön veräppelt hätte.
„Mensch, wenn ich euch sage, ich war's, dann war ich's auch!“ sagte ich verärgert.
Jetzt erst begriffen sie, daß ich das wirklich ernst gemeint hatte.
„Oh Scheiße, Titius!“ flüsterte Feier-James kleinlaut. „Da wer'n se dich wohl bald verhaften.“
„Das wer'n se eben nich, James“ antwortete ich ihm, „ich stell' mich heute selbst.“
„Titius, bist du verrückt?“ James griff sich an den Kopf. „Du willst freiwillig in den Knast wandern?“
„Vielleicht muß ich gar nicht in den Knast“, entgegnete ich trotzig. „Außerdem hab ich sowieso keine Kohle mehr und wüßte auch nicht, wo ich untertauchen sollte.“
James wollte etwas sagen, aber ich fiel ihm ins Wort.
„Hat jetzt sowieso keinen Sinn mehr. Ich meld mich jetzt vorne bei Jürgen. Macht's gut!“
Damit ließ ich sie stehen und ging vor zum Tresen.
„Willste noch 'ne Flasche?“ fragte mich Jürgen.
„Ja, aber die trinke ich bei dir hinten in der Küche“, sagte ich.
Er sah mich verständnislos an.
„Ich war's, der bei dir eingestiegen ist“, flüsterte ich ihm zu. „Du kannst jetzt bei den Bullen anrufen, damit sie mich abholen kommen.“

Wie versteinert starrte er mich an, dann endlich sagte er: „Mensch, Titius, das kann nicht sein! Das glaub ich einfach nicht."
„Doch, das kannst du mir glauben. Ich bin total runter und brauchte in dieser Nacht dringend etwas zu trinken. Ich weiß, es war Scheiße, aber ich kann's nicht mehr ändern. Ruf bitte an! Ich will mich selbst stellen."
Jürgen legte mir seinen Arm um die Schultern und begleitete mich nach hinten. Im Vorbeigehen griff er nach einer Flasche Weinbrand. „Hier, trink erst mal was, Titius!" Er drückte mir die Flasche in die Hand, dann fluchte er: „Mensch, du hättest doch jeder Zeit zu mir kommen können. Irgendwie hätte ich dir bestimmt geholfen. Jetzt hab ich den ganzen Mist schon angezeigt. Hätte ich auch nur geahnt, daß du das warst...!" Er schüttelte mit dem Kopf.
Nach einer Weile fragte er: „Hast du den anderen schon was erzählt?"
Ich nickte.
„Scheiße! Das hätte unter uns bleiben müssen. Wir hätten das schon wieder hingekriegt", fluchte er weiter.
„Das nützt nun alles nichts mehr", entgegnete ich mutlos, „ich weiß sowieso nicht mehr weiter, also ruf bitte an!"
Es ging noch eine Weile zwischen uns hin und her, bis Jürgen einsah, daß ich fest dazu entschlossen war, mich selbst zu stellen.
Schließlich rief er doch an.
Seinen Schnaps trank ich, so schnell ich konnte aus. Ich hatte an diesem Tag zwar schon viel getrunken, aber ich wußte ja nicht, wann es wieder etwas gab.

Nach einer reichlichen halben Stunde kamen sie, zwei noch ziemlich junge Männer in Zivil. Den Polizisten sah man beiden nicht an, denn sie waren unauffällig gekleidet, wie alle anderen Durchschnittsbürger auch.
Mit ihrem Wartburg brachten sie mich auf das Polizeirevier in Radebeul. Ich mußte mein Portemonnaie, Schlüssel, Uhr, Gürtel, Schnürsenkel, Zigaretten und das Feuerzeug abgeben, bevor ich in eine winzige Zelle gesperrt wurde.
Mir war das alles egal. Der Alkohol tat seine Wirkung. Ich fühlte mich total k.o. und legte mich auf die harte Liege, die an der Wand stand.

Ich hatte keine Ahnung, wie lange ich da geschlafen hatte. Das Krachen des Türschlosses hatte mich aufgeschreckt. Ein Polizist in Uniform brachte mich zu einem der Männer, die mich in der Stehpiepe abgeholt hatten.
Der bot mir einen Stuhl an und stellte sich mir als Leutnant Berger vor. Als ich mich gesetzt hatte, reichte er mir meine Zigaretten herüber, die er aus seiner Schreibtischschublade geholt hatte.
Dann forderte er mich freundlich auf, alles der Reihe nach zu erzählen.

Ich begann mit dem Alkohol, den Fehlschichten und dem mangelnden Geld. So sehr sich der Leutnant auch bemühte, seine Überraschung zu verbergen, als ich von dem Einbruch in die Kaufhalle berichtete, ich merkte es ihm trotzdem an.
Er schien ganz und gar nicht erwartet zu haben, daß sich gleich zwei Einbrüche auf einmal aufklärten.
Ich berichtete alles haarklein und ließ nichts aus.
Zum Schluß erzählte ich ihm noch einmal davon, wie fürchterlich es mir erging, wenn ich keinen Alkohol hatte und erklärte ihm, daß ich deshalb so schnell wie möglich zu einem Arzt gehen wollte.
Der Leutnant stimmte mir zu und sagte: „Den Eindruck habe ich auch, daß dir ein Arzt am Besten helfen könnte“, und meinte weiter: „Im Übrigen ist es gut, daß du dich freiwillig gestellt hast. Ich kenne einige der Staatsanwälte und kann bei ihnen garantiert ein gutes Wort für dich einlegen.“
Dann lud er mich ein, gemeinsam mit ihm eine Runde in seinem Trabi zu drehen.
Er ließ es sich aber nicht nehmen, mir vorher wie zufällig seine Dienstpistole zu zeigen und sagte: „Bei dir kann ich ja auf Handschellen verzichten.“
Ich hatte zwar keine Ahnung, was er mit mir vorhatte, stimmte aber zu.
Er fuhr geradewegs zur Kaufhalle. Ich mußte ihm genau zeigen, wie ich die Tür aufgebrochen hatte und hineingekommen war.
Danach ging es weiter zur Stehpiepe. Zum Glück hatte die bereits geschlossen.
Als wir danach wieder in Bergers Büro saßen, um das Protokoll aufzunehmen, stellte sich langsam wieder Unruhe in mir ein und

ich konnte vor Zittern kaum noch meine Zigarette halten. Schweiß trat auf meine Stirn und die Angst nahm sich meiner an.
Besorgt fragte mich der Leutnant: „Ist dir schlecht? Soll ich dir ein Glas Wasser holen?“
Ich schüttelte den Kopf und stöhnte: „Nee, da hilft kein Wasser, da hilft nur noch Schnaps oder vielleicht ein Arzt.“
Er überlegte eine Weile unschlüssig, was er machen sollte.
Schließlich meinte er zögernd: „Alkohol darf ich dir hier keinen geben. Das ist gegen die Dienstvorschrift.“
„Dann wird mich wohl bald der Wahnsinn packen“, flüsterte ich.
„Wollen wir eine Pause machen?“ fragte er besorgt.
„Das hilft mir jetzt auch nicht mehr“, entgegnete ich.
Der Schweiß lief mir inzwischen in Strömen das Gesicht hinunter, und ich schlotterte am ganzen Körper. Vergeblich bemühte ich mich, mir eine neue Zigarette anzuzünden und warf schließlich resigniert die Streichholzschachtel auf den Schreibtisch.
Der Leutnant beobachtete mich ratlos. Dann stand er plötzlich auf und sagte: „Warte mal einen Moment. Ich komm’ gleich wieder. Mach’ aber keinen Blödsinn!“
Er verließ das Zimmer und kam kurz darauf wieder zurück.
In seiner Hand hielt er jetzt eine große Flasche Wodka, die noch fast voll war.
„Hier!“ Er reichte mir die Flasche.
„Es geht sicher auch ohne Glas. Die müssen wir aber unter den Schreibtisch stellen, falls doch jemand anderes hereinkommt.“
Mit zittrigen Händen griff ich nach der Flasche und noch bevor er es sich hätte anders überlegen können, hatte ich die halbe Flasche in mich hineingeschüttet.
Als er endlich sah, was ich anstellte, riß er mir sofort die Flasche aus den Händen.
„Du bist wohl verrückt geworden?“ fluchte er. „Da bist du doch gleich wieder besoffen!“
Wütend stellte er den Wodka unter den Tisch.
Ich zuckte nur mit den Schultern und meinte: „Soviel war das doch gar nicht.“
Ich erzählte ihm, daß ich in der letzten Zeit häufig zwei große Flaschen Schnaps am Tag getrunken hatte und dazu manchmal noch bis zu dreißig Gläser Bier.

„Das glaubst du doch selber nicht!" sagte Berger kopfschüttelnd. „Bei so einer Menge wärst du doch schon lange tot."
Das Protokoll ging sehr schleppend voran, denn der Leutnant konnte die Schreibmaschine nur mit zwei Fingern bedienen. Erst weit nach Mitternacht waren wir fertig.
„Kann ich jetzt noch etwas von dem Wodka bekommen?" fragte ich ihn vorsichtig und fügte hinzu: „Ich kann sonst garantiert nicht schlafen."
Er reichte mir anstandslos die Flasche über den Tisch.
Vorsichtshalber trank ich sie gleich in einem Zug leer, ehe er aufstehen und sie mir wieder wegnehmen konnte.
„Wie geht es denn jetzt weiter mit mir?" fragte ich ihn erwartungsvoll und hoffte, daß ich jetzt heimgehen könnte.
Zu meiner Enttäuschung sagte er: „Du bleibst die Nacht erst einmal hier. Morgen früh wirst du dann in Dresden dem Haftrichter vorgestellt. Der muß dann entscheiden, was mit dir weiter geschieht. Im Moment kann ich da noch gar nichts für dich tun. Auf jeden Fall werde ich mit dem entsprechenden Staatsanwalt reden und bei der Aktenlage denke ich, daß er dir nur eine Strafe auf Bewährung geben wird."
„Ich wollte doch aber unbedingt zu einem Arzt", erwiderte ich zaghaft.
„Das geht schon in Ordnung", beruhigte er mich, „die haben da einen in Dresden. Ich bring' dich noch in deine Zelle. Da kannst du erstmal schlafen."
Er stand auf und begleitete mich in den Keller bis zu meiner Zelle. Dann verabschiedete er sich von mir und fügte hinzu: „Wird schon alles wieder in Ordnung kommen!"
Im Moment fühlte ich mich richtig gut.
Endlich hatte ich mir einmal alles von der Seele reden können. Noch dazu bei jemandem, der für mich Verständnis zu haben schien. Die Zukunft hatte wieder einen Sinn.
Nun würde bestimmt wieder alles gut werden!

Als ich geweckt wurde und nach der Uhrzeit fragte, war es gerade mal 6.30 Uhr.
Der Wodka war noch in meinen Adern zu spüren.
Nach dem Frühstück fuhr mich der Leutnant, den noch ein Polizist

in Uniform begleitete, selber zum Gericht. Diesmal legte er mir Handschellen an, „wegen der Dienstvorschriften", wie er schulterzuckend sagte.
Im Gerichtsgebäude mußten wir eine Ewigkeit auf einem riesigen Gang ausharren.
Die Leute, die an uns vorüber gingen, schauten verstohlen auf mich und meine Handschellen. Mir war das unheimlich peinlich, und ich fühlte mich wie ein Schwerverbrecher.
Endlich wurden wir ins Zimmer gerufen.
Hinter einem wuchtigen Schreibtisch saß eine Frau, die mir als Haftrichterin vorgestellt wurde.
Der Leutnant reichte ihr eine Mappe mit Unterlagen, ehe er sich neben mich auf einen der Stühle setzte.
Lange und andächtig studierte die Haftrichterin Seite um Seite.
Dann schaute sie auf und schien eine Weile zu überlegen, ehe sie sagte: „Auf Grund der mir vorliegenden Unterlagen wird dem Antrag auf Untersuchungshaft stattgegeben. Der Tatverdächtige ist sofort, in die Untersuchungshaftanstalt Dresden zu überführen."
Von dem, was sie danach sagte, verstand ich kein Wort mehr.
Ich hatte nur noch ein Rauschen und Dröhnen in meinen Ohren.
‚Aber ich wollte doch heute zum Arzt gehen', schoß es mir durch den Kopf, ‚und was heißt hier eigentlich Antrag auf Untersuchungshaft? Auf wessen Antrag?'
Ich begriff gar nichts mehr.
Wir erhoben uns von den Stühlen und in Begleitung des Polizisten brachte mich der Leutnant zur Schießgasse.
In dem uralten Gemäuer der Untersuchungshaftanstalt wurde ich dann an Polizisten in blauer Uniform übergeben.
Als sich der Leutnant von mir verabschiedete, wollte ich ihn fragen, wann er mich denn wieder hier rausholen würde. Er schnitt mir aber das Wort ab und meinte nur beschwichtigend: „Wird schon alles wieder gut werden!"
Dann hatte er es plötzlich sehr eilig und verschwand.

Man führte mich über mehrere lange Gänge und Treppen in den Keller. Dabei mußte eine Vielzahl von Gittertoren auf- und zugeschlossen werden.
Hier unten im Keller herrschte ein reges Treiben. Ich war nicht der

einzige, der heute eingeliefert worden war. Zu erst mußte ich mich komplett ausziehen und meine Sachen abgeben. Danach wurde ich in den Nachbarraum geschickt und mußte mich an einer Schlange von ebenfalls splitternackten Männern anstellen.
Ein Polizist mit einem weißen Kittel über der blauen Uniform begrapschte uns der Reihe nach, von oben bis unten. An seinen funkelnden Augen konnte man unschwer erkennen, welche Freude es ihm bereitete, wenn er an den Geschlechtsteilen herumfummelte. Mir war das schon beim Zusehen peinlich und ich spürte, wie ich einen roten Kopf bekam.
Flüsternd fragte ich meinen Vordermann, was das denn darstellen sollte?
Grinsend drehte er sich um und meinte: „Du bist wohl das erste Mal hier?"
Ich nickte verlegen.
„Der sieht nur nach, ob du nicht 'ne Flasche Schnaps unter'm Sack versteckt hast", flüsterte er. „Nachher rammelt dir noch einer seinen Finger in den Arsch, daß dir die Augen rausfallen."
„Schnauze da vorne!" brüllte hinter uns ein Polizist.
Im nächsten Raum wurde mir flau im Magen. Mein Vordermann grinste mich vielsagend an.
Derjenige, der an der Reihe war, mußte sich bücken. Einer der Weißkittel streifte sich einen Gummiüberzug über den Zeigefinger, tauchte diesen in einen Bottich mit Fett und jagte ihn dann in den Hintern. Dort wühlte er eine Zeit lang herum.
Mir war das zutiefst peinlich, zumal alle anderen dabei grinsend zuschauten.
Ein Dritter schließlich untersuchte mit Lupe und Pinzette unsere Haare auf dem Kopf, unter den Achseln und im Schambereich.
Dann wurde man in den Duschraum geschickt. Hier gab es aber nur drei Duschen, unter denen wir zusammengedrängt eine Weile stehen mußten.
Nach dem Duschen mußten wir zur Kleiderkammer. Ein Häftling musterte mich von oben bis unten, kramte eine Weile in den Regalen herum und brachte mir schließlich einen Stapel Sachen. Das war eine graue Arbeitshose, eine braune Arbeitsjacke, ein blau-weißgestreiftes Fleischerhemd, hohe schwarze Arbeitsschuhe, graue Arbeitssocken und dicke, langärmlige, graue Unterwäsche.

Nachdem wir in die Sachen geschlüpft waren, brachte man uns eine Etage höher zum Friseur. Jeder bekam den gleichen, kurzen Stoppelschnitt verpaßt. Mir wurde dazu noch der Bart abrasiert.
Dann ging es weiter zum Fotografen, wo anschließend noch von jedem meiner Finger ein Abdruck gemacht wurde.
Als ich das hinter mir hatte, faßte mich ein Polizist am Oberarm und führte mich über endlose Gänge und Treppen durch das riesige Gebäude.
Die Wirkung des Wodkas der letzten Nacht hatte schon erheblich nachgelassen. Die Unruhe war wieder da.
Ich faßte mir ein Herz und fragte den Polizisten zaghaft: „Kann ich vielleicht mal zum Arzt?"
Darauf fragte der mich barsch: „Sind sie denn krank?"
Ich versuchte ihm zu erklären, daß ich bestimmt in ein paar Stunden durchdrehen würde, wenn ich nichts zur Beruhigung bekäme.
Der Polizist winkte nur ab und meinte: „Da sind sie nicht der einzige, der hier durchdreht, aber dafür haben wir schon unsere Mittel, keine Angst. Da brauch keiner einen Arzt."
Vor einer Zellentür blieben wir stehen. Er schloß auf und schob mich hinein. Hinter mir fiel krachend die Tür ins Schloß.
Ich blieb wie angewurzelt stehen.
Hier drin war es fast finster. Nur eine Glühbirne verbreitete ein mattes Licht.
Zwei neugierige Gesichter musterten mich ungeniert von oben bis unten.
Mein Blick irrte umher. Ich stand in einem Raum von höchstens 2 x 3,5 Metern. Gegenüber der Tür, an der ich noch immer stand, waren drei Eisenbetten übereinander gebaut. An der Wand mit den Betten konnte ich unterhalb der Decke ein winziges Fenster mit Gitterstäben erkennen. Von da fiel aber kein Lichtschein herein, denn es war von außen mit einem engmaschigen Drahtgitter verdeckt.
Neben den Betten war ein kleiner Tisch von ca. 50 x 60 Zentimetern, an dem drei kleine Stahlhocker standen.
Daran schloß sich ein kleines Waschbecken an und zum Schluß stand in der Ecke das Toilettenbecken.
Die Luft hier drin war keine Luft, es war ein fürchterlicher Mief.
„Herzlich willkommen!" sagte der eine meiner Zellengenossen. Es

war ein kleiner Dicker, der pfeiferauchend auf dem untersten Bett lümmelte.
„Ich bin der Werner und du?“ fragte er.
„Ich heiße Titius, eigentlich Stephan oder Hoffi“, antwortete ich ihm.
„Und ich bin der Hans und hoffe, du fühlst dich hier ganz wie zu Hause“, meldete sich der andere.
Natürlich war nur noch das oberste Bett frei. Ich warf mein Waschzeug und meine Handtücher darauf und ließ mich auf einen der Schemel fallen.
„Das ist eigentlich mein Platz“, sagte Werner, „aber du kannst derweil sitzen bleiben.“
Ich sah mich erneut um. Es war einfach nicht zu fassen. In so einem winzigen Loch konnte man doch wirklich nur verrückt werden.
Das Zittern wurde immer stärker. Mein Herz sprang wild umher und meine Sachen begannen vor Schweiß zu kleben.
Dazu nervten mich obendrein noch die beiden anderen mit ihrer Fragerei. Sie wollten unbedingt wissen, warum ich hier war. Ich erzählte es ihnen kurz.
Dafür erfuhr ich von ihnen, daß Werner als Kellner Geld unterschlagen hatte und bereits das 3. Mal einsaß.
Hans saß erst das 2. Mal. Er hatte das Sparbuch seiner Freundin geplündert und sich dann aus dem Staub gemacht.
Die Bilder vor meinen Augen begannen sich selbständig zu machen. Von grellen Blitzen begleitet, zuckten sie hin und her. Mein Herz hämmerte inzwischen wie wild. Das Rauschen in den Ohren ging in Dröhnen über.
Ich dachte nur noch eines: „Ich muß hier raus. Nur weg von hier, weit weg!“
Ich sprang auf und hämmerte mit beiden Fäusten an die schwere Zellentür. Ich hämmerte und hämmerte, bis sie schließlich aufging. Ich konnte mich nicht mehr auf den Beinen halten. Erschöpft brach ich zusammen.
Der Wachtmeister befahl Hans und Werner mich aufzuheben.
Sie schleppten mich den ganzen langen Gang entlang, bis zur Sani-Stelle.
Einer der Sanitäter fühlte mir den Puls und maß den Blutdruck. Dann hörte ich, wie er mit dem Wachtmeister flüsterte. Ich ver-

stand nur einige Satzfetzen: „... kann brenzlig werden ... ins Haftkrankenhaus ... unbedingt beobachten ...“
Der Wachtmeister winkte nur ab und sagte: „Den kriegen wir auch hier ruhig.“
Der Sani gab mir eine Spritze, nach der ich mich sofort besser fühlte. Dann mußte ich noch ein paar Tabletten schlucken.
Als ich wieder zurück in die Zelle sollte, konnte ich nicht mehr aufstehen. Meine Glieder waren wie Blei. Hans und Werner mußten mich wieder schleppen.
In der Zelle befahl der Wachtmeister den beiden, mir das Bett ganz unten herzurichten. Seine Stimme hörte ich nur noch aus weiter Ferne. Ich lag noch gar nicht richtig lang, da war ich auch schon eingeschlafen.

Am nächsten Tag wachte ich um die Mittagszeit herum auf.
Ich brauchte eine ganze Weile, um die beiden grinsenden Gesichter richtig einordnen zu können. Erst allmählich dämmerte es mir, wo ich mich befand.
Ich schloß die Augen wieder und versuchte damit alles zu verdrängen. Es half nichts, ich war in der Wirklichkeit.
Ich versuchte aufzustehen, aber meine Beine wollten mich nicht mehr tragen und knickten weg. Sie waren wie Pudding.
Also blieb ich erstmal auf dem Bettrand sitzen.
„Mensch, wir haben schon gedacht, du bist tot. So fest hast du gepennt“, sagte Werner und fragte: „Willst du was essen?“
Ich schüttelte den Kopf. Mir war speiübel. Außerdem fror ich unheimlich, daß man glauben könnte, ich zitterte vor Kälte. Ich wurde immer nervöser.
„Ich muß zum Arzt“, murmelte ich, „könnt ihr mal klopfen?“
„Ich glaub’ nicht, daß die dich jetzt zum Arzt lassen. Da mußt du schon halbtot sein“, meinte Werner. „Ich drück’ aber mal auf die Klingel. Vielleicht schicken sie den Sani vorbei.“
Er stand auf und drückte auf einen Knopf neben der Tür. Das war keine richtige Klingel, wie er mir erklärte. Vielmehr ging dabei draußen auf dem Gang eine rote Lampe an.
Es dauerte auch nicht lange, da wurde die Tür krachend aufgeschlossen und ein Wärter trat in die Zelle.
„Was’n hier los?“ brüllte er.

„Der da will zum Arzt.“ Werner deutete mit dem Daumen auf mich. „Is’n das ‘n Sanatorium hier? Dir fehlt doch nüscht!“ herrschte er mich an.
„Ich kriege furchtbare Angst, wenn ich nüchtern werde. Der Sani hat mir gestern eine Spritze dagegen gegeben. Ich glaub’, die könnte ich jetzt auch gebrauchen, sonst drehe ich noch ganz durch“, erzählte ich eingeschüchtert.
„Angst? Durchdrehen?“ brüllte der Wachmann und verdrehte die Augen. „Da braucht man keinen Arzt. Da reicht’s, wenn man ‘n paar auf die Mütze kriegt. Da wird man ganz schnell wieder ruhig. Da fühlt man sich gleich wieder wohl. Kapiert?“
Bedrohlich dicht blieb er dabei vor mir stehen. Ich zog den Kopf ein und nickte zustimmend. Er kam noch näher, so daß er mich bereits berührte und schrie noch einmal: „Kapiert?“
„Ja, Herr Wachtmeister“, antwortete ich voller Angst.
„Na also!“ Sichtlich mit sich selbst zufrieden, verließ er unsere Zelle. Krachend viel die Tür ins Schloß.
„Das ist’n typisches Schwein von Schließer“, meldete sich Werner zu Wort. „Bei dem mußt du höllisch aufpassen. Der zerrt dich schnell mal in ‘ne leere Zelle und haut dich mit dem Gummiknüppel zusammen. In zwei Stunden ist aber Schichtwechsel bei denen, da probieren wir’s noch mal!“
„Was is’n eigentlich mit dir los?“ wollte Hans von mir wissen.
„Das geht schon eine ganze Zeit lang so. Immer wenn ich nüchtern werde, fange ich an zu zittern und bekomme wahnsinnige Angstzustände“, antwortete ich ihm.
„Und vor was hast du dann Angst?“ bohrte er weiter.
„Naja, das Zittern wird dann immer stärker und dann tauchen zwei schwarze Kerle auf, die beiden Zitterer. Die schießen immer mit glühenden Pfeilen auf mich.“
„Ach du Scheiße! Du hast ja wirklich ‘ne Macke!“ Hans sah mich ganz entgeistert an. Fast so, als hätte ich ihm gerade erzählt, daß ich gestern vom Mond gekommen wäre.
„Ach wo, dem fehlt nichts weiter“, sagte Werner beruhigend zu Hans. „Dem fehlt nur der Alkohol.“ Dabei lachte er, als hätte er einen originellen Witz erzählt.
Ich schloß die Augen und versuchte zu schlafen, aber es gelang mir nicht mehr.

Die Worte des Schließers hatten mich so sehr aufgeregt, daß ich am ganzen Körper flatterte. Selbst meine Augenlider klapperten mit. Ein Kälteschauer jagte den anderen. Ich zog mir meine Decke bis an den Hals, aber sie wärmte mich nicht. Konzentriert versuchte ich mich auf andere Gedanken zu bringen. Es ging nicht, es wurde nur noch schlimmer. Dann kamen sie.
Wie aus dem Nichts standen die beiden Zitterer plötzlich vor mir und hielten mit wackligen Händen ihre Pistolen auf mich gerichtet. Dabei verzogen sie keine Miene und sprachen kein Wort. Vielmehr begannen sie unentwegt auf mich zu schießen.
Die heißen Nadeln brannten sich tief in meine Haut und ich jammerte vor Schmerzen laut auf. In meiner Verzweiflung bettelte ich um Gnade und bat, sie mögen doch bitte damit aufhören, aber es half nichts. Sie ließen nicht eine Sekunde von mir ab.
In dieser ausweglosen Situation nahm ich all meinen Mut zusammen und versuchte, sie mit einem Satz anzuspringen, um ihnen die fürchterlichen Pistolen aus der Hand zu schlagen. Sie hatten wahrscheinlich damit gerechnet, denn sie wichen geschickt einen Schritt zurück, so daß ich mit voller Wucht auf dem Betonboden aufschlug, daß es donnerte und blitzte in meinem Kopf. Sofort eröffneten sie wieder das Feuer auf mich. Vor Schmerzen wälzte ich mich wimmernd hin und her und versuchte wenigstens mein Gesicht vor den glühenden Nadeln zu schützen. Dabei bettelte ich immer wieder, sie mögen doch bitte, bitte damit aufhören, doch sie schossen nur um so wilder auf mich.
Nirgends hatte ich mehr eine heile Stelle. Meine Haut war dicht mit Brandblasen übersät. Meine Schmerzen wurden immer unerträglicher und mit einem Mal wurde mir klar, heute wollten sie mich umbringen.
In meiner Todesangst nahm ich all meine Kraft und meinen letzten Mut zusammen und sprang auf. Ich mußte sie kriegen. Eine wilde Jagd begann. Ich stürzte mich auf sie, wieder und immer wieder. Ich spürte nicht, daß ich bereits am Kopf und an den Händen blutete. Das wäre mir auch egal gewesen.
Wieder hechtete ich mich auf sie. Dann gab es einen ohrenbetäubenden Knall und mein Kopf zerfiel in zwei Hälften.
Sie hatten es endlich geschafft.
Finsternis und eine friedvolle Stille umgaben mich.

Ein lautes Rauschen in den Ohren war das erste, was ich wieder vernahm. Dann spürte ich überall die Schmerzen.
Eine Stimme flüsterte: „Ich glaub', er hat sich gerade bewegt."
Angestrengt begann ich zu überlegen: „Wer war das und wo bin ich und was war passiert?"
Ich wollte die Augen öffnen, aber sie gehorchten mir nicht.
Erst nach unzähligen Versuchen gelang es mir endlich.
„Du kannst einen vielleicht erschrecken!"
Das Gesicht über mir hatte ich schon einmal gesehen.
Langsam kehrte die Erinnerung zurück. Werner hatte sich über mich gebeugt und lachte mich an.
„Was ist passiert?" Ich konnte nur flüstern, mir fehlte einfach die Kraft.
Er berichtete mir ausgiebig, daß ich auf einmal wild um mich geschlagen hätte und andauernd nach den Wänden und der Tür gehechtet wäre. Dabei hätte ich gejammert und geschrien. Selbst als ich schon überall zu bluten anfing, hätte ich nicht aufgehört. Sogar Hans hatte eine Beule abbekommen, als er mich beruhigen wollte. Sie hätten gleich um Hilfe gerufen, doch bis die eintraf, hätte ich mir schon den Kopf am Toilettenbecken eingehauen und wäre danach reglos liegengeblieben.
Im ersten Moment hatten sie geglaubt, ich hätte mir das Genick gebrochen.
Als der Sani kam hätte er alle Hände voll zu tun gehabt, alle Wunden zu verarzten. Zum Schluß hätte er mir noch eine Spritze gegeben. Seit dem hätte ich mindestens vier Stunden wie tot geschlafen.
Behutsam tastete ich meinen Kopf ab. Ich zählte wenigstens vier größere Beulen.
Es gab kaum eine Stelle meines Körpers, die nicht weh tat. Vor Schmerzen wurde mir schlecht und ich bat die anderen um etwas Wasser.
Um mich herum lag noch alles wie im Nebel und ich konnte noch keinen klaren Gedanken fassen.

Das ging einige Tage so weiter. Hin und wieder bekam ich eine Spritze oder ein paar Tabletten. Das hing in der Regel vom Wachhabenden und seinem Mitleid ab.
An einem Sonntag war es ganz schlimm. Der Wachtmeister, der

gerade Dienst hatte, lachte nur höhnisch, als ich ihn darum bat, daß er mich zum Sani bringen sollte.
Da ich mit diesem Wachhabenden bereits schlechte Erfahrungen gemacht hatte, zögerte ich lange, noch einmal zu klopfen, obwohl ich bereits wieder am ganzen Körper zitterte und meine Augen ihr verrücktes Spiel mit mir trieben. Als ich den Wachtmeister endlich rief, waren die beiden Zitterer nicht mehr fern.
Kurz nachdem er mich erneut verspottet und die Zelle wieder verlassen hatte, war es aus mit mir. Was danach passierte, weiß ich wiederum nur vom Erzählen meiner Zellenkumpanen.
Ich fing wieder an, laut zu schreien und jammerte vor Schmerzen. Dann stürzte ich wie wild geworden von einer Ecke der Zelle zur anderen, kroch unter den Tisch und schlug mit dem Kopf gegen die Wand. Die beiden hatten auch Angst um sich selbst, deshalb alarmierten sie den Wachtmeister. Der rückte gleich mit Verstärkung an und sie schleppten mich vermutlich in eine leere Zelle.
Erst nach einigen Stunden brachten mich zwei Sanitäter wieder auf meine Zelle. Ich trug einen Kopfverband und meine Nase blutete immer noch stark. Sie legten mich mit dem Rücken auf mein Bett. So konnte ich aber nicht liegen, denn ich schrie vor Schmerzen laut auf und stöhnte.
Später stellte sich heraus, daß ich am Kopf eine große Platzwunde hatte und mein Rücken mit fürchterlichen Blutergüssen übersät war.

Nach etwa drei Wochen hatte das Zittern nachgelassen. Es trat nur noch auf, wenn ich durch irgend etwas stark erregt wurde.
Einmal am Tag durften wir, wenn es nicht regnete, für zwanzig Minuten auf den Innenhof der Untersuchungshaftanstalt. Man nannte das „Freistunde“: Zu diesem Zweck war auf dem Hof ein quadratischer Plattenweg angelegt worden, mit einer Seitenlänge von acht Metern. Hier mußten wir hintereinander lang spazieren. Dabei hatte der Abstand zum Vordermann, wenigstens eine Armeslänge zu betragen. Das Sprechen miteinander war strengstens untersagt. Damit sich auch jeder genau an diese Anweisungen hielt, wurden wir von einem Glasturm aus beobachtet.
Wenn die Abstände nicht richtig eingehalten oder gesprochen wurde, dann brachen die Aufseher den Rundgang vorzeitig ab und wir mußten wieder in die Zellen zurück.

Leider waren wir mit unserem Rundgang bereits um 6.30 Uhr an der Reihe, so daß es draußen noch finster war. In den Zellen stand uns den ganzen Tag über nur das kümmerliche Licht einer Glühbirne zur Verfügung. Tageslicht kannten wir nur noch aus fernen Erinnerungen.
Wie wichtig einem dieses natürliche Licht ist und wie gierig man danach werden kann, spürt man erst, wenn es einem über längere Zeit verborgen bleibt. Ohne Tageslicht wird alles noch viel, viel grauer und im Inneren des Herzens hält die Melancholie Einzug.

Die Verpflegung war eigentlich der letze Fraß, den man sich vorstellen konnte.
Dennoch waren die Mahlzeiten die Höhepunkte im Tagesablauf. Von Haus aus war ich kein sehr wählerischer Esser. Das lag wohl in erster Linie an meinem Elternhaus, wo immer gegessen wurde, was auf den Tisch kam.
Jetzt war ich ehrlich froh darüber, wieder regelmäßig essen zu können. Seit vielen Monaten vor meiner Inhaftierung war das ja nicht mehr möglich gewesen.
Zum Frühstück gab es drei Scheiben Schwarzbrot, 10 Gramm Butter und einen winzigen Klecks Marmeladen. Es erforderte schon eine gehörige Portion Geschicklichkeit, diese Winzigkeiten gleichmäßig auf alle Schnitten zu verteilen.
Dazu gab es einen großen Becher mit ungesüßtem Malzkaffee.
Zum Mittag gab es hauptsächlich Eintopf, manchmal auch Makkaronis mit einer rötlichen, dünnen Brühe, die entfernt an Tomatensoße erinnern sollte.
Ein ganz besonderes Festmahl war dann angesagt, wenn es Kartoffeln mit dickem Erbsbrei und Sauerkraut gab. Irgendwo, an den Rand der Schüssel war noch ein Kaffeelöffel voll Grützwurst gekleckst.
Zum Abendbrot gab es ebenfalls drei Scheiben Brot, das Ministück Butter und ein paar Krümel Wurst, die immer so aussah, als hätte sie schon 14 Tage vorher auf dem Teller gelegen.
Die größten Probleme hatte ich am Anfang mit dem Rauchen.
Es bestand zwar die Möglichkeit, einmal in der Woche nach der Freistunde Tabakwaren einzukaufen, aber dazu benötigte man auch Geld. Es war nicht das gewöhnliche DDR-Geld, sondern die U-

Haftanstalt hatte ihre eigene Währung, bei der auch die sonst üblichen Münzen durch Scheine ersetzt worden waren. Sogar Pfennig-Scheine gab es.
Wer bei seiner Inhaftierung genügend Geld bei sich hatte oder es sich von Verwandten schicken lassen konnte, der war fein raus. Der konnte sich davon sofort 20 Mark auszahlen lassen. Leider hatte ich weder die eine, noch die andere Möglichkeit. Ich mußte bis zum ersten des nächsten Monats warten. Dann bekam ich auch die monatlichen 15 Mark, die diejenigen erhielten, die nichts anderes hatten.
Hans hatte Glück. Er war Nichtraucher und das ganze Theater um die Raucherei ging ihn deshalb nichts an.
Werner rauchte selbstgedrehte Zigaretten und ab und zu eine Tabakspfeife.
Not macht bekanntlich erfinderisch. So hatten Generationen von Strafgefangenen vor uns eine ganz besondere Tabakware erfunden. Man nannte sie einfach „Tütchen".
Werner brachte mir bei, wie man sich so ein Ding drehte.
Am besten dafür geeignet war das Zeitungspapier des „Neuen Deutschland", welches wir neben der „Jungen Welt" täglich in unsere Zelle bekamen.
Man riß sich von der Zeitung einen schmalen Streifen ab und drehte ihn zu eine Spirale zusammen. Dann zog man das Ganze noch ein wenig zurecht, so daß dabei die Form einer kleinen, runden Tüte herauskam, die unten ein kleines Loch hatte. Das obere Ende klebte man mit Spucke fest. Das Tütchen stopfte man mit Tabakkrümeln der gesammelten Zigarettenkippen voll und schon konnte man es anbrennen. Es stank und schmeckte fürchterlich, aber man hatte etwas zu rauchen.
Kein Wunder also, daß es bei manchen Häftlingen sogar ernsthafte Streitereien um Zigarettenkippen gab.
Hin und wieder durfte ich mir von Werners Tabak selbst eine Zigarette drehen, was mir nach dem zwanzigsten vergeblichen Versuch auch schließlich gelang. Im Laufe der Zeit hatte ich dafür aber auch das nötige Geschick entwickelt und die Zigaretten sahen auch wie Zigaretten aus.

Einige Tage später wurde ich gefragt, ob ich arbeiten wollte, um mir ein bißchen Geld zu verdienen. Ich willigte sofort ein, denn das ganztägige Herumlungern fand ich zermürbend und außerdem konnte ich das Geld gut für eigene Zigaretten gebrauchen.
Ich konnte auch sofort jeden Tag bis zum Mittagessen arbeiten und erhielt dafür jetzt insgesamt 30 Mark im Monat.
Für die Arbeit gab es Extrazellen in der obersten Etage.
Zu meiner riesigen Überraschung hatten wir hier Tageslicht. Die ersten Stunden empfand ich dieses Licht so grell, daß mir die Augen weh taten.
Insgesamt bestand die Arbeitsgruppe aus 20 Häftlingen. Unsere Arbeit bestand darin, Briefkuverts von unterschiedlichen Formaten zu falten und zu kleben.
Das war zwar die stumpfsinnigste Beschäftigung, die man sich vorstellen konnte, aber trotzdem eine willkommene Abwechslung des Gefängnisalltags. Außerdem lernte man ein paar Leute kennen, mit denen man sich ungezwungen unterhalten konnte.

Kurz vor Weihnachten wurde ich aus meiner Zelle geholt. Man wollte bei mir zu Hause eine Hausdurchsuchung machen, bei der ich anwesend sein sollte. Zu diesem Zweck durfte ich meine Zivilsachen anziehen.
Der Leutnant von der Kripo, der mich damals verhört hatte und der sich so für mich einsetzen wollte, war nicht mit dabei.
Man legte mir Handschellen an und wir fuhren im auffälligen Polizeiwagen vor dem Haus, in dem ich wohnte, vor.
Das war mir unwahrscheinlich peinlich, denn ich wurde natürlich beim Aussteigen von einigen Leuten aus der Nachbarschaft beobachtet.
Die Leute von der Kripo baten in meinem Beisein meine Vermieterin, bei der Durchsuchung als Zeugin mit anwesend zu sein. Vor Scham hätte ich mich am liebsten verdrückt.
Mein Zimmer bot ein ähnliches Bild, wie das nach einer Detonation auf der Müllhalde.
Überall auf dem Tisch, auf dem Fußboden, neben dem Bett standen oder lagen leere Schnapsflaschen herum. Becher, Schalen und Deckel mit Zigarettenkippen standen zwischen Tellern mit verschimmelten Essenresten und verschmutzten Kleidungsstücken

herum. Man konnte kaum treten, ein katastrophaler Anblick. Konkret schienen die Leute von der Kripo nichts zu suchen. Sie schnüffelten nur hier und da angewidert herum. Einer fand ein paar Patronen Leuchtspurmunition. Die hatte ich mir als Andenken von der Armee mitgebracht. Ohne Maschinengewehr hätte ich sie sowieso nicht benutzen können. Sie sagten mir aber, daß das bereits für eine Anklage, wegen unerlaubten Waffenbesitzes reichen würde. Außerdem nahmen sie noch einige der leeren Flaschen mit, die aus der Kaufhalle stammten.
Auf der Rückfahrt fragte ich nach dem Leutnant und ob ich ihn mal sprechen könnte. Die Polizisten versprachen, ihm Bescheid zu geben. Ich wollte eigentlich nur wissen, was bei seinem Gespräch mit dem Staatsanwalt herausgekommen war und wie lange ich hier noch in der U-Haft sitzen mußte.

Weihnachten und der Jahreswechsel 1979/80 waren gekommen, für uns Untersuchungshäftlinge ein trostloses Erleben.
Nicht einmal Umschläge durften wir an diesen Feiertagen kleben und so vergingen die Stunden nur langsam. Bei allen war die Stimmung auf dem äußersten Tiefpunkt angelangt, denn jeder sann den Zeiten nach, wo er zum Fest noch schöne und glückliche Stunden im Kreise seiner Angehörigen verbracht hatte.
Mir selbst wurde es an diesen Tagen unheimlich schwer ums Herz. Ich hatte alles verloren und es mir mit jedem verdorben. Nun saß ich obendrein noch im Knast. Tiefer konnte man nicht mehr sinken.
Allein der Alkohol konnte nicht daran Schuld sein, da war ich mir sicher. Alkohol hatte jeder andere Mensch auch täglich um sich herum und die meisten von ihnen kamen damit auch zurecht.
Nein, Schuld hatte vielmehr ich selbst.
Ich selbst war es, der einen viel zu schwachen Willen hatte. Der normale Willen müßte einem doch sagen: „Du hast für heute genug getrunken!“ oder „Heute trinkst du mal nur Limonade!“
Warum trank ich nur immer so unheimlich viel?
Warum konnte ich nicht nach drei oder vier Bieren einfach aufhören?
Warum mußte ich so viel Schnaps trinken?
Warum brauchte ich hier keinen Alkohol? Warum....?
Wieder nahm ich mir ganz fest vor, daß es nach meiner Entlassung nur noch bergauf gehen sollte.

Nur noch freitags und sonnabends wollte ich etwas trinken. Das schwor ich mir.
Ich wollte es allen zeigen. Sie sollten alle sehen, daß sie sich in mir getäuscht hatten, daß ich in Wirklichkeit nicht dieser willenlose Saufer war, wie sie glaubten.
Ich war fest davon überzeugt, daß ich das schaffen würde.
Jetzt, nach einigen Wochen ohne Alkohol, fühlte ich mich nervlich und körperlich viel wohler als früher. Zwar dachte ich oft an meine Kumpels und stellte mir in Gedanken vor, was sie wohl gerade machen würden. Ich hätte schon ganz gern mal wieder ein Bierchen mit ihnen getrunken, aber das ging jetzt eben nicht.

Inzwischen hatte ich die Hoffnung aufgegeben, vor meiner Verhandlung aus der Untersuchungshaft entlassen zu werden.
Die Tage vergingen. Sie vergingen zwar langsamer als langsam, aber sie vergingen.
Immer wieder der gleiche Tagesablauf:
Wecken, Morgentoilette, Freigang, Frühstück, Umschläge kleben, Mittagessen, Zeitung lesen, nichts tun, Abendbrot, nichts tun, Nachtruhe und wieder von vorn.
Hans und Werner hatten mich inzwischen verlassen. Sie hatten ihre Gerichtsverhandlung hinter sich gebracht und waren in andere Gefängnisse verlegt worden.
Hans hatte 18 Monate bekommen und Werner über 3 Jahre. Beide waren mit dem Urteil nicht einverstanden gewesen und waren in Berufung gegangen, aber es hatte nichts genützt. Die Berufungen waren von der nächst höheren Instanz abgelehnt worden.
Unterdessen hatte ich einen neuen Zellenkumpanen bekommen. Er hieß Rainer, war ca. 50 Jahre alt und ein ziemlich undurchsichtiger und finsterer Typ.
Der Grund, warum er hier einsitzen mußte, war ein riesiger Justizirrtum. So behauptete er jedenfalls.
Er war Mitropa-Angestellter, der ein Warenlager der Weißen Flotte in Dresden leitete. Aus den wenigen Worten die er sprach, konnte ich entnehmen, daß man ihm vorwarf, Gelder und Waren im größeren Stil unterschlagen zu haben.
Bei seinem finsteren Gemüt konnte ich mir das auch ganz gut vorstellen.

Ende Februar erhielt ich endlich die Vorladung zu meiner Gerichtsverhandlung. Der Termin sollte Mitte März sein.
Ich war sichtlich erleichtert darüber, denn ab jetzt hatte ich wenigstens ein Ziel vor den Augen, auch wenn es eine unangenehme Sache werden würde diese Verhandlung. Die ständige Ungewißheit hätte nun bald ein Ende.
Vom Leutnant Berger fühlte ich mich inzwischen total verschaukelt. Er hatte nichts mehr von sich hören lassen.
Anfangs hatte ich ja geglaubt, daß man mich nach dem Verhör bei der Kripo wieder nach Hause geschickt hätte oder mich wenigstens einem Arzt vorstellte, aber da hatte ich eben falsch gedacht.
Ich hätte nie geglaubt, daß ich so lange in Untersuchungshaft schmoren mußte, zumal ja mein Fall von vornherein eindeutig geklärt war.
Trotzdem gab ich die Hoffnung nicht auf, daß der Leutnant sich doch noch mit dem Staatsanwalt in Verbindung gesetzt hatte. Vielleicht hatte er nur keine Zeit gehabt, mir davon Bescheid zu geben. Das war auch der Grund, warum ich mir keinen Rechtsanwalt als Verteidiger besorgt hatte. Der Sachverhalt zu meiner Tat lag glasklar auf der Hand und ich hatte alles ehrlich zugegeben. Was wollte daran ein Verteidiger ändern? Außerdem konnte ich mir gut vorstellen, daß Rechtsanwälte und Staatsanwälte sowieso unter einer Decke steckten.
Jedenfalls konnte es nicht so schlimm werden. Alle meine Haftkumpanen, mit denen ich darüber sprach, waren der Meinung, daß ich auf jeden Fall eine Strafe auf Bewährung bekommen würde. Schon allein deshalb, weil ich ja das 1. Mal vor Gericht stand.

Am Tage meiner Verhandlung wurden mir schon früh am Morgen meine Zivilsachen gebracht. Zum Glück waren sie halbwegs sauber und auch sonst in Ordnung. Es war schon ein merkwürdiges Gefühl, nach so langer Zeit, meine treuen alten Jeans wieder auf der Haut zu spüren.
Nach dem Frühstück wurde ich dann abgeholt.
Man verpaßte mir Handschellen und ich mußte im Gefängnishof in eine kleine „grüne Minna“ einsteigen. Das Gefährt war ein Barkas mit Kofferaufbau, in dem man fünf kleine Zellen untergebracht hatte. Meine war so winzig, daß ich gar nicht richtig sitzen konnte, weil

meine Knie an die Wand stießen. Ich mußte meine Beine anziehen, damit ich überhaupt hineinpaßte. Dann ließ sich aber meine Zellentür nicht schließen. Erst als ich meine gefesselten Arme nach oben hielt, konnte man von draußen den Riegel vorschieben.
Eine längere Tour hätte ich in dieser Haltung bestimmt nicht überstanden. Während der holprigen Fahrt überlegte ich mir, wie sie das wohl mit dickeren Häftlingen machen würden. Die konnten sie ja eigentlich nur zerteilen, damit sie hier hineinpaßten.
Im Keller des Gerichtsgebäudes wurde ich wieder in eine Minizelle gesperrt, doch hier konnte ich wenigstens richtig sitzen und darauf warten, bis die Zeit für meine Verhandlung heran war.
Man hatte mir gesagt, es würde höchstens noch eine halbe Stunde dauern. Doch die Minuten wurden zu Stunden. Nicht einmal rauchen durfte man hier.
Deshalb wurde ich auch bereits vor der Fahrt nach Rauchwaren gefilzt, denn diese mitzunehmen war verboten. Zum Glück hatten mir die Mithäftlinge den Tip gegeben, bei meiner Hose am Bund die Naht aufzutrennen, um darin etwas zu rauchen verstecken zu können. Das hatte ich prompt auch getan. In meiner Jeans waren zwei Zigaretten, drei Streichhölzer und ein kleines Stückchen Reibefläche versteckt.
Letztendlich war aber die Angst, erwischt zu werden, doch größer und ich ließ alles da, wo es war.
Endlich kam die Erlösung.
Zwei Uniformierte holten mich ab und führten mich in Handschellen, vorbei an unendlich vielen gaffenden Gesichtern, durch das alte Gebäude in den Gerichtssaal.
Was ich da erblickte, ließ mich vor Schreck einen Schritt zurückweichen. Meine beiden Begleiter packten mich sofort links und rechts an den Armen und zerrten mich unweigerlich vorwärts.
Damit hatte ich nicht im Entferntesten gerechnet. Der große Gerichtssaal war brechend voll mit Menschen, zum größten Teil waren es Jugendliche.
Es mußten zwischen acht und zehn Schulklassen sein.
Bei meinem Eintreffen verstummte auf einen Schlag das laute Gemurmel
Mir war das Herz vollkommen in die Hosentasche gerutscht und ich konnte spüren, wie sich alle Blicke auf mich gerichtet hatten.

Die Uniformierten führten mich zum mittleren der drei Stühle, die ein ganzes Stück vor den Zuschauerreihen standen und nahmen mir umständlich die Handschellen ab. Zum Glück durfte ich mich setzen, noch bevor meine Puddingbeine wegknickten. Die Polizisten rückten ihre Stühle direkt hinter mich und setzten sich ebenfalls.

Es war fürchterlich.

Ich hatte vor lauter Scham nur flüchtig zu den Anwesenden geschaut, aber auch so hatte ich in ihren Gesichtern lesen können, was sie alle über mich dachten: ‚So sieht also ein Verbrecher aus!'

Dann hielt das Hohe Gericht Einzug.

Die Richterin, zwei Schöffen und der Staatsanwalt betraten den Saal und ich erlebte die nächste Überraschung.

Einer der beiden Schöffen war ein bekannter Diskjockey aus Radebeul. Da ich in seiner Disko Stammgast war, kannten wir uns. Er hatte aber nie erwähnt, daß er ehrenamtlich Schöffe am Gericht war.

Ich hoffte, daß sein Erscheinen ein gutes Omen für mich war. Er würde sich bestimmt für mich einsetzen.

Zum Glück hatte sich Uwe, so hieß er mit Vornamen, gut unter Kontrolle und ließ sich nicht anmerken, daß er mich kannte.

Nachdem alle wieder Platz genommen hatten, verlaß die Richterin die Anklageschrift.

Mir wurde asoziales Verhalten und mehrfacher Einbruch zum Nachteil sozialistischem Eigentums vorgeworfen.

Anschließend fragte sie meine persönlichen Daten ab und der Staatsanwalt erhielt das Wort.

In seinen Ausführungen machte er den Anwesenden deutlich, daß ich so ziemlich das Letzte war, daß sich in unserem sozialistischen Staat bewegte.

Ich sank dabei in meinem Stuhl immer tiefer.

Der Staatsanwalt hielt mir vor, ich hätte dem Staat, der so dringend Arbeitskräfte benötigte, vorsätzlich meine Arbeitskraft entzogen und damit versucht, ihn zu schwächen.

Vorsätzlich hätte ich auch den sozialistischen Staat materiell geschädigt. Wegen meiner schändlichen Tat konnte die Kaufhalle an diesem Tag erst zwei Stunden später geöffnet werden. Dadurch sei die ordnungsgemäße Versorgung der Bevölkerung mit Nahrungsmitteln stark gefährdet gewesen.

Nachdem er das alles über mich ausgekippt hatte, wurde mir die Möglichkeit eingeräumt, zu diesen Anschuldigungen auch etwas zu sagen.
Das war aber der denkbar ungünstigste Zeitpunkt dazu, denn ich war regelrecht sprachlos. Ich hatte vorher noch gar nicht geahnt, was für ein mieser Kerl ich eigentlich war. Nun wußte ich es und das kam mir, wie mit einem Donnerschlag, zu Bewußtsein. Was sollte ich denn dazu auch noch sagen?
In dem Moment wurde mir auch klar, daß der Leutnant ganz bestimmt nicht mit dem Staatsanwalt gesprochen hatte.
Erst als ich bereits zum zweiten Male aufgefordert wurde, dazu Stellung zu nehmen, konnte ich mich ein wenig zusammenreißen, räusperte mich ein paarmal und sagte, daß es mir leid täte, was ich alles angestellt hatte und daß ich mich dafür entschuldige.
Dann fing ich an zu erklären, welche Probleme ich mit dem Alkohol hätte, aber die Richterin unterbrach mich sofort, denn das würde nicht zum Sachverhalt gehören. Es hätte mich ja kein Mensch dazu gezwungen, soviel Alkohol zu trinken. Wenn ich noch etwas zur Sache sagen wolle, könnte ich das jetzt tun.
Durch ihren barschen Tonfall entmutigt, brachte ich keinen Ton mehr heraus und setzte mich wieder hin.
Die Richterin war damit zufrieden und wandte sich an die Schöffen, ob sie noch Fragen an mich hätten.
Der Diskjockey hatte eine. Er fragte mich, was ich mir denn dabei gedacht hätte, als ich in die Gaststätte und die Kaufhalle eingebrochen bin.
Ich erklärte ihm, daß ich nur daran gedacht hatte, so schnell wie möglich an Schnaps heranzukommen.
Wieder wollte ich hinzufügen, daß ich es nüchtern, vor Angst nicht mehr aushielt und daß mich die Zitterer dazu trieben, aber ich kam abermals nicht dazu.
Die Richterin forderte den Angeklagten erneut auf, nur zur Sache zu sprechen.
Schließlich wurde noch der Kollektivvertreter meiner letzten Arbeitsstelle angehört. Es war mein Brigadeleiter. Er schätzte mich als absolut arbeitsscheu und unzuverläßlich ein. Durch meine Fehlschichten hatte ich die Planzahlen der Produktion erheblich ins Wanken gebracht.

Das war zwar Blödsinn, denn oft genug konnten wir gar nicht arbeiten, weil uns die Teile fehlten, aber irgend etwas mußte er ja schließlich erzählen.
Damit waren die Verhandlungen abgeschlossen und der Staatsanwalt kam mit seinem Abschlußplädoyer an die Reihe.
Er verdeutlichte dabei nochmals, wobei er sich mehr dem Publikum zuwandte, als dem Gericht, was für ein Schurke ich doch war und betonte wiederholt die Vorsätzlichkeit meines Handelns. Deshalb beantragte er eine Freiheitsstrafe von einem Jahr ohne Bewährung.
Mir wurde es bei seinen letzten Worten hundeelend und ich hatte das Gefühl, als hätte sich unter mir die Erde aufgetan und ich fiele ins Bodenlose.
Wie aus dem Nichts tauchte ein kleines Männchen auf und fing an, um mich herum zu tanzen. Dabei schüttelte es sich vor lachen. Auf einmal konnte ich sein Gesicht ganz deutlich erkennen. Es war Leutnant Berger.
Aus der Ferne rief eine Stimme: „Angeklagter, haben Sie noch etwas zu sagen?"
Erst als die Stimme das zweite Mal rief, fiel mir ein, daß sie mich damit meinen könnte.
Ich schüttelte nur mit dem Kopf.
Das Gericht zog sich zur Beratung zurück.
Ich grübelte. Wieso eigentlich ohne Bewährung?
Ich stand doch das erste Mal vor Gericht? Hatten das nicht alle anderen auch gesagt?
Außerdem hatte ich mich doch selbst der Polizei gestellt?
Der Leutnant wollte doch ...?
Es dauerte keine zehn Minuten, dann kamen sie wieder einmarschiert. Das hohe Gericht hatte entschieden, die Richterin verkündete das Urteil.
Im Namen des Volkes wurde ich zu einer Freiheitsstrafe von 18 Monaten ohne Bewährung verurteilt.
Zusätzlich dazu erhielt ich die Auflagen, daß ich mich nach meiner Entlassung aus dem Strafvollzug, in nervenärztliche Behandlung zu begeben hätte und eine Arbeitsplatzbindung von fünf Jahren erfolgen sollte. Außerdem hatte ich mich wöchentlich bei meinem Abschnittsbevollmächtigten zu melden. Gegen dieses Urteil hätte

ich das Recht, innerhalb von 14 Tagen Berufung einzulegen.
Die Verhandlung war beendet. Das Volk hatte gesprochen. Die Richterin hatte den Staatsanwalt noch übertrumpft.
Man legte mir wieder die Handschellen an. Vor meinem Gesicht begann es zu kreisen. Die Knie zitterten so sehr, daß mich einer der Polizisten beim Hinausgehen stützen mußte. Unaufhörlich hallte die Stimme der Richterin in meinen Ohren: „Achtzehn Monate ohne Bewährung, achtzehn Monate, achtzehn Monate ..."

Erst in meiner Zelle kam ich langsam wieder zu mir.
„Na du siehst ja arg mitgenommen aus", riß mich Rainer aus meiner Gedankenlosigkeit. „Dich hat's wohl voll erwischt?" fragte er.
Nach einer Weile erst berichtete ich ihm, wie alles abgelaufen war.
„Das sind doch Schweine", fluchte er. „Du mußt natürlich in Berufung gehen. Der Grund sind die Schulklassen. Die haben vor denen ganz einfach aus dir ein abschreckendes Beispiel gemacht, wetten?"
Sonst redete Rainer eigentlich kaum ein Wort, aber diesmal wollten seine Flüche überhaupt kein Ende nehmen. Wahrscheinlich dachte er dabei schon an seine eigene Verhandlung.
„Meinst du, daß das noch Sinn hat?" fragte ich ihn zweifelnd und fügte hinzu: „Die können doch nicht die Strafen verhängen, wie sie gerade wollen. Die haben mir doch die ganzen Paragraphen aufgezählt, gegen die ich verstoßen hatte."
„Und ob die das können", sagte Rainer, „es kommt doch immer darauf an, wie sie eine Straftat auslegen. Wenn zum Beispiel einer als Ersttäter einen Einbruch verübt, kann er dafür acht Monate auf Bewährung bekommen. Es kann ihm aber auch passieren, daß er zwei Jahre ohne Bewährung bekommt. Solche Gummiparagraphen sind das. Gehe du in Berufung und bereite dich dabei richtig darauf vor, dann wirst du sehen, daß sie von deinen 18 Monaten heruntergehen müssen", beendete Rainer seinen Vortrag.
Er hatte eigentlich Recht. Versuchen könnte man es ja wenigstens.
„Hast du eine Ahnung, wie man so ein Schreiben formuliert?" fragte ich ihn.
„Da kannst du sicher sein", meinte Rainer grimmig. „Wir werden denen ein Schreiben aufsetzen, daß sie nur noch so mit den Ohren wackeln, wenn sie es lesen!"
Gleich am nächsten Tag ließen wir uns vom Wachpersonal Schreib-

zeug bringen und verfaßten gemeinsam das Berufungsschreiben. Es wurde drei Seiten lang. Am Ende war ich mir ziemlich sicher, daß mein Fall neu verhandelt werden müßte.
Zuletzt machte ich mich noch einmal darüber her und schrieb alles in meiner besten Schrift ab.
Rainer hatte sich inzwischen aufs Bett gelegt. Ihm war es nicht gut. Er sah wirklich elend aus. Sein Gesicht hatte eine gelblich blasse Farbe angenommen. Bereits in den letzten Tagen war ihm immer wieder schlecht gewesen.
Nach einer Weile bat er mich, die Notklingel zu drücken, weil es ihm immer mieser ging. Dem Aufseher, der daraufhin erschien, erklärte ich kurz, was mit Rainer los war. Zum Glück war er recht verständig und versprach, einen Arzt zu besorgen.
Fast drei Stunden später kam er endlich. Er untersuchte Rainer mit besorgter Miene.
Auf meine Frage hin, was er denn hätte, bekam ich aber von ihm keine Antwort. Statt dessen verließ er wortlos die Zelle.
Wir verstanden beide nicht, was das darstellen sollte.
Nur wenige Minuten später rückten uns mehrere Schließer und Strafgefangene auf den Pelz. Wir mußten all unsere Sachen und das Bettzeug zusammenpacken und wurden in einen anderen Zellentrakt verlegt. Keiner machte aber auch nur eine Andeutung, warum das passierte. Auf unsere Fragen hin stellten sich alle taub. Das einzige, was wir zu hören bekamen, war: „Anordnung vom Doktor!"
Einem der Polizisten gab ich mein Berufungsschreiben mit der Bitte um Weiterleitung. Kurze Zeit später kam der Arzt noch einmal zu uns herein und gab Rainer eine Spritze.
„Ab sofort haben sie strengste Quarantäne", teilte er uns mit, „es besteht der dringende Verdacht auf Gelbsucht. Das bedeutet für Sie, daß Sie die Zelle nicht mehr verlassen dürfen, und in ein paar Tagen werden Sie zur Weiterbeobachtung ins Haftkrankenhaus nach Bautzen verlegt."
Danach wollte er von uns noch genau wissen, mit wem wir in der letzten Zeit alles Kontakt gehabt hatten, dann ließ er uns wieder allein.
„Wo soll das denn auf einmal herkommen?" fragte ich Rainer unsicher.
„Kann ich mir überhaupt nicht vorstellen", antwortete er kopfschüttelnd.

Bereits drei Tage später wurden wir ins „Gelbe Elend“ nach Bautzen gebracht. Diese Strafvollzugsanstalt war ein uralter und riesiger Gebäudekomplex, zu dem auch das Haftkrankenhaus gehörte. Der Spitzname „Gelbes Elend“ stammte daher, weil die Gemäuer allesamt mit einer schmutzig-gelben Farbe angemalt waren.
Unsere neue Zelle war, im Vergleich zu unseren vorhergehenden, riesig groß. Bestimmt war sie wenigstens 5 x 5 Meter. Sie sah fast wie ein richtiges Krankenhauszimmer aus. Am schönsten war ein riesig großes Fenster, daß zwar vergittert war, aber wir hatten richtiges helles Tageslicht. Die beiden Betten waren sogar weiß bezogen und jeder hatte daneben noch ein eigenes Nachtschränkchen. Wir kamen uns fast wie in einem Interhotel vor.
Kaum hatten wir uns ein bißchen umgesehen, erschien ein freundlicher älterer Mann im weißen Kittel. Er mochte um die 50 Jahre alt sein, hatte graue Haare und war von ziemlich kleiner Statur. Er stellte sich uns als Hauptwachtmeister Paul vor und meinte, er sei der Stationspfleger. Nach einem Augenblick fügte er lächelnd hinzu: „Paul ist mein Familienname.“
Er machte auf uns einen sympathischen Eindruck.
„Meine Herren“, fuhr er fort, „die nächsten acht Wochen müssen sie mit mir Vorlieb nehmen. Alle Bitten und Beschwerden sind direkt an mich zu richten. Da bei ihnen der Verdacht auf Gelbsucht besteht, haben sie strengste Bettruhe einzuhalten und zweimal am Tag bekommen sie von mir eine Spritze in den Po.“
Bei den letzen Worten freute er sich so, daß seine Augen regelrecht funkelten.
Nach einer kurzen Pause fügte er hinzu: „Auf ihren Betten liegen Nachthemden, die sie dann sofort anziehen. Weiterhin herrscht hier striktes Rauchverbot. Vormittags ist jeden Tag Chefvisite. Wenn der Stationsarzt, Major Herrmann, die Zelle betritt, haben sie neben dem Bett zu stehen. Noch Fragen, keine, dann bis später!“
Er machte auf dem Absatz kehrt und verließ den Raum.
„Na das kann ja heiter werden“, raunte ich Rainer zu, „acht Wochen nicht rauchen.“
„Hm, da müssen wir uns was einfallen lassen!“ meinte er nachdenklich.
„Der Kerl scheint aber ganz nett zu sein“, sagte ich zuversichtlich.
„Ja, wenigstens etwas!“

Am nächsten Morgen gab uns Paul ein Zeichen und wir nahmen neben den Betten Aufstellung zur Visite.
Ich mußte lachen. Der Anblick, den wir beide da boten, war einsame Spitze. Die kurzen Nachthemden waren hinten offen und zeigten unsere nackten Hintern.
Der Stationsarzt war ein brummiger Kerl, den unser „Guten Morgen, Herr Major!“ gar nicht interessierte.
In muffligem Ton wies er den Hauptwachtmeister, der ihn mit großen Mappen begleitete, an, bei uns Blutproben zu entnehmen und schon immer prophylaktisch mit den Spritzen zu beginnen.
Unser Stationspfleger nickte hocherfreut.
Das erweckte den Eindruck, als ob er gerne Spritzen verteilte. Vielleicht hatte er gar sadistische Neigungen? Kurz nach der Visite kam er auch schon mit zwei großen Spritzen in die Zelle geeilt.
„So, meine Herren“, sagte er in singendem Tonfall, „sie legen sich jetzt mal auf den Bauch und zeigen mir schön ihre Hintern!“
Er setzte sich zu Rainer auf die Bettkante und streichelte erst ein paarmal über seinen Allerwertesten, ehe er zustach. Zum Schluß gab er ihm noch einen Klaps, dann setzte er sich zu mir aufs Bett. Auch bei mir strich er erst einige Male mit der Hand über mein Hinterteil. Dabei sagte er leise: „Schön locker lassen, nicht verkrampfen, sonst tut's weh!“
Er hörte gar nicht mehr auf mit Streicheln. Abrupt drehte ich mich herum und sah in vor Geilheit funkelnde Augen.
Blitzschnell war mir klar, der Kerl war schwul.
„Na mach endlich!“ zischte ich ihn wütend an.
Er reagierte auch sofort und stach zu.
Ich stöhnte vor Schmerzen. Nun hatte ich doch verkrampft.
Wieder strich er sanft über meinen Hintern und meinte mit süßlicher Stimme: „Ich hatte dir doch gesagt, du sollst locker lassen, aber das bring' ich dir noch bei.“
Dann gab er mir ebenfalls noch einen Klaps, daß es klatschte und stand seufzend von meinem Bett auf.
„Habt ihr eigentlich was zu rauchen mit?“ fragte er scheinheilig.
„Nö, das ist uns alles noch auf der Schießgasse abgenommen worden“, brummte Rainer. „Wenn das so weiter geht, werden wir wohl die Matratzen rauchen müssen.“
Paul nickte nur mitleidig und ging.

„Mensch, der Kerl ist ja schwul", rief ich aufgeregt zu Rainer hinüber.
„Hab' ich schon lange mitgeschnitten", meinte der seelenruhig und fügte hinzu: „Kann für uns nur günstig sein. Wenn du ihn nicht so verschreckst, frißt er dir bald aus der Hand. Der hat an dir 'n Narren gefressen."
Ich war empört: „Sag' mal, du tickst wohl nicht richtig! Vielleicht lasse ich den noch an mir 'rumfummeln!"
„Davon wirst du schon nicht gleich sterben", antwortete er lachend. „Ich bin mir aber sicher, daß dadurch unser Zigarettenproblem geklärt wäre."
„Ich glaub', du hast sie wirklich nicht mehr alle", sagte ich entrüstet, „oder bist du etwa auch vom anderen Ufer, hä? Wie stellst 'n dir das vor? Ich halt ihm meinen Hintern hin, einmal bumsen, zwei Zigaretten, oder wie?"
„Quatsch, nun sei doch nicht gleich blöd. Du brauchst ihm doch nur zu signalisieren, daß du im Prinzip ja nicht abgeneigt wärst, aber wegen dem dummen Gerede eben nicht willst, wenn es andere erfahren. Das bißchen Herumgefummel, das er sich traut, wenn ich dabei bin, wirst du schon überleben."
Rainer sah das Ganze überhaupt nicht verbissen, aber ihn betraf es ja auch nicht.
„Na, du hast vielleicht Nerven!" maulte ich.
Wie zur Bestätigung ging die Tür auf und Paul trat mit schnellen Schritten an mein Bett, griff geschwind in seine Kitteltasche und schob etwas unter mein Kopfkissen.
Mit geheimnisvoller Miene flüsterte er mir danach ins Ohr:
„Stellt euch dabei aber aufs Fensterbrett und blast den Rauch zum Oberlicht hinaus!"
Süßlich lächelnd fügte er zwinkernd hinzu: „Ich weiß natürlich von nichts!"
Dann eilte er hinaus.
„Hab' ich's dir nicht gesagt?" frohlockte Rainer.
„Dämlicher Affe!" gab ich zurück.
Ich schaute unters Kopfkissen. Da lagen sechs Filterzigaretten, ein paar Streichhölzer und eine Reibefläche.
Sehr nobel, sogar Filterzigaretten!
Sofort verspürte ich den Wunsch, eine zu rauchen.

Trotzdem hatte ich das komische Gefühl, daß diese Zigaretten als eine Art Bezahlung gedacht waren für etwas, was ich noch zu leisten hatte.
„Den hast du in der Tasche!“ freute sich Rainer. „Komm, wir rauchen gleich mal eine zur Feier des Tages!“
„Haa, haa, das ist richtig lustig“, brummte ich.
Wie Paul es uns empfohlen hatte, stellten wir uns auf das Fensterbrett.
Schon nach dem ersten Zug wurde es mir schwindlig und ich mußte mich am Fensterkreuz festklammern. Rainer erging es genauso. Wir waren nach zwei Tagen Abstinenz das Rauchen einfach nicht mehr gewöhnt.

Am späten Nachmittag holte Paul Rainer zum Blutziehen aus der Zelle. Er kam bald darauf zurück und ich war an der Reihe. Der Stationspfleger führte mich den Gang entlang in eine Art Behandlungsraum.
Mich beschlich dabei ein ungutes Gefühl, eine Vorahnung.
Überall war es unheimlich still. Wahrscheinlich hatten die anderen Wärter alle bereits Feierabend.
Ich mußte mich auf einen Stuhl setzen. Paul nahm unmittelbar vor mir Platz und begann mit der Blutentnahme. Er beobachtete mich dabei unentwegt verstohlen aus seinen Augenwinkeln und rutschte unruhig auf seinem Stuhl hin und her. Ich wurde auch immer unruhiger.
Als er fertig war, stand ich sofort auf. Er sprang ebenfalls gleich hoch, so daß wir uns dicht gegenüber standen. Paul nutzte diese Situation auch gleich aus und faßte mir blitzschnell unters Nachthemd zwischen die Beine.
Erschrocken wich ich ein Stück nach hinten. Dabei wäre ich fast noch zu Fall gekommen, denn der Stuhl stand noch hinter mir und stürzte jetzt polternd um.
Paul verzog wehleidig das Gesicht.
„Ach, nun hab’ dich doch nicht gleich so!“ sagte er vorwurfsvoll und kam auf mich zu. Ich wich noch weiter zurück. Mein Herz klopfte bis zum Hals. Weiter rückwärts ging es aber nicht, denn ein Schrank versperrte mir den Weg.
Lächelnd kam er an mich heran und preßte mich mit seinem Körper gegen die Schranktür.

„Wenn ich ihm jetzt eine knalle“, schoß es mir durch den Kopf, „konnte es passieren, daß ich noch ein paar Monate dazu bekam. Dann stand Aussage gegen Aussage und wer würde mir, einem Strafgefangenen, schon Glauben schenken.

Seine Hand fummelte mir wieder zwischen den Beinen herum, und er säuselte mir ins Ohr: „Ach, bin ich scharf auf dich. Du hast so einen süßen kleinen Po, den tät ich so gerne mal vernaschen.“

Mit aller Kraft schob ich ihn von mir weg.

„So ganz bestimmt nicht!“ schrie ich ihn an.

„Ich weiß gar nicht, was du hast?“ fragte er erschrocken. „Ich hab doch gar nichts gemacht.“

„Ich will ganz einfach, daß du mich in Ruhe läßt! Begreifst du das?“ sagte ich in scharfem Ton, denn er kam schon wieder auf mich zu.

„Du brauchst wirklich keine Angst zu haben. Ich tu dir bestimmt nicht weh“, versuchte er mich umzustimmen.

„Ich möchte aber nicht“, betonte ich nochmals.

Gekränkt zuckte er mit den Schultern und meinte eingeschnappt: „Naja, vielleicht überlegst du dir’s noch mal! Ich hab’ Zeit.“ Mir fiel ein Stein vom Herzen.

Er brachte mich auch sofort anstandslos zur Zelle zurück. Allerdings redete er dabei unentwegt auf mich ein: „Im Knast sind doch Beziehungen zwischen Männern etwas ganz Normales. Da brauchst du dich doch nicht zu schämen. Das ist völlig natürlich. Wie willst du denn die ganze Zeit ohne Sex auskommen? Sei doch nicht so dumm! Das ist auch zwischen Männern äußerst reizvoll.“

Bevor ich jedoch wieder in die Zelle eintrat, gab er mir noch einen Klaps auf den Hintern, daß es laut klatschte.

Dann fiel die Tür hinter mir ins Schloß.

Erleichtert atmete ich tief durch.

„Und, war was?“ fragte Rainer. Er spielte den Besorgten.

„Na sicher war was!“ fauchte ich ihn an. „Der ist mich natürlich angegangen. Hast du vielleicht was anderes erwartet?“

„Und?“ bohrte er neugierig weiter.

„Und?“ äffte ich ihn nach. „Nichts und, ich hab ihn ein bißchen unsanft weggeschoben. Was dachtest du denn?“

„Ach du Scheiße“, rief Rainer besorgt, „da war der bestimmt stinksauer oder?“

„Da war er bestimmt stinksauer“, äffte ich ihn wieder nach. „Schön,

daß du dir um Paul solch großen Sorgen machst. Leck mich doch am Arsch!" fügte ich frustriert hinzu.
„Na, ich nicht, aber vielleicht der Paul", gab er bissig zurück.
Der Kerl ging mir langsam auf den Docht. Ich sagte in der nächsten Zeit keinen Ton mehr und tat so, als sei er für mich Luft.
Einen Vorteil hatte das Haftkrankenhaus doch. Man konnte hier Bücher lesen.
Zweimal in der Woche kam ein Strafgefangener mit einem Karren voller Bücher vorbei. Die Auswahl war zwar nicht riesig, aber immer noch besser als nur das Neue Deutschland.
Im Moment las ich gerade Ostrowskis „Wie der Stahl gehärtet wurde". Das kannte ich noch aus meiner Schulzeit. Wir hatten das in Literatur ausgiebig behandelt. Damals war ich aber zu faul, das ganze Buch zu lesen.
Inzwischen waren bereits vier Wochen vergangen, in denen mein Hinterteil regelmäßige Streicheleinheiten erhielt. Für Paul war es eben zu verlockend. Er ließ aber sofort davon ab, wenn ich anfing, irgend etwas zu brummen. Trotzdem konnte er es nicht lassen und er versuchte es beim nächsten Mal eben wieder. Ansonsten ließ er mich relativ in Ruhe, und ich war auch nicht weiter nachtragend. Er war es anscheinend auch nicht, denn er versorgte uns fast täglich mit Zigaretten. Das lief immer noch nach dem gleichen Schema ab. Er legte sie mir unters Kopfkissen, flüsterte: „Ich weiß von nichts!" und ging wieder hinaus.
Eines Tages erhielt ich endlich Post vom Gericht. Es war mein Urteil. Ich hatte es bis jetzt noch nicht in schriftlicher Form erhalten. Dazu war ein Schreiben beigefügt, in dem es hieß, daß das Urteil rechtskräftig sei, da die Berufungsfrist abgelaufen ist.
Das verstand ich nun wieder überhaupt nicht.
„Kannst du mir das mal übersetzen?" fragte ich Rainer und hielt ihm das Papier unter die Nase.
Als er es gelesen hatte, sah man ihm an, daß er angestrengt nachdachte. Dann schüttelte er mit dem Kopf und meinte ratlos: „Das sieht ganz danach aus, als ob die so tun, daß dein Schreiben gar nicht bei denen angekommen ist."
„Na, das ist ja vielleicht super und was mach ich jetzt?" rief ich verzweifelt.
„Keine Ahnung", antwortete Rainer, „das beste wäre, du schreibst

einen Brief an die U-Haft und einen ans Gericht und fragst nach, wo dein Schreiben abgeblieben ist. Schließlich kann ich es ja bezeugen, daß du es abgegeben hast. Was anderes fällt mir auch nicht ein."

„Und wenn die sich alle dumm stellen, kann ich überhaupt nichts machen. Das ist vielleicht ein Dreck", fluchte ich.

Als Paul das nächste Mal in unsere Zelle kam, fragte ich ihn um Rat. Er war auch der Meinung, ich solle ein Schreiben an den Leiter der Untersuchungshaftanstalt in Dresden schicken und mit hineinschreiben, daß Rainer bezeugen kann, daß er gesehen hat, wie ich den Wachleuten das Berufungsschreiben übergeben habe. Den gleichen Wortlaut sollte ich ans Gericht schicken. Er holte auch sofort Schreibzeug und half mir bei der Formulierung.

Daraufhin erhielt ich zwei Wochen später vom Leiter der U-Haft einen Antwortbrief. Er teilte mir mit, daß er es bedauerte, aber mein Schreiben sei damals aus hygienischen Gründen vernichtet worden. Ansonsten hätte die Gefahr einer Gelbsuchtepidemie bestanden.

Ich war wie vor den Kopf geschlagen. Man hatte den Brief einfach vernichtet, anstatt ihn zu desinfizieren. Das war kaum zu glauben. Erneut sprach ich mit Paul.

Der war der Meinung, das könne nur ein Rechtsanwalt klären. Den konnte ich mir wiederum nicht leisten, denn ich hatte dazu kein Geld.

„Du kannst höchstens noch mal ans Gericht schreiben", meinte Paul, „und den Richter darum bitten, daß er den Sachverhalt nochmals überdenkt, denn schließlich war es ja nicht dein Verschulden, daß du unter Quarantäne gestellt worden bist."

Ich sah auch keine andere Möglichkeit mehr und so schrieb ich den nächsten Brief ans Gericht.

Die acht Wochen Quarantäne waren vorüber. Wir mußten Abschied von unserer schönen Zelle nehmen und natürlich auch von Paul.

In der Zwischenzeit hatten wir uns mit dem Stationspfleger angefreundet und nahmen ihn so, wie er eben war. Er selber hatte es auch eingesehen, daß er mich nicht herumkriegen konnte.

Nun ging es auf die Schießgasse nach Dresden zurück.

In der Untersuchungshaftanstalt angekommen, wurde mir ein Brief vom Gericht ausgehändigt. Mein Ersuchen war abgelehnt.

In der Begründung hieß es, daß ich die Frist für die Berufung nicht eingehalten hätte und eine angebliche Quarantänemaßnahme keine ausreichende Begründung für eine Fristüberschreitung sei. Es hätte auch andere Möglichkeiten gegeben, das Gericht davon rechtzeitig in Kenntnis zu setzen, beispielsweise durch einen Rechtsvertreter.

Es war ganz einfach nicht zu fassen. Das überschritt meinen geistigen Horizont. Entweder war ich total bescheuert oder ...?

Eine dicke Schicht finsterer Wolken braute sich über mir zusammen. Erst ganz allmählich begriff ich die ganze Tragweite meiner Situation.

Die achtzehn Monate Freiheitsentzug standen fest, felsenfest, waren unwiderruflich.

Ich mußte daran denken, wie endlos lang mir die achtzehn Monate bei der Armee vorgekommen waren. Die NVA war aber im Gegensatz zu dem, was mir noch bevorstand, das reinste Vergnügen.

Ich war eben ein Träumer.

Am Anfang hatte ich davon geträumt, daß ich nach dem Verhör bei der Kripo wieder nach Hause gehen konnte.

Als das fehlschlug, träumte ich, daß ich wenigstens nach meiner Gerichtsverhandlung auf Bewährung entlassen werden würde.

Nach diesem erneuten Fehlschlag träumte ich immer noch weiter. Ich träumte davon, nach der Berufungsverhandlung entlassen zu werden.

Jetzt hatte ich ausgeträumt. Träume können zerplatzen wie Seifenblasen. Wenn man dann trotzdem noch voller Hoffnungen ist, sucht man sich einen neuen Traum. Ansonsten gibt man auf.

Ich gab auf. Wer war ich denn schon? Ich war kein Abiturient. Ich war kein Kfz-Schlosser. Ich war kein Student.

Nein, ich war ein Strafgefangener, ein Krimineller, ein Verbrecher. Was war ich denn noch wert? Warum lebte ich eigentlich noch? Konnte man das überhaupt noch als Leben bezeichnen? Ich war irgend ein Lebewesen, das man eingesperrt hielt und dem man regelmäßig Futter gab, damit es nicht verhungerte. Wozu?

Einige Tage später wurde ich in die Strafvollzugsanstalt in Zeithain verlegt.

Dreizehn unendlich lange Monate lagen noch vor mir.

Ich war an diesem Tag nicht der einzige Neuankömmling.
In dem kleinen Raum der Aufnahmestation drängelten sich etwa zwanzig Strafgefangene.
Wir hatten hier zu warten, bis geklärt war, wer in welche Brigade kommen sollte.
Wie ich dabei mitbekam, gab es hier im Ganzen fünf verschiedene Brigaden. Drei davon arbeiteten im angrenzenden Rohrkombinat und zwei im Gleisbau in Wülknitz. Das war ein Zweigbetrieb der Deutschen Reichsbahn.
Einer der hier anwesenden Strafgefangenen erklärte mir, daß zum Gleisbau die leichteren Jungs kamen, denn es wurde dort im Freien gearbeitet. Das Gelände wäre zwar umzäunt und bewacht, aber die Fluchtmöglichkeiten wären doch bedeutend höher, als im Rohrkombinat.
Die schwereren Jungs kamen deshalb in der Regel nicht nach Wülknitz.
Im Treppenhaus entstand plötzlich Unruhe. Ein paar Strafgefangene liefen lärmend am Gittertor der Aufnahmestation vorbei.
Ich traute meinen Augen kaum.
„Andy!“ rief ich laut und rannte zum Gittertor. Ich hatte in der Gruppe Ponys Sohn entdeckt.
Er hatte mich ebenfalls gleich entdeckt und kam sofort zum Gitter geeilt.
„Mensch Titius, was machst du denn hier?“
Das war natürlich eine dumme Frage, aber wir freuten uns riesig und schüttelten uns durchs Gitter überschwenglich die Hände.
„Wie lange hast'n gekriegt?“ fragte mich Andy strahlend.
„Achtzehn Monate“, antwortete ich, „fünf hab' ich aber schon in der U-Haft weg. Mensch, das ist'n Ding, daß wir uns ausgerechnet hier treffen!“ fügte ich hinzu.
„Titius, Titius, hat's dich also auch erwischt! Ich kann's nicht glauben. Das hätte ich mir bei dir überhaupt nicht vorstellen können. Ich hab nur noch zehn Monate.“
Er schüttelte immer wieder mit dem Kopf und knallte mir durch die Gitterstäbe hindurch seine Pranken auf die Schultern.
„Hast du was zu rauchen?“ fragte ich ihn.
„Klar, Titius, für dich immer!“ sagte Andy, griff in seine Hemdtasche und holte eine fast volle Schachtel „Ligeros“ heraus. Das

waren starke, filterlose kubanische Zigaretten aus Zuckerrohrpapier gedreht.
„Hier, die kannst du gleich behalten, Titius. Mehr hab ich jetzt nicht dabei. Ich muß jetzt auch weiter, aber ich schicke dir dann noch ein paar runter. Wir sehen uns ja bestimmt bald. Da können wir in Ruhe quatschen. Also hau rein, Alter!"
„Hau rein, Andy und danke!" rief ich ihm nach.
Ich brannte mir einen der Glimmstengel an. Die „Ligeros" waren bedeutend stärker, als die „Karo" und für Knastverhältnisse unheimlich teuer.
Andy schien es hier demnach ganz gut zu gehen. Das Wiedersehen mit ihm hatte mich ein wenig aufgemuntert und meine trüben Gedanken der letzten Tagen verscheucht.
Man hatte Andy vor etwa einem Jahr inhaftiert. Es war wohl bei ihm das zweite oder dritte Mal. Wieder war es Körperverletzung, was man ihm ankreidete.
Eigentlich war er überhaupt kein Schlägertyp, eher ein Mordskumpel, der einem seine letzten Groschen gab, wenn es sein mußte. Ansonsten hatte er kaum mal schlechte Laune, war also „immer gut drauf", wie man so schön sagte.
Leider schlug er aber auch gelegentlich einmal zu, wenn ihn jemand pausenlos dazu reizte oder wenn sich ein Stärkerer über einen Schwächeren her machte.
Das war aber immer sehr zum Leidwesen seiner Gegner, denn Andy war ein Kerl, wie ein Schrank und wo er hinschlug wuchs so schnell kein Gras mehr. Das war seine eigentliche Tragik. Ein jeder konnte ihn gut leiden, und es war überhaupt kein Problem, mit ihm gut auszukommen. Trotzdem saß er nun zum wiederholten Male wegen Körperverletzung ein. Es war wirklich schade um diesen Kerl.
Kurze Zeit später kam ein Wachtmeister zu mir und übergab mir ein Päckchen mit einem „Schönen Gruß" von Andy.
Es war kaum zu fassen. Das Päckchen enthielt zehn Schachteln „Ligeros". Um mir die selber kaufen zu können, hätte ich in der U-Haft zwei Monate arbeiten müssen.
Es war aber typisch. Andy war im Knast nicht anders wie draußen. Mir gab das einen unheimlichen Auftrieb. Es war jemand in meiner unmittelbaren Umgebung, mit dem ich mich gut verstand. Das tat unheimlich gut.

„Regina ist wohl ‘n alter Kumpel von dir?“ sprach mich einer von der Seite an. Ich nickte.
„Wir waren das letzte Mal auch schon zusammen hier“, erzählte mein Nachbar, „Regina kennt hier jeder.“
Ich bemerkte an seinem Tonfall, daß er mit ziemlicher Anerkennung von ihm sprach. Das fand ich aber normal, denn im Knast herrschten rauhe Sitten und ich konnte mir vorstellen, daß sich hier so schnell keiner mit ihm anlegen wollte.
Für mich konnte unsere Bekanntschaft nur von Vorteil sein.

Ich wurde für eine Brigade im Gleisbau eingeteilt und man brachte mich zu meinem Verwahrraum, so nannte man hier die Zellen.
Der Raum lag auf einem Gang, der tagsüber bis zu den Gittern am Treppenhaus von den Strafgefangenen begangen werden durfte.
Beim Betreten schlug mir ein lautes Stimmengewirr entgegen. Die Zelle war übervoll.
Gleich wenn man zur Zellentür hereinkam, war ein Zimmer mit zwei Doppelstockbetten, einem Tisch, vier Hockern und vier schmalen Spinden. Es war höchstens zehn Quadratmeter groß.
Von da führte eine Tür in den Nachbarraum. Hier standen fünf Doppelstockbetten, zwei größere Tische mit Hockern und zehn Spinde. In einer Zimmerecke stand ein Toilettenbecken und daneben war noch ein Waschbecken. Das Ganze war auf etwa 30 Quadratmeter aufgeteilt.
Insgesamt waren also auf 40 Quadratmetern, 14 Strafgefangene untergebracht. Nicht mal ganze drei Quadratmeter pro Häftling.
Man zeigte mir in dem größeren Raum der Zelle ein Bett und einen Spind.
Kaum war ich auf der Zelle eingetroffen, wollten meine neuen Zellengenossen auch schon alles mögliche von mir wissen: „Woher, wie lange, warum...?“
Mein Brigadeleiter, selber auch Strafgefangener, kam zu mir. Es stellte sich heraus, daß er aus der Nachbarstadt meines Heimatortes herstammte.
Er sagte mir, daß die Brigade in zwei Schichten arbeitete und in dieser Woche Spätschicht hätte. Dann schärfte er mir noch ein, daß ich, wenn ich alle seine Anweisungen befolgen würde, hier ein super Leben führen könnte.

Gleich danach wurden wir zum Mittagessen in den Speiseraum gebracht. Wenigstens schmeckte es hier ein bißchen besser, als auf der Schießgasse in Dresden.
Anschließend ging es noch einmal kurz auf die Zellen zurück, bis wir zur Arbeit ausrücken mußten.
Mit bewaffneter Begleitung wurden wir in einem großen Bus nach Wülknitz gebracht. Es war Anfang Mai und der Frühling zeigte sich von seiner besten Seite. Die Sonne hatte die Luft schon merklich erwärmt. Hinter allen Gartenzäunen, an denen wir vorüber fuhren, grünte und blühte es. Ich glaube, so sehr hatte ich mich noch nie über den Anblick der Natur gefreut, wie in diesem Moment. Ich konnte mich kaum satt sehen.
Als wir auf dem Gleisbauplatz ankamen, hatten bereits die Strafgefangenen der Frühschicht Aufstellung genommen.
Das Gelände war riesig groß, kaum überschaubar und mit Stacheldraht eingezäunt.
Vor dem Zaun liefen Wachposten auf und ab.
Ich wurde einer Arbeitsgruppe zugeteilt, die die Aufgabe hatte, alte Schienenjoche auseinander zu nehmen.
Eine weitere Gruppe montierte neue Jochs zusammen.
Die schlechteste Arbeit war es nicht, wenn auch manchmal unverschämt anstrengend. Dafür war man aber an der frischen Luft und das war uns sehr viel Wert, wenn man bedenkt, was man sonst für stickige Luft auf den Zellen hatte.
Hin und wieder mußten wir die schweren Holzschwellen selber zum Stapeln wegschleppen, wenn der Kran mal wieder ausgefallen war. Das Holz war mit Imprägniermittel getränkt und so hatten die Schwellen ein ganz schönes Gewicht.
Nach einigen Tagen wurde ich am Brennschneider ausgebildet, weil einer der Strafgefangenen, der bisher diese Arbeit verrichtet hatte, entlassen wurde.
Die Ausbildung dafür war an einem Tag erledigt. Ab sofort hatte ich eine Tätigkeit, die nicht mehr ganz so körperlich anstrengend war.

Auch diese Strafvollzugseinrichtung hatte ihre eigene Währung. Ich erhielt jetzt beim Gleisbau monatlich 30 Mark.
Außerdem hatten wir hier viel mehr Freiheiten. Pro Tag konnten wir eine ganze Stunde lang auf dem großen Gefängnishof herum-

schlendern und uns mit Leuten aus den anderen Brigaden unterhalten. Sogar Volleyball wurde dabei gespielt. Allerdings war da kein Herankommen, denn das Spielfeld war immer von Stammspielern belegt.
Wenn er nicht gerade Schicht hatte, traf ich mich hier öfters mit Andy und wir sprachen über die guten alten Zeiten. Andy wurde hier von allen nur „Regina“ gerufen. Das kam daher, weil er mit Familiennamen Regin hieß.
Er unterstützte mich nach wie vor mit Zigaretten oder etwas Geld. Das war für ihn selbstverständlich und auch überhaupt kein Problem. Er verdiente im Rohrkombinat im rollenden 3-Schicht-System bedeutend mehr und hatte außerdem noch ein einträgliches Nebeneinkommen. Er konnte meisterhaft tätowieren.
Das war in diesem Milieu hier sehr gefragt. Unter den sogenannten „Hackern“ gab es sehr viele Pfuscher, Könner aber nur wenige. Deshalb bezahlte man ihm für seine Arbeit gern etwas mehr.
Natürlich versuchte Andy mich zu überreden, daß ich mir auch ein Bild von ihm auftätowieren lasse. Ich blieb aber eisern, denn ich fand Tätowierungen zu blöd, ob nun kunstvoll oder nicht. Was einmal in der Haut war, das blieb Zeit Lebens drin. Ich hatte bereits in der U-Haft und auch hier in Zeithain Leute getroffen, die viel darum gegeben hätten, wenn die Bilder in ihrer Haut wieder verschwunden wären. Sogar mit Säure hatten manche versucht, sie wieder wegzubekommen.
Viele, die sich im Gesicht hatten tätowieren lassen, bereuten es meist schon kurze Zeit danach.
Ich hatte mir deshalb geschworen, daß bei mir kein einziger Punkt in die Haut kommen sollte.
In meiner Freizeit spielte ich viel Karten. Das war hier zum Glück erlaubt. Um Geld spielen, war allerdings verboten. Deshalb spielten wir mit Aufschreiben und zahlten uns hinterher aus. In der Regel spielte man Skat, aber auch Poker oder „17 und 4“. Einige verspielten dabei an einem Tag ihren gesamten Monatsverdienst.
Auf unserem Flur gab es sogar einen Fernsehraum. Die Zutrittsmöglichkeiten waren allerdings sehr bescheiden. Zu solchen Sendungen wie, „Aktuelle Kamera“, „Objektiv“ oder „Der schwarze Kanal“, hatten wir freien Zutritt.
Welche Filme oder bunte Veranstaltungen gesehen werden durften,

legte allerdings der Erzieher fest, genauso wie er bestimmte, wer sie sich anschauen durfte. Ich fand, das DDR-Fernsehen war schon genug von staatlicher Seite her zensiert. Auf eine zusätzliche Zensur durch den Erzieher konnte ich ganz gut verzichten und betrat deshalb den Fernsehraum höchst selten.
Den Erzieher, einen Oberleutnant, bekam man beim Postverteilen oder bei den Stubenkontrollen zu sehen. Ansonsten traf man nur mit ihm zusammen, wenn man etwas ausgefressen hatte.
Inzwischen beherrschte ich das Zigarettendrehen so gut, daß ich sie für andere mitdrehte, die damit Mühe hatten oder einfach zu faul dazu waren. Aus einem Päckchen Tabak drehte ich 50 Zigaretten. Davon fielen für mich zehn Zigaretten als Lohn ab. Das war kein schlechtes Geschäft.
Hin und wieder veranstalteten wir etwas ganz besonderes. Wir machten eine „Teefete".
Das war verboten, denn es gab hier offiziell weder Bohnenkaffee, noch schwarzen Tee zu kaufen, noch durften diese anregenden Getränke getrunken werden.
Der Tee mußte also eingeschmuggelt werden. Das lief folgendermaßen ab: Einige Strafgefangene erhielten ab und zu von daheim ein Päckchen geschickt, welches unter anderem ein Stück Westseife enthalten durfte.
Dieses Stück Westseife hatte einen Knastwert von 20 Mark. Draußen bekam man es nur im Intershop zu kaufen, wenn man Westgeld hatte.
Diese Seife wurde im Rohrkombinat heimlich bei Zivilangestellten gegen ein Päckchen Tee getauscht. Da dies eben strengstens verboten war und das für beide Seiten galt, war es nicht so einfach, jemanden unter den Zivilisten zu finden, der so ein Risiko einging. Die Zivilangestellten, die zusammen mit den Strafgefangenen arbeiteten, verdienten mehr als andere Arbeiter im Kombinat und hatten außerdem nur leichte Kontrolltätigkeiten. Diesen guten Job setzten sie damit aufs Spiel. Wer sich also von ihnen auf diesen Schwarzhandel einließ, mußte schon ein großes Herz für die Gefangenen haben. Es ging ihnen dabei auch keineswegs um das Stück Seife, was sie dafür bekamen. Das war eher eine Frage der Ehre seitens der Strafgefangenen, die sich den Tee nicht schenken lassen wollten.

Jedenfalls hatte ein Päckchen schwarzer Tee dann einen Knastwert von 30 bis 40 Mark. In Freiheit kostete es nur ganze zwei Mark. Da sich aber immer fünf bis sechs Mann an einer solchen Teefete beteiligten, war es hin und wieder erschwinglich.
Jeden Abend um 22 Uhr wurden wir in die Zellen eingeschlossen und das Licht wurde gelöscht. Innen in der Zelle, über der Tür war eine Notlampe, die nur von außen, vom Gang aus ein- oder ausgeschaltet werden konnte. Sie diente den Wärtern dazu, bei ihren Kontrollgängen in der Nacht, kurz Licht machen zu können, wenn sie durch den Türspion in der Zelle nach dem Rechten sahen, ohne die Neonröhren einschalten zu müssen. Diese Notlampen waren einfache Fassungen mit einer Glühbirne und ständig kaputt. Die Wärter kamen nie hinterher, alle zu reparieren. Deshalb wunderte sich keiner von ihnen, wenn beim Rundgang mal die eine oder andere nicht brannte.
Vor dem Zuschließen der Zellen mußten wir die Glühbirne herausschrauben und den Schalter einschalten, damit wir später in der Zelle Strom hatten, denn Schalter oder gar Steckdosen gab es nicht im Raum.
Als Tauchsieder fungierte ein selbst gebastelter „Ufo". Das waren zwei mit Bindfaden zusammengewickelte Rasierklingen, zwischen denen Streichhölzer geklemmt waren. An jeder Klinge war ein Draht befestigt, deren andere Enden man an die Pole in der Lampenfassung hielt. Wackelte man dabei und rutschte ab, dann gab es einen Kurzen und aus der Fete wurde nichts.
In der Zelle befand sich eine große 5-Liter-Kanne, in der immer Kräutertee war.
Den gossen wir nun ins Klo, taten das Päckchen Tee hinein und füllten sie mit kaltem Wasser auf.
Mit dem „Ufo" siedete das Wasser in der großen Kanne bereits nach wenigen Minuten. Der Sud wurde aber mindestens eine halbe Stunde lang gekocht. Ich hatte zuvor noch nicht gewußt, was schwarzer Tee für eine phantastische Wirkung haben konnte, wenn man zwei bis drei Tassen von dieser dicken Brühe trank.
Natürlich wurde man nicht davon betrunken. Man bekam dafür aber unwahrscheinlich gute Laune, wurde locker und gesprächig. Sogar die ganz ruhigen Typen unter uns tauten dabei auf.
Da diese Feten nur in der Nacht durchgeführt werden konnten, waren

wir am nächsten Tag wie gerädert. Manchmal, wenn auch höchst selten, gelang es den Strafgefangenen sogar Alkohol herzustellen. Sie taten dazu Brot und Marmelade in einen Eimer und füllten diesen mit Wasser auf. Dann wurde er am Rand mit einer Folie zugebunden. Das Problem daran war aber, diesen so zu verstecken, daß ihn keiner fand, denn er mußte mehrere Wochen stehen und der prägnante Geruch verriet das Versteck in den meisten Fällen schon nach wenigen Tagen.

Kurz bevor ich in diese Brigade kam, hatten sie es mal wieder geschafft. Sie hatten das Zeug in der Zwischendecke des Fernsehraumes versteckt, wobei sie unentwegt darauf geachtet hatten, daß der Raum gut belüftet wurde.

Als Ergebnis waren acht Mann betrunken gewesen und hatten anschließend Durchfall. Sie erhielten Fernsehverbot und die gesamte Brigade wurde 14 Tage lang auch tagsüber in die Zellen eingeschlossen.

Unser Brigadier wurde mir mit der Zeit immer unsympathischer. Man munkelte, daß er vorhatte, einen Antrag auf vorzeitige Entlassung zu stellen, wegen guter Führung. Damit erklärte sich mir so manches.

Er war nämlich ein typischer Zinker. Alles, was er über andere Strafgefangene in Erfahrung bringen konnte, meldete er dem Erzieher. Das war für mich das Allerletzte, saßen wir doch schließlich alle in einem Boot. Bald fand ich auch heraus, daß er schwächere Strafgefangene regelrecht tyrannisierte. Von denen ließ er sich täglich die Schuhe putzen, das Bett machen und ähnliche Dinge tun. Das wurde mir doch etwas zu bunt, und ich beschloß, endlich etwas dagegen zu unternehmen.

Gemeinsam mit einigen Strafgefangenen, zu denen ich das größte Vertrauen hatte, beriet ich, was zu tun war. Wir hatten auch bald einen Plan ausgeheckt. Wir wollten ihn öffentlich demütigen, so wie er es mit den anderen machte.

Die Sache war zwar äußerst makaber, aber etwas besseres fiel uns nicht ein. Es sollte ja auch der Abschreckung dienen und keinen Spaß darstellen.

Nachdem alle Einzelheiten durchgesprochen waren und wir uns gegenseitig geschworen hatten, niemandem etwas zu verraten, schritten wir zur Tat.

An einem späten Nachmittag ging ich auf die Toilette und machte einen großen Haufen, aber nicht wie üblich ins Becken, sondern auf ein Stück Zeitungspapier.
Dann standen zwei Mann Schmiere und zwei weitere lenkten durch eine Prügelei die gesamte Mannschaft ab. Dadurch gelang es mir, den Haufen unbemerkt unter der Bettdecke des Brigadiers zu plazieren.
Bis zur Nachtruhe waren wir nun höllisch aufgeregt wie kleine Kinder vor der Bescherung am Weihnachtsabend.
Das bewußte Bett stand im gegenüberliegenden Verwahrraum. Wir konnten also die ganze Reaktion nicht unmittelbar mit verfolgen.
Dann endlich, eine halbe Stunde vor der Nachtruhe, setzte das erwartete Spektakel ein. Man hörte den Betroffenen lauthals schreien: „Solche elenden Schweine! Ihr elenden Dreckskerle, ihr verfluchten!“ Die Tür flog krachend auf und der Brigadier kam in unsere Zelle getobt.
„Welche Drecksau war das?“ schrie er mit kreischender Stimme. „Ich krieg das raus, ihr feigen Schweine und wenn ich euch einzeln totschlagen muß!“ tobte er. Sein Gesicht hatte eine dunkelrote Farbe und weißer Schaum trat aus seinem Mund.
Ich stand dabei in seiner unmittelbaren Nähe, deshalb ergriff er mich jetzt mit beiden Händen und schüttelte mich wie ein Wahnsinniger durch. Dabei schrie er: „Hoffmann, du elendes Schwein, das warst du, du verfluchter Hund!“
Ein paar Strafgefangene stürzten sich sofort zwischen uns, doch der Brigadier war außer sich und griff sich gleich den nächsten: „Los du Dreckskerl, sag mir endlich, welche Drecksau das war!“
Doch er hatte sich ausgerechnet den Falschen herausgesucht. Der war nämlich bedeutend stärker als er selbst. Er faßte ihn an beiden Armen, hob ihn hoch und warf ihn gegen einen der Spinde. Doch in seinem Wahnsinn wollte sich der Brigadier sofort wieder auf ihn stürzen. Abermals gingen einige andere dazwischen.
Durch den Lärm aufgeschreckt, kamen ein paar Wärter mit Gummiknüppeln angerannt. Sie erfaßten ziemlich schnell die Situation, packten den Tobenden an den Armen und zerrten ihn hinaus auf den Flur. Nun war sein lautes Schreien im ganzen Haus zu hören: „Ihr Schweine werdet mich noch kennenlernen! Die Kripo wird schon herausfinden wer das war...!“

Als ich das Wort „Kripo“ hörte, wurde mir doch etwas flau in der Magengegend. Wenn man die wirklich einschalten würde, wäre ich geliefert. Absolut sicher konnte ich sowieso nicht sein, daß alle dicht hielten, denn für jeden Beteiligten konnte ich natürlich nicht die Hand ins Feuer legen.
An diesem Abend dauerte es noch sehr lange, bis wieder die normale Ruhe eingezogen war. Der Brigadier mußte noch sein Bett frisch beziehen und wir wurden von den Wärtern belehrt, daß die Alarmbereitschaft sofort hart durchgreifen würde, wenn auch nur noch die kleinste Unruhe auftreten würde. Vor lauter Aufregung unterhielten wir uns noch bis spät in die Nacht hinein. Insgesamt freuten sich alle, daß endlich mal jemand diesem Kerl eins ausgewischt hatte.

Am nächsten Morgen mußte ich zum Erzieher.
Ich hatte einen ganz schönen Bammel, denn eine große Anzahl Strafgefangener war bereits vor mir bei ihm gewesen.
Hatten alle dichtgehalten?
Der Erzieher sagte mir auf den Kopf zu, daß er wüßte, daß ich es gewesen sei. Er wolle jetzt eigentlich nur noch von mir wissen, warum ich das getan hatte.
Ich stellte mich natürlich total dumm und sagte ihm, daß es mir unerklärlich sei, daß man unserem Brigadier einen solchen Streich gespielt hatte. Ich persönlich sei bisher immer blendend mit ihm ausgekommen. Ich hätte überhaupt keine Ahnung, was da gelaufen sei.
Der Oberleutnant hörte mir nachdenklich zu, meinte dann aber, daß ich erst gar nicht so zu tun brauchte, als wüßte ich von nichts. Für ihn sei der Fall klar.
Ich merkte ihm aber an, daß er sich seiner Sache keinesfalls sicher war und nur bluffte, denn er versuchte es plötzlich auf die sanfte Tour. Er versprach, daß alles hier im Raum bliebe, wenn ich ihm sagen würde, wer noch alles an der Aktion beteiligt war. Ich brauchte auch keine Angst vor einer Bestrafung zu haben.
Aber, wie gesagt, ich wußte ja von nichts.
Nach einigen Drohungen und Ermahnungen ließ er mich dann auch wieder gehen.
Die anderen hatten demnach dichtgehalten.

Später, auf Arbeit, nahm mich der Brigadier beiseite und fauchte mir ins Ohr: „Hoffmann, ich weiß, daß du das Schwein warst. Ich hab nämlich meine Zuträger überall. Ich kann's auch bald beweisen, verlaß dich drauf! Dann hast du hier nichts mehr zu lachen, das versprech ich dir!"
Kraft seines Amtes teilte er mich auch ab sofort für die schwersten Arbeiten ein. Hinzu kam, daß ich laufend den Waschraum und die Toiletten sauber machen mußte.
Irgend jemand mußte ihm doch etwas gesteckt haben oder er hatte nur einfach den richtigen Riecher. Trotzdem hatte er sich damit sein eigenes Grab geschaufelt. Dadurch, daß er mich ständig zum Toiletten- und Waschraumschrubben einteilte, verstieß er selbst gegen die Strafvollzugsordnung. Diese besagte in diesem Fall, daß die Reviere von allen Strafgefangenen abwechselnd zu reinigen seien. Dabei habe der Wechsel täglich zu erfolgen.
Für mich war es also das gefundene Fressen, mich beim Erzieher über die Schikanen zu beschweren.
Dessen Entscheidung erfolgte auch stehenden Fußes.
Der Brigadier wurde abgesetzt und in die andere Gleisbaubrigade gesteckt, als gewöhnlicher Arbeiter.
Damit hatten wir erreicht, was wir erreichen wollten, denn an seine vorzeitige Entlassung war nun nicht mehr zu denken.
Ich selber wurde sicherheitshalber, wie man mir sagte, in eine Brigade des Rohrkombinates gesteckt. Damit war für mich die schöne Zeit auch vorbei, unter freiem Himmel arbeiten zu können.
Ich wechselte vom normalen 2-Schicht-System ins 3-Schicht-System mit „rollender Woche" über. Das hieß, sechs Tage arbeiten und zwei Tage frei. Es wurde also auch an den Wochenenden gearbeitet. Nur feiertags war offiziell keine Schicht. Dafür fuhren wir an diesen Tagen meist Sonderschichten, um dem Kombinat dabei zu helfen, den Plan über zu erfüllen.
Ich hatte diesmal ein wenig Glück, denn im „Vierer-Abteil" meiner neuen Zelle war gerade ein Bett frei geworden, welches ich gleich belegen konnte. Normalerweise wurden diese vier Betten von autoritären Strafgefangenen belegt, die nicht das erste Mal einsaßen und sich schon einen Namen im Knast gemacht hatten. Bei mir war das eine große Ausnahme, die sicher mit den jüngsten Vorfällen in der Gleisbaubrigade zu tun hatte. Wie ich erfahren hatte, war mein

ehemaliger Brigadier auch bei den meisten anderen Strafgefangenen ziemlich unbeliebt. Er saß auch nicht das erste Mal ein und viele kannten ihn von früher. Meine Verlegung nun schien Beweis genug zu sein, daß ich an der ganzen Sache eine Aktie hatte.

Meine neuen Zimmerkumpanen löcherten mich auch bald mit ihren Fragen, aber ich blieb eisern und tat, als hätte ich keine Ahnung.

Der Einzige, dem ich etwas davon erzählte, war Andy. Anfangs runzelte er zwar die Stirn, weil er meinen ehemaligen Brigadier auch von draußen her kannte. Nachdem ich ihm aber erklärt hatte, warum wir eigentlich das ganze Ding gedreht hatten, fand er unser Handeln auch Spitze.

Mit den meisten in meiner neuen Brigade kam ich ganz gut zurecht. Nur bei einem Kerl wußte ich nicht so recht, woran ich bei ihm war. Er lag mit bei mir im Vierer-Abteil der Zelle und hieß mit Spitznamen „Kralle“.

Kralle war schlank, etwas kleiner wie ich und mußte ungefähr mein Alter haben. Seine Haut war von Kopf bis Fuß voller Tätowierungen. Sogar ein Stirnband und blauen Lidschatten hatte er sich eingravieren lassen. Dem Anschein nach war er ein finsterer Geselle. Dazu redete er höchst selten, aber wenn er einem anderen eine Anweisung gab, dann wurde sie meist auch befolgt. Ansonsten sonderte er sich gerne von allen ab. Seine Erscheinung und obendrein noch dazu sein ganzes Gehabe machten mich irgendwie neugierig und ich hatte das Bedürfnis, ihn näher kennen zu lernen.

Doch es dauerte eine Weile, bis mir das gelang.

Die Arbeit im Rohrkombinat war besser als ich dachte. Durch die vielen Maschinen wurde alles ziemlich interessant und machte direkt Spaß. Da die gesamte Anlage aber schon uralt war, klebte auch eine große Portion Lebensgefährlichkeit an ihr.

Von Seiten der Behörden wurde die Sicherheit wahrscheinlich als ausreichend für Strafgefangene eingeschätzt.

Manchmal konnten wir über die hohe Trennwand, die unseren Arbeitsbereich umgab, hinüber in die Nachbarabteilung des Werkes blicken, wo nur Zivilkräfte arbeiteten. Dort wurden die gleichen Arbeiten verrichtet, nur mit weitaus moderneren Maschinen.

Die noch glühenden Rohrrohlinge wurden uns bündelweise mit ei-

nem Kran gebracht. Sie hatten eine Länge von ca. 8 Metern. Die Rohrdurchmesser waren verschieden, je nach dem, welche Aufträge vorlagen.
Zuerst liefen die Rohre bei uns durch die Richtmaschinen, damit sie der Länge nach gerade wurden. Dann liefen sie über ein Fließ band zu einer Maschine, die an beiden Enden des Rohres den Grat entfernte. Man nannte das anphasen.
Anschließend liefen sie über Bänder zur Gütekontrolle und schließlich zur Waggonverladung.
Die Zivilangestellten, die mit uns zusammenarbeiteten, waren mehr oder weniger in Ordnung. Wir kamen jedenfalls ganz gut mit ihnen aus und sie mit uns. Deshalb machte die Arbeit auch Spaß.
Die gesamte Anlage lief halbautomatisch. An den entscheidendsten Stellen wurde sie aber manuell gesteuert. So auch an den Richtmaschinen. Hier wurden alle Bewegungen der Maschine von einem großen Steuerpult aus, per Knopfdruck gesteuert. Früher war das auch automatisch möglich, aber der Zahn der Zeit hatte die Automatik zerstört. Möglich ist auch, daß der Zustand der Maschinen auch daran lag, daß die Strafgefangenen, die eine solche Maschine bedienten, mit ihrer Fingerfertigkeit schneller waren, als es die Automatik je hätte sein können, aber das ist nur so eine Vermutung.
Die Gefahr an dieser Maschine lag im Besonderen an der Schnelligkeit, mit welcher sie bedient wurde. Je schneller der Richtmaschinenfahrer arbeitete, um so größer war das Risiko, daß er zur falschen Zeit, den falschen Knopf drückte. Dann konnte es passieren, daß ein zentnerschweres Rohr plötzlich durch die ganze Halle geschleudert wurde, was selbstverständlich auch hin und wieder vorkam. Im Laufe der Zeit gingen aber jedem Strafgefangenen hier die Geräusche der einzelnen Maschinen so in Fleisch und Blut über, daß man sofort hörte, wenn ein Rohr geflogen kam, und man ging sofort in Deckung. Nur deshalb gab es kaum größere körperliche Schäden.
Die Richtmaschine, die in meiner Fließstraße lief, bediente Kralle. Er arbeitet so versiert auf seiner Tastatur, daß er die Maschine über längere Zeit auch mit geschlossenen Augen steuern konnte. Mit Abstand war er der beste Richtmaschinenfahrer unter den Knastern. Ich arbeitete in der gleichen Linie hinter Kralle an der Phasen-

maschine. Er legte so ein höllisches Tempo vor, daß er mich mit Arbeit regelrecht zuschüttete.
Insgesamt überbot unsere Brigade alle Planzahlen und das nicht nur mit ein paar Prozenten. Trotz der häufigen Reparaturzeiten der alten Maschinen war es das Wenigste, wenn wir den Plan mit 120 Prozent erfüllten. Oft waren es 150 und mehr Prozente.
Eigentlich war es unglaublich, wie Strafgefangene heranklotzen konnten, wenn man bedachte, daß viele von uns wegen Arbeitsbummelei einsaßen und wir dafür eigentlich nur einen Spottlohn erhielten. Dieser Feuereifer wirkte unmittelbar ansteckend, denn es gab nicht einen unter uns, der nicht mitzog. Wofür wir aber so rammelten, wußte keiner so recht. Vielleicht lag es daran, daß wir uns untereinander so gut verstanden, jedenfalls auf Arbeit? Vielleicht lag es an der Anerkennung, die uns die Zivilbeschäftigten entgegen brachten? Vielleicht lag es aber auch an den kleinen Aufmerksamkeiten, die uns das Werk zukommen ließ?
Mal waren es ein paar Kästen Limonade, manchmal Kuchen oder Schokolade. Sogar Apfelsinen und Bananen trieben sie hin und wieder für uns auf.
Einmal gab es einen Riesenkrach zwischen dem Werk und der Gefängnisleitung. Wir hatten gerade wieder eine Superschicht gefahren und die Werksleitung wollte uns dafür am nächsten Tag pro Person 10 Mark Prämie auszahlen.
Die Gefängnisleitung fand 10 Mark jedoch zu hoch für uns und lehnte die Prämie kategorisch ab. Daraufhin wollte unser Abteilungsleiter im Werk am nächsten Tag eigenmächtig echtes Geld an uns auszahlen. Das Wachpersonal, welches uns auf Arbeit bewachte, konnte das aber in letzter Sekunde verhindern.
Als wir davon Wind bekamen, waren wir uns sofort einig und schalteten kurzerhand alle Maschinen ab.
Es dauerte auch nicht lange, bis das Knastgeld da war und wir jeder unsere 10 Mark erhielten.
Die Gefängnisleitung mußte ihre Meinung ändern. So einen Eindruck hatten stillstehende Maschinen auf sie gemacht.

Eines Tages entdeckte ich zur Freistunde auf dem Gefängnishof ein bekanntes Gesicht aus Radebeul. Es war Haleck, den ich von der „Weintraube“ oder der Badkneipe her kannte.

Das war natürlich ein „Hallo“. Die Welt ist eben ein Dorf.
Haleck hatte auch immer so viel Durst gehabt wie ich und war folgerichtig ebenfalls wegen Arbeitsbummelei, sprich asozialem Verhalten, eingeknastet worden.
Ansonsten war er ein sehr ruhiger Typ und man merkte es ihm an, daß er sich hier im Strafvollzug nicht sonderlich wohl fühlte. Andy hatte er bereits schon getroffen und so schien er ein wenig erleichtert zu sein, daß er jemanden hatte, mit dem er mal reden konnte. Leider arbeiteten wir alle drei in verschiedenen Schichten, deshalb war das nur hin und wieder möglich. Um so mehr freuten wir uns, wenn wir uns trafen.
Kurze Zeit später kam Frank in unsere Brigade.
Er war vorher in Andys Schicht gewesen. Dort hatte er aber andauernd Probleme mit einem Zivilangestellten bekommen, der ihn laufend wegen irgendwelchen Lappalien beim Wachpersonal verpfiffen hatte. Zum Glück gab es in unserer Schicht keinen solchen Zinker.
Frank kam aus Freiberg und hatte dort nach Feierabend in einer Band gesungen. Durch ständiges Trinken war er total abgesackt, schwänzte die Arbeit und bei seinen Auftritten kam es immer häufiger zu Randalen, bis er schließlich Auftrittsverbot erhielt. Dadurch wurde es aber noch schlimmer mit ihm und nun saß er wegen asozialem Verhalten und Körperverletzung ein.
Von seiner Statur her war er ein echter Hüne und er gab sich auch äußerlich so, als sei er knallhart. Ich hatte mich aber ziemlich schnell mit ihm angefreundet und fand schnell heraus, daß seine harte Schale einen sehr weichen Kern umhüllte.
Uns beide vereinte im Prinzip das selbe Problem. Wir kamen beide nicht klar damit, daß wir nicht den nötigen Willen dazu aufbringen konnten, unser Trinken einzuschränken.
Frank hatte schon draußen regelmäßig Bodybuilding gemacht. Das versuchte er jetzt, hier im Knast fortzuführen. Er hatte sich deshalb von den Gleisbauern zwei kleine Handeln aus Schienenstücken fertigen lassen, die diese am Wachpersonal vorbei, mit hineingeschmuggelt hatten.
Seiner Meinung nach hätte ich von der Statur her ganz günstige Voraussetzungen, um mir einen anständigen Körperbau antrainieren zu können.

Ich konnte mir das allerdings kaum vorstellen, denn meine Figur war eher schmächtig als kräftig. Er war aber der Ansicht, daß ich es dadurch besser hätte als einer, der sich erst sein Fett abarbeiten müßte.
Ab sofort machten ich alle Kraftübungen mit ihm gemeinsam. Hin und wieder wurde unser Trainingsrhythmus gestört, weil die Schließer unsere Handeln fanden und wegnahmen. Kraftsport war im Knast verboten. Das konnten wir zwar überhaupt nicht begreifen, aber es war eben so.
Es dauerte dann immer erst einige Tage, bis wir uns neue Handeln besorgt hatten.
Nach einigen Wochen konnte man bei mir auch schon die ersten Ansätze erkennen, die mich dazu ermutigten, weiter zu trainieren.

Es gab aber auch etwas im Strafvollzug, was mir unheimlich zu schaffen machte.
Es war die Anwesenheit von Scharen kleiner, brauner Viecher, an die ich mich ganz und gar nicht gewöhnen konnte.
Das verhielt sich folgendermaßen:
Das Mittagessen wurde von uns im Speiseraum eingenommen. Frühstück und Abendbrot aber gab es in der Zelle. Deshalb gab es auch in jeder Zelle einen Schrank, in dem das Brot und der Marmeladeneimer aufbewahrt wurde.
Eines nachts, ich war noch nicht lange auf dieser Zelle und nahm gerade an meiner ersten Teefete teil, hatte ich Hunger und ging deshalb in unseren Brotschrank.
Ich hatte mir zum Abendessen vorsorglich ein paar Scheiben Brot mehr abgeschnitten, die ich jetzt essen wollte.
Ich nahm mir eine Scheibe heraus und biß ab.
Es knackte zwischen den Zähnen, als ob ich auf lauter Erbsen gebissen hätte.
Dann kribbelte und krabbelte es fürchterlich in meinem Mund. Eiskalte Schauer liefen mir den Rücken hinunter. Vor Schreck begann ich zu Spucken und warf die Schnitte auf den Tisch. Mühsam gelang es mir mit zittrigen Fingern ein Streichholz anzuzünden. Voller Entsetzen sah ich eine kleine, muntere Schar von Küchenschaben, die sich mit flinken Füßen aus dem Staube machte. Mir standen die Haare zu Berge und mir wurde speiübel. Vom Ekel gepackt, rannte

ich zum Toilettenbecken und mußte mich übergeben. Vor Schaudern klapperten mir die Zähne, ich mußte mich setzen.
Die anderen auf der Zelle aber bogen sich vor Lachen: „Das sind doch niedliche Tierchen! Die tun dir doch nichts! Daran wirst du dich noch gewöhnen müssen!“ riefen sie durcheinander. Einer gab mir den Rat, ich solle doch mal in den Brotschrank leuchten.
Ich konnte zwar schon ahnen, was es da zu sehen gab, aber nach einigem Zögern tat ich es trotzdem.
Eigentlich hatten wir zwei große Brote im Schrank deponiert, doch das Bild, welches sich mir im Schein des brennenden Streichholzes bot, war alles andere als Brot. Es waren zwei große, schwarze, lebende Haufen.
Tausende von Schaben hatten unser Brot in Beschlag genommen.
Voller Grauen knallte ich die Schranktür zu und wieder lachten die anderen nur: „Mensch, nun hab’ dich doch nicht so! Das ist doch bloß nachts so! Tagsüber schlafen die meisten der lieben Tierchen!“
Mich fröstelte und es schüttelte mich so, als hätte ich hohes Fieber.
Tagelang konnte ich darauf hin kein Brot mehr essen. Es schüttelte mich schon beim Anblick.
Zum Glück verdrängte ich im Laufe der Zeit dieses Erlebnis so gut es ging, denn etwas mußte ich ja schließlich essen.

Stück für Stück gelang es mir, die Mauer zu zerbrechen, die Kralle um sich herum aufgebaut hatte. Das gelang mir in erster Linie auf Arbeit, wo ich ihm, so oft ich konnte, beim Bedienen der Richtmaschine auf die Finger schaute.
Eines Tages wurde ihm meine Gafferei doch zu doof. Er schaltete seine Maschine ab und kam zu mir herüber.
„Kannst du mir vielleicht mal erklären, warum du egal so blöde glotzt?“ fragte er mich seelenruhig.
Ich nickte mit dem Kopf in Richtung seiner Maschine und meinte: „Das ist der reine Wahnsinn!“
Kralle zuckte mit den Schultern, „Was ist Wahnsinn?“
„Die ganze Anlage ist Wahnsinn und wie du die bedienst“, gab ich zurück.
Seine Augen begannen zu leuchten und leise, wie zu sich selbst, sagte er: „Ja das stimmt, es ist wie ein Wunder, als würden wir uns schon lange kennen. Manchmal glaube ich, es ist gar keine Ma-

schine, sondern irgendein Lebewesen, das fühlen kann, wie man mit ihm umgeht."

Plötzlich hatte er wohl gemerkt, daß er etwas von seinem Inneren preisgab, denn er schaute mich verstohlen von der Seite an. Offensichtlich war es ihm peinlich.

Er deutete mit dem Kopf in Richtung meiner Maschine und sagte: „Ich glaub', du möchtest mal weitermachen!" und schlenderte zurück an seinen Arbeitsplatz.

Ich schaute ihm hinterher. Mit Sicherheit war Kralle sehr einsam. Es schien bald so, als ob er zu seiner Maschine mehr vertrauen hatte, als zu den Menschen.

In den folgenden Tagen gesellten wir uns öfters zueinander. Mal ging ich zu ihm an die Maschine oder er kam zu mir. Nach und nach brachte er mir bei, wie man sein Schaltpult bediente und er arbeitete dafür auch hin und wieder an meiner Maschine. Langsam faßte er zu mir Vertrauen, und wir wurden gute Freunde. Auch den anderen gegenüber war Kralle nicht mehr ganz so verschlossen, wie vorher.

Mit der Zeit erfuhr ich von ihm, welchen Lebensweg er schon hinter sich hatte.

Bereits als kleines Kind war er in ein Heim gekommen. Man hatte ihn damals seiner Mutter weggenommen, weil sie Alkoholikerin war. Wer sein Vater war, wußte er nicht.

Weil er sich immer wieder gegen die Gängeleien seiner Erzieher aufgelehnt hatte, kam er später in ein Heim für schwererziehbare Kinder. Da war es aber noch viel schlimmer als vorher, meinte Kralle. Ringsherum gab es nichts anderes mehr, wie Regeln und Verbote. Mehrmals hatte er deshalb versucht, von dort abzuhauen, doch man griff ihn immer wieder auf und brachte ihn zurück. Bei seinem letzten Ausreißversuch erwischte man ihn, als er sich gerade in einem Lebensmittelladen ein paar Brötchen und eine Tafel Schokolade in die Hosentasche gestopft hatte.

Eine Verkäuferin hatte das beobachtet und ihn am Arm gepackt. Kralle versuchte sich daraufhin loszureißen, und die Frau fiel mit dem Rücken gegen ein Spirituosenregal. Dabei gingen einige Flaschen zu Bruch. Der Schaden betrug insgesamt gerade mal 100 Mark. Das Ende vom Lied war jedenfalls, er kam dafür in den Jugendwerkhof. Das war im Prinzip das Gleiche wie ein Gefäng-

nis, nur eben speziell für Jugendliche. Den einzigen Vorteil, den er dabei hatte, er konnte dort drin einen Beruf erlernen und wurde Zerspanungsfacharbeiter.
Aber Kralle hatte noch viel mehr gelernt.
Er lernte zum Beispiel, was man alles anstellen konnte, um wieder hinter Gitter zu kommen. Ganz getreu dem Ausspruch:
„Wer einmal aus dem Blechnapf fraß, das Wiederkommen nicht vergaß!"
Den hatte sich Kralle sehr zu Herzen genommen, denn zählte man den Jugendwerkhof mit dazu, saß er jetzt das 4. Mal ein. Zwischen den einzelnen Haftstrafen verbrachte er immer nur wenige Wochen in Freiheit. Er kümmerte sich nicht um Arbeit, sondern besorgte sich anderweitig das Geld zum Leben. Nachts brach er deshalb in Geschäfte und Betriebe ein.
Kralle hatte aber außerdem noch eine völlig andere Einnahmequelle, die ihm ein regelmäßiges Einkommen verschaffte. Das gestand er mir allerdings erst viel später, als er sich absolut sicher war, daß ich es keinem weitererzählen würde.
Er stellte älteren Männern mit viel Geld, die homosexuelle Neigungen besaßen, seinen Körper zur Verfügung. Er ließ sich das von denen gut bezahlen. Mir gegenüber tat er so, als sei das die normalste Sache der Welt.
Ich konnte mir das aber gerade bei ihm überhaupt nicht vorstellen. Sicher, hier im Knast waren homosexuelle Beziehungen unter den Strafgefangenen keine Seltenheit. Es gehörte einfach mit dazu und man sah kulant darüber hinweg. Von vielen, die hier homosexuell waren, wußte ich zum Beispiel, daß sie draußen ein ganz normales Familienleben führten.
Bei Kralle schien das aber alles anders zu laufen.
Ich hatte bei ihm eine solche Neigung noch nicht erkennen können, obwohl einem hier im Knast so etwas kaum verborgen geblieben wäre. Außerdem funktionierte der Buschfunk nirgendwo besser wie hier. Dazu hatte mir Kralle oft von einer Freundin erzählt.
Aus diesen Gründen war ich doch neugierig geworden und fragte ihn, wie das denn bei ihm möglich sei?
Er lachte nur über meine Frage und meinte, daß er sich eigentlich sicher sei, daß er nicht schwul sei. Es mache ihm aber Spaß, für solche kleinen Gefälligkeiten, wie er es nannte, Geld zu bekom-

men. Die Männer wären dabei unwahrscheinlich großzügig und der eine oder andere erkaufte sich zusätzlich mit dem Geld noch sein Schweigen. Ekel empfand er dabei überhaupt keinen, sondern fand es eher reizvoll und meinte, er brauche das direkt hin und wieder mal, ganz abgesehen von dem Geld, das dabei heraussprang. Bereitwillig erzählte er mir alle Details, wie so ein Treffen ablief. Ich stellte mir vor, daß das ja manchmal sehr wehtun müßte, doch Kralle meinte dazu, daß sei alles nur Quatsch, denn da gebe es genügend Tricks dabei, damit nichts wehtat. Außerdem bekäme er von einem Stammkunden sogar 300 Mark, berichtete er stolz, dafür nehme er gern einiges in Kauf.
Meine offensichtliche Neugier über seine Erlebnisse deutete er allerdings etwas falsch. Er glaubte nämlich, daß ich das auch gern einmal ausprobieren wollte und mich aus Unwissenheit nur noch nicht dazu getraut hätte.
Darum lud er mich für die kommende Nacht, wenn die anderen schliefen, in sein Bett ein.
Ich lehnte dankend ab und erklärte ihm, daß ich nur deshalb so neugierig war, weil ich mir bis jetzt nicht vorstellen konnte, wie zwei Schwule miteinander verkehrten.
Trotzdem gab er nicht klein bei und versuchte es ab und zu weiterhin, mich in sein Bett zu locken, aber er wurde dabei zum Glück nie aufdringlich.
Die Kameradschaft zu Kralle brachte der Beziehung zu Frank keinen Abbruch, wenngleich sich beide manchmal ziemlich eifersüchtig benahmen. Größere Auseinandersetzungen gab es aber nicht.
Mit Frank verband mich das leidliche Problem „Alkohol".
So wie ich hatte auch er in der Vergangenheit Erfahrungen mit Entzugserscheinungen machen müssen. Er kannte das wahnsinnige Zittern, die Schweißausbrüche und das rasende Herzklopfen, wenn man lange nichts getrunken hatte.
Oft sannen wir gemeinsam darüber nach, wo denn dafür die Ursachen liegen könnten, denn die meisten anderen Menschen hatten ja diese Probleme nicht. Folglich konnte es wirklich nur an uns liegen, an unserem schwachen Willen.
Beide waren wir uns darüber einig, daß alles anders werden würde, wenn wir wieder draußen waren, denn wir waren fest davon überzeugt, daß es bei uns auch klappen mußte. Wir würden wie die

anderen nur freitags und samstags ein paar Bierchen trinken, denn dann könnten wir am nächsten Tag in Ruhe ausschlafen. Man brauchte sich ja nur den Willen anzutrainieren, in der Woche gleich nach der Arbeit nach Hause zu gehen.
Allerdings hatte unser Vorhaben auch einen Haken und der lag bei den vielen Kumpels, die wir draußen kannten. Das war nicht zu unterschätzen.
Würden das meine Kumpels begreifen, wenn ich mich in der Woche nicht mehr in der „Perle" sehen ließ?
Sicher nicht, garantiert würden sie versuchen, mich auf ein, zwei Gläser zu überreden. Deshalb mußte ich dann ganz besonders stark sein, um den Sticheleien von ihnen nicht nachzugeben, denn dann wäre wirklich bald alles wieder beim Alten. Ob ich das allerdings schaffen würde, bezweifelte ich selber.
Darum faßte ich irgendwann den Entschluß, daß, wenn ich schon nach dem Knast neu anfangen wollte, dann auch richtig und mit allen Konsequenzen. Sonst hätte es gar keinen Sinn.
Der größte Vorteil, den einem das Gefängnis bieten konnte, war die Zeit. Man hatte eine Unmenge an Zeit zum Nachdenken. Ich hatte diese ausgiebig genutzt und wußte nun ganz genau, was ich wollte. Mein Plan stand fest. Ich hatte wieder ein richtiges Ziel vor Augen. Das stimmte mich unheimlich zuversichtlich.
Ich hatte beschlossen, nach meiner Entlassung aus dem Strafvollzug nicht mehr nach Radebeul zurückzukehren. Ich wollte dahin gehen, wo mich keiner kannte. Nur so, davon war ich überzeugt, hatte ich eine echte Chance, den Alkohol in den Griff zu bekommen. Bisher war es ja so, daß der Alkohol die Gewalt über mich hatte und nicht umgekehrt. Das sollte sich in Zukunft ändern.
Bedingt durch meine lange Haft, war in mir das Interesse an der Natur und der damit verbundenen Freiheit erwacht.
Wie schön die Natur eigentlich war, die uns umgab, daß erlebte ich jetzt viel intensiver als früher. Selbst der Anblick eines kleinen, blühenden Unkrautpflänzchens konnte mich heute erfreuen. Noch vor wenigen Monaten hätte ich es achtlos zertreten. Genauso konnte ich jetzt stundenlang zuschauen, wie sich eine Spatzenschar um ein paar Brotkrümel balgte. Früher hätte ich sie verjagt, weil mich ihr lautes Geschrei gestört hätte.
In der Gleisbaubrigade hatte ich einen Strafgefangenen kennenge-

lernt, der im Zivilen als Holzfäller gearbeitet hatte. Er war von seinem Beruf begeistert und wollte niemals einen anderen ausüben. Ich konnte mir sehr gut ausmalen, daß das auch der richtige Beruf für mich sein könnte.
Ich nahm mir aus diesem Grunde fest vor, Forstfacharbeiter zu werden und später, wenn alles gut ginge, einmal Forstwirtschaft zu studieren.
Diese Ziele, so fand ich, müßten für mich eigentlich erreichbar sein. Meine gesamte Verwandtschaft sollte später staunen, was aus mir geworden war. Ich wollte es denen allen gehörig zeigen.
Ich erzählte Frank, was ich mir alles vorgenommen hatte. Er fand meinen Plan nicht schlecht. Gemeinsam überlegten wir, wie man das Ganze in die Tat umsetzen könnte.
Bis zu meiner Entlassung Ende Mai waren es noch über drei Monate. Genügend Zeit also, um alles genau vorzubereiten.
Wenn man an einen anderen Ort ziehen wollte, mußte man natürlich erst einmal wissen, wohin es gehen sollte.
Von dem Holzfäller aus der Gleisbaubrigade, der zum Glück noch nicht entlassen war, erhielt ich den Tip, es doch mal in der Gegend um Bernau zu versuchen. Das lag in der Nähe von Berlin und wäre ein sehr waldreiches Gebiet und bestimmt das Richtige für mich.
Die Idee fand ich gut und ich hatte damit bereits eine Ahnung, wohin ich wollte.
Stellte sich nun die Frage, wie ich das anstellen mußte?
Ich vereinbarte deshalb einen Termin bei meinem Erzieher.
Ich erzählte ihm, wie ich mir mein zukünftiges Leben vorstellte.
Der Oberleutnant hörte mir geduldig zu, meinte dann aber, daß das sicher nicht so einfach sei, in Bernau eine Arbeitsstelle und eine Wohnung zu finden. Klappte es mit einem von beiden nicht, dann würde mich die Abteilung Inneres in Bernau nicht übernehmen können. Hinzu käme, daß es ja noch gar nicht raus sei, ob mich die Abteilung Inneres von Radebeul überhaupt gehen ließe. Das verstand ich zwar überhaupt nicht, doch auf jeden Fall versprach der Erzieher, mir dabei zu helfen.
Er besorgte mir die genaue Anschrift des Rates der Stadt Bernau.
Fast zur selben Zeit fand Kralle zufällig ein Inserat in der Zeitung, in welchem ein Forstwirtschaftsbetrieb bei Bernau Arbeitskräfte suchte.

Das nannte man Glück! Voller Eifer ging ich ans Werk und schrieb sofort zwei Briefe, an den Rat der Stadt Bernau und an den Betrieb. An beide schrieb ich ehrlich, daß ich in diesem Beruf und fern von meinen alten Bekannten eine echte Chance für einen erfolgversprechenden Neuanfang sah.
Bereits nach 14 Tagen hielt ich die Antwort des staatlichen Forstwirtschaftsbetriebes in den Händen. Darin hieß es:
„...sehr erfreulich, was Sie sich für die Zukunft vorgenommen haben. Deshalb möchten wir Ihnen mitteilen, daß Sie nach Ihrer Haftentlassung sofort bei uns im Betrieb anfangen können. Falls Sie sich noch nicht anderweitig bemüht haben, können wir Ihnen sogar ein möbliertes Zimmer zur Verfügung stellen. ... Bitte teilen Sie uns mit, wo Sie vor dem Strafvollzug gearbeitet haben, damit wir inzwischen Ihre Kaderakte anfordern können..."
Mein Herz hüpfte vor Freude und ich lief von einem zum andern, um ihnen die freudige Nachricht unter die Nase zu halten. Die meisten freuten sich mit mir und klopften mir auf die Schultern.
Nur wenige Tage später folgte ein Brief der Abteilung Inneres aus Bernau:
„...teilen wir Ihnen mit, daß einer Arbeit im staatlichen Forstwirtschaftsbetrieb nichts im Wege steht. Allerdings ist Ihre Unterbringung zur Zeit noch ein Problem, da es mit freiem Wohnraum sehr schlecht aussieht. Bis zu Ihrer Entlassung werden wir aber noch etwas geeignetes für Sie finden ... Wenden Sie sich bitte an die Abteilung Inneres Ihres bisherigen Heimatortes, damit sich diese wegen der Wiedereingliederung mit uns in Verbindung setzen können..."
Guter Dinge schrieb ich also an meinen neuen Betrieb und bedankte mich für die Bemühungen und das entgegengebrachte Vertrauen.
Einen weiteren Brief schrieb ich an die Abteilung Inneres von Radebeul. Darin schilderte ich ausführlich mein Vorhaben und teilte ihnen mit, daß der Betrieb und die Abteilung Inneres von Bernau bereits zugesagt hatten.
Damit hatte ich von meiner Seite aus alle Voraussetzungen geschaffen, ein neues Leben beginnen zu können.
Das Einzige, was ich noch klären mußte, war der Punkt, wie ich meine persönlichen Sachen aus dem Zimmer in Radebeul nach Bernau bringen sollte.

Ich war mir aber sicher, auch das noch in den Griff zu bekommen.
Bis zu meiner Entlassung waren es noch neun Wochen und ich war zuversichtlich wie nie zuvor. Immer wieder sagte ich zu mir selbst: „Das ist die Chance meines Lebens! Ich werde allen beweisen, daß ich doch kein schlechter Kerl bin! Ja, das werd ich schaffen, das muß ich schaffen!“
In Gedanken war ich bereits oft bei meiner neuen Arbeit im Wald. Genauso wußte ich schon ganz genau, wie ich meine Freizeit verbringen würde. Ich würde Monat für Monat Geld sparen und mir ein gebrauchtes Motorrad kaufen. Dann könnte ich an den Wochenenden überall hinfahren, wo es mir gefällt, zum Beispiel an die Ostsee. Nebenbei würde ich noch weiter sparen und mir vielleicht sogar ein altes Auto kaufen können. Wenn das so weit war, würde ich an einem Wochenende mal nach Radebeul fahren. Meine alten Bekannten sollten staunen, was aus mir geworden ist.
Bis es soweit war, wollte ich in meiner Freizeit viel lesen, denn das tat ich gern und es kostete nichts. In der Bücherei konnte man sich die Bücher umsonst ausleihen und ich kam nicht in Versuchung, mein Geld irgendwo sinnlos auszugeben.
Nur Samstags würde ich zur Disko gehen und mir eine Freundin suchen.
Ich wußte auch schon genau, wie sie aussehen sollte. Sie hatte ein hübsches Gesicht, lange dunkle Haare und eine etwas kräftigere Figur. Nicht so etwas Dürres, wo man jeden Knochen einzeln spüren konnte. Nein, so nicht, ein bißchen rundlich mußte sie schon sein, genauso wie Carmen gewesen ist. Carmen, was mochte die wohl jetzt machen? Ob sie hin und wieder an mich dachte? Zu schön war die Zeit mit ihr, als daß ich sie hätte vergessen können.

Eines Nachmittags überreichte mir der Erzieher einen Brief.
Er kam aus Radebeul von der Abteilung Inneres.
Nachdem ich ihn kurz überflogen hatte, begriff ich kein Wort. Ich bekam nur so viel mit, daß da irgend etwas Unheilvolles drin stand.
Vorsichtshalber setze ich mich erst einmal, bevor ich erneut las:
„...teilen wir Ihnen mit, daß Ihr Ersuchen, in Bernau eingegliedert zu werden, abgelehnt ist. Eine Wiedereingliederung hat an dem Ort zu erfolgen, wo der Straftäter vor seiner Inhaftierung polizeilich gemeldet war... Der Betrieb, in dem Sie zuletzt gearbeitet hatten,

hat sich durch unsere Bemühungen bereit erklärt, Sie nach Ihrer Entlassung wieder einzustellen. Er ist mit der gerichtlichen Auflage, der Arbeitsplatzbindung einverstanden..."
Und immer noch hatte ich den Inhalt des Briefes nicht begriffen und las ihn erneut von vorn.
Es stand aber wieder dasselbe drin, und langsam begann es bei mir zu dämmern.
Es war alles vorbei. Es war aus, Ende.
Der schöne Traum vom neuen Anfang, er war zerplatzt wie eine Seifenblase, kein so schönes Ziel mehr vor Augen, Enttäuschung, verlorene Hoffnung, nur noch grenzenlose Leere!

Tagelang wußte ich nichts mehr mit mir anzufangen. Nachts lag ich lange wach und wüste Gedanken schwirrten durch meinen Kopf. Es hatte alles keinen Sinn mehr. Hatte mein Leben überhaupt noch einen Sinn?
Kein Hahn würde nach mir krähen, wenn ich nicht mehr da wäre. Warum sollte ich mich mit dem Leben weiter herumquälen, wenn für mich sowieso nur die Schattenseiten bestimmt waren? Hatte ich überhaupt noch eine Chance, aus diesem Sumpf herauszukommen? War es vielleicht schon so vorprogrammiert, daß ich auch so ein Dauerknaster werden würde, wie viele andere hier um mich herum? Gab es wirklich keinen Ausweg mehr?
Mir kam etwas in den Sinn, was mir vor längerer Zeit, in einem anderen Zusammenhang von einem Häftling berichtet worden war. Er hatte mir von einem Strafgefangenen erzählt, den die anderen Mitgefangenen so sehr tyrannisiert hatten, daß er sich in seiner Verzweiflung die Pulsschlagadern aufgeschnitten hatte. Das hatte aber jemand mitbekommen. Er konnte noch rechtzeitig gerettet werden und wurde anschließend in einen anderen Strafvollzug verlegt, wo er in Ruhe gelassen wurde.
Der Gedanke an dieses Vorkommnis ließ mich nicht mehr los. Der arme Strafgefangene hatte mit seiner Tat erzwungen, daß man ihn aus der Reichweite seiner Peiniger brachte.
Ich faßte einen folgenschweren Entschluß.
Wenn man etwas erreichen will, mußte man etwas riskieren. Entweder es funktioniert oder es geht schief, entweder Leben oder Ruhe und Tod!

Zu verlieren hatte ich ja nichts, außer mein Leben und was war das schon wert? Eigentlich konnte ich dabei nur gewinnen.
Mein Plan war, mir ebenfalls die Pulsschlagadern aufzuschneiden. Vielleicht konnte ich dann doch noch nach Bernau.
Ich hatte früher mal gehört, daß man die Adern nicht quer, sondern längs aufschneiden mußte, wenn man es richtig machen wollte.
Wieviel Blut man dabei verlieren konnte, um trotzdem noch überleben zu können, wußte ich allerdings nicht. Sicher hing es auch davon ab, ob die „Erste Hilfe" richtig gemacht wurde oder nicht.
Eines Nachts war es dann so weit.
Ich lag in dem Vierer-Abteil der Zelle in einem der oberen Betten. Vorsichtig holte ich mir die Rasierklinge hervor, die ich mir vorher unter dem Kopfkissen versteckt hatte und setzte sie am Puls meines linken Unterarmes an.
Meine Gedanken überschlugen sich. Ich dachte an meinen Vater, meine Mutter, die Geschwister und alle Bekannten gleichzeitig.
Was würden sie wohl sagen, wenn sie davon erfuhren, daß ich mir im Knast das Leben genommen hatte?
Eigentlich wollte ich ja selbst mal eine eigene Familie mit Kindern haben, ganz stink-normal leben, wie alle anderen auch.
Tränen rollten über mein Gesicht. Die Hand, mit welcher ich die Rasierklinge hielt, begann zu zittern.
Langsam legte ich die Klinge beiseite. Ich schaffte es nicht.
Ich war zu feige.

Den ganzen nächsten Tag war ich noch niedergeschlagener als sonst. Pausenlos machte ich mir Vorwürfe und verfluchte meine Feigheit.
Wie hatten das nur andere Selbstmörder schaffen können? Waren die denn alle mutiger wie ich?
Erneut nahm ich mir fest vor, heute Nacht oder nie, entweder Bernau oder tot!
Mit klopfendem Herzen wartete ich darauf, daß alle eingeschlafen waren.
Endlich war es ganz still. Nur die gleichmäßigen Schnarchgeräusche der anderen waren noch zu hören. Es war bereits weit nach Mitternacht.
Ich setzte mich aufrecht ins Bett und zog die Beine an.
Langsam setzte ich die Rasierklinge an.

Wieder liefen mir dicke Tränen über das Gesicht.
Wie ein Film lief in Sekunden mein ganzes mißratenes Leben vor mir ab.
Nichts hatte ich erreicht. Nichts, worauf ich hätte stolz sein können.
In Gedanken bat ich alle um Verzeihung, denen ich soviel Kummer und Schmerz zugefügt hatte.
Tief und langsam, mit knirschendem Geräusch, schnitt ich die Ader auf.
Als kein Schmerz zu spüren war, erfüllte mich Erleichterung. Ich war also doch kein Feigling.
Ein angenehm warmer Strom ergoß sich über mein Bett. In meinem Schoß hatte ich mit der Bettdecke eine Kuhle gebildet, in der jetzt das Blut unaufhörlich zu steigen begann.
Mir wurde immer leichter ums Herz.
Alle Trauer um mich selbst, alles Selbstmitleid war verschwunden.
Ich empfand nur noch Freude und ein Glücksgefühl überkam mich.
Dann merkte ich gerade noch, wie meinen Körper in Windeseile die Kräfte verließen und ich sank zurück.
Ich wurde leichter und immer leichter. Ich begann zu schweben, umgeben von einer wundervollen Orgelmusik.
Ich flog über eine Wiese. Sie war über und über mit bunten Blumen besät, ein herrlicher Anblick.
Vögel zwitscherten vergnügt, und es wurde heller, immer heller, ein grelles, wärmendes Licht nahm mich auf. Ich war am Ziel.
Irgend etwas störte mich. Es verging eine ganze Weile, ehe ich herausgefunden hatte, was es war.
Ein leises Gemurmel von mehreren Stimmen drang aus der Ferne an mein Ohr.
Es schien mir so, als würde es langsam näher kommen.
„Wir haben Glück, er wacht auf!“ sagte jemand ganz in meiner Nähe.
„Herr Hoffmann, können sie mich hören?“ rief eine angenehme Frauenstimme.
‚Was soll denn das?’ dachte ich mir. ‚Ob die etwa mich meint?’
Sicher war das nur einer meiner unsinnigen Träume, bei welchem ich nicht begriff, um was es überhaupt ging.
„Wenn sie mich hören können, Herr Hoffmann, brauchen sie nur

mit dem Kopf zu nicken!“ sagte die Stimme. Sie war jetzt ganz dicht an meinem Ohr.
Die Stimme kannte ich nicht. Trotzdem versuchte ich meinen Kopf zu bewegen.
„Schön, Herr Hoffmann, sie dürfen jetzt nicht weiterschlafen! Versuchen sie die Augen zu öffnen. Das schaffen sie schon! Wir bringen sie jetzt ins Krankenhaus.“
Meine Neugier besiegte die Müdigkeit. Ich wollte unbedingt wissen, zu wem die nette Stimme gehörte und machte die Augen auf. Tatsächlich war ganz dicht über mir das lächelnde Gesicht einer Frau, einer sehr schönen Frau. Sie hatte halblanges, dunkelblondes, lockiges Haar und wunderschöne, dunkle Augen. Sie trug einen weißen Kittel und mochte so etwa Mitte dreißig sein.
Es war also doch nur ein Traum, aber ein schöner.
„Hallo, Herr Hoffmann“, rief sie wieder, „schön die Augen auflassen!“
Ich sah wieder in ihr lächelndes Gesicht.
„Wir reden gleich weiter, Herr Hoffmann“, sagte sie und nickte jemandem, der neben ihr stand zu.
Ich ließ meine Blicke kreisen. Dem Anschein nach lag ich auf einer Trage. Über mir hielt einer, der ebenfalls einen weißen Kittel anhatte, eine Flasche mit einem Schlauch.
Um mich herum war eine Menschentraube, ein paar Aufseher, ein paar Häftlinge und zwei Männer mit weißen Kitteln, die mich jetzt in den Krankenwagen schoben.
Einer der Häftlinge winkte mir zu. Es war „Flack“ aus meiner Zelle.
So langsam ahnte ich, was vorgefallen war.
Vorsichtig bewegte ich meinen linken Arm und spürte einen hakkenden Schmerz im Handgelenk.
Der Krankenwagen fuhr los. Nachdem wir die Autoschleuse des Gefängnisses passiert hatten, schaltete der Fahrer das Signalhorn ein.
Neben mir saß die nette Ärztin. Mit besorgter Miene fragte sie mich unentwegt aus, wie alt ich sei, in welcher Stadt ich wohnte, als was ich gearbeitet hatte und, und und?
Sie erzählte mir, daß ich Glück gehabt hätte, weil einer meiner Zellengenossen vorbildlich Erste Hilfe geleistet hätte. Man würde mich jetzt

erst einmal in das Riesaer Krankenhaus bringen.
„Es wird bestimmt wieder alles gut!“ sagte sie leise und drückte fest meine rechte Hand, die sie die ganze Zeit in ihren warmen Händen gehalten hatte.
„Sie sind doch noch so jung, Stephan und haben noch das ganze Leben vor sich. Da gibt man doch nicht gleich auf!“
Im Krankenhaus brachte man mich gleich in den OP.
Eine Krankenschwester gab mir eine Spritze in das zerschnittene Handgelenk.
Kurz darauf erschien ein freundlicher Arzt. Er betrachtete sich die Wunde und schüttelte mit dem Kopf.
„Da haben sie ja ganze Arbeit geleistet“, meinte er, „aber das kriegen wir schon wieder hin, keine Angst!“
Er setzte mir ein Plasteröhrchen in die kaputte Ader ein und vernähte alles mit wenigen Stichen.
Die Schwester legte mir noch einen Verband mit einer Schiene an und schon wurde ich wieder auf den Flur hinaus gefahren.
Der Arzt, der mich eben behandelt hatte, sprach gerade mit einem Strafvollzugsbeamten. Er redete zwar sehr leise, aber ich konnte hören, was er sagte.
„Ich muß den Patienten ein paar Tage hier behalten. Wir müssen ihn noch eine Weile beobachten, denn es besteht ja die Möglichkeit eines wiederholten Suizidversuchs. Außerdem sehe ich eine psychologische Betreuung als dringend notwendig an. Bitte klären sie, ob das möglich ist“
Die Krankenschwester schob mich in ein Einzelzimmer. Dann half sie mir ins Bett, deckte mich zu und schloß mich an den Tropf an.
„So, jetzt können sie erst einmal in Ruhe schlafen“, sagte sie lächelnd. „Morgen sieht alles schon wieder ganz anders aus.“
Ich spürte schon gar nicht mehr, wie sie aus dem Zimmer ging. Ich war bereits eingeschlafen.

Als ich erwachte, war es Mittag. Die warme Frühlingssonne hatte mich geweckt. Neben meinem Fenster stand ein großer alter Baum. Seine Zweige zeigten schon die ersten grünen Spitzen.
Vor Kurzem noch hatte ich mich auf diese Zeit gefreut. Wenn wieder alles zu grünen und zu blühen anfängt, dann war meine Entlassungszeit nicht mehr weit.

Seit dem Bescheid von der Abteilung Inneres aus Radebeul war aber meine Vorfreude auf den Frühling dahin gewesen.
Jetzt beim Anblick der erwachenden Natur draußen hatte ich das Gefühl, als leuchtete mir ein kleiner Hoffnungsschimmer.
Ich hatte Glück gehabt, man hatte mir das Leben gerettet.
Das Schicksal hatte sich für mich entschieden und ich dankte Gott dafür, obwohl ich gar nicht daran glaubte, daß es ihn wirklich gab. Ich tat es nur für den Fall, daß es ihn vielleicht doch gab.
Ob ich diese Schicksalsfügung noch mehr zu meinen Gunsten ausnutzen konnte, blieb abzuwarten.
Ich mußte dringend Wasser lassen. Unruhig schaute ich mich im Zimmer um.
Außer meinem Bett stand nur noch ein kleines Nachtschränkchen in dem kleinen Raum. An der Wand in der Ecke war zwar noch ein kleines Waschbecken, aber nirgendwo eine Toilette.
Mein linkes Handgelenk war mit einer großen Schiene verbunden und an meinem rechten Arm war der Schlauch vom Tropf befestigt, der über meinem Bett hing. Meine Bewegungsabläufe waren also sehr eingeschränkt.
Trotzdem kam ich irgendwie an den Klingelknopf heran, der an einer Schnur über meinem Nachttisch hing.
Kurz nachdem ich ihn gedrückt hatte, erschien eine Krankenschwester.
Sie war höchstens zwanzig Jahre alt, ziemlich klein und hatte ein niedliches Gesicht.
„Aha, unser Langschläfer ist aufgewacht!" trällerte sie mit strahlendem Lächeln. „Ich bin Schwester Gabi. Eben erst hatte ich nach Ihnen geschaut, da hatten Sie aber noch ganz fest geschlafen. Wissen Sie, daß Sie dabei gelächelt haben? Sie haben bestimmt etwas sehr Schönes geträumt, aber wo brennt's denn?" fragte sie.
Mit so einer jungen Schwester hatte ich nicht gerechnet. Das war mir peinlich. Deshalb fragte ich zögernd: „Wo kann man denn hier mal, wenn man muß?"
„Muß man denn groß oder klein?" fragte sie keß.
„Klein, dafür aber ganz dringend", gab ich zurück.
„Ich bring Ihnen eine Ente", sagte sie und eilte hinaus.
Als sie wieder ins Zimmer kam, erklärte sie mir: „Sie dürfen nämlich noch nicht aufstehen, so lange Sie noch am Tropf hängen!"

Mit einem Ruck zog sie mir die Bettdecke weg und wollte gerade mein Nachthemd hochschieben, aber im letzten Moment konnte ich sie noch daran hindern.
Verdutzt schaute mich die Schwester Gabi an. Doch gleich darauf lächelte sie wieder und meinte beruhigend: „Das können Sie doch noch gar nicht alleine. Ich will Ihnen doch bloß helfen. Deshalb brauchen Sie sich doch nicht zu schämen."
Ich spürte, daß ich knallrot angelaufen war.
„Außerdem", sagte sie schon wieder etwas kesser, „sind Sie nicht der erste Mann, den ich dort unten anfassen muß."
Mir war das so peinlich, daß ich am liebsten aufgesprungen und aus dem Zimmer gerannt wäre.
Ganz behutsam zog sie mein Nachthemd zurück.
Als sie Ihn in die Ente hing, faßte sie Ihn nur ganz kurz an. Dann strahlte sie: „Na, war's schlimm?"
Ich war so verlegen, daß ich ihr keine Antwort geben konnte.
Aber so sehr ich mir auch Mühe gab und versuchte mich zu konzentrieren, es ging nicht. Vor Scham und Aufregung hatte ich wie eine Sperre drin. Es war wie verhext.
Natürlich entging das Schwester Gabi nicht und sie drehte mir anständiger Weise den Rücken zu und fragte mich: „Soll ich Ihnen ein bißchen Musik besorgen?"
„Das wäre nicht schlecht", antwortete ich.
„Und was für Musik hören Sie gerne?" fragte sie weiter.
„Puhdys, Karat, Lift, naja alles eben", zählte ich auf.
Das Ablenkungsgespräch wirkte und ich konnte mich endlich erleichtern.
Mit stolzer Miene drehte sie sich wieder um, nahm die Ente aus dem Bett und deckte mich behutsam zu.
Dann zwinkerte sie mich lachend an und sagte: „Jetzt kennen wir uns ja schon ein bißchen näher. Da geht's beim nächsten Mal bestimmt besser!"
„Danke, Schwester Gabi!" sagte ich leise.
Ihr Gesicht wurde mit einem Mal ernst: „Sie brauchen mir hier für gar nichts zu danken, denn was ich tue, ist doch selbstverständlich. Sie können es mir aber damit danken, daß Sie das", sie tippte mit dem Finger auf meinen Verband, „nicht wieder tun. Bevor Sie aus dem Krankenhaus entlassen werden, versprechen Sie mir das noch!

Sie sind doch so ein netter Kerl. Es wäre schade um Sie."
Ohne eine Antwort abzuwarten, ging sie aus dem Zimmer.
„Es wäre schade um Sie", hatte sie gesagt. Diese Worte klangen noch lange in mir nach.
Sie hatte es zu mir, einem Menschen gesagt, den sie kaum kannte. Von dem sie aber wußte, daß er aus dem Strafvollzug ist und von dem sie nicht wußte, was er alles Schlimmes angestellt hatte. Zu diesem sagte sie einfach: „Es wäre schade um Sie."
Sie mußte ein wunderbarer Mensch sein.

Fast konnte man glauben, ich sei der einzige Patient, den Schwester Gabi zu versorgen hatte. Aller Augenblicke schaute sie bei mir vorbei. Dabei war sie immer bestrebt, mir jeden Wunsch von den Lippen abzulesen.
Sie hatte mir aus dem Dienstzimmer ihren Recorder geholt und entschuldigte sich immerzu dafür, daß die Musik auf den Bändern vielleicht nicht mein Geschmack sei. Doch das ganze Gegenteil war der Fall. Sie hörte die gleiche Musik, wie ich.
Sogar die „Bee Gees" hatte sie auf Band. Besonders berührte mich jedoch ein Titel der Gruppe „Lift": „...Am Abend mancher Tage, da wirft man alles hin. Oft scheint alles was gewesen ohne Sinn und man läßt sich einfach treiben. ... Gib nicht auf, denn das kriegst du wieder hin ..." Der Text hätte für mich geschrieben sein können.
Beim Mittagessen setzte sich Gabi zu mir auf den Bettrand und fütterte mich sogar zum Teil, weil ich mich mit meinen beiderseitigen Behinderungen zu ungeschickt anstellte.
Am Nachmittag steckte sie plötzlich ihren Kopf zur Tür herein und rief laut: „Besuchszeit!" Dann trat sie ins Zimmer. Sie hatte keinen weißen Kittel mehr an, sondern trug eine Bluse mit einem sehr kurzen Minirock. In der Hand hielt sie eine kleine Blumenvase mit einem kleinen Sträußchen Freesien darin.
Die stellte sie mir auf den Nachttisch und setzte sich dann zu mir auf die Bettkante.
Ihre Schicht mußte schon lange vorüber sein.
Schnell kamen wir miteinander ins Gespräch. Ehe ich mich versah, hatte ich ihr schon fast mein ganzes Leben erzählt.
Von Gabi erfuhr ich, daß sie verheiratet sei und außerdem bereits eine kleine Tochter hatte. ‚Wie schade!' dachte ich etwas enttäuscht.

Wenn sie arbeiten war, betreute ihre Mutter die Kleine. Das klappte ganz gut, denn sie machte Heimarbeit und war deshalb immer zu Hause. Stolz zeigte sie mir ein Bild von ihrem Töchterchen. Ich war sicher, sie war eine sehr liebevolle Mutter.
Obwohl sie immerhin drei Jahre jünger war, kam sie mir viel reifer und lebenserfahrener vor wie ich.
Nach fast einer Stunde verabschiedete sie sich von mir. Nun müsse sie aber machen, daß sie nach Hause kam, meinte sie. Ihre Tochter würde sicher schon auf sie warten.
„Bis morgen dann!“ sagte sie und klopfte mir kurz auf die Schulter. Geschwind eilte sie aus dem Zimmer.
Noch lange, nachdem sie weg war, dachte ich über unser Gespräch nach.
Sicher fand ich es schade, daß sie verheiratet war. So eine Freundin konnte man sich nur wünschen.
Aber ich beneidete sie auch ein wenig um ihr Familienglück. Sie hatte etwas, wofür es sich lohnte zu leben, wo man spürte, man wird gebraucht.
Ich könnte das auch schaffen, wenn es mir gelang, den Alkohol in den Griff zu bekommen. Das war es mir wert.

Am nächsten Tag wurde mir der Tropf abgenommen. Das war schon eine große Erleichterung für mich.
Der Stationsarzt, der zur Visite kam, schien sehr zufrieden über meinen psychischen Zustand zu sein und fragte mich, wie ich mich allgemein fühlen würde.
Mit einem Blick zu Schwester Gabi sagte ich ehrlich, daß es mir ganz gut ginge.
Sie nickte bestätigend und erklärte dem Arzt, daß sie sich oft mit mir unterhalten hätte und fest davon überzeugt sei, daß ich nicht noch einmal versuchen würde, mir das Leben zu nehmen. Sie sah mich dabei eindringlich von der Seite an, als ob das zwischen uns eine abgemachte Sache wäre.
Der Arzt lächelte zufrieden und meinte, ich könne mich trotzdem noch ein paar Tage hier im Krankenhaus ausruhen.
Ich hatte natürlich nichts dagegen. Schließlich wurde ich ja hier so liebevoll umsorgt.
Aber daraus wurde nichts.

Am nächsten Morgen kam Schwester Gabi aufgeregt zu mir. In ihrem Gesicht lag ein ziemlich besorgter Ausdruck als sie sagte: „Wir müssen uns jetzt leider verabschieden. Der Arzt vom Strafvollzug hat darauf bestanden, daß Sie in die Sani-Stelle des Gefängnisses verlegt werden. Die Polizisten sind schon da, um Sie abzuholen."
So unverhofft, wie das kam, war ich ziemlich niedergeschlagen. Ich hatte mich gefreut, daß ich Gabi noch ein paar Tage um mich herum hatte. Es half aber alles nichts, wir mußten uns von einander verabschieden.
„Ich drücke Ihnen ganz fest die Daumen", sagte sie. „Denken Sie daran, daß es immer einen Ausweg gibt und daß es sich lohnt zu leben. Und nun wollten Sie mir noch etwas versprechen!"
Sie ließ dabei meine Hand nicht los und schaute mir in die Augen.
„Ja, Gabi", sagte ich, „ich verspreche es dir. Ich mache keinen Selbstmordversuch mehr. Wenn ich einmal wirklich keinen Ausweg mehr sehe, dann werde ich bestimmt an dich und mein Versprechen denken, ganz bestimmt!"
„Ich wünsche dir vor allem, daß du an das Gute in dir glaubst. Das Gute in dir ist deine Stärke. Mach was daraus!"
Zum ersten Mal hatten wir uns endlich geduzt und das war nun auch das letzte Mal.

Die Sani-Stelle war überfüllt.
In dem engen Raum standen acht Betten, die alle belegt waren. Damit war es mit der Ruhe, die ich im Krankenhaus hatte vorbei, denn auch hier herrschte schon wieder der Gefängnisalltag.
Am Nachmittag erschien ein älterer Mann, der mich sprechen wollte. Er trug einen hellen Popelinemantel und dazu einen dunklen Hut. Freundlich lächelnd setzte er sich zu mir ans Bett und fragte mich: „Wie fühlen Sie sich?"
„Ganz gut", sagte ich, „und wer sind Sie?"
Er rückte noch etwas näher und flüsterte so, daß es die anderen nicht hören konnten: „Ich komme vom Ministerium für Staatssicherheit."
So wie der aussah, hatte ich das bereits geahnt.
Er redete auch gleich weiter: „Sicher ist es für Sie unangenehm, darüber zu sprechen, aber ich hätte gern gewußt, warum Sie ver-

sucht haben, sich das Leben zu nehmen? So etwas macht man doch nur, wenn man keinen anderen Ausweg mehr weiß, oder? Sicher hatten Sie Probleme mit den anderen Strafgefangenen oder mit einem der Strafvollzugsbeamten, denn sowas tut man doch nicht ohne Grund, zwei Monate vor seiner Entlassung. Das muß schon einen schlimmen Grund gehabt haben."

Ich schüttelte den Kopf und sagte: „Das hat mit dem Strafvollzug überhaupt nichts zu tun" und erzählte ihm von den Plänen, die ich für meine Zukunft gehabt hatte und wie das alles wie ein Kartenhaus zusammengefallen war.

Er hatte, ohne mich zu unterbrechen, zugehört und schien jetzt eine Weile zu überlegen. Dann meinte er: „Eigentlich finde ich Ihre Zukunftsabsichten recht vernünftig. Ich will mal sehen, ob sich da noch etwas machen läßt. Versprechen kann ich aber nichts."

Damit verabschiedete er sich von mir und ging genauso lächelnd, wie er gekommen war.

Innerlich frohlockte ich. Sollte nun doch noch alles ins Lot kommen?

Wenn sich sogar die Stasi persönlich für mich einsetzte, mußte das doch möglich sein, denn wer, wenn nicht die, konnte da noch etwas ändern?

Nach drei Tagen konnte ich die Sani-Stelle wieder verlassen und in meine Zelle zu den anderen zurück.

Dort gab es bei meinem Erscheinen ein riesiges „Hallo"!

Von diesem Empfang war ich einfach überwältigt. Daß ich eine so hohe Achtung bei meinen Zellengenossen besaß, war mir vorher nie bewußt gewesen.

Sicher, einige brachten mir mit der Zeit ein hohes Vertrauen entgegen. Sie unterhielten sich mit mir über Dinge, die sie sonst keinem anvertrauen wollten.

Auch waren da zwei „Zeugen Jehovas", die ich besonders schätze und mit denen ich mich öfters unterhielt. Ganz abgesehen von ihrem Glauben, der mich relativ wenig interessierte, war ich doch ziemlich davon beeindruckt, daß sie nicht gewillt waren, in der Armee eine Waffe in die Hand zu nehmen. Lieber gingen sie dafür in den Knast und wurden behandelt wie Staatsfeinde, obwohl sie draußen alle fleißige Arbeiter gewesen waren.

Jetzt jedenfalls, versuchten sie alle durcheinander zu erzählen, für welche Aufregung ich bei ihnen gesorgt hatte.
Als ich in jener Nacht das Bewußtsein verloren hatte, berichteten sie mir, mußte in dem Augenblick, wo ich im Bett nach hinten gefallen war, das ganze Blut auf den Fußboden geklatscht sein. Von dem Geräusch seien einige aufgewacht.
Der, welcher unter mir schlief, wäre ebenfalls munter geworden und hätte sofort geschrien, als er gemerkt hatte, daß seine Bettkante naß geworden war.
Im Schein der Streichholzflammen hätten sie dann gesehen, was passiert war.
„Flack", einer meiner Zellengenossen, hatte die Situation am schnellsten erfaßt und sofort das Kommando übernommen. Zwei Mann mußten an die Zellentür trommeln und um Hilfe schreien, zwei andere mußten mich vorsichtig aus dem Bett heben und er selber hatte mir fachgerecht, mittels Hosenträger und einem Stück Besenstiel, die Schlagader am Ellenbogen abgebunden.
Durch das viele Blut ringsherum hätte es ausgesehen, wie in einer Fleischerei und einige hätten sich bei dem Anblick übergeben müssen.
Weiter berichteten sie, daß es danach wirklich nur Minuten gedauert hätte, bis der Krankenwagen mit der Notärztin eingetroffen sei.
Das hätte mir, neben „Flacks" schnellem Handeln, das Leben gerettet, denn ich hätte so viel Blut verloren, daß ich sofort an den Tropf mußte und schnellstens eine Bluttransfusion im Krankenhaus bekommen mußte.
Durch das ständige Gefrage meiner Zellengenossen, war unser Erzieher gezwungen gewesen, sich laufend im Krankenhaus nach meinem Befinden zu erkundigen.
Über so viel Anteilnahme war ich stark beeindruckt.
„Ich weiß gar nicht, wie ich dir danken soll?" sagte ich verlegen zu „Flack". Der winkte aber nur lässig ab und meinte: „Laß man Titius, eigentlich muß ich dir danken".
„Wieso?" fragte ich verständnislos.
„Na, weil ich wegen dir Urlaub bekommen habe", rief er lachend, knallte mir seine Hand auf die Schulter und erklärte, daß er für seine Rettungsaktion einen Wochenendurlaub bekommen hatte. Einen größeren Gefallen hätte ich ihm nicht machen können.

Das war mir auch einleuchtend.
Ich hatte bereits davon gehört, daß es offiziell die Möglichkeit gab, Wochenendurlaub zu bekommen. Strafgefangene, die sich vorbildlich führten, konnten damit belobigt werden, daß sie übers Wochenende nach Hause fahren konnten. Bisher war aber noch nicht ein einziger Fall bekannt geworden, wo das tatsächlich jemandem genehmigt worden war.
„Flack" war nun der Erste und freute sich natürlich riesig darauf, das war klar.
Natürlich mußte ich den anderen haarklein erzählen, wie es mir in der Zwischenzeit ergangen war.
Als ich den Stasi-Mann erwähnte, berichteten sie mir, daß einige von ihnen auch zum Erzieher mußten. Der hätte ihnen genau die selben Fragen gestellt, wie die Stasi.

Am kommenden Wochenende durfte „Flack" dann wirklich nach Hause fahren. Das war regelrecht eine Sensation.
„Flack" hieß eigentlich ganz anders. Er hatte seinen Spitznamen deshalb abbekommen, weil er erzählt hatte, daß er vor dem Knast bei der Firma Flack in Radebeul als Kraftfahrer gearbeitet hatte.
Jetzt war er völlig aus dem Häuschen und steckte uns mit seiner Aufregung an.
Von Freitagnachmittag bis Montagmorgen ging sein Urlaub.
Er hatte sich vorgenommen, sich total auszutoben, seine Freundin zu besuchen, daß die Fetzen flogen und sich maßlos zu betrinken.
Als er endlich fort war, stellten wir untereinander die unterschiedlichsten Vermutungen an, ob er wiederkommt oder nicht, ob er pünktlich kommt oder nicht und so weiter.
Ganz klar, daß einige der Meinung waren, sie würden sich so eine Chance nicht entgehen lassen und einfach türmen. Wenn es ginge, dann gleich über die Grenze in den Westen.
Fluchtversuche von hier aus waren schier unmöglich. Unser Terrain war von einem hohen Stacheldrahtzaun umgeben, hinter welchem ein ganzes Rudel Rottweiler frei herumlief. Danach kam noch eine hohe Betonmauer, die oben zusätzlich mit Stacheldraht gesichert war. Außerdem waren die Wachtürme rund um die Uhr besetzt und in der Nacht das ganze Gelände hell beleuchtet.
Die meisten waren aber der Meinung, daß es besser war, wenn man

freiwillig wiederkam, denn früher oder später würde man sowieso irgendwo aufgegriffen werden und in den Westen abhauen, war auch viel zu gefährlich. Da konnte es ganz schnell passieren, daß man einfach abgeknallt wurde.
Man bräuchte ja vielleicht nicht gleich am Montag wiederkommen. Ein paar Tage später würde das auch noch zurechtkommen. Hauptsache man kam freiwillig zurück.
„Flack“ war jedoch am Montagmorgen pünktlich zur Stelle, wenn auch total betrunken, aber er war da.
Sein Urlaub war genauso verlaufen, wie er es sich vorgenommen hatte. Den letzten Schnaps hatte er noch auf der Herfahrt im Taxi getrunken.

Tag für Tag wartete ich voller Ungeduld darauf, daß sich die Stasi noch einmal bei mir meldete, doch es tat sich nichts.
Endlich, 14 Tage vor meiner Entlassung, mußte ich zum Erzieher. Er hielt einen Brief in der Hand, der an mich adressiert war und von der Abteilung Inneres aus Radebeul kam.
Er faltete ihn auseinander und las mir vor:
„...teilen wir Ihnen mit, daß wir die näheren Umstände noch einmal überprüft haben und für sie eine andere Arbeitsstelle gefunden haben. Sie können nach Ihrer Entlassung, ganz Ihrem Wunsch entsprechend, in der LPG Frühgemüsezentrum in Radebeul als Landarbeiter anfangen ... Sie haben sich am Entlassungstag unverzüglich bei uns zu melden ...“
Meine Enttäuschung ließ sich nicht verbergen. Ich hatte mir viel, viel mehr erhofft.
Der Oberleutnant versuchte mich aufzumuntern.
„Das ist doch besser wie nichts, Strafgefangener Hoffmann!“ meinte er. „Sind Sie doch lieber froh darüber. Sie wollten doch unbedingt in der Natur arbeiten. Das haben Sie doch nun erreicht. Alles andere wird sich nach und nach von selbst ergeben. Jedenfalls möchte ich Sie hier nicht noch einmal sehen und denken Sie immer daran, was Sie Schwester Gabi im Krankenhaus versprochen haben!“
Ich schaute ihn erstaunt an.
Er lachte und sagte: „Ja, da staunen Sie, was? Ihr Arzt, der Sie im Krankenhaus behandelt hatte, wohnt gleich bei mir um die Ecke, und ich hatte ihn mehrmals gefragt, wie es Ihnen geht. Er hat mir

davon berichtet, daß Sie durch Schwester Gabi wieder neuen Lebensmut geschöpft haben. Also lassen Sie den Kopf nicht hängen! Dazu besteht überhaupt kein Grund."

Nachdenklich ging ich in meine Zelle zurück.

War das nun wirklich ein Erfolg oder eher eine Niederlage?

Insgeheim hatte ich ja gehofft, daß ich schließlich doch noch nach Bernau durfte, aber wahrscheinlich waren das zu große Illusionen gewesen.

Andererseits war es schon ein Fortschritt, daß ich nun nicht mehr für die nächsten fünf Jahre ins Kfz-Zubehörwerk mußte.

Das Schlimmste aber blieb mir nicht erspart. Ich mußte wieder nach Radebeul zurück. Wie sollte es mir jetzt noch möglich sein, meinen alten Kumpels aus dem Wege zu gehen?

Das war der Punkt.

Würde ich auf Dauer die Kraft dazu haben, immer wieder „Nein" zu sagen, wenn sie mich nervten, wenigstens auf ein, zwei Bierchen mit in die Kneipe zu gehen?

Auf jeden Fall mußte ich es versuchen. Ich hatte gar keine andere Wahl.

Eines stand für mich aber felsenfest. Unter keinen Umständen wollte ich noch einmal hier landen, denn noch tiefer wollte ich nicht mehr sinken. Ich mußte es mir einfach selbst beweisen, daß es doch anders ging, daß ich nicht der willenlose Kerl war, für den mich alle hielten.

Endlich war der Tag da.

Es war der 31. Mai 1981, mein Entlassungstag.

Die ganze Nacht hatte ich vor Aufregung nicht schlafen können.

Als der Erzieher kam, um mich abzuholen, verabschiedete ich mich von meinen Zellengenossen.

Wir schüttelten uns die Hände und klopften uns gegenseitig auf die Schultern.

Alle wünschten sie mir „Viel Glück!", „Alles Gute!", „Komm nicht wieder!" oder „Halt die Ohren steif!"

Im Keller der Anstalt händigte man mir meine Zivilsachen aus.

Meine guten alten Jeans waren ein bißchen eng geworden. Durch das regelmäßige Essen hatte ich doch ein paar Kilo zugenommen.

Dann erhielt ich meine Papiere und bekam etwa 400 Mark ausge-

zahlt. Das war der gesamte Lohn für 18 Monate Arbeit, abzüglich des Schadensersatzes für meine Einbrüche.
Eigentlich ein kärglicher Lohn, aber für mich war es im Moment viel Geld. Davon konnte ich problemlos, wenn ich es mir einteilte, bis zum ersten Geldtag im neuen Betrieb leben.
Der Erzieher geleitete mich über den Gefängnishof zur Schleuse. Unsere Schritte wurden von lautem Gejohle meiner ehemaligen Kumpanen an den Gitterfenstern begleitet. Das wurde immer veranstaltet, wenn einer entlassen wurde.
Heute endlich galt dieses Geschrei nur mir allein.
Ich blieb kurz stehen und winkte allen noch einmal zu.
So manch einen von hier würde ich in guter Erinnerung behalten.
In der Schleuse verabschiedete sich der Erzieher von mir. Er gab mir dabei zum ersten Mal die Hand und sagte: „Worauf es bei Ihnen ankommt, das wissen Sie ja selbst am besten. Wenn Sie immer daran denken, dann kann eigentlich nichts schief gehen. Auf alle Fälle wünsche ich Ihnen alles Gute und hoffe, daß wir uns hier drin nicht wiedersehen werden!"
Ich bedankte mich für seine guten Wünsche.
Dann wurde das große Tor geöffnet und ich schritt, ein wenig zaghaft noch, hinaus in die Freiheit. Hinter meinem Rücken krachte laut das Tor ins Schloß.
Ich blieb stehen und ließ meine Blicke schweifen. Ich war frei!
Hinter mir lagen die schwersten 18 Monate meines Lebens. Ja, sie lagen wirklich hinter mir. Ich hatte es überstanden. Ich hatte es endlich geschafft!
Ab jetzt konnte ich hingehen, wohin ich wollte und wann ich wollte, jedenfalls fast!
Keine Gitter, keine Schlösser, kein Stacheldraht mehr, ich war frei!
Rational war mir das völlig klar, nur begreifen konnte ich es nicht, jetzt noch nicht.

Langsam schlenderte ich hinüber zur Bushaltestelle.
Einige Leute standen bereits da und warteten. Sicher kamen sie vom Rohrkombinat um die Ecke.
Ich spürte, wie sie mich verstohlen musterten. Sie gaben sich dabei zwar redliche Mühe, damit ich es nicht merkte. Sie hatten gesehen woher ich kam und überlegten sich jetzt sicherlich, was ich wohl

ausgefressen haben könnte, da man mich ja eingesperrt hatte.
Zum Glück ließ der Bus nicht lange auf sich warten.
Ich fuhr bis zum Bahnhof in Riesa und suchte auf dem Fahrplan nach dem nächst möglichen Zug nach Radebeul. Dieser fuhr aber erst in 90 Minuten. Ich hatte also noch jede Menge Zeit. Ich kaufte mir zunächst eine Fahrkarte und ging dann in die Mitropa-Gaststätte. Nach 18 Monaten hatte ich mir ein paar Bierchen redlich verdient. Da ich am nächsten Morgen bestimmt noch nicht arbeiten mußte, wollte ich meine Entlassung wenigstens ein ganz klein wenig feiern. Damit sollte sich aber nichts an meinen Grundsätzen ändern.
Der Ober brachte mir ein Halbliterglas.
Oh, schmeckte das gut!
Ich ließ mir die Speisekarte bringen und wählte ein fürstliches Gericht aus.
Auch das hatte ich mir redlich verdient.
Bis zur Abfahrt des Zuges hatte ich dann drei halbe Liter Bier getrunken und einmal Schnitzel mit Champignons und Bratkartoffeln gegessen.
Die Rechnung war dann auch dementsprechend hoch. Ich mußte über 12 Mark bezahlen. Trotzdem gab ich dem Kellner großzügig fast eine Mark Trinkgeld.
Verglichen mit den Mengen Alkohol, die ich früher in mich hineingeschüttet hatte, waren drei große Bier herzlich wenig. Jetzt hatte ich jedoch einige Mühe, geradeaus zu laufen. Ich war es eben nicht mehr gewöhnt.
Innerlich mußte ich über mich selbst lächeln. Ich vertrug wirklich nichts mehr.
Im Zug war es angenehm warm und das eintönige Geratter der Schienenstöße machte mich schnell müde.
Ich mußte mich ganz schön zusammenreißen, damit ich nicht einschlief und das Aussteigen verpaßte.

Eigentlich sollte ich mich ja sofort nach meiner Entlassung bei der Abteilung Inneres melden. Diese hatte ihren Sitz im Rathaus in Radebeul-Ost. Doch als der Zug auf meinem Heimatbahnhof in Radebeul-West einfuhr, überlegte ich es mir kurzentschlossen anders und stieg aus.

Ich wollte nur schnell mal einen Abstecher in meine Stammkneipe machen und meinen Kumpels „Guten Tag!“ sagen. Für die Abteilung Inneres blieb noch genügend Zeit. Da konnte ich nachher noch mit der Straßenbahn hinfahren. Das lief ja nicht weg.
Als ich das Bahnhofsgebäude passiert hatte, blieb ich draußen auf dem Vorplatz stehen und sah mich um.
Alles war vertraut, der Zeitungskiosk, die umliegenden Geschäfte und auch die Menschen, die vorüber gingen. Es hatte sich nichts verändert. Ich war wieder daheim. Mit einem Male hatte ich keinen Gedanken mehr daran, daß ich ja eigentlich nicht mehr hierher zurück wollte.
Nur noch ein paar Schritte um die Ecke und ich trat mit freudiger Erwartung in die „Perle“ ein.
Aus dem Seitengang vom Tresen kam Lilo gerade mit einem riesigen Tablett voller Biergläser angeschlürft. Als sie mich erblickte, blieb sie ruckartig stehen, so daß die Gläser überschwappten.
„Titius Tatius ist wieder da!“ rief sie freudestrahlend, „Das hat aber lange gedauert mit dir. Hinten bei Alex ist noch ein Platz frei. Du wirst sicher großen Durst haben. Ich stell dir gleich zwei Biere hin.“
„Ja, danke dir, Lilo!“ sagte ich.
Ich konnte die alte Lilo, mit all ihren Macken die sie hatte, ganz gut leiden und sie mich anscheinend auch.
Lilo war es schon gewohnt, daß hin und wieder einer ihrer Stammgäste verschwand. Sie wußte immer mit als erste, warum, wer, wie lange einsaß. In erster Linie war es „asoziales Verhalten“, was die Leute verschwinden ließ, denn in der DDR gab es schließlich die Pflicht zur Arbeit. Wer keiner geregelten und offiziellen Tätigkeit nachging und dabei nicht nachweisen konnte, von welchem Geld er seinen Lebensunterhalt bestritt, wurde eingesperrt und mußte im Knast arbeiten. Hatte er dort auch keine Lust dazu, konnte es passieren, daß sich seine Strafe kontinuierlich verlängerte.
An zweiter Stelle lagen Vergehen gegen den sozialistischen Arbeiter- und Bauernstaat. Es reichte bereits, wenn einer am Kneipentisch das „Deutschlandlied“ sang. Damit konnte er sicher sein, daß er abgeholt wurde, denn die Stasi-Spitzel waren überall. Wir Stammgäste wußten zwar genau, wem man trauen konnte und wem nicht. Wir ließen die Zinker aber in der Regel in Ruhe, um uns Ärger zu ersparen. Schließlich hatten die den längeren Arm. Bei neu auftau-

chenden Gesichtern waren wir deshalb besonders mißtrauisch.
Alex machte einen Riesenaufriß, als ich an seinen Tisch trat. Obwohl er schwer gehbehindert war, sprang er auf und schüttelte mir überschwenglich die Hand und posaunte laut durchs Lokal: „Sei mir gegrüßt Titius Tatius! Willkommen daheim! Du bist heute mein Gast!"
Er hatte schon mächtig einen in der Krone. Ansonsten stand er, trotz seiner Gehbehinderung, meist den ganzen Tag über in der „Stehpiepe" und würfelte. Nur wenn er zu viel getrunken hatte, mußte er wegen mangelnder Standsicherheit ins Nachbarlokal wechseln.
Die beiden Biergläser, die mir Lilo hingestellt hatte, trank ich fast auf ex aus. So einen Durst hatte ich schon wieder.
Mit Alex war aber nicht mehr zu reden. Er bekam nicht mehr viel mit. In seinem angetrunkenen Zustand gab es nur noch ein Thema bei ihm und das war sein Lieblingsphilosoph Nietzsche.
Ich fragte ihn, ob er wüßte, wer alles nebenan wäre.
Er sagte, daß Sandor, Fauli, Wolter Wolle und ein paar andere drüben würfelten.
Als mir Lilo das nächste Bier brachte, wollte ich gleich bezahlen, aber Alex bestand darauf, daß meine Striche mit bei ihm auf den Zettel gingen.
Ich trank schnell aus, verabschiedete mich von Alex und ging nach nebenan.
Jürgen, der Kneiper, machte große Augen, als ich so plötzlich vor ihm stand.
„Mensch Titius, haste die Scheiße endlich hinter dir?" sagte er überrascht und griff nach einer Flasche Pilsner. Die drückte er mir in die Hand und meinte großspurig: „Hier, du hast die ganze Woche bei mir Freibier. Du hast ja einiges nachzuholen und damit du dich wieder an das zu Hause gewöhnen kannst!"
Jürgen war eben Kumpel durch und durch.
Fauli war mit den anderen so ins Spielen vertieft, daß er nicht gleich bemerkte, daß ich zu ihnen trat. Wie aus Versehen rempelte ich ihn an. Ärgerlich drehte er sich um, fing aber sofort an zu lachen.
„Mensch, der Titius ist wieder da! Gestern noch haben wir von dir gesprochen, daß du ja in den nächsten Tagen wiederkommen müßtest."

Er rückte ein wenig zur Seite und sagte einladend: „Da kannst du ja gleich mitspielen!“
„Das hab ich garantiert verlernt“, meinte ich, „da drin haben wir nur Skat oder Poker gespielt.“
„Ach, du doch nicht, Titius“, entgegnete Fauli und klopfte mir aufmunternd auf die Schulter.
Fauli war eine typische Spielerseele. Wenn er nicht gerade schlief oder arbeiten war, dann spielte er. Ob Würfeln oder Kartenspielen, das war ihm egal, Hauptsache spielen. Dabei hatte er immer gute Laune und stets ein schelmisches Lächeln im Gesicht. Derjenige, der ihn nicht leiden konnte, mußte erst noch geboren werden. Seinen Spitznamen hatte er bekommen, weil er vor einigen Jahren im Lotto gewonnen hatte. Es sollen so um die 20.000,-Mark gewesen sein, sagte man. Genau wußte es aber keiner. Von dem Geld hätte er sich eigentlich einigen Luxus kaufen können, aber der hatte für ihn keine Bedeutung. Statt dessen verwendete er das Geld für seinen Lebensunterhalt und ging mit staatlicher Genehmigung über ein Jahr lang nicht arbeiten. Daher der Name „Fauli“.
„Na gut“, sagte ich und griff mir einen der Würfel, „hoch geht rein!“
Die ersten drei Runden verlor ich auch sang- und klanglos. Ich brauchte einige Zeit, um mich wieder in den Regeln zurechtzufinden. Dann wurde es besser und ich gewann hin und wieder.
Über dem Spielen hatte ich fast vergessen, daß ich noch zur Abteilung Inneres beim Rat der Stadt mußte. Erst als „Elektro-James“ von der Schicht aus der Vadossi kam, wurde mir bewußt, daß ich mich beeilen mußte. Schließlich hatte ich noch keinen Wohnungsschlüssel. Den brauchte ich aber, denn sonst mußte ich meine Vermieter bemühen und das wollte ich nicht gleich am ersten Tag.
Ich versprach den anderen, bald wiederzukommen und machte mich auf den Weg.
Zum Glück fuhr auch gleich eine S-Bahn. Dadurch war ich bereits in zwanzig Minuten im Rathaus.
Dort wurde ich schon ungeduldig erwartet.
Der Chef der Abteilung, Herr Rotter, donnerte mich zusammen: „Wo kommen Sie denn jetzt erst her? Nach Ihrer Fahne zu urteilen, sind Sie gleich am ersten Tag wieder versumpft. Das fängt ja gleich hervorragend mit Ihnen an. Ich hatte eigentlich mit der LPG Frühgemüsezentrum vereinbart, daß Sie sich heute gleich in der Kaderleitung

melden, aber das können wir für heute vergessen, dazu ist es jetzt zu spät. Gleich morgen früh melden Sie sich dort. Ich rufe an, daß Sie kommen. Heute hätte das sowieso keinen Sinn gehabt, so angetrunken wie Sie sind.“ Er warf mir einen vernichtenden Blick zu.
Ich nickte schuldbewußt und sagte zaghaft: „Ich hatte ja keine Ahnung, daß der Vorstellungstermin bereits heute sein sollte.“
„Ihre Order lautete auf jeden Fall, daß Sie sich sofort bei uns melden sollten“, brauste er erneut auf. „Übrigens noch etwas anderes“, fügte er etwas friedlicher hinzu und kramte in seiner Schreibtischschublade. Dann hielt er mir einen Schlüsselbund vor die Nase.
„Während Sie im Strafvollzug waren, ist Ihre Wohnung umgeräumt worden. Sie wohnen jetzt in der Ludwig-Richter-Allee 27, im 2. Stock. Das sind Ihre Schlüssel dazu. Ihre Mutter hat sich dabei viel Mühe gegeben, die Wohnung einzurichten. Also bedanken Sie sich bei ihr! Sie hat es wirklich nicht leicht mit Ihnen.“
Meine Mutter - ganz im Geheimen hatte ich gehofft, daß sie mir mal schreiben würde, so wie andere Strafgefangene auch Post von daheim bekamen. Wahrscheinlich war aber die Schmach und die Schande, die ich ihr angetan hatte, zu groß gewesen. Seit der Zeit, bevor mein Vater starb, hatte ich nichts mehr von ihr gehört.
„Ach, noch etwas“, schreckte mich Herr Rotter aus meinen Gedanken auf, „Sie hatten vom Gericht die Auflage erhalten, daß Sie sich nach der Entlassung in psychiatrische Behandlung zu begeben haben. Sie holen sich also noch diese Woche einen Termin bei Frau Dr. Heine und geben mir darüber Bescheid. Das wär’s dann auch. Morgen LPG, diese Woche Frau Dr. Heine und nächsten Dienstag wieder hier antanzen. Alles klar?“
Ich nickte und konnte gehen.
Auf dem Weg zurück in die „Stehpiepe“ überschlugen sich meine Gedanken. Ich hatte eine eigene Wohnung. Das war gewaltig. Bei der herrschenden Wohnungsnot war das schon mehr als gewaltig. Ich war gespannt, wie sie aussah, aber darauf mußte ich erst mal einen trinken.
In der Zwischenzeit war es in der Kneipe voll geworden.
Viele waren nach der Arbeit eingekehrt und drängten sich jetzt um die Tische.
„Feier-James“ war auch eingetroffen. Er stand mit bei Fauli am Tisch.

Kaum hatte er mich erblickt, wieherte er auch schon los: „Hahaha, hihihi, täh-ta-rä-täää̈h, Titius ist wieder da, hahaha, hihihi! Altes Haus", er knallte mit seiner Hand auf meine Schulter, „darauf muß ich gleich zwei Oberförster holen!" Er hopste zum Tresen und trällerte laut:
„Diedeldie, Abfahrt Verrückte!"
Oberförster war ein Gemisch aus Pfefferminzlikör und Wodka oder Doppelkorn.
Mit zittrigen Händen stellte James ein Glas zu mir, klopfte mir abermals krachend auf die Schulter und rief: „Abfahrt Verrückte!" Auf ex stürzten wir die Gläser hinter.
Oh, das Zeug schmeckte noch genauso gut wie früher.
Das nächste Glas Oberförster stellte Fauli vor mich hin, dann der Nächste und der Nächste...
Am frühen Abend war ich bereits bis oben hin zu und hatte mächtig runde Füße.
Den ersten Teil des Weges zu meiner neuen Wohnung bekam ich nicht mehr mit. Erst als ich am Gartentor meiner früheren Adresse anlangte, dämmerte es mir, daß ich ja hier irgendwie falsch war.
„Nicht verzagen Titius, das kann ja mal vorkommen!" sagte ich mir und kehrte wieder um. Zum Glück wußte ich, wo sich die Ludwig-Richter-Allee befand. Nach einigem Suchen fand ich auch die Nummer 27.
Ich zog meinen Schlüsselbund aus der Tasche und machte mich an der Haustür zu schaffen.
Das Schloß bekam ich aber nicht auf, denn es schwankte immerfort hin und her.
Plötzlich wurde die Tür von Innen geöffnet und eine ältere Frau sagte mit rauher Stimme: „Das Schloß klemmt immer ein bißchen. Sind Sie Herr Hoffmann?"
„Ja, das bin ich", antwortete ich ihr und sagte höflich: „Guten Tag!"
„Ich bin Frau Dietel", plapperte sie weiter. „Ihre Mutter hat mir gesagt, daß Sie heute kommen würden. Ihre Wohnung ist im zweiten Stock. Sie haben dort aber keine eigene Toilette. Die müssen Sie im ersten Stock bei Frau Mohr mit benutzen, und die Miete müssen Sie bei mir bezahlen, an jedem Ersten des Monats 18 Mark. Für diesen Monat ist schon bezahlt."
„Ist gut!" sagte ich schnell und machte, daß ich fortkam. Ich hatte

jetzt keine Lust auf ein längeres Gespräch und stieg die Treppe hinauf. Obwohl ich mich dabei bemühte, leise aufzutreten, krachten die uralten Holzstufen bei jedem Schritt mit ohrenbetäubendem Lärm, daß es im ganzen Hause nicht zu überhören war. Es klang fürchterlich.
Zur letzten Etage führte eine steile Bodentreppe. Ich klinkte an der größten der drei Türen, doch das war die falsche. Es war die Tür zum Dachboden.
Gegenüber dieser hatte ich mehr Glück. Jedenfalls war sie verschlossen. Ich probierte die Schlüssel. Einer paßte tatsächlich. Ich drehte ihn herum und trat ein.
Mein Blick fiel auf ein kleines, aber für meine Verhältnisse recht gemütlich eingerichtetes Zimmer mit schrägen Wänden und einem großen Kachelofen. Die Einrichtung bestand aus einem Liegesofa, einem Schrank, einer Kommode, einem Tisch, zwei Stühlen und einem Teppich.
Auf dem Tisch stand sogar eine Vase mit frischen Blumen.
Die konnten nur von meiner Mutter sein.
Ich ging wieder hinaus und schloß die dritte Tür auf. Dahinter verbarg sich eine winzige Küche mit einem Kühlschrank und einem Elektrokocher. Allerdings fehlte der Wasseranschluß. Der einzige Wasserhahn war auf dem Flur, gleich neben der Treppe.
Ich ging wieder hinüber ins Wohnzimmer und ließ mich aufs Sofa fallen. Obwohl es noch nicht mal 20 Uhr war, hatte ich das dringende Bedürfnis, zu schlafen. Die Aufregung des gesamten Tages und der viele ungewohnte Alkohol hatten mich geschafft.
Ich zog mich deshalb aus und schlief sofort ein.

Die Sonnenstrahlen weckten mich.
Das Zimmer hatte das Fenster nach Osten. Ich schaute auf die Uhr. Es war bereits 10 Uhr vorbei.
Eigentlich wollte ich früh aufstehen, denn bis zur Verwaltung der LPG war es ein weiter und umständlicher Weg.
Auch wenn ich mich jetzt unheimlich beeilte, käme ich erst zur Mittagszeit dort an.
Das fand ich aber irgendwie zu blöd und darum beschloß ich, erst am nächsten Tag dorthin zu fahren. Mir würde schon die passende Ausrede einfallen.

Auf einen Tag früher oder später kam es bestimmt nicht an.
Außerdem ging es mir hundsmiserabel. Ich hatte starke Kopfschmerzen und ein flaues Gefühl in der Magengegend. Mit Sicherheit hatte ich am Vortag zuviel geraucht und der Alkohol hatte sein übriges getan.
Für diesen Tag nahm ich mir vor, noch ein bißchen herumzubummeln und auch mal bei meiner Mutter vorbeizuschauen, um mich bei ihr zu bedanken.
Pony kam mir in den Sinn. Ob sie in der Zwischenzeit einen anderen Betthasen gefunden hatte?
Wie lange hatte ich eigentlich keine Frau mehr gehabt?
Ich könnte ja mal sehen, ob ich Pony nicht „rein zufällig" irgendwo traf.
Ich hatte einen unheimlichen Durst. Darum stand ich endlich auf und ging zum Wasserhahn im Flur. Nach einigen Schlucken aus der Leitung ging es mir wieder besser. Der Kühlschrank kam mir in den Sinn. Ich machte ihn auf und fand einige brauchbare Dinge darin. Ich nahm mir die Butter und eine Wurstbüchse heraus und schaute mich weiter in der Küche um. Wo Butter und Wurst waren, konnte das Brot nicht weit sein. Ich fand es auch sofort und entdeckte außerdem noch Bohnenkaffe. Gestern Abend hatte ich nichts mehr gegessen. Kein Wunder, daß mein Hunger so groß war. Bis das Kaffewasser heiß war, hatte ich drei Schnitten gegessen. Ich brühte mir eine große Tasse auf und setzte mich aufs Sofa. Genüßlich trank ich das dunkle Gebräu und zündete mir dazu eine Karo an.
Allzu oft hatte ich im Knast von dem frischen Kaffeeduft geträumt. Manche Träume gehen eben doch in Erfüllung.
Meine Mutter hatte wirklich an alles gedacht, was ich in den ersten Tagen dringend gebrauchen konnte.
Sie hatte mich also doch noch nicht ganz abgeschrieben.
Es würde bestimmt alles gut werden zwischen uns. Mein Vater, wenn er noch lebte, hätte es sicher auch so gewollt.
Ich werde es ihr beweisen, nahm ich mir abermals vor, daß ich doch kein schlechter Kerl war.
Da der Tag ja gerade erst begonnen hatte, wollte ich zunächst für zwei oder drei Freibiere in der Stehpiepe vorbeizuschauen. Der Rest des Tages würde sich dann schon ergeben.

Ich kramte in den Schränken. Alle Sachen waren ordentlich gewaschen und gebügelt. Ich suchte mein Lieblingshemd heraus und zog dazu meine Jeans an. Dann ging ich die knarrende und krachende Bodentreppe hinunter in den 1.Stock. Die Toilette war aber abgeschlossen. An der Tür klebte ein Zettel auf dem stand:
„Nach benutzen wieder abschließen!"
Ich erinnerte mich daran, daß an meinem Schlüsselbund noch weitere Schlüssel waren, deren Verwendungszweck ich noch nicht kannte.
Ich polterte also wieder die Treppe hinauf, griff mir die Schlüssel und polterte wieder hinunter.
Natürlich paßte einer davon ins Schloß.
Die Toilette war ein Badezimmer mit einem alten Kohlebadeofen.
Daran klebte auch ein Zettel. „Baden nur für Frau Mohr!" las ich.
In einer Ecke, auf einem Podest stand das Toilettenbecken.
Als ich das Bad wieder verließ, trat eine alte Frau aus der gegenüberliegenden Tür. Sie schien schon weit über siebzig zu sein. „Herr Hoffmann", sagte sie leise, „ich bin Frau Mohr."
„Guten Tag!" grüßte ich höflich.
„Haben Sie den Zettel gelesen?" fragte sie besorgt.
„Na, sicher, alle beide", antwortete ich.
„Das ist nur, damit Sie nicht auf die Idee kommen zu baden", sagte sie energisch und fuhr fort: „Das Bad gehört nämlich mir. Bei mir wohnt noch ein anderer Herr zur Untermiete. Er muß auch die Toilette benutzen. Sie müssen aber hinterher das Bad wieder abschließen und den Schlüssel abziehen. Damit nicht noch jemand anderes die Toilette mit benutzt. Außerdem habe ich dort immer meine Kohleneimer stehen."
„Ja, das geht schon klar, Frau Mohr!" beendete ich das Gespräch und stieg die Treppe weiter hinunter, daß es laut im ganzen Haus schallte, obwohl ich dabei ganz vorsichtig auftrat, leiser ging es wirklich nicht. Da hätte ich fliegen müssen.

Von meinem neuen Zuhause aus waren es keine 10 Minuten zu Fuß bis zur Stehpiepe.
Wie immer herrschte hier schon ein ganz schöner Betrieb um diese Uhrzeit. Kein Problem also, ein paar Mitspieler zum Würfeln zu finden.
Gegen Mittag fiel mir wieder ein, daß ich ja eigentlich vorhatte,

meine Mutter zu besuchen, aber das hatte später auch noch Zeit. Das Bier schmeckte wieder ausgezeichnet und das Spielen machte riesigen Spaß.
Heute ging es mir schon bedeutend besser, als am Tag zuvor.
Ich war nicht gleich nach den ersten paar Bieren benebelt.
Gegen 16 Uhr machte ich mich auf den Weg zum „Bürgergarten“. Meine Neugier hatte mir keine Ruhe gelassen. Ich wollte sehen, ob ich Pony dort traf, denn das war ihr Stammlokal.
In der Gaststube saßen aber nur wenige Gäste. Das Lokal hatte gerade erst geöffnet und die meisten kehrten hier erst zum Abend ein.
Pony war auch nicht da und ich machte kurz entschlossen auf dem Absatz wieder kehrt. Es hätte auch gar keinen Sinn gehabt, hier auf sie zu warten, denn es konnte sein, daß sie auf dem Weg hierher, in der Perle hängen blieb.
Dort fand ich sie aber auch nicht, also ging ich wieder nach nebenan Freibier trinken und um zu würfeln.
Als Jürgen seine Kneipe um 18 Uhr schloß, wechselte ich wieder hinüber in die Perle.
Gleich beim Eintreten sah ich sie.
Ihre Augen fingen an zu leuchten, als sie mich erblickte.
„Na, du bist mir vielleicht einer“, sagte sie zur Begrüßung. „Ich war gestern schon mal hier gewesen, extra wegen dir. Da mußt du aber gerade, kurz vor mir gegangen sein.“
‚Aha‘, dachte ich so bei mir. ‚Das hieße ja im Klartext, daß sie zur Zeit keinen anderen hatte’.
Unschlüssig blieb ich stehen. Am liebsten wäre ich gleich mit zu ihr gegangen, aber Pony war gerade erst gekommen und wollte noch ein paar Gläschen Bier trinken.
Das war mein Verhängnis. Ich hatte bereits seit dem Morgen fast ununterbrochen getrunken. 15 Flaschen Bier waren es bestimmt schon gewesen.
Ich spürte auch deutlich, daß ich, wenn ich jetzt noch weiter trank, bald gänzlich betrunken war. Das war früher immer der Punkt gewesen, wo ich mich von den anderen verabschiedet hatte.
Da Feier-James aber auch noch mit am Tisch saß, ließ ich mich nicht lange drängen und blieb bis 22 Uhr mit sitzen.
Das erfuhr ich aber erst am nächsten Tag, denn ich erwachte in

Ponys Ehebett und hatte keine Ahnung, wann und wie ich da hineingekommen war.
Ein Blick auf die Uhr des Nachtschränkchens sagte mir, daß der Morgen schon wieder fast gelaufen war und mich überkam sofort ein ungutes Gefühl.
Wollte ich nicht heute zum Vorstellungsgespräch?
Und, wollte ich nicht gestern bei meiner Mutter vorbeischauen?
Jetzt ärgerte ich mich über mich selbst. Es war kaum zu glauben, aber ich war gestern schon wieder versackt. Um mich wieder zu beruhigen, sagte ich mir, daß ich ja heute zu meiner Mutter und morgen noch in die LPG gehen konnte.
Morgen würde es ganz bestimmt werden.
Pony schaute zur Schlafzimmertür herein.
„Na, ist der Herr endlich aufgewacht?“ sagte sie spöttisch.
Ich gab keine Antwort. Ich schloß die Augen wieder und brummte etwas Unverständliches vor mich hin.
„Mit dir war ja gestern Abend gar nichts mehr anzufangen. So besoffen hab ich dich ja noch nie erlebt“, stichelte sie weiter, aber jetzt schon etwas vorwurfsvoller.
Ich schaute unter meine Bettdecke. Ich lag völlig nackt. Sicher hatte sie mich ausgezogen.
„Ich hatte dir ja gesagt, daß ich nicht mehr so lange bleiben wollte“, gab ich griesgrämig zurück.
„Ich hab dir Kaffee gekocht und brat’ dir jetzt ein paar Eier. Vielleicht hilft das?“ kicherte sie. „Wäre aber nicht schlecht, wenn du dazu mit in die Küche kommst!“
„Ich komm’ gleich!“ brummte ich und Pony verschwand wieder in der Tür.
Mir ging es nicht besonders. Ich hatte eine fürchterlich trockene Kehle und Kopfschmerzen. Dazu kam noch ein flaues Gefühl in der Magengegend und ich spürte wieder ein wenig, die fast schon in Vergessenheit geratene Unruhe in mir.
Das war wie ein Alarmzeichen für mich. Ich mußte in Zukunft unbedingt darauf achten, daß ich nicht mehr so viel trank.
Heute mußte ich mich unbedingt zusammenreißen.
Ich rappelte mich hoch und ging hinüber zu Pony in die Küche.
Ihre Blicke klebten an mir fest. Ich hatte mir nichts übergezogen.
Das hatte ich bei ihr früher auch nicht gemacht.

„So gefällst du mir am besten!“ raunte sie mir lustvoll zu.
Ich setzte mich an den Küchentisch. Pony reichte mir eine Tasse Kaffee und einen Teller mit Rührei.
„Wir können ja dann gleich mal probieren, ob das bei dir wirkt“, spottete sie.
Ich nahm den Kaffee und trank einen Schluck. Ich spürte, wie meine Hand leicht zitterte. Das förderte mein Unbehagen nur noch mehr und ich sagte darum: „Eigentlich trinkt man ja zum Kaffee Kognak.“
„Da müßte der Herr erst welchen holen gehen“, antwortete Pony. „Ich könnte seiner Lordschaft höchstens einen Wodka zum Kaffee reichen, das heißt selbstverständlich, wenn es ihnen nichts ausmacht.“
„Naja, dann trinken wir eben gewöhnlichen Wodka“, gab ich betont herablassend zurück.
Sie stand auf und holte mir aus dem Wohnzimmerschrank die Flasche und ein Glas dazu.
Nach zwei Doppelten fühlte ich mich schon ein wenig besser. Nun hatte ich auch Appetit auf das Rührei.
Nachdem ich aufgegessen hatte, kam Pony um den Tisch geschlichen und setzte sich zu mir auf den Schoß.
„Ich glaube, du bist mir von gestern Abend noch etwas schuldig“, raunte sie mir ins Ohr und rutschte unruhig auf meinem Schoß hin und her.
„Da könntest du Recht haben“, sagte ich nicht abgeneigt, „aber dazu muß ich mir erstmal ein bißchen Mut antrinken.“
Ich schraubte den Wodka auf und nahm gleich aus der Flasche vorsorglich ein paar kräftige Schlucke.

Erst nach 16 Uhr fanden wir wieder aus dem Bett.
Pony war einfach unersättlich und hatte mir kaum eine Ruhepause gegönnt.
Wir tranken gemeinsam Kaffee und ich dazu noch zwei Wodka.
Danach fühlte ich mich wieder frisch und munter.
Ich verabschiedete mich bei ihr und spazierte geradewegs zur „Stehpiepe“.
Unterwegs plagten mich doch ein wenig die Gewissensbisse. Mir war eingefallen, daß wir ja bereits Freitag hatten. Das bedeutete,

daß ich nun erst am Montag zum Einstellungsgespräch in die LPG gehen konnte.
Ich bemühte mich, mir einzureden, daß das ja eigentlich garnicht besser sein konnte, denn dadurch hatte ich noch genügend Zeit, mich darauf vorzubereiten. Wenn ich am Sonntag nicht so viel trinken würde, ginge es mir am Montag bestimmt ausgezeichnet. Bis dahin würde mir schon noch eine plausible Erklärung einfallen, warum ich mich so spät vorstellen kam. Sicher hatten sie dort dafür Verständnis, wenn ich nach dem Knast erst ein paar Tage Erholung brauchte.

Am Sonntag raffte ich mich endlich auf und besuchte meine Mutter. Dieser Weg fiel mir alles andere als leicht. Viel zu viel war zwischen uns in den letzten Jahren vorgefallen. Sie hatte in mir nur noch den Säufer gesehen, dem nichts wichtiger war, als der Alkohol.
Ich war das einzige von vier Kindern, das so maßlos aus der Art geschlagen war. Deshalb hatte ich für sie als Sohn lange Zeit nicht mehr existiert.
Das sollte nun anders werden. Als Zeichen dafür, hatte sie mir meine Wohnung eingerichtet.
Die Begrüßung war wie die zweier Fremder, die sich zum ersten Male sahen. Außer ein paar belanglosen Worten kam kaum ein richtiges Gespräch zustande. Wir waren wahrscheinlich beide, voreinander viel zu befangen.
Es war seltsam. Eigentlich wollte ich meiner Mutter so viel erzählen, aber es war wie eine riesige Mauer zwischen uns.
Um überhaupt etwas zu sagen, denn irgendwie tat sie mir schon leid, wie sie mir so gegenüber saß, erzählte ich ihr davon, daß ich mich in den nächsten Tagen in nervenärztliche Behandlung begeben würde. Dort würde man mir helfen, damit ich in Zukunft nicht mehr so viel trinke.
Obwohl das von mir wirklich ehrlich gemeint war, klang es nicht gerade sehr überzeugend, denn ich hatte mit Sicherheit vom Frühschoppen noch eine mächtige Fahne.
Auf jeden Fall bedankte ich mich bei ihr dafür, daß sie mir die Wohnung so schön eingerichtet hatte.
Außer einen paar Vorwürfen, die meine Vergangenheit betrafen,

sagte meine Mutter aber kaum etwas. Die Situation entspannte sich nicht. Ich hatte es jedenfalls versucht, vergeblich.
Unter irgendeinem Vorwand ging ich deshalb bald wieder.
Eigentlich hatte ich vorgehabt, bis zum Abend bei meiner Mutter zu bleiben. Danach wollte ich zeitig schlafen gehen, damit ich am nächsten Tag frisch und munter war.
So niedergeschlagen, wie ich jetzt aber war, hatte ich noch keine Lust, mich in meine eigenen „vier Wände“ zurückzuziehen.
Also ging ich noch einmal den Weg zur Perle hinunter. Im Gepäck schleppte ich trübe Gedanken mit mir herum.
Was hatte ich nur manchmal für Illusionen? Ich hatte mir vor dem Besuch bei meiner Mutter ausgemalt, daß ab sofort zwischen uns alles wieder ins rechte Lot kommen würde. Schließlich hatte sie mir ja die Wohnung eingerichtet. War das nicht Zeichen genug dafür, daß sie auch wollte, daß wir uns wieder vertrugen?
Was ich aber eben gerade bei meiner Mutter entdecken konnte, war alles andere, als der Wille nach Versöhnung. Vielmehr waren es nur wieder die alten Vorwürfe.
Sicher, in gewisser Weise verstand ich sie schon, denn ich hatte ihr allein so viel Ärger bereitet, wie es meine anderen drei Geschwister zusammen nicht geschafft hatten. Ich konnte nur annehmen, daß sie sich nicht vorstellen konnte, daß ich mich wirklich ändern würde.
Alles in allem war ich bitter enttäuscht von unserem Wiedersehen. Ich versuchte mich damit zu trösten, daß sie ja in Zukunft sehen würde, wie ich mich ändern würde. Dann würde sich unsere Beziehung bestimmt bald gut entwickeln.
Vor Gram trank ich aber in der Perle des Trostes zu viele Gläser. Ich blieb kleben, wie es so schön heißt und aus dem Einstellungsgespräch am nächsten Tag wurde auch diesmal nichts.

Schließlich brauchte ich noch über eine Woche, um endlich dort zu landen, wo ich hin sollte.
Eigentlich half mir dabei der Zufall. Ich hatte am Vortag so viel getrunken, daß ich bereits am frühen Nachmittag nach Hause ins Bett mußte. Deshalb war ich am nächsten Tag verhältnismäßig früh munter. Allerdings hatte ich dafür einen bleischweren Kopf und war von innerer Unruhe geplagt. Diese machte mir in der letzten

Zeit immer mehr zu schaffen. Darum hatte ich seit einigen Tagen zu Hause immer ein paar Flaschen Bier vorrätig.
Bevor ich mich also auf den Weg zur LPG machte, trank ich in Ruhe zwei Flaschen von dieser Nervennahrung und aß dazu ein altbackenes, trockenes Brötchen.
Für den Fall der Fälle steckte ich mir ein paar Pfefferminzdragees ein, damit man meine Fahne nicht gleich riechen konnte.

Die LPG Frühgemüsezentrum war schon von weitem zu erkennen. Auf einem riesigen Areal stand Gewächshaus an Gewächshaus.
Ich erkundigte mich beim Pförtner, wo sich die Kaderleitung befand. Im ersten Stock des Bürogebäudes fand ich die Tür. Auf dem Schild stand: „Kollege Goseberg - Kaderleiter".
Ich war mit einem Male so aufgeregt, daß ich am liebsten wieder umgekehrt wäre.
Auf dem Flur kam mir eine Frau entgegen. „Zu wem wollen Sie denn?" fragte sie mich freundlich. „Zum Kaderleiter", antwortete ich. „Da sind Sie hier richtig. Klopfen Sie ruhig an", forderte sie mich auf.
Nun konnte ich nicht mehr zurück.
Ich nahm all meinen Mut zusammen und klopfte an. „Herein!" rief es von drin, und ich trat zaghaft ein.
Der Kaderleiter hob kurz seinen Blick von den Akten auf seinem Schreibtisch, deutete auf einen Stuhl und fragte, wieder in die Akten vertieft: „Um was geht's?"
„Mein Name ist Hoffmann. Ich soll mich bei Ihnen vorstellen kommen", sagte ich schüchtern.
Der Kaderleiter runzelte die Stirn und fragte mich barsch: „Und wieso kommen Sie erst heute?"
„Ich hatte noch einige familiäre Probleme zu regeln", log ich.
Er schaute mich ganz entgeistert an und wollte schon irgend etwas sagen, aber dann besann er sich und nickte nur kurz mit dem Kopf. Damit war das Thema für ihn erledigt. Dabei hatte ich wenigstens mit einer Moralpredigt gerechnet.
„Kollege Hoffmann", fuhr er in ruhigem Ton fort, „ich bin von der Abteilung Inneres über alles unterrichtet worden. Sie brauchen mir also nichts zu erklären. Außer mir, Ihrem zukünftigen Bereichsleiter, Kollege Klötzer und Ihrem Brigadeleiter, Kollege Micklich,

weiß keiner etwas davon, woher Sie kommen und es wird auch niemand anderes von uns erfahren, einverstanden?"
„Hm, das ist gut!" sagte ich zustimmend.
„Sicher, Sie fangen bei uns ganz einfach noch mal von vorne an. Sie sind nicht der erste in der LPG, der so eine Vorgeschichte hat. Bisher haben wir mit den betreffenden Kollegen sehr gute Erfahrungen gemacht und die Leute haben sich sehr schnell in ihren Arbeitskollektiven eingelebt. Ich hoffe, das klappt auch bei Ihnen so gut!" sprach er im väterlichen Ton zu mir und wurde mir dadurch ganz sympathisch.
„Uns wurde erzählt, daß Sie unbedingt den Wunsch hätten, in der Natur zu arbeiten. Da sind Sie hier goldrichtig. Unser Frühgemüsezentrum hat nämlich auch einen Bereich Landwirtschaft, dort werden Sie anfangen. Ich ruf mal kurz an. Da können sie den Bereichsleiter gleich persönlich kennenlernen."
Er griff zum Telefon, wählte eine zweistellige Nummer und rief in den Hörer:
„Ja, hier Klaus, Werner, kannst du mal schnell rüberkommen? Der Kollege Hoffmann ist da" und nach einer kurzen Pause, „ja, aber er mußte noch dringend familiär etwas regeln."
Er legte den Hörer auf und sagte freudig zu mir: „Er bringt Ihren Brigadeleiter gleich mit. Der ist zufällig gerade zur Besprechung bei ihm."
Es dauerte auch keine drei Minuten, da ging die Tür auf und zwei Männer kamen herein.
Der Kaderleiter stellte uns gegenseitig vor, und wir gaben uns die Hand. Der Bereichsleiter hatte eine kräftige Statur, graues Haar und mußte so Mitte fünfzig sein. Kollege Micklich hingegen war kleiner als ich und mochte so um Mitte vierzig sein.
„Na, das ist ja prima, da kann's ja losgehn!" sagte Kollege Klötzer fröhlich. „Ihr Brigadeleiter freut sich schon darauf, daß Sie bei ihm anfangen wollen. Er braucht in Naundorf noch einen kräftigen Kerl, stimmt's Siegfried?"
Kollege Micklich nickte bestätigend und meinte: „Das kann man laut sagen. Wir können uns vor Arbeit kaum retten. Wann können Sie anfangen?"
Eine dermaßen freundliche Begrüßung hatte ich nicht erwartet, deshalb sagte ich spontan: „Von mir aus gleich morgen."

„Na, das ist ja prima!“ rief Kollege Klötzer abermals.
Der Brigadeleiter beschrieb mir den Weg zum Stützpunkt, wo sich die Brigade jeden Morgen traf.
Das war für mich nicht schwer zu finden, denn der Stützpunkt lag genau gegenüber vom „Bürgergarten“ in Radebeul-West.
„Wird schon schief gehn!“ rieb sich der Bereichsleiter die Hände. „Sie kommen in ein ausgezeichnetes Kollektiv. Das sind meine besten Männer. Also machen Sie mir keine Schande!“ sagte er lachend.
Er klopfte mir kurz auf die Schultern und verabschiedete sich von mir.
„Na, dann bis morgen!“ verabschiedete sich auch mein Brigadeleiter von mir.
„Ja, dann bis morgen!“ sagte ich.
Kollege Goseberg kam um seinen Schreibtisch herum und reichte mir ebenfalls die Hand und meinte: „Machen Sie's gut! Sie werden sich bestimmt bald bei uns einleben. Den Arbeitsvertrag muß ich erst noch schreiben. Den können Sie in Naundorf unterschreiben. Ich schicke ihn dann mit dem Kurier mit.“
Nun war ich doch froh, daß ich endlich wieder gehen konnte, denn mir ging es schon wieder nicht gut. Vor Nervosität zitterte ich am ganzen Körper.
Hoffentlich hatte das keiner mitbekommen.
Gleich an der nächsten Ecke war ein Lebensmittelladen. Ich kaufte mir zwei Flaschen Bier. Eine davon trank ich gleich vor dem Geschäft leer. Die andere hob ich mir für unterwegs, für die Straßenbahn auf.
Als ich in Radebeul-West ausstieg, hatte ich trotzdem noch großen Durst. Also ging ich kurzerhand über die Straße in die „Stehpiepe“.
Ich hatte mir ganz fest vorgenommen, um 16 Uhr nach Hause zu gehen.
Ganz schaffte ich es nicht, denn ich blieb bis zum Kneipenschluß um 18 Uhr, aber immerhin gab ich den Überredungsversuchen meiner Kumpels nicht nach, die unbedingt wollten, daß ich mit nach nebenan in die Perle kam.
Ich blieb eisern und ging nach Hause.
Dort suchte ich mir als erstes ein paar alte Klamotten zusammen, die ich auf Arbeit anziehen konnte.
Alte Sachen hatte ich genug. Da bestand bei mir wirklich kein

Mangel. In den letzten Jahren hatte ich mir nichts neues zum Anziehen gekauft. Dafür hatte ich kein Geld übrig. Das war alles durch meine Kehle geflossen.
Jetzt stellte ich mir den Wecker auf 5 Uhr und trank in Ruhe noch eine Flasche Bier. Kurz darauf war ich schon eingeschlafen.

Ein äußerst unruhiges Gefühl ließ mich erwachen.
Ich schaute auf den Wecker. Es war bereits 5.30 Uhr. Ich hatte verschlafen.
Sollte der Wecker nicht geklingelt haben? Ich griff nach ihm und untersuchte ihn mit zittrigen Händen. Er war nicht mehr aufgezogen, also mußte er geklingelt haben. Sofort wurden alle bösen Erinnerungen an früher in mir wach.
Demnach hatte sich bei mir nichts geändert. Ich hörte immer noch kein Klingeln, wenn ich schlief.
Nun mußte ich mich beeilen, damit ich nicht gleich am ersten Arbeitstag zu spät kam.
Ich hüpfte schnell in meine Sachen. Dann öffnete ich mir eine Flasche Bier und trank sie hastig, hintereinander aus. Ich hoffte, daß damit mein Zittern ein wenig verschwand. Ich schnappte mir den Beutel mit den Arbeitssachen, langte nach einem uralten, harten Brötchen für unterwegs und jagte los.

Der Stützpunkt hatte einen großen Hof. Ich blieb stehen und schaute mich um.
Auf der rechten Seite stand eine riesige, alte Scheune. Sie war zur Hofseite offen und diente der Unterbringung von Heu. Linker Hand reihten sich hohe Garagentore aneinander.
Das Tor zur Hofeinfahrt war bereits geöffnet, als ich kam. Es mußte also schon jemand da sein.
Ganz links, in einem flachen Gebäude brannte Licht.
Ich klopfte an die Tür und ging hinein.
Ein schwarzhaariger Mann musterte mich erstaunt von oben bis unten. Er war vielleicht zehn Jahre älter als ich.
Auf mein „Guten Morgen!“ antwortete er: „Bei uns brauchste ni ankloppen! Du bist wohl der Neue, Schlanker?“
„Hm, der bin ich“, sagte ich. „Ich heiße Stephan, Stephan Hoffmann.“

Er gab mir die Hand und sagte: „Grafe, Fred. Die anderen kommen auch gleich. Hau’ dich am besten hier drüben hin, Schlanker!“
Er zeigte auf ein uraltes verstaubtes Sofa. Ich nahm Platz und schaute mich um. Der Raum war eine ziemliche Bruchbude und war mit zwei Sofas, einem großen Tisch und zwei Stühlen vollgestellt. Mehr Mobiliar hätte auch nicht Platz gehabt.
„So gut, wie die in Kaditz hamm wir’s nich. Dafür haste hier deine Ruhe“, meinte Fred, der meine Blicke beobachtet hatte.
Kurz darauf trudelte einer nach dem anderen ein. Alle begrüßten sie mich neugierig und setzte sich dann abwartend hin.
Der Meister war noch nicht da. Ich schaute unauffällig auf meine Armbanduhr. Es war bereits 10 Minuten nach 6 Uhr.
Der Kollege, der mir gegenüber saß, hatte es gemerkt und sagte erklärend: „Der Meister kommt gleich. Der quatscht früh immer so lange am Telefon mit der Obrigkeit in Kaditz. Sonst weiß er nicht, was er mit uns anstellen soll.“
Er hatte gerade den letzten Satz beendet, da kam der Meister herein und gab mir erfreut als erstem die Hand.
„Wie ihr seht“, sagte er zu den anderen gewandt, „haben wir endlich Zuwachs bekommen. Das ist der Kollege Hoffmann, Stephan. Er wird also unser ‚Fußvolk’ unterstützen.“
Die anderen nickten beifällig.
„Kollege Hoffmann“, sprach der Meister wieder zu mir, „ ich muß vielleicht gleich etwas erklären. Bei uns in der Brigade duzen sich alle. Das hat sich halt von Anfang an so ergeben. Da machen wir bei dir auch keine Ausnahme. Also Stephan, ich bin der Siegfried.“
Wir nickten uns gegenseitig zu.
„Am besten ist es, wenn ich sie dir gleich alle der Reihe nach vorstelle“, schlug er mir vor. „Also, rechts von dir sitzt der Grafe, Fred.“
Fred stand auf, verbeugte sich kurz und sagte: „Wir hatten bereits die Ehre.“
„Fred ist unser bester Traktorist und fährt den neuen ZT 300“, erklärte der Meister und fuhr fort: „Daneben kommt der Berge, Wolfgang. Wolle ist ebenfalls ein guter Mechanisator und macht mit seinem ‚Russen’ auch viele Transportfahrten. Dann kommt der Bauer, Egon. Egon heißt Bauer und ist Bauer, also der Bauer Bauer. Egon gehört zur ‚Infanterie’, also zum ‚Fußvolk’, wie wir die

Handarbeitskräfte nennen. Neben Egon sitzt ‚Vati'. Das ist der Gebauer, Erhard. Wir haben also einen Bauer Bauer und einen Bauer Gebauer in unserer Truppe. ‚Vati' gehört ebenfalls zum ‚Fußvolk'. Dann kommt noch der Große, Werner. Werner ist zwar nicht so groß, wie sein Name, aber er ist unser ‚Hans Dampf in allen Gassen' und fährt ebenfalls einen ‚Russen'. Zu guter letzt kommt noch unser Schmidt, Horst. Horst ist unser Ältester und außerdem mein Stellvertreter, wenn ich mal nicht da bin."

„Biste gelernter Agrotechniker?" fragte mich Egon.

„Nee, zuletzt hab ich im Autoreparaturwerk gearbeitet", log ich, „und wollte aber irgendwie aus dem Werkhallenmief heraus und in die Natur."

„Das is auch gut!" meinte Egon anerkennend.

„Stephan", wandte sich der Meister erneut an mich, „ich würde vorschlagen, ich teile erst mal die Arbeiten ein und wir zwei unterhalten uns anschließend in Ruhe, wegen Arbeitsschutzbelehrung und so, einverstanden?"

Ich nickte zustimmend.

Als jeder seine Arbeiten für den heutigen Tag zugeteilt bekommen hatte, machten sich alle aus dem Staub und ich blieb mit dem Meister alleine zurück.

„Das ist schon eine muntere Truppe", sagte Siegfried stolz. „Du wirst dich bestimmt ganz schnell bei uns einleben. Jeder hilft bei uns jedem. Übrigens, darfst du das nicht so ernst nehmen, wenn mal einer ein blödes Wort sagt oder dich auf die Schippe nimmt. Das sind trotzdem alles gute Kerle, wirst schon sehn."

„Nö, nö, da brauchst du dir keine Sorgen machen", winkte ich großspurig ab.

Der Meister zeigte mir zu erst meinen Garderobenschrank und den Waschraum.

„Den Waschraum hast du ganz für dich alleine", meinte er. „Die anderen kommen immer gleich in Arbeitssachen. Die haben alle zu Hause Viehzeug, was sie vor und nach der Arbeit füttern müssen. Da hat es keinen Sinn, wenn sie sich nur für den Weg umziehen würden."

Im Büro fragte er mich nach meiner Konfektions- und Schuhgröße, denn ich würde von der LPG jährlich ein Paar Arbeitsschuhe, ein Paar Gummistiefel, ein Paar Filzstiefel, einen Arbeitsanzug und

alle zwei Jahre eine Wattejacke bekommen. Das wollte er mir noch alles im Lager holen.
Dann belehrte er mich zum Arbeitsschutz in der LPG.
„In der ‚45'", sagte er, „das ist der Stützpunkt der Freilandgärtner hier in Naundorf, gehen wir Mittagessen. Das müssen wir aber vorneweg bestellen. Das Essen kostet pro Tag 1 Mark. Willst du heute schon mit essen?" fragte er mich.
Ich überlegte kurz. Dann antwortete ich: „Nee, diese Woche lieber noch nicht. Ich muß in den Mittagspausen noch ein bißchen was privat erledigen."
Mir ging es aber darum, daß die anderen es nicht mitbekamen, wie meine Hände zur Zeit zitterten. Das war schon vorhin blöd gewesen, als ich im Arbeitsschutzbuch unterschreiben mußte, aber Siegfried hatte nichts gemerkt.
„Kann ich dir etwas helfen?" fragte mich der Meister besorgt.
Ich winkte ab: „Ach, das sind nur Kleinigkeiten, wie Post, Bank usw."
„Kannst du nicht irgendwie 'n altes Fahrrad auftreiben?" fragte er mich. „Unser ‚Fußvolk' ist nämlich immer mit 'm Rad unterwegs."
Ich hatte zwar eins, aber das stand total kaputt bei mir im Keller herum.
Siegi gab mir deshalb erst einmal seines, bis ich ein anderes hatte. Er selbst hatte ja noch das Moped, einen alten „Spatz".
Als ich mich fertig umgezogen hatte gab mir der Meister einen Holzrechen und schickte mich zu Egon und Erhard, die auf den Wiesen am Elbufer zu tun hatten.
Das letzte Hochwasser hatte wieder eine Unmenge an Unrat angeschwemmt, der weggeräumt werden mußte, weil sonst die Schneidwerke der Schwadmäher und Häcksler kaputt gingen.
Die beiden anderen hatten mich schon ungeduldig erwartet.
„Na, wann gibst 'n deinen Einstand?" fragte mich Egon.
„Ist eigentlich 'ne gute Idee", sagte ich und drehte mich suchend nach allen Seiten um. Dann fügte ich schulterzuckend hinzu: „Nur sehe ich hier weit und breit keinen Konsum."
„Das ist doch ganz einfach", meinte Egon und hielt seine Hand auf. „Du gibst mir das Geld und ich hole was, einverstanden?"
Ich nickte zustimmend und gab ihm 5 Mark. Er schwang sich sofort aufs Fahrrad und sprintete davon.

„Da kennt der Egon nichts“, sagte Erhard und schaute ihm grinsend hinterher.
Erhard war so um die fünfzig. Sein Gesicht war deutlich von Wind und Wetter gezeichnet. Über seinen großen abstehenden Ohren saß eine dunkelblaue Schiebermütze. Dazu trug er einen braunen Manchesteranzug. Darunter hatte er aber noch mindestens zwei weitere Jacken an. Auf einer Seite schaute oben sein Hemdkragen heraus. Er war speckig schwarz. Mit Wasser schien er also nicht viel im Sinn zu haben.
Es dauerte keine Viertelstunde, da war Egon schon wieder da. In seinem Beutel hatte er sechs Flaschen Bier mitgebracht.
Wir ließen uns im Gras nieder und prosteten uns gegenseitig zu.
„Mir müssen nur aufpassen, daß uns der Meister nicht erwischt!“ sagte Egon. „Der sagt zwar auch nichts, aber er sieht’s nicht gerne, wenn wir auf Arbeit Alkohol trinken, wegen dem Arbeitsschutz und so.“
Nachdem jeder seine erste Flasche geleert hatte, machten wir uns an die Arbeit.
Wir mußten den Unrat auf kleine Haufen räumen. Die sollten später auf einen Hänger geladen werden.
Eine halbe Stunde später war Frühstückspause und wir konnten in Ruhe die zweite Flasche trinken. Die beiden anderen hatten große Schnittenpakete mit.
Ich hatte nur meine Zigaretten und das Bier.
Das reichte mir aber auch, denn mir ging es nun schon wesentlich besser. Das blöde Zittern war endlich weg.
Nach dem Frühstück machte sich Egon abermals auf den Weg und holte neues Bier. Diesmal spendierte er es.
Er schien auch kein Kostverächter zu sein. Beim ersten Bier vorhin war mir aufgefallen, daß er vor Zittern kaum die Flasche halten konnte. Das kam mir irgendwie bekannt vor und ich machte mir so meine Gedanken.
Jetzt, nach dem dritten Bier, hatte er halbwegs ruhige Hände.
Zwischendurch kam der Meister auf seinem Moped vorbei und schaute nach dem Rechten.
„Na, kommt ihr klar miteinander?“ fragte er uns.
„Was hast’n du gedacht?“ gab Erhard zurück.
„Klar, kommen wir klar, Siegi!“ bestätigte Egon.

Zum Feierabend, um 16 Uhr, war ich dann doch ziemlich k.o.
Die ungewohnte Tätigkeit an der frischen Luft hatte mich ganz schön geschafft. Zunächst duschte ich lange und ausgiebig. Das hatte mir schon lange gefehlt. Im Rohrkombinat konnten wir nach jeder Schicht duschen, aber jetzt, in meiner neuen Wohnung, hatte ich nur das kleine Waschbecken im Flur.
Danach fühlte ich mich schon wesentlich besser, nur der Durst war geblieben.
Es lag also nichts näher, als daß ich auf dem Heimweg in der Stehpiepe halt machte.
Nach ein paar Bieren meldete sich der Hunger wieder, den ich eigentlich schon den ganzen Tag lang hatte. Darum holte ich mir bei Jürgen eine knackige Bockwurst und ließ sie mir schmecken.
Beim Essen überlegte ich mir so, daß ich ja den ganzen Arbeitstag mit fünf Flaschen Bier ausgekommen war, wenn ich die mitzählte, die ich nach dem Aufstehen zu Hause getrunken hatte. Demnach ging es auch mit weniger Alkohol. Blieb nur die Frage, ob es jeden Tag möglich war, während der Arbeitszeit Bier zu holen.
Aber ich konnte dieses Problem auch anders in den Griff bekommen. Aus diesem Grund holte ich mir für die Arbeit von schräg gegenüber, aus dem Lebensmittelladen eine große Flasche Wodka. Die konnte ich mir in unserem Stützpunkt in den Garderobenschrank stellen und mir für die nächsten Tage einteilen. Ich brauchte ja immer nur gerade so viel trinken, daß meine Hände nicht mehr so sehr zitterten. Theoretisch müßte es dann von Tag zu Tag immer weniger Alkohol werden, den ich brauchte. Das war irgendwie logisch und ich fand meine Idee gut.

Auch an diesem Abend blieb ich nicht lange in der Kneipe kleben und machte mich kurz nach 20 Uhr auf den Heimweg.
Seit dem Feierabend hatte ich höchstens 7 halbe Liter Bier und zwei doppelte Korn getrunken. Das war nicht übermäßig viel, aber schließlich war für mich um 5 Uhr in der Frühe die Nacht zu Ende und verschlafen wollte ich es unter keinen Umständen.
Erst in der Wohnung fiel mir ein, daß ich vergessen hatte, Brot zu kaufen. Ich konnte mir also wieder keine Schnitten für die Arbeit machen. Für das Frühstück hatte ich auch nichts mehr da, aber das ließ sich nun nicht mehr ändern.

Ich trank noch in Ruhe einen Schluck aus der Wodkaflasche, stellte meinen Wecker und haute mich mit dem Gedanken aufs Ohr, es hoffentlich nicht zu verschlafen.

Die Sonne kitzelte in meinem Gesicht und riß mich plötzlich aus dem Schlaf.
Blinzelnd schaute ich zum Wecker hinüber und erschrak. Ein eiskalter Schauer lief mir über den Rücken. Es war bereits nach 7 Uhr.
„Aber so eine verfluchte Scheiße!“ brüllte ich in meiner Wut.
Der Wecker war abgelaufen, aber ich konnte mich auch nicht mehr genau daran erinnern, ob ich ihn auch wirklich aufgezogen hatte.
Was sollte ich denn jetzt machen?
Gleich am zweiten Arbeitstag verschlafen, das war vielleicht peinlich!
Ich überlegte, ob ich nicht besser zum Arzt gehen sollte, um mich krank schreiben zu lassen, aber den Gedanken verwarf ich sofort wieder, denn erstens würde mir der Hausarzt sowieso nicht den Gefallen tun und zweitens sah es ja ganz schön blöd aus, wenn ich mich gleich am zweiten Tag krank melden würde.
Mir blieb gar nichts anderes übrig. Ich mußte den peinlichen Weg gehen.
Doch dazu mußte ich mir noch ein bißchen Mut antrinken und ich griff deshalb nach dem Wodka.
Ich war ziemlich überrascht, daß sie nur noch halbvoll war.
Kein Wunder also, daß ich es verschlafen hatte. Ich muß vor dem Einschlafen noch die halbe Flasche getrunken haben.
Nach ein paar Schlucken legte sich meine Aufregung wieder. Für den kommenden Abend nahm ich mir ganz fest vor, wirklich nur ein paar Bier zu trinken und gleich danach nach Hause zu gehen.
Die Flasche Wodka nahm ich mit.
Kurz nach 8 Uhr kam ich auf dem Stützpunkt an.
Siegi lachte, als er mich so mit hängendem Kopf ankommen sah.
„Na, hast wohl verpennt?“ rief er mir fröhlich entgegen.
„Nu, ich hab den blöden Wecker nicht gehört“, gab ich zerknirscht zu.
Der Meister winkte großspurig ab.
„Wir haben uns das schon gedacht. Das ist nicht so schlimm. Du mußt dich eben erst an die Weckzeit gewöhnen. Das kann schon

mal passieren“, tröstete er mich und fügte hinzu: „Die anderen sind schon weg. Du müßtest heute wieder mit zu Vati und Egon auf die Elbwiesen.“
„Geht klar, Siegi!“ sagte ich erleichtert und ging, um mich umzuziehen.
Zum Glück schien es der Meister ganz gelassen zu sehen.

Schon von weitem war Egon zu hören: „Ha, der Langschläfer kommt!“
„Moin“, sagte ich. „Ich hab’s wirklich verpennt.“
„Na, da wirst du wohl einen ausgeben müssen“, meinte Egon und hielt grinsend seine zittrige Hand auf.
Vati nickte bestätigend mit dem Kopf.
„Nichts lieber, als das“, meinte ich ehrlichen Herzens und griff zur Geldbörse.
Ruck-zuck war Egon verschwunden.
Als er wiederkam, setzten wir uns ins nasse Gras und prosteten uns gegenseitig zu.
„Auf unsern Langschläfer!“ rief Egon und setzte die Flasche an. Dabei zitterte er so sehr, daß ich Angst hatte, sie würde ihm aus der Hand fallen.
„Was is’n mit dir los?“ fragte ich ihn erschrocken. Das kam mir ziemlich bekannt vor.
„Was soll’n los sein?“ gab er zurück.
„Warum schüttelt’s dich denn so?“ bohrte ich nach.
„Bestimmt nicht, von was du denkst“, sagte Egon bissig. „Ich hab mal einen schweren Unfall gehabt. Dabei hat es mir die Leber zerrissen. Seit dem hab’ ich eben so’n Taddrich. Willste noch was wissen?“ Er spielte den Beleidigten.
„Nee, entschuldige“, lenkte ich ein. „Das konnte ich ja nich wissen.“
Erhard hatte dazu in einem fort gegrinst, und ich dachte mir so meinen Teil.
Bis zum Mittag legten wir noch eine Bierpause ein.
Zur Mittagspause sagte ich den anderen, daß ich zum Stützpunkt radeln müßte, weil ich mein Schnittenpaket dort hatte.
Mich hatte der verlockende Gedanke an meinen Wodka im Garderobenschrank nicht losgelassen. Bei den Arbeiten auf den Elbwiesen

fiel es sowieso nicht auf, wenn man eine Fahne hatte.
Im Stützpunkt war um diese Zeit von den Kollegen keiner zu sehen. Sie saßen alle beim Mittagstisch.
Ich holte mir meine Flasche hervor und setzte mich auf das alte Sofa.
Eigentlich sollte der Wodka ein paar Tage lang reichen, aber viel war nicht mehr übrig. Das war aber nicht weiter schlimm. Ich konnte ja morgen eine neue Flasche mitbringen.
Nach der Pause, auf dem Weg zu den Elbwiesen, machte ich an der Kaufhalle halt und holte für uns drei Infanteristen noch je eine Flasche Bier. Bis zum Feierabend um 16 Uhr war es noch eine lange Zeit. Da konnten wir ruhig noch eine Bierpause machen.
Als wir später nebeneinander so im Gras saßen und uns das Bier schmecken ließen, war ich wieder mit mir zufrieden. Was wollte ich denn eigentlich mehr?
Ich hatte wirklich eine schöne Arbeit, hier am Elbufer, inmitten der Natur.
Das Wetter zeigte sich dazu noch von seiner besten Seite, mit Sonnenschein und vorsommerlichen Temperaturen. Wir hatten unsere Jacken ausgezogen und die Hemdsärmel hochgekrempelt.
Ganz in der Nähe pirschte sich ein kleiner Hase durch das Gras. Er hoppelte von Löwenzahn zu Löwenzahn, uns dabei aber nicht aus den Augen lassend.
Selbst wenn man bei der Arbeit oft ins Schwitzen kam, war es eigentlich keine richtige Arbeit. Es war eher eine sinnvolle Freizeitbeschäftigung, denn andere mußten es jetzt in irgendeiner stickigen Werkshalle aushalten. Hier am Elbufer konnte ich mich unterdessen frei bewegen und den Möwen nachschauen, so lange ich wollte.
Ich hatte es richtig getroffen. Da war ich mir ganz sicher. Ich war zwar erst den zweiten Tag da, aber ich fühlte, daß ich einfach hierher gehörte.
Diese Chance durfte ich nicht auf's Spiel setzen. Es wäre zu blöd, wenn ich mir das selbst verderben würde.

Nach der Arbeit ging ich auf zwei, drei Bier in die Stehpiepe. Nach dem anstrengenden Arbeitstag hatte ich mir das auch verdient.
Zwar blieb ich länger, wie anfangs geplant, vielleicht waren es am

Ende 7 oder 8 Flaschen, aber ich war diesmal zu müde, um länger zu bleiben. Trotzdem hatte ich zwischendurch noch daran gedacht, mir eine neue Flasche Schnaps „für alle Fälle“ zu holen. Sogar Brot, Butter und Wurst für die Arbeitsschnitten hatte ich nicht vergessen.

Am nächsten Morgen hatte ich keine Probleme mit dem Aufwachen, dafür aber mit meiner körperlichen Verfassung.
Ich hatte von 20 bis 5 Uhr durchgeschlafen. Das waren immerhin 9 Stunden gewesen und nun schüttelte es mich wie einen jungen Hund der friert. Als erstes Frühstück mußte ich deshalb ein paar Schlukke aus meiner Wodkaflasche nehmen.
Mein Magen revoltierte. Jetzt, am frühen Morgen, mochte er das Zeug noch nicht. Nur mit Müh und Not blieb alles da, wo es hin sollte.
‚So weit war ich also schon wieder’, dachte ich dabei trübsinnig.
Nach einer Weile ging es mir schon wieder bedeutend besser. Ich schmierte mir die Schnitten für die Arbeit, nahm noch einen kräftigen Zug Wodka und machte mich mit der Flasche im Gepäck auf den Weg. Unterwegs faßte ich den Entschluß, daß ich mich über das kommende Wochenende hinweg, mal so richtig auskurieren würde. Den heutigen Freitag über wollte ich nur soviel trinken, wie ich gerade benötigte, um ruhig zu sein. Morgen sollte es dann noch weniger sein und am Sonntag wollte ich gar nichts Alkoholisches trinken. Das dürfte nun wirklich kein Problem sein und am Montag müßte ich damit alles überstanden haben.
Ich trank auch den ganzen langen Arbeitstag über nur 3 Flaschen Bier und in der Mittagspause gerade mal drei große Schlucke aus der Wodkaflasche, die in meinem Spind sehnsüchtig auf mich wartete.
Zum Feierabend, nach dem Duschen, gönnte ich mir schließlich noch ein paar Züge aus der „Flasche für alle Fälle“.
Auf dem Heimweg kaufte ich mir 6 Flaschen Bier fürs Wochenende. Das sollte auf jeden Fall reichen.
Die Stehpiepe kam in Sicht und mir kam die Einsicht, daß es eigentlich Quatsch war, wenn ich zum Freitagnachmittag nicht auf ein Bierchen hineinging. Ich konnte mich ja am Samstag und Sonntag gründlich auskurieren.
Feier-James war noch nicht da, dafür aber Alex und Mischa, die

mit zwei anderen zusammen würfelten. Ich gesellte mich zu ihnen und spielte mit.
Tatsächlich hatte ich wieder eine absolute Glückssträhne. Anfangs hatten wir jede Runde um eine Flasche Bier gespielt, aber Alex und ich kamen nicht mehr nach mit trinken. Ich hatte noch vier volle Flaschen Bier neben mir stehen und wir beschlossen deshalb, nur noch um doppelte Schnäpse zu spielen. Nach einigen Runden mußte ich dem aber auch Einhalt gebieten, denn sonst wäre ich bald darauf umgekippt. Fortan ließ ich mich also lieber auszahlen.
Ordnungsgemäß um 18 Uhr schloß Jürgen seine Kneipe zu. Da er aber wieder einmal einen Gehörigen in der Krone hatte, war es ihm egal, daß wir trotzdem weiter tranken. Im Lokal befanden sich vielleicht noch etwa 15 Stammgäste. Für alle gab es Freibier und wer einen Schnaps haben wollte, bekam von Jürgen gleich die ganze Flasche umsonst ausgehändigt. Sein Motto war: „Wenn wir saufen, dann saufen wir richtig!“
Er war ganz aus dem Häuschen. Das war eigentlich bei ihm nicht selten der Fall. Deshalb war es mir auch manchmal rätselhaft, wie er sich mit seiner kleinen Kneipe über Wasser halten konnte.
Mir jedenfalls wurde es immer nebliger zu Mute und schließlich hatte ich keine Ahnung mehr, wann und wie ich nach Hause gekommen war.

Am Sonnabend wachte ich in der 9. Stunde auf. Ich lag voll bekleidet und mit Schuhen auf dem Bett. Mein Kopf dröhnte und ich hatte ein Gefühl, als wäre ich innerlich ausgebrannt. Mein Herz schlug laut und schnell, als wollte es zerspringen.
Mit zitternden Händen griff ich nach dem Beutel, der neben meinem Bett stand. Zum Glück waren alle Flaschen heil nach Hause gekommen.
Das Bier schmeckte ekelhaft und würgte mich. Die erste halbe Flasche konnte ich nur ganz langsam in winzigen Schlucken trinken. Dabei war ich immer auf dem Sprung zum Waschbecken. Die zweite Hälfte ging bereits etwas besser. Mein Magen hatte sich etwas beruhigt.
Eigentlich war es ja auch kein Wunder. Bei solchen Besäufnissen dachte ich immer nicht daran, zwischendurch etwas zu essen. Meistens hatte ich auch keinen richtigen Appetit.

Nach der zweiten Flasche hatte sich mein Innerstes wieder voll und ganz mit mir ausgesöhnt. Ich beschloß deshalb, meinem Magen heute einmal etwas Gutes zu tun und ihn mal mit einem richtigen Essen zu verwöhnen.
Zu Hause hatte ich allerdings nichts weiter da, also mußte ich irgendwo Mittagessen gehen.
Ich machte mich auf die Socken und stieg die knarrende Treppe hinunter. Im ersten Stock öffnete sich zaghaft eine Tür und die alte Frau Mohr kam auf mich zu.
„Herr Hoffmann, hier ist ein Einschreiben für Sie gekommen."
Sie griff in ihre Kittelschürze und gab mir den Brief.
Dann fügte sie vorwurfsvoll hinzu: „Sie haben letzte Nacht das ganze Klo vollgemacht."
„Ach du Schreck", entfuhr es mir und am liebsten wäre ich im Erdboden verschwunden. Ich begann zu grübeln, aber ich konnte mich an nichts mehr erinnern. Ich wollte die Toilettentür öffnen, doch da sagte Frau Mohr: „Ich hab schon alles saubergemacht. Man konnte ja nirgends mehr hintreten, Sie müssen sich mehrmals übergeben haben."
„Danke, Frau Mohr!" sagte ich mit gesenktem Kopf und ging langsam weiter die Treppen hinab.
„Noch mal mach ich das nicht weg!" rief sie hinter mir her.
„So ein Mist!" fluchte ich laut vor mich hin. Das durfte mir nicht noch einmal passieren. Heute würde ich wirklich nur etwas essen und gleich danach wieder nach Hause gehen.
Unterwegs machte ich den Brief auf. Er kam von der Abteilung Inneres. Ich wurde darin aufgefordert, mich am kommenden Dienstag bei ihnen zu melden und sollte dazu einen Termin von der Nervenärztin vorlegen.
‚Na lustig!' dachte ich mir. ‚Nun wurde es also ernst!'

In die Stehpiepe schaute ich erst gar nicht hinein. Der Brief hatte sich mir aufs Gemüt gelegt und ich ging in die „Perle".
Samstags war hier um diese Zeit wenig los. In der Woche war da mehr Betrieb. Da kamen viele Verkäuferinnen und Verkäufer aus den umliegenden Geschäften, die hier Abo-Essen hatten.
Ich setzte mich alleine an einen Vierer-Tisch und bestellte mir Rindsroulade mit Klößen und dazu ein kleines Bier.

So richtigen Appetit hatte ich allerdings nicht mehr, aber ich riß mich zusammen und aß. Schließlich wollte ich ja meinem Magen etwas Gutes tun. Anschließend trank ich als Belohnung, weil ich so fein aufgegessen hatte, noch zwei weitere Biere und verlangte dann die Rechnung.
Als ich gezahlt hatte und mich von meinem Tisch erhoben hatte, kam mir Feier-James grölend entgegen. Er hatte bereits etwas Schlagseite und wollte gerade auf die Toilette gehen, da hatte er mich entdeckt.
„Titius, ich hab die ganze Zeit drüben in der Stehpiepe auf dich gewartet und du feierst hier alleine für dich. Bist du krank?“ johlte er laut.
„Nee, aber ich wollte mal etwas vernünftiges Essen“, antwortete ich.
„Seit wann nimmst’n du feste Nahrung zu dir, hahaha, hihihi? Du bist also doch krank, Titius, gib’s zu!“ stichelte er weiter.
„Na, vielleicht hast du recht. Ich geh’ jetzt erst mal nach Hause und grunze eine Runde“, lenkte ich ein.
„Das mach ich jetzt auch, Titius. Spätestens um sechse bin ich wieder da. Also bis heute Abend, hau rein!“
„Ja, hau rein, James!“

Zu Hause trank ich noch in Ruhe zwei Flaschen Bier und hörte dazu DT64. Dann wurde ich doch ziemlich müde und ich legte mich auf’s Ohr.
Sehr lange konnte ich aber nicht schlummern, denn kurz nach 17 Uhr war ich schon wieder munter. Ich hatte ungeheuren Durst und griff mir eine Flasche Bier. Das zischte förmlich beim Trinken. Betrübt stellte ich aber bald darauf fest, daß ich jetzt nur noch eine Flasche Bier für den Sonntag zu Hause hatte. Das war natürlich absolut blöd, denn auch für die Nacht hatte ich nichts mehr da. Wie sollte ich da in Ruhe schlafen können? Folglich blieb mir gar nichts anderes übrig. Ich mußte mich wieder auf die Socken machen.
‚Eigentlich könnte ich ja mal wieder in die Schenke zur Disco gehen’, dachte ich mir so. Das war eigentlich ein guter Gedanke, denn dort war ich lange nicht mehr gewesen. Vielleicht geht Feier-James auch mit und vielleicht könnte ich da auch mal wieder eine Kirsche abschleppen, wäre auch nicht schlecht!

Ich wusch mich also von Kopf bis Fuß und zog mir frische Unterwäsche und ein sauberes Hemd an, bevor ich mich auf den Weg zur „Perle“ machte.
James saß bereits an unserem Stammtisch. Er hatte sich inzwischen wieder ganz gut erholt, so schien es mir jedenfalls. Von meiner Idee, in die „Schenke“ zu fahren, hielt er nicht allzuviel, stimmte aber letztendlich doch zu. Er war eigentlich kein großer Disko-Gänger. Wenn er dann doch mal mitging, dann eigentlich nur um Musik zu hören und zu trinken. Tanzen hatte ich ihn jedenfalls noch nie gesehen. In den vielen Jahren, die wir uns inzwischen schon kannten, hatte er bisher auch nur ein einziges Mal eine Freundin gehabt und das auch nur ein paar Tage lang. In dieser Beziehung war er fast noch mehr verklemmt wie ich.
Wir hielten uns auch nicht lange auf und tranken ganz auf die Schnelle noch drei Gläser Bier und bezahlten, denn es war bereits nach 18 Uhr. Um diese Zeit begann gerade der Einlaß zur Disko. Das spielte aber für uns keine Rolle, denn wir hatten sowieso keine Karten. Wenn wir diese hätten haben wollen, dann hätten wir uns schon um 16 Uhr an der Kasse anstellen müssen und selbst dann hätten die Chancen nur 50 zu 50 gestanden, daß wir noch welche bekommen hätten.
James und ich, wir kannten aber einige Leute vom Einlaßdienst. Deshalb war es für uns kein Problem, ohne Karte hineinzukommen.
Als wir ankamen drängten sich mindestens hundert Mann am Einlaß, die alle keine Karten hatten und trotzdem noch hofften, irgendwie hineinzukommen. Manchmal hatte man Glück, wenn ein anderer noch eine Karte übrig hatte und sie meistbietend verkaufte.
Wir mußten trotzdem noch eine ganze Weile warten, bis endlich ein Ordner auftauchte, den wir kannten. Wir zwängten uns durch die Massen und hielten ihm irgendeinen Papierschnipsel hin, den uns der Einlaßdienst mit einem Augenzwinkern abriß und schon waren wir im Saal.
Um 19 Uhr sollte es losgehen, doch bereits jetzt, eine Viertelstunde vor Beginn, war der Tanzsaal brechend voll. Ein Drittel davon hatte garantiert keine Eintrittskarte. Soviel konnten gar nicht verkauft worden sein.
Kaum hatte ich mich versehen, hielt Feier-James triumphierend eine

Flasche Wein in der Hand. Er hatte sie einer vorbeilaufenden Kellnerin einfach vom Tablett geschnappt und ihr dafür einen 20-Mark-Schein darauf gelegt.
„Hihihi, hahaha, hihihi, Prost Titius!“ rief er mir zu. Dabei war er völlig aus dem Häuschen, setzte die Flasche an und trank sie in einem Zug bis zur Hälfte leer. Dann reichte er sie mir und kicherte weiter, während ich trank: „Na, Titius, hihihi, wie hab ich das gemacht? Der wäre doch fast das Tablett aus der Hand gefallen, so erschrocken war die, hihihi, hahaha. Die nächste Flasche besorgst du, hahaha!“
Ich ließ James noch einen Schluck übrig. Er trank ihn auch gleich aus und stellte die leere Flasche einfach auf einen der nächstliegenden Tische. Wir brannten uns eine Karo an und ich ließ die Blicke umherschweifen.
Es waren wie immer, zahlreiche bekannte Gesichter zu sehen. Weit hinten saß Schusti mit Borstel und Zauni an einem Tisch. Unweit von mir saß Renate mit Chrissi. Sie tat so, als hätte sie mich noch nicht bemerkt. Ich tat es ihr gleich. Bei einigen anderen schaute ich lieber auch gleich wieder weg. Besonders bei denen, die ich von der Penne her kannte. Es war ein blödes Gefühl, denn ich mußte ja annehmen, daß sie alle wußten, daß ich gerade frisch aus dem Knast kam und ging davon aus, daß sie mit mir nichts mehr zu tun haben wollten. Wenn auch mein Bart inzwischen wieder etwas gewachsen war, so verriet ihnen mein kurzer Haarschnitt mit Sicherheit, wo ich die ganze Zeit über gesteckt hatte, als ich von der Bildfläche verschwunden war.
Inzwischen begann die Musik. Es war die Disko „Atlantis“. Ich fand die recht gut, denn sie hielten sich nicht an die offiziellen Vorgaben, 80% Osttitel und 20% Westtitel zu spielen. Das war eher genau anders herum. Jetzt starteten sie gleich mit „Smoke on the water“ von Deep Purple. Es gab wohl kaum jemanden hier im Saal, dem dieser Titel nicht gefiel.
Mann, hatte mir diese Musik gefehlt! Ich hätte vor Freude heulen können. Im Nu war die Tanzfläche voll.
James riß mich aus meinen Gedanken, indem er mir ins Ohr trällerte: „Tietieuhus, ich habe Duhurst!“
„Okay“, nickte ich, „ich geh mal in die Spur.“
Ich zwängte mich durch die Massen hindurch, die in den Gängen

standen und postierte mich an der Pendeltür, die zum Ausschankraum führte. Ich brauchte auch nicht lange zu warten. Eine junge Kellnerin kam mit einem Tablett voller leerer Gläser auf mich zu. Ich zückte schnell einen 20-Mark-Schein, warf ihn ihr schnell aufs Tablett und brüllte ihr ins Ohr: „Eine Flasche Eselsmilch!“
Sie nickte mir zu und verschwand hinter der Tür.
Es verging eine ganze Weile. Inzwischen erklang ein Titel von „Jethro Tull“ und der ganze Saal klatschte mit.
Endlich kam die Kellnerin heraus. Sie nickte mir zu und deutete mit dem Kopf auf die Flaschen, die auf ihrem Tablett standen. Ich nahm mir eine herunter und bedankte mich.
Bis zu James waren es höchstens 20 Meter, aber ich brauchte eine Ewigkeit dazu. Es waren noch mehr Menschenmassen hereingeströmt und die zwängten sich zum größten Teil in ausgerechnet diesen Gang. Die Kellnerinnen hatten überhaupt keine Chance, hier hindurch zu kommen. Das hatte aber wiederum zur Folge, daß der Gang noch voller wurde, denn die hinteren Tische wollten ja schließlich nicht den ganzen Abend auf dem Trockenen sitzen und bemühten sich daher selber hierher, um etwas Trinkbares zu ergattern.
Mitten im Trubel klopfte mir plötzlich jemand auf die Schulter. Ich drehte mich um und blickte in das lachende Gesicht von Ilona.
„Mensch Hoffi, sieht man dich endlich auch mal wieder“, schrie sie mir ins Ohr. „Ich dachte schon du bist gänzlich verschollen. Tanzen wir mal?“ fragte sie und sah mich mit bittender Mine an.
„Im Moment kann ich nicht“, rief ich ihr ebenfalls ins Ohr. „Ich muß erst mal meinen Kumpel suchen, aber nachher auf jeden Fall. Wo find ich dich dann?“
Lächelnd sah sie mich mit ihren blauen Augen an und rief: „Immer in deiner Nähe, du wirst mich finden!“
„Bis dann!“ rief ich zurück und drängelte weiter.
James hatte mich schon entdeckt und tapste unruhig von einem Bein auf das andere.
Als ich ihn endlich erreicht hatte, winkte er mir nur kurz zu, zum Zeichen, daß ich ihm folgen sollte. Wir ließen uns am Einlaß eine Pausenkarte geben und gingen hinaus ins Freie. Dort ließen wir uns auf einem Mauersims nieder.
„Mensch, ist das belastend Titius“, jammerte James. „Da drin verdurstet man ja am lebendigen Laib.“

Ich reichte ihm die „Eselsmilch" und mußte ihn aber gleich wieder stoppen, sonst hätte er die Flasche in einem Zug ausgetrunken. So war es nur die Hälfte. Ich hatte auch einen gehörigen Durst, ließ aber James noch ein paar kleine Schlucke drin.
„Wir können ja mal nebenan in die Kneipe gucken", schlug ich vor. „Vielleicht kriegen wir da was zu trinken."
„Die ist bestimmt auch brechend voll", meinte James.
„Probieren kostet ja nichts", sagte ich und ging voraus. Zögerlich watschelte James hinter mir her.
Die Kneipe war im gleichen Gebäude. Sie grenzte an die andere Seite des Ausschankraumes.
Natürlich war alles, bis auf den letzten Platz belegt. Auf manchen Stühlen saßen sie sogar zu zweit. Im Stehen bekam man hier allerdings nichts.
Wir hatten aber ausgesprochenes Glück, denn Dietel und Ralle, zwei Bekannte von uns, winkten uns an ihren Tisch.
„Sucht ihr zwei Plätze?" fragte Ralle.
„Na, klar!" rief ich.
„Da habt ihr Schwein", meinte Ralle, „wir wollen nämlich gerade rüber in den Saal. Mal sehen, wer alles da ist. Wir kommen aber wieder. Derweil könnt ihr euch hierher setzen."
Die beiden überließen uns ihre Plätze und wir bestellten uns, als der Kellner an unseren Tisch kam, gleich jeder ein großes Glas Bier und einen doppelten Wodka.
Bis Dietel und Ralle wieder zurück waren, hatten wir noch Zeit für ein weiteres solches Gedeck.
„Also Titius, du kannst ja machen, was du willst, aber ich fahr zurück in die Perle. Mir ist das einfach ein zu dämliches Gerammel hier", sagte James entschieden.
Ich dachte an Ilona. Deshalb meinte ich kurz entschlossen: „Mal sehen, vielleicht komme ich dann noch nach. Ich muß aber auf jeden Fall noch mal in den Saal."
„Na, dann hau rein!" verabschiedete sich James und trottete davon.
Ilona kannte ich schon viele Jahre. Schon seit der Zeit, wo ich noch fest mit Carmen zusammen war. Kennen war eigentlich übertrieben, aber sie war mir regelmäßig über den Weg gelaufen und hatte mir immer wieder vielsagende Blicke zugeworfen. Ich war bei ihr nie den Eindruck losgeworden, daß sie hinter mir her war.

Sie war das einzige Mädchen, das mich ungeniert spüren ließ, daß sie scharf auf mich war, und gerade das machte sie mir so unheimlich.
Überall, in jeder Disko, in der ich war, kreuzte sie auch auf und verfolgte mich mit ihren Blicken. Bisher hatte ich nur ein einziges Mal mit ihr getanzt. Das war, als ich mich gerade einmal mit Carmen gestritten hatte. Daher kannten wir uns auch beim Namen. Trotzdem muß ich ihr zugestehen, daß sie es nie versucht hatte, sich zwischen mich und Carmen zu stellen. Bisher hatte ich sie noch nie mit einem Freund gesehen, denn sie tanzte jedesmal mit einem anderen Kerl.
Im Grunde genommen sah sie eigentlich nicht schlecht aus mit ihren halblangen, lockigen Haaren und ihren blauen, verträumten Augen. Sie war etwa einen halben Kopf kleiner wie ich und von Statur her eher etwas kräftiger, als zu schlank. Genauso, wie ich es mochte. Eigentlich hatte sie für mich nur einen Makel. Sie war blond und genau das paßte irgendwie nicht so richtig zu ihrem Gesicht. Dunkle Haare hätten viel besser zu ihr gepaßt, fand ich.
Jedenfalls hatte ich mir vorgenommen, mich heute Abend mal etwas näher mit Ilona zu befassen. Zum einen tanzte ich gerne und zum anderen hatte ich ja zur Zeit sowieso keine Freundin. Außerdem hatte ich mir schon etwas Mut angetrunken und das Unheimliche, welches Ilona aus meiner Sicht anhaftete, war meiner Neugier etwas gewichen.
Im Saal fand ich sie direkt neben der Eingangstür. Sie hatte natürlich den besten Posten bezogen, denn dort mußte ich ja schließlich irgendwann einmal vorbeikommen. Ich konnte sie noch eine Weile beobachten, bis sie mich entdeckte.
Sie ließ ihre Blicke traurig und besorgt über die Massen schweifen und ich nahm an, daß sie nach mir Ausschau hielt.
Als sie mich schließlich entdeckte, fing ihr Gesicht an zu strahlen. Mit schnellen Schritten war sie bei mir und ergriff sofort meine Hand.
„Versprochen ist versprochen!“ rief sie mir fröhlich zu und zog mich auf die Tanzfläche. Die Musik war auch gleich passend. Die Disko spielte gerade „Fools“ von „Deep Purple“, ein ellenlanger Titel zum Anschmiegen und Kuscheln.
Ohne zu zögern nahm Ilona Besitz von mir. Sie umschlang mich

mit ihren Armen und zog mich entschlossen, ganz fest an ihren Körper heran, daß mir fast der Atem wegblieb. Eine Hand hatte sie dabei auf meinem Rücken, die andere an meinem Hinterteil. Ihr Kopf lehnte an meiner Schulter und ihre Lippen berührten mein Ohr, als sie mich fragte: „Wie es scheint, bist du zur Zeit solo?“
Ich nickte fast unmerklich und unsere Bewegungen ließen sich vom Takt der Musik treiben.
Ihre Nähe, der Druck ihres weichen Körpers und ihr heißer Atem an meinem Hals brachte mein Herz aus der Fassung. Es schlug so stark, daß ich Angst hatte, sie könnte es spüren. In meinem ganzen Inneren kribbelte es und ich war wie benommen.
Irgend etwas mußte sie an mir bemerkt haben, denn sie nahm plötzlich meinen Kopf in beide Hände und küßte mich auf den Mund. Nein, eigentlich küßte sie mich nicht. Sie hatte sich bei mir fest angesaugt und schlug mit ihrer Zunge wild in meinem Mund herum.
Mir wurde es schwindlig. Meine Beine verloren den Halt. Ich mußte mich an ihr festklammern, um nicht den Boden unter den Füßen zu verlieren. Ilona schien das jedoch einer Aufforderung gleich zu kommen, denn sie drückte ihren Oberschenkel zwischen meine Beine und rieb ihn fest an mir auf und ab. Vor Schreck ließ ich sie los und schnappte nach Luft. Doch sie hielt mich immer noch mit der einen Hand fest an sich gepreßt. Mit der anderen ergriff sie sich eine meiner Hände und drückte sie an ihre Brust.
„Ach, Hoffi, ich habe schon eine Ewigkeit darauf gewartet“, hauchte sie mir ins Ohr.
Ich schaute mich verlegen um, aber keines der anderen Paare, die um uns herum tanzten, schien bemerkt zu haben, was sich bei uns tat. Sie waren alle viel zu sehr mit sich selbst beschäftigt. Das beruhigte mich etwas, und ich spürte einen jähen Wandel in mir. Sicher regten sich in diesem Augenblick meine Hormone, denn die Gefühle die mich mit einem Male durchströmten, waren voll von Lust, und die Gier nach mehr bekam die Oberhand. Deshalb fand ich es auch selbstverständlich, daß wir uns, als der Titel zu Ende war, Hand in Hand aus dem Saal, hinaus ins Freie zwängten.
Ilona ging entschlossen voran und zog mich hinter sich her. Neben dem Gebäude führte eine alte Steintreppe hinab in die Finsternis. Nach einigen Stufen führte sie mich auf eine, von Pflanzen wild

umwucherte kleine Terasse. Hier konnten wir von niemandem gesehen werden.
Sie mußte es sehr eilig haben, denn sie fiel mir sofort um den Hals und bestürmte mich mit ihren Küssen. Fast unmerklich rückte sie mit mir dabei an einen Mauersims heran, der nur wenige Meter von uns entfernt war. Als wir den erreichten, hatte sie meine Jeans bereits geöffnet und griff voller Verlangen hinein. Mit der anderen Hand zog sie sich ihre Hosen und ihren Slip herunter und lehnte sich an den kalten Stein.
„Komm, Hoffi, ich will dich spüren!" hauchte sie und der Rausch der Sinne nahm uns gefangen.

Noch lange, sehr lange hinterher hielten wir uns gegenseitig fest in den Armen. Keiner sagte ein Wort. Es war geschehen. Wir hatten es beide gewollt. Jetzt fühlten wir uns frei und unbeschwert und ein Gefühl der Geborgenheit umgab uns.
Ich versuchte, meine Gedanken wieder zu ordnen und überlegte, was ich für Ilona empfand, aber ich konnte mir nur den Augenblick erklären. Ich war glücklich. Ich war glücklich darüber, daß ich sie jetzt in meinen Armen hielt, daß ich ihren Körper ganz eng an dem meinem spürte.
„Wollen wir wieder hineingehen?" waren ihre ersten Worte.
Ich nickte. Langsam schlenderten wir zurück in den Saal.
Nach den vergangenen Minuten der Ruhe und Verträumtheit, benötigten wir einige Zeit, um uns in dem Trubel hier, dem Lärm der Musik und dem grellen Licht wieder zurechtfinden zu können.
Das gelang uns am besten beim Tanzen. Zum Glück spielte die Disko kaum noch schnelle Titel, aber selbst die tanzten wir miteinander eng umschlungen.
Zwischendurch legten wir aber auch hin und wieder Pausen ein, in denen ich uns eine Flasche Wein besorgte, die wir zügig leer tranken, damit wir schnell wieder tanzen gehen konnten.
Am Ende der Disko bestand Ilona darauf, daß ich sie nicht bis nach Hause begleitete, sondern nur bis zur Straßenbahn. Sie war der Meinung, ich sei dazu viel zu betrunken. Bei den Mengen, die ich getrunken hatte, hätte man das auch wirklich annehmen können, aber in Wirklichkeit tat ich nur so, als hätte ich einen mächtigen in der Krone, denn ich hatte eigentlich keine Lust sie nach Hause zu

schaffen. Viel lieber wollte ich noch einen Abstecher in die „Frasquita“ machen und sehen, ob ich da noch etwas zu trinken bekam. Die Nachttanzbar hatte bis 2 Uhr morgens geöffnet.
Durch das viele Tanzen und das Beisammensein mit Ilona, hatte ich noch nicht die nötige Bettschwere erzielen können. Das wollte ich jetzt schnell nachholen.
An der Haltestelle konnten wir uns beim Verabschieden sehr viel Zeit lassen, denn die Straßenbahn kam erst nach einer Viertelstunde. Bevor sie einstieg, verabredeten wir uns noch für den kommenden Nachmittag zur Disko im „Rudi Arndt“.
Danach konnte ich mich endlich auf den Weg machen.

Als ich in der Bar ankam, war es bereits 1 Uhr, aber da schon einige Gäste gegangen waren, fand ich noch einen Platz. Das war zwar nicht ganz unproblematisch, denn ich hatte für diese Lokalität nicht die richtige Kleidung an. Nach einigem hin und her, so war das immer hier am Einlaß, ließ man mich schließlich doch hinein, denn zu dieser vorgerückten Stunde störte sich kaum noch einer der anwesenden Gäste an meinen Jeans. Außerdem konnte ich bei „Ralle“ am Tisch mit Platz nehmen. Da sah man sowieso über die Kleiderordnung hinweg, denn sein Vater war der Inhaber der Bar.
Ich bestellte mir ein „Herrengedeck“. Das war eine Flasche Radeberger Exportbier und eine Pico-Flasche Sekt. Viel Zeit hatte ich nicht mehr, denn der Ausschankschluß nahte bereits bedrohlich. Also bestellte ich mir kurz darauf noch einmal das Gleiche und dazu eine Flasche Wein für zu Hause. Zum Glück hatte ich noch daran gedacht, daß ich ja nur noch eine Flasche Bier in der Wohnung vorrätig hatte.
Erst nach 3 Uhr fiel ich endlich, inzwischen doch erheblich angeschlagen, ins Bett.

Gegen 8 Uhr wurde ich munter. Ich mußte auf die Toilette. Mein Schädel brummte und ich hatte einen Durst, als hätte ich eine ganze Woche lang nichts mehr getrunken, aber das war noch nicht das Schlimmste.
Als ich die enge Holztreppe zur Toilette hinunter ging, hatte ich gespürt, wie sehr meine Knie zitterten und ich mußte mich krampfhaft am Geländer festhalten, um nicht zu stürzen. Durch dieses Er-

lebnis steigerte sich meine Aufregung aber nur noch mehr.
Endlich hatte ich mein Sofa wieder erreicht. Da saß ich nun, schweißgebadet und zitternd am ganzen Leib. Mit fahrigen Händen öffnete ich mir eine Flasche Bier und schüttete sie in mich hinein.
Es dauerte auch nicht lange und ich begann mich wieder ein wenig zu beruhigen.
‚Na also', sagte ich mir. ‚War wahrscheinlich nur die Angst vor dieser verfluchten steilen Treppe.'
Tatsächlich war es ja kaum möglich, daß ich nach dem gestrigen Abend, nicht noch genügend Alkohol im Blut hatte. Um unbesorgt in Ruhe weiterschlafen zu können, trank ich vorsichtshalber noch eine halbe Flasche Wein, dann legte ich mich wieder hin.
Sehr lange schlief ich aber nicht mehr. Bereits um 12 Uhr war ich wieder wach.
Ich döste noch eine Weile so vor mich hin und bemerkte dabei, daß ich bereits wieder etwas unruhiger wurde. Vorsorglich griff ich zum Wein. Dann brannte ich mir eine Karo an und überlegte.
Ich hatte jetzt nur noch das bißchen Wein zu Hause. Eigentlich wollte ich ja heute, am Sonntag, fast nichts mehr trinken, damit ich morgen auf Arbeit wieder fit war. Wie ich aber jetzt feststellen mußte, war das ein unsinniger Einfall gewesen.
Wie sollte ich denn ohne Alkohol über den Tag und erst recht die Nacht kommen?
Da hatte ich mir einen schönen Blödsinn ausgedacht.
Mir fiel der Kiosk an der „Börse" ein. Der hatte, wenn mich nicht alles täuschte, sonntags bis 13 Uhr geöffnet. Da könnte ich mir, wenn ich mich beeilte, noch schnell eine Flasche Schnaps holen.
Ich trank hastig den restlichen Wein aus und machte mich schleunigst auf die Socken.
Als ich ankam war Horst, der Kioskbetreiber, gerade dabei aufzuräumen.
„Da hast du aber Schwein, Titius", meinte er. „Ich wollte gerade abschließen. Meine Alte wartet mit dem Mittagessen. Was brauchst'n?"
„Gib mir mal ne Flasche ‚Lunikov' und zum hiertrinken noch zwei Doppelte. Einer ist für dich", sagte ich großspurig.
„Na, aber wirklich nur noch einen. Ich hab heute schon genug ge-

bechert. Da gibt's sowieso Knatsch zu Hause", rief Horst abwehrend. Trotzdem ließ er es sich nicht nehmen, die Gläser nach dem Austrinken gleich wieder zu füllen.
„Geht auf Kosten des Hauses, Titius. Weißt ja, ich bin kein Schwein, also Prost!"
Wir kippten die Gläser hinter und verabschiedeten uns.
Mit der Flasche Wodka im Beutel trabte ich heim. Jetzt, um diese Uhrzeit in der Perle vorbei zu schauen, hatte keinen Sinn. Da war sowieso keiner von meinen Kumpels. Die waren alle brav zu Hause Mittagessen oder hatten sich aufs Ohr gelegt und die Disko, zu der ich mich mit Ilona verabredet hatte, ging erst 16 Uhr los.
Was blieb mir also weiter übrig, als ebenfalls noch ein Mittagsschläfchen zu halten.
Am Nachmittag, auf dem Weg zur Perle, hatte ich ein bißchen ein schlechtes Gewissen.
Sicherlich wartete Ilona bereits auf mich. Allerdings hatten wir keine genaue Zeit ausgemacht. Also konnte ich auch noch später hinfahren, wenn ich Lust hatte.
In der Kneipe war Hochbetrieb. Unsere Nische war voll belegt, aber Feier-James und die anderen rückten zusammen, damit ich noch Platz hatte.
Sie waren schon eine ganze Weile da und hatten einige Biere Vorsprung. Ich hatte demnach noch einiges nachzuholen, bis ich in der gleichen Stimmung war, wie die anderen.
Später dachte ich noch einmal an Ilona, aber ich hatte keine Lust mehr, mit der Straßenbahn bis Dresden zu fahren.
Dafür riß ich mich heute zusammen und ging, nachdem ich höchstens 15 Gläser Bier getrunken hatte, nach Hause. Da war es gerade mal 20 Uhr.
Ich legte mir für morgen saubere Arbeitssachen zurecht und machte es mir, zusammen mit der Flasche Wodka, auf meinem Sofa gemütlich. Vor dem Einschlafen jedoch, stellte ich noch mit größter Sorgfalt den Wecker.

Obwohl ich über den ganzen Arbeitstag verteilt, 6 Flaschen Bier getrunken hatte, fühlte ich mich nicht gerade wohl in meiner Haut. Zur Mittagspause war ich sogar in die Stehpiepe geradelt und hatte auf die schnelle zwei Flaschen Pilsner getrunken.

Die Unruhe in mir trieb mich dazu, daß ich mir am Nachmittag nach der Arbeit nun doch einen Termin für den nächsten Tag bei der Nervenärztin, Frau Dr. Heine, holte. Das sollte ich ja von Amtswegen aus schon lange tun.
Wiederum am nächsten Tag erschien ich pünktlich auf Arbeit.
Ich war am Abend nur bis 18 Uhr in der Stehpiepe gewesen und hatte dann zu Hause noch ein paar Schluck Wodka getrunken, bevor ich mich schlafen gelegt hatte. In der Nacht wurde ich zwar zwischen 1 und 2 Uhr wieder munter, aber nachdem ich erneut ein paar Schlucke genommen hatte, konnte ich weiterschlafen und hörte schließlich auch den Wecker klingeln.
Ich gab meinem Meister Bescheid, daß ich um 8 Uhr einen Termin beim Arzt hatte und erst hinterher arbeiten kommen könnte.
„Das ist anständig von dir, daß du vorher Bescheid sagst“, meinte Siegfried und fragte besorgt: „Ist es was Ernstes?“
„Naja, wie man’s nimmt“, antwortete ich verlegen. „Ich weiß ja nicht, ob dir die von der Abteilung Inneres schon etwas gesagt haben. Jedenfalls habe ich ein bißchen Probleme mit dem Alkohol. Deswegen muß ich mich bei der Nervenärztin vorstellen.“
„Hm, ich hab ehrlich gesagt schon so etwas vermutet bei dir“, gab der Meister zu, „denn du hast früh manchmal eine ganz schöne Fahne.“
Dann winkte er aber ab und meinte aufmunternd: „Aber das kriegst du bestimmt auch noch in den Griff, wäre ja sonst schade um dich.“
Bevor ich mich auf den Weg zur Ärztin machte, versteckte ich noch meine angefangene Flasche Wodka im Garderobenschrank. Zuvor nahm ich aber noch ein paar große Schlucke davon. Man konnte ja nicht wissen, was einem bevorstand.

Das Wartezimmer war bis auf zwei Plätze voll belegt.
Mit gesenktem Haupt strebte ich auf einen der freien Stühle zu und nahm Platz.
Mir war es peinlich. Es mußte ja jeder annehmen, daß ich irgendeinen Dachschaden hatte. Sonst würde ich ja nicht zu einer Nervenärztin gehen.
Vorsichtig schaute ich mir die Leute der Reihe nach an. Es war keiner darunter, der mich ansah. Alle hielten sie ihre Blicke gesenkt und starrten gelangweilt vor sich hin.

‚So sahen also Geisteskranke aus', dachte ich mir. Eigentlich sah man es ihnen kaum an, daß sie irgendeine Macke hatten, jedenfalls nicht auf den ersten Blick.
Ich hatte mir vorher am Zeitungskiosk neben dem Bahnhof eine „NBI" gekauft. Die nahm ich mir jetzt zur Hand und blätterte darin herum. Gleich auf den ersten Seiten war ein Bildbericht vom Besuch des Genossen Erich Honeckers im VEB Kabelwerk Oberspree. Die Beschäftigten hatten dort durch eine Reihe von Sonderschichten den Plan mit 20% übererfüllt. Dadurch konnten die RGW-Staaten zusätzlich mit Starkstromkabeln versorgt werden. Diese Leistung wurde von der Partei- und Staatsführung entsprechend gewürdigt und war ein echtes Zeugnis für die ständig wachsende Kraft des Sozialismus.
Danach war auf zwei Seiten ein Porträt eines Meisters aus dem Kabelwerk beschrieben, dessen Vater und Großvater ebenfalls schon Arbeiter waren und der nun schon zum 8. Male als Aktivist ausgezeichnet worden ist, ein wahrer Held unserer Tage.
Ich kam nicht weiter, denn mein Name wurde aufgerufen.
Mit klopfendem Herzen stand ich auf und folgte der Schwester.
Sie wies auf ein Zimmer, dessen Tür halb offen stand. Ich klopfte an und trat ein.
Hinter einem großen Schreibtisch saß eine Frau in weißem Kittel. Sie schaute kurz auf und deutete auf den Stuhl vor ihrem Schreibtisch: „Herr Hoffmann, nehmen Sie Platz!"
Ich setzte mich und sie las inzwischen noch etwas in den Papieren, die vor ihr lagen. Dann legte sie alles zur Seite und sah mich an.
„Herr Hoffmann", sagte sie, „Herr Rotter von der Abteilung Inneres hat mir ein Schreiben geschickt, in dem es heißt, daß Sie Alkoholprobleme haben und Sie deshalb bereits im Strafvollzug waren. Stimmt das?"
„Naja, so in etwa schon", gab ich vorsichtig zu.
„Was heißt ‚in etwa schon'?" fragte sie verständnislos.
„Naja, daß ich im Strafvollzug war, das stimmt schon", erklärte ich und fügte schnell hinzu: „Aber das war nicht wegen Alkoholproblemen, sondern weil ich in eine Kaufhalle eingebrochen bin."
„Aha", meinte sie verstehend. „Und was haben Sie dort gestohlen?"
„Na, Zigaretten, Schnaps und sowas", antwortete ich schulterzuckend.

„Aha“, sagte sie wieder und musterte mich einen Augenblick lang. Dann fragte sie: „Herr Hoffmann, was haben Sie heute schon an Alkohol getrunken?“
Ich erschrak. Wahrscheinlich hatte sie meine Fahne gerochen. Es hatte also keinen Zweck großartig zu leugnen. Schuldbewußt sagte ich: „Naja, eigentlich noch nichts weiter, außer zum Frühstück eine Flasche Bier und vorhin zwei Schluck Schnaps.“
„Und wieviel trinken Sie sonst noch so am Tag?“ fragte sie weiter.
„Naja, das ist auch völlig unterschiedlich“, wich ich der Frage aus.
„Wieviel ist denn viel bei Ihnen und wieviel ist denn wenig?“ wurde sie langsam ungeduldig.
„Manchmal trinke ich höchstens fünf Flaschen Bier am Tag“, log ich, „und manchmal sind es vielleicht zehn.“
Sie stand auf und kam um den Schreibtisch herum. Dabei sagte sie: „Stehn Sie mal bitte auf, und ziehen Sie ihr Hemd aus. Ich möchte Sie jetzt untersuchen.“
Die Ärztin leuchtete mir mit einer kleinen Lampe in die Augen. Ich mußte die Hände ausgestreckt nach vorn halten und die Finger spreizen. Dann mußte ich mit den Zeigefingern auf meine Nasenspitze zeigen, einen Strich entlang spazieren und andere komische Dinge tun. Zum Abschluß maß sie mir noch den Blutdruck und horchte meine Brust ab.
Dann durfte ich mich wieder anziehen.
Sie hatte sich wieder hinter ihren Schreibtisch gesetzt und schrieb eifrig. Als sie fertig war legte sie den Stift bei Seite und schaute mich wieder an.
Schließlich sagte sie: „Herr Hoffmann, Sie sind zweifelsfrei alkoholkrank. Ich werde für Sie eine Entziehungskur in Arnsdorf beantragen. Leider ist es so, daß die Plätze dort noch nicht ausreichend sind. Sie müssen also mit einer Wartezeit von mindestens einem Jahr rechnen, bevor man Sie dort aufnehmen kann.“
„Heißt das, daß ich in die Klapper soll?“ fragte ich aufgeregt.
„Nein, das heißt es nicht“, versuchte sie mich zu beruhigen.
„Arnsdorf ist zwar die Psychiatrische Klinik, aber diese hat auch eine eigene Abteilung speziell für Alkoholkranke. Da sind Sie völlig unter sich und nicht mit den psychisch Gestörten zusammen.“
„Aber ich kenne einige, die schon mal zur Entziehungskur waren. Die trinken alle mehr wie vorher“, versuchte ich entgegen zu halten.

„Das liegt doch völlig an Ihnen, ob sie hinterher weiter saufen oder nicht“, entgegnete die Ärztin ärgerlich. „Während der Kur, die übrigens 4 bis 6 Wochen dauert, bringt man Ihnen schon bei, wie Sie wieder ganz normal, wie alle anderen auch, trinken können. Es liegt wirklich nur an Ihnen. Ich hoffe, daß wir uns bis dahin regelmäßig wiedersehen. Lassen Sie sich bitte von der Schwester einen Termin für den nächsten Monat geben und bis dahin versuchen Sie einmal, so wenig wie möglich Alkohol zu trinken. Wer weiß, vielleicht brauchen Sie auf diese Weise erst gar nicht zur Kur.“

Mit diesen Worten durfte ich gehen.

‚Vier Wochen nach Arnsdorf in die Klapsmühle!‘ spukte es mir durch den Kopf. ‚Das war der Hammer, aber absolut! Darauf mußte ich erst einmal einen heben. Das haute ja den Stärksten um!‘

In der Stehpiepe war nicht viel los. Kaum ein Bekannter war da. Deshalb verzog ich mich nach zwei Flaschen Pilsner wieder und ging zur Arbeit.

Der Meister war in seinem Büro. Ich meldete mich wieder bei ihm.

„Und?“ fragte er mich, „ist alles in Ordnung?“

„Nee“, sagte ich und ließ mich auf einen Stuhl fallen. „Die will, daß ich zur Entziehungskur nach Arnsdorf gehe.“

„Hm“, machte Siegfried, „das ist’n Ding! Ist es denn wirklich schon so schlimm?“

„Eigentlich nicht“, log ich. „Eigentlich trink ich nicht viel mehr, wie andere auch. Das kommt nur daher, weil ich eben vom Gericht die Auflage bekommen hatte, mich in nervenärztliche Behandlung zu begeben.“

„Und, wann wäre das mit der Kur?“ fragte mich der Meister weiter.

„Keine Ahnung, die Ärztin meinte, das kann noch ein Jahr dauern, bis ich dran komme“, sagte ich.

„Naja, vielleicht brauchst du auch bis dahin gar nicht mehr hin, kann ja alles sein“, tröstete er mich.

Für den Tag gab er mir gleich frei und schickte mich nach Hause.

„Damit du nach dieser Aufregung wieder zur Ruhe kommst“, meinte er.

„Im übrigen bleibt das erst einmal unter uns“, fügte er hinzu. „Das brauchen die anderen noch nicht zu wissen.“

„Hast du denen gesagt, zu welchem Arzt ich heute gegangen bin?“ fragte ich.

„Nee, ich hab' nur gesagt, daß du zum Arzt bist, weil du dich nicht wohl fühlst, weiter nichts."
Ich verabschiedete mich und lief ein wenig erleichtert in Richtung Stehpiepe.
Ich fand Siegfried in Ordnung. Obwohl wir uns ja noch nicht lange kannten, hatte ich den Eindruck, daß er mir gegenüber keinerlei Vorbehalte hatte. Obwohl er wußte, woher ich kam. Das fand ich gut. Ich hatte immer das Gefühl, daß er mir unbedingt helfen wollte.
In der Stehpiepe war jetzt mehr los. Es war um die Mittagszeit.
„Hee, Titius, machste och 'ne Effi?" rief Feier-James schon von Weitem.
„Nöh, ich war beim Arzt", gab ich zurück und holte mir erst einmal ein Pilsner und einen „Oberförster".
Als ich zu James an den Tisch kam, sagte er: „Na, hoffentlich warste nicht beim Nervenarzt!"
Ich hatte ihm erzählt, daß ich mich von Gerichtswegen, dort vorzustellen hatte.
„Geh' da bloß nicht hin!" meinte er damals. „Die sperren dich gleich noch mal in Arnsdorf ein."
„Doch, war ich", sagte ich jetzt.
„Titius, du bist verrückt!", meinte Feier-James und schüttelte entgeistert mit dem Kopf. „Und wann kommste in die Zwangsjacke?" fragte er ernstlich besorgt.
„Erst einmal überhaupt nicht" berichtete ich. „Ich soll zur Entziehungskur, aber das dauert noch mindestens ein Jahr, bis ich dran bin. Die haben bis dahin keine freien Plätze."
„Zur Entziehungskur, Titius, du bist wirklich verrückt. Du hast wirklich 'ne Macke!" flüsterte James sichtlich beeindruckt.
Mir war klar, was ihm durch den Kopf ging. Wir kannten uns ja schon ziemlich lange und wußten beide, daß wir in Puncto Alkohol die gleichen Probleme hatten.
James war immer der Ansicht, wenn er irgendwann mal nichts mehr trinken konnte, dann würde er jämmerlich zu Grunde gehen. Soviel Angst hatte er inzwischen vor dem Nüchternwerden. Das gab er mir auch immer ehrlich zu. Trotzdem hatte er es mit der Arbeiterei noch so ziemlich im Griff. Das war erstaunlich. Hin und wieder mal eine Fehlschicht, aber ansonsten fuhr er den Gabelstapler in

seinem Betrieb regelmäßig. Dafür hatte er bei sich auf Arbeit überall Flaschen versteckt, damit er unbeschadet über den Tag kam.
„Ach was, bis dahin ist noch viel Zeit", winkte ich großspurig ab. „Da können wir schon noch ein paar heben. Außerdem hat die Ärztin gesagt, daß ich nach der Kur wieder ganz normal trinken kann, also was soll's?"
„Und den Unfug glaubst du der?" entgegnete James. „Guck dir doch Hydrant an. Der säuft jetzt noch viel mehr, als vor der Kur."
„Ach, ist mir doch jetzt scheißegal!" wurde ich ärgerlich. Mir ging dieses Thema im Moment auf die Nerven. „Ich hole erst mal zwei Bier und dann reden wir über etwas anderes."
An diesem Tag vertrug ich ziemlich viel und blieb deshalb noch bis 22 Uhr in der Lößnitzperle.

Dafür hörte ich den Wecker wieder nicht. Erst um 9 Uhr wurde ich endlich wach.
‚Wenn ich jetzt auf Arbeit ginge und sagen würde, ich hätte es verschlafen', überlegte ich verzweifelt, ‚dann würden sie mir das bestimmt nicht glauben, denn so lange verschlief man es doch nicht.'
Schließlich kam ich zu dem Entschluß anzurufen und darum zu bitten, ob ich noch einen Tag freimachen könnte. Ich zog mich an und ging zur Telefonzelle.
Unterwegs traf ich meine Mutter. Sie wollte zum Einkaufen in die HO an der Ecke.
„Nanu, mußt du heute nicht arbeiten?" fragte sie mich. Das hatte mir gerade noch gefehlt.
„Doch, aber erst später. Ich muß heute zur Frau Dr. Heine. Vorher muß ich aber noch bei der Abteilung Inneres anrufen und denen Bescheid sagen, daß ich heute den Termin bei der Ärztin habe", log ich.
„Ach so", sagte meine Mutter erleichtert. „Ich dachte schon, du bummelst schon wieder. Du kannst ja am Sonntag mal zum Mittagessen kommen, wenn du Lust hast. Ich muß es nur vorher wissen, weil ich sonst nicht so viel koche."
„Ja, ist gut. Ich komme."
Sie ging in den Laden, und ich lief über die Straßenkreuzung zur Telefonzelle.
Zum Glück hatte mir der Meister die Telefonnummer „für alle Fälle" gegeben.

„Feldbau Naundorf, Micklich“, war es am anderen Ende der Leitung zu hören.
„Ja, Hallo, hier ist der Stephan“, sagte ich.
„Hallo, Stephan, wir haben uns schon Sorgen gemacht!“ rief der Meister.
„Das tut mir leid, Siegi“, sagte ich, „aber mir geht’s immer noch beschissen. Kann ich heute noch mal frei machen? Morgen komm ich dann bestimmt wieder.“
„Na klar!“ antwortete der Meister. „Ich hab mir schon sowas gedacht. Aber da haste Glück, daß du mich gerade erwischt hast. Ich war bis jetzt im Bullenstall und wollte mir hier nur mal schnell meine Bemmen holen. Also bis morgen!“
„Ja, Siegi, bis morgen!“
Das war geschafft! Hatte ich einen Massel! Erleichtert hängte ich den Hörer in die Gabel.
Als erstes mußte ich mir unbedingt heute noch einen vernünftigen Wecker zulegen. Das half alles nichts.
Inzwischen war es bereits 9. 30 Uhr. Erst in einer halben Stunde machte die Stehpiepe auf. Ich konnte mir also Zeit lassen und ging in das Uhrengeschäft an der Brücke.
Von den vielen Weckern, die mir die Verkäuferin zeigte, sagte mir allerdings nur ein einziger zu. Es war ein blechernes Monstrum mit zwei großen Glocken. Ich ließ ihn mir vorführen. Er schepperte wohltuend laut und ich konnte mir vorstellen, daß man diesen Lärm durch drei Zimmerwände hindurch hören mußte. Ich nickte zustimmend. Der sollte es sein. Das Verschlafen hatte nun ein Ende.
Mit dem Wecker im Beutel verließ ich das Geschäft.
Einerseits war ich froh darüber, daß ich zukünftig keine Probleme mehr mit dem Aufstehen hatte. Andererseits hatte ich nun nicht mehr viel Geld im Portemonnaie.
Mir blieben im Ganzen noch 48 Mark bis zum Geldtag und der war noch lange nicht in Sicht. Bis zum 15. des nächsten Monats, an welchem der Lohn gezahlt wurde, waren es noch drei Wochen. Bis dahin mußte ich mir aber etwas einfallen lassen. In den vergangenen drei Wochen hatte ich 350 von den 400 Mark, die ich zur Haftentlassung erhalten hatte, bereits auf den Kopf gestellt. Dabei war die einzige größere Anschaffung eben der Wecker gewesen, aber kommt Zeit, kommt Rat.

Jürgen schloß gerade auf, als ich an der Stehpiepe ankam und Alex und Kunstblume begrüßte, die davor gewartet hatten.
Wir holten uns jeder eine Flasche Bier und stellten uns an einen der Tische. „Mußt du nicht arbeiten, Titius?“ fragte mich Alex.
„Nö, mein Meister hat mir heute noch freigegeben. Ich muß erst morgen wieder“, sagte ich.
Kunstblume war krank geschrieben.
Ich holte meine Würfel heraus. „Spielt ihr 'ne Runde mit?“
„Was für eine Frage, Titius?“, meinte Alex. „Na los, hoch geht 'rein!“
Wir hatten das Glück auf unserer Seite, denn Kunstblume war zwar ansonsten kein schlechter Kumpel, aber Würfeln konnte er nicht. Zu seinem Nachteil wollte er es Runde auf Runde wissen und verlor. Nur damit er die Lust nicht ganz und gar verlor, ließen wir ihn hin und wieder gewinnen. Inzwischen hatten sich bei mir wenigstens fünf volle Flaschen Pilsner angesammelt, denn so schnell konnte ich gar nicht austrinken, wie neue hinzukamen. Wir mußten uns darauf einigen, daß wir ab sofort um Schnäpse spielten. Die konnte man schneller austrinken.
Später kamen noch Günzelmann und Sandor hinzu und um 14 Uhr hatte ich wieder so einen in der Krone, daß ich mir statt Bier und Schnaps, lieber eine Mark als Gewinnanteil geben ließ.
Als Feier-James um 16.30 Uhr von der Arbeit kam, hatte ich mich bereits wieder einiger Maßen erholt. Ich hatte zwar weiter Bier getrunken, aber keinen Schnaps mehr.
Zum Ausschankschluß um 18 Uhr hatte ich mein Vermögen wieder auf 72 Mark erhöht. „So müßte es immer laufen“, sagte ich zu Feier-James, als wir hinüber zur Perle wechselten. „Da bräuchte man gar nicht mehr arbeiten zu gehen.“
„Hahaha, hihihi, Titius, der Berufsspieler!“ wieherte James. „Das kann ich mir lebhaft vorstelln, Titius. Wenn du im Westen wärst, wärst du schon lange Millionär vom Spielen, hahaha, hihihi.“
Wir setzten uns in bester Laune mit zu Yvonne und Gitta in die Nische.
Als Lilo kam, bestellte ich mir außer dem Bier eine Gulaschsuppe. Ich hatte den ganzen Tag noch nichts gegessen. Jetzt hatte ich zwar auch keinen Hunger, aber ich tat es aus Vernunft, damit ich wenigstens etwas Handfestes im Magen hatte. Außerdem kostet hier die Tasse Suppe mit Weißbrot nur 85 Pfennige. Das konnte ich mir

schon leisten. Als Trinkgrundlage kam das Essen aber zu spät. Eigentlich wollte ich noch mit zu Yvonne, doch gegen 21 Uhr mußte ich bereits die Segel streichen. Ich war reichlich angetrunken, hatte aber noch so viel Verstand, daß ich an meine Arbeit am nächsten Tag dachte und auch daran, daß ich es auf keinen Fall wieder verschlafen wollte. Das war die Idee, denn ich brachte die anderen schnell noch in den Genuß des Krawalls, den mein neuer Wecker verursachte. Im ganzen Lokal herrschte mit einem Male erschrokkene Stille, bis James laut loslachte.
„Hahaha, Titius, da brauch ich ja meinen Wecker nich mehr stellen. Das Geschepper hör ich ja bis zu mir nach Hause. Da brauchst de ja Ohrnschützer, sonst platzt dir ja das Trommelfell, hihihi!"
Ich klopfte mit der Faust auf den Tisch und verabschiedete mich siegessicher von den anderen.
Zu Hause angelangt stellte ich als erstes meinen neuen Wecker nach der genauen Uhrzeit und zog ihn auf.
Damit konnte mir nichts mehr passieren.
Mit Erschrecken mußte ich allerdings wenig später feststellen, daß ich nur noch ein paar winzige Schlucke in meiner Wodkaflasche hatte. Das hieß auf deutsch, daß ich, falls ich in der Nacht wieder munter wurde, am nächsten Morgen nichts mehr zu trinken hatte.
‚Man, war ich vielleicht blöd', fluchte ich innerlich mit mir. ‚An den Scheißwecker hatte ich gedacht, aber an eine neue Flasche Wodka nicht, ich Idiot!'
Bereits mit einer gewissen Unruhe im Hinterkopf schlief ich ein.
Ganz genau so, wie ich es vorher geahnt hatte, wachte ich schweißgebadet auf.
Ich machte Licht, um auf den Wecker zu schauen. Meine Pupillen flackerten nervös hin und her und ich hatte Mühe, die Uhrzeit zu erkennen. Es war erst kurz nach 2 Uhr. Ich hatte demnach noch gar nicht so lange geschlafen. Ich ging hinunter auf die Toilette. Dabei mußte ich mich bei jedem Schritt konzentrieren, um die Stufen nicht zu verfehlen. So wacklig waren meine Beine. Hoch zu ging es etwas besser.
Ich nahm die Wodkaflasche in die Hand. Es war lächerlich. Dieser kümmerliche Rest würde mir vielleicht für die nächsten ein, zwei Stunden etwas Ruhe verschaffen. Doch was war dann, wenn ich auf Arbeit mußte?

Ich stellte die Flasche wieder hin. Vielleicht war ich nur munter geworden, weil ich auf die Toilette mußte? Ich machte das Licht aus und versuchte wieder einzuschlafen. Doch es war aussichtslos. Bunte Kreise tanzten wie wild vor meinen Augen und in den Ohren begann es zu rauschen. Mein Herzschlag wurde immer lauter, bis das Klopfen zu einem Dröhnen anschwoll.
Ich hielt es nicht mehr aus und schaltete das Licht wieder ein. Mit zittriger Hand griff ich nach dem Wodka und schüttete ihn mir hastig die Kehle hinunter.
Die Wärme im Magen tat mir gut. Ich hielt die Flasche so lange an meinen Mund, bis ich mir sicher war, daß ich auch noch den letzten Tropfen erwischt hatte. Erst dann stellte ich sie neben das Bett und zündete mir eine Karo an.
Trübsinnig hing ich meinen Gedanken nach. Es war jetzt kurz vor 3 Uhr. Um 6 Uhr begann erst meine Arbeitszeit und ich hatte nun nichts mehr zu trinken.
Fürchterlich, wenn ich daran dachte, daß ich mich dann, so zittrig wie ich war, bei meinen Kollegen sehen lassen mußte. Das war unmöglich.
Plötzlich zeigte sich mir doch ein Lichtblick. Mir war die Flasche in meinem Garderobenschrank eingefallen. Ich konnte mich zwar beim besten Willen nicht mehr daran erinnern, wieviel da eigentlich noch drin war, aber leer war sie bestimmt noch nicht. Das stimmte mich wieder etwas zuversichtlicher. Ich stellte mir den Wecker um eine halbe Stunde vor, auf 4.30 Uhr. Dann war ich garantiert der Erste auf Arbeit und konnte in Ruhe noch einen Schluck nehmen, bevor das Tagwerk begann.
Das war gut, und ich schlief unbesorgt ein.

Der Wecker hielt wirklich das, was ich mir von ihm versprochen hatte.
Als er mit Scheppern anfing, war ich so erschrocken, daß mein Herz vor Schreck fast aus dem Brustkorb gesprungen wäre und ich hatte Mühe, dieses Ungetüm mit meinen nervösen Händen zum Schweigen zu bringen.
Aber die Hauptsache war, ich war hellwach. Ich war so hellwach, daß sich meine Aufregung kaum wieder legte. Zielgerichtet trödelte ich nicht lange herum, sondern machte mich schnurstracks auf den

Weg zur Arbeit. Wußte ich doch, daß da etwas auf mich wartete. Außer einem Milchauto und zwei Gestalten, die zum Bahnhof gingen, begegnete mir unterwegs niemand.
Am Stützpunkt angelangt, schloß ich das große Einfahrtstor auf und lief über den Hof zum Aufenthaltsgebäude. Die Luft hatte einen angenehmen Duft nach frischem Heu.
Ich schloß auf, schaltete das Licht ein und ging geradewegs an meinen Garderobenschrank. Doch meine großen Hoffnungen waren sofort enttäuscht. In der Flasche war auch nicht mehr viel. Zwei Drittel fehlten bereits. Ich ließ mich damit auf das alte Sofa fallen. Ich schraubte den Verschluß auf und trank ein paar Schlucke.
Dann begann ich zu grübeln. Das bißchen würde gerade mal heute für den Anfang reichen. Ich mußte mir also etwas einfallen lassen, damit ich zwischendurch mal verschwinden konnte, um mir etwas zu trinken besorgen zu können.
Das würde schon irgendwie klappen. Zuversichtlich trank ich die Flasche leer und stellte sie zurück in meine Filzstiefel im Garderobenschrank.
Dann zog ich mich um und wartete auf die anderen.

Ich hatte nicht damit gerechnet.
Die schöne Witterung der letzten Tage hatten meine Kollegen dazu genutzt, um ausgezeichnetes Heu einfahren zu können und ausgerechnet heute ging es damit los.
Ich war mit Vati und Egon dazu eingeteilt worden, in die alte offene Scheune auf dem Stützpunkt Heuballen einzulagern. Das war eine gewaltige Knochenarbeit, denn die Ballen mußten per Heugabeln bis unter das Dach gepackt werden.
Schon nach kurzer Zeit war ich völlig durchgeschwitzt. Ich war solche enormen Anstrengungen absolut nicht gewohnt.
Den anderen beiden schien das überhaupt nichts auszumachen.
Die Traktoren mit ihren riesigen Anhängern rollten in einer Tour auf den Hof und ich hatte zwischen den einzelnen Fuhren nicht einmal Zeit, eine zu rauchen. Gegen 11 Uhr brachte der Meister einen Kasten Orangenlimonade, „damit ihr wenigstens den Staub hinunterspülen könnt“, meinte er.
Wir ließen uns das nicht zweimal sagen und stapften zum Aufenthaltsraum. Meine Knie waren inzwischen so weich geworden, daß

ich kaum noch die Gummistiefel an den Füßen schleppen konnte. Ich schnappte mir eine Limoflasche und ließ mich erschöpft aufs Sofa fallen.
Nur mit Mühe und mit beiden Händen gelang es mir schließlich ein paar Schlucke zu trinken.
„Na, was is'n mit dir los?“ sagte Vati kopfschüttelnd.
„Ich bin total k.o.“, flüsterte ich. „Ich kann kaum noch die Flasche halten.“
„Laß mal, nach ein paar Wochen gibt sich das wieder. Da haste dich dran gewöhnt“, winkte Egon ab.
Ich spürte, wie mir der Schweiß aus allen Poren kroch.
Wir machten weiter. Zum Glück war es bis zur Mittagspause nur noch eine Stunde.
Siggi, unser Meister, kam noch einmal kurz vorbei und fragte: „Na, klappt bei euch alles?“
„Ja, ja, das geht schon“, meinte Egon.
„Und, Stephan, wie geht's bei dir?“ wandte sich der Meister an mich.
„Es geht grad noch so“, sagte ich ehrlich.
Siggi nickte verständnisvoll. „Ist 'ne ganz schöne Knochenarbeit, nicht wahr? Da mußt du dich erst noch dran gewöhnen. Wenn's gar nicht mehr geht, dann mußt du eben mal 'ne Fuffzehn mehr machen. Wolltest du eigentlich heute mit Mittagessen in der ‚Fünfundvierzig'?“
Ich schüttelte mit dem Kopf und log: „Nee, ich muß dann unbedingt mal auf die Post. Ich hab' mir aber ein paar Schnitten mitgebracht.“
„Ist gut“, meinte der Meister. „Sonst hättest du nämlich meine Essenmarke kriegen können. Ich muß nämlich mal über'n Mittag nach Hause.“
Dann fuhr er wieder davon.
Siggi meinte es zwar gut mit mir, aber ich hatte heute Wichtigeres vor. Niemals hätte ich heute am Mittagstisch Messer und Gabel in die Hand nehmen können.
So sehr zitterte ich inzwischen, aber nicht nur an den Händen, sondern am ganzen Körper.
Ich mußte unbedingt in die Stehpiepe radeln.
Mit Ach und Krach hielt ich bis zur Pause durch.

Völlig erschöpft schwang ich mich auf Siggis Rad.
In der Stehpiepe herrschte Hochbetrieb. Ich mußte eine ganze Weile anstehen, bis ich endlich an der Reihe war und kaufte gleich zwei Flaschen Bier. Doch danach schien es fast unmöglich, an einem der Tische Platz zu finden.
Alex winkte mich heran und ich konnte mich an seinem Tisch ein wenig zwischen die anderen zwängen.
Ich hatte die Flaschen auf den Tisch gestellt und versuchte mich zu konzentrieren, damit ich nicht mehr so stark zitterte, aber statt dessen wurde es immer schlimmer. Das spürte ich. Endlich gab ich mir einen Ruck und griff nach einer der beiden Flaschen. Ich hatte sie auch schon fast am Mund, als plötzlich ganz von selbst mein Kopf hin und her wackelte. Vor Schreck hätte ich sie fast fallen gelassen. Nur mit Mühe konnte ich sie mit meinen wackligen Händen wieder auf den Tisch zurück stellen. Mir war es schlecht und der Schweiß lief und lief. Meine Knie wurden weich und mir blieb nur noch eines. Unter den gaffenden Blicken der anderen schnappte ich mir mit jeder Hand ein Bier und schleppte mich mit letzte Kraft hinaus ins Freie.
Dort mußte ich mich erst einmal nebenan auf den Schaufenstersims des Blumenladens setzen.
Es war zum Verzweifeln. Ich mußte dringend etwas trinken und bekam nicht einmal die Flasche bis zum Mund. Hier draußen schon gar nicht, vor den Augen der vorbeigehenden Passanten.
Ich mußte mir also einen ruhigeren Fleck suchen. Nur war das eben nicht so einfach mit zwei geöffneten Bierflaschen und dem Fahrrad. Wenigstens hatte ich meinen Stoffbeutel mit, denn eigentlich wollte ich noch gegenüber eine Flasche Schnaps holen. Doch das konnte ich vergessen. Erst einmal mußte ich mich wenigstens ein bißchen beruhigen.
Also stellte ich die Flaschen in meinen Beutel und hing diesen an den Lenker des Rades. Die ersten Meter bis unter der Brücke schob ich vorsichtshalber.
Mir wurde es immer elender zu Mute. Meine Augen spielten wieder verrückt und ich konnte nicht mehr weiter laufen. Der ständige Wechsel von Nah- und Fernsicht, in Bruchteilen von Sekunden, nahm mir völlig die Sicherheit für den nächsten Schritt. Ich hatte Angst beim nächsten Schritt in etwas Bodenloses zu fallen.

Mein Herz begann dröhnend das Rauschen in meinen Ohren zu übertönen. Mein ganzer Körper war nur noch ein Haufen voller Angst und Ohnmacht. Wie kam ich hier bloß noch weg?
Ich stützte mich auf den Lenker und versuchte ruhig und tief durchzuatmen. Mich fröstelte.
‚Du mußt! Du mußt!' versuchte ich mich anzustacheln. ‚Das schaffst du schon! Es sind doch nur noch ein paar Meter bis zu den Elbwiesen.'
Neben mir hielt ein LKW. Der Fahrer schaute aus dem Führerhaus und fragte besorgt: „Ist mit ihnen was? Brauchen sie Hilfe?"
Ich riß mich zusammen und schüttelte den Kopf: „Nein, nein, es geht schon wieder. Mir war nur kurz schlecht gewesen, danke!"
„Na, da würd' ich aber trotzdem mal zum Arzt gehen!" riet er mir noch, bevor er weiterfuhr.
Ich nahm all meine Kraft zusammen und schwang mich aufs Fahrrad.
Das Treten fiel mir zwar unheimlich schwer, aber ich schaffte es bis zur Obstplantage an der Elbe. Dort fiel ich erschöpft vom Rad und ließ mich samt Stahlesel ins Gras fallen. Dämlicher Weise hatte ich in dem Moment vergessen, daß ich im Beutel zwei geöffnete Bierflaschen hatte. Blitzschnell griff ich danach. Doch es war bereits zu spät. Beide Flaschen waren nur noch halbvoll, ein Elend. Hastig trank ich die eine Flasche leer und warf sie weg. Nun blieb mir nur noch die andere Halbe. Ich schaute auf die Uhr. Es war zum Verzweifeln. Noch einmal zurückfahren und eine Flasche Schnaps kaufen, das schaffte ich nicht mehr, denn die Mittagspause war gleich zu Ende. Mir blieben also wirklich nur noch diese wenigen Schlucke und damit sollte ich bis zum Feierabend um 16 Uhr durchhalten. Das war Wahnsinn. Das war absoluter Wahnsinn. Ich brannte mir eine Karo an und trank die letzten Schlucke langsamer.
Eigentlich war es belastend, überlegte ich mir. Wenn ich hier so alleine saß, zitterten mir zwar auch die Hände, aber noch lange nicht so sehr, daß ich es nicht schaffte zu trinken. Wenn ich dagegen aber unter Leuten war, spürte ich förmlich, wie mich alle anstarrten. Nur um sich darüber lustig zu machen, wie ich zitterte. Dadurch wurde es aber erst recht noch schlimmer.
Irgendetwas mußte passieren mit mir. Das war mir eigentlich klar.

So konnte es jedenfalls nicht weiter gehen. Im Stützpunkt warteten bereits Egon und Vati.
„Na, haste was zu trinken mitgebracht?" rief mir Egon entgegen.
Ich schüttelte betrübt den Kopf: „Nee, ich hatte keine Zeit."
„Aber ich", sagte Egon und stellte drei Flaschen Bier auf den Tisch. „Von der blöden Limo kriegste bloß noch mehr Durscht."
Ich nickte zustimmend: „Da hast du Recht! Das war 'ne gute Idee von dir. Mit meinen Finanzen sieht es allerdings zur Zeit schlecht aus. Da kann ich mich kaum noch revanchieren", mußte ich eingestehen.
Egon überlegte: „Na, sag mal, du bist doch jetzt schon über 14 Tage hier. Da kannst du eigentlich mal den Meister anhauen, ob er dir nicht einen Vorschuß genehmigen kann. Ist doch kein Problem. Das macht Siggi."
„Naja, ich kann ihn ja mal fragen", sagte ich. Der Vorschlag war nicht schlecht.
Als wir in Ruhe ausgetrunken hatten, fühlte ich mich schon bedeutend wohler in meiner Haut.
Der erste Traktor kam und wir machten uns an die Arbeit.
Wenig später kam Siggi.
Ich fragte ihn gleich, ob das mit dem Vorschuß möglich sei.
„Klar, warum denn nicht. Da muß ich nur in der Lohnbuchhaltung anrufen. Da hast du morgen dein Geld", sagte er. „Wieviel, kann ich dir aber nicht sagen, daß legen die fest."
„Das wäre einwandfrei, Siggi. Bei mir ist es nämlich zur Zeit ganz schön knapp", sagte ich erfreut.
„Das kann ich mir schon vorstellen. Ist ja kein Problem", nickte er.
„Aber mal 'was anderes, Leute", sprach Siggi weiter. „Wir wissen noch nicht, wie das Wetter morgen wird. Deshalb wäre es nicht schlecht, wenn wir heute ein bißchen länger machen würden. Könnt ihr bis um Sechs mitmachen?"
„Ach, von mir aus", stimmte Vati zu.
„Kein Problem, Meister", sagte Egon. „Ich müßte nur dann zwischendurch mal schnell nach Hause fahrn."
Ich konnte mich da natürlich nicht ausschließen und nickte ebenfalls mit dem Kopf, obwohl mir dabei mit Entsetzen klar wurde, daß ich dann keine neue Flasche Schnaps mehr im Konsum holen konnte. Das konnte ich vergessen.

Meine Gedanken kreiselten nur noch um das eine Thema und verursachten immer mehr Unruhe in mir.
Irgend etwas mußte mir einfallen, aber ich war so verwirrt, daß ich schon gar nicht mehr klar denken konnte.
Als wir eine kurze Rauchpause machten, fragte ich Egon: „Wann willst'n da zu Hause vorbei?"
„Das hat noch Zeit", meinte er. „Ich werde so um Viere rum fahren, warum?"
Ich kramte in meinem Portemonnaie und gab ihm 5 Mark.
„Da kannst du mal für uns 'n paar Flaschen Bier mitbringen", sagte ich.
„Das ist aber anständig von dir", sagte Egon und steckte das Geld ein.
Wir schufteten weiter. Langsam, aber sicher gingen meine Kräfte zu Ende.
Egon warf mir von unten die Heuballen zu und ich mußte sie mit der Gabel zu Vati hoch reichen, der sie dann unter dem Scheunendach aneinander packte.
Es häufte sich immer mehr, daß ich zu spät reagierte und mich der Heuballen, den mir Egon zuwarf, umriß.
Wir mußten eine Pause einlegen.
Ich konnte kaum noch bis zum Aufenthaltsraum laufen, so sehr zitterten mir die Knie. Und nicht nur diese.
Ich versuchte einen Schluck aus der Limoflasche zu trinken, aber selbst mit beiden Händen zitterte ich dermaßen, daß ich sie wieder hinstellen mußte.
„Mensch, das ist ja schlimm mit dir", meinte Vati besorgt.
„Ich hab überhaupt keine Kraft mehr in den Armen", sagte ich und zuckte mit den Schultern.
„Naja, da müssen wir eben mal 'n bißchen länger Pause machen", sagte Egon.
Ich erhob mich und wankte zum Waschraum. Am Waschbecken drehte ich den Wasserhahn weit auf und hielt meinen Kopf darunter. Das tat gut. Dann trank ich und trank und trank.
Als ich mich wieder aufs Sofa fallen ließ, ging es mir etwas besser. Trotzdem zitterten mir gewaltig die Hände, als ich mir eine Karo anbrannte.
Ich bekam Schüttelfrost. Obwohl ich schwitzte wie ein Schwein

und es bestimmt hier im Raum über 25 Grad waren, fröstelte es mich. Meine Augen begannen wieder hin und her zu springen.
Ich schaute durchs Fenster hinüber zur Scheune. Im letzten Moment sah ich, wie ein paar Kinder ins Heu huschten. Ich erschrak und schaute näher hin. Doch sie mußten sich wohl vor uns versteckt haben, denn ich konnte sie nicht mehr erblicken. Fast hatte ich schon gedacht, ich hätte mich getäuscht. Da sah ich sie plötzlich, wie sie sich gegenseitig mit Heuballen bewarfen.
„Hee, was machen die denn da!" rief ich und zeigte zum Fenster.
Egon war aufgesprungen und sah hinaus. Auch Vati hatte sich umgedreht.
„Wer macht was?" fragte Egon und sah mich an.
Die Kinder fuchtelten gerade mit den Heugabeln herum. Da konnte doch sonstwas dabei passieren.
„Na, siehst du die denn nicht dort drüben im Heu?" fragte ich Egon verzweifelt.
Egon sah erneut zum Fenster hinaus.
„Also, ich seh' nichts. Willst du mich verarschen?"
Egon setzte sich wieder hin.
Die Kinder waren auch wirklich mit einem Male wie vom Erdboden verschluckt.
„Komisch", sagte ich. „Da huppten ein paar Kinder im Heu herum. Jetzt kann ich sie aber auch nicht mehr entdecken, seltsam."
„Also ich hab auch nichts geseh'n!" Vati schüttelte zweifelnd mit dem Kopf.
Doch da hatte ich sie schon wieder entdeckt. Ein Kind saß oben im Dachgebälk und bewarf die anderen mit irgend etwas.
„Los, kommt doch mal mit!" rief ich, sprang auf und rannte hinüber zur Scheune.
Es waren nur ein paar Schritte, aber als ich ankam, waren sie weg.
Ich hörte Vati und Egon herankommen.
„Na, wer soll hier sein? Ich seh keinen", sagte Vati.
„Wer weiß, was du gesehen hast. Machen wir lieber weiter!" meinte Egon.
Ich begriff das nicht. Wo sollten die Kinder denn so schnell hin sein? Die anderen glaubten mir nicht, obwohl ich sie doch genau gesehen hatte.
Als wir weiter arbeiteten, hatte ich große Mühe, die Heuballen von

Egon aufzufangen. Meine Augen konnten andauernd nicht auseinanderhalten, was fern und nah war. Außerdem fing nun auch noch mein Gehör an, durchzudrehen. Es wechselte, ähnlich meinem Pulsschlag, von laut auf leise, laut und leise.
Da! Plötzlich huschte eines der Kinder blitzschnell an mir vorbei und war wieder verschwunden. Ich war so erschrocken, daß mein Herz zu jagen begann.
Es war nicht zu fassen. Sie hatten sich hier irgendwo im Heu versteckt. Ungeachtet der Gefahr, daß sie von unseren Gabeln erwischt werden konnten.
Und wieder, etwas weiter entfernt, sprang eines der Kinder auf und war ebenfalls verschwunden. Mein Herz raste.
Ich sah zu Vati und Egon. Doch die schienen wieder nichts davon bemerkt zu haben.
Dann sah ich oben im Gebälk ein paar dunkle Gestalten hin und her huschen.
Angestrengt bemühte ich mich, meine springenden Pupillen im Zaume zu halten. Und plötzlich packte mich das Entsetzen. Meine Haare sträubten sich, und ich erstarrte.
Es waren die beiden Zitterer. Ich hatte sie schon fast vergessen.
Jetzt ging mir auch ein Licht auf.
Den Streich mit den Kindern hatten sie mir gespielt. Anders konnte es nicht sein. Diesmal spielten sie ein völlig anderes Spiel mit mir. Jedesmal, wenn ich gerade begann, sie fest in meinen Blick zu bekommen, waren sie wieder verschwunden und tauchten an einer anderen Stelle wieder auf. Das machte mich immer verrückter.
Mit einem Mal flog eine finstere Gestalt auf mich zu. Es gab einen dumpfen Schlag und ich fiel um.
Ich hatte dabei aber nicht die Besinnung verloren, denn ich hörte Egon von unten rufen: „Hee, du hast wohl gerade gepennt? Na los, kommt runter, wir machen 'ne Fuffzehn!"
Ich war froh, daß ich ihn hörte. Demnach war nichts anderes passiert, als daß er mich mit einem Heuballen getroffen hatte.
Mühsam kletterte ich hinab. Die anderen lachten zwar noch immer über mich, trösteten mich aber damit, daß mir die Arbeit morgen bestimmt schon leichter fallen würde.
Ich schaffte es gerade so bis zum Sofa im Aufenthaltsraum. Meine Beine wollten mich nicht mehr schleppen.

Egon machte sich auf den Weg nach Hause. Das bedeutete, es würde jetzt noch wenigstens eine unendlich lange, halbe Stunde dauern, bis er mit dem Bier zurück kam.
Ich raffte mich wieder auf und hielt meinen Kopf unter die Wasserleitung.
Soweit ging es mir jetzt etwas besser. Zu mindest konnte ich wieder klarer denken.
Es waren aber keine rosigen Gedanken, die mich bewegten.
Wenn Egon wieder kam, dann war es 16.30 Uhr. Ich könnte dann eine Flasche Bier trinken. Schätzungsweise würde die mich vielleicht ein wenig beruhigen. Doch das würde höchstens eine Stunde anhalten. Zum Feierabend um 18 Uhr ginge es mir dann garantiert wieder genauso dreckig wie jetzt.
Doch in diesem Zustand würde ich in der Perle kein Bier hinunter bekommen. Alle würden auf meine zittrigen Hände schauen. Da hatte ich keine Chance.
Der Bürgergarten fiel mir ein. Von hier aus waren es höchstens 50 Meter bis zur Gaststätte, aber da hatte ich das gleiche Problem, wie in der Perle.
Höchstens, ich ließ mir gleich eine Flasche Schnaps geben. Nur, was kostete die im Straßenverkauf? Ich müßte das Geld schon passend hinlegen, denn wenn ich die Hand für das Wechselgeld aufhalten müßte, würde Erika hinter dem Tresen sofort sehen, was mit mir los war. Dann zitterte ich bestimmt so sehr, daß mir die Flasche aus der Hand fallen würde. Nein, ich mußte ihr auf jeden Fall das Geld passend hinlegen.
Ich überlegte. Der Wodka, den sie dort ausschenkten, kostete im Konsum 12 Mark. Da ist er zum Gaststättenpreis bestimmt doppelt so teuer. Das waren rund 25 Mark. Ich hätte dann nicht mal mehr 30 Mark übrig. Morgen war Freitag und den Vorschuß würde ich sicher erst am Montag oder Dienstag bekommen. Aber vielleicht konnte ich mir von James etwas borgen.
Mühselig rappelte ich mich hoch und holte meine Arbeitsjacke aus dem Garderobenschrank. Meine Knie waren dabei so weich, daß ich mir nicht sicher war, ob ich es bis über die Straße schaffte.
„Mensch, ist dir etwa kalt?“ fragte mich Vati erstaunt.
„Ich will bloß mal schnell drüben im Bürgergarten meinen Kumpels Bescheid sagen, daß ich später komme. Die warten mit dem

Skatspielen auf mich", sagte ich.
„Da brauchst du doch keine Jacke dazu", meinte Vati.
„Doch, es ist besser so. Ich hab' jetzt zu sehr geschwitzt, sonst erkälte ich mich noch. Ich komm gleich wieder", entgegnete ich schnell.
„Naja, ich mach' schon immer 'n bissel weiter", rief er mir noch hinterher.
Unterwegs zählte ich das Geld ab. Bereits dabei war ich so aufgeregt, daß mir ein 2-Mark-Stück auf die Straße fiel. Ich bückte mich, um es aufzuheben. Da verlor ich das Gleichgewicht und wäre dabei voll auf das Gesicht gefallen, wenn ich mich nicht gerade noch rechtzeitig an einem Zaun festgehalten hätte.
Ich raffte mich wieder hoch. Kalter Schweiß bahnte sich den Weg über meine Stirn. Sicher hatten sie mich vom Inneren der Kneipe aus beobachtet. Das hatte mir gerade noch gefehlt.
Ich ging weiter. Die rechte Hand krampfte sich um das Geld.
Als ich das Lokal betrat, musterten mich sofort Erikas Blicke von oben bis unten.
Ich wäre am liebsten wieder umgekehrt. Doch irgendwie stand ich dann doch am Tresen und stammelte eingeschüchtert:
„Kannst du mir eine Flasche Wodka verkaufen? Ich meine, über die Straße verkaufen? Ich muß drüben einen ausgeben."
Ich zitterte am ganzen Körper und beim Reden konnte ich Erika nicht ansehen, denn dann hätte sie gemerkt, das meine Pupillen hin und her flackerten.
„Na, eigentlich nicht", sagte sie langsam und blickte mich durchdringend an. Ich hätte im Erdboden versinken können.
„Höchstens zum Gaststättenpreis", meinte sie dann.
„Klar, zum Gaststättenpreis", sagte ich schnell.
Erika ging zum Kühlschrank und stellte die Flasche vor mich auf den Tresen.
„Das macht dann 26 Mark", sagte sie und sah mich abwartend an.
Mir schlotterten vor Aufregung die Beine.
„Ich, ich hab' aber nur 25 Mark mit", sagte ich zaghaft. „Aber ich kann dir zum Feierabend die fehlende Mark rüberbringen, geht das?"
Sie hatte zum Glück ein Einsehen.
„Na, gib schon her!" sagte sie. „Den Rest machen wir andermal."
„Danke dir!" flüsterte ich erleichtert und legte das Geld auf den

Tresen. Dann versuchte ich so ruhig es ging, nach der Flasche zu greifen. Doch vor Aufregung hätte ich sie fast umgestoßen. Erst als ich beide Hände nahm ging es halbwegs.
Mit wackligen Schritten verließ ich die Kneipe.
Als ich draußen vor der Tür stand, stopfte ich die Flasche vor meinem Bauch in die Hose und zog meine Jacke darüber.
Doch die Hose war mir zu weit, so daß ich die Flasche beim Laufen festhalten mußte.
Ein Traktor mit Hänger stand auf dem Hof, als ich ankam.
Es schien Wolle zu sein. Vati sah ich hinten im Heu hantieren, aber ich konnte Wolle nirgends erblicken.
Erst als ich um die Ecke war, konnte ich ihn durchs Fenster im Aufenthaltsraum sitzen sehen.
‚So ein blöder Mist', fluchte ich innerlich.
Ich steckte eine Hand in die Hosentasche und hielt die Flasche so von unten unauffällig fest.
„Na, wo treibst'n du dich 'rum?" fragte Wolle lachend. „Läßt hier Vati ganz alleene arbeiten."
„Ich war nur kurz im Bürgergarten Bescheid sagen, daß ich später komme. Wir wollten eigentlich gleich um Vier Skatspielen", antwortete ich Wolle, während dem ich mich an ihm vorbei zwängte und in die Garderobe ging.
Ich machte die Spindtür weit auf und öffnete ungeduldig die Flasche. Mit beiden Händen setzte ich sie an.
„Wo ist'n Egon hin?" rief Wolle.
Vor Schreck hätte ich fast die Flasche fallen lassen, zum Glück aber nur fast. Dafür kleckerte ich meine Arbeitsjacke voller Schnaps.
„Der ist mal kurz nach Hause gefahren, kommt aber auch gleich wieder", rief ich zurück.
Die Jacke wollte ich ja sowieso ausziehen. Schnell nahm ich noch ein paar große Schlucke und stellte die halb leere Flasche in meinen Filzstiefel. Dann ging ich vor zu Wolle.
„Ich werd' bei euch noch 'ne Weile mitmachen. Rausfahren brauch ich jetzt nicht mehr", sagte er und wir verließen den Aufenthaltsraum.
Egon kam gerade im Sturm angeradelt.
„Erhard, Pause!" brüllte er schon von weitem.
„Könnt ihr machen", sagte Wolle, „ ich kippe nur noch schnell den

Hänger ab und fahre ein Stück rüber, falls der Nächste kommt."
Vati kam und zu uns herüber und wir setzten uns in den Aufenthaltsraum. Egon verteilte die Bierflaschen. Er hatte für jeden zwei mitgebracht.
„Auf einem Bein kann man ja nicht stehen, hab ich mir gedacht", sagte er.
Der Wodka wirkte schnell. Ich war mit einem Mal so müde, daß ich hätte auf der Stelle einschlafen können. Das lag sicher auch mit an der Wärme, die heute herrschte. Außerdem hatte ich den ganzen Tag über nichts gegessen.
Wolle setzte sich mit zu uns.
„Willst du auch 'ne Flasche Bier?" fragte ich ihn.
„Nee, danke, ich muß dann noch mit dem Moped fahren", wehrte er ab.
Wir tranken auch nur eine Flasche und machten uns dann wieder an die Arbeit.
Kurz darauf gesellte sich Fred noch mit zu uns und den letzten Hänger brachte Werner.
Kurz vor 18 Uhr waren die letzten Heuballen unter dem Dach.
Wir setzten uns noch einmal kurz in den Aufenthaltsraum und tranken unser Bier aus.
Siggi kam hinzu und meinte: „Na, euch geht's ja nicht schlecht, Männer!"
„Feierabendbier", sagte Egon.
„Ich sag ja auch nichts", beeilte sich der Meister zu antworten. „Ist ja auch ganz schön 'was fertig geworden heute. Wenn's morgen wieder so läuft, sind wir beizeiten fertig." Und an mich gewandt: „Stephan, das geht klar mit dem Vorschuß. Ich hab' vom Stall aus in der Lohnbuchhaltung angerufen, bekommst du morgen Mittag."
„Das ist gut", freute ich mich. „Danke dir, Siggi!"
Damit war ich wenigstens für die nächste Zeit gerettet.
Die anderen fuhren nach Hause und ich stellte mich erst einmal eine halbe Stunde lang unter die Dusche. Danach ging es mir bedeutend besser. Jedenfalls war die Müdigkeit weg.
Beim Anziehen rätselte ich, was ich mit der Flasche machen sollte. Eigentlich brauchte ich sie zu Hause, denn da hatte ich überhaupt nichts Trinkbares mehr. Nur, dann hätte ich morgen hier auf Arbeit wieder nichts.

Also ließ ich sie doch besser hier im Schrank. Bevor ich losging nahm ich aber doch noch einen großen Schluck von dem Wodka um sicher zu gehen, daß meine Hände nachher in der Lößnitzperle nicht mehr zitterten. Dann machte ich mich auf den Weg.
Die Perle war brechend voll. Wie immer, wenn es mal ein paar Tage warm war.
Alle hatten Durst und allzu oft gab es dann in den Getränkestützpunkten keine Flasche Bier mehr zu kaufen.
James und Pankwitz rückten in der Nische ein wenig enger zusammen, damit ich noch mit Platz hatte.
Jetzt, nachdem ich Platz genommen hatte, merkte ich auch meine Glieder wieder.
Alles tat mir weh und meine Arme waren so bleischwer, daß ich das Bierglas kaum heben konnte.
„Da werd' ich heute bestimmt nicht alt", sagte ich.
„Wieso, bist doch gerade erst gekommen, Titius?" sagte James.
„Ich bin heute k.o., kann ich dir sagen. Ich mußte den ganzen Tag Heuballen stapeln. Jetzt kann ich kaum noch meine Knochen bewegen."
„Oh, Titius, du wirst schon noch'n richtiger Bauer werden, hahaha", stichelte James.
„Das ist mir Wurscht", entgegnete ich. „Viel schlimmer ist, daß ich morgen früh nichts zu trinken habe. Ich muß mir von hier 'ne Flasche Wein mitnehmen. Da geht mein letztes Geld drauf."
„Na, mach' dir nichts d'raus. Ich geb' dir einen aus, Titius", sagte James mitleidig, „bei uns gab's heute Abschlag". Und zu Inge, der Kellnerin gewandt, sagte er: „Titius sein Bier geht bei mir mit auf den Zettel."
Damit war erst einmal alles geklärt.
Ich merkte jedoch schon nach den ersten sechs Gläsern Bier, daß ich bald die Kurve kratzen mußte. Nach dem anstrengenden Tag vertrug ich einfach nichts mehr. Ich machte mich deshalb auch bald auf den Weg. Aber nicht ohne mir vorher noch eine Flasche Wein zu holen.
Auf dem nach Hause Weg viel mir ein, daß ich mir ja wieder keine Arbeitsschnitten machen konnte, weil ich kein Brot da hatte.
Ich beschloß, mir in der Frühstückspause etwas vom Bäcker zu holen.

Jetzt verspürte ich weder Hunger noch Appetit auf irgend etwas Eßbares.
Als ich in meinem Zimmer war und aus dem Fenster sah, konnte ich erkennen, daß im Wohnzimmer meiner Mutter Licht brannte.
Mir fiel ein, daß sie mich ja am Wochenende zum Essen eingeladen hatte.
Ich könnte sie ja morgen früh mal von der Arbeit aus anrufen und Bescheid sagen, überlegte ich mir.
Jetzt warf ich mich auf mein Sofa und knackte die Flasche Wein.
Die Hälfte konnte ich ja jetzt trinken. Für morgen reichte eine halbe Flasche.
Ich schaltete das Radio ein und hörte ein bißchen Musik von DT64.
Die spielten abends immer ganz gute Titel.
Der Wein schmeckte mir so gut, daß ich Mühe hatte, noch etwas aufzuheben.
Erst als ich reichlich zwei Drittel getrunken hatte, stellte ich sie neben das Sofa und machte es mir zum Schlafen bequem.

Der Wecker riß mich aus tiefstem Schlaf.
Ich schaute neben das Bett. Ich mußte durchgeschlafen haben, denn der Wein stand noch da.
Ich streckte mich. Jedenfalls versuchte ich es, soweit es ging, denn mit Erschrecken mußte ich feststellen, daß mir jeder einzelne Muskel Schmerzen bereitete, so einen fürchterlichen Muskelkater hatte ich.
Nur mit Mühe konnte ich den Wein aus der Flasche trinken. Diesmal war es aber weniger die Unruhe, sondern eher die Schmerzen die jede Bewegung verursachte.
Unter Qualen zog ich mich an.
Dann schaute ich vorsichtshalber doch noch einmal in den Kühlschrank. Es konnte ja sein, daß ich etwas vergessen hatte, aber der war wirklich leer. Bis auf ein kleines Stück Speck, daß im Türfach lag.
So machte ich mich schließlich auf den Weg zur Arbeit.
Die ersten Schritte waren am schlimmsten, dann ging es halbwegs mit den Schmerzen.
Auf dem Stützpunkt war ich natürlich der Erste. Es war gerade mal kurz nach halb sechs.

Ich konnte also noch in Ruhe ein paar Schluck aus der Wodkaflasche nehmen, die wohl behütet im Schrank in meinen Filzstiefeln versteckt war.
Als dann die anderen kamen, fühlte ich mich schon wieder ganz gut.
Natürlich machten sie sich über meinen Muskelkater lustig, meinten aber, daß der bestimmt heute wieder weg ginge, denn für mich war die gleiche Arbeit angesagt, wie am Vortag.
Bevor ich in der Frühstückspause zum Bäcker fuhr, nahm ich schnell noch einen großen Schluck Beruhigung aus der Flasche. Der Inhalt hatte ganz schön abgenommen, so daß ich mir langsam Gedanken machen mußte, wo ich eine neue Flasche her bekam.
Vorsorglich kaufte ich mir beim Bäcker nur ein großes Brötchen für 10 Pfennige.
Damit blieben mir noch zwei Mark für zwei Flaschen Bier in der Mittagspause.
Siggi würde den Vorschuß sicher erst nach der Mittagspause bringen.
Es war zwar nicht schlecht, daß das überhaupt damit geklappt hatte, aber so konnte ich, falls wir wieder bis um 18 Uhr arbeiten sollten, wieder keinen Schnaps im Laden kaufen, denn dann hatten die Geschäfte ja bereits wieder zu.
Ich konnte nur hoffen, daß ich jemanden in der Stehpiepe antraf, der mir etwas Geld bis zum Abend borgen konnte.
Doch ich hatte Pech. Der einzige, den ich fragen konnte, war Alex. Doch der hatte selber nicht viel Geld einstecken. Von den anderen Kumpels war ausgerechnet heute keiner zu sehen.
Mir blieb nichts anderes übrig, als meine zwei Bier zu trinken und mich unverrichteter Dinge wieder an die Arbeit zu begeben.
Wie versprochen kam der Meister gleich nach der Mittagspause und brachte mir den Vorschuß.
„Die haben zwar erstmal nur 250 Mark herausgerückt, weil du eben noch neu bist“, erklärte mir Siggi, „aber damit müßtest du eigentlich bis zum Geldtag hinkommen, oder?“
„Hm, kein Problem. Ich danke dir!“ sagte ich.
„Brauchst dich nicht bei mir bedanken“, winkte Siggi ab. „Ist ja schließlich dein Geld, was de dir bei uns erarbeitet hast.“
„Naja, trotzdem hast du dich ja darum gekümmert. Sonst säß’ ich

nämlich jetzt ganz schön auf dem Schlauch, kann ich dir sagen", entgegnete ich.
„Dazu bin ich ja schließlich da", winkte Siggi erneut ab. „Wenn du Probleme hast, kannst du jederzeit zu mir kommen."

Wir hatten uns mit den Traktoristen abgesprochen, daß wir ordentlich ranklotzen wollten, damit wir zum Freitag nicht bis 18 Uhr arbeiten mußten.
Das klappte schließlich auch, denn kurz vor 17 Uhr rollte der letzte beladene Heuwagen auf den Hof.
Mir fiel ein Stein vom Herzen.
Meine Schnapsflasche im Garderobenschrank war gänzlich leer und zu Hause hatte ich ja auch keinen Tropfen mehr.
Ich war also gezwungen, irgendwie Nachschub zu beschaffen. Nach 18 Uhr hätte ich dann nur noch in der Kneipe etwas kaufen können, zum doppelten Preis, wie im Laden.
Jetzt hatte ich noch genügend Zeit und konnte in Ruhe duschen, bevor ich mich auf den Weg machte.
Im Großen und Ganzen ging es mir heute bedeutend besser als gestern. Vielleicht lag das auch an dem Gedanken, daß nun das Wochenende vor mir lag.
Erst einmal kaufte ich mir im Zigarettenladen 5 Schachteln Karo und ging anschließend in die HO, um mir zwei Flaschen Wodka zu holen.
Beim Anblick der beiden Flaschen in meinem Einkaufskorb schlug mir doch ein wenig das Gewissen.
Eigentlich wollte ich es mir doch endlich einmal beweisen und nicht mehr so viel trinken. Kaum hatte ich aber wieder genügend Geld in den Händen, da kaufte ich mir gleich zwei Flaschen Schnaps. Es war wirklich beschämend.
Ich redete mir ein, daß ich den Alkohol ja nur für alle Fälle geholt hatte, wenn es gar nicht mehr anders ging und eventuell die beiden Zitterer wieder auftauchen würden. Nur dann wollte ich etwas davon trinken, nur im äußersten Notfall also.
Auf jeden Fall war es nun ungemein beruhigend zu wissen, daß ich die Flaschen hatte.
In der Perle herrschte voller Betrieb, wie an jedem Freitagabend.
Ich setzte mich zu meinen Kumpels in die Nische.

Die hatten allerdings schon wieder etliche Runden Vorsprung. Besonders Elektro-James war es anzumerken, daß er freitags bereits um 14 Uhr Feierabend hatte.
Er saß da mit starrem, trüben Blick und flüsterte andauernd vor sich hin: „Verdammte, elende Bolschewisten!"
Das war immer so, wenn er betrunken war. Besonders in der letzten Zeit kam er häufig in dieser Verfassung von der Arbeit. Er arbeitete nämlich im Schokoladenwerk Vadossi und mußte dort irgendwie an den Schnaps herankommen, der in die Pralinen kam. Außerdem hatte ich schon beobachtet, daß er heimlich Tabletten nahm. Eigentlich war er ein Pfundskumpel, nur eben in der letzten Zeit war er kaum noch ansprechbar.
Andy kam und später auch Gitta und die dicke Yvonne. Sie mußten erst die Kinder ins Bett bringen, ehe sie ins Wirtshaus gehen konnten. Natürlich revanchierte ich mich heute bei Feier-James. Heute konnte er auf meine Kosten trinken. Großzügig, wie ich gerne war, bestellte ich aber nicht nur Bier, sondern auch eine Reihe von Oberförster, unser Lieblingsgesöff.
Zur Feier des Tages bestellte ich mir ein Bauernfrühstück für 3,60 Mark. Das waren umgerechnet ca. 6 Gläser Bier, aber heute, am Geldtag, wollte ich mir auch mal wieder etwas leisten.
Die Portion war aber viel zu groß für mich, so daß ich Yvonne die Hälfte abgeben mußte. Feier-James hatte wie immer keinen Hunger.
Durch das Essen vertrug ich an diesem Abend eine Unmenge. Trotzdem ging ich gegen 23 Uhr nach Hause, denn ich war unheimlich müde geworden und hatte Sehnsucht nach meinem Bett.
Daheim in meinem Zimmer kam mir der Einfall, daß ich den Schnaps besser in die Küche stellte. So hatte ich ihn nicht gleich griffbereit bei der Hand und würde wirklich nur etwas trinken, wenn ich es dringend brauchte.
Bevor ich ihn aber wegstellte, öffnete ich noch schnell eine der beiden Flaschen und nahm ein paar tiefe Schlucke als Schlaftrunk zu mir. Damit ich auch ja morgen früh schön lange schlafen konnte.
Dann streckte ich mich gemütlich auf meinem Sofa aus.
Ich dachte an Carmen.
Wie mag es ihr wohl jetzt gehen? War sie glücklich?
Irgend jemand hatte mir erzählt, daß sie nach Gera gezogen sei,

stimmte das? War sie verheiratet und hatte sie vielleicht schon ein Kind? Sicher hatte sie einen gefunden, mit dem sie glücklich war. War ich glücklich? Nein, glücklich war ich bestimmt nicht.
Zu schön war die Zeit mit ihr und vieles, sehr vieles erinnerte mich noch an sie.
Was wäre, wenn wir jetzt noch zusammen wären?
Hätte ich dann auch so viel getrunken? So viel, daß ich schließlich im Knast landen mußte?
Mußte ich denn wirklich so viel trinken oder suchte ich mit meiner inneren Unruhe immer nur eine Entschuldigung dafür?
War es nicht eigentlich der absolute Blödsinn? Je mehr ich trank, desto schlimmer wurde meine Nervosität, wenn ich nüchtern wurde. Wenn ich von Tag zu Tag immer weniger trank, müßte sich das doch eigentlich von alleine wieder legen?
Warum sollte ich das denn nicht schaffen? Schließlich war ich ja nicht total bescheuert!
Ab morgen, nahm ich mir ganz fest vor, wollte ich damit anfangen. Wenn es mir dann besser ging, würde ich versuchen herauszubekommen, was aus Carmen geworden war. Vielleicht konnte ich mich sogar mal mit ihr treffen?
Mit diesen Hoffnungen schlief ich ein.

Ich erwachte, als die Sonne in mein Zimmer fiel.
Wie immer sah ich zuerst auf meinen Wecker. Es war 6.30 Uhr und mein erster Gedanke war: ‚Wieder verpennt!'
Doch fast im selben Moment fiel mir ein, daß ja Samstag war.
Ich konnte doch heute ausschlafen. Nun war ich mit einem Male aber hellwach, zumindest, was meine Gedanken betraf. Mein Körper hingegen schien total ausgebrannt und hatte Durst.
Ich stand auf und schleppte mich erst einmal hinunter zur Toilette. Als ich wieder oben war, suchte ich automatisch neben dem Bett nach meinem Schnaps.
Es standen aber nur leere Flaschen herum.
Der Schreck fuhr mir durch alle Glieder und ich mußte mich setzen. Hatte ich gestern Abend alles ausgetrunken? Das konnte doch bald nicht möglich sein, oder? Eine Flasche konnte ich mir ja noch vorstellen, aber beide?
Ein kräftiger Schüttelfrost nahm von mir Besitz. Schweiß perlte

von der Stirn. Wo war eigentlich mein Stoffbeutel, in dem ich die Flaschen hatte?
Ich bückte mich hinunter und suchte unter dem Tisch.
Mir wurde es immer schlechter. Mein Magen rumorte.
Ich konnte den Beutel also nur gestern Abend in der Perle stehen gelassen haben. Sonst wäre er ja hier neben dem Bett.
Ich war ein Idiot!
So blöd konnte nur ich sein! So blöd konnte wirklich nur ich sein!
Was sollte ich denn jetzt machen?
Geld hatte ich zwar, aber mit den schlotternden Gliedern konnte ich mich ja unmöglich auf der Straße sehen lassen. Außerdem hatte jetzt noch kein Geschäft auf.
Bis dahin war es noch eine Ewigkeit.
Ich bekam es immer mehr mit der Angst zu tun.
Meine Kehle war völlig ausgetrocknet. Ich mußte etwas trinken.
Voller Verzweiflung schleppte ich mich zum Wasserhahn im Flur.
Ich trank eine Unmenge dieser ekelhaften Brühe, bis mein Magen bis oben hin voll war. So voll, daß alles wieder rückwärts heraus kam.
Tränen liefen mir übers Gesicht, als ich mich entkräftet aufs Sofa fallen ließ.
Was sollte ich jetzt bloß tun?
Meine Augen flackerten immer mehr und ich ahnte, was bald geschehen würde, wenn mir nicht rechtzeitig noch etwas einfiel.
Das wilde Spiel meiner Pupillen machte mich wahnsinnig und ich schloß die Augen.
Doch das änderte nichts, denn dadurch wurde mir so schwindlig, daß mein Magen mir drohte, sich zu übergeben.
Plötzlich hörte ich Stimmen.
Als ich die Augen aufschlug, sträubten sich meine Haare. Ein eiskalter Schauer lief über meine Haut. Mein Herz raste, wie eine Nähmaschine.
Mein Bruder war da. Er war aber nicht alleine gekommen. Er hatte seinen Klassenkumpel Matthias mit.
„Wir wollten mal eine Runde Skat mit dir spielen", sagte Thomas. „Hast du Karten da?"
Mir schien das nicht geheuer zu sein. Trotzdem stand ich auf und suchte in der Kommode nach den Skatkarten.

Die beiden hatten sich bereits an den Tisch gesetzt, und ich setzte mich dazu.
Ich begriff das ganze nicht.
Nach den vielen Jahren, die wir uns weder gesehen, noch schriftlich etwas voneinander gehört hatten, hatte Thomas nichts besseres im Sinn, als mit mir einfach nur Skat zu spielen.
„Du kannst gleich geben!“ sagte mein Bruder.
Ich teilte die Karten aus. Doch dann blieb mir vor Schreck fast das Herz stehen.
Kaum hielten die beiden ihre Karten in der Hand, da saßen sie zusammengekrümmt unter der Zimmerdecke, hoch oben auf dem Kachelofen und lachten zu mir herunter.
„Was soll denn das?“ flüsterte ich entgeistert.
Thomas winkte mir zu. „Komm doch mit hoch! Wir spielen hier oben weiter.“
„So ein Quatsch!“ sagte ich aufgebracht. Mein Herz begann wieder zu rasen.
„Na los, vielleicht kommst du bald! Oder sollen wir ohne dich spielen?“ drängte Thomas weiter.
Ich wußte nicht warum, aber ich nahm mir einen Stuhl und stellte ihn an den Ofen.
Als ich mich gerade mit zitternden Knien daraufgestellt hatte, um die anderen zu erreichen, waren sie auch schon blitzschnell, wie von Geisterhand geführt, vom Ofen verschwunden und saßen wieder am Tisch.
Ich war darüber derartig erschrocken, daß ich mein Gleichgewicht auf dem Stuhl nicht mehr halten konnte und rückwärts mit dem Rücken gegen die Tischkante knallte, ehe ich auf dem Fußboden aufschlug.
Stechende Schmerzen durchbohrten meinen Körper, und ich schrie laut auf. Dann krümmte ich mich leise wimmernd am Boden.
„Wie lange sollen wir denn noch warten?“ hörte ich, wie von weiter Ferne meinen Bruder rufen.
Die beiden schienen meine Schmerzen nicht im geringsten zu beeindrucken.
„Blöde Schweine!“ zischte ich durch die Zähne und zog mich dabei mühselig am Tisch hoch. Dann holte ich den umgestürzten Stuhl vom Ofen und setze mich zu ihnen.

Doch kaum daß ich saß, waren die beiden bereits wieder auf dem Ofen. Jetzt schien es doch eindeutig klar zu sein. Mein Bruder war nur gekommen, um mich zu ärgern.
Mit vor Wut zitternder Stimme rief ich zu ihnen hinauf:
„Macht ja, daß ihr verschwindet! Sonst schmeiß ich euch eigenhändig raus!"
Die beiden kicherten nur und Thomas meinte spöttisch: „Och, hier oben kann man doch viel besser Skatspielen!"
Mein Herz raste wie wild, und voller Zorn sagte ich im drohenden Ton: „Wenn ihr bei drei nicht verschwunden seid, dann hole ich euch selbst herunter!"
Wieder kicherten sie nur.
Ich zählte: „Eins, zwei.....und......drei!"
Sie grinsten mich nur siegessicher an.
Blind vor Wut schnappte ich mir den Stuhl erneut und versuchte sie zu fassen. Doch überall wo ich hinfaßte, griff ich ins Leere.
Dadurch wurde ich immer verrückter und kaum hatte ich mich versehen, da gab mir Thomas einen Schubs und ich fiel abermals rückwärts vom Stuhl.
Wieder war es die Tischkante, die meinen Rücken und anschließend meinen Hinterkopf traf.
Grauenhafter Schmerz, ich blieb Sekunden regungslos liegen. Mein Kopf mußte zerplatzt sein.
Nur ganz langsam und mit Bedacht versuchte ich mich zu bewegen. Es ging, wenn auch mit riesigen Schmerzen, aber es ging.
Von oben hörte ich schallendes Lachen.
Ich mußte mir irgend etwas holen, womit ich die beiden besser erwischen konnte.
Deshalb ging ich hinüber in die Küche und schaute mich um.
Mein Blick blieb am Besen haften, der in der Ecke stand.
Genau, damit konnten sie mir nicht entwischen.
Siegessicher ging ich wieder in die Stube.
Als mich Thomas und Matthias mit dem Besen in der Hand sahen, lachten sie schallend und rutschten belustigt auf dem Ofen hin und her.
„Jetzt ist Schluß damit!" rief ich entschlossen und schwang mit Wucht den Besenstiel über den Ofen.
Doch ich schlug ins Leere. Sie waren vom Ofen verschwunden und kicherten plötzlich hinter mir.

Blitzschnell drehte ich mich um. Sie standen am Fenster und zwischen uns war der Tisch.
„Du lahme Ente mußt uns erstmal kriegen!“ rief Thomas und tippte sich mit dem Finger an die Stirn. Dann lachten sie wieder.
Ihr Lachen fing an, immer lauter in meinen Ohren zu dröhnen.
„Ihr Schweine, macht, daß ihr wegkommt!“ schrie ich und schlug mit dem Besen wild auf sie ein.
Aber an Stelle sie zu erwischen, zerschlug ich nur zwei leere Flaschen, die auf dem Tisch gestanden hatten.
Wieder saßen sie unter schallendem Gelächter auf dem Ofen und ließen belustigt ihre Beine baumeln.
Rücksichtslos schlug ich mit dem Besen auf sie ein. Ich schlug und schlug und schlug. Dann war der Besenstiel entzwei.
Vor Wut kamen mir die Tränen. Ich schnappte mir erneut einen Stuhl und sprang selbst auf den Ofen hinauf. Dabei knallte ich mit dem Kopf an die Zimmerdecke, der Stuhl fiel polternd um. Ich verlor die Balance und knallte mit dem Brustkorb voll auf den Stuhl. Dann war es stockfinstere Nacht.
Als ich wieder zu mir kam, lag ich immer noch leise wimmernd über dem Stuhl verkrümmt. Ich spürte stechende Schmerzen in den Rippen und bekam kaum Luft.
So blieb ich noch eine Weile liegen. Dann nahm ich meine letzten Kräfte zusammen. Auf allen Vieren schleppte ich mich mühsam und unter höllischen Qualen zum Sofa.
Als ich endlich etwas bequemer lag, sah ich die beiden Gangster oben auf dem Ofen miteinander tuscheln. Plötzlich lachten sie wieder schallend und mein Bruder rief mir wieder zu: „Hee, du lahme Ente, war das etwa alles, was du zu bieten hast?“
„Halt's Maul!“ fluchte ich unter Schmerzen.
Plötzlich hörte ich, wie jemand langsam polternd die Bodentreppe heraufkam.
Ich hatte vorhin die Zimmertür offen gelassen. Deshalb konnte ich vom Sofa aus gleich die alte Frau Mohr sehen.
Sie klopfte an den Türrahmen und fragte besorgt: „Herr Hoffmann, was ist denn bloß bei Ihnen los? Das donnert ja egal bei ihnen, daß ich Angst habe, die Zimmerdecke fällt mir auf den Kopf.“
Noch ehe ich etwas entgegnen konnte, trat sie einen Schritt ins Zimmer und schaute sich um. Kopfschüttelnd meinte sie dann: „Aber

hier ist doch niemand weiter außer ihnen und ich dachte, Sie hätten Besuch."
„Da sehen Sie doch mal da hoch!" sagte ich, wie aufs Stichwort und zeigte zum Ofen.
Frau Mohr kam bis zur Zimmermitte gelaufen und sah zu Thomas und Matthias, die das Ganze sehr witzig fanden.
„Können Sie mir mal sagen, wie ich die beiden wieder los werden soll?" fragte ich die alte Dame verzweifelt.
Sie sah mich ganz entgeistert an und meinte verstört: „Was meinen Sie denn, Herr Hoffmann?"
Ja war die denn blind!
„Na die beiden da oben auf dem Ofen", rief ich jetzt laut.
Sie schaute abermals zum Ofen, drehte sich dann aber gleich wieder nach mir um, schüttelte den Kopf und sagte vorwurfsvoll: „Warum müssen Sie mich denn obendrein zu dem Lärm, den Sie hier am frühen Morgen machen, noch veralbern?"
Damit ließ sie mich mit meinem Elend allein und ging, noch immer kopfschüttelnd, aus dem Zimmer.
Ich konnte nur noch hören, wie sie die knarrende Bodentreppe hinunter stieg.
Die beiden auf dem Ofen waren im Moment verschwunden.
Ich sah mich vorsichtig im Zimmer um, aber ich konnte sie nirgends erblicken.
Trotzdem konnte ich mir nicht vorstellen, daß sie weg waren.
Mit dem halben Besenstiel in der Hand schlich ich mich deshalb zur Küche hinüber. Aber auch hier konnte ich niemanden erblikken. Rätselhaft? Wo konnten die nur hin sein?
Sicher würden sie gleich irgendwo wieder auftauchen.
Ich stand da und wußte mir keinen Rat.
Doch da fiel mein Blick auf etwas, was mich schwindlig machte.
Das konnte doch nun wirklich nicht möglich sein! Das gab es doch einfach nicht!
Ja war ich den wirklich schon total bekloppt?
Neben dem Kühlschrank in der Ecke lag ein Beutel.
Nicht irgend einer, sondern der, den ich so verzweifelt im Wohnzimmer gesucht hatte.
Erschöpft setzte ich mich neben den Kühlschrank auf den Fußboden.

Im Beutel war eine volle und eine angefangene Flasche Wodka. Als ich die Flasche aufschraubte überkam es mich. Tränen der Erleichterung rollten über mein Gesicht und ich war innerlich so bewegt, daß ich am ganzen Körper bebte.
Ich trank und trank. Fast hätte ich die ganze Flasche in einem Zug leer getrunken.
Ich konnte mich gerade noch rechtzeitig bremsen und setzte die Flasche wieder ab. Ein paar Schluck waren noch übrig geblieben.
Eine Weile lang blieb ich noch so sitzen und genoß die herrliche Wärme, die sich in meinem Körper ausbreitete.
Dann hatte ich Appetit auf eine Karo und ich erhob mich und ging zurück ins Wohnzimmer.
Während ich so auf meinem Sofa saß und rauchte, wurden meine Gedanken langsam schwer und schwerer. Ich wurde müde und schaute zum Wecker.
Es war erst kurz nach 8 Uhr. Also konnte ich ruhig noch ein paar Stunden schlafen.
Die Gedanken an das Auftreten meines Bruders waren ausgelöscht. Eines ließ mich im Moment aber doch nicht los. Es war das Wissen, daß die eine Flasche in der Küche noch nicht leer war.
Die paar Schluck lohnten sowieso nicht, daß ich sie noch großartig aufhob, sagte ich mir.
Darum erhob ich mich schwerfällig und holte mir vorsorglich gleich beide Flaschen ans Bett.
Ich rauchte noch eine und trank dazu den Rest der einen Flasche aus.
Mit einem Mal war ich dermaßen müde, daß ich Mühe hatte, die Zigarette noch rechtzeitig in den Aschenbecher zu tun, bevor ich einschlief.

Es war kurz vor 13 Uhr als ich aufwachte.
‚Schade!' dachte ich mir im ersten Moment, denn die Stehpiepe machte jetzt gleich zu. Sie hatte Samstags nur bis 13 Uhr auf.
Als ich mich im Bett aufrichtete, spürte ich an allen Ecken und Enden meines Körpers stechende Schmerzen.
Meine Wirbelsäule tat besonders im Genick und in der Hüftgegend weh.
Kopfschüttelnd betrachtete ich meinen linken Ellenbogen. Er war

geschwollen und blau angelaufen. Den Arm konnte ich nur noch durchdrücken, wenn ich die Zähne fest zusammenbiß.
An meinem Hinterkopf hackte es, als wäre dort jemand mit Hammer und Meißel am Werke.
Vorsichtig untersuchte ich meinen Kopf und ertastete eine riesengroße Beule.
Es war erschreckend und ich kam mir vor, als hätte ich einen schweren Verkehrsunfall hinter mir.
Zum Glück erspähte ich die volle Flasche Schnaps neben dem Bett. Die war gerade richtig, um meine Schmerzen zu betäuben.
Ich trank ein paar Schluck und versuchte angestrengt nachzudenken, was eigentlich mit mir passiert war.
Doch mein Verstand wollte noch nicht so richtig mitarbeiten.
Nur bruchstückenhaft konnte ich mich an ein paar Einzelheiten erinnern. Zum Beispiel wußte ich noch, daß ich mit dem Besenstiel nach jemandem geschlagen hatte, der auf dem Ofen gesessen hatte. Wer das aber gewesen war und wie der hereingekommen war, hatte ich keine Ahnung mehr.
Auch daß ich irgendwie vom Stuhl gefallen war, wußte ich noch.
Das war dann aber auch schon alles.
Aber, daß war mir jetzt auch nicht weiter wichtig.
Viel wichtiger schien es mir zu sein, daß ich mir Gedanken darüber machte, was ich mit dem restlichen Tag noch anstellte.
Jetzt in die Perle zu gehen, hatte nicht viel Sinn, denn meine Kumpels waren meistens über den Mittag alle daheim und tauchten erst am Nachmittag wieder auf.
Mir blieb also gar nichts anderes übrig, als weiter zu schlafen, so bis 15 oder 16 Uhr etwa. Dann könnte ich ja mal in der Perle vorbeischauen.
Das Dumme war nur, daß ich gar nicht mehr so richtig müde war.
Also schaltete ich das Radio ein, rauchte zwei, drei Karo und trank den Wodka dazu.
Bereits eine Stunde später hatte ich wieder die Ruhe, die ich brauchte, um weiter schlafen zu können.
Fast pünktlich um 15.30 Uhr fühlte ich mich wieder munter und erholt. Bis auf die verdammten Schmerzen ging es mir ganz gut.
Ich ging hinunter zur Toilette. Dabei begegnete ich im Flur Frau Mohr. Ich grüßte höflich, wie es sich gehörte.

Doch die alte Frau sah mich nur mißbilligend an, schüttelte stumm mit dem Kopf und verschwand in einem ihrer Zimmer.
Ich hatte keine Ahnung, was mit ihr los war und wußte auch nicht, was ich angestellt haben sollte. Wer weiß, was sie heute hatte?
Wieder oben, wusch ich mich gründlich und zog mir saubere Sachen an. Die schmutzigen tat ich in meine Kammer zu den anderen.
Bei dem Wäscheberg fiel mir wieder ein, daß ich ja eigentlich mal einen Waschtag einlegen wollte.
Mit einer kleinen eisernen Waschwanne und einem Waschbrett hatte mich ja meine Mutter ebenfalls ausgestattet. Daran lag es also nicht.
Wenn morgen schönes Wetter war, könnte ich es ja mal in Angriff nehmen, nahm ich mir vor.
In der Küche schaute ich in den Spiegel, um mir die Haare zu kämmen und erschrak.
An meiner rechten Schläfe hatte ich eine paar große blutige Striemen, als wäre ich mit dem Kopf in eine Brombeerhecke gefallen.
‚Wo hatte ich mir denn das bloß nur geholt?' überlegte ich, aber irgendwie fehlte mir ein großes Stück Film der letzten Stunden.
Jedenfalls sah ich jetzt fürchterlich aus. So konnte ich nicht aus dem Haus gehen. Das war mir einfach zu blamabel.
Ich kramte in der Küche herum. Vielleicht fand sich irgendwo ein wenig Puder.
Doch es war keiner zu finden.
Da fiel mir ein, daß es sein könnte, daß ich in einer der schmutzigen Arbeitshosen noch ein Stück Kreide hatte.
Es stellte sich heraus, daß ich richtig vermutet hatte.
Mit dem Fingernagel rieb ich mir ein wenig Pulver ab und versuchte damit vorm Spiegel die Kratzer zu bedecken.
So sehr ich mir aber Mühe gab, die Striemen blieben trotzdem noch gut sichtbar, auch wenn sie ein wenig blasser waren als vorher.
Mir blieb also nichts anderes übrig, als mich so auf den Weg zu machen.
Zuvor nahm ich noch ein paar Schluck Wodka, damit ich bis zur Perle die Ruhe in Person bleiben würde, die ich jetzt im Moment war.

James und die anderen waren bereits da. Selbstverständlich machten sie sich über meine Wunden an der Schläfe lustig.
„Dich hat wohl'n Elch geknutscht!“ rief der eine.
„Hast wohl mit'm Igel geschlafen!“ rief ein anderer.
„No, aber so 'ne blöde Hauswand war mir im Wege“, antwortete ich schulterzuckend.
Rainer, der Kellner kam, und ich bestellte außer einem Bier die Speisekarte.
Ich mußte endlich mal wieder etwas feste Nahrung zu mir nehmen. Deshalb ließ ich mir Rostbrät'l mit Bratkartoffeln bringen.
Das schmeckte vorzüglich, lag mir aber hinterher ziemlich schwer im Magen, so daß ich gleich ein paar Verdauungsschnäpse trinken mußte. Aber durch das Essen und dadurch, daß ich ausgeruht war, vertrug ich an diesem Abend unheimlich fiel.
Zumal ich die meisten Getränke nicht bezahlen mußte.
Ich hatte nämlich wieder einmal einen ausgesprochenen Glückstag. Obwohl hier in der Perle Glücksspiele verboten waren, knobelten wir mit Streichhölzern. Das fiel nicht so sehr auf, wie beispielsweise Würfeln.
Rainer war Kumpel und tat so, als wenn er nichts merkte von unserer Spielerei.
Jedenfalls verlor ich gerade mal eine von vielleicht 20 Runden.
Gegen 24 Uhr, als abkassiert wurde, hatte ich dann doch ganz schön einen geladen.
Kein Wunder, wenn man so viel spendiert bekam.
Bevor wir nach Hause gingen, verabredeten wir uns noch für den nächsten Tag, um 10 Uhr zum Frühschoppen in der Börse.
Dann zog ein jeder seine Bahn.

Zu Hause angekommen, war ich schon wieder halbwegs nüchtern. Zumindest war ich der Meinung, daß ich noch nicht die nötige Bettschwere hatte.
Ich machte es mir deshalb auf meinem Sofa gemütlich und hörte zu Karo und Wodka noch eine Weile Radio.
Erst um halb zwei schaltete ich das Licht aus und legte mich hin.
Zwischendurch wurde ich noch einmal munter, weil ich auf die Toilette mußte. Ich nutzte diese Gelegenheit gleich aus und trank noch schnell ein paar Schluck aus der Flasche, ehe ich weiter schlief.

Pünktlich um 9 Uhr wurde ich von alleine munter.
Ich spürte, wie bereits wieder ein unruhiges Gefühl in mir hoch kam.
Ich griff daher zur Flasche und mußte leider feststellen, daß nicht mehr viel darin war. Es würde gerade noch ausreichen, um mir jetzt die nötige Ruhe anzutrinken.
Damit konnte ich wenigstens zum Frühschoppen außer Haus gehen.
Mir blieb also nichts anderes übrig, als daß ich an der Börse am Kiosk Nachschub holen mußte.
Vorsorglich holte ich mir gleich zwei Flaschen Wodka. Mann kann ja nicht wissen, für was es gut ist!
Trotzdem kam es mir zum Bewußtsein, daß ich nun für dieses eine Wochenende bereits vier große Flaschen Schnaps gekauft hatte und das, obwohl ich mir wieder einmal geschworen hatte, weniger zu trinken.
Vielleicht brauchte ich ja auch gar keinen Schnaps mehr zu Hause, versuchte ich mir mein Tun plausibel zu machen. Es war ja nur für alle Fälle.
Im Biergarten herrschte bei dem herrlichen Sonnenschein reges Treiben. Feier-James war aber schon da und hatte gleich einen Tisch reserviert.
Elektro-James kam kurz nach mir mit seiner Freundin an und Gas-Harry kreuzte auch noch auf. Etwas später kam dann Pankwitz dazu.
So hatten wir bald eine lustige Würfelrunde beisammen.
Um 13 Uhr, als der Biergarten geschlossen wurde, hatte ich immerhin elf halbe Liter Pilsner und wenigstens fünf doppelte Pfeffi getrunken.
Mir ging es also ganz gut.
Die anderen gingen jetzt nach Hause zum Mittagessen. Das gab ich ebenfalls vor und dachte dabei an meine Mutter, die mich ja eigentlich eingeladen hatte.
Das war aber heute nicht möglich, denn zum einen hatte ich vergessen, ihr Bescheid zu sagen und zum anderen war heute meine Fahne viel zu groß.
Also ging ich heim und hielt ein wenig Mittagsruhe.
Das war das Vernünftigste, was ich im Moment tun konnte, denn ab morgen stand mir wieder eine schwere Arbeitswoche bevor.

Gegen 16 Uhr wurde ich wieder wach. Ich hatte einen unheimlichen Durst. Das lag sicherlich an dem Pfeffi heute morgen. Den gab es nämlich in der Börse nur pur und nicht mit Wodka verdünnt, wie in der Perle. Da klebte einem die Zunge ganz schön.
Ich ging hinüber in die Küche und schaute, ob ich nicht außer dem Schnaps noch etwas anderes zu trinken hatte.
Die Auswahl beschränkte sich auf Tee oder Kaffee. Ich entschied mich für Tee. Das paßte besser zum Wodka und ich setzte das Wasser auf.
Tee mit Wodka schmeckte eigentlich nicht schlecht. Es heizte nur innerlich ganz schön durch, so daß ich mir das Hemd ausziehen mußte. Hier unter dem Dach war es bei diesem Wetter sowieso schon etwas wärmer, als in anderen Wohnungen.
Der warme Alkohol benebelte mich allerdings so sehr, daß ich die zweite Tasse nicht mehr schaffte, weil ich darüber eingeschlafen war.

Es war finster und ich hatte Mühe, mich zu orientieren.
Meine Zunge klebte förmlich vor Durst an meinem Gaumen.
Ich schaltete das Licht ein und war sofort wieder im Bilde.
Sofort griff ich zur Teetasse, aber das Zeug schmeckte nicht. Ich goß noch etwas Wodka dazu. So ließ es sich wenigstens trinken.
Erstaunt war ich eigentlich nur über die Uhrzeit. Es war bereits nach 19 Uhr.
Demnach hatte ich den Mittagsschlaf ganz schön ausgedehnt.
Mein Kopf brummte und trotzdem ich gerade etwas getrunken hatte, hatte ich immer noch einen riesigen Durst.
Also zog ich mich an und stiefelte hinunter in die Perle.
Feier-James saß mit feuerrotem Kopf in unserer Stammnische und jubelte mir entgegen. Er hatte bereits gehörig getankt, daß war kaum zu übersehen.
Als Lilo an unseren Tisch kam, ließ ich mir gleich zwei Gläser hinstellen. Ich hatte ja einiges nachzuholen.
Nach drei, vier Bieren fühlte ich mich ausgesprochen frisch und munter. Kein Wunder, denn ich hatte ja reichlich geschlafen.
Zum Kneipenschluß um 23 Uhr hatte ich zwar immerhin 20 Gläser Bier getrunken, aber ich fühlte mich überhaupt nicht angetrunken.
Normalerweise wäre ich jetzt noch in die Frasquita gegangen, die

sonntags noch zwei Stunden länger geöffnet hatte, aber ich mußte ja morgen wieder arbeiten gehen. Deshalb machte ich mich lieber auf den Heimweg.
Zu Hause stellte ich zunächst den Wecker, dann machte ich es mir wieder auf dem Sofa bequem.
Ich war noch kein bißchen müde, aber ich hatte ja noch genügend Wodka, Zigaretten und das Radio.
Ein wenig plagte mich dann doch das Gewissen, denn eigentlich hatte ich mir ja vorgenommen, endlich einmal weniger zu trinken und die letzten beiden Flaschen, die ich mir gekauft hatte, waren ja nur für den Notfall gedacht.
Jetzt trank ich schon wieder davon. Das war wirklich Mist, aber was sollte man machen, wenn man nicht schlafen konnte?
Ein anderer Punkt war, daß das letzte Wochenende ganz schön ins Geld gegangen war. Von den 250 Mark, die ich am Freitag bekommen hatte, blieben mir noch 180.
Den Rest mußte ich mir nun ganz schön einteilen, denn der Geldtag war noch lange nicht in Sicht. Das waren noch wenigstens 14 Tage.
Als es 1 Uhr wurde, löschte ich das Licht. Mir blieben nur noch 4 Stunden, bis der Wecker klingelte und verschlafen wollte ich es unter gar keinen Umständen.
Trotz des vielen Alkohols konnte ich lange nicht einschlafen.

Die Sonne hatte mich geweckt und nicht der Wecker. Der hätte das früher tun sollen und nun war es bereits 8.30 Uhr.
Es war wirklich zum Verzweifeln. Da war ich schon mal nicht betrunken gewesen, aber den elenden Wecker hörte ich trotzdem nicht.
Ich griff zur Flasche neben meinem Bett, um mich ein wenig zu beruhigen.
Viel war zwar nicht mehr drin, aber für den Anfang reichte es zu.
‚Mensch, was soll ich denn jetzt nur machen?' zermarterte ich mir das Gehirn.
Es war wieder das gleiche Problem. Wenn ich jetzt erst auf Arbeit erschien, würde es mir bestimmt keiner glauben, daß ich so lange verschlafen hatte.
Eine Stunde oder eine halbe, daß konnte man sich vorstellen, aber drei?

Das würde keiner verstehen. Ich verstand es ja selbst nicht.
Krank machen ging auch nicht. Meinem Hausarzt, Dr. Weise, hätte ich sonst was erzählen können. Er hätte mich wieder arbeiten geschickt und bei einem anderen Arzt kam man nicht dran, höchsten, wenn der eigene Hausarzt Urlaub machte.
Es hatte alles sowieso keinen Sinn. Ich stand auf und ging nach nebenan in die Küche, um die andere Flasche Schnaps zu holen, aber da war keine volle Flasche mehr zu finden.
Ich ging wieder zurück ins Wohnzimmer. Außer einem Haufen leerer Flaschen, fand ich jedoch ebenfalls nichts.
‚Das konnte doch wohl nicht sein?' schoß es mir durch den Kopf. ‚Hatte ich etwa schon beide Reserveflaschen ausgetrunken? Das war ja fast unmöglich!'
Aufgeregt lief ich im Zimmer hin und her.
‚Sicher hatte ich die eine Flasche nur besser versteckt, damit ich sie nicht so schnell austrank. Ja, so konnte es nur sein.'
Abermals durchsuchte ich Stück um Stück. Dabei trat mir der Schweiß auf die Stirn und ich sah, wie meine Hände anfingen zu zittern. Das machte mich nur noch unruhiger.
Erschöpft setzte ich mich auf den Rand des Sofas.
Ich sah auf die Uhr. Es war kurz vor 9 Uhr. Mir blieb gar keine andere Möglichkeit. Ich mußte mich auf den Weg machen und mir eine neue Flasche besorgen.
Diesmal ging ich gleich in das Lebensmittelgeschäft am „Heiteren Blick".
Das war ziemlich gefährlich, denn meine Mutter hätte mir dabei über den Weg laufen können. Außerdem wußten die Verkäuferinnen, wer ich war und die würden es bestimmt meiner Mutter berichten, wenn ich früh am Morgen bei ihnen Schnaps kaufte.
Ich hatte aber Glück. Ungesehen von meiner Mutter kehrte ich auf mein Sofa zurück.
Hastig knackte ich den Verschluß und trank und trank und trank.
Als ich die große Flasche wieder absetzte, war höchstens noch ein Viertel drin.
Ich mußte meine Gedanken betäuben, Gedanken an meine Mutter, an die Arbeit und die Kollegen, an meine eigene Willenlosigkeit.
‚Was würden Siggi, Fred, Wolle und die anderen wohl sagen, wenn ich heute nicht auf Arbeit erschien?' grübelte ich trübsinnig.

Doch dann schob ich den Gedanken beiseite. Sicher nahmen sie an, daß ich krank sei und mich spätestens morgen bei ihnen meldete, um den Krankenschein abzugeben.
‚Heute war es also noch gar nicht so schlimm,' versuchte ich mir einzureden.
Trotzdem wurde es mir immer schwerer ums Herz.
‚Wie sollte das bloß noch weitergehen mit mir?' schoß es mir durch den Kopf.
‚Wieso brachte ich nicht den Willen auf, weniger zu trinken?'
‚Obwohl, den Willen hatte ich ja eigentlich dazu. Nur, irgendwie achtete ich wahrscheinlich nicht richtig darauf, daß ich ihn auch konsequent durchsetzte. So ein Blödsinn eigentlich, das müßte doch zu schaffen sein!'
Mit diesen Hoffnungen war ich eingeschlafen.

Um Viertel vor 12 Uhr wurde ich munter. Mein Rücken tat weh. Ich mußte wohl etwas schief gesessen haben.
Ich brauchte eine ganze Weile, um überhaupt zu begreifen, was los war.
Wieder grübelte ich hin und her, und suchte verzweifelt nach einer plausiblen Ausrede, die ich morgen auf Arbeit erzählen konnte.
Aber mir fiel nichts Glaubhaftes ein.
Schließlich gab ich mir einen Ruck und sagte mir: ‚Bis morgen war ja noch eine Menge Zeit. Bis dahin wird dir schon noch 'was einfallen!'
Ich beschloß also, nicht weiter Trübsal zu blasen, sondern lieber mal nachzusehen, was in der Stehpiepe los war.
Ich rappelte mich hoch. Doch bevor ich mich auf den Weg machte, trank ich noch schnell den Rest aus meiner „Frühstücksflasche" und vergaß auch nicht meinen Beutel einzustecken, denn ich mußte mir ja neuen Vorrat besorgen.
Deshalb ging ich zuerst in den Konsum und kaufte mir vorsorglich gleich zwei große Flaschen Klaren.
Leider gab es hier keine „Karo" zu kaufen. Darum mußte ich extra noch bis zum Tabakwarenladen laufen, denn ich hatte höchstens noch eine halbe Schachtel Zigaretten.
Wie es sich herausstellte, war es aber gut so, denn ich erwischte dadurch mal wieder ein paar Schachteln „Ligeros", die zur Zeit

schwer zu bekommen waren. Das waren starke, filterlose kubanische Zigaretten mit Zuckerrohrpapier. Zwar kostete davon die Schachtel 40 Pfennige mehr, also 2 Mark, doch dafür rauchte man von dem starken Zeug viel weniger, als von der „Karo“.
Zufrieden über mich selbst, trottete ich zur Stehpiepe.
Wie immer um diese Zeit, waren vor lauter Leuten kaum noch die Tische zu sehen.
Ich schlug mich in Richtung des lauten „Gewiehers“ durch die Menschenmenge, welches den lauten Krawall der Stimmen noch übertönte, denn das konnte wirklich nur von Feier-James kommen. Sogleich erblickte ich ihn auch. Er stand mit feuerrotem Kopf, zusammen mit „Gas-Harry“, „Fauli“ und „Lumumba“ an einem der Tische und amüsierte sich gerade köstlich über „Gas-Harry“, der kreidebleich an der Wand lehnte, als ich zu ihnen trat.
„Hahaha, Hihihi, Täätarääh, Titius is ja auch da, hahaha, hihihi“, rief er ausgelassen und fragte gleich: „Machst wohl auch ‘ne Effi (Von F wie Fehlschicht)?“
Ich zuckte gelassen mit den Schultern und antwortete: „Ja, ja, ich hab’s heute dermaßen vergrunzt, daß es sich gar nicht mehr gelohnt hatte, auf Arbeit zu gehen.“
„Hihihi, hahaha, Titius, das müssen wir feiern. Hier hast du erst mal ’n Bier“ und knallte eine Flasche Pilsner vor mich auf den Tisch. Dann prostete er mir zu und rief übermütig: „Abfahrt Verrückte, ab geht er wieder der gelbe Wagen, hahaha, hihihi!“
Von den anderen erfuhr ich, daß „Fauli“ gleich wieder los mußte. Er hatte Spätschicht, und „Gas-Harry“ war gerade wieder einmal dabei, seine Arbeitsstelle zu wechseln. Dabei ließ er sich wie immer wochenlang Zeit. Ihm ging es heute wieder obermies, obwohl sein Gesicht eigentlich immer kreidefarben aussah. Feier-James meinte deshalb schon immer, er würde es bestimmt nicht mehr lange machen. Tatsache war auch, daß „Gas-Harry“ schon mehrmals, ohne jegliche Vorwarnung bewußtlos umgefallen war. Was er aber so richtig hatte, wußte keiner. Ich vermute, das wußte er selber nicht.
Jedenfalls war der Tag für mich gelaufen.
Ich blieb bis zum Kneipenschluß in der Stehpiepe und wechselte dann hinüber in die „Lößnitzperle“.
Aber lange hielt ich nicht mehr durch. Ich hatte den ganzen Tag wieder nichts gegessen, aber reichlich getrunken.

Bereits kurz nach 20 Uhr strich ich die Segel, damit ich nicht auf allen Vieren nach Hause mußte.
Fast hätte ich dann noch draußen auf der Straße, beim Zigarette anzünden, meinen Beutel mit dem Schnaps fallen lassen. Im letzten Augenblick konnte ich ihn aber noch erwischen und ersparte mir somit die Katastrophe.
Endlich in meiner Wohnung angelangt, überkam mich doch noch der Hunger. Ich begann in der Küche herumzukramen und fand schließlich noch einen Beutel „Wurzener Kukoreis“. Das war zwar kein Festmahl, aber immerhin etwas Eßbares.
Ich konnte mir ja nach dem Kochen ordentlich Gewürze daran tun, dann schmeckte es bestimmt auch.
Ich setzte also einen Topf mit etwas Wasser auf die Herdplatte und schaltete sie ein. Dann überlegte ich einen Moment.
Schließlich tat ich den Beutel Reis gleich mit dazu.
‚Das kann ja nicht schaden’, dachte ich mir. So brauchte ich wenigstens nicht daneben stehen und warten, bis das Wasser kochte.
In der Zwischenzeit ging ich hinüber ins Wohnzimmer, schaltete das Radio ein und setzte mich aufs Sofa.
In freudiger Erwartung auf das schmackhafte Menü, öffnete ich mir eine der beiden Flaschen und genoß ein paar Schlucke des köstlichen Klaren.

Wieder einmal hatte ich einen meiner blödsinnigsten Träume.
Ich saß ganz alleine, hoch oben auf einem riesigen Haufen Stroh und hatte gerade gedankenlos meine Zigarettenkippe weggeworfen, als mir schlagartig zum Bewußtsein kam, was ich gerade getan hatte.
In Windeseile durchwühlte ich mit den Händen um mich herum das Stroh, aber ich fand die Kippe nicht.
Stechender Qualm drang in meine Nasenlöcher. Von Panik ergriffen scharrte ich wie wild mit Händen und Füßen im Stroh herum, aber es half alles nichts mehr.
Es war zu spät. Mit Grausen sah ich, daß rings um mich her, bereits der ganze Strohhaufen in Flammen stand. Weglaufen konnte ich jetzt nicht mehr. Es war aus und vorbei.
Ohne daß es mich noch beunruhigte, erblickte ich mitten im Flammenmeer die grinsenden Gesichter der beiden Zitterer. Mein letz-

ter freudiger Gedanke war: ‚Jetzt konnten sie mir nichts mehr tun!' Dann nahm mir der beißende Qualm den Atem, ich fiel in Ohnmacht und erwachte.

Ich brauchte lange, um zu begreifen, daß ich nicht tot war.
Der beißende Gestank hatte mich irritiert.
Endlich begriff ich wo er herkam. Wie vom Katapult geschossen, sprang ich auf und rannte hinüber in die Küche.
Vor lauter schwarzem Qualm konnte ich kaum noch die Glühlampe leuchten sehen.
Ich riß die beiden Fenster weit auf, schaltete den Herd aus und hatte zum Glück gerade noch so viel Grips im Kopf, daß ich mir mein Taschentuch aus der Hosentasche angelte und damit den glühenden Topf auf die Nachbarplatte zog.
Dann jagte ich zurück ins Wohnzimmer und riß auch da alle Fenster auf.
Jetzt konnte ich nur noch hoffen, daß keiner aus dem Haus etwas mitbekam. Dann wäre hier sicherlich der Teufel los.
Angestrengt lauschte ich nach unten. Es rührte sich aber nichts. Sicher saßen sie alle vor dem Fernseher.
Da hatte ich ja noch einmal Glück gehabt.
Erleichtert ließ ich mich auf das Sofa fallen und griff zur Flasche.
Hunger hatte ich jetzt keinen mehr. Der Appetit war mir gründlich vergangen.
Ich spülte meinen Schreck mit einer ordentlichen Portion Schnaps hinunter.
‚Das hätte wirklich dumm ausgehen können', dachte ich. ‚Was wäre gewesen, wenn ich nicht aufgewacht wäre?'
Es war kaum auszumalen.
Inzwischen hatte sich der Qualm verzogen, doch der Gestank war geblieben.
Ich ging in die Küche und besah mir den Schaden. Der Topf war total verkohlt. Der war hinüber, den konnte ich nur noch wegschmeißen. Auch die Herdplatte hatte etwas abbekommen. Sie war verschmort, aber das ging vielleicht mit einem Spachtel wieder ab.
Sonst war nichts weiter passiert. Ich ließ die Küchenfenster offen und schloß die Tür hinter mir, als ich wieder ins Wohnzimmer hinüber ging.

Damit war die Sache für mich im Moment erledigt, denn ein anderes Problem machte mir schwer zu schaffen.
Es war die Ausrede, die mir bis morgen früh noch einfallen mußte.
Ich grübelte und grübelte und trank dabei Schluck um Schluck.
So sehr ich mich aber bemühte, meine trägen Gedankengänge zu bewegen, mir fiel einfach nichts passendes ein.
Schließlich gab ich es auf. Ich war inzwischen viel zu müde geworden. Vielleicht fiel mir ja morgen früh noch schnell etwas ein.
Es war inzwischen 22.30 Uhr geworden. Ich zog meine Wecker auf und legte mich schlafen.

Diesmal klappte es mit dem Aufstehen. Ich hatte sogar die ganze Nacht über durchgeschlafen. Dafür war ich jetzt auch gleich vom ersten Moment an die Aufregung in Person. Denn mir war eingefallen, daß ich dann auf Arbeit meinem Meister irgend etwas erzählen mußte. Das war belastend.
Vorsorglich nahm ich ein paar große Schlucke aus der Flasche, die neben dem Bett stand. Zu essen hatte ich sowieso nichts mehr im Haus. Ich zündete mir eine Ligeros an und trank den Klaren dazu. Das war mein ganzes Frühstück.
Der Hunger und auch die Unruhe verging.
Langsam zog ich mich an und machte mich auf den Weg.
Während ich mich auf Arbeit umzog war mir immer noch keine Ausrede eingefallen.
Fred kam als Erster. „Na, Schlanker, auch wieder da?“ rief er mit strahlendem Gesicht.
„Hm“, brummte ich.
„Du warst wohl krank?“ fragte er weiter.
„Hm“, brummte ich wieder verlegen und fügte hinzu: „Mir ging’s nicht besonders, aber heute geht’s mir schon wieder etwas besser.“
Fred lächelte unentwegt. Ich war mir sicher, daß er mir nicht glaubte.
Kurz darauf hörte ich Siggis Moped auf den Hof rollen.
Wenn ich nicht alles vor den anderen erzählen wollte, blieb mir gar nichts anderes übrig, als gleich zu ihm hinüber ins Büro zu gehen.
Dabei kam mir gerade Wolle entgegen. Ich grüßte nur kurz und ging an ihm vorbei.
„Guten Morgen, Siggi!“ begrüßte ich den Meister. Er hatte an seinem Schreibtisch Platz genommen.

„Guten Morgen, Stephan!“ grüßte er zurück, schaute mich dann aber verwundert an und meinte schließlich: „Ich dachte eigentlich, du bist krank?“
„Hm“, sagte ich. „Mir ging es gestern auch nicht besonders. Ich hatte mir eigentlich für heute vorgenommen, zum Arzt zu gehen, aber mir geht’s schon wieder bedeutend besser. Darum bin ich lieber auf Arbeit gekommen.“
„Hm“, machte jetzt auch Siggi und fragte schließlich: „Und was hat dir gefehlt?“
„Naja, mein Magen hatte ein bißchen verrückt gespielt, aber das geht jetzt wieder“, antwortete ich etwas kleinlaut.
Der Meister schüttelte nachdenklich mit dem Kopf und meinte dann schließlich: „Hättest wenigstens mal anrufen können! Wir machen uns ja hier schließlich auch Gedanken, ob was passiert ist oder so.“
„Hm, hast ja Recht“, nickte ich verlegen und fügte hinzu: „Kommt nicht wieder vor.“
Siggi sah mich eine Weile durchdringend an. Ich hätte vor Scham im Erdboden versinken können.
„Hast wohl am Wochenende zu viel getrunken?“ fragte er.
„Ja und hab dann früh die Wecker nicht gehört“, gab ich kleinlaut zu.
„Dacht ich’s mir doch, aber dann hättest du trotzdem anrufen können und wir hätten einen Tag Urlaub vereinbart, aber so?“ Der Meister zuckte mit den Schultern.
Schließlich sagte er: „Also gut, weißt jetzt Bescheid! Ich trage dir für gestern einen Tag Urlaub ein.“ Fügte dann aber noch schnell hinzu: „Noch mal geht das aber nicht. Der Klötzer, Werner hatte nämlich gestern nach dir gefragt und ich hatte ihm natürlich gesagt, daß ich nicht weiß, was mit dir los ist.“
„Nee, das kommt nicht mehr vor, Siggi“, sagte ich schnell, denn es war mir erst recht unangenehm, daß er wegen mir vielleicht Schwierigkeiten mit dem Bereichsleiter bekam.
„Ist schon gut“, er winkte ab. „Da ist das mit deiner Entziehungskur vielleicht doch mal ganz gut, Stephan. Ich meine, schlimmer kann es ja dadurch eigentlich nicht werden, oder?“
„Naja, ich muß mich bloß ein bißchen mehr am Riemen reißen, dann geht’s schon“, sagte ich, denn innerlich sträubte ich mich nach wie vor gegen diese Kur.

Ich fand sie völlig sinnlos. Dafür hatte ich gleich mehrere Gründe. Selbst wenn ich mir eingestand, daß ich ein paar Probleme mit dem Alkohol hatte, so war ich doch davon überzeugt, daß das einzig und allein an meinem Willen lag und nicht daran, daß ich irgendwie krank oder süchtig war. Außerdem kannte ich ja einige, die bereits zur Entziehungskur in Arnsdorf waren und alle tranken sie weiter, als wären sie nie bei einer solchen Kur gewesen. Was sollte ich also dort?

Wenn die Sache nicht von der Abteilung Inneres ausgehen würde, hätte ich die Kur strikt abgelehnt, garantiert.

Der Meister schickte mich zu den anderen hinüber in den Aufenthaltsraum. Er wollte noch schnell mit dem Abteilungsleiter in Kaditz telefonieren.

Schon als die Frühstückspause herannahte, verspürte ich die Unruhe wieder in mir aufkommen.

Ich war mit Egon und Erhard dazu eingeteilt worden, das Silo am Lößnitzbad abzudecken.

Egon fuhr zum Frühstück nach Hause und Erhard wollte seine Schnitten im Aufenthaltsraum des Bullenstalles essen.

Ich sagte ihnen, daß ich mir beim Bäcker etwas zu essen holen wollte und radelte davon.

Auf dem Stützpunkt stellte ich aber mit Schrecken fest, daß die Flasche in meinem Spind leer war, obwohl ich mir so sicher war, daß sie wenigstens noch halbvoll war. Ich konnte mich beim besten Willen nicht mehr daran erinnern, daß ich sie ausgetrunken hatte.

Mir blieb nichts anderes übrig, als schleunigst zur HO auf der Straße der Befreiung zu fahren.

Ich legte mir eine Flasche Wodka und zwei Flaschen Bier in meinen Korb und ging zur Kasse.

Hier bekam ich den nächsten Schreck.

In meinem Portemonnaie befanden sich nur noch knappe 130 Mark. Nach dem Bezahlen hatte ich noch ganze 115 Mark. Damit mußte ich nun noch 14 Tage auskommen.

Die Miete mußte ich auch noch bezahlen. Das waren zwar nur 18 Mark, aber wenn man nicht mehr viel hatte, war das eine ganze Menge Geld.

Im Umkleideraum auf dem Stützpunkt ließ ich die Spindtür offen

und stellte mich dahinter. So konnte man nicht gleich beim Betreten des Raumes erkennen, was ich dahinter anstellte.
Ich trank im Stehen so schnell es ging die beiden Flaschen Bier und ein paar Schlucke Wodka dazu. Dann setzte ich mich auf's Sofa und rauchte eine Ligeros.
‚Ich muß gestern so viel ausgegeben haben', überlegte ich dabei. ‚Vorgestern hatte ich ja noch 180 Mark oder war es vorvorgestern?'
Jedenfalls blieben mir nur noch knapp 100 Mark für etwa 14 Tage. Das waren etwa 7 Mark pro Tag. Rechnete ich davon 1,60 Mark für Zigaretten und 1 Mark für etwas zu essen ab, dann blieben mir noch rund 4,50 Mark pro Tag.
4,50 Mark waren umgerechnet 8 Gläser Bier in der Perle. Das klang eigentlich noch ganz gut.
Gut gelaunt machte ich mich wieder auf den Weg zu Erhard und Egon.

Zum Feierabend, nachdem ich geduscht und mich umgezogen hatte, stellte ich mit Bedauern fest, daß meine Wodka-Flasche nicht einmal mehr halbvoll war. Wahrscheinlich hatte ich in der Mittagspause zu viel davon getrunken.
Ich nahm mir deshalb vor, daß ich mich in der nächsten Zeit in dieser Beziehung wirklich etwas zügeln mußte. Unbedingt durfte ich nur noch gerade soviel trinken, wie ich benötigte, um wieder ruhig zu werden. Dazu müßte ja ein größerer Schluck reichen. Damit würde ich mit dem Wodka noch eine ganze Weile hinkommen. Wenn ich mich eisern daran hielt, brauchte ich bestimmt nach einigen Tagen gar keinen Alkohol mehr. Da mir von finanzieller Seite her ja auch nichts anderes mehr übrig blieb, war ich mir sicher, daß ich es diesmal auch problemlos schaffen würde.
Unterwegs zur Stehpiepe kaufte ich mir noch ein großes Brot und ein Stück Butter.
Damit war die Verpflegung der nächsten Tage gesichert.
Beim Würfeln mit Feier-James und den anderen verließ mich auch heute das Glück nicht. Bis zum Kneipenschluß mußte ich mir gerade mal eine Flasche Pilsner selber kaufen. Weitere vier Flaschen und zwei doppelte Wodka erspielte ich mir.
Das war Grund genug für mich, nicht gleich um 18 Uhr die Segel zu streichen, sondern noch mit den anderen nach nebenan in die

Perle zu gehen. Trotzdem hielt ich mich an meine guten Vorsätze, denn schon nach sechs Gläsern Bier ging ich bereits nach Hause. Wahrscheinlich trieb mich ein wenig die Sorge, daß ich es sonst wieder verschlafen würde.
Zu Hause schnitt ich mir einen großen Kanten vom Brot ab und bestrich ihn dick mit Butter.
Doch zu trinken hatte ich nichts dazu außer dem Klaren. Also trank ich den. Das schmeckte auch.
Ich trödelte auch nicht mehr lange herum, sondern stellte mir gewissenhaft die Wecker und haute mich aufs Ohr.
Der Gedanke daran, es ja um gar keinen Preis zu verschlafen, hielt mich aber noch lange wach.
Schließlich trank ich doch noch ein paar Schlucke aus der Flasche, um endlich einschlafen zu können.

Voller Unruhe wurde ich wach.
Mein aller erster Gedanke war: ‚Hatte ich es verschlafen?'
Schnell schaltete ich das Licht ein und sah auf die Uhr. Es war aber erst kurz nach 2 Uhr. Erleichtert knipste ich das Licht wieder aus und versuchte weiter zu schlafen.
Doch ich war viel zu unruhig und wälzte mich von einer Seite auf die andere, aber an Schlaf war nicht mehr zu denken. Ich spürte bereits, wie ich zu zittern begann.
Schließlich gab ich es auf. Es hatte keinen Zweck.
Ich schaltete das Licht wieder an und setzte mich hin.
‚Schöner Mist!' überlegte ich. ‚Wenn ich jetzt etwas zur Beruhigung aus der Flasche trank, konnte ich mir sicher sein, daß ich dann die Wecker wieder nicht hörte.'
Da es mir aber immer schlechter ging, trank ich doch zwei, drei kleine Schlucke.
Dann hatte ich den glänzenden Einfall: ‚Ich konnte doch genauso gut auf Arbeit weiterschlafen!'
Das war die Idee, fand ich.
Frohen Mutes trank ich gleich noch etwas von dem Schnaps.
Dann zog ich mich in Ruhe an. Sogar zwei Frühstücksschnitten schmierte ich mir noch, bevor ich mich auf den Weg machte.
Auf den Straßen begegnete mir kein Mensch. Der Stützpunkt, in seiner Finsternis, sah etwas beängstigend aus. Als ich um die Ecke

des Aufenthaltsgebäudes kam, huschte mir eine Katze über den Weg. Ich erschrak dabei dermaßen, daß mir die Knie zitterten und ich mich an der Hauswand festhalten mußte.
Es verstrich eine ganze Zeit, bis ich mich von dem Schrecken erholt hatte.
Im Umkleideraum griff ich daher als allererstes zum Wodka, bis ich mich gänzlich wieder erholt hatte.
Danach zog ich meine Arbeitssachen an, schaltete überall das Licht aus und legte mich auf das alte Sofa.

Durch ein lautes Geräusch geweckt, fuhr ich hoch und brauchte einige Augenblicke um zu begreifen, was los war.
Das laute Geräusch war das Poltern der Tür des Aufenthaltsraumes. Fred war gekommen und sagte lachend: „Naah, Schlanker, gut geschlafen?“
„Hallo Fred! ‘S geht so!“, antwortete ich ihm noch sichtlich verschlafen. Das Licht, das er eingeschaltet hatte, blendete mich.
„Du wohnst wohl jetzt hier?“ stichelte er.
Ich schüttelte mit dem Kopf und meinte: „Nee, ich wollte nur nicht verschlafen. Darum hab’ ich gleich hier gepennt.“
„Naja, jeder eben wie er’s braucht“, sagte Fred und setzte sich in seine Ecke.
Mir war es kalt und ich stand auf und ging an meinen Garderobenschrank, um mich zu wärmen.
Besorgt betrachtete ich mir den Inhalt der Flasche. Viel war nicht mehr drin. Es waren höchstens noch vier, fünf kleine Schlucke.
Zaghaft und gierig zugleich nahm ich zwei Schluck davon. Dann stellte ich die Flasche zurück in den Filzstiefel.
Dann ging ich wieder vor zu Fred, zündete mir eine Ligeros an und wartete auf die anderen.
Natürlich machten sich alle darüber lustig, daß mich Fred vorhin hier schlafend vorgefunden hatte. Nur Siggi sagte nichts dazu. Er machte eher ein besorgtes Gesicht.
Ich wurde mit Egon, Erhard und Werner zum Holzlesen eingeteilt. Unsere Felder wurden von Zeit zu Zeit mit Kompost bestreut, der Entrindungsabfälle enthielt. Da das Ganze vorher nicht gesiebt wurde, mußten die größeren Holzstücken per Hand abgelesen werden. Diese warfen wir auf einen Hänger und wer es gebrauchen

konnte, ließ es sich als Brennholz nach Hause fahren.
Bevor wir starteten, trank ich aber doch noch schnell den winzigen Rest aus meiner Flasche. Es lohnte sich ja kaum noch, das Bißchen aufzuheben.
Deshalb kam es nicht unerwartet, daß ich bereits um 8 Uhr wieder anfing zu zittern und mir der Schweiß auf die Stirn trat, obwohl es noch relativ kühl war. So sehr anstrengend war die Arbeit aber auch nicht, daß man hätte davon ins Schwitzen kommen können.
Nur mit Ach und Krach hielt ich bis zur Pause durch.
Mit zittrigen Gliedern schwang ich mich dann aufs Fahrrad und radelte, wie am Tag zuvor, zur HO.
An der Kasse wäre mir fast das Wechselgeld heruntergefallen, welches mir die Kassiererin in die Hand gab. So sehr schüttelte es mich. Die Frau hatte das bemerkt und sah mich erschrocken an.
Dadurch kam ich gänzlich aus der Fassung. Mein Kopf wackelte wie verrückt und ich hatte Mühe, durch die breite Ausgangstür zu kommen, ohne anzuecken.
Gott sei Dank war es bis zum Stützpunkt nicht weit.
Als ich auf den Hof einbog, kam mir Siggi mit dem Moped entgegen.
„Hab' meine Bemmen vergessen", rief ich ihm im Vorbeifahren zu. Hinterher fiel mir aber ein, daß das Quatsch war, denn mein Stoffbeutel, mit dem ich immer herumschlenderte, hing ja am Lenker des Rades. Das hatte er sicher gesehen.
Deshalb lauschte ich am Spind noch eine Weile, ob er vielleicht mit dem Moped zurückkam, aber er schien weitergefahren zu sein.
Erleichtert knackte ich den Verschluß der Flasche und ließ das heilende Gesöff die Kehle hinunter laufen.
Die Wirkung ließ nicht lange auf sich warten. Bereits kurze Zeit später kehrte die Ruhe in meinen Körper und Geist zurück.
Nun hieß es, bis zur Mittagspause durchhalten. Deshalb nahm ich, bevor ich wieder aufs Rad stieg, noch einen kräftigen Schluck.
Unterwegs plagten mich etwas die Gewissensbisse, denn ich hatte vielleicht doch ein bißchen mehr getrunken, als ich in Wirklichkeit gebraucht hätte.
Nur konnte ich das vorher nie richtig einschätzen, wie lange die beruhigende Wirkung anhielt.
Die anderen waren bereits wieder an der Arbeit. Ich hatte mich um einige Minuten verspätet.

„Das kostet ‘ne Runde“, sagte Egon und schaute auf die Uhr, „sechs Minuten zu spät!“
„Das geht in Ordnung, Egon“, gab ich friedlich zu. „Da mußt du eben nach dem Mittag für jeden ‘ne Flasche Bier mitbringen. Ich geb dir dann das Geld.“
Die Arbeit in der freien Natur hatte unter anderem noch den Vorteil, daß man es nicht so schnell roch, wenn einer eine Fahne hatte. Bis jetzt hatte es jedenfalls noch keiner gemerkt, wenn ich Schnaps getrunken hatte. In einer Werkhalle oder einem Büro wäre das schon lange aufgefallen.

Am nächsten Tag klappte es auch mit dem Aufstehen. Ich hatte am Abend zuvor wiederum nicht allzu viel getrunken. Auch in der Nacht waren es nur ein paar Schlucke gewesen, damit ich weiterschlafen konnte.
Am Freitag jedoch war wieder alles zu spät.
Es war aber nicht nur zu spät, sondern absolut zu spät, denn ich wurde erst um 10.30 Uhr wach.
Mir war es hundeelend.
Ich hatte in der Nacht, es mußte so gegen halb vier gewesen sein, reichlich Wodka trinken müssen, um wieder zur Ruhe zu kommen. Ich war schweißgebadet aufgewacht und zitterte am ganzen Körper wie Espenlaub. Auch meine Augen flackerten.
Gegen halb fünf muß ich dann wieder eingeschlafen sein.
Doch diesen Mist konnte ich natürlich meinen Kollegen nicht erzählen.
Was sollte ich denn Siggi um diese Uhrzeit noch erzählen? Bis ich zum Telefonieren kam, war es 11 Uhr, also eine Stunde vor der Mittagspause. Da konnte ich doch nicht mehr erzählen, daß ich es verschlafen hatte.
In der Flasche neben meinem Bett war fast nichts mehr drin und ich spürte bereits, wie die Aufregung in mir die Oberhand gewann. Deshalb trank ich den Rest schnell aus.
Ich war mir aber sicher, daß das keine große Wirkung mehr hatte. Also machte ich mich erst einmal auf den Weg zur HO an der Ecke, um Nachschub zu holen.
Auf dem Rückweg grübelte ich trübsinnig vor mich hin, was ich wohl am besten meinem Meister erzählen könnte.

„Na, wo kommst du denn her?“ Fast wäre ich mit meiner Mutter zusammengeprallt.
Erschrocken sagte ich: „Hallo!“ und merkte, wie ich im Gesicht rot anlief.
„Mußt du denn heute nicht arbeiten?“ fragte sie.
„Nöh, ich bin schon seit gestern krank geschrieben“, schwindelte ich, denn etwas Besseres fiel mir im Moment nicht ein. „Ich war gerade noch mal bei der Schwester zum Fieber messen.“
„Na, sag mal, wie kannst du dich denn im Sommer so erkälten?“ fragte meine Mutter besorgt.
„Ach, wahrscheinlich hab' ich geschwitzt und dann irgendwie Zugluft abbekommen“, erklärte ich.
Dabei war mir völlig klar, daß meine Mutter mit Sicherheit bald wußte, daß ich geschwindelt hatte. Sie kannte nämlich unseren Hausarzt und seine Sprechstundenhilfe sehr gut. Außerdem konnte ich mir vorstellen, daß sie einfach bei mir auf Arbeit anrief, um sich nach mir zu erkundigen.
„Wenn es dir am Sonntag wieder etwas besser geht, kannst du ja zum Mittagessen kommen. Ich will Rouladen machen und grüne Klöße“, schlug sie vor und fügte hinzu: „Ich hatte dir das ja schon mal angeboten. Außerdem ist da auch ein Herr Müller. Den hab ich vor ein paar Wochen kennengelernt. Seine Frau ist kürzlich verstorben und er kommt alleine nicht mit sich zurecht.“
„Wenn's mir besser geht komm ich, aber jetzt geh ich lieber wieder ins Bett“, antwortete ich und verabschiedete mich schnell.
‚So ein blöder Mist!' fluchte ich vor mich hin.
‚Das mußte ja mal passieren, wenn meine Mutter so in der Nähe wohnte. Hoffentlich erzählten sie ihr jetzt nicht gleich in der HO, daß ich Schnaps gekauft hatte. Das hätte mir gerade noch gefehlt!'
Irgendwie war wieder einmal alles schief gelaufen.
Da saß ich nun auf meinem Sofa, trank den Schnaps und grübelte vor mich hin. Meine guten Vorsätze hatten auch dieses mal nicht lange angehalten.
Die Arbeit machte mir Spaß. Die Kollegen waren in Ordnung und ich hatte sogar die Aussicht, einmal die Fahrerlaubnis für LKW in der LPG machen zu können. Auch den Facharbeiter könnte ich später auf der Abendschule nachholen.
Nur, dazu durfte ich eben meine Kollegen nicht immer wieder ent-

täuschen. Die Fehlschicht für heute war mir auf jeden Fall sicher, denn mir war klar, daß ich dafür keine passende Ausrede mehr finden würde. Das stand fest.

Nach längerem Nachdenken gab ich mir aber schließlich einen Ruck. Was nützte es mir, wenn ich nun bis zum Montag Trübsal blies? Davon kam auch nichts wieder in Ordnung.

Erst einmal zählte ich mein Geld.

Ich hatte noch 55 Mark. Das war nicht die Masse. Ich wußte auch nicht genau, ob es am kommenden Freitag Geld gab oder erst den Montag darauf.

Wenn ich bis Freitag rechnete, blieben mir fast 7 Mark pro Tag, bis Montag waren es aber nur noch 6 Mark.

Damit konnte ich kaum noch auskommen, denn Anfang der nächsten Woche mußte ich auch noch die Miete bezahlen, aber vielleicht konnte mir Feier-James etwas borgen. So hoffte ich jedenfalls.

Ich machte mich auf den Weg zur Imbiss-Perle.

Am Sonntag war ich früh wach.

Ich hatte am Abend zuvor nicht allzuviel getrunken, obwohl mir Feier-James 100 Mark geborgt hatte, denn wir hatten festgestellt, daß unsere Geldtage so günstig versetzt lagen, daß ich ihm das Geld gerade dann wiedergeben konnte, wenn seines bestimmt schon wieder alle war. Was wollten wir also mehr? Besser konnte es gar nicht sein.

In einigen Abständen trank ich heute nur so viel, wie ich für meine Ruhe brauchte. Als es aber auf die Mittagszeit zu ging, wurde ich jedoch immer aufgeregter.

Theoretisch gab es für mich nur zwei Möglichkeiten. Entweder meine Mutter und dieser Herr Müller sahen, daß ich unheimlich zitterte oder sie rochen eben, daß ich eine Fahne hatte.

Allerdings konnte ich mir kaum vorstellen, daß ich das Erstere nervlich aushalten würde. Darum beschloß ich, lieber etwas mehr zu trinken.

Um 11.30 Uhr ging ich hinüber zur Wohnung meiner Mutter.

Ein kräftiger grauhaariger Herr mit Brille saß in der Küche und schaute mich erwartungsvoll an. Er mochte etwa Mitte sechzig sein.

Meine Mutter stellte ihn mir verlegen als „Herr Müller“ vor.

Wir begrüßten uns artig.

„Und, wie geht's dir?" fragte Herr Müller. „Ich hab gehört, du hast die Grippe."
„Geht schon wieder", antwortete ich. „Morgen geh ich wieder arbeiten."
Ich schielte verstohlen zu meiner Mutter hinüber.
Sie schien von meiner Fehlschicht, noch keine Ahnung zu haben. Jedenfalls war ihr nichts anzumerken.
„Ihr könnt schon immer nach nebenan ins Wohnzimmer gehen. Ich bin gleich so weit", sagte sie.
Der Tisch war bereits gedeckt und natürlich fehlte auch das Kompott nicht darauf.
Herr Müller fragte mich über meine Arbeit aus, und ich erzählte ihm bereitwillig alles, was er wissen wollte.
Meine Mutter hatte die letzten Worte von mir mitgehört, denn sie fragte mich: „Wenn eure Felder von Coswig bis Kaditz reichen, wie kommst du denn da immer hin?"
„Mein Meister hat mir derweil sein Fahrrad geborgt, bis ich selbst eins habe und bis zum Stützpunkt laufe ich eben", erklärte ich.
Das Essen schmeckte hervorragend, nur paßte nicht so viel in meinen Magen hinein. Mit Mühe und Not schaffte ich zwei Klöße. Beim Kompott glaubte ich fast, es kommt mir zu den Ohren wieder heraus.
Mutter forderte mich zwar immer wieder auf, noch etwas zu essen, denn „Schließlich bekommst du ja sonst nichts Warmes zu essen", meinte sie.
„Doch, doch", sagte ich. „Ich esse jeden Mittag in der Betriebskantine mit", schwindelte ich.
Nachdem der Tisch abgeräumt war, gab es für Herrn Müller und mich ein Glas Bier und dazu einen Verdauungsschnaps.
Ich verabschiedete mich aber bald und gab vor, müde zu sein.
Meine Mutter begleitete mich zur Tür.
„Du mußt ja heute früh schon wieder ganz schön was getrunken haben oder war die Fahne noch von gestern Abend?" flüsterte sie mir zu.
„Ach, so schlimm kann es doch gar nicht gewesen sein", wehrte ich ab. „Ich habe heute früh gerade mal zwei Flaschen Bier getrunken."
„Wäre besser, du würdest das mal ganz lassen", sagte sie vorwurfsvoll, lenkte dann aber mit weicherer Stimme wieder ein: „Kannst

dich ruhig mal wieder sehen lassen. Wenn ich nicht hier bin, dann bin ich bei Herrn Müller in der Heinrich-Zille-Straße. Ich übernachte auch manchmal dort, denn ich hab dort ein eigenes Zimmer.“

„Geht klar!“ sagte ich und verabschiedete mich von ihr, nicht ohne mich für das Essen zu bedanken.

Draußen auf der Straße mußte ich erst einmal tief durchatmen.

Ich tat es mit Erleichterung, denn eigentlich hatte ich mit einer Moralpredigt von meiner Mutter gerechnet.

Wahrscheinlich hatte das die Anwesenheit von Herrn Müller verhindert.

Der weitere Sonntag wäre ganz normal verlaufen, wenn ich nicht hätte immer an den morgigen Tag denken müssen.

Zum Glück brachten mich dann Feier-James und die anderen in der Perle auf angenehmere Gedanken.

Außerdem halfen mir das Bier und der „Oberförster“, meine betrübliche Stimmung zu verscheuchen.

Feier-James war ziemlich angetrunken und meinte, daß er wohl morgen wieder eine Fehlschicht machen wolle, da er es bestimmt nicht packen würde halb fünf aufzustehen.

Trotzdem ich eigentlich recht viel trank, hielt ich problemlos bis 23 Uhr durch. Sicherlich lag das an dem guten Mittagessen und auch daran, daß ich ja reichlich geschlafen hatte.

Selbst zu Hause angekommen, war bei mir von Müdigkeit noch keine Spur zu sehen.

Ich schaltete mir das Radio ein. Zur Musik von DT64 trank ich noch ein wenig von meinem Schnaps und rauchte dazu ein paar Karo. Nach den Null-Uhr-Nachrichten stellte ich mir die Wecker auf kurz nach 5 Uhr und versuchte zu schlafen. Aber es blieb leider nur beim Versuch.

Kaum hatte ich mich hingelegt und die Augen geschlossen, da kreisten meine Gedanken schon wieder um die unangenehme Situation, die mir bevorstand.

Ich hatte alle Kollegen enttäuscht, ganz besonders Siggi, meinen Brigadeleiter. Mit Sicherheit würden einige denken, daß ich zu faul wäre zum Arbeiten und deshalb eine Fehlschicht gemacht hatte.

Nach einer Stunde gab ich es schließlich auf. Ich war munter, wie

ein Fisch im Wasser. Ich schaltete das Radio wieder ein und nahm ein paar kräftige Züge aus der Flasche. Das tat gut.
‚Ein Glück, daß ich mir die noch besorgt hatte', dachte ich mir.
Die wohlige Wärme des Alkohols breitete sich in mir aus.
Die trübsinnigen Gedanken verschwanden hinter einem Nebelschleier und ich war zufrieden über die Ruhe, die von mir Besitz ergriff. Ich rauchte, trank und lauschte der Musik.
Erst viel später hatte ich wieder einen Lichtblick.
Mir wurde mit einem Male bewußt, daß ich von dem Wodka noch etwas aufheben mußte, denn bevor ich auf Arbeit ging, mußte ich wenigstens so viel trinken, daß ich bis zur Frühstückspause durchhielt.
Ich besah mir den Inhalt der Flasche. Viel war nicht mehr darin.
Vorsichtig nahm ich noch einen kleinen Schluck.
Jetzt waren höchstens noch zwei Daumenbreiten Schnaps in der Flasche. Das mußte ich nun wirklich aufheben. Eigentlich war es schon viel zu wenig, trotzdem besser als nichts.
Ich stellte die Flasche wieder neben das Bett und sah noch einmal zur Uhr, bevor ich das Licht ausmachte und mich hinlegte.
Es war halb drei.

Irgendwo pochte es laut, aber ich konnte nicht deuten, woher es kam. Erst als von Ferne eine Stimme rief: „Stephan, bist du da?", dämmerte es ganz langsam bei mir.
Als ich die Augen aufschlug, war es taghell.
Erschrocken richtete ich mich auf und sah auf die Uhr. Es war 10.30 Uhr.
„Scheiße!" fluchte ich laut.
Wieder klopfte es laut an die Tür und ich erkannte die Stimme meines Brigadeleiters, als er abermals rief: „Stephan, bist du da?"
Was sollte ich machen? Wegrennen konnte ich nicht mehr, also rief ich zurück: „Ja, die Tür ist auf, Siggi!"
Langsam öffnete sich die Tür und mein Meister trat vorsichtig, um sich schauend ein.
Mann, war das peinlich! Ich hätte mich am liebsten unter der Bettdecke versteckt.
„Ich hab' mir Sorgen gemacht", sagte Siggi, „darum wollte ich mal schauen, was los ist mit dir. Ich hatte erst bei dir geklingelt und als

sich nichts rührte, hab' ich es bei der alten Frau unter dir versucht. Die hat mich dann reingelassen. Hätte ja was passiert sein können mit dir."
„Passiert ist nichts", murmelte ich schuldbewußt, „nur verpennt hab' ich schon wieder. Das ist vielleicht 'n Mist, kann ich dir sagen."
„Hm, das seh ich", sagte Siggi und sah auf die vielen leeren Flaschen, die überall in meinem Zimmer herumstanden.
„Und was war am Freitag?" fragte er weiter. „Da hatte ich fest mit dir gerechnet. So mußten Egon und Vati alleine Holzlesen. Die haben das Feld gerade so bis zum Feierabend geschafft. Fred sollte da eigentlich schon anfangen mit Einscheiben."
„Da, da hab ich es auch verschlafen", stammelte ich. „Ich hab mich dann nicht mehr getraut, auf Arbeit zu kommen, weil es schon um 11 Uhr war. Es tut mir wirklich leid, Siggi", versuchte ich mich zu entschuldigen.
Siggi sah mir ins Gesicht. Verschämt wandte ich den Blick ab und sah zu Boden.
„Naja, normal finde ich das nicht. Das muß ich ehrlich sagen. Wenn du beizeiten ins Bett gehst, kann ich mir nicht vorstellen, daß du es dann so verschläfst", sagte er etwas gereizt.
„Das ist es ja eben", versuchte ich kleinlaut zu erklären. „Das kann sich eben keiner vorstellen. Ich liege nachts immer ewig wach und kann nicht einschlafen. Meist schlaf ich dann erst im Morgengrauen ein. Dann schlafe ich aber so fest, daß ich keinen der Wecker höre. Dein Klingeln vorhin hab ich auch nicht gehört."
„Und du meinst nicht, daß das vielleicht daran liegt, daß du zu viel getrunken hast und deshalb keinen Wecker hörst?" fragte der Meister und schaute argwohnisch und verärgert auf die leeren Flaschen rings herum.
Ich zuckte nur mit den Schultern. Wie sollte ich es ihm auch erklären, daß ich zur Zeit ohne Schnaps überhaupt nicht schlafen, ja nicht einmal arbeiten konnte?
Es war aber auch belastend. War ich den wirklich so dämlich, so willenlos, daß ich das elende Gesaufe nicht in den Griff bekam?
Bei manchen Säufern konnte ich mir das ja vorstellen. Die hatten schon teilweise ihren Verstand versoffen. Aber ich, ich war doch nicht blöd, oder vielleicht doch?
Ich mußte das endlich packen! Die Arbeit in der LPG machte mir

Spaß. Wenn ich diese Arbeitsstelle auch noch vermasselte, das würde ich mir nie verzeihen können.
„Also, was ist nun, Stephan?“ riß mich Siggi aus meinen Gedanken. „Heute hat es wahrscheinlich nicht mehr viel Sinn mit dir. Deine Fahne kann man kilometerweit riechen. Die beiden Tage muß ich dir leider als Fehlschichten eintragen. Das läßt sich nicht mehr ändern. Ich schätze, dafür wird dir der Bereichsleiter einen Verweis geben, aber morgen sehen wir uns dann bestimmt, oder?“
„Na klar, Siggi, auf jeden Fall“, sagte ich schnell.
„Vielleicht trinkst du heute mal nichts mehr und gehst zeitig schlafen“, schlug er vor.
„Nee, heute trink ich bestimmt nichts mehr“, versprach ich ihm.
Ich brachte ihn noch hinunter zur Haustür und wir verabschiedeten uns.
Als ich die Treppe wieder hinaufstieg, hatte ich weiche Knie und ließ mich oben erschöpft auf das Sofa fallen.
Eigentlich war ich ein Scheißkerl.
Ich griff nach meiner Flasche und trank den Rest in einem Zug aus. Die Kollegen in meiner Brigade waren alle auf dem Land aufgewachsen, waren mit Leib und Seele Bauern. Jeder wußte, daß ich vorher noch nie etwas mit Landwirtschaft zu tun gehabt hatte und trotzdem verhielt sich keiner von ihnen mir gegenüber reserviert oder arrogant. Im Gegenteil, sie waren jederzeit hilfsbereit und halfen, wo sie nur konnten. Wenn ich mich bei manchen Arbeiten ungeschickt anstellte, meinten sie immer, daß ich das mit der Zeit noch alles ganz genau lernen würde.
Und ich Idiot war gerade dabei, es mir mit ihnen gründlich zu verderben. So blöd war ich!
Damit mußte jetzt Schluß sein, sonst nahm es wieder ein schlimmes Ende mit mir!
Ich mußte an die Zeit im Knast denken und an das, was ich mir da alles vorgenommen hatte.
Sicher, ich hätte es besser treffen können, wenn man mich in die Forstwirtschaft nach Bernau gelassen hätte. Da wäre ich allen unbekannt gewesen und hätte völlig neu anfangen können. Ich hätte....., ja, ich hätte!
Ich war aber nicht dort, sondern hier und, ich hätte es auch noch viel schlechter erwischen können.

Ich hatte eine eigene Wohnung. Das hatte nicht jeder. Ich hatte eine Arbeit, die mir Spaß machte. Das hatte auch nicht jeder.
Und ich hatte nette Kollegen, eine richtig gute Truppe. Auch das hatte nicht jeder.
Was wollte ich denn eigentlich noch?
Ich dachte daran, daß ich mir damals geschworen hatte, nur an den Wochenenden etwas zu trinken. Wenn ich so zurückschaute, mußte ich mir eingestehen, daß ich mich daran überhaupt nicht gehalten hatte.
Ich faßte also den Entschluß und dieses mal sollte es endgültig sein, daß ich ab sofort nur noch so viel trank, wie ich benötigte, um meine Unruhe zu dämpfen.
Damit müßte es dann, da war ich mir sicher, von Tag zu Tag weniger werden. Bis ich ganz ohne Alkohol auskam. Hatte ich das dann erreicht, konnte ich getrost am Wochenende etwas trinken.
Natürlich dann in Maßen.
Dann hätte ich sicher bald das Geld für ein Motorrad zusammen.
Außerdem müßte ich mir wieder eine Freundin zulegen. Das würde mich sicher auch vom Trinken abhalten. Ich wußte nur noch nicht, wo ich die hernehmen sollte. So eine, wie Carmen, fand ich bestimmt nicht wieder. Das konnte ich mir nicht vorstellen.
Doch für heute mußte ich mir trotzdem noch eine Flasche Schnaps holen, nur so für den Notfall. Wenn ich sie nicht brauchte, war es um so besser.
In die Perle oder Stehpiepe würde ich jedenfalls nicht gehen, auch morgen nicht, höchstens erst wieder am Freitag nach der Arbeit.
Sicher würden sich die anderen wundern, wo ich blieb, aber das mußte mir eben egal sein.
Ich ging aber nicht an die Ecke zur HO, schon wegen meiner Mutter nicht, sondern lief bis hinunter zum Konsum.
Ich kaufte mir eine Flasche Wodka und zwei Flaschen Pilsner.
Ich hatte mir überlegt, wenn ich heute nur die beiden Flaschen Bier trank, brauchte ich wahrscheinlich den Wodka gar nicht. Den hatte ich dann zur eisernen Reserve da, sozusagen als moralische Unterstützung.
Außerdem kaufte ich mir noch ein Viertelpfund Kaffee, ein paar Brötchen und ein Stück Butter, um mir selbst zu beweisen, wie solide ich lebte.

Als ich den Konsum verließ, zögerte ich einen Moment lang und überlegte, ob ich nicht vielleicht doch mal kurz einen Blick in die Perle werfen sollte, aber ich blieb standhaft und machte mich auf den Weg nach Hause.
Um wieder ein wenig zur Ruhe zu kommen, trank ich zunächst eine halbe Flasche Bier. Danach brühte ich mir eine große Tasse Kaffee auf und aß dazu ein Butterbrötchen.
‚Eigentlich geht's dir doch ganz gut', dachte ich zufrieden.
‚Ein guter Kaffe und ein Butterbrötchen dazu, was will man denn noch mehr? Und das mit dem Alkohol schaffe ich auch noch!'

Am nächsten Tag verschlief ich es nicht.
Ich hatte zwar am Abend und in der Nacht doch noch etwas von dem Schnaps getrunken. Es war aber nicht zu viel gewesen. Jedenfalls hatte ich den Wecker gehört.
Bevor ich ging, trank ich vor Aufregung trotzdem noch ein paar Schlucke.
Das war auch gut so, denn ich fühlte mich beim Begrüßen meiner Kollegen auch so noch beschissen genug.
Ich konnte keinem ins Gesicht sehen, so sehr schämte ich mich.
Zur Arbeitseinteilung brachte der Meister auch ein Schreiben mit, welches er dann auch sofort vorlas: „...blieben Sie unentschuldigt der Arbeit fern. Ich erteile ihnen hiermit für die beiden Fehlschichten einen Verweis, der in ihre Kaderakte eingetragen wird.
Wenn Sie sich, davon gehe ich aus, innerhalb eines Jahres nichts zu Schulden kommen lassen, wird dieser Verweis automatisch aus ihrer Kaderakte wieder entfernt."
Das Ganze war vom Bereichsleiter unterschrieben.
„Ja, Stephan", sagte Siggi, „ich hoffe auch, daß das nicht noch mal vorkommt. Schlecht sein kann es jedem mal, aber da muß man wenigstens hier anrufen."
Die anderen nickten zustimmend.
Später, als ich mit Erhard und Egon bei der Arbeit war, herrschte etwas gedrückte Stimmung. Wir mußten am Bullenstall einen neuen Maschendrahtzaun bauen. Die beiden versuchten zwar, sich nichts anmerken zu lassen, aber ich spürte trotzdem, daß sie anders waren als sonst.
Erst nachdem ich von der Mittagspause ein paar Flaschen Bier mit-

brachte, tauten sie wieder auf und waren ganz die Alten.
Egon meinte dazu: „Das ist Scheiße, was du machst. Hast sicher schon mal mitgekriegt, daß ich früh manchmal auch noch nicht ganz nüchtern bin, aber deswegen komme ich trotzdem auf Arbeit. Aber, Schwamm drüber!"
Er winkte großspurig ab, hob die Flasche und sagte: „Prost!"
Ich war in der Mittagspause in der Stehpiepe gewesen. Zum Frühstück hatte ich noch etwas Schnaps gehabt. Der war aber dann alle gewesen.
Zum Glück war es auch nicht so heiß, so daß es mir nach den drei Flaschen Bier in der Stehpiepe und einer danach mit Egon und Erhard relativ gut ging.

Ich hatte mir eigentlich vorgenommen, nach Arbeitsschluß gleich wieder nach Hause zu gehen, aber das war fast unmöglich geworden. Ich hatte die paar Biere, die ich zum Mittag getrunken hatte, doch überschätzt.
Je näher der Feierabend rückte, um so unruhiger wurde ich nämlich. Unter der Dusche war mir vor Zittern sogar die Seife aus der Hand gefallen. Schwitzend und am ganzen Leibe zitternd erreichte ich schließlich die Stehpiepe.
Unter den vielen Leuten gelang es mir auch gerade noch so, meine Bierflasche mit beiden Händen zum Munde zu führen.
„Hahaha, Titius, was ist denn mit dir schon wieder los?" krähte James belustigt. „Gab's bei dir heute keinen Alk auf Arbeit, hihihi?"
„Doch, aber viel zu wenig", sagte ich erleichtert, denn ich hatte die halbe Flasche geschafft und nach ein paar Minuten würde es mir wieder etwas besser gehen.
Trotzdem war ich nicht sonderlich glücklich darüber.
Ich dachte daran, daß ich ja eigentlich hier vorbei gehen wollte.
Zu Hause hatte ich noch reichlich Schnaps, da konnte mir nicht viel passieren.
Der Gedanke daran, daß ich vielleicht schon wieder weich geworden war, ließ mich an diesem Nachmittag auch nicht mehr los.
Nach fünf Flaschen Bier machte ich mich unter dem Gespött der anderen auf den Heimweg.

Etwa einen Monat lang lief auch alles halbwegs gut, jedenfalls, was das Verschlafen anbelangte.
Hin und wieder ging ich zwar in die Perle und in die Stehpiepe, aber nie so lange, wie ich mich sonst immer dort aufgehalten hatte. James machte sich bereits Sorgen um mich und meinte: „Wenn du so weiter machst, wirst du bestimmt noch Antialkoholiker“, und mit betrüblicher Miene fügte er hinzu: „Da wirst du bestimmt krank, Titius.“
Von Herrn Müller, dem Freund meiner Mutter, hatte ich inzwischen ein uraltes NSU-Fahrrad geschenkt bekommen. Er hatte selbst noch ein anderes und brauchte es nicht mehr.
Ich fand das großartig, denn so alt und robust wie das Rad war, so leicht ließ es sich aber auch treten. Es rollte praktisch fast von ganz alleine. Sonst hatte ich mit ihm aber nicht viel im Sinn. Sein Lieblingsthema, über welches er sprach, war der Krieg. Er war in dieser Zeit in Frankreich gewesen und wenn man nach seinem Reden urteilen sollte, mußte der Krieg etwas großartiges gewesen sein und genau das, konnte ich mir beim besten Willen nicht vorstellen.
Um ihm aber nicht unrecht zu tun, muß ich eingestehen, daß er sich mir gegenüber stets anständig verhalten hat. Wenn ich bei meiner Mutter und ihm vorbeischaute, bot er mir immer ein Bier an oder gab mir etwas aus seinem Garten mit.
Leider war es aber beiden schon mehrmals aufgefallen, daß meine Hände zitterten. Ich schob das darauf, daß ich durch meine jüngste Vergangenheit ziemlich nervös geworden war.
Trotzdem war mir das unangenehm und machte mich eher noch unsicherer, so daß die Abstände zwischen meinen Besuchen wieder größer werden ließ und schob das auf meine Überstunden.
Mein Zittern war aber auch auf Dauer nervend. Ich hatte gehofft, daß es mal besser werden würde, aber ich hatte den Eindruck, daß es eher noch schlimmer geworden war. Und das, obwohl ich mich eisern daran hielt, nur so viel zu trinken, bis ich wieder ruhiger wurde. Das waren in der Regel nur zwei, drei Schlucke Schnaps. Der Nachteil davon war, daß das eben nicht lange anhielt, allerhöchstens zwei Stunden.
Am problematischsten war es auf Arbeit. Ich hatte dort jetzt immer einen Beutel mit der Flasche am Fahrrad hängen, auch im Spind hatte ich immer eine stehen.

Noch schlimmer als auf Arbeit war es allerdings beim Schlafen. Unzählige Male wurde ich nachts wach, meist schweißgebadet, und mußte etwas trinken, um endlich wieder einschlafen zu können. So ging dieses Theater Tag für Ta und Woche für Woche, aber nichts besserte sich.
Im Gegenteil, meine Nerven schienen immer dünner zu werden. Es war zum verrückt werden.

Inzwischen war meine Hoffnung auf Null gesunken, daß sich in dieser Hinsicht noch etwas ändern würde und langsam bekam ich Angst, daß das Zittern bei mir vielleicht überhaupt nicht mehr wegging. Vielleicht war das schon irgendein Dauerschaden ?
Der Gedanke, ein Leben lang mit zittrigen Pfoten herumzurennen, konnte einen jungen Menschen wie mich, verrückt machen. Das war der Hammer.
Überwältigt von diesem Gedanken mußte ich mir für diese düstere Zukunft Mut antrinken. Das Ende vom Lied war, daß ich so betrunken war, daß ich hinterher keine Ahnung hatte, wie ich von der Kneipe wieder nach Hause gekommen war.
Meiner Kleidung nach zu urteilen, muß es mir aber nicht gerade leicht gefallen sein.
Das war aber alles halb so wild. Viel schlimmer war, daß ich es wieder verschlafen hatte und das reichlich.
Kurz vor der Mittagspause wachte ich endlich auf, wahrscheinlich aber nur, weil ich dringend auf die Toilette mußte, denn ich fühlte mich noch total benommen.
Es dauerte eine ganze Zeit lang, bis mir überhaupt klar wurde, daß ich ja eigentlich auf Arbeit sein müßte.
Nur erschreckte mich das heute nicht sonderlich. Der Alkohol wirkte noch reichlich in meinem Körper.
Etwas ratlos nahm ich mir meine Wecker zur Hand und drehte sie hin und her. Inzwischen hatte ich noch fünf Stück. Einen Teil hatte ich schon weggeworfen, weil sie zu leise gingen.
Hatte ich sie überhaupt aufgezogen oder hatte ich sie im Halbschlaf abgeschaltet? Ich wußte es nicht. Am Ende war es auch egal.
Ich hatte es verschlafen und es lohnte sich nicht, erst nach der Mittagspause mit der Arbeit anzufangen.
Das würde wohl keiner meiner Kollegen begreifen.

Ich versuchte, mich an den vergangenen Abend zu erinnern, aber ich fand dafür keine passenden Bilder in meinem Gehirn.
Ich wußte nur noch, daß ich mit James, Hydrant und Pink Floyd in der Perle gesessen hatte und wir jede Menge Oberförster getrunken hatten, mehr nicht.
Das Grübeln fiel mir auch schwer. Meine Gedanken bewegten sich wie Blei. Deshalb beschloß ich, lieber noch eine Stunde zu schlafen. Der Tag war sowieso versaut. Da war nichts mehr zu machen.

14.30 Uhr ging es mir wieder schlecht. Deshalb war ich aufgewacht. Diesmal brauchte ich nicht so lange, um festzustellen, was mit mir los war.
Ich hatte heute eine Fehlschicht und fühlte mich hundsmiserabel. Mein Kopf schmerzte bei jeder Bewegung und innerlich fühlte ich mich restlos ausgebrannt, als hätte ich am Vortag Salzsäure getrunken. In meinen Ohren rauschte es, mal laut, mal leise und meine Augen begannen gerade wieder das verrückte Spiel. In Sekundenschnelle wechselten die Bilder in Fern- und Nahsicht.
Voller Angst spürte ich, wie mein Herz raste, als wollte es jeden Moment zerspringen und ich begann am ganzen Körper zu zittern, so sehr, daß meine Zähne klapperten.
Verzweifelt griff ich nach der Flasche neben meinem Bett. Ich mußte mehrmals zugreifen. Meine Augen spielten mir immer wieder einen Streich.
Endlich hatte ich sie erwischt und stellte mit einer Riesenerleichterung fest, daß der halbe Inhalt der großen Flasche den gestrigen Tag überlebt hatte.
Im Handumdrehen hatte ich den Schnaps in mich hineingeschüttet, denn ich war mir nicht sicher, ob das vielleicht nur eine Täuschung meiner Sinne gewesen war, daß die Flasche noch halb voll war. Deshalb hatte ich sie vorsichtshalber gleich ausgetrunken.
Mit der sich ausbreitenden Wärme in meinem Körper kam auch die Sorglosigkeit zurück. Bis morgen, bis zum nächsten Arbeitstag, blieben noch viele Stunden Zeit.
Der Ärger morgen früh kam sowieso, ob ich nun bis dahin Trübsal blies oder nicht. Ich entschied mich deshalb für das „Nicht".
Ich konnte auch wirklich nicht klagen, denn ich fühlte mich jetzt eigentlich wieder pudelwohl. Der nervliche Streß, dem ich vor

wenigen Minuten noch ausgeliefert war, schien vergessen zu sein. Ich war neugierig, wen ich denn um diese Zeit alles in der Perle antreffen würde.
Voller Elan sprang ich aus dem Bett und fing an mich zu waschen. An meinem rechten Unterarm entdeckte ich eine breite Schürfwunde. Etwas verwundert darüber blickte ich in den Spiegel und erschrak.
Auch im Gesicht war ich gezeichnet. An meiner rechten Schläfe war eine ähnlich große Wunde, wie an meinem Arm.
Nun besah ich mich von oben bis unten.
Beide Knie waren lädiert und schienen stark geblutet zu haben.
Ich hatte keine Ahnung, wie das passiert sein konnte.
Nachdenklich und gewissenhaft besah ich mir meine Kleidung.
Die Jacke konnte ich nicht mehr anziehen, die mußte ich erst einmal waschen, genauso die Jeans. Die hatten noch mehr abbekommen. An einem der Knie waren sie etwas zerrissen. Das ging aber noch zu flicken. Mein Hemd war ebenfalls voller Dreck.
Dem Aussehen nach mußte ich mich direkt auf der Straße herumgewälzt haben.
Hoffentlich hatte das keiner gesehen!
Ich kramte im Schrank herum nach frischer Wäsche, aber die meisten Sachen lagen schmutzig in der Kammer. Das Wäschewaschen hatte ich Woche für Woche verschoben. Jetzt hatte ich den Salat!
Ich zog mir eine uralte ausgewaschene, bereits -zig mal geflickte Jeans an und dazu einen Pullover. Das war die einzige Möglichkeit.
Bevor ich ging, weichte ich noch schnell ein paar von den schmutzige Sachen in zwei Wassereimern ein. Dadurch war ich gezwungen, meinte ich, in den nächsten Tagen zu waschen. Übermorgen war ja bereits wieder Samstag. Da hatte ich Zeit.

In der Stehpiepe war noch nicht viel los. Es war noch die ruhigere Phase zwischen Mittagspause und Schichtschluß der Leute.
Bald würde es aber wieder voll sein, wenn die anderen von der Arbeit kamen.
Jürgen berichtete mir, daß Feier-James schon um zehn hiergewesen sei. Er wäre aber bereits um zwölf wieder gegangen und ziemlich betrunken gewesen.
Um 16 Uhr tauchte er aber quietschvergnügt wieder auf und amü-

sierte sich natürlich gleich köstlich über meine Schürfwunde im Gesicht. Er wußte auch woher das stammte.
Ich hätte bis zum Schluß mit in der Perle gesessen. Als wir dann aus der Tür hinaus ins Freie traten, muß ich die beiden Stufen verfehlt haben und wäre mit einem Male, flach auf dem Bauch über den ganzen Fußweg geschlittert.
James hätte sich dabei vor Lachen fast in die Hosen gemacht.
Als ich dann aber so da lag und mich gar nicht mehr geregt hatte, war ihm doch Angst geworden.
Vorsichtig hatte er mich dann geschüttelt, bis ich endlich geflüstert hätte: „Bin ich jetzt tot?"
Es hätte noch eine Ewigkeit gedauert, bis sie mich wieder auf den Beinen hatten. James wollte mich noch nach Hause bringen, aber ich hatte das entschieden abgelehnt.
Sie hätten mich dann noch eine Weile beobachtet, wie ich mich Schritt für Schritt an Häusern und Gartenzäunen entlang festhielt und trotzdem immer wieder das Gleichgewicht verlor und hinfiel. Doch ich hätte mich immer wieder hochgerappelt, so daß sie sich sicher waren, daß ich es bis nach Hause schaffen würde.
Er selber hätte es aber heute auch verschlafen und trotzdem Glück gehabt. Er war beim Arzt gewesen und der hätte ihn krank geschrieben, wegen dem Magen.
Mir fiel ein, daß ich ja morgen wieder auf Arbeit mußte und nichts mehr zu trinken im Haus hatte.
Schnell lief ich deshalb hinüber zur HO und holte mir eine Flasche Korn. Das war das einzige, was sie an Klarem noch da hatten. Der Schnaps war zwar teurer, aber immer noch besser als gar keiner.
Ich blieb bis 22 Uhr in der Perle. Ich hatte in der Stehpiepe vorher zwei Bockwürste mit Brot gegessen und fühlte mich ziemlich wohl.
Zu Hause nahm ich noch einen ordentlichen Schlaftrunk aus der Flasche, denn ich war noch viel zu munter.
Erst der hochprozentigere Alkohol brachte mir die Müdigkeit.

Um 6.30 Uhr wachte ich auf.
Eben noch hatte ich geträumt, daß der Wecker klingelte, aber das hatte der bereits vor anderthalb Stunden getan.
Enttäuscht rieb ich mir die Augen. Wut kam in mir hoch, Wut auf mich selbst.

Ich war nicht einmal mehr dazu in der Lage, pünktlich aufzustehen. Was war ich nur für eine unglaubliche Niete.
Völlig in Rage griff ich zur Flasche.
Nach einer Weile konnte ich wieder ein wenig klarer denken.
Gestern war ich gar nicht auf Arbeit erschienen und heute, zum Freitag hatte ich es verschlafen.
Ich trank weiter.
Eigentlich war es sowieso egal. Ob ich nun einen Tag gefehlt hatte oder zwei, es kam auf das selbe heraus. Den nächsten Verweis bekam ich mit Sicherheit so oder so und bei meinen Kollegen war ich selbst verständlich unten durch.
Ja, denen hatte man mit meiner Person ein schönes Kuckucksei ins Nest gelegt.
In den letzten Jahren waren sie ständig als „Kollektiv der Sozialistischen Arbeit" ausgezeichnet worden, eben auch deshalb, weil sich bei ihnen immer jeder auf jeden verlassen konnte.
Auf mich konnten sich keiner verlassen. Da waren sie verraten und verkauft!
Doch nun war mir das auch egal. Jedenfalls redete ich es mir ein. Ändern konnte ich es jetzt sowieso nichts mehr.
Also streckte ich mich wieder aus und ließ das Radio leise laufen.
Nach einer Weile kam mir der unangenehme Gedanke, daß vielleicht mein Meister wieder hier aufkreuzen könnte.
Doch so ein peinliches Aufeinandertreffen mußte ich auf jeden Fall vermeiden. Das mußte ich mir unbedingt ersparen.
Angestrengt überlegte ich, wie ich das anstellen könnte.
Es blieb aber nur die Variante, daß ich mich totstellen würde, falls er kam.
Die Kneipen hatten ja noch lange nicht auf, so daß es keinen Sinn hatte außer Haus zu gehen.
Vorsorglich schaltete ich das Radio wieder aus und schloß die Zimmertür ab. Dann nahm ich noch einen großen Schluck aus der Flasche und schlief weiter.

Woche um Woche war vergangen, doch bei mir hatte sich nichts geändert, jedenfalls nicht zum Positiven hin.
Ich bekam das Trinken nicht mehr in den Griff. Das mußte ich mir eingestehen.

Aber das wollte ich ja auch schon lange nicht mehr. Jedenfalls redete ich mir das neuerdings ständig ein.
Es waren sowieso alle gegen mich, da konnte ich machen, was ich wollte.
Auf Arbeit hatte ich nach dem Verweis bald einen strengen Verweiß bekommen. Das war eigentlich die Vorstufe der Kündigung. Doch dadurch bekam ich die Sauferei natürlich nicht in den Griff. Im Gegenteil, es wurde noch viel schlimmer. Nach dem Motto: „Nun war ja doch alles egal!", trank ich noch viel mehr und die Fehlschichten häuften sich.
Dadurch wiederum wurde aber das Geld noch knapper, welches ich verdiente. Was wiederum dazu führte, daß der Kontakt, den ich zu meiner Mutter so nach und nach aufgebaut hatte, wieder abriß und das auf eine absolut unangenehme Weise.
Sie hatte mir ihren Wohnungsschlüssel gegeben, für den Fall ich wollte bei ihr Fernsehen und sie war nicht zu Hause, weil sie bei Herrn Müller schlief.
Da bot es sich mir an, daß sie in ihrem Keller einige Flaschen Likör und Wein gelagert hatte, die ich dann auch prompt so nach und nach von diesem finsteren Ort entführte.
Das Unheil ließ nicht lange auf sich warten.
Als meine Mutter dahinter kam, war ihr Keller fast leer und sie beschimpfte mich lauthals, so daß es alle anderen Hausbewohner deutlich hören konnten, mit: „Du elendes Saufschwein! Laß dich ja nicht wieder hier blicken!" und ich suchte darauf hin schleunigst das Weite.
Damit tat sich für mich neuerlich eine deutliche Versorgungslücke auf, die ich nicht wieder schließen konnte.
Mir blieb gar nichts anderes übrig, als immer mehr auf feste Nahrung zu verzichten, denn sogar um die eine Mark und vier Pfennige, die ein Vier-Pfund-Brot kostete, tat es mir leid und ich kaufte mir dafür lieber in der Stehpiepe eine Flasche Pilsner.
Zum Glück hatte ich noch meine Spielleidenschaft, die mir so manches Freibier und manche Mark bescherte.
Doch, trotzdem ich kaum noch etwas aß, brauchte ich immer mehr Alkohol, um meine Nerven im Zaume zu halten.
Die Nacht über reichte schon kaum noch eine große Flasche Schnaps aus, um in Ruhe schlafen zu können.

Trotzdem schaffte ich es irgendwie, daß ich die beiden Zitterer nur höchst selten zu Gesicht bekam. Meistens konnte ich sie auch gleich wieder mit ein paar Schlucken vertreiben.
Einmal aber hätten sie mich fast geschafft.
Ich hatte es nicht mehr geschafft, mir tagsüber eine neue Flasche für die Nacht zu besorgen. Deshalb kaufte ich mir zum Kneipenschluß noch eine Flasche Wein für zu Hause. Eine Flasche Schnaps war mir zum Gaststättenpreis einfach zu teuer und ich war mir sicher, daß der Wein ausreichen würde.
In meiner Wohnung angekommen, mußte ich allerdings feststellen, daß ich noch gar nicht die Ruhe zum Schlafen hatte, obwohl es bereits nach Mitternacht war.
Ich beschloß also, die eine Hälfte der Flasche gleich zu trinken und die andere in der Nacht, wenn ich aufwachen würde.
Ich trank und wartete.
Doch auch nach einer Stunde stellte sich nicht die erhoffte Müdigkeit ein. Was blieb mir anderes übrig?
Ich trank die Flasche restlos leer und redete mir ein, so schlimm würde es in der Nacht schon nicht werden.
Dann konnte ich endlich einschlafen. Aber ich schlief nicht lange. Um drei Uhr war ich bereits wieder wach und mir war sofort klar, daß ich keinen Tropfen Alkohol mehr im Haus hatte.
Deshalb versuchte ich weiter zu schlafen, wurde statt dessen aber immer unruhiger.
Mit zittrigen Gliedern stand ich schließlich auf und begann mühselig die restlichen Tropfen der leeren Schnapsflaschen in eine zu gießen. Es müssen etwa dreißig, vierzig oder gar noch mehr gewesen sein.
Als ich alle der Reihe nach umgestülpt hatte, betrachtete ich enttäuscht das Ergebnis.
Nicht einmal einen ganzen Schluck hatte ich zusammenbekommen.
Trotzdem schluckte ich gierig diese winzige Pfütze hinunter und wartete.
Natürlich tat sich aber nichts. Nicht einmal mein Magen erwärmte sich davon. Mein Herz klopfte immer lauter, immer schneller und ich bekam Schüttelfrost.
Aufgeregt zermarterte ich mir mein Gehirn, wo ich jetzt etwas zu trinken herbekam.

Je mehr ich jedoch grübelte, um so ratloser wurde ich. Meine Augen begannen bereits verrückt zu spielen. Der Tisch, der direkt neben meinem Bett stand, schien plötzlich meilenweit entfernt zu sein und zwischen Bett und Tisch tat sich ein riesiger Abgrund auf.
Ich hatte dieses Bild kaum wahrgenommen, als der Tisch bereits wieder an seinem alten Platz stand. Das Gleiche geschah mit dem Schrank und allen anderen Dingen im Zimmer.
Wohin ich auch blickte, alles bewegte sich, nichts stand mehr still.
Es fröstelte mich und ich zog mir die Bettdecke bis ans Kinn.
Mein ganzer Körper zitterte, als wäre um mich herum Eiseskälte.
Blitze zuckten auf und in meinen Ohren begann ein lautes Rauschen. Ich schrak zusammen.
Irgend etwas Dunkles war dicht an mir vorbei gehuscht.
Als es das nächste mal kam, blieb mir das Herz vor Schreck stehen und ich spürte, wie sich jedes, aber auch wirklich jedes einzelne, winzig kleine Haar an meinem Körper vor Entsetzen sträubte.
Ich hatte sie erkannt.
Schon standen sie vor mir, mit ihren schwarzen Gehröcken, den schwarzen Melonenhüten, den weißen Hemden und den schwarzen Bindern. Zitternd, wie Espenlaub hielten sie ihre uralten Colts auf mich gerichtet.
Schweigend sahen sie mich dabei mit einer fürchterlichen Grimasse an, die wohl ein freundliches Lächeln ausdrücken sollte.
Mit einer unheimlichen Raserei setzte mein Herzschlag wieder ein.
Ich wußte keinen anderen Ausweg mehr und zog mir voller Furcht die Bettdecke über den Kopf.
Doch das half nichts. Die glühenden Nadel, die sie auf mich abfeuerten, trafen mich auch dort.
Grausame Qualen, unheimliche Schmerzen an jeder Stelle des Körpers, es stank nach verbrannter Haut.
Ich wälzte mich hin und her, dann hielt ich es nicht mehr aus.
Vorsichtig unter der Bettdecke, damit die beiden Zitterer es nicht mitbekamen, spannte ich Muskel für Muskel und setzte zum Sprung an.
Ich wollte mich mitsamt der Decke auf sie stürzen und sie damit so überraschen, daß ich sie überwältigen konnte.
Ich zählte leise und bei drei sprang ich hoch.
Meine Flugbahn wurde unheimlich lang und fast glaubte ich, gar nicht mehr zu landen, als plötzlich mit einem lautem Knall in mei-

nem Kopf die Funken stoben und ich einen stechenden Schmerz unter meiner rechten Brust verspürte, als wären meine Rippen von einer riesigen Lanze durchbohrt worden.
Ich brauchte eine ganze Zeit lang, bis ich wieder richtig zu mir kam. Da feuerten die beiden Zitterer vom Bett aus auf mich.
Ein Stuhl lag umgekippt neben mir auf dem Fußboden. Gegen den war ich wahrscheinlich gerade geknallt.
Die Nadeln brannten und ich wurde rasend.
Fast aus dem Liegen heraus hechtete ich zum Sofa, aber sie waren wieder schneller und standen plötzlich hinter mir an der Zimmertür. Diesmal war ich weich gelandet. Deshalb schöpfte ich schnell neuen Mut für den nächsten Sprung.
Ich hatte so viel Schwung, daß ich vor der Tür nicht mehr zum Abbremsen kam und knallte voll dagegen. Dann hüllte mich die Dunkelheit ein.

Wieder weckten mich die stechenden Schmerzen auf meiner Haut.
Meine Lippen waren verklebt und schmeckten irgendwie salzig.
Ich brauchte eine Weile, bis ich herausbekam, aus welcher Richtung die glühenden Pfeile flogen.
Sie kamen direkt durch die Tür. Die beiden Zitterer standen draußen auf dem Flur und schossen von da auf mich.
Ich sprang auf und stellte mich hinter den Kachelofen, denn dort konnten sie mich vom Flur aus nicht treffen.
Entsetzt betrachtete ich meine Hände. Sie waren ganz und gar mit Brandblasen übersät. Die rechte Hand war außerdem noch voller Blut und langsam wurde mir bewußt, daß sie mich heute umbringen wollten.
Mir blieb keine Zeit zum Verschnaufen. Die nächsten Nadeln trafen mit brennendem Schmerz.
Voller Angst schielte ich zur Tür hinüber.
Sie hatten sie einen Spalt breit geöffnet und hielten nur ihre zittrigen Arme mit den Colts durch die Öffnung.
Wenn ich jetzt gegen die Tür sprang, überlegte ich, müßte sie das eigentlich umhauen.
Ich sprang.
Dabei hielt ich die Arme schützend vor den Kopf, damit der Aufprall nicht so hart wurde.

Die Tür krachte fast widerstandslos auf und ich prallte mit voller Wucht mit dem Kopf gegen das Waschbecken im Flur.
Der Schmerz schien meine Schädeldecke sprengen zu wollen.
Stöhnend faßte ich nach der Aufprallstelle. Sie klebte. Ich schien auch dort zu bluten.
Und, verflucht noch einmal, schon wieder brannten die Nadeln auf der Haut.
Die beiden Zitterer standen auf dem Absatz der halben Treppe und schienen sich köstlich über mich zu amüsieren.
Plötzlich konnte ich meine Tränen nicht mehr zurückhalten.
Unter lautem Schluchzen bettelte ich, sie mögen mich doch endlich, endlich in Ruhe lassen. Doch das schien sie nur noch mehr zu reizen.
Wie die Wilden in einem Cowboyfilm schossen sie jetzt auf mich.
Ich hielt es nicht mehr aus. Blind vor Wut hechtete ich in ihre Richtung, um wenigstens einen der beiden zu erwischen.
Dann war alles vorbei.
Ich spürte noch die stechenden Schmerzen am Rücken und im Genick, ehe es still wurde.

Eigentlich war ich mir sicher, ich sei tot, wenn da nicht immer diese Stimme gewesen wäre.
Ich versuchte mich zu konzentrieren, um mitzubekommen, was sie von mir wollte.
Es war aber nur ein fernes Gemurmel, das nicht zu verstehen war.
Erst ganz allmählich, dann mit immer stärker werdenden Schmerzen, spürte ich meinen Körper wieder und hörte mich stöhnen.
Jemand mußte an mir gerüttelt haben.
Und jetzt erkannte ich auch die Stimme der alten Frau Mohr: „Herr Hoffmann, ist Ihnen etwas passiert? Sagen sie doch was?“
Ich schlug die Augen auf und blickte in ihr besorgtes Gesicht.
Nun wußte ich auch, wo ich mich befand.
Ich lag im ersten Stock, am Fuße der steilen Bodentreppe und blitzschnell war mir klar, wie ich dorthin gelangt war.
Ich versuchte mich aufzurichten, aber die unbändigen Schmerzen fesselten meinen Körper.
‚Wo waren sie jetzt?‘, kam mir sofort der Gedanke nach den beiden Zitterern.

Ich mußte am besten schnell hier verschwinden. Vermutlich lauerten sie hier noch irgendwo.
Unter Qualen erhob ich mich und konnte das Stöhnen nicht zurückhalten.
„Soll ich nicht lieber einen Arzt rufen, Sie bluten ja?" fragte Frau Mohr.
„Ach, halb so wild", winkte ich ab, „ich hab nur oben die Stufen verfehlt."
Ächzend ging ich zur Treppe, die nach unten führte und drehte mich nach ihr um.
„Ich brauch jetzt nur ein bißchen frische Luft, vielen Dank Frau Mohr!"
Dann fiel mir ein, daß ich ja oben noch den Haustürschlüssel holen mußte.
Vorsichtig, jede einzelne Stufe erst abtastend, stieg ich mit weichen, zitternden Knien die Treppe hinauf. Ich hatte vorher keinen blassen Schimmer davon gehabt, welche Schmerzen einem eine Treppen bereiten konnte. Jetzt spürte ich es Stufe für Stufe.
Erschöpft sank ich endlich auf mein Bett.
Doch ich ließ mir nicht viel Zeit zum Ausruhen.
Ich spürte, das Unheil, das in der Luft lag.
Obwohl ich die beiden nirgends erspähen konnte, war ich mir sicher, daß sie irgendwo auf der Lauer lagen.
Ich griff mir den Haustürschlüssel und machte mich auf den Weg nach unten.
Mit beiden Händen hielt ich mich am Treppengeländer fest und wäre doch bald wieder um ein Haar abgestürzt. Meine Augen spielten wieder verrückt, so daß meine Schritte immer unsicherer wurden.
Unendlich lange brauchte ich bis zur Haustür.
Gerade als ich den Schlüssel im Schloß herumgedreht hatte, blieb ich erstarrt vor Schreck stehen.
Sie waren wieder da. Wie aus dem Nichts waren sie aufgetaucht und standen hinter mir. Der Boden schwankte mir unter den Füßen.
Ich war in ihre Falle getapst.
Ohne sich nur im Geringsten an meinem Bitten und Flehen zu stören, schossen sie unerbittlich auf mich. Es bereitete ihnen das größte Vergnügen, mich zu quälen.
Kurz entschlossen riß ich die Haustür auf, zwängte mich blitzschnell

hindurch und schlug sie sofort wieder zu. Erleichtert schloß ich ab.
Doch sie waren wie immer schneller gewesen.
Irgendwie waren sie mit durch die Tür geschlüpft und trieben mich jetzt auf der Straße vor sich her. Ihre Glühenden Pfeile zeigten mir die Richtungen, in die ich nicht gehen sollte.
Bald merkte ich, sie jagten mich zu dem Haus, in welchem meine Mutter wohnte und mir ging sofort ein Licht auf.
Die beiden Zitterer hatten herausgefunden, daß im Keller meiner Mutter noch eine Flasche Brombeerlikör und ein paar Flaschen Wein standen, die ich damals noch nicht leer getrunken hatte.
Doch, wie sollte ich da hinein kommen?
Unschlüssig blieb ich vor dem Haus stehen.
Alle Fenster waren finster. Wahrscheinlich schliefen alle.
Die brennenden Nadeln trafen mich mitten ins Gesicht. Ein eiskalter Schauer lief mir den Rücken hinunter.
Sie wußten wie ich hineinkam. Sie kannten sich aus.
Ein Gartentor gab es nicht und sie trieben mich um das Haus herum.
An der Seite befand sich eine Tür, die in den Kellergang führte. Im Gegensatz zur Haustür, war diese meistens nicht verschlossen.
Ich klinkte, die Tür gab nach. Vorsichtig schob ich sie auf und trat ein.
Stück für Stück tastete ich mich den finsteren Kellergang entlang.
Ich wollte das Licht nicht einschalten. Das hätte man vom Nachbargrundstück aus sehen können.
Als ich mich umdrehte, sah ich die beiden finsteren Schatten am Eingang stehen.
Sie schienen dort zu warten und folgten mir nicht.
Ich erreichte den Keller meiner Mutter.
Ich wußte, er war mit einem kleinen Vorhängeschloß gesichert und ich wußte auch schon, wie ich trotzdem hineinkam.
Aber meine Kräfte verließen mich, meine Knie wurden schwach und ich mußte mich erst einmal auf die Kellertreppe setzen.
Jetzt erst merkte ich, daß meine Sachen, vom Schweiß gebadet, an meinem Körper klebten und wie ich unheimlich fror. Mein ganzer Körper schüttelte sich in einem fort. Nicht einmal im Sitzen hielten meine Beine still.
Ich mußte etwas dagegen tun.
Ich stand auf und schielte vorsichtig um die Ecke.

Die beiden Zitterer standen nach wie vor im Kellereingang und schienen dort auf mich zu warten.
Die beiden Bleche, die das Vorhängeschloß zusammenhielt, waren von der Außenseite mit kleinen Holzschrauben festgeschraubt. Ich mußte also nur eines der beiden lösen, um hineinzugelangen.
An meinem Schlüsselbund war auch ein sehr kleiner Schlüssel für das Fahrradschloß. Mit dem müßte es eigentlich gelingen, die Schrauben aufzudrehen.
Mit den Fingern versuchte ich die Schlitze der Schrauben zu ertasten und den Schlüssel anzusetzen.
Es gelang mir aber nicht. Immer wieder probierte ich es von Neuem. Das machte mich nur noch nervöser und ich gab schließlich auf. Vor Wut kamen mir fast die Tränen.
Es war zum Verzweifeln. Ich war so nah an den Flaschen und kam nicht heran.
Nur mit Mühe konnte ich mich wieder etwas beruhigen und überlegte angestrengt.
Ich brauchte unbedingt Licht, damit ich sehen konnte, in welcher Richtung die Schlitze verliefen.
Kurz entschlossen schaltete ich den Lichtschalter ein, lief zum Vorhängeschloß und prägte mir schnell den Sitz des Schlitzes der ersten Schraube ein.
Danach machte ich sofort das Licht wieder aus.
Wieder im Finstern machte ich mich erneut ans Werk und bekam auf Anhieb die erste Schraube heraus.
Wunderbar!
Mit den anderen beiden Schrauben machte ich es genauso, dann ging endlich die Tür auf.
Die Straßenlampe schien durch die Kellerfenster in Mutters Keller.
Mein Herz klopfte bis zum Hals.
Ich erblickte die Likörflasche und atmete erleichtert tief durch.
Sie war noch da.
Mit zittrigen Händen griff ich nach ihr und hatte sie im Nu geöffnet.
Gierig sog ich den Inhalt in mich hinein.
Ach, tat das gut ! Das tat unwahrscheinlich gut !
Erschöpft setzte ich die Flasche ab. Es war nicht mehr viel drin.
Ich dachte an später und schraubte die Flasche wieder zu.
Dann sah ich mich um.

Es waren im Ganzen nur noch drei Flaschen Wein da. Zwei davon waren Wermutwein. Der hatte mehr Prozente. Ich steckte sie beide kurzerhand in mein Hemd.
Wohlige Wärme breitete sich in mir aus und ich fühlte mich bereits bedeutend besser.
Die beiden Weinflaschen stellte ich am Kellereingang hin, zusammen mit der Flasche mit dem restlichen Likör, denn ich wollte den Keller wieder zuschrauben. Dabei wären sie mir womöglich noch heruntergefallen.
Dabei fand ich es gar nicht merkwürdig, daß von den beiden Zitterern keine Spur mehr zu sehen war.
Das Festschrauben des Bleches ging wesentlich schneller und ich schaffte es gänzlich ohne Licht.
Meine Hände waren bedeutend ruhiger geworden.
Als ich damit fertig war, sammelte ich meine Flaschen auf und machte mich damit leise auf den Heimweg.
Bei mir im Haus angekommen, hörte ich im Erdgeschoß einen Wecker klingeln. Vorsichtig, auf Zehenspitzen schlich ich die Treppe hinauf.
Das nutzte aber gar nichts. Trotzdem ich mir solche Mühe gab, knarrten diese uralten Stufen ohrenbetäubend laut.
Im Zimmer sah ich als erstes zum Wecker. Es war kurz vor 5 Uhr. Eigentlich Zeit zum Aufstehen, um zur Arbeit zu gehen.
Erschöpft ließ ich mich aufs Bett fallen. Fast wären dabei die Flaschen unter meinem Hemd zu Bruch gegangen.
Ich stellte die beiden Weinflaschen neben das Bett und trank die Flasche mit dem Brombeerlikör lieber gleich leer, denn der Rest lohnte sich nicht mehr zum Aufheben.
Langsam kamen mir die Schmerzen wieder ins Bewußtsein.
Als ich mich darauf konzentrierte, stellte ich fest, daß es nicht eine Stelle mehr an meinem Körper gab, die nicht weh tat. Am Schlimmsten waren sie am Kopf und am Rücken.
Vorsichtig konnte ich eine riesige Beule am Kopf ertasten. Ringsherum waren meine Haare wahrscheinlich vom Blut hart verkrustet.
Wegen den beiden Zitterern hätte ich mir wirklich das Genick brechen können.
Jetzt, wo sie sich nicht sehen ließen, kam mir das alles wie ein böser Traum vor.

Aber es war keiner. Die Schrammen an meinem Körper zeigten es mir nur zu deutlich. Ich wunderte mich nur darüber, daß ich keine einzige Brandblase mehr entdecken konnte.
Wenn ich still hielt, ließen sich die Schmerzen ertragen.
Ich beschloß deshalb, an diesem Tag so lange wie möglich im Bett zu bleiben.
Deshalb griff ich zum Korkenzieher und öffnete mir eine der beiden Flaschen, die ich eben erst neben das Bett gestellt hatte.
Der Wein schmeckte wie Sirup, aber das war mir egal. Die Hauptsache war, daß er bald seine Wirkung erzielte.
Aber erst als ich die ganze Flasche ausgetrunken hatte, war ich so weit, daß ich endlich einschlafen konnte.

Nur wenige Tage später bekam ich einen Brief:
„...teilen wir Ihnen mit, daß wir Ihnen ab dem 8. 10. 81 einen Therapieplatz für die Alkoholentziehungskur reservieren konnten. Bitte melden Sie sich an diesem Tag nüchtern um 10 Uhr, im Haus 8, Station B, des Bezirkskrankenhauses Arnsdorf..." war darin zu lesen.

Und nun saß ich im Zug.
Die Gefühle, die von mir Besitz ergriffen hatten, lassen sich kaum mit Worten beschreiben.
War es Erleichterung darüber, daß es nun doch endlich so weit war?
War es die Angst vor der Ungewißheit, vor dem, was mich dort erwartete?
War es die Hoffnung darauf, daß ich bald wieder wie die anderen normal mit dem Alkohol umgehen konnte?
Ich wußte nicht, was mich am meisten bewegte.
Ich nahm ein paar Schlucke aus der großen Flasche Pfefferminzlikör, die ich mir extra für die Fahrt besorgt hatte.
Im Schreiben aus Arnsdorf wurde zwar ausdrücklich darauf hingewiesen, daß man nüchtern erscheinen sollte, aber das hätte ich vor lauter Aufregung bestimmt nicht geschafft.
Auf dem Neustädter Bahnhof mußte ich umsteigen. Ich hatte aber noch eine halbe Stunde Zeit, bis der Zug in Richtung Arnsdorf losfuhr.
Zum Glück wurde in der Bahnhofs-Mitropa schon Bier ausgeschenkt.

Ich trank in Ruhe zwei halbe Liter und brauchte anschließend auf dem Bahnsteig nicht mehr lange warten, bis der Zug kam.
Beim Einsteigen schaute ich mich verstohlen nach allen Seiten um, ob ich einen Bekannten sah.
Ich fühlte mich schon die ganze Zeit über von sämtlichen Leuten beobachtet, denn ich bildete mir ein, man könnte es mir ansehen, daß ich in die Klapsmühle mußte, gerade so, als ob es jeder auf meiner Stirn deutlich lesen konnte.
Um so mehr versuchte ich im Zug betont den Gleichgültigen zu spielen und trank hin und wieder einen Schluck aus der Flasche.
Je länger ich fuhr, um so nervöser wurde ich trotz des Alkohols.
Als der Zug in Arnsdorf hielt, hatte ich die Flasche ausgetrunken und stieg aus.
Unschlüssig sah ich mich um.
Zum Glück brauchte ich niemanden nach dem Weg fragen, denn ich hatte ein Schild mit einem Pfeil entdeckt auf dem stand: „Bezirkskrankenhaus Arnsdorf, Fachklinik für Neurologie und Psychiatrie“.
Aber auch so konnte jeder unschwer erkennen, was mit mir los war, denn meine Reisetasche verriet den Leuten, daß ich kein Besucher, sondern ein Patient war.
Das Schild war unterwegs nicht das einzige, so daß ich problemlos das Krankenhausgelände erreichte.
Vor meinen Augen erstreckte sich ein großer gepflegter Park.
Zwischen den zum Teil gigantisch hohen Bäumen standen mehrere uralte, große Villen, die durch Wege miteinander verbunden waren. Das waren sicher die einzelnen Stationen.
Die gesamte Anlage ließ sich aber bei weitem nicht überblicken.
Deshalb konnte ich auch nicht entdecken, wo sich die Station 8 befand.
Ich fragte eine Gruppe von Männern, die mir gerade entgegen kam, nach dem Weg. Sie zogen einen großen und schweren Plattenwagen, der leer war. Besser ein einziger von ihnen zog die Deichsel und die anderen liefen nur daneben her.
Zu spät konnte ich am Ausdruck ihrer Gesichter erkennen, daß sie allesamt beschränkt zu sein schienen.
Sofort hatten sie mich umringt, grinsten mich fortwährend an und zupften an meinen Sachen herum.

Mir wurde es unheimlich zu Mute. Wo bin ich hier bloß hingeraten? Trotzdem wiederholte ich meine Frage etwas lauter.
Einer von ihnen schien mich verstanden zu haben, denn er sprang hoch und zeigte dann mit seiner gesamten Armeslänge in die Richtung, von der sie gerade gekommen waren.
Vorsichtshalber fragte ich ihn noch einmal: „Ist da wirklich die 8 B?"
Er nickte lachend mit dem Kopf und hörte gar nicht wieder auf mit nicken.
Die anderen hatten das schweigend beobachtet. Jetzt fingen sie alle mit an zu nicken und quietschten vergnügt dabei.
Ich bedankte mich eilig und wollte weitergehen.
Doch sie begannen an meiner Reisetasche zu zerren. Sie rissen so lange daran herum, bis ich sie loslassen mußte.
Triumphierend warfen sie die Tasche auf ihren Wagen. Ich wollte sie ihnen aber nicht so einfach überlassen, deshalb versuchte ich, sie ihnen wieder wegzunehmen.
Doch sie versperrten mir den Weg.
Vielmehr drehten sie den Wagen um und begannen grölend in meine Richtung zu laufen.
Zum Glück kam uns gerade ein Mann im weißen Kittel entgegen. Den konnte ich gleich um Hilfe bitten, denn das war hoffentlich kein Verrückter.
Im ersten Moment dachte ich aber, er sei es doch, denn er schien sich köstlich zu amüsieren. Dann meinte er aber: „Da brauchen sie gar keine Angst zu haben. Die sind völlig harmlos und wollen Ihnen nur die Tasche bis zur Station fahren."
Und etwas leiser fügte er lächelnd hinzu: „Wenn Sie dann vielleicht noch Zigaretten einstecken haben und Ihnen davon eine geben, dann sind Sie für die Männer der Größte."
Dann ging er weiter und ich lief dem grölenden Pulk nach. Eine Horde Idioten und ich hinterher!
Wir trotteten an einigen Villen vorbei, bis ich an der nächsten eine große Tafel mit der Nummer acht erkennen konnte.
Hier hielten sie an und gaben mir mit überschwenglicher Freude meine Reisetasche zurück.
Ich kramte in meinen Jackentaschen und holte eine zerdrückte Karo-Schachtel heraus. Es waren noch drei Zigaretten drin. Die gab ich ihnen. Ich hatte ja noch mehr.

Sie quiekten vor Freude und klopften mir der Reihe nach auf die Schultern. Dann zogen sie ab, nicht ohne sich laufend nach mir umzudrehen und mir zuzuwinken.
Unschlüssig blieb ich vor der Villa stehen.
Sollte ich nicht vielleicht doch besser wieder umkehren?
Am Ende würde man hier erst noch so richtig verrückt werden?
Frau Dr. Heine hatte mir allerdings ausdrücklich versichert, daß die Station für Alkohol und Drogenkranke, wie man es hier auch auf dem Schild unter der acht lesen konnte, von den anderen Stationen getrennt war.
Der Gedanke beruhigte mich etwas.
Ich atmete tief durch und ging hinein.
Die 8 B befand sich im ersten Stock.
„Bitte klingeln!" stand auf dem Schild. Zögernd und mit klopfendem Herzen drückte ich auf den Knopf.

Fortsetzung

„Das Elend aus der Flasche - Teil2: Zurück ans Licht"
ISBN 978-3-3933753-54-0; 368 Seiten, 11,50 Euro
www.notschriften.com